Joe Hembus / Christa Bandmann

# Klassiker des Deutschen Tonfilms

## 1930 – 1960

Originalausgabe

Goldmann Verlag München

Die Bilder der vorderen Umschlagseite zeigen im Uhrzeigersinn: Hans Albers in *Münchhausen* (1943), Marlene Dietrich in *Der blaue Engel* (1930), Peter Lorre in *M* (1931), Günther Hoffmann in *Die Brücke* (1959), La Jana und Frits van Dongen in *Das indische Grabmal* (1938), Heinz Rühmann in *Die Feuerzangenbowle* (1944), Dieter Borsche und Hans Nielsen in *Die Nachtwache* (1949).

Die Bilder der hinteren Umschlagseite zeigen im Uhrzeigersinn: Fita Benkhoff und Paul Kemp in *Amphitryon* (1935), Nadja Tiller und Peter van Eyck in *Das Mädchen Rosemarie* (1958), Lotte Lenya und Rudolf Forster in *Die Dreigroschenoper* (1931), Luis Trenker in *Der Kaiser von Kalifornien* (1936), Hansjörg Felmy und Robert Graf in *Wir Wunderkinder* (1958), Hilde Krahl und Heinrich George in *Der Postmeister* (1940), Hildegard Knef und Wilhelm Borchert in *Die Mörder sind unter uns* (1946), Zarah Leander in *La Habanera* (1937).

Für Rat und Hilfe danken die Autoren Klaus H. Denicke, Robert Fischer, Dr. Walter Fritz, Micky Glässge, Hans-Ulrich Göhler, Benjamin Hembus, Margot Hielscher, Werner Jacobs, Rüdiger Koschnitzki, Georg Krause, Peter Magdowski, Friedrich Meyer, Ulrike Netenjakob, Henry Schnackertz, Lilian Seng, Eberhard Spiess und Patrizia Wiedenhöft.

**Für Tiziana und Josef**

Made in Germany
1. Auflage · 10/80 · 1.–30. Tsd.
© der Originalausgabe 1980 by
Wilhelm Goldmann Verlag München und Autoren
Umschlaggestaltung: Atelier Adolf & Angelika Bachmann, München
Fotos des Innenteils: Fotoarchiv Robert Fischer, Fotoarchiv Joe
Hembus, Fotoarchiv Christa Bandmann, Deutsches Institut für Filmkunde, Deutsche Stiftung Kinemathek, Filmverlag der Autoren
L. A. PieCo, Österreichisches Filmarchiv, 20th Century Fox.
Satz: type center Filmsatz GmbH, München
Druck: St. Otto-Verlag, Bamberg
Verlagsnummer: 10207
Lektorat: Petra Hermann · Herstellung: Peter Papenbrok
Layout: Josef Schaaf
ISBN 3-442-10207-3

# Inhalt

| | | | |
|---|---|---|---|
| 9 | Deutschland im Kino | 116 | Napoleon ist an allem schuld |
| | | 118 | Tanz auf dem Vulkan |
| 15 | Klassiker des deutschen Tonfilms | 121 | Menschen, Tiere, Sensationen |
| 16 | Der blaue Engel | 123 | Effi Briest |
| 19 | Westfront 1918 | 126 | Bel Ami |
| 22 | Abschied | 128 | Wasser für Canitoga |
| 25 | Die Drei von der Tankstelle | 130 | Sissi |
| 28 | Die Dreigroschenoper | 133 | Der Postmeister |
| 33 | M | 135 | Die Geierwally |
| 37 | Berlin – Alexanderplatz | 137 | Jud Süss |
| 41 | Der Kongress tanzt | 139 | Kora Terry |
| 43 | Kameradschaft | 140 | Wunschkonzert |
| 46 | Mädchen in Uniform | 142 | Der große König |
| 48 | Emil und die Detektive | 145 | Münchhausen |
| 50 | Der Hauptmann von Köpenick | 148 | Romanze in Moll |
| 53 | Das blaue Licht | 151 | Unter den Brücken |
| 55 | Vampyr | 153 | Die Mörder sind unter uns |
| 58 | Razzia in St. Pauli | 155 | Film ohne Titel |
| 61 | Kuhle Wampe | 156 | Affäre Blum |
| 65 | Die verkaufte Braut | 158 | Berliner Ballade |
| 68 | Ein blonder Traum | 160 | Rotation |
| 70 | Grün ist die Heide | 161 | Nachtwache |
| 72 | F.P. 1 antwortet nicht | 164 | Die Sünderin |
| 75 | Morgenrot | 166 | Der Untertan |
| 78 | Liebelei | 169 | Die letzte Brücke |
| 81 | Flüchtlinge | 171 | Herr Puntila und sein Knecht Matti |
| 83 | S.O.S. Eisberg | 173 | Des Teufels General |
| 85 | Hitlerjunge Quex | 175 | Die Halbstarken |
| 87 | Der Firmling | 177 | Lissy |
| 88 | Die Finanzen des Großherzogs | 179 | Nachts, wenn der Teufel kam |
| 90 | Die Feuerzangenbowle | 182 | Das Wirtshaus im Spessart |
| 93 | Der verlorene Sohn | 184 | Das Mädchen Rosemarie |
| 96 | Maskerade | 185 | Wir Wunderkinder |
| 98 | Triumph des Willens | 188 | Sterne |
| 101 | Amphitryon | 189 | Die Brücke |
| 103 | Der Kaiser von Kalifornien | | |
| 104 | Der Mann, der Sherlock Holmes war | 193 | Fünfhundertzweiundzwanzig weitere deutsche Filme 1930–1960 |
| 105 | Zu neuen Ufern | | |
| 108 | Das indische Grabmal | 250 | Chronik |
| 112 | Olympia-Film | | |
| 115 | 13 Stühle | 262 | Bibliographie |

# Zu diesem Buch

Der deutsche Stummfilm war weltberühmt, und heute ist der Neue Deutsche Film wieder international wohlauf; dazwischen liegen nicht nur die großen Werke des frühen Tonfilms, vom *Blauen Engel* bis *Liebelei,* sondern auch die abenteuerlichen Verirrungen des Films im Dritten Reich und in der Nachkriegs- und Adenauer-Ära, der auf seine Weise auch Klassiker hervorgebracht hat. Mit einem auf drei Bände angelegten Werk präsentieren die Citadel-Filmbücher die erste populäre, kulinarische, fundierte und engagierte Darstellung der deutschen Filmgeschichte von 1910 bis 1980: Der vorliegende Band behandelt die Tonfilmzeit von 1930 bis 1960; es folgen *Der Neue Deutsche Film 1960–1980* und *Klassiker des deutschen Stummfilms 1910–1930*. Der Stummfilm-Band wird ein Register zu dem Gesamtwerk enthalten. Dieses Register wird sich auch mit den verschiedenen Schreibweisen von Namen und den Anglisierungen der Namen von Film-Emigranten beschäftigen; im vorliegenden Buch werden jeweils die Schreibweisen und Namen benutzt, die zur Zeit der Entstehung der behandelten Filme benutzt wurden, also Billie Wilder, nicht Billy Wilder, und Detlef Sierck, nicht Douglas Sirk, und so fort. Alle drei Bände der Citadel-Filmbücher zur deutschen Filmgeschichte folgen dem hier realisierten Konzept: Auf eine Einleitung und eine ausführliche, reich und großzügig illustrierte Darstellung der Film-Klassiker folgen eine Filmographie weiterer wesentlicher Filme aus dem jeweiligen Zeitraum (im vorliegenden Band 522 Titel) und eine Chronik der filmhistorischen Ereignisse.

Läßt man sich auf einen Titel wie *Klassiker des deutschen Tonfilms* ein, so bedarf der Begriff »deutsche« wie der Begriff »Klassiker« der Definition. Der deutsche Film, und zwar der reichsdeutsche wie später der bundesrepublikanische Film, hat stets in Symbiose mit dem österreichischen Film gelebt und war der Hauptnutznießer dieser Kulturgemeinschaft; etwas überspitzt könnte man sagen, daß der österreichische Film ohne den reichsdeutschen denkbar ist, Babelsberg und Geiselgasteig aber ohne Wiener Blut nicht. So wie der österreichische wird auch der DDR-Film in diesem Band mitbehandelt, schon wegen der Gemeinsamkeiten der ersten Nachkriegszeit; eine Reihe der Hauptwerke der deutschen Nachkriegsfilme sind Produktionen der ostdeutschen Defa.

Die Autoren sind sich darüber klar, daß die Benutzung des »Klassiker«-Begriffs immer dubios ist, und sie wollen durchaus nicht bei einem Wort genommen werden, das sie selbst nicht ernst nehmen. »Klassiker« ist hier nichts als ein skrupellos benutztes Synonym für »Hauptwerke«, das heißt für Filme, die tatsächlich wesentliche Werke des Weltfilms sind und für Filme, die typische Repräsentanten von bestimmten, für die Zeit und den deutschen Film wichtigen und aufschlußreichen Tendenzen und Genres (Heimatfilme, Kriegsfilme und so fort) sind. Bei der Auswahl der Titel wurde natürlich auch persönlichen Vorlieben und Abneigungen freier Lauf gelassen; auch die Wonnen der Willkür spielen hier eine gewisse Rolle.

Die Autoren Christa Bandmann und Joe Hembus haben zum erstenmal bei der Vorbereitung eines nie gedrehten Klassikers des Neuen Deutschen Films zusammengearbeitet: sie sind die Autoren des Drehbuchs zu dem nicht realisierten Rainer Werner Fassbinder-Romy Schneider-Films *Immensee*. Christa Bandmann, geboren 1945 in Prenzlauer Berg (Ostberlin), kommt vom Theater; sie begann als Dramaturgin der Schaubühne am Halleschen Ufer. Sie ist Autorin eines Buches über deutsche Filmstars der Tonfilmzeit, *Es leuchten die Sterne,* und hat eine Reihe weitere Filmbücher übersetzt und bearbeitet. Joe Hembus, geboren 1933 in Kassel, ist der Autor, Übersetzer und Herausgeber von zwei Dutzend Filmbüchern, darunter die Standardwerke *Western-Lexikon* und *Western-Geschichte;* seit 1979 gibt er die Citadel-Filmbücher bei Goldmann heraus.

# Deutschland im Kino

Wenn man Anfang der dreißiger Jahre in Deutschland von der Straße ins Kino trat, sah man auf der Leinwand das wieder, was man zuvor auf der Straße gesehen hatte.

Die Linke stellte mit *Kuhle Wampe* die Frage, wem die Welt gehört und wer sie verändern wird. Die Rechte wollte dem Publikum mit Fridericus Rex die Flötentöne von Sanssouci beibringen. Und wer der Polarisierung der politischen und sozialen Verhältnisse entfliehen wollte, konnte sich an die Wegweiser des Eskapismus halten, die überall reichlich und nicht immer mit den besten Absichten aufgepflanzt wurden; wer sich von Operetten über tanzende Kongresse einlullen ließ, blieb vom Engagement in heikle Tagesfragen verschont. Die Linken versuchten die Kino-Erfolge der Rechten mit lautstarken Protesten zu stören und die Rechten die Vorstellungen der Linken, indem sie ihnen weiße Mäuse ins Parkett schickten. Die Frage, wem das Kino gehört, wurde in letzter Instanz nicht selten von den Gerichten und von der Zensur geklärt, mit einer konservativ-repressiven Spruchpraxis, die immer wieder den heiligen Zorn der brillantesten Geister des Landes provozierte. Da prallte die chauvinistisch-völkische, die militaristisch-hugenberg'sche mit der proletarischen und revolutionär-sozialistischen Welt lärmend zusammen. Der Film lebte von der teils fruchtbaren, teils verhängnisvollen Unruhe, die das Land beherrschte, und trug selbst zu dieser Unruhe bei, nicht zuletzt auch deshalb, weil er seismographisch auf alle Impulse reagierte, die von der neuesten Literatur und dem neuesten Berliner Revue-Tralala und aktuellen Strömungen der anderen Künste, der Neuen Sachlichkeit zum Beispiel, ausgingen. Man brauchte tatsächlich nur ins Kino zu gehen, um das Potpourri der deutschen Szene kennenzulernen. Der Film lebte in einem idealen Verhältnis mit den nicht-idealen Verhältnissen.

Niemals wieder gibt es in Deutschland eine derartig schillernde Filmszene mit dieser Vielfalt von Filmen wie in den Jahren 1930 und 1931. Da kam alles Starke zusammen. Besser konnte es gar nicht mehr werden, wenn man an die ohnehin schon sehr fruchtbare Zeit, an den Reichtum der Stummfilmzeit in den zwanziger Jahren denkt. Da gibt es den Kammerspielfilm, der »vor allem ein psychologischer Film« (Lotte Eisner) ist und zu dem die Trieb- und Straßenfilme gehören. In den Triebfilmen geht es um »bedrückte, wie benommen dahintaumelnde Geschöpfe« (Siegfried Kracauer) in der Welt des Kleinbürgers wie *Sylvester* (1924) von Lupu Pick oder *Der letzte Mann* (1924) von F. W. Murnau. In den Straßenfilmen ist die Straße der Spannungsträger. Sie bedroht, verführt, verlockt und ist voller Rätsel. Dazu zählen *Die freudlose Gasse* (1925) von G. W. Pabst sowie die *Dirnentragödie* (1927) von Bruno Rahn. Der Gegensatz des Kammerspielfilms ist der expressionistische Film, der auf die erklärende Psychologie verzichtet, denn der expressionistische Film will in erster Linie gestalten. Die Schauspieler bewegen sich in gemalten Kulissen, die Perspektive ist gezeichnet. Sein wesentliches Merkmal ist die »raumgestaltende Kraft des Lichts« und »wer ein Bild aus expressionistischen Filmen betrachtet, erkennt, wie sehr das Modell der Formen durch Licht bewirkt wird« (Rudolf Kurtz). Der große Hit, der allen Beteiligten Weltruhm einbringt, ist Robert Wienes *Das Kabinett des Dr. Caligari,* (1919). Tolle Filme sind aber auch *Das Haus zum Mond* (1920) von Karl Heinz Martin, *Raskolnikoff* (1923) von Robert Wiene oder *Das Wachsfigurenkabinett* (1924) von Lupu Pick oder die Indienfilme von Joe

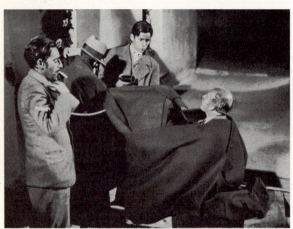

Frühe Tonfilm-Technik: Der berühmte Kameramann Carl Hoffmann verpackt sich und den Apparat in dicke Tücher, um die Tonaufnahme nicht zu stören

1931: Alfred Döblin (an der Kamera Debrie-Parvo L.) bei den Dreharbeiten zur Verfilmung seines Romans *Berlin – Alexanderplatz*

1931: Regisseur G. W. Pabst (links) und Produzent Seymour Nebenzal bei den Dreharbeiten zu *Kameradschaft*

1932: Darsteller Adolf Fischer und Autor Bertolt Brecht bei den Dreharbeiten zu *Kuhle Wampe*

May *Die Sendung des Yogi* (1921) und *Das indische Grabmal* (1921). In diese Kategorien gehört auch die Darstellung der expressionistischen Traumwelt wie *Geheimnisse einer Seele* (1926) von G. W. Pabst, *Schatten* (1923) von Arthur Robison und *Der müde Tod* (1921) von Fritz Lang. Die Gespensterwelt zeigen Gruselschocker wie *Nosferatu* (1921) von F. W. Murnau und *Der Golem, wie er in die Welt kam* (1920) von Paul Wegener und Carl Boese. Licht- und Nebelstimmung feiern ihr Dasein in *Variété* (1925) von E. A. Dupont und in *Die Büchse der Pandora* (1929) von G. W. Pabst. Licht- und Schatteneffekte beherrschen die Szenen in *Asphalt* (1929) von Joe May und *Metropolis* (1926) von Fritz Lang. Der Höhepunkt des Hell- Dunkelspiels wird erreicht in *Das Wachsfigurenkabinett* (1924) von Paul Leni und im *Faust* (1926) von F. W. Murnau.

Vom Phantastischen Film über die Symphonien des Grauens, den Kammerspielfilm, den Tragödien der Straße, vom Kostümfilm wie *Tartuffe* (1925) von F. W. Murnau, vom Dokumentarischen bis zur dämonischen Leinwand reicht die große Spannbreite der zwanziger Jahre. Hier ist »dämonisch« nicht im Sinne von »diabolisch« zu interpretieren, sondern ». . . Dämonisch ist der Abgrund, der nie gefüllt, dämonisch die Sehnsucht, die nie gestillt, der Durst, der nie gelöscht wird . . . « (Leopold Ziegler: *Das Heilige Reich der Deutschen*).

Auf diese Blütezeit kann der Tonfilm aufbauen. Erich Pommer, der große Produzent der Stummfilmzeit, kehrt 1929 nach dreijährigem USA-Aufenthalt nach Deutschland zurück und wird zum Top-Producer des deutschen Films. Bevor Erich Pommer in die Ufa einsteigt, ist sie fest in der Hand der Deutschnationalen. Schon in den zwanziger Jahren hilft die Ufa, die nationalen Empfindungen der Deutschen mit Filmen über den Alten Fritz wie *Die Mühle von Sanssouci* (1926) und *Der Alte Fritz* (1926) auf Trapp zu bringen. 1927 übernimmt Alfred Hugenberg, Industrieller und Politiker der Deutschnationalen Volkspartei, Mitglied des Stahlhelms, dem Bund der Frontsoldaten, Chef des Hugenberg-Konzerns (Scherl-Verlag, Telegraphen Union. Ala-Anzeigenunternehmen), »der Jonny Controlletto der öffentlichen Meinung der zwanziger Jahre« (Henning Venske), den größten Teil des Aktienkapitals der Ufa.

Die Ufa besitzt Ende der zwanziger Jahre die modernsten Filmateliers der Welt. Sie kann nicht nur im Ausmaß, sondern auch wegen ihrer technischen Perfektion mit den Amerikanern konkurrieren. Sie bestückt ihren Theaterpark, bestehend aus 99 Kinos in 41 Städten, mit Wiedergabegeräten nach dem Klangfilmsystem und verstärkt damit die deutsche Position im Kampf um die Patentauswertungen. Die deutschen Konkurrenzfirmen Tobis und Klangfilm einigen sich: Die Klangfilm bekommt die Wiedergabegeräte für die Kinos und die Tobis die Aufnahmegeräte für die Produktionen, die sie an die Ufa vermietet.

Die Filmherstellung wird auch als Industrie immer wichtiger, denn die großen Filmerfolge werden zu Exportartikeln, die weit über die Grenzen Deutschlands und über Europa hinausgehen. Nach dem *Blauen Engel* (1930) kennt alle Welt Marlene Dietrich, nach *Die Drei von der Tankstelle* (1930) pfeift man an den Straßenecken aller Kontinente »Ein guter Freund, ein guter Freund« und mit der *Dreigroschenoper* (1931) wird Macheath, genannt Mackie Messer, zum Inbegriff des Gangsterbosses. Die Leute stehen im Block Schlange vor den Kinos. Die Nachmittagsvorstellungen sind brechend voll, denn für diese Vorstellungen gibt es ermäßigte Eintrittspreise. Man steht nicht nur an nach Brot und Kartoffeln, sondern auch nach Kinokarten. Denn im Kino ist es auch warm, und man ist nicht allein. Die armen Leute sitzen im Parkett und sehen und erleben die Darstellung der Armut, die erhebliche Summen verschlingt, denn die ersten Jahre des Tonfilms stehen deutlich im Zeichen der Wirtschaftskrise, die mit dem »schwarzen Freitag« 1929 ihren Anfang nahm.

Die Massenarbeitslosigkeit und das allgemeine Elend bringt die fortschrittlichen Kräfte in Bewegung und führt zum Anwachsen revolutionärer Aktivität. Andere wieder sehen sich nach der »guten alten Zeit« zurück und der größte Teil, der Mittelstand, hofft auf den deus exmachina, auf das Erscheinen des »starken Mannes«, der sie aus dem Elend hinausführt. All diese Tendenzen finden in den Filmen ihren Niederschlag. Die Filme, die direkt oder indirekt den Interessen der Reaktion dienen, und wenn sie lediglich den Zweck verfolgen, die Leute von der politischen Aktion abzulenken, sind in der Überzahl. Mit der Ufa haben die Deutschnationalen ein Massenbeeinflussungsmittel von größtem Ausmaß in der Hand. Gegen den Ungeist der Ufa versuchen die deutschen Arbeiterparteien, die KPD und SPD, die ihnen nahestehenden Organisationen und einzelne sozialistische Kollektive anzukämpfen mit revolutionär-proletarischen Filmen wie *Berlin-Alexanderplatz* (1931) von Phil Jutzi, *Gassenhauer* (1931) von Lupu Pick, *Razzia in St. Pauli* (1932) von Werner Hochbaum und *Kuhle Wampe oder Wem gehört die Welt* (1932) von Slatan Dudow. Doch diese Filme erreichen außerhalb ihrer eigenen Reihen nicht genügend Publizität. Hinzu kommt, daß die Zensur unter Heinrich Brüning oftmals die Vorbereitung ungewünschter Filme erschwert und deren Vorführung gefährdet. Außerdem steht der Reaktion nicht nur der gutgemachte Spielfilm zur Verfügung, um die Hirne des Publikums zu vernebeln, sondern auch der allwöchentliche Meinungsmacher, die Ufa-Wochenschau mit dem Dokumentar- und Kulturfilm, angeblich Wahrheit, Recht und Freiheit repräsentierend. Die Wochenschau bringt brandneue Nachrichten und hat etwa die Funktion unserer heutigen Tagesschau. Jeden Freitag wird gewechselt. – Anlaß genug für die Leute, ins Kino zu gehen.

Inzwischen beschäftigt die Ufa 5000 Mitarbeiter. Man schreibt das Jahr 1932. »Ein für den deutschen Film, auch ohne politischen Hintergrund, aufregendes Jahr! Die Umstellung der Lichtspielhäuser von Stumm- auf Tonprojektoren war fast vollzogen; das Filmgeschäft, obwohl wirtschaftliche und politische Krisen das Land in den Abgrund gebracht hatten, blühte. Konjunkturritter und Spekulanten beherrschten das Terrain. Zu den 344 Langspielfilmen aus den Jahren 1930 und 1931 gesellten sich 1932 noch 156 dazu. Rasch heruntergekurbelte Streifen ohne künstlerischen Ehrgeiz ausgeführt, überschwemmten das Land: eine Überproduktion, in der der schlechte Geschmack angesprochen werden sollte. Ganoven-, Dirnen- und Kasernenhofmilieu wurden beliebte Lockvögel, die lautstark um die Gunst des Publikums buhlten.« (Herbert Holba: *Werner Hochbaum*).

Neben diesen billigen Produkten entstehen aber immerhin auch Filme wie *Fünf von der Jazzband* von Erich Engel, *Die verkaufte Braut* von Max Ophüls, *Die Herrin von Atlantis* von G. W. Pabst, *Der träumende Mund* von Paul Czinner oder *Der Rebell* von Luis Trenker und Kurt Bernhardt. Dann aber kommt der große Kahlschlag, die Vernichtung der deutschen Filmkultur mitten in ihrer üppigsten Blü-

Frühe Tonfilm-Technik bei Außenaufnahmen *(Der schwarze Husar)*

1932: Hans Albers und Regisseur Karl Hartl während der Dreharbeiten zu *F.P. 1 antwortet nicht*

1938: Gustaf Gründgens und Regisseur Hans Steinhoff beim Regiegespräch zu *Tanz auf dem Vulkan*

1939: Willi Forst dreht *Bel Ami*

tezeit, eine Katastrophe, von der sich der deutsche Film erst drei Jahrzehnte später zu erholen beginnt. Mit der Machtübernahme der Nationalsozialisten beginnt die schlimmste Talentausblutung des deutschen Films.
Fritz Lang, dem Goebbels am 28. März 1933 die Leitung der Abteilung »Film« innerhalb des Propagandaministeriums anbietet, verläßt daraufhin fluchtartig noch am selben Abend Deutschland, worauf am nächsten Tag sein Film *Das Testament des Dr. Mabuse* die Zensur nicht mehr passiert. Das erste Alarmzeichen! *Die Dreigroschenoper*, *Voruntersuchung* und *Kuhle Wampe oder Wem gehört die Welt* werden ebenfalls verboten. Der Emigrantenstrom der besten Filmer beginnt. Regisseure wie Max Reinhardt, Leopold Jessner, Max Ophüls, Robert Siodmak, Ludwig Berger, Erik Charell, Paul Czinner, E. A. Dupont, Joe May, Ernö Metzner, Erwin Piscator, Hans Richter, Leontine Sagan, Wilhelm Thiele, Bertold Viertel, Gustav von Wangenheim, Robert Wiene verlassen das Land. Der Drehbuchautor Carl Mayer setzt sich nach England ab. Die Produzenten Seymour Nebenzal, Erich Pommer, Gregor Rabinowitsch, Arnold Pressburger und die Kameramänner Karl Freund, Günther Krampf, Franz Planer, Eugen Schüfftan; die Komponisten Hanns Eisler, Werner Richard Heymann, Friedrich Hollaender, Franz Wachsmann; die Schauspieler Albert Bassermann, Elisabeth Bergner, Ernst Busch, Therese Giehse, Alexander Granach, Fritz Kortner und Peter Lorre emigrieren. Ende der dreißiger Jahre lichten sich die Reihen noch mehr: die Regisseure Carl Junghans, Reinhold Schünzel, Detlef Sierck, Fritz Wendhausen und Frank Wisbar kehren Deutschland den Rücken; die Schauspieler Lilian Harvey, Adolf Wohlbrück, Valérie von Martens und der Autor, Schauspieler und Regisseur Curt Goetz. Viele von ihnen finden Arbeitsmöglichkeiten in Frankreich, in Hollywood, in der Sowjetunion, in der Schweiz, in den Niederlanden. Die wahre deutsche Filmgeschichte spielt sich während des Dritten Reiches außerhalb Deutschlands ab. Die Könner befinden sich von nun an im Exil, während die Maischs, Steinhoffs, Harlans und Liebeneiners lediglich den deutschen Ungeist im Lande vertreten und kräftig mithelfen, das Publikum unter die Knute der Nazis zu peitschen. Filme von und mit Juden und von Emigranten werden verboten, Bücher eines Stefan Zweig, dürfen nicht mehr verfilmt werden, denn sie stehen auf der »Schwarzen Liste«. Alle Filme, die vor dem 30. Januar 1933 gedreht worden waren, müssen laut Verordnung vom 3. Juli 1935 noch einmal die Zensur passieren, damit kein staatsfeindlicher Gedanke unter die Leute kommen kann.
Seit März 1933 sind alle Organisationen der Kontrolle der NSDAP unterstellt. Das Reichspropagandaministerium erhält die Zuständigkeit für das Filmwesen. Das heißt: Goebbels hat überall den Daumen drauf. Im Dezember 1933 ist die Umstrukturierung des Filmwesens abgeschlossen. Goebbels rechtfertigt diese Maßnahmen: »Bei den gefährlichen Auswirkungen des Films hat der Staat die Pflicht, regulierend einzugreifen.« Von einer Filmkritik kann keine Rede mehr sein, denn wer einen Film kritisiert, kritisiert das Regime. Die Filmkritik wird durch Inhaltsbeschreibungen ersetzt und die Journalisten unter die persönliche Kontrolle von Goebbels gestellt. Um aber Veit Harlan, Hans Steinhoff, Wolfgang Liebeneiner, Herbert Maisch und andere Regisseure anzuheizen, einen Film schlimmer als den anderen zu inszenieren, wird in Form von Prädikaten eine positive Zensur einge-

führt. Und mit der Zahl der Prädikate wächst auch die Zahl der prädikatisierten Filme. Das höchste Prädikat »staatspolitisch« und »künstlerisch besonders wertvoll« wird 1941 noch überboten durch den Titel »Film der Nation«. Damit verbunden ist die Verleihung des Filmringes, den Emil Jannings für seine Hauptrolle in *Ohm Krüger* (1941) erhält, Paula Wessely für ihre Darstellung und Gustav von Ucicky für seine Regie von *Flüchtlinge* (1941), Veit Harlan für seine Regie des *Großen König* (1942), Wolfgang Liebeneiner für die Regie *Die Entlassung* (1942) und Heinrich George für seine schauspielerische Leistung in *Kolberg* (1945).

Der Einfluß des Staates auf die künstlerische Arbeit macht sich nach der Machtübernahme der Nazis sehr schnell bemerkbar. Die Herstellung eines Films wird überwacht von der Geburt der Filmidee bis zur Premiere. So kann der Nazi-Film als Gegenteil unseres heutigen Autoren-Films angesehen werden, denn der Regisseur ist nicht länger der allein verantwortliche, schöpferische Künstler, der die Möglichkeit hat, seinen Film zu erfinden und zu realisieren: er ist nur noch ein Regie-Beamter und muß sich der dirigistischen Methode des Regimes beugen; der Anti-Autorenfilm – die organisierte Kunst.

Trotz der politischen Zwangsjacke, in die Goebbels den deutschen Film steckt, versucht er das Renommee zu retten: Er achtet darauf, daß Babelsberg der Ruf des »europäischen Hollywood« nicht abhanden kommt. Der Starrummel wird gepflegt, die weiblichen Stars werden hofiert. Die Garderobe, die sie auf Premieren, Galavorstellungen oder während ihrer Tourneen tragen, sind bis auf Parfum und den Inhalt der Handtasche perfekt vorausgeplant und aufeinander abgestimmt. Besonders viel Zirkus wird veranstaltet, wenn es gilt, im Ausland zu repräsentieren. Daß sich eine Filmdiva im Trenchcoat ein Diadem aufsetzt, kann einfach nicht passieren.

Der deutsche Film und seine Stars sollen gefallen, denn die Filme müssen nicht nur Ideologie an den Mann bringen, sondern Geld einspielen im Inland wie im Ausland. Krasse Ideologie wird zuweilen abgemildert, um dem Geschmack des Publikums mehr zu entsprechen. Doch von der deutschen Frau und dem deutschen Mann wird immer wieder das gleiche Bild gezeichnet: Die deutsche Frau bietet dem Schicksal die Stirn, auch wenn sie noch so sehr davon gebeutelt wird und gehört schließlich immer an die Seite des ihr angetrauten Mannes, egal wie er aussieht und welches Leid sie an seiner Seite erdulden muß. Wird bei einem Ausbruchsversuch auch manchmal ein Auge zugedrückt, so nur, um es anschließend wieder fester auf die Devise zu fixieren, daß das Leben der Frau ein Opfergang zu sein hat.

Der Nazi-Film ist ein schöngemachter Frust-Film, denn er erhebt alle die Eigenschaften zum Ideal, die der Selbstverwirklichung entgegenstehen, wie Prüderie, Fleiß, Ordnung, Biederkeit, Pflichtbewußtsein und Treue um jeden Preis. Der Spießer im Parkett frohlockt und wie sollte er nicht, wird er doch selbst zum Ideal hochstilisiert. Wird ein Mann als positiver Held im Film dargestellt, hat er all diese Eigenschaften und dazu meist noch eine schöne, bunte Uniform, die ihn sich zackig und überkorrekt bewegen läßt. Gefühle wie Liebe finden da keinen Platz, denn dazu ist die Uniform zu eng.

Der Kleinbürgermief zieht penetrant durch die Perforationslöcher des Nazi-Zelluloid. Das Predigen der Prüderie führt soweit, daß Werner Hochbaum, ehemals auf der Seite der Linken, in seinem Film *Drei Unteroffiziere* (1939) die Liebe eines Mannes zu einer Frau als eine böse Krankheit schildert, die

1943: Joseph Goebbels (links), Reichsminister für Volksaufklärung und Propaganda ernennt die Regisseure Veit Harlan (Mitte) und Wolfgang Liebeneiner zu Professoren

1936: Die Askania-Fernkamera (Z-Kamera mit Spiegellinsenobjektiv) im Einsatz bei Leni Riefenstahls *Olympia-Film*

1948: Regisseur Erich Engel mit Gisela Trowe und Hans-Christian Blech zu den Dreharbeiten *Affäre Blum*

1949: Regisseur Harald Braun erklärt Hans Nielsen, wie er sich *Die Nachtwache* vorstellt

einen so verderblichen Einfluß auf einen Mann ausüben kann, daß er tatsächlich seine Pflichten als Soldat vernachlässigt.
Die Verherrlichung des Krieges und die Pflicht ihn zu führen, weil der Gegner unbedingt ausgerottet werden muß, gipfelt in den Preußenfilmen um Friedrich den Großen. Viele Filmmeter lobpreisen in Filmen wie *Der alte und der junge König* (1935) von Hans Steinhoff oder *Der große König* (1942) von Veit Harlan das Führerprinzip und machen den Gegner auf eine Art und Weise verächtlich, die das Publikum erschauern läßt. Wie das gleiche auf höherem Niveau stattfinden kann, beweist *Heinrich V.* (1944) von Laurence Olivier, aber der ist eben von Shakespeare.
Eine andere Art von Kriegsfilmen, die zur Kriegsbegeisterung anregen soll, zum Durchhalten und Weitermachen auffordert, sind *Flüchtlinge* (1933), von Gustav Ucicky und *Morgenrot* (1933), auch von Ucicky, der sich offenbar auf die sado-masochistische Linie eingeschossen hat. In diesen Filmen wird sehr oft, wenn auch nicht immer schön, doch mit Begeisterung fürs deutsche Vaterland gestorben. Stark und mächtig wird von Ucicky der deutsche Soldat geschildert, den der Gedanke, für Deutschland in den Tod zu gehen, nahezu in Euphorie versetzt. Gesunde Instinkte werden niedergeknüppelt, um die deutsche sado-masochistische Veranlagung hervorzukitzeln, die wohl auch ein Teil der Wagnerschen Todessehnsucht ist, offenbar eine der allerschönsten Sehnsüchte überhaupt. Tugenden werden verherrlicht, die Hitler bereits in *Mein Kampf* anpreist wie Patriotismus, Heroismus, besinnungslose Hingabe an das Führerprinzip und die totale Opferbereitschaft für Führer und Vaterland.
So sind alle Nazi-Filme dazu bestimmt – vom Landserfilm bis zum eskapistischen Traumepos – dem Zuschauer Sand in die Augen zu streuen, von der Wirklichkeit abzulenken, sie zu verdummen und die Moral hochzuhalten. Um dieses Ziel zu erreichen, ist den Nazis jedes Mittel recht. Ein Heer von wehrtüchtigen Männern ist seit Kriegsbeginn u.k. (unabkömmlich) gestellt, um Filme zu drehen. Für den letzten Durchhaltefilm *Kolberg* (1945) von Veit Harlan werden 187 000 Frontsoldaten vor die Filmkamera geholt, um als Statisten Soldaten aus dem vorigen Jahrhundert zu mimen. Das kommt schließlich selbst Hitler grotesk vor und veranlaßt ihn zu der Anordnung »... die Helden des deutschen Films sollten nicht dauernd für hohe Gagen im Film sterben, sondern endlich auch einmal richtig an die Front!« So manchem Filmer wird das Herz in die Hosen gerutscht sein. Doch der Nazi-Film hält bis zum Schluß schützend die Hand über seine treuen Vasallen.
Nach Beendigung des Krieges nehmen die Alliierten den deutschen Film unter die Lupe. Zahllose Filme werden verboten, viele Filmschaffende mit Arbeitsverbot belegt. Der deutsche Film ist auf dem Nullpunkt angelangt und hat nun die Chance, einen ganz neuen Anfang zu machen. Einer der ersten westdeutschen Filme, die damals entstehen, entleiht seinen Titel *Und finden dereinst wir uns wieder* dem hundertfünfzig Jahre zuvor entstandenen Vers-Epos *Hermann und Dorothea*, in dem Goethe, der doch kaum ahnen konnte, zu welch einem Trümmerhaufen die Welt noch einmal werden könnte, die wunderbare Utopie einer solchen Nachkriegszeit entwarf: »Und finden dereinst wir uns wieder / Über den Trümmern der Welt, so sind wir erneuerte Geschöpfe, / Umgebildet und frei und unabhängig vom Schicksal. / Denn was fesselte den, der solche Tage durchlebt hat!«
Aber dergleichen geschieht nicht, denn auf den

Trümmern der Welt finden sich nicht erneuerte, umgebildete Geschöpfe, sondern die alte Garde: die Ucickys, Liebeneiners, Harlans. Es handelt sich um die alten Opportunisten und Spießer, die nun wieder ans Werk gehen. Sie kleben am Alten fest und beweisen, wie sehr sie vom Alten gefesselt sind. »Der Film war nach 1945 die freieste aller Künste geworden, aber er war sich dieser Freiheit nie bewußt. Er hätte unsere Zeit und Gesellschaft kühn in Frage stellen können, aber er suchte sich mit ihr zu arrangieren. Statt Kritik zu üben, bestätigte er alte Vorurteile, statt nach geistiger Erneuerung strebte er nach Restaurierung.« (Walther Schmieding: *Kino zwischen Kunst und Kasse*).

Es war das Bild einer bestürzenden Kontinuität: der deutsche Nachkriegsfilm verschenkte die Chance eines Neubeginns und leistete sich stattdessen die Fortführung der schlimmsten Traditionen und einen gemütlichen Ausklang des Nazifilms.

Mit dem ersten »Trümmerfilm« *Die Mörder sind unter uns* (1946) von Wolfgang Staudte beginnt der Versuch der Bewältigung der Vergangenheit. Der Film wird von der im Mai 1946 mit sowjetischer Lizenz gegründeten Defa produziert, für die Staudte bis Mitte der fünfziger Jahre arbeitet und spektakuläre Filme herstellt, wie *Rotation* (1949) und *Der Untertan* (1951), womit er sich in der Bundesrepublik viele Feinde schafft. Dem gleichen Versuch, sich mit der jüngsten deutschen Geschichte auseinanderzusetzen, machen die Filme *In jenen Tagen* (1947) von Helmut Käutner, *Morituri* (1948) von Eugen York, *Zwischen gestern und morgen* (1947) von Harald Braun und *Und über uns der Himmel* (1947) von Josef von Baky. Das Ziel, das sich jene Regisseure setzen, muß mißlingen, denn die Ursache der Misere wird in den Filmen entweder verwischt oder die Nazis werden als anonyme Macht dargestellt oder der Nationalsozialismus als persönlicher Sündenfall Adolf Hitlers gezeigt. Auf die »Trümmerfilme« folgen die »Heimatfilme«, wie der erste deutsche Nachkriegsfarbfilm *Schwarzwaldmädel* (1950) und *Grün ist die Heide* (1951) beide von Hans Deppe. Hier kann sich der Zuschauer, der keine Trümmer mehr sehen will, in der heimatlichen Idylle aalen. Das Publikum bekommt das zu sehen, was es so lange entbehrt hat: eine heile Welt, Liebe, Glück und Sonnenschein. Das ist eine saubere Sache und verspricht volle Kinokassen.

Auf die Welle der »Heimatfilme« folgt die der Kriegsfilme, die kritisch zu sein versuchen, aber bald auf dem Niveau der Kasernenhof-Klamotte enden. Auch Heldenepen werden wieder produziert, die von der Faszination des Kampfes in jedem Bereich leben, wie *Der Stern von Afrika* (1957) von Alfred Weidenmann oder *U 47 – Kapitänleutnant Prien* (1958) von Harald Reinl.

Es sieht sehr trist aus in der deutschen Filmlandschaft. Die schlimmen Veteranen der dreißiger und vierziger Jahre drehen Dutzende von Filmen ab. Käutner, von Baky, der Komödienspezialist Kurt Hoffmann und der Ende der fünfziger Jahre in die Bundesrepublik übersiedelte Staudte vermitteln gelegentlich Lichtblicke. Die wenigen neuen Talente können sich nicht dauerhaft durchsetzen, wie Georg Tressler (*Die Halbstarken*, 1956) und Bernhard Wicki (*Die Brücke*, 1960), oder ergeben sich nach hoffnungsvollen Anfängen dem plattesten Kommerzialismus, wie Rolf Thiele (*Das Mädchen Rosemarie*, 1958).

Doch solche Filme können nicht darüber hinwegtäuschen, daß auch Machwerke, die einst von den Nazis mit dem höchsten Prädikat »Film der Nation« ausgezeichnet worden waren, wie *Die Entlassung* (1942) von Wolfgang Liebeneiner, wieder im Verleih sind und damit ein Regisseur wie dieser wieder in Betrieb. So auch *Jud Süss*-Regisseur Veit Harlan, dessen Prophezeiung, die er vor dem Hamburger Schwurgericht 1949 von sich gibt »Die Welt ist rund. Eines Tages wird meine Frau (Kristina Söderbaum, A. d. A.) wieder auf der Leinwand zu sehen sein und ich neben der Kamera«, und an die damals niemand so recht glauben will, aber tatsächlich eintrifft. Denn unter Harlans Regie entstehen zwischen 1950 bis zu seinem Tod 1964 noch neun Filme.

Zwanzig Jahre dauert es, bis eine neue Generation auftaucht, die sich dem alten Geist und einer verrotteten Filmwirtschaft verweigert. Und wie der heilige Sylvester den Stier auferstehen läßt und den Rabbiner in Staunen versetzt, ersteht Mitte der sechziger Jahre der deutsche Film als Neuer Deutscher Film mit seinen ersten aufsehenerregenden Filmen, wie Ulrich Schamonis *Es* (1965), Volker Schlöndorfs *Der junge Törless* (1966) und Alexander Kluges *Abschied von gestern* (1966) und leitet ein neues deutsches Filmzeitalter ein.

1959: Regisseur Helmut Käutner dreht *Der Rest ist Schweigen* mit Hardy Krüger und Heinz Drache

# Klassiker des deutschen Tonfilms

# Der blaue Engel
## 1930

*Regie* Josef von Sternberg. *Buch* Robert Liebmann, Carl Zuckmayer, Karl Vollmöller, nach dem Roman *Professor Unrat* von Heinrich Mann (1905). *Kamera* Günther Rittau, Hans Schneeberger. *Musik* Friedrich Hollaender. *Lieder* »Nimm dich in acht vor blonden Frauen«, »Ich bin die fesche Lola«, »Kinder, heut abend, such ich mir was aus«, »Ich bin von Kopf bis Fuß auf Liebe eingestellt« von Friedrich Hollaender *(Musik)* und Robert Liebmann *(Text)*. *Bauten* Otto Hunte, Emil Hasler. *Ton* Fritz Thiery. *Schnitt* Sam Winston. *Darsteller* Emil Jannings (Professor Immanuel Rath), Marlene Dietrich (Lola Lola), Kurt Gerron (Zauberkünstler Kiepert), Rosa Valetti (Guste), Hans Albers (Mazeppa), Reinhold Bernt (Clown), Eduard von Winterstein (Schuldirektor), Hans Roth (Pedell), Rolf Müller (Angst), Roland Varno (Lohmann), Karl Ballhaus (Ertzum), Robert Klein-Lörk (Goldstaub), Karl Huszar-Puffy (Wirt), Wilhelm Diegelmann (Kapitän), Gerhard Bienert (Polizist), Ilse Fürstenberg (Raths Wirtschafterin). *Produktion* Ufa (Erich Pommer). 108 Minuten. *Uraufführung* 1.4.1930.

Der Gymnasial-Professor Immanuel Rath stellt fest, daß seine Schüler sich übermäßig für Lola-Lola, die Attraktion des »Blauen Engel«, interessieren. Um sich Gewißheit über diese Jugendgefährdung zu verschaffen, besucht er das Etablissement. Von der Animieratmosphäre völlig verwirrt, findet er sich in Lola-Lolas Garderobe wieder und ihrer koketten Provokation ausgesetzt. Am nächsten Tag bringt er Dessous, die er in seiner Konfusion mitgenommen hatte, in den »Blauen Engel« zurück. Lola-Lola empfängt ihn sehr freundlich. Als Rath am nächsten Tag aufwacht, wird ihm klar, daß er die Nacht in ihrem Bett verbracht hat. In der Schule muß er feststellen, daß seine Schüler sich ihre eigenen Gedanken über seine Besuche im »Blauen Engel« gemacht haben; die Tafel ist mit anzüglichen Zeichnungen vollgeschmiert. Als der Direktor von Raths Ausflug erfährt, bleibt ihm keine andere Wahl, als den Professor zu entlassen. Rath sucht Trost bei Lola. Das grenzenlose Verständnis, das sie ihm entgegenbringt, führt schließlich dazu, daß die beiden heiraten. Da er in seinem Beruf keine Arbeit mehr finden kann und seine Frau auch gar nicht verlassen will, folgt er der Kabarett-Truppe von Engagement zu Engagement. Zuerst verkauft er nur Postkarten seiner Frau, dann tritt er auch selber auf, als Clown. Der Chef der Truppe legt außerplanmäßig ein Gastspiel am alten Wirkungsort Raths ein, da er sich dort vom Auftreten des zum Clown gewordenen Professors ein gutes Geschäft verspricht. Gedemütigt und schon halb von Sinnen, führt Rath im »Blauen Engel« seine Nummer vor. Ein Ei wird auf seinem Kopf zerschlagen: das Signal für ihn, wie ein Hahn zu krähen. Die Zuschauer brüllen vor Vergnügen. Rath stürzt von der Bühne, um bei Lola Trost zu suchen. Er findet Lola in den Armen ihres Liebhabers Mazeppa. Außer sich vor Wut und Scham, versucht Rath, Mazeppa zu erwürgen. Er wird überwältigt und davongejagt. Im Dunkeln irrt er durch die Straßen und kommt zu seiner alten Schule. In dem Klassenzimmer, in dem er einst unterrichtet hat, stirbt er.

Marlene Dietrich und Rosa Valetti

Es war eine große Zeit, so ziemlich die größte für den deutschen Film; Babelsberg war wie Hollywood; aber trotzdem und trotz der vielen hervorragenden deutschen Filmemacher lud man zu besonderen Anlässen besondere Größen, aus Hollywood zum Beispiel, zu einem Gastspiel ein; einheimische Talente durften ihm dann von ferne bei der Arbeit zusehen. Robert Siodmak, der damals schon seine *Menschen am Sonntag* gedreht hatte, erzählt in seinen Memoiren *Ich war selbst dabei:* »Einmal nahm mich ein Regie-Assistent mit in die Ufa, wo Josef von Sternberg mit Marlene Dietrich *Der blaue Engel* drehte. Ich sah von weitem die Koryphäen der Ufa: Erich Pommer, den großen Produzenten; Friedrich Hollaender, der ›Ich bin von Kopf bis Fuß auf Liebe eingestellt‹ geschrieben hatte; Günther Rittau, den besten Kameramann der Ufa; und Fritz Thiery, den ersten genialen Tonmeister. Alles das erschien mir unerreichbar und das Ziel meines Lebens.« Sternberg war auf den Vorschlag von Emil Jannings hin zum *Blauen Engel* engagiert worden; in Hollywood hat-

Marlene Dietrich mit Rolf Müller, Roland Varno und Karl Ballhaus

Emil Jannings und Marlene Dietrich

ten die beiden *The Last Command* zusammen gedreht. Bei seiner Adaption des Heinrich Mannschen Romans konzentrierte Sternberg sich auf die Beziehungen zwischen Lola-Lola und Unrat, was ihm dann oft als eine unangemessene Privatisierung des Werkes angelastet wurde. »Die Entscheidung Sternbergs ist nicht losgelöst von der Situation im damaligen deutschen Tonfilm zu betrachten. Sie stellt eine gewisse Konzession an den von der bürgerlichen Filmindustrie zur Zeit des Aufkommens des Tonfilms manipulierten Publikumsgeschmack dar. Die Reduzierung der Geschichte, die dadurch erfolgte, paralysiert die sozialkritische Breite des Romans, seine gesellschaftliche Aussagekraft, die Heinrich Mann über die Gestaltung der Figur des Unrat erreicht. Der von Pommer lancierte Film entstand übrigens sozusagen hinter dem Rücken der Ufa-Gewaltigen, für die Heinrich Mann natürlich ein suspekter Autor war. Dieser fand nach einer ersten Vorauﬀührung den Film durchaus akzeptabel. ›Gerade ein wirklicher Roman ist nicht ohne weiteres verfilmbar. Er hat viele Seiten, und nur eine ist dem Film zugewendet. Er muß richtig gedreht werden. Das ist hier meines Erachtens auch geschehen‹, schrieb er 1930 an K. Lemke« (Barbara Rogall, *Film-Blätter,* 1974). Sternberg mußte sich von vielen Seiten sowie dem Titel des Unrat-Romans trennen, und auch Star Jannings mußte sich von vielen (nicht genug) seiner Marotten trennen, Produzent Pommer mußte sich von lieben Vorstellungen trennen und auch die Marlene Dietrich, die Sternberg gegen manchen Widerstand für die Rolle durchgesetzt hatte: ohne all diese Befreiungsaktionen hätte Sternberg nicht seine eigene Welt, eine Welt der Künstlichkeit, schaffen können. »Was der Sternberg mit dem Licht macht; die Möglichkeit, Geschichten nicht direkt zu erzählen, sondern auf einem Umweg... Es ist halt diese extreme Künstlichkeit, die dann doch in der Wirkung wieder etwas sehr Lebendiges ist« (Rainer Werner Fassbinder, in Wilfried Wiegand u.a.: *Fassbinder*). Es dauerte noch lange, bis die Qualität der Künstlichkeit entdeckt wurde. Anderes wurde sofort wahrgenommen. »Das Ereignis: Marlene Dietrich. Sie singt und spielt fast unbeteiligt, phlegmatisch. Aber dieses sinnliche Phlegma reizt auf. Sie ist ordinär, ohne zu spielen. Alles ist Film, nichts Theater« (Herbert Ihering, *Berliner Börsen-Courier,* 1930).

Emil Jannings, Hans Albers und Marlene Dietrich

# Westfront 1918
## Vier von der Infanterie
## 1930

*Regie* G. W. Pabst. *Regie-Assistenz* Paul Falkenberg. *Buch* Ladislaus Vajda, nach dem Roman *Vier von der Infanterie* von Ernst Johannsen. *Kamera* Fritz Arno Wagner, Ch. Metain. *Bauten* Ernö Metzner. *Ton* Karl Brodmerkel, Guido Bagier. *Schnitt* Wolfgang Loe-Bagier. *Darsteller* Fritz Kampers (Der Bayer), Gustav Diessl (Karl), Hans Joachim Moebius (Der Student), Claus Clausen (Der Leutnant), Gustav Püttjer (Der Hamburger), Jackie Monnier (Yvette), Hanna Hoessrich (Karls Frau), Else Heller (Karls Mutter), Carl Ballhaus (Der Schlächtergeselle). *Produktion* Nero-Film (Seymour Nebenzal). 2672 Meter. *Uraufführung* 23.5.1930.

1918 in Frankreich. Bei den Deutschen sind die letzten Reserven im Feuer. Die Gegenseite wird ständig durch neue Truppen verstärkt. Vier von der Infanterie – der Bayer, Karl, der Student und der Leutnant – liegen während einer Ruhepause hinter der Kampflinie bei einem französischen Bauern in Quartier. Die Bauerntochter Yvette sorgt für sie, die Soldaten machen ihr den Hof. Der Student und Yvette lieben sich. Die vier Infanteristen müssen wieder an die Front, in das Trommelfeuer, in die Gasangriffe, unter Schrapnells, Granaten, Flieger, Maschinengewehre, Flammenwerfer. Der Bayer, Karl und der Leutnant werden durch eine Minenexplosion in ihrem Unterstand verschüttet. Der Student gräbt sie frei. Die Infanteristen werden von der eigenen Artillerie beschossen. Der Leutnant kann nicht zum Stab telefonieren, weil die Leitungen zerschossen sind. Der Student meldet sich freiwillig als Meldegänger. Die Mission gelingt ihm, die Kameraden sind gerettet. Karl bekommt Urlaub. Zuhause findet er seine Frau mit einem jungen Mann im Bett. Im ersten Impuls will er sie erschießen. Seine Mutter versöhnt das Paar notdürftig. Es wird ein trauriger Urlaub. Beim Abschied umarmt er seine Mutter, seiner Frau gibt er nur die Hand; er kann ihr nicht wirklich vergeben. Karl kommt wieder an die Front zu seinem Regiment. Viele sind gefallen. Aber der Bayer, der Student und der Leutnant sind noch da. Sie sind wieder bei Yvette. In den völlig zerschossenen Stellungen geht der Krieg weiter. Der Student fällt im Nahkampf. Der Bayer wird schwer verwundet. Der Leutnant wird bei einem französischen Panzerangriff verrückt; er erhebt sich, salutiert einem Leichenhaufen und fällt. Karl kommt schwerverwundet ins Lazarett. In seinen Fieberträumen sieht er noch einmal seine Frau. Er stirbt. Ein Tuch wird über ihn gebreitet. Aber seine Hand sieht noch heraus. Ein französischer Verwundeter, der neben ihm liegt, nimmt Karls Hand in die seine und stöhnt »Feinde – nein – Kameraden –«

Hans Joachim Moebius und Partner

»Neben solchem, und neben allem, allem, was ich im Winter sah, ging ein Tonfilm dieser Tage mir am tiefsten: weil er das Gesicht des Krieges für Nichtteilnehmer am rüdesten entblößt. Der Eindruck übertäubt Wochen, Monate. Man sollte das an jedem Neujahrstag vorführen, einmal an jedem Jahresbeginn; in jedem Dorf, in jeder Schule; von Amts wegen, durch Gesetz. Was sind Theaterstücke?« Das schrieb der Theaterkritiker Alfred Kerr im *Berliner Tageblatt*. Egal, wie man zu Kriegsfilmen steht und auch, wenn man sich darüber klar ist, daß die meisten Kriegsfilme Pro-Kriegs-Filme sind (oft entgegen den Intentionen ihrer Hersteller): gerecht kann man ihnen nur werden, wenn man sie aus der Perspektive der Zeit und des Publikums sieht, für die sie gemacht wurden. Die Zeit um 1930 herum nannte Kurt Tucholsky gelegentlich »unsere Vorkriegszeit«; der letzte Krieg lag ein Jahrzehnt zurück, der nächste Krieg war im Kommen, wie die prophetischen Gemüter deutlich genug sagten: ein Jahrzehnt später war er in vollem Gang. In dieser Zeit hatten in der deutschen Produktion jene Filme Hochkonjunktur, die dafür sorgen sollten, daß wir »nach einigen Jahren für einen neuen Krieg wieder die alte Begeisterung haben« (Siegfried Kracauer in der Besprechung des relativ harmlosen Films *Kreuzer Emden, Frankfurter Zeitung,* 1927). In dieser Zeit kamen auch die

Claus Clausen

Die Truppen rücken aus

zwei Filme heraus, die immer an der Spitze aller ehrlichen und wirkungsvollen Anti-Kriegsfilme genannt werden: der amerikanische *Im Westen nichts Neues* und der deutsche *Westfront 1918*. Mit *Westfront 1918* haben wir den ersten der drei Tonfilme vor uns, mit denen G. W. Pabst, 1885 im böhmischen Raudnitz geboren, in Wien aufgewachsen und vor seinem Filmdebüt Bühnenregisseur, seine im Stummfilm glanzvoll begonnene Karriere *(Die freudlose Gasse* 1926, *Die Büchse der Pandora* 1928, *Das Tagebuch einer Verlorenen* 1929, neben anderen) krönte, ehe er in die Mittelmäßigkeit und den Opportunismus verfiel; die beiden anderen großen Tonfilme Pabsts sind *Kameradschaft* und *Die Dreigroschenoper*. Die Töne des sozialen Realismus, die schon in der *Freudlosen Gasse* angeklungen waren, wurden nun noch forciert durch Pabsts pazifistisches Engagement, das sich weniger auf politische Analysen einließ, als den Glauben an die Kraft der internationalen Solidarität von Soldaten und Arbeitern zu propagieren. Den Realismus-Begriff Pabsts darf man dabei nicht zu simpel sehen. Pabst: »Ich ein Realist? Von meinem allerersten Film an habe ich realistische Themen gewählt, aber mit der Intention, resolut ein Stilist zu sein. Ein realistischer Film wie *Sotte il sole di Roma* ist ein großer Film, aber nur deshalb, weil Castellani *Stil* hat. Aus dem gleichen Grund sind Renoir und Carné große Regisseure. Realismus muß ein Trampolin sein, von dem aus man immer höher springt; in sich hat er keinen Wert. Es geht darum, die Realität zu überwinden. Realismus ist ein Mittel, kein Ziel« (zitiert nach *Films and Filming*). Stilistisch läßt sich *Westfront 1918* natürlich am ehesten mit dem Film vergleichen, der ihn am getreuesten kopiert und zugleich heute den meisten Leuten vertrauter ist als der Pabstfilm: Stanley Kubricks *Wege zum Ruhm* mit seinen erbarmungslos endlosen Kamerafahrten über das Schlachtfeld und die Schützengräben. Bei Kubrick geben diese Beschreibungen die Folie für ein Lehrstück über militärischen Ehrgeiz her; bei Pabst sind sie Selbstzweck oder vielmehr Mittel zu dem Zweck, eine entsetzliche Realität zu vergegenwärtigen, die der seit dem 1. Weltkrieg herangewachsenen Generation nicht mehr gegenwärtig war und die Pabst dieser wie der kommenden Generation gerne erspart hätte. Was sich an individuellen Schicksalen noch abspielt, hat nur die Aufgabe, Pabsts eigentliches Ziel zu verdeutlichen. »Die Stacheldrahtlandschaft (beherrscht) den Bild- und Lebensraum, statt wie in früheren Kriegsfilmen nur eine eingestreute Episode zu sein. Ihr ordnet sich das ganze menschliche Dasein unter, und aus ihr stammt noch die vertrackte Lustigkeit des Frontkabaretts, dessen Arrangement von besonderer Überzeugungskraft ist (hier auch wieder eine Parallele zu Kubrick, dem

Hans Joachim Moebius und Gustav Diessl

Lied am Ende von *Wege zum Ruhm,* A.d.A.). Dem Drang zur wahrheitsgetreuen Wiedergabe des Grauens, der hier obwaltet, entwachsen zwei Szenen, die schon beinahe die Grenze des Aussagbaren überschreiten. Die eine: ein Einzelkampf endet damit, daß ein Infanterist vor aller Augen im Sumpf erstickt wird. (Daß man später noch eine Totenhand aus dem brodelnden Schlamm herausragen sieht, ist überflüssige Effekthascherei.) Die andere: das Frontlazarett in der Kirche mit Verstümmelten, Schwestern und Ärzten, die vor Erschöpfung kaum noch ihr Handwerk weiter betreiben können. Es ist, als seien mittelalterliche Marterbilder lebendig geworden« (Siegfried Kracauer, *Frankfurter Zeitung* 1930) *Westfront 1918* kam ein halbes Jahr vor *Im Westen nichts Neues* in Berlin heraus. In dieser Zeit war Deutschland nicht friedlicher geworden: der amerikanische Film wurde zum Objekt für nationalistische Radau-Kampagnen und Zensur-Aktionen. »*Westfront 1918* ist der einzige den Krieg denunzierende Film, der der Armee jede Gefälligkeit verweigert – in dieser Hinsicht ist es ein reineres Werk als das von Milestone (gar nicht zu reden von dem entmutigenden Komplizentum mit dem idealen Soldaten, die man in den französischen Filmen dieser Zeit immer wieder antrifft)« (Roger Boussinot: *L'Encyclopédie du Cinéma,* 1967).

# Abschied
## 1930

*Regie* Robert Siodmak. *Buch* Emmerich Pressburger, Irmgard von Cube. *Kamera* Eugen Schüfftan. *Musik* Erwin Bootz. *Lieder* »Abschiedswalzer«, »Reg dich nicht auf« von Erwin Bootz *(Musik)* und Gerd Karlik *(Text)*. *Bauten* Max Knaake. *Ton* E. Leistner. *Darsteller* Brigitte Horney (Hella), Aribert Mog (Peter Winkler), Emilia Unda (Frau Weber), Konstantin Mic (Bogdanoff), Frank Günther (Conférencier Neumann), Edmée Symon, Gisela Draeger (Lennox Sisters), Erwin Bootz (Bootz), Martha Ziegler (Lina), Wladimir Sokoloff (Bàron). *Produktion* Ufa (Bruno Duday). 1991 Meter. *Uraufführung* 25.8.1930.

»In der Pension Splendide ist alles ein bißchen bestoßen, die Möbel, der Teppich, die Tapeten und auch die Menschen! Da ist zunächst Frau Weber, die Pensionsinhaberin. Dicklich, gutmütig, aber verklatscht und nach Bedarf auch bösartig, plätschert sie in dem muffigen Milieu der Pension herum, deren Mängel sie schon längst nicht mehr sieht, und hetzt Lina, das geplagte Zimmermädchen, einen gutmütigen Trampel, den ganzen Tag umher. – Die Mieter sind: einmal der Herr Bootz, der leicht übergeschnappte junge Musiker, der den ganzen Tag Klavier spielt; Herr Neumann, der Conferencier ohne Conference und ohne Lackschuhe; Herr Bogdanoff, ein Russe mit Geld; und schließlich die Lennox-Sisters, die gar keine Schwestern sind und ihren entschwindenden Sexappeal kümmerlich genug an den Mann zu bringen suchen. Ein Zwischending zwischen Gast und Hausdiener ist Bàron, der verkommene Künstler, der um Zigaretten schnorrt und glücklich ist, durch Botengänge ein bißchen Geld zu verdienen. Auch zwei junge, unverbrauchte Menschenkinder, die ›Helden‹ des Films, sind in dieses Milieu verschlagen worden: Peter, ein Stadtreisender und Agent für Staubsauger, und Hella, seine Freundin, eine junge Verkäuferin. Die beiden lieben sich und möchten so gern heiraten, aber das Geld fehlt eben – eine ganz gewöhnliche, unromantische Geschichte, wie das Leben sie so gern schreibt. Peter hat Aussichten, in Dresden eine bessere Stellung zu bekommen. Alle wissen es, nur Hella nicht, die er mit der guten Nachricht überraschen wollte. Aber Hella erfährt es (was erfährt man nicht in einer Pension!) und ist verstimmt und mißtrauisch. Schmollend empfängt sie den Freund und teilt ihm nun zur Strafe auch ihr Geheimnis nicht mit. Sie hat sich nämlich heimlich ein Kleid bestellt und leichtsinnigerweise auch einen Hut dazu, und nun ist ihr das Geld knapp geworden. Frau Weber beruhigt sie und redet ihr zu, sich von Herrn Bogdanoff 10 Mark zu borgen, was sie auch tut, denn noch heute abend will sie die Sachen holen. Sie verweigert Peter jede Auskunft darüber, wo sie noch hin will. Peter wird eifersüchtig, schon Hellas Zureden zu der Stelle in Dresden hat ihn stutzig gemacht. Er findet einen Zettel mit einer Adresse. Aha! Hella betrügt ihn! Frau Weber erzählt von Hellas Pump bei Bogdanoff. Nun ist Peter von Hellas Untreue überzeugt. In größter Eile packt er seine Sachen, um sofort abzureisen. Als er die Tür der Pension zumacht, geht Bàron in Peters Zimmer, um dort Nachlese zu halten, nach Zigarettenstummeln, Knöpfen, alten Kragen oder dergleichen. Peters Ring, ein Geschenk Hellas, liegt neben dem Waschbecken und verschwindet prompt in Bàrons Westentasche. Hella kommt zurück, strahlend glücklich, reizend im neuen Kleid und Hut. Die Stimmung schlägt um, zugunsten Hellas, die weinend zusammenbricht. Den neuen Hut reißt sie sich vom Kopf. Die Adresse, die Peter fand, war die des Hutgeschäftes gewesen. Als Bàron das Mädchen weinen sieht, holt er den Ring hervor und gibt ihn mitleidig Hella – im Auftrag von Peter, lügt er gutmütig, nicht ahnend, daß er ihr hiermit nun den endgültigen Bruch Peters kundgibt! Aber Hella weint; ihr Glück ist zerstört. Ein ganz dummer, kleiner Irrtum, das Unterlassen einer offenen Aussprache hat zwei Menschen auseinandergerissen. Sie sind alle nicht schlecht, nur gedankenlos, oberflächlich und vom Leben ein bißchen bestoßen, wie die ganze Pension Splendid. So wandelt sich das bißchen Glück in – Abschied, vielleicht fürs Leben, vielleicht – doch wer kann das wissen« *(Illustrierter Film-Kurier 1938).*

Brigitte Horney und Aribert Mog

Konstantin Mic, Brigitte Horney, Edmée Symon und Emilia Unda

Einen Tag nach der Uraufführung seines Debütfilms *Menschen am Sonntag* am 4. Februar 1930 wurde Robert Siodmak von der Ufa engagiert, als Dramaturg zu seinem Verdruß, nicht als Regisseur. »Ich las Tausende von lausigen Einsendungen, bis ich eines Tages auf eine vierseitige Novelle stieß, die *Der Mond* hieß. Ich ließ den Autor kommen, einen kleinen Ungarn, der im Monat fünfzig Mark verdiente, während ich ein Gehalt von tausend Mark hatte. Ich fragte ihn, ob er bei der Ufa arbeiten wollte, und sprach mit meinem Chef, Herrn Podehl, der sofort bereit war, meinen Vertrag zu lösen, da die Produktionsleitung mir einen Regieauftrag geben wollte. Am Sonnabendmorgen kam der kleine Ungar. Ich bat ihn, sich an meinen Platz zu setzen und den Vertrag zu unterschreiben. Er tat es und fing an zu weinen« (Robert Siodmak: *Ich war selbst dabei*). Der kleine Ungar war Emmerich (später Emeric) Pressburger, der dann nach England ging und ab 1939 mit Michael Powell ein berühmtes Produktions- und Regieteam bildete *(Die roten Schuhe)*. Seine erste Ufa-Arbeit war das mit Irmgard von Cube gemeinsam verfaßte Drehbuch zu dem Siodmak-Film *Abschied,* der, wie Pressburger damals in einem Interview sagte, »der erste deutsche Milieutonfilm« werden sollte (im Gegensatz etwa zu dem im Mai 1930 uraufgeführten ersten »Kriegstonfilm« *Westfront 1918).* Das Milieu, das Pressburger und Siodmak sich aussuchten, war eines der beliebtesten deutschen Film-Milieus überhaupt: der »Menschen in der Pension«-Film ist die Miljöh-Variante der »Menschen im Hotel«-Filme und ein Genre für sich. Weltberühmt und oscar-notorisch ist *Cabaret,* der das Berliner Pensions-Milieu mit dem ebenso beliebten Cabaret-Milieu kombiniert (die Cabaret-Welt ist auch in *Abschied* präsent, durch die Figuren des Conferenciers und der Lennox-Sisters). In den schlimmeren Werken des Genres sind ein Drittel aller Pensionen verkappte Bordelle und ein Drittel verkappte Geheimdienstzentralen und das restliche Drittel beides zusammen. Siodmaks *Abschied* ist nach wie vor der beste aller Pensions-Filme. Die hier gekürzt wiedergegebene Kritik von Wolfgang Petzet aus *Der Kunstwart* vom 28.4.1931 gibt neben der präzisen Beschreibung der Qualitäten des Films einen interessanten Einblick in Branchen-Praktiken und -Mentalitäten, wie sie damals üblich waren und heute noch immer nicht ganz überwunden sind: »Es ist erfreulich, berichten zu können, daß der beste Tonfilm seit *Unter den Dächern von Paris* von dem

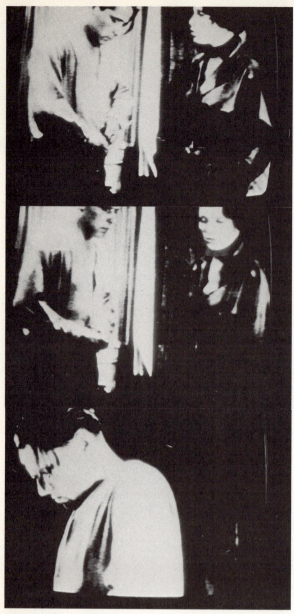

Aribert Mog und Brigitte Horney

deutschen Regisseur Robert Siodmak (bekannt geworden durch seinen ersten Film aus der Wirklichkeit, *Menschen am Sonntag*) mit einem deutschen Ensemble junger und zumeist noch unbekannter Künstler (darunter die hochbegabte Biggy Horney) gedreht wurde und daß die Ufa allen üblichen geschäftlichen Erwägungen zum Trotz die Produktion ermöglicht hat. Das ist ihr hoch anzurechnen, und sie hat damit für einige ihrer Sünden Buße getan. Denn der Unterbringung des Films setzte sich in der Tat der Widerstand aller entgegen, die durch ihre Betätigung im Filmgeschäft jedes Empfinden für den Gegenstand ihres Geschäftes, den Film, verloren haben. Es ging ganz ähnlich wie bei den *Dächern von Paris,* die zuerst auch als ›publikumsunwirksam‹ galten, bis man sich plötzlich darum riß, den Film geliehen zu bekommen. In Berlin und Frankfurt am Main gab es noch verständige Lichtspieltheaterbesitzer, die *Abschied* übernahmen und ihn dann zur Belohnung ihres Mutes wochenlang laufen lassen konnten; bereits in München fand sich kein einziges Kino, das ein solches Risiko eingehen wollte. Darauf wurde der Film in einem großen Lichtspielhause durch die ›Münchner Liga für den unabhängigen Film‹ im eigenen Betriebe vorgeführt. Dieses Eingreifen einer jener ›Ligen‹, die nun in allen größeren Städten bestehen, ist das zweite filmpolitisch lehrreiche und glückliche Moment der Angelegenheit. Es hat sich gezeigt, daß, wenn die Produktion nur guten Mutes ist, jetzt auch Organisationen vorhanden sind, einem wertvollen Film gegen alle Widerstände der ›Geschäftserfahrenen‹ beim Publikum zum Erfolg zu verhelfen... Wie Siodmak das Neben- und Durcheinander einer Großstadtpension aus Dialog-, Bild- und Tonfetzen in intuitiv gestalteter tonfilmischer Einheit erstehen läßt, ist gänzlich neu und zugleich schon vollendet. Ein musikalisches Leitmotiv geht durch den ganzen Film, ungezwungen durch das Spiel eines verbummelten Musikanten motiviert, bald stärker, bald leiser an den bevorstehenden Abschied gemahnend. Dann gibt es die immer wiederkehrenden Geräusche, wie den schrillen Ruf ›Lina!‹ der Pensionsmutter, das Klingeln der Tür und des Telefons undsofort, die den Untergrund der Stimmung ›Pension‹ bilden. Die Bilder aus den einzelnen Zimmern, die Symbole der fürchterlichen Einrichtungsgegenstände, das völlig verschiedenen Zielen zugekehrte Tun der Inwohner kontrastieren miteinander, oder es ergeben sich Ergänzungen, wie in der schmerzhaft brutalen Abreise des Helden und dem erbarmungslos knirschenden Gekreisch des Staubsaugers im Nebenzimmer, der plötzlich kraftlos einsackt, als das Dienstmädchen den Wagen holt... Zum Schluß sei von den zahllosen glänzenden Einfällen, aus denen sich dieser Film zusammensetzt, nur noch einer erwähnt: die schönste Liebesszene, die es je auf der Leinwand gab. In ihr sind die Liebenden überhaupt nicht zu sehen, nur ein paar Zigaretten verlöschen in einem häßlichen Aschenbecher, und aus dem Dunkel hört man leise zuerst, dann stärker die benommenen Stimmen der Erwachenden.« *Abschied* war der erste Film von Brigitte Horney, die zwar eine Schauspielausbildung absolviert hatte, aber noch keinerlei Bühnenerfahrung besaß.

# Die Drei von der Tankstelle
## 1930 · 1955

**Die Drei von der Tankstelle 1930.** *Regie* Wilhelm Thiele. *Buch* Franz Schulz, Paul Frank. *Kamera* Franz Planer. *Musik* Werner Richard Heymann. *Lieder* »Ein Freund, ein guter Freund«, »Lieber, guter Herr Gerichtsvollzieher«, »Hallo, du süße Frau!«, »Liebling, mein Herz läßt dich grüßen!« und »Erst kommt ein großes Fragezeichen« von Werner Richard Heymann *(Musik)* und Robert Gilbert *(Text). Bauten* Otto Hunte. *Ton* Hermann Fritzsching. *Schnitt* Viktor Gertler. *Darsteller* Willy Fritsch (Willy), Oskar Karlweis (Kurt), Heinz Rühmann (Hans), Fritz Kampers (Konsul Cossmann), Lilian Harvey (Lilian Cossmann), Olga Tschechowa (Edith von Turoff), Kurt Gerron (Dr. Kalmus), Gertrud Wolle (Sekretärin), Felix Bressart (Gerichtsvollzieher). *Produktion* Ufa (Eberhard Klagemann). 2728 Meter. *Uraufführung* 15.9.1930.

**Die Drei von der Tankstelle 1955.** *Regie* Hans Wolff. *Künstlerische Oberleitung* Willi Forst. *Regie-Assistenz* Hermann Leitner. *Buch* Gustav Kampendonk, nach dem Film von 1930. *Kamera* (Eastmancolor) Willi Sohm. *Kamera-Assitenz* Hermann Dey. *Musik* Werner Richard Heymann. *Lieder* »Ein Freund, ein guter Freund«, »Liebling, mein Herz läßt dich grüßen«, »Erst kommt ein großes Fragezeichen« von Werner Richard Heymann *(Musik)* und Robert Gilbert *(Text);* »Das mach' ich alles mit der linken Hand«, »Ich bin dagegen« von Werner Richard Heymann *(Musik)* und Bruno Balz *(Text). Bauten* Hanns H. Kuhnert, Kurt Herlth. *Choreographie* Sabine Ress. *Schnitt* Hermann Leitner. *Darsteller* Adrian Hoven (Peter), Walter Müller (Robert), Walter Giller (Fritz), Germaine Damar (Gaby Kossmann), Willy Fritsch (Konsul Willy Kossmann), Claude Farell (Irene von Turoff), Oskar Sima (Dr. Calmus), Wolfgang Neuss (Prokurist Bügel), Rudolf Vogel (Gerichtsvollzieher), Hans Moser, Hilde Hildebrand, Fritz Imhoff und Rita Paul und das Cornel-Trio. *Produktion* Berolina (Kurt Ulrich, Willi Forst). 95 Minuten.

Die drei Freunde Willy, Kurt und Hans (im Remake Peter, Robert und Fritz) kehren von einer Reise zurück und erfahren, daß ihr Geld weg, ihre Wohnung gepfändet und ihr Bankier pleite ist. Sie verkaufen ihr Auto und machen mit dem Erlös eine Tankstelle auf. Es wird in drei Schichten gearbeitet, das Unternehmen floriert. Die treueste Kundin ist die junge Lilian (Gaby) Kossmann; jeder von den dreien lernt sie für sich kennen, und jeder macht sich Hoffnungen auf sie. Es ist aber von Anfang an klar, daß in Wirklichkeit nur Willy (Peter) Chancen hat. Eifersucht führt zum Krach. (Im Remake glauben die Freunde, Gaby habe sich zum Werkzeug einer Manipulation machen lassen, durch die sie um ihre Tankstelle gebracht werden sollen.) Aber mit Hilfe ihres Vaters, Konsul Kossmann, und dessen schlauer Freundin Edith (Irene) wird die glückliche geschäftliche und private Zukunft des Trios gesichert, wobei Willy (Peter) natürlich am besten wegkommt.

Oskar Karlweis, Willy Fritsch und Heinz Rühmann

*»Wir ha'm die Arbeit nur von weitem gesehn
Und auch von weitem war sie nicht schön!«*

Wenn man die *Drei von der Tankstelle* zum erstenmal sieht, wird man gleich von dem ganz eigenen, unverwechselbaren, irgendwie unerklärbaren Reiz dieses Films gefangengenommen (der sich im Untertitel bescheiden eine »Operette« nennt, aber bereits viel mehr Musical ist als manches, was sich später hochstaplerisch so etikettiert). Beim wiederholten Betrachten kommt man dann dahinter, was einen hier so umwirft; der spezifische Charme dieses Filmes wird geboren aus dem gewaltigen Zusammenprall von einem mit allen Wassern gewaschenen, dabei ganz vitalen Professionalismus und einem geradezu unglaublich dilettantischen Amateurismus. Zu den Profis gehören auf jeden Fall die Autoren von Buch und Liedtexten, die die Chuzpe und den meschuggenen Witz aufbringen, in der Zeit der schlimmsten Arbeitslosigkeit ein Stück singenden klingenden Eskapismus zu konzipieren, der geradewegs in das Elend eskapiert, aus dem es zu fliehen gilt. Dies geschieht freilich unter besonders unverschämten Vorzeichen, denn was sagt uns der Film? Das Leben ist schwer für jedermann, und auf zehn arbeitslose Proleten kommt mindestens ein verkrachter Lebemann, dem die schönste Stelle nichts

Oskar Karlweis und Lilian Harvey

nützen würde, weil er rein gar keine Stelle ausfüllen kann; selbst zum Eintänzer oder Chauffeur langt es kaum. Das soziale Elend dieser Klasse wird treffend analysiert in dem Song: »Bald wird uns die Stunde schlagen / da wir nicht mehr Smoking tragen / Ach wie wird uns da zumut! / Polo spielen, Austern essen / Alles müssen wir vergessen / Ach wie weh doch so was tut / Statt Whisky gibt's jetzt Limonade / und statt Kaviar Marmelade.« Solche Kostbarkeiten wären natürlich nur halb so schön, würden sie nicht durch die Arbeit einer weiteren genialen Fachkraft zum Tragen gebracht: durch die Kompositionen von Werner Richard Heymann, dem besten Musiker des frühen deutschen Tonfilms, der nicht nur über eine wunderbare Melodien-Phantasie verfügte, sondern auch alle möglichen Geräusche kompositorisch verarbeiten konnte; siehe die Hupe von Lilian Harveys Limousine, die zum musikalischen Leitmotiv wird. Einer der brillantesten Profis seines Gewerbes war schon damals Franz Planer, der dann zu einem der berühmtesten Hollywood-Kameraleute wurde. Sein Meisterstück in *Die Drei von der Tankstelle* ist die Ausleuchtung der Szene »Liebling, mein Herz läßt dich grüßen«, in der der fallende Regen und das gleißende Licht vor dem Fenster durch pure Kamerakunst zu einer Art funkelndem Revue-Background verwandelt werden: der einzig angemessenen Folie für eine so strahlende Nummer, dabei völlig aus dem Realismus des Dekors entwickelt. Dieses alles erleidet nun, wie gesagt, eine Frontal-Kollision mit einer Regie, die an gutgelaunte Schüler-Aufführungen erinnert (und zwar im Arrangement wie in der Schauspielerführung), und einem Schnitt, dem jegliches Gefühl für Timing abgeht (was sich auch für das ungeübte Auge in den vielen toten Stellen zwischen den Einstellungen verrät). Wie rigoros alles auf die Ebene des Dilettantismus heruntergeholt ist, zeigt sich am schönsten in der Ballett-Szene der Nachtlokal-Sequenz, mit einer auf Flügeln herumturnenden Girl-Truppe, deren Talent selbst Leni Riefenstahl schaudern gemacht hätte. Durch die Mischung aber des Hochqualifizierten mit dem unaggressiv Ahnungslosen entsteht ein Werk von wirklich einmaliger Faszination, *Die Drei von der Tankstelle,* der geschäftlich erfolgreichste deutsche Film der Saison 1930/31 und auch heute noch ein Film, den man sich gerne mit seinem kleinen Sohn oder seiner alten Mutter ansieht.

»Liebling, mein Herz läßt dich grüßen...«

# Die Dreigroschenoper
## 1931 · 1963

**Die Dreigroschenoper 1931.** *Regie* G. W. Pabst. *Buch* Leo Lania, Ladislaus Vajda, Bela Balazs, nach dem Bühnenstück von Bertolt Brecht *(Text)* und Kurt Weill *(Musik)*. *Kamera* Fritz Arno Wagner. *Musikalische Leitung* Theo Mackeben. *Ton* Adolf Jansen. *Darsteller* Rudolf Forster (Mackie Messer), Carola Neher (Polly Peachum), Reinhold Schünzel (Tiger-Brown), Fritz Rasp (Peachum), Valeska Gert (Frau Peachum), Lotte Lenya (Jenny), Hermann Thimig (Pastor Kimball), Ernst Busch (Straßensänger), Wladimir Sokolow (Smith), Hermann Grünbaum (Filch) und Paul Kemp, Gustav Püttjer, Oskar Höcker, Kraft Raschig (Mackie Messers Platte). *Produktion* Tobis-Warner Bros, Berlin/New York (Seymour Nebenzal). 110 Minuten. *Uraufführung* 19.2.1931.

**Die Dreigroschenoper 1963.** *Regie* Wolfgang Staudte. *Buch* Wolfgang Staudte, Günter Weisenborn, nach dem Bühnenstück von Bertolt Brecht *(Text)* und Kurt Weill *(Musik)*. *Kamera* (Scope, Farbe) Roger Fellous. *Musikalische Leitung* Peter Sandloff. *Bauten und Kostüme* Hein Heckroth. *Ton* Fritz Schwartz. *Schnitt* Wolfgang Wehrum. *Darsteller* Curd Jürgens (Mackie Messer), June Ritchie (Polly Peachum), Lino Ventura (Tiger-Brown), Gert Fröbe (Peachum), Hilde Hildebrand (Frau Peachum), Hildegard Knef (Jenny), Henning Schlüter (Pastor Kimball), Sammy Davis jr. (Straßensänger), Hans W. Hamacher (Smith), Walter Giller (Filch) und Siegfried Wischnewski, Walter Feuchtenberg, Stanislaw Ledinek, Martin Berliner (Mackie Messers Platte). *Produktion* Kurt Ulrich-C.E.C., Berlin/Paris. 124 Minuten. *Uraufführung* 8.2.1963.

Macheath, genannt Mackie Messer, der respektable und elegante König von Soho, kommt von einem Besuch in dem Bordell, in dem seine Freundin Jenny wohnt, und begegnet Frau Peachum und ihrer Tochter Polly. Er lädt die beiden in eine Spelunke ein. Während die Mutter tanzt, macht Mackie sich mit Polly davon. In einer Lagerhalle am Hafen halten die beiden Hochzeit. Freudig begrüßter Ehrengast ist Tiger-Brown, der Polizeichef von London, ein alter Freund Mackies aus gemeinsamer Soldatenzeit. Pollys Vater, Herr Peachum, Herr der Londoner Bettler-Organisation, die als »Bettlers Freund« firmiert, ist über die Heirat wütend, weil ihm mit Polly die tüchtigste Stütze seines Geschäftes verlorengeht. Ihre Tüchtigkeit kommt jetzt Mackie zugute: sie gründet mit den Mitgliedern von Mackies Bande eine Bank. Herr Peachum erpreßt Tiger-Brown: wenn Mackie Messer nicht verhaftet wird, ruiniert Peachum den herannahenden Krönungstag der Königin durch eine Bettler-Parade. Mackie muß eine Weile untertauchen, läßt es sich aber nicht nehmen, am Donnerstag wie gewöhnlich den Damen des Bordells einen Besuch zu machen. Jenny rächt sich für seine Untreue, indem sie ihn seinen Häschern verrät. Die Nachricht von seiner Verhaftung erreicht Peachum zu spät: er kann die von ihm organisierte Bettler-Parade nicht mehr aufhalten, sie wälzt sich dem Krönungszug entgegen. Jennys Liebe siegt über ihre Eifersucht: sie verhilft Mackie zur Freiheit. Tiger-Brown und Peachum gehen durch den Skandal des Bettler-Aufmarsches ihres Amtes beziehungsweise ihrer Firma verlustig. Mackie zeigt sich großzügig und nimmt beide in seine Firma auf. Das glückliche Ende vereint alle Beteiligten, Freund und Feind, die aber ein Herz und eine Seele sind, wenn es gegen die Ärmsten der Armen geht. (Im Remake wird der bereits in Freiheit gelangte Mackie im Bett einer anderen Dame wiederum verhaftet. Seine Hinrichtung wird angesetzt. Schon will der Henker seines Amtes walten, da erscheint ein Bote des Königs: Mackie wird begnadigt und geadelt.)

Reinhold Schünzel und Rudolf Forster

1922 hatte Bertolt Brecht in einer Umfrage des *Berliner Börsen-Couriers* einige der Hindernisse beschrieben, die seiner Meinung nach der »Beteiligung an einem Filmmanuskript« entgegenstehen, zum Beispiel: »Die Knaben, die an der Quelle sitzen, haben eine tiefe Abneigung gegen die Knaben, die sich

Carola Neher und Rudolf Forster

Ernst Busch

an die Quelle setzen wollen. Diese Abneigung wird geteilt von den Knaben, die an den Knaben sitzen und so weiter.« 1930 trug er seine Differenzen mit den Knaben, die an der Quelle sitzen (Filmproduktionen), und den Knaben, die an den Knaben sitzen (Justiz, Anwälte der Filmfirmen, Teile der Presse, vor allem die Filmfachpresse), in dem berühmten Dreigroschenprozeß aus. Die Uraufführung der *Dreigroschenoper* 1928 hatte Brecht gezeigt, daß sein und Kurt Weills Werk entgegen seinen Intentionen auch rein kulinarisch genossen werden konnte. Diese Erkenntnis und alles andere, was seiner Meinung nach bei einer Verfilmung zu beachten sei, wollte er auf jeden Fall berücksichtigt wissen, als es 1930 mit der Nero-Film, die dann den Film für die Tobis und die Warner Bros. produzierte, zu Verhandlungen über den *Dreigroschenoper*-Film kam. Brecht hat den weiteren Verlauf der Dinge in seiner Schrift *Der Dreigroschenprozeß – Ein soziologisches Experiment* beschrieben (erstmalig erschienen in Heft 3 der *Versuche*, 1931). Für Brecht gab es bei der ganzen Unternehmung zwei Prämissen. Erstens: »Die *Dreigroschenoper* konnte, unter Belassung des status quo in der Benutzung der Filmapparate, in einen *Dreigroschenfilm* verwandelt werden, wenn ihre soziale Tendenz zur Grundlage der Bearbeitung gemacht wurde. Das Attentat auf die bürgerliche Ideologie mußte auch im Film veranstaltet werden können. Intrige, Milieu, Figuren waren vollkommen frei zu behandeln. Diese Zertrümmerung des Werkes nach dem Gesichtspunkt der Beibehaltung seiner gesellschaftlichen Funktion innerhalb einer neuen Apparatur wurde von der Filmgesellschaft abgelehnt.« Und das, obwohl Brecht sicher sein konnte, alle Vorkehrungen zur Durchsetzung seines Konzeptes getroffen zu haben. Prämisse 2: »Als wir im Sommer vergangenen Jahres durch unseren Verleger einen Vertrag über die Verfilmung der *Dreigroschenoper* abschließen ließen, sahen wir die Möglichkeit, Geld zu verdienen, und zugleich die Möglichkeit, einen Film zu machen. Die Filmfirma verpflichtete sich, den Film nach unseren Entwürfen zu drehen, und räumte uns ein Mitbestimmungsrecht am kurbelfertigen Manuskript ein.« Der Prozeß, den Brecht und Weill dann gegen die Nero führten, während gleichzeitig der Film gedreht wurde, ging wesentlich um Auslegungsfragen der vertraglich vereinbarten Mitbestimmungsfragen. Im Verlauf des Prozesses bot der Nero-Anwalt dem Autor 25 000 Mark an, »um den Streit aus der Welt zu schaffen«. Brecht: »Es handelt sich nicht um die materielle Seite.« Brecht sah in dem Vorgehen der Filmfirma eine »Zertrümmerung des Werkes, und zwar nach geschäftlichen Gesichtspunkten«. Der Prozeß hatte für ihn den Sinn, »die Unmöglichkeit einer Zusammenarbeit mit dem Industriefilm selbst bei vertraglichen Sicherungen öffentlich darzutun«. Das Organ dieser Industrie, die Fachzeitschrift *Kinematograph,* verteidigte diese Branche gegen den von anderen Blättern unterstützten Anspruch, »begründete Interessen des Publikums und der Kunst zu wahren« *(B. Z. am Mittag)* mit sehr verräterischen Sätzen: »Die herstellende Firma behauptet, daß Brecht eine politische Kampftendenz in den Film hineintragen wollte. Nach der ganzen Einstellung des Dichters ist das auch als wahrscheinlich anzunehmen. Auf dem Theater ist das das gute Recht jedes schaffenden Künstlers. Aber im Film können wir uns eine derartige Spezialisierung der Weltanschauung ohne schweren geschäftlichen Schaden nicht gefallen lassen.« Brecht verlor den Prozeß. In der Berufungsinstanz wäre es um Herausbringen oder Nicht-Herausbringen des Films gegangen und damit um ungeheuere Summen. So kam es vor dem Termin dieser Instanz zu einem Vergleich. Die Nero zahlte die Prozeßkosten und gab ein weiteres; Brecht: »Ich hätte aber den Prozeß niemals abgebrochen, wenn ich nicht erreicht hätte ... daß ich das Recht auf eine neue Verfilmung der *Dreigroschenoper* schon nach zwei Jahren zurückhielt. Dadurch war der erste Dreigroschenfilm zu einer, wenn auch bedauerlichen, Regieversion geworden. Wenn sich nach zwei Jahren keine Möglichkeit zu einer neuen Verfilmung ergeben sollte, so liegt das nicht an mir.« Unmittelbar unter dem Eindruck dieser Auseinandersetzungen wurde der Film dann, wenn auch durchaus nicht mit boshafter Betonung, als »märchenhafter Operettenfilm« (Rudolf Arnheim, *Film als Kunst,* 1932) apostrophiert. Die spätere Kritik und Filmgeschichtsschreibung hat dann zunehmend versucht, dem Regisseur G. W. Pabst gerecht zu werden und das Werk unter der Perspektive zu beurteilen, nach der die

Rudolf Forster

Autorenschaft eines Films ganz oder zu wesentlichen Teilen seinem Regisseur gehört: »Was immer die an dem Szenario vorgenommenen Änderungen sein mögen: der Film von Pabst ist durch seinen Stil und seine Struktur ein vollkommenes originales Werk. Wo Brecht dekomponiert und analysiert, konstruiert und rekonstruiert Pabst ein Universum, das ganz das seine ist. Es ist die Welt der Nacht, die beunruhigende Welt der Kulissen, durch die er die Klarheit und Offensichtlichkeit des täglichen Lebens substituiert ... Die Dekors von Andrejew vermählen sich mit den Bildern von Wagner und bringen die ›Stimmung‹ (deutsch im französischen Original dieses Zitats), die ganz besondere Stimmung dieses Films hervor. Stets haben wir hier die perfekte Integration von Figuren und Dekor vor uns. So lassen zum Beispiel drei aufeinanderfolgende Einstellungen Pollys, die von ihrer Liebe singt, sie immer tiefer in das Dekor eintauchen und übersetzen in einer brillanten Ellipse den Bund der jungen Frau und Mackies. Das Dekor ist untrennbar von den Figuren, es klebt ihnen an der Haut, es verrät sie. Aber diese imaginäre Szene, deren artifizieller Charakter durch das Dekor noch unterstrichen wird, führt zu keiner objektiven Realität. Sie ist ein fiktiver Treffpunkt aller sozialen Klassen, wo geheime Bindungen geknüpft werden. Nichts ist hier fixiert; jeder kommt hier vorbei, und alle begegnen sich hier« (Yves Aubry/Jacques Petat: *G.W. Pabst,* 1968). 1934 hätte Brecht die Filmrechte an der *Dreigroschenoper* neu verkaufen können; aber da gab es keinen Markt mehr in Deutschland für ein solches Werk, egal ob Brecht-getreu oder nicht. Das Remake der *Dreigroschenoper* entstand erst 30 Jahre später und war dann nur angetan, den Ruhm des Pabst-Filmes zu mehren. »Daß die Zurücknahmen der ideologischen und künstlerischen Potenzen (im Pabst-Film) nur relativ war, das heißt noch übertroffen werden konnte, beweist die Staudte-Version von 1963« (Eckart Jahnke, *Filmblätter,* 1974).

Lotte Lenya

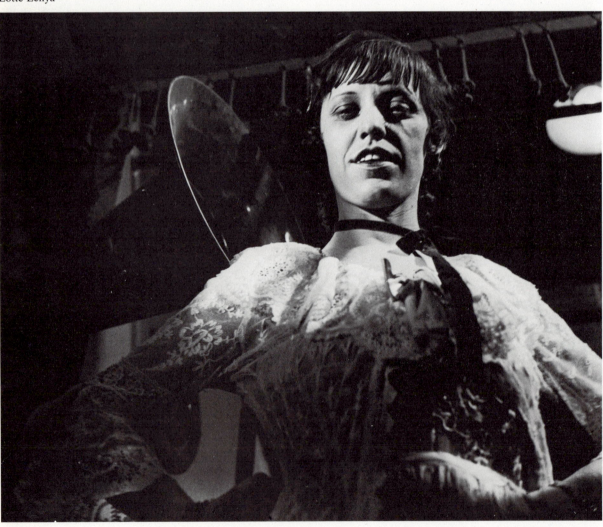

# M
## Mörder unter uns
## 1931

*Regie* Fritz Lang. *Buch* Fritz Lang, Thea von Harbou, nach einem Artikel von Egon Jacobson. *Kamera* Fritz Arno Wagner. *Kamera-Assistenz* Karl Vash. *Musik* Motiv aus *Peer Gynt* von Edward Grieg. *Bauten* Emil Hasler, Karl Vollbrecht. *Schnitt* Paul Falkenberg. *Darsteller* Peter Lorre (Der Mörder), Otto Wernicke (Kriminalkommissar Lohmann), Gustaf Gründgens (Der Schränker), Ellen Widmann (Frau Beckmann), Inge Landgut (Elsie Beckmann), Ernst Stahl-Nachbaur (Polizeipräsident), Franz Stein (Minister), Theodor Loos (Kriminalkommissar Groeber), Friedrich Gnass (Einbrecher), Fritz Odemar (Falschspieler), Paul Kemp (Taschendieb), Theo Lingen (Bauernfänger), Georg John (Der blinde Luftballonverkäufer), Karl Platen (Wächter), Gerhard Bienert (Kriminalbeamter), Rosa Valetti (Kaschemmenwirtin), Hertha von Walther (Dirne), Rudolf Blümner (Verteidiger), Josef Dahmen, Else Ehser, Ilse Fürstenberg, Heinrich Gretler, Albert Hörrmann. *Produktion* Nero-Film. 117 Minuten. *Uraufführung* 11.5.1931.

Berlin, um 1930. Ein Mann lockt kleine Mädchen in entlegene Gegenden, mißbraucht sie und tötet sie. Die Bevölkerung ist aufgebracht. Die Polizei sucht fieberhaft und unter Einsatz modernster Fahndungsmittel nach dem Mörder; der zuständige Beamte, Kommissar Lohmann, glaubt, daß man es mit einem pathologischen Fall zu tun hat. Die im Ringverein organisierten Kriminellen der Stadt, angeführt von dem Schränker, sind durch die pausenlose Fahndung und die vielen Razzien in ihrer Arbeit gestört und nehmen deshalb ihrerseits die Jagd nach dem Mörder auf. In dem Augenblick, in dem Kommissar Lohmann die richtige Spur findet, erkennt ein blinder Straßenhändler den Mörder an einer charakteristischen Melodie und gibt einem Ganoven den Auftrag, ihn zu verfolgen und den Ringverein zu alarmieren. Der Mörder verschwindet in einem großen Verwaltungsgebäude, in dem sich auch eine Bank befindet. Die organisierten Verbrecher und die Bettler und Stadtstreicher, die ihnen als Hilfstruppen dienen, bewachen bei Feierabend alle Ausgänge des Gebäudes; von dem Mörder ist aber nichts zu sehen. Der Schränker schließt daraus, daß der Mörder noch in dem Gebäude sein muß, das er jetzt auch nicht mehr verlassen kann, da alle Ausgänge mit Gittern geschlossen worden sind. Als Polizist verkleidet, bricht er mit seinen Männern in das Gebäude ein. Trotz aller Vorsichtsmaßnahmen können die Verbrecher es nicht verhindern, daß ein Nachtwächter Alarm gibt. Doch ehe die Polizei kommt, haben der Schränker und seine Männer den Mörder gefunden; sie nehmen ihn mit sich. Einer der Verbrecher hat den Abzug seiner Kollegen verpaßt. Er fällt der Polizei in die Hände und verrät bei der Vernehmung, daß die Verbrecher nicht vorhatten, das Gebäude auszurauben, sondern den Mörder zu fassen. Wie der Mann der Polizei richtig angibt, haben die Verbrecher den Mörder in eine verlassene Fabrik gebracht und halten dort Gericht über ihn. Der Schränker verlangt als Ankläger die Todesstrafe. Der Mörder beschreibt sich als schizophrene Person, die ihren eigenen mörderischen Teil nicht verstehen kann und unter ihm leidet. Der als Verteidiger bestellte Ganove erwähnt beiläufig, daß der Schränker selbst wegen dreier Mordfälle von der Polizei gesucht wird; für den Angeklagten reklamiert er den Schutz des Gesetzes, auf den jeder Kriminelle ein Anrecht habe, und fordert seine Auslieferung an die Polizei. Die Verhandlung mündet in ein so turbulentes Chaos, daß die Verbrecher die Polizei erst bemerken, als diese schon im Raum steht. Der Mörder kommt vor ein ordentliches Gericht.

Peter Lorre

Wenn man nach dem besten aller deutschen Filme fragt, wird *M* fast automatisch meist zuerst genannt. Zugleich tun sich die meisten schwer, wenn es um eine Antwort auf die Frage geht, um was es in diesem Film eigentlich geht. *M* ist ein Film von vielen Themen und Qualitäten, aber zuerst und vor allem ist es ein Film, der das Vergnügen an der eigenen Virtuosität genießt und diesen Gusto großzügig und total mit dem Publikum teilt; ein Werk der hemmungslosen

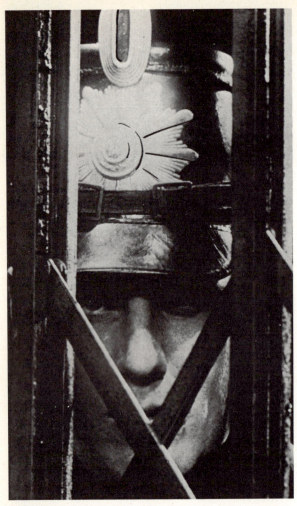
Gustaf Gründgens

Ausbeutung der eigenen kreativen Intelligenz, der Möglichkeiten des Stoffes und des Sensoriums des Zuschauers; ein Meisterwerk des *savoir faire, savoir goûter;* ein Film von einer Hitchcock-Qualität, die Hitchcock selbst damals noch gar nicht hatte. Und dabei geht die Spannweite des Aufspürens und Aufzehrens aller Reize vom primären Sensations-Instinkt bis zu den exquisitesten Sensationen sinnlicher Wahrnehmung. Schon am Ursprung des Projektes steht der Spaß, den einer daran hat, der erste zu sein, der quasi-journalistische Spaß am großen Coup. Fritz Lang: »Die Idee, daß die Verbrecherwelt, daß Berlins Unterwelt sich auf eigene Faust auf die Suche nach dem unbekannten Mörder begibt, um dadurch die gesteigerte Tätigkeit der Polizei loszuwerden, entstammt dem Tatsachenbericht einer Zeitung und mutete mich als Motiv stofflich und filmisch so stark an, daß ich ständig in der Angst schwebte, ein anderer könnte mir die Auswertung dieser Idee wegnehmen« *(Filmwoche,* 1931). In dem Interview, aus dem dieses Zitat stammt, garniert Lang seinen Film auch großzügig mit moralischen Nutzanwendungen: »... mahnend und warnend erhobene Hand auf die lauernde Gefahr ... die im ständigen Vorhandensein krankhaft oder kriminell belasteter Menschen ... unser Dasein, besonders aber das Dasein der Hilflosesten unter uns, der Kinder, bedroht ...« Aber das muß man ihm nicht unbedingt abkaufen. Natürlich erscheint es uns zu frivol, Vergnügen an einer Kette von Ereignissen, Auftritten und Pointen zu haben, die ausgelöst werden von einem ekelhaften Verbrechen, dessen Opfer ein kleines Mädchen ist. Zugleich wäre es die pure Heuchelei, würde man behaupten, daß man mit dem Opfer mehr Mitleid hat als mit dem Täter (schon weil man diesen näher kennenlernt) und daß man am Ende das Mitleid mit dem Täter nicht auch noch dem Vergnügen am Thrill opfert (schon weil man den komödiantischen Reizen eines Unterwelt-Ensembles, dem Gustaf Gründgens als eine Mischung aus Mephisto und Al Capone vorsteht, nicht widerstehen kann). Lang erinnert uns fast ständig daran, daß er eher auf unser Vergnügen aus ist, als auf unsere Betroffenheit und unser Mitleiden; er betrachtet seine Geschichte offensichtlich als den Stoff einer großen Comédie Humaine, nicht als das Objekt einer politisch-sozialen Recherche. Im Formalen genießt Lang alle Reize, die das Explorieren eines unbekannten, reichen Terrains bietet: »*M* war mein erster Tonfilm ... Ich fand zum Beispiel heraus, daß ich, wenn ich allein in einem Straßencafé sitze, natürlich das Geräusch der Straße höre, daß aber im Augenblick, wo ich mich mit einem Gesprächspartner in ein interessantes Gespräch vertiefe oder eine Zeitung lese, die mein Interesse völlig in Anspruch nimmt, mein Gehirn, oder wenn Sie wollen meine Gehörorgane dieses Geräusch nicht mehr registrieren. Ergo: Die Berechtigung, eine solche Konversation filmisch darzustellen, ohne besagtes Straßengeräusch dem Dialog zu unterlegen. Damals kam ich auch zu der Erkenntnis, daß man Ton als dramaturgisches Element nicht nur verwenden kann, sondern unbedingt sollte. In *M* zum Beispiel, wenn die Stille von Straßen (das optionelle Straßengeräusch ließ ich absichtlich weg) plötzlich durch schrille Polizeipfiffe zerrissen wird, oder das unmelodische, immer wiederkehrende Pfeifen des Kindermörders, das seinen Triebgefühlen wortlos Ausdruck gibt. Ich glaube auch, daß ich in *M* zum erstenmal den Ton, respektive einen Satz vom Schluß einer Szene auf den Anfang der nächsten überlappen ließ, was nicht nur das Tempo des Films beschleunigt, sondern auch die dramaturgisch notwendige Gedanken-Assoziation zweier aufeinanderfolgender Szenen verstärkt. Zum erstenmal wurde auch der Dialog zweier kontrapunktischer Szenen (die Besprechung der Ringvereinsmitglieder zwecks Auf-

Peter Lorre

Fritz Odemar, Gustaf Gründgens, Theo Lingen, Paul Kemp und Partner

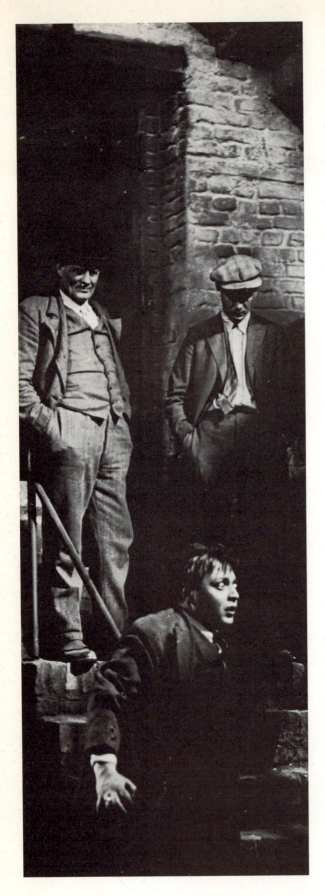

findung des Kindermörders und der zum gleichen Zweck im Polizeipräsidium versammelten Kriminalbeamten) so gehandhabt, daß der Gesamtdialog gewissermaßen ein Ganzes bildet. Das heißt, wenn zum Beispiel einer der Verbrecher einen Satz beginnt, daß ihn dann einer der Kriminalbeamten sinngemäß zu Ende spricht. Und umgekehrt. Beide Methoden wurden später allgemein verwendet. Wenn andererseits der blinde Straßenhändler die fehlerhafte Melodie einer Drehorgel hört, sich die Ohren zuhält, um sie nicht mehr zu hören, und plötzlich der Ton der Drehorgel wegbleibt, obwohl der Zuschauer sie eigentlich hören müßte, dann ist das ein Versuch, der sicher seine Berechtigung hat. Was aber nicht besagt, daß so ein Versuch eine Regel aufstellt« (Band *M* in der Reihe *Cinemathek*). 1950 drehte Joseph Losey in USA ein Remake, wieder unter dem Titel *M*. Lang: »Es ist weder möglich noch erstrebenswert, ein Remake von *M* zu machen. Der Original-Film war völlig an die eigentümlichen Jahre von Berlin um 1930 gebunden, und an die weniger eigentümliche Rolle der Kriminalität in der deutschen Sozialstruktur der dreißiger Jahre – das ist eine Situation, die man unmöglich in die Vereinigten Staaten transponieren kann« *(Cahiers du Cinéma,* 1965).

# Berlin - Alexanderplatz
## Die Geschichte Franz Biberkopfs 1931

*Regie* Phil Jutzi. *Buch* Alfred Döblin, Hans Wilhelm, Karl Heinz Martin, nach dem Roman *Berlin Alexanderplatz. Die Geschichte vom Franz Biberkopf* von Alfred Döblin (1929). *Kamera* Nikolaus Farkas, Erich Giese. *Musik* Allan Gray, Artur Guttmann. *Darsteller* Heinrich George (Franz Biberkopf), Maria Bard (Cilly), Margarete Schlegel (Mieze), Bernhard Minetti (Reinhold), Gerhard Bienert (Klempner-Karl), Albert Florath, Paul Westermeier, Oskar Höcker, Hans Deppe, Käthe Haack, Julius Falkenstein, Jakob Tiedtke, Siegfried Berisch, Arthur Mainzer, Karl Stepanek, Heinrich Schroth, Heinrich Gretler, Willi Schur, Karl Harbacher, Franz Weber. *Produktion* Allianz-Film. 2440 Meter. *Uraufführung* 8.10.1931.

Der ehemalige Transportarbeiter Franz Biberkopf hat vier Jahre in der Haftanstalt Tegel abgesessen, weil er im Affekt seine Braut erschlagen hat. Nach der Entlassung setzt er sich in die Straßenbahn und fährt in sein altes Viertel, zum Alexanderplatz. Er hat sich vorgenommen, sein Geld nur noch auf ehrliche Weise zu verdienen. Doch »man fängt nicht sein Leben mit guten Worten und Vorsätzen an, mit Erkennen und Verstehen fängt man es an und mit dem richtigen Nebenmann«, und »verflucht ist der Mensch, der sich auf Menschen verläßt« (Döblin). In seiner alten Kneipe lernt Franz das Mädchen Cilly kennen, mit dem er sich sofort sehr gut versteht, und den Ganoven Reinhold, der ihn für seine Bande gewinnen will, worauf Franz aber nicht eingeht. Franz wird Straßenhändler am Alexanderplatz, er verkauft Selbstbinder (»Warum trägt der Prolet keinen Schlips? Weil er ihn nicht binden kann!«). Reinhold benutzt Cilly, um das Vertrauen von Franz zu gewinnen. Franz läßt sich zu einer »Spazierfahrt« einladen und merkt zu spät, daß er mißbraucht wird, um bei einem Einbruch Schmiere zu stehen. Als er rebelliert und die Ganoven bei ihrer Flucht außerdem glauben, von Polizei verfolgt zu werden, werfen sie ihn aus dem Auto. Er wird überfahren. Als er im Krankenhaus wieder zu sich kommt, erfährt er, daß ihn dieses Abenteuer seinen rechten Arm gekostet hat. In einer schönen Hinterhof-Sängerin, die Sonja genannt wird (»weil ich so aussehe«), der Franz aber dann den Namen Mieze gibt, findet er eine liebende Seele. Cilly hat inzwischen einen reichen Freier am Kudamm gefunden. In der Erkenntnis, daß ihn seine guten Vorsätze nur einen Arm und sein Mädchen gekostet haben, macht Franz seinen Frieden mit Reinhold und unternimmt mit ihm derart lukrative Raubzüge, daß er sich Maßanzüge und rauschende Abende in besseren Etablissements leisten kann. Mieze, die ihn liebt, und Cilly, die ihm immer noch zugetan ist, wollen ihn auf den rechten Weg zurückführen, vor allem, weil sie Angst haben, daß Reinhold ihm ein zweites Mal übel mitspielen könnte. Aber wegen eines Pelzes, den Mieze von Cilly geschenkt bekommen hat, den Franz aber für das Geschenk eines Verehrers hält, kommt es zu einem Eifersuchtsdrama. Franz fällt über Mieze her. Reinhold verhindert das Schlimmste. Bei der nächsten Gelegenheit versucht Reinhold, Mieze zu verführen. Sie wehrt sich, und er erwürgt sie; nicht nur wegen der Abfuhr, sondern auch, weil er spürt, daß Mieze wegen Franz seiner Kontrolle entgleitet. Die Polizei erfährt durch Reinholds Freund Karl, wer der Täter ist (weil für zweckdienliche Angaben eine Belohnung ausgesetzt ist), Franz erfährt es durch Cilly, die die Zusammenhänge instinktiv erahnt. Als Franz den Mörder seiner Freundin erschlagen will, kommt die Polizei dazu, beide werden verhaftet. Reinhold wird abgeurteilt (ziemlich milde, weil der Anwalt eine krankhafte Veranlagung glaubhaft macht), Franz wird freigelassen. Er kehrt zu seinem Beruf als Straßenhändler zurück und verkauft am Alexanderplatz Stehaufmännchen, die sich immer wieder aufrichten, ihres metallenen Schwerpunkts wegen; Franz hat auch so einen Schwerpunkt aus Metall, sein Herz.

Heinrich George

*Die Blechtrommel* wurde 1959 veröffentlicht und erst 1978 verfilmt. Um 1930 herum war eine solche Trägheit undenkbar. *Die Dreigroschenoper* kam 1928 heraus und wurde 1931 verfilmt, der *Hauptmann von Köpenick* hatte 1931 Bühnen- und noch im selben Jahr Film-Premiere, *Emil und die Detektive* erschien 1928 und wurde 1931 verfilmt. *Berlin Alexanderplatz* kam 1929 heraus, 1931 war der Film da. Die Filme entstanden aus derselben Unruhe, die ihre literarischen Vorlagen hervorgebracht hatte, und waren ein Teil der Aufregung, die diese verursachten. Phil Jutzis *Berlin – Alexanderplatz* wirkt wie aktuelles Cinéma Verité. Man kann sich vorstellen, der Filmemacher sei von der Lektüre des brandfrischen Buches aufgestanden und mit Kamera, Tongerät und Heinrich George zum Alexanderplatz gefahren, um dort die große Verkaufsschau des Franz Biberkopf zu improvisieren, wie er vor einem Bauzaun des wie eine einzige Baugrube wirkenden Areals steht und in authentischster Aufreißer-Manier die Passanten zugleich anmacht und hochnimmt. Am dringendsten kommt einem dieser Verdacht, wenn sich zwischen die Passanten zwei ziemlich dämlich, also ziemlich echt wirkende SA-Männer mischen, die George sofort großherzig in seine Gassen-Conference einbezieht: »Die Herren von der Sturmtruppe dürfen auch an der Feierlichkeit teilnehmen!« (Er sagt Sturmtruppe statt Sturmabteilung – SA –, aber das darf einen nicht beirren, er schwadroniert auch vom Dafes-Plan, wenn er den Dawes-Plan glossiert.) Der ganze Film ist eine einzige virtuose Mischung zwischen dem Sich-Hineinwühlen in die für den Filmemacher wie zuvor für den Buchschreiber greifbare Realität und den entsprechend realitätsnah inszenierten Szenen in wunderbar milieuecht gebauten Dekorationen wie Biberkopfs Stammkneipe mit ihrer ausgetüftelten Topographie (in den vorliegenden Stablisten fehlen Angaben über die Architekten des Films, aber es ist nicht zu übersehen, daß hier die Elite am Werk war). Phil Jutzi hält auch ganz bewußt und sehr geschickt die Grenzen zwischen beiden Bereichen fließend, so in der Hinführung und im Ausklang der ersten intimen Szenen von Biberkopf und Cilly: Cilly besucht Franz an seinem Arbeitsplatz; sie sitzt auf einem Bauzaun und bricht angesichts seiner Verkaufsschau in ein herrliches Lachen aus; er freut sich und geht mit ihr weg; es folgen Milieubilder vom Alexanderplatz, zuletzt Bilder von Straßenarbei-

Gerhard Bienert, Albert Florath und Margarete Schlegel

tern, die Mittag machen und sich biertrinkend ausruhen; ehe wir uns versehen, sind wir bei Biberkopf, der es sich auf der Chaiselongue seiner (oder ihrer) Bude mit Cilly gutgehen läßt; die beiden haben einen kleinen Zwist, und während dieser sich legt, wandert die Kamera weg von ihnen und über Hinterhöfe und Straßen, während der Dialog so nahe bleibt, als wären wir noch dicht bei den beiden. Die Stehaufmännchen-Qualität des Franz Biberkopf wird wiederholt szenisch umgesetzt. In der ersten Szene des Films wird Biberkopf aus dem Gefängnis entlassen; der Wärter verabschiedet ihn vor der Tür; Biberkopf ist beklommen, und als der Wärter wieder in dem Haus verschwindet, macht Biberkopf eine instinktive Wendung zur Tür, als wolle er sich im Gefängnis in Sicherheit vor der Freiheit bringen; auf dem Gang zur Straßenbahn fährt er mit der Hand über einen Strauch und man weiß nicht, ob er das Grün streichelt oder ob er sich an dem Strauch festhalten kann; in der Straßenbahn bleibt er im Führerstand stehen und wird, je mehr sich die Bahn dem Zentrum nähert, von Panik erfaßt; schließlich springt er ab und bringt sich atemlos in einem Hausgang in Sicherheit; in seiner Kneipe beginnt er dann, sich heimelig zu fühlen; nach der ersten Begegnung mit Reinhold vertritt er schon ziemlich fest seine Anschauungen über ein neues, anständiges Leben; und von diesem Gespräch springt der Film dann jäh in die Großaufnahme Biberkopfs, wie er am Alex munter seine Ware ausruft: über eine ganz kurze Strecke Film ist die Wandlung von dem völlig desorientierten, von einem Umweltschock gerüttelten Ex-Häftling zu dem Mann, der ganz fest auf seinen Beinen steht, total glaubwürdig realisiert. Dann verliert er, auf die unschuldigste Weise wieder zum Mitläufer des Verbrechens geworden (Döblins Roman wie der Film porträtieren auf eine unheimlich prophetische Weise den Mitläufer-Typ des heraufziehenden Dritten Reiches), seinen Arm, seine Freundin und seine Existenz; das Stehaufmännchen in Biberkopf regt sich bereits in der unglaublichen Krankenhausszene, in der Biberkopf den Arzt, der ihm den Verlust des Armes eröffnet, ehrlich bedauert, weil er dazu verdammt ist, den Menschen immerzu solche Dinge sagen zu müssen. In der nächsten Szene fährt die Kamera in einer langen vertikalen Fahrt vom Himmel in einen Hinterhof herunter und entdeckt dort schließlich die Sängerin des strahlenden Liedes, das man vom Anfang der Fahrt an hört: »Liebe kommt, Liebe geht, das kann keine Regierung verbieten!« Im Hinterhof steht Biberkopf und hört lächelnd zu, den leeren rechten Ärmel in der Jackentasche. Die Sängerin geht herum und sammelt. Biberkopf, eben noch eine zerschmetterte Existenz, jetzt schon wieder ganz der alte Schwerenöter, macht ihr klar, daß

Heinrich George und Margarete Schlegel

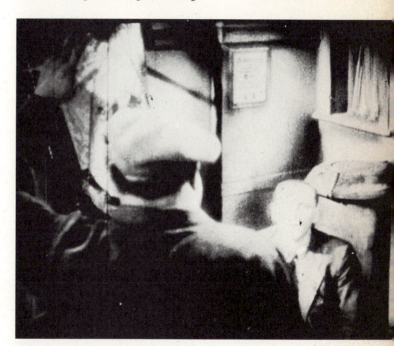

Heinrich George und Bernhard Minetti

Heinrich George

Bernhard Minetti

sie schon selbst in die Tasche greifen muß, um sich die Münzen herauszuholen: die sehr lustige Verführung zu einer Intimität, die dann auch gleich in der nächsten Sequenz zu einem Verhältnis führt. Nur ein Regisseur, der sein Material so fest im Griff hat wie Phil Jutzi, kann es sich leisten, die Verwendung eines fehlenden Armes als Requisit eines schwarzen Scherzes dann noch auf folgende Spitze zu treiben: Biberkopf sucht Reinhold, dem er seine Verkrüppelung verdankt, in dessen Hauptquartier, einem Hinterzimmer der Kneipe, auf, um mit ihm seinen Frieden zu machen. Reinhold denkt natürlich, Biberkopf käme, um mit ihm abzurechnen; er zückt sofort die Pistole und sagt »Hände hoch!«; natürlich hebt Biberkopf nur den einen Arm, den er noch hat; von seinem Schrecken fällt Reinhold in eine schreckliche Irritation und muß sich dann sehr zusammennehmen, um die folgende Auseinandersetzung mit der Souveränität, die für ihn so wichtig ist, zu bestehen. – Daß der Film nicht den ganzen Reichtum des Döblinschen Romans ausschöpfen kann, kann man ihm schwerlich anlasten. Dieses Pensum leistet jetzt mit seiner Mammut-Fernsehserie *Berlin – Alexanderplatz* Rainer Werner Fassbinder, ein alter Verehrer des Buches und des Films, der sich in der von ihm selbst gespielten Hauptrolle seines Films *Faustrecht der Freiheit* den Rollennamen Franz Biberkopf gab. – Der Regisseur und Kameramann Phil Jutzi war nach einer Reihe unbedeutender Filme gegen Ende der zwanziger Jahre mit *Hunger in Waldenburg* (1928) und *Mutter Krausens Fahrt ins Glück* (1929) berühmt geworden. Als er *Berlin – Alexanderplatz* drehte, war er 35 Jahre alt; dieser schöne Film stellt das traurige Ende seiner eigentlichen Karriere dar: 1933 ging Jutzi nach Österreich, wo er aber ebenso wie nach seiner Rückkehr nach Deutschland nur noch banale Kurzspielfilme drehen konnte. Er starb 1946 in seiner Geburtsstadt Neustadt an der Bergstraße. Heinrich George erging es besser; zwar war auch er Anfang der dreißiger Jahre linksorientiert und unter anderem an der Bildung des progressiven Volksfilmverbandes beteiligt, aber nach 1933 wurde er weit mehr als ein Mitläufer.

# Der Kongreß tanzt
## 1931 · 1955

**Der Kongreß tanzt 1931.** *Regie* Erik Charell. *Buch* Norbert Falk, Robert Liebmann. *Kamera* Carl Hoffmann. *Musik* Werner Richard Heymann, unter Verwendung Altwiener Melodien. *Lieder* »Das gibt's nur einmal«, »Das muß ein Stück vom Himmel sein« von Werner Richard Heymann *(Musik)* und Robert Gilbert *(Text)*. *Bauten* Robert Herlth, Walter Röhrig. *Kostüme* Ernst Stern. *Ton* Fritz Thiery. *Darsteller* Lilian Harvey (Christel Weinzinger), Willy Fritsch (Zar Alexander von Rußland), Otto Wallburg (Bibikoff/Uralsky), Conrad Veidt (Fürst Metternich), Carl Heinz Schroth (Pepi), Lil Dagover (Die Comtesse), Alfred Abel (König von Sachsen), Eugen Rex (Der sächsische Gesandte), Alfred Gerasch (Der französische Gesandte), Adele Sandrock (Die Fürstin), Margarete Kupfer (Die Gräfin), Julius Falkenstein (Der Finanzminister), Max Gülstorff (Der Bürgermeister), Paul Hörbiger (Heurigensänger). *Produktion* Ufa (Erich Pommer). 85 Minuten. *Uraufführung* 20.10.1931.

**Der Kongreß tanzt 1955.** *Regie* Franz Antel. *Kamera* (Technicolor) Georg Bruckbauer. *Musik* Werner Richard Heymann. *Lieder* Werner Richard Heymann *(Musik)* und Robert Gilbert *(Text)*. *Bauten* Werner Schlichting, Isabella Schlichting. *Choreographie* Schulte-Vogelheim. *Ton* Max Vernooij. *Darsteller* Rudolf Prack (Zar Alexander von Rußland), Johanna Matz (Christel Weinzinger), Oskar Sima (Bibikoff), Karl Schönböck (Fürst Metternich), Gunther Philipp (Pepi Gallinger), Marte Harell (Gräfin Ballansky), Hans Moser (Schöberl), Hannelore Bollmann (Babette), Josef Meinrad (Franzl Eder), Jester Naefe (Lydia), Paul Westermeier (Hofkoch Franz), Ernst Waldbrunn (Schabzigl), Ilse Peternell (Liesl). *Produktion* Cosmos-Neusser, Wien (Erich von Neusser). 106 Minuten. 1955.

1814. Als einer der letzten Herrscher, die sich zum Wiener Kongreß versammeln, trifft Zar Alexander von Rußland an der Donau ein. Unter der Menge, die seinen Einzug verfolgt, ist die Handschuhmacherin Christel Weinzinger, die sich von dem Kongreß einen Aufschwung für ihr Geschäft erhofft. Da sie das Bukett, das für ihre Handschuhe werben soll, dem Zar nicht in die Hand drücken kann, wirft sie es in seine Kutsche. Die Russen mißverstehen diese Werbung und lassen Christel als Attentäterin verhaften. Die Geschichte kommt dem Zar zu Ohren, und als dann auch Christel ihm unter die Augen kommt, ist er sehr froh, daß er dank des Genies seines Adjudanten Bibikoff viel Freizeit hat: überall dort, wo es für den Zaren zu gefährlich oder zu lästig wäre, selbst zu erscheinen, setzt Bibikoff einen Doppelgänger ein. Mit diesem Trick kann man sogar den schlauen Metternich hereinlegen, der den Ablauf des Kongresses steuert. Metternich macht Politik, der Kongreß tanzt, der Zar von Rußland und die Handschuhmacherin Weinzinger erfreuen sich ihrer Zuneigung. Dann kommt die Nachricht, daß Napoleon in Frankreich gelandet ist. Der Kongreß ist zu Ende, die regierenden Häupter reisen wieder ab, auch der Zar von Rußland. Christel Weinzinger wird nicht Kaiserin von Rußland. Es war alles zu schön, um wahr zu sein.

Willy Fritsch und Lilian Harvey

*Der Kongreß tanzt* war der geschäftlich erfolgreichste Film der Saison 1931/32 und ist heute noch ein berühmter und vielgesehener Film, war aber gleichwohl schon 1931 ein Rückfall in die alte Operette, schlechte alte Operette noch dazu, und eine Preisgabe des bereits mit *Die Drei von der Tankstelle* eroberten Terrains. Was Erik Charell, der sich mit seinen Operetten- und Revue-Inszenierungen am Berliner Großen Schauspielhaus einen Namen gemacht hatte, hier zustandebrachte, war eine angestrengt getüftelte Chinoiserie pseudowienerischer Natur, eine habsburgische Melange mit berlinischem Show-Goût, ein nach allen Seiten schielender Bastard, der in einer Choreographie für senile Schmetterlinge herumtaumelt. Das berühmteste Stück des Films ist Lilian Harveys »Das gibt's nur einmal« – Kutschenfahrt, die aber auch näherer Analyse nicht standhält. »Sie besteht aus einer Fahrt der Kutsche, die seitwärts von der Kamera begleitet wird, durch eine im Ateliergelände gebaute Wiener Gasse und die Vorstadt bis zu einem Pärchen im Gras, das den Gesang

Conrad Veidt und Lil Dagover

ebenso aufnimmt wie vorher schon alle anderen Passanten, dann folgt ein Schnitt, die Kutsche fährt nun durch Wiesen, an Wäscherinnen, tanzenden Kindern, Bauern bei der Ernte vorbei, die wieder in das Lied einstimmen. Suggeriert wird die Harmonie aller, die an dem Glück der kleinen Handschuhmacherin teilnehmen. Der Ton hat keinen räumlichen Charakter, das heißt der Gesang wurde im Studio aufgenommen, mit vollem Orchester und mit einem Chor. Die Lieder wurden von zwei Berliner Komponisten geschrieben, die keine Beziehung zur Wiener Volksmusik fanden und statt dessen eine Art Fremdenwerbung betrieben. Die Uraufführung des Films in Wien wurde dementsprechend zu einem Fiasko: das Publikum quittierte die Ufa-Variante einer ›echt Wiener‹ Atmosphäre und Musik mit Gelächter und Protest. In Deutschland aber war der Erfolg sehr groß« (Eckhart Jahnke, *Film-Blätter*, 1974). Über Erik Charell sagte Max Reinhardt, der ihn als Hausherr des Großen Schauspielhauses gut genug kannte:

»Charell glaubt, daß es Kunst sei, was er macht; dieser Irrtum gibt ihm Kraft« (zitiert nach Ludwig Berger: *Wir sind vom gleichen Stoff, aus dem die Träume sind*).

Remake 1955: Rudolf Prack und Johanna Matz

# Kameradschaft
## 1931

*Regie* G.W. Pabst. *Buch* Ladislaus Vajda, Karl Otten, Peter Martin Lampel, nach einer Idee von Karl Otten. *Kamera* Fritz Arno Wagner, Robert Baberske. *Bauten* Ernö Metzner, Karl Vollbrecht. *Darsteller* Fritz Kampers (Kasper), Alexander Granach (Wilderer), Ernst Busch (Wittkopp), Elisabeth Wendt (Frau Wittkopp), Gustav Püttjer (Kaplan), Andrée Ducret (Françoise), Oskar Höcker, Daniel Mendaille, Georges Charlia, Alex Bernard, Pierre Louis, Heléna Manson. *Produktion* Nero-Film, Berlin/Paris. 2520 Meter. *Uraufführung* 17.11.1931.

Nach dem 1. Weltkrieg. Kohlengruben beiderseits der deutsch-französischen Grenze. Die Bergleute hüben und drüben sind Kollegen, betrachten sich aber infolge des letzten Krieges und der angespannten Wirtschaftslage als potentielle Feinde. Der französische Zoll läßt keine Arbeitslosen ins Land. Beim Wochenend-Tanzvergnügen auf der französischen Seite entsteht eine gereizte Stimmung, weil eine Französin, Françoise, sich weigert, mit einem deutschen Bergmann, Kasper, zu tanzen. Kaspers Freunde verhindern, daß es zu einer Schlägerei kommt. Françoise liebt den Freund ihres Bruders Jean, Emile. Sie arbeitet in Paris; am liebsten wäre es ihr, Jean und Emile würden die Arbeit unter Tag aufgeben. »Wir waren immer Bergleute«, sagt ihre Mutter. »Wir haben schon Papa verloren«, sagt Françoise. Sie geht zum Bahnhof, um nach Paris zu ihrer Arbeit zurückzukehren. In der französischen Mine kommt es zu einer Explosion. Der ganze Ort trifft sich voller Panik am Schacht. Françoise steigt in letzter Sekunde aus dem Pariser Zug aus. Die französischen Bergleute sind in ihrem Schacht eingeschlossen. Auf der deutschen Seite hat man von dem Unglück gehört. Eine Gruppe deutscher Bergleute erbittet und erhält von ihrer Direktion die Erlaubnis, mit zwei Lastwagen über die Grenze zu fahren, um zur Hilfeleistung in die Grube einzufahren. Die am Schacht versammelten verzweifelten Angehörigen der französischen Bergleute sind über das Auftauchen der deutschen Rettungsmannschaft sehr überrascht und gerührt. Zur gleichen Zeit dringen auf der deutschen Seite unter Tage Kasper und seine beiden Freunde, mit denen er das unangenehme Erlebnis mit Françoise beim Tanzvergnügen hatte, auf den französischen Stollen vor. Sie kommen zu dem Gitter, das unter Tage die deutsch-französische Grenze markiert, und entfernen es. Sie dringen weiter vor, treffen auf tote und noch lebende Franzosen, geraten aber selbst durch Wassereinbruch in Lebensgefahr. Sie können ein Loch in die Felsen schlagen und sich so in den Maschinenraum retten, der aber auch verschüttet ist. Das Telefon funktioniert noch. So erfährt man über Tag in der französischen Verwaltung, daß unten noch Menschen eingeschlossen sind. Die deutsche Rettungsmannschaft, die ihre Arbeit schon abgeschlossen hatte, fährt noch einmal ein und birgt Kasper, seine zwei Freunde und zwei Franzosen. Einige Tage später treffen sich die französischen und deutschen Bergarbeiter an der Grenze. Der Bruder von Françoise hält eine Ansprache: »Wir sind alle Bergarbeiter. Und weil wir alle Bergarbeiter sind, hat der Kollege Kasper das Grenz-Gitter entfernt. Wir haben nur zwei Feinde: das Gas und den Krieg!« (In seiner ursprünglichen Fassung folgt hier eine bereits bei der Uraufführung geschnittene Szene, die den Optimismus des Films dementiert: das von Kasper eingerissene Grenz-Gitter wird von Zollbeamten wieder installiert.)

Alexander Granach, Ernst Busch und Fritz Kampers

Das Grubenunglück, das dem Film zugrunde liegt, trug sich 1906 in der französischen Zeche Courrières zu; damals waren deutsche Bergleute ihren französischen Kollegen zur Hilfe gekommen. Pabst und seine Drehbuchautoren verlegen die Handlung und den in ihr dargestellten Akt der grenzüberschreitenden Solidarität in die Zeit nach dem 1. Weltkrieg, was es ihnen ermöglicht, die in Pabsts *Westfront 1918* aufgerissene Perspektive eines durch internationale proletarische Solidarität bestimmten Pazifismus in eine Gegenwart zu verlängern, die deutscherseits bereits wieder von Revanche-Gedanken und Erbfeindschafts-Denken beherrscht wird, auch im nationalen Filmschaffen. Im letzten Bild von

„Kameradschaft"

Andrée Ducret und Partner

*Westfront 1918* vereinigen sich die Hände des sterbenden Franzosen und des bereits toten Deutschen, und der Franzose versichert dem Deutschen, daß er in ihm nicht den Feind sondern den Kameraden sieht. (Im Französischen wie im Englischen – wo der Titel von Pabst Bergarbeiterfilm *Comradeship* heißt; der französische Titel lautet *La Tragédie de la Mine* – ist der Ausdruck *Comrade* beziehungsweise *camarade* gleichbedeutend nicht nur mit *Kamerad*, sondern auch mit *Genosse*, was die Gleichsetzung der Schlußappelle beider Filme mit dem »Proletarier aller Länder, vereinigt euch!« nahelegt.) In *Kameradschaft* werden die aus den Kriegstagen herrührende Aversion und das gegenseitige Mißtrauen mehrfach beschworen, die Bilder der (wegen der Gasgefahr in der Grube) mit Gasmasken bewehrten Bergleute rufen gespenstische Kriegsbilder hervor, aber trotzdem treffen sich schließlich die Hände, und wieder einigt man sich auf die friedliche Verbundenheit der kleinen Leute. In beiden Filmen findet diese Solidarisierung aber nur unter extremen Umständen statt, unter den Masken des Todes und hinter den Gasmasken. »Dieser Film stellt einerseits eine außerordentlich realistische Beschreibung der Existenz- und Arbeitsbedingungen der Bergarbeiter dar, andererseits eine Bewußtseins-Recherche zweier Nationen, die auch heute noch außerordentlich betroffen macht. Die Sequenz, in der die deutschen Bergarbeiter unter Tag die Grenze überschreiten und die Grenzgitter einreißen, ist eine der machtvollsten Momente des proletarischen Films, vergleichbar den Werken aus der großen Zeit des sowjetischen Films« (Roger Boussinot, *L'Encyclopédie du Cinéma*, 1967). Wie *Westfront 1918* ist *Kameradschaft* zweisprachig; Franzosen und Deutsche sprechen ihre Sprache; da der Dialog sehr sparsam ist, kann der Film ohne weitere Hilfen vom Publikum beider Länder verstanden werden. Die Szenen unter Tag wirken fast dokumentarisch, obwohl sie sämtlich im Atelier gedreht sind.

# Mädchen in Uniform
## 1931 · 1958

**Mädchen in Uniform 1931.** *Regie* Leontine Sagan. *Künstlerische Oberleitung* Carl Froelich. *Buch* Christa Winsloe, F.D. Andam, nach dem Bühnenstück *Gestern und Heute* von Christa Winsloe. *Kamera* Reimar Kuntze, Franz Weihmayr. *Musik* Hansom Milde-Meissner. *Bauten* Fritz Maurischat, Friedrich Winckler-Tannenberg. *Ton* Karl Brodmerkel. *Darsteller* Dorothea Wieck (Fräulein von Bernburg), Hertha Thiele (Manuela von Meinhardis), Emilia Unda (Fräulein von Nordeck zur Nidden, Oberin), Hedwig Schlichter (Fräulein von Kesten), Ellen Schwanneke (Ilse von Westhagen), Gertrud de Lalsky (Exzellenz von Ehrenhardt), Marte Hein (Die Großherzogin), Lene Berdolt (Fräulein von Gaerschner), Lisi Scheerbach (Mademoiselle Oeuillet), Margory Bodker (Miss Evans), Erika Mann (Fräulein von Atems), Elise (Else Ehser), Ilse Winter (Marga von Rasso), Charlotte Witthauer (Ilse von Treischke), Erika-Margot Biebrach, Margarete Reschke (Oda von Oldenleben), Annemarie von Rochhausen (Edelgard Comtesse Mengsberg). *Produktion* Deutsche Film-Gemeinschaft (Friedrich Plughaupt, Walter Supper, Frank Wysbar). 88 Minuten. *Uraufführung* 28.11.1931.

**Mädchen in Uniform 1958.** *Regie* Geza von Radvany. *Regie-Assitenz* Eva-Ruth Ebner. *Buch* F.D. Andam, Franz Höllering, nach dem Bühnenstück *Gestern und Heute* von Christa Winsloe. *Kamera* (Eastman Color) Werner Krien. *Musik* Peter Sandloff. *Bauten* Emil Hasler, Walter Kutz. *Kostüme* Manon Hahn. *Ton* Clemens Tütsch. *Schnitt* Ira Oberberg. *Darsteller* Romy Schneider (Manuela von Meinhardis), Lilli Palmer (Fräulein von Bernburg), Therese Giese (Oberin), Blandine Ebinger (Fräulein von Rakket), Adelheid Seeck (Prinzessin), Gina Albert (Marga von Rackow), Sabine Sinjen (Ilse von Westhagen), Christine Kaufmann (Mia), Ginette Pigeon (Edelgart von Kleist), Roma Bahn (Schneiderin), Margaret Jahnen (Miss Evans), Marthe Mercadier (Madame Aubert), Paulette Dubost (Johanna), Danik Patisson (Alexandra von Treskow), Ulla Moritz (Jossy), Tessy Aselmeier (Hertha), Edith Helou (Freifrau von Ehrenhardt), Lou Seitz (Köchin), Edith Adana (Lehrerin), Käthe Kamossa (Lehrerin). *Produktion* CCC-Films Modernes – Emile Nathan S.N.C., Berlin-Paris (Artur Brauner). 95 Minuten.

Die junge Manuela von Meinhardis kommt in ein Stift für adelige Mädchen, das von der Oberin nach dem Grundsatz geführt wird, daß strenge Disziplin das Beste ist für »Soldatenkinder und, so Gott will, wieder Soldatenmütter«. Ihre strengen Grundsätze werden nicht von allen Lehrerinnen geteilt. Was die Oberin Anleitung zu Zucht und Enthaltsamkeit nennt, verurteilt das bei den Schülerinnen sehr beliebte Fräulein von Bernburg als Zwang zu Heimlichkeit und Lüge; was für die Oberin Unbotmäßigkeit und Auflehnung ist, betrachtet die Bernburg als natürlichen Ausdruck liebebedürftiger Kinderseelen. Anlaß zu Diskussionen um diese Fragen im Lehrerinnen-Kollegium gibt immer wieder die kleine Manuela Meinhardis, die sehr verschlossen erscheint und nicht die gewünschten Leistungen erbringt. Fräulein von Bernburg ahnt aber bereits, was Manuela bei der nächsten Gelegenheit ganz deutlich machen will: daß nämlich ihr Verhalten ausschließlich von überschwenglicher Verehrung und Liebe zu Fräulein von Bernburg bestimmt ist. Diese Gelegenheit kommt, als die Schülerinnen ein Theaterstück aufführen und Manuela in der Hauptrolle einen großen Erfolg hat. Berauscht von diesem Erfolg und der Bowle, die beim anschließenden Fest ausgeschenkt wird, bekennt Manuela laut ihre Liebe zu Fräulein von Bernburg. Die Oberin kommt hinzu und empfindet diesen Auftritt als einen ungeheuren Skandal, als einen Ausbruch des Ungehörigen und Zügellosen. Das Schlimmste für Manuela ist nicht, daß ihr selbst Bestrafung droht, sondern daß die Oberin die geliebte Lehrerin für alles verantwortlich macht und zur Rechenschaft zieht. Verzweifelt sieht sie keinen anderen Ausweg mehr, als sich das Leben zu nehmen. Ihre Mitschülerinnen können das in letzter Sekunde verhindern. Die Oberin sieht ein, daß sie mit ihren Prinzipien gescheitert ist.

Der interessanteste Unterschied zwischen den *Mädchen in Uniform* von 1931 und dem Remake von

Dorothea Wieck und Hertha Thiele

Hertha Thiele und Dorothea Wieck

1958: das Remake spielt 1910 und ist ein Kostümfilm, der in seiner Unverbindlichkeit kaum mehr bietet als »Internats-Folklore« (Raymond Borde u. a.: *Le Cinéma Réaliste Allemand),* der Film der Leontine Sagan ist als engagiertes Zeitstück (»Zeit: Heute« sagt das Programmheft von 1931) eine Auseinandersetzung mit Disziplin, Unterwerfung, Patriotismus und den aus ihnen wachsenden Frustrationen und zerstörerischen Kräften, produziert und ins Kino gebracht in der Zeit der neuen, unheiligen Allianz aristokratisch-konservativen Preußentums mit dem an die Macht strebenden Nationalsozialismus, einer Allianz, deren Gallionsfigur Franz von Papen ist. Zwar hat man auch der Sagan den Vorwurf gemacht, sie habe ihre literarische Vorlage abgeschwächt; in dem Stück *Gestern und heute* wird der Selbstmord Manuelas nicht verhindert, vor allem aber mit ausführlichen, aggressiven politisch-soziologischen Dialogen kommentiert. Es scheint uns aber, daß die Sagan mit ihrem gemäßigten Happy-End und ihren mehr visuell formulierten Kommentaren die stärkeren Wirkungen erzielt, ohne die Ideen des Stückes zu verraten. Wenn man sich all das vor Augen hält, versteht man auch, warum der Film von 1931, anders als die CCC-Produktion von 1958, unmöglich innerhalb der etablierten Filmindustrie, womöglich gar bei der Ufa, entstehen konnte; er wurde im Rahmen einer unabhängigen Kooperative, der »Deutschen Film-Gemeinschaft«, produziert; die einzige Figur bei diesem Unternehmen, die für Öffentlichkeit und Fachwelt einen Namen hatte, war Carl Froelich, der als »künstlerischer Oberleiter« geführt wird und dem manche einen wesentlichen Anteil an der Regie-Leistung zusprechen, was aber in Anblick seines sonstigen Werkes wie auch seines politischen Opportunismus (bei den Nazis wurde er Präsident der Reichsfilmkammer) äußerst unwahrscheinlich erscheint. Leontine Sagan: »Der Film entstand in einer ungewöhnlichen Atmosphäre. Wir hatten 22 Drehtage und der Film kostete 220000 Mark. Wir arbeiteten alle auf Beteiligung. Niemand erhielt einen Groschen, ehe die 220000 Mark amortisiert waren« (in einem Interview der Zeitschrift *Pour Vous,* 1932). Die Wienerin Sagan war zur Zeit der Entstehung dieses ihres Debütfilms 32 Jahre alt; zuvor hatte sie nur am Theater gearbeitet. Aus dem bereits zitierten *Pour Vous*-Interview läßt sich unschwer erkennen, daß das Geheimnis ihrer sensiblen Regiearbeit vor allem in ihrem Talent begründet war, die Manuela in einer jeden von ihren jungen Darstellerinnen zu entdecken: »Ich habe es vor allem dem jugendlichen Enthusiasmus aller jungen Mädchen, mit denen ich gearbeitet habe, zu verdanken, daß wir einen Film machen konnten, der Ehrlichkeit und Elan hat. Die Mädchen haben diese Geschichte ernst genommen und ihr ganzes Herz an diese kleine fiktive Manuela gehängt, die sie alle einmal selbst ein bißchen gewesen sind.« Der Film wurde einer der größten internationalen Erfolge des deutschen Films. Die Untertitel für die französische Fassung schrieb Colette. In den *Nouvelles Litteraires* bemerkte Alexandre Arnoux, *Mädchen in Uniform* sei genau das Gegenteil von dem, was man sich unter einem deutschen Film vorstelle. »Schon das Wort ›germanisch‹ läßt einen immer etwas Schwergewichtiges erwarten. Nichts davon in *Mädchen in Uniform.* Ganz im Gegenteil: eine leichte Hand, eine Eleganz des Erzählens, das Fehlen jeglicher Insistenz, eine Heiterkeit bisweilen, eine Frische der Imagination und des Stils, die eher dem entsprechen, was wir für gewöhnlich den ›l'esprit latin‹ nennen ... Ein Wunder der Empfindsamkeit und Zurückhaltung.«

Remake 1951: Romy Schneider und Lilli Palmer

# Emil und die Detektive
## 1931 · 1954

**Emil und die Detektive 1931.** *Regie* Gerhard Lamprecht. *Buch* Billie Wilder, nach dem Roman von Erich Kästner (1928). *Kamera* Werner Brandes. *Musik* Allan Gray. *Bauten* Werner Schlichting. *Ton* Hermann Fritzsching. *Darsteller* Fritz Rasp (Herr Grundeis), Käthe Haack (Frau Tischbein), Rolf Wenkhaus (Emil Tischbein), Rudolf Biebrach (Wachtmeister Jeschke), Olga Engl (Großmutter), Inge Landgut (Pony Hütchen), Hans Joachim Schaufuss (Gustav mit der Hupe), Hubert Schmitz (Professor), Hans Richter (Fliegender Hirsch), Hans Albrecht Löhr (Dienstag), Ernst-Eberhard Reling (Gerold), Waldemar Kupzyk (Mittenzwei), Martin Baumann, Gerhard Dammann, Rudolf Lettinger, Margarete Sachse, Georg Heinrich Schnell. *Produktion* Ufa (Günther Stapenhorst). 75 Minuten. *Uraufführung* 2.12.1931.

**Emil und die Detektive 1954.** *Regie* R. A. Stemmle. *Regie-Assistenz* Oskar Martay. *Buch* R. A. Stemmle, nach dem Roman von Erich Kästner und dem Billie Wilder-Drehbuch der Fassung von 1931. *Kamera* (Eastmancolor) Kurt Schulz. *Kamera-Assistenz* Erich Grohmann. *Musik* Georg Haentzschel. *Bauten* Willi A. Hermann, Heinrich Weidemann. *Ton* Hermann Fritzsching. *Schnitt* Hermann Leitner. *Darsteller* Kurt Meisel (Herr Grundeis), Heli Finkenzeller (Frau Tischbein), Peter Finkbeiner (Emil Tischbein), Wolfgang Lukschy (Oberwachtmeister Jeschke), Margarethe Hagen (Großmutter), Claudia Schäfer (Pony Hütchen), Wolfgang Condrus (Gustav mit der Hupe), Wolf-Eberhard Grasshoff (Der Professor), Roland Kaiser (Dienstag), Hannes Hübner (Fliegender Hirsch), Ruth Nimbach (Annie Wandel), Camilla Spira (Marta Heimbold), Walter Gross, Ernst Waldow, Ewald Wenck, Jacob Tiedtke, Marina Ried, Gerd Frickhöffer, Else Reval. *Produktion* Berolina. 90 Minuten. 1954.

Emil Tischbein darf in den Ferien von seinem Heimatstädtchen Neustadt nach Berlin zu seiner Großmutter fahren. Frau Tischbein, seine verwitwete Mutter, gibt ihm mühsam ersparte 120 Mark mit. In der Eisenbahn bietet ihm ein Herr Grundeis Bonbons an. Emil schläft ein. Als er in Berlin wieder aufwacht, sind Herr Grundeis und Emils Geld verschwunden. Emil ist allein in der großen Stadt. Er hat Glück und entdeckt Grundeis. Aber wegen einer in Neustadt begangenen Lausbüberei hat er Angst, die Polizei einzuschalten. Dafür lernt er aber einen gleichaltrigen Jungen kennen, der sofort seine Freunde alarmiert: eine wohlorganisierte Jagd auf Grundeis quer durch Berlin setzt ein. Immer mehr Kinder schließen sich der aufregenden Verfolgung an. In einer Bank, wo Grundeis die 100-Mark-Note wechseln will, wird er gestellt, und Emil kann sogar beweisen, daß es sich bei dem Schein um sein Geld handelt. Die Polizei schaltet sich ein, und es stellt sich heraus, daß man einen ganz schweren Jungen erwischt hat, der als Taschendieb und Einbrecher gesucht wird. 100 Mark Belohnung sind auf seine Ergreifung ausgesetzt. Am nächsten Tag sind die Zeitungen voll von den Berichten über die tapfere Tat von Emil und seinen Detektiven.

Rolf Wenkhaus, Inge Landgut und Hans Richter

Die nächsten Verwandten von Emils Berliner Detektiven sind die Berliner Ganoven Fritz Langs *M*. Kinder und Gangster sehen und sagen die Wahrheit, die Eltern und Polizisten nicht wahrnehmen und aussprechen. Hier wie dort haben wir es zu tun mit einer als Ordnungsmacht gut funktionierenden anarchistischen Parallelwelt zur Obrigkeitsgesellschaft, die an Kompetenz im Tüchtigkeitssinn besitzt, was ihr an Kompetenz im Zuständigkeitssinn abgeht; daher die Komik, die von den Aktionen beider Gruppen ausgeht. Die Kinder-Detektive operieren auch unter Kriegsnamen (Gustav mit der Hupe, Fliegender Hirsch, Dienstag), genau wie die Gauner-Detektive (Schränker, Bauernfänger). Sie haben sogar das gleiche Motiv, die Zusammenarbeit mit der Polizei zu meiden; die einen wie die anderen haben etwas ausgefressen. Und dem Zuschauer gegenüber haben sie eine gleiche Funktion, die ihre mehr stationären oder auf Amtswegen wandelnden Gegenspieler aus der ordentlichen Welt nie wahrnehmen könnten: auf Schleichwegen, nur ihnen bekannt, führen sie uns durch ein Berlin, das man als Tourist oder einwohnender Bürger nie entdecken würde. Ob es freilich

Fritz Rasp, Emil und die Detektive

Siegfried Kracauer recht wäre, wenn man die demokratisierende Kraft, die er Emil und seinen Detektiven zuschreibt, auch auf die *M*-Unterweltler ausdehnen würde, mag dahingestellt bleiben. »Die literarische Figur des Detektivs ist eng mit demokratischen Institutionen verbunden. Durch sein Loblied auf die jugendliche Detektivspielerei suggeriert *Emil und die Detektive* daher eine gewisse Demokratisierung des deutschen Alltags. Diese Folgerung wird sowohl durch die Unabhängigkeit und Selbstdisziplin der Jungen als auch durch die dokumentarische Kameraarbeit unterstützt. Saubere, unprätentiöse Dokumentaraufnahmen von Berliner Straßenszenen porträtieren die deutsche Hauptstadt als eine Stadt, in der demokratische Grundrechte blühen und gedeihen. Die helle Atmosphäre, die in diesen Passagen herrscht, kontrastiert mit dem Dunkel, das um Fritz Rasp als Dieb unweigerlich herrscht. Er trägt einen schwarzen Mantel und ist jeder Zoll der Bösewicht aus dem Kindermärchen« (Siegfried Kracauer: *Von Caligari zu Hitler*). Das Remake der Berolina-Produktion von 1954 ist wie die vielen anderen Remakes dieser Produktion eine lieblos hingeschlampte Sache. Weitere Remakes des Stoffes entstanden 1935 in England, 1956 in Japan, 1958 in Brasilien und 1964 als amerikanische Produktion mit vielen deutschen Darstellern in Berlin. Der Film *Irgendwo in Berlin,* den der *Emil*-Regisseur Gerhard Lamprecht 1946 drehte, ist eine überaus faszinierende Fußnote zu der Kästner-Verfilmung. In diesem Film spielen Kinder in Berliner Trümmern Kriegs-Spiele, einer von ihnen heißt Gustav (ohne Hupe) und bringt eine geklaute Brieftasche in Sicherheit, und Fritz Rasp spielt eine ganz trübe Figur.

# Der Hauptmann von Köpenick
## 1931 · 1956

**Der Hauptmann von Köpenick 1931.** *Regie* Richard Oswald. *Buch* Carl Zuckmayer, Albrecht Joseph, nach dem Bühnenstück von Carl Zuckmayer (1931). *Kamera* Ewald Daub. *Bauten* Franz Schroedter. *Ton* Hans Grimm. *Schnitt* Max Brenner. *Darsteller* Max Adalbert (Wilhelm Voigt), Käthe Haack (Mathilde Obermüller), Max Gülstorff (Bürgermeister Obermüller), Paul Wagner (Hauptmann von Schlettow), Friedrich Kayssler (Friedrich Hoprecht), Ilse Fürstenberg (Marie Hoprecht), Hermann Vallentin (Schneider Adolph Wormser), Peter Wolf (Willy Wormser), Hans Halden (Zuchthausdirektor), Edith Karin (Plörösenmieze), Emil Wabschke (Zuschneider Wabschke), Willi Schur (Kallenberg, genannt Kalle), Hermann Speelmans (Wachtmeister Kilian), Ernst Dernburg (Entlassungsbeamter), Fritz Beckmann (Schustermeister), Arthur Mainzer (Prokurist Knell), Heinrich Marlow (Revierkommissar), Heinz Sarno (Dr. Jellinek), Gerhard Bienert (Gardegrenadier), Viktor Franz (Älterer Zivilist), Henry Pless (Schutzmann im Café National), Oskar Höcker (Schutzmann im Revier), Paul Marx (Ein Richter), Albert Florath (Zuchthausaufseher), Manfred Hille (Bursche bei Schlettow), Martha Ziegler (Fanny), Leonard Steckel (Trödler Krakauer), Hans Wassmann und Eugen Rex (Bahnbeamte), Kurt Lüpke (Gefreiter), Erich Gomlicski (Grenadier der Wache), Ernst Karchow (Passagier im Nichtraucher-Abteil), Paul Rehkopf (Landwirt), Ernst Wurmser (Polizei-Inspektor), Fritz Odemar (Stadtkämmerer Rosenkrantz), Rudolf Blümner (Stadtrendant), Fred Göbel (Leutnant der Neuen Wache), Paul Otto (Oberst), Hans Leibelt (Mann der Litfassäule), Alfred Beierle (Paß-Kommissar), Heinrich Schroth (Polizeipräsident), Hermann Wlach (Entlassungsbeamter). *Produktion* Roto-Film. 2945 Meter. *Uraufführung* 22.12.1931.

**Der Hauptmann von Köpenick 1956.** *Regie* Helmut Käutner. *Regie-Assistenz* Erica Balqué. *Buch* Carl Zuckmayer, Helmut Käutner, nach dem Bühnenstück von Carl Zuckmayer. *Kamera* Albert Benitz. *Kamera-Assistenz* Günter Haase, Dieter Parnow. *Musik* Bernhard Eichhorn. *Bauten* Herbert Kirchhoff, Albrecht Becker. *Kostüme* Erna Sander. *Masken* Fredy Arnold, Heinz Fuhrmann, Walter Wegener. *Ton* Werner Schlagge. *Schnitt* Klaus Dudenhöfer. *Darsteller* Heinz Rühmann (Wilhelm Voigt), Hannelore Schroth (Mathilde Obermüller), Martin Held (Bürgermeister Obermüller), Erich Schellow (Hauptmann von Schlettow), Willy A. Kleinau (Friedrich Hoprecht), Ilse Fürstenberg (Marie Hoprecht), Leonard Steckel (Schneider Adolph Wormser), Walter Giller (Willy Wormser), Maria Sebaldt (Auguste Victoria Wurmser), Friedrich Domin (Zuchthausdirektor), Ethel Reschke (Plörösenmieze), Joseph Offenbach (Zuschneider Wabschke), Wolfgang Neuss (Kallenberg, genannt Kalle), Bum Krüger (Schutzmann Kilian), Kurt Fuss (Schauspieler Gianpietro), Willi Rose (Wachtmeister in Rixdorf), Rudolf Fenner (Oberwachtmeister in Potsdam), Reinhard Koldehoff (Betrunkener Grenadier), Otto Wernicke (Schustermeister), Karl Hellmer (Novak), Siegfried Lowitz (Stadtkämmerer Rosenkrantz), Kurt Klopsch (Polizeichef von Köpenick), Willi Maertens (Prokurist Knell), Robert Meyen (Herr von Jagow), Ludwig Linkmann (Betrunkener Zivilist), Jochen Blume (Paß-Kommissar), Peter Ahrweiler (Anstaltsgeistlicher), Helmut Gmelin (Kürassier-Oberst), Holger Hagen (Dr. Jellinek), Jochen Meyn (Herr von Schleinitz), Edith Hancke (Krankes Mädchen), Erich Weiher (Dorfschulze), Balduin Baas (Ostpreußischer Grenadier), Joachim Hess (Gefreiter), Werner Schumacher (Gefreiter), Helmut Käutner und Erica Balqué (Straßensänger), Hans Irle (Offizier). *Produktion* Real-Film (Gyula Trebitsch). 93 Minuten. *Uraufführung* 16.8.1956.

Der Schumacher Wilhelm Voigt wird nach 23 Jahren Zuchthaus und Gefängnis wegen Urkundenfälschung, Irreführung der Behörden, Falschmeldung und Paßvergehen in fortgesetzter Rückfälligkeit aus Plötzensee entlassen. Er hat keine Papiere außer seinem Entlassungsschein. Er will arbeiten. Aber wo er um Arbeit bittet, fragt man ihn nach seinen Papieren. Ohne Papiere kriegt er keine Arbeit, ohne Arbeit gibt es keine Papiere, es ist wie ein Karussell. Der Paß wird für Wilhelm Voigt der Inbegriff wiederzuerlangender bürgerlicher Gleichberechtigung. Er will einen Paß haben, mit Grenzvisum, damit er in ein anderes Land gehen und sein Vorleben begraben kann. Aber man gibt ihm keinen Paß. Niemand fühlt sich zuständig. Da bricht Wilhelm Voigt in ein Polizeirevier ein. Er will sich seinen Paß selbst ausstellen. Er wird dabei erwischt. Zehn Jahre Zuchthaus wegen schweren Einbruchs in ein Amtslokal. Im Zuchthaus studiert er ein Buch aus der Gefangenenbibliothek: Die preußische Felddienstordnung. Darin steht der Lehrsatz »Der Offizier wird allein durch seine Rangabzeichen legitimiert. Ein Kommando unter Gewehr verleiht ihm absolute Gewalt«. Dann wird Voigt entlassen und will es noch einmal auf ehrliche Art versuchen. Er sucht seine Schwester in Rixdorf auf, lernt seinen Schwager Hoprecht kennen, einen ehrlichen Mann, der Wilhelm Voigt Mut macht. Aber die Polizei macht Wilhelm Voigt keinen

Mut. Nun hätte er endlich eine Heimat gefunden, aber im Briefkasten liegt die Ausweisung. Da gibt Wilhelm Voigt seinen Versuch mit der Ehrlichkeit auf. Bei einem Trödler sieht er eine Uniform, kauft sie, geht als Zivilist auf die Toilette des Schlesischen Bahnhofs und kommt in Hauptmannsuniform wieder heraus. Er unterstellt einen Gefreiten und ein Dutzend Mann seinem Kommando, fährt mit ihnen vom Bahnhof Putlitzstraße nach Köpenick, besetzt das Rathaus, verhaftet den Bürgermeister Dr. Obermüller nebst Stadtkämmerer Rosenkrantz, beschlagnahmt die Stadtkasse und läßt die Gefangenen zur Neuen Wache Unter den Linden bringen. Die Aktion klappt wie am Schnürchen, aber Wilhelm Voigt hat keinen Paß. Im Rathaus Köpenick gibt es keine Paßabteilung, das hat er nicht gewußt. Während die Welt über den Streich des »Hauptmann von Köpenick« auflacht, geht Wilhelm Voigt auf die Paßzentrale des Polizeipräsidiums und verspricht gegen Ausstellung eines Passes die Auslieferung des Hauptmann von Köpenick und der Stadtkasse. Es gibt zwar zuerst noch einmal Plötzensee, aber dann kaiserliche Begnadigung und den Paß. Nun hat er ihn und freut sich trotz der schlohweißen Haare, die er darüber gekriegt hat. Und er will kein Grenzvisum mehr haben. Jetzt will Wilhelm Voigt in Deutschland bleiben.

Max Adalbert

Zuckmayers Bühnenstück über den Wilhelm Voigt, der »etwas gemerkt hatte, was sechzig Millionen guter Deutscher auch wußten, ohne etwas zu merken« (der Autor), hatte am 5.3.1931 am Deutschen Theater in Berlin Premiere. Der Oswald-Film wurde am 22.12.1931 uraufgeführt. Es war wahrscheinlich die schnellste Verfilmung eines Theater-Erfolgs und ist bis heute eine der besten. »Sie ist unter Mitwirkung Carl Zuckmayers von Richard Oswald hergestellt worden, der diesmal eine ganz glückliche Hand gehabt hat. Allerdings macht er sich's insofern leicht, als er sich bis weit in die zweite Hälfte hinein bild-

Max Adalbert und Friedrich Kayssler

und wortgetreu an das Theaterstück hält. Entsteht auf diese Weise auch nicht gerade ein echter Film, so doch eine Konfektionsarbeit, die achtbar ist. Und vom Beginn der eigentlichen Köpenickiade ab löst sie sich mehr und mehr von Original ab und nimmt eine freiere filmische Entwicklung, die zum Glück auch das Satirische nicht zu kurz kommen läßt« (Siegfried Kracauer, *Frankfurter Zeitung*, 30.12. 1931). Auf der Bühne hatte Werner Krauss den Hauptmann gespielt, und Herbert Ihering hatte in seiner Uraufführungskritik geschrieben: »Es stellte sich schon beim ersten Erscheinen von Krauss heraus, daß die ursprünglich geplante Besetzung mit Adalbert oder Carow grundfalsch gewesen wäre« *(Berliner Börsen-Courier,* 6.3.1931). Dieses Urteil will uns heute seltsam erscheinen, da wir uns Krauss in der Rolle kaum vorstellen können, dafür aber keinen Geeigneteren als Max Adalbert, schon gar nicht Heinz Rühmann; in Käutners Remake spielt Rühmann schon von Anfang an den späteren Hauptmann, während Adalbert auch als Hauptmann noch der Wilhelm Voigt bleibt. Käutners Film wäre freilich auch mit einer besseren Besetzung zum Scheitern verurteilt gewesen. Zuckmayer nennt sein Stück im Untertitel nicht umsonst *Ein deutsches Märchen*. Wie schwer es ist, ein deutsches Märchen zu inszenieren, noch dazu eines, das »das Satirische nicht zu kurz kommen läßt«, zeigen heute noch die meisten Bühnen-Inszenierungen des Stückes. Käutner aber war zur Zeit seiner *Hauptmann*-Adaption in einer Phase seiner Karriere, in der er wie selbstverständlich aus dem deutschen Märchen eine deutsche Kabarett-Revue machte, in entsprechend grellen Tönen und Farben, unheilbar von dem Drang besessen, alles knallig zur Rampe hin zu spielen. In seinem Drang, alles überdeutlich zu sagen, bereicherte er Zuckmayer um ein Chanson, das im Zeitalter der deutschen Wiederbewaffnung ›auf den Alten in Bonn‹ gemünzt war« (Käutner):

    Das gibt's nicht nur in Köpenick,
    das gibt's nicht nur in Preußen;
    mit Uniform und Marschmusik
    gelingt so manches Bubenstück,
    und das nicht nur in Preußen.
    Wenn nur der Richt'ge kommandiert,
    dann machen alle mit.

Daß er mit dieser, im Film von ihm selbst vorgetragenen Nummer sowohl mit seiner Produktionsfirma wie mit der FSK Schwierigkeiten bekam, ehrt ihn, ohne den Einfall zu rechtfertigen.

Ethel Reschke, Wolfgang Neuss und Heinz Rühmann

# Das blaue Licht
## Eine Berglegende aus den Dolomiten 1932

Leni Riefenstahl

*Regie* Leni Riefenstahl. *Buch* Bela Balacz, nach einer Idee von Leni Riefenstahl. *Kamera* Hans Schneeberger. *Musik* Giuseppe Becce. *Bauten* Leopold Blonder. *Ton* Dr. Bittmann. *Darsteller* Leni Riefenstahl (Junta), Matthias Wieman (Vigo), Beni Führer (Tonio), Max Holzboer (Der Wirt), Franz Maldacea (Guzzi), Martha Mair (Lucia) und Sarntaler Bauern. *Produktion* Leni Riefenstahl-Studio der H. R. Sokal-Film (H. R. Sokal). 72 Minuten. *Uraufführung* 24.3.1932.

Die Bauern im Sarntal fürchten das blaue Licht, das in Vollmondnächten am Monte Cristallo aufleuchtet, und das fremde Mädchen Junta, das in diesen Nächten zum blauen Licht aufsteigt; die Burschen, die sich von dem Licht oder dem Mädchen locken lassen, stürzen von den Felsen zu Tode. Die Bauern wollen sie als Hexe steinigen. Junta flüchtet in die Berge zu ihrem Freund, dem kleinen Hirten Guzzi. Ein deutscher Maler, Vigo, der in die Gegend gekommen ist und sich für Junta interessiert, folgt ihrer Spur. In der Sennhütte entwickelt sich zwischen Junto und Vigo eine eigentümliche Vertraulichkeit. In der nächsten Vollmondnacht sieht Vigo, wie Junta zu dem blauen Licht aufsteigt. Sie lockt ihn, und er folgt ihr. Auch der Sohn des Wirtes im Dorf, Tonio, versucht Junta zu folgen, aber er stürzt ab. Vigo findet Junta in einer Kristallgrotte, die im Mondschein die blauen Strahlen zurückwirft. Am nächsten Tag verrät Vigo den Bauern im Dorf das Geheimnis des blauen Lichts: er will die Gefahr für immer bannen und zugleich den Bauern mit dem Kristall einen Schatz vermitteln, den sie in ihrer Armut gut gebrauchen können. Der Schatz wird eingeholt, Vigo bei einem Bauernschmaus gefeiert. Junta findet die Grotte ausgeplündert. Vigo, der geglaubt hat, er würde nicht nur die Bauern, sondern auch sich selbst und Junta reich und glücklich machen, findet Junta am nächsten Tag tot unter dem Felsen des Monte Cristallo, zu Tode gestürzt.

Leni Riefenstahl kam 1926 zum Film als Freundin und Protegee des jüdischen Bankiers H.R. Sokal, der schon ihre ersten Auftritte als Tänzerin finanziert hatte und nun ihr zuliebe Filmproduzent wurde. Bei *Der heilige Berg* (1926), *Der große Sprung* (1927), *Die weiße Hölle vom Piz Palü* (1929), *Stürme über dem Montblanc* (1930), *Der weiße Rausch* (1931), und *S.O.S. Eisberg* (1933) wurde sie die Darstellerin und Schülerin von Dr. Arnold Fanck, der seit 1919 im Alleingang das Genre der Bergfilme kreiert hatte. 1932 produzierte Sokal das Regiedebüt der Riefenstahl, *Das blaue Licht.* Fanck waren die Berge als solche immer wichtiger als die Bergsteiger; die Riefenstahl machte sich nun ihre persönliche Mythologie zurecht vom Bergmenschen, wie er in Nebel und Fels herumsteigt, das Schicksal ausforscht, Bewährung sucht in elitärer Einsamkeit und verachtungsvoll auf die Gesellschaft im Tiefland herabblickt. Wie jedes heroisch-romantische Konzept ohne Ironie war auch dieses an der Grenze des Lachhaften angesiedelt. Aber nicht nur deshalb blieb Lenis Hervorbringung vorerst hinter den Leistungen des Meisters zurück. »Dem Film von Leni Riefenstahl ist es wie manchen anderen Bergfilmen ergangen: die Frische und Unmittelbarkeit des Eindrucks von Freiluftaufnahmen wird durch Einstellungen abgeschwächt, die im Atelier aufgenommen worden sind. Für besonders romantische Gletscherspalten, kühnen Abstieg und gewagte Sprünge wurden von Leopold Blonder, einem recht geschickten Filmarchitekten, mitunter sogar Schneeberge im Atelier aufgebaut. Im Grunde hat die berühmte wundersame Grotte im *Blauen Licht,* die den Modellbauten von Fancks *Heiligem Berg* ähnelt, in diesem Freiluftfilm weit weniger Existenzberechtigung als die Tropfsteinhöhle von Alberich in dem legendenhaften Rahmen der *Nibelungen.* Fancks Bergfilme stehen im übrigen – soweit es sich um das erfühlte Landschaftsbild handelt – hoch über dem

Matthias Wieman (rechts) und Partner

Leni Riefenstahl-Film. Das erkennt man besonders deutlich, wenn man heute *Ewiger Traum* wiedersieht. Diese Visionen von Bergmassen, von Schneehängen, die im Sturm verwehen, die gleichsam in der Wucht ihrer Montage gewaltig brausende Fugen einer gigantischen Orchestrierung sind, hat Leni Riefenstahl, obwohl sie Fancks Kameramänner übernahm, nicht erreichen können« (Lotte Eisner: *Dämonische Leinwand*). Die nicht durchweg positiven Uraufführungs-Kritiken zum *Blauen Licht* haben dann, wie Sokal es darstellt, dem Leben und der Karriere der Leni Riefenstahl die entscheidende Wendung gegeben: »Die Berliner Presse fand die Romantik des Films verlogen und verriß ihn. Die prominentesten dieser Kritiker waren Juden. Es war Anfang des Jahres 1932. Die Riefenstahl hatte soeben *Mein Kampf* gelesen. Begeistert von seinen Theorien, zeit ihres Lebens eine schlechte Verliererin, nahm sie nun die negativen Urteile über ihren Film zum Anlaß, über Nacht zur leidenschaftlichen Antisemitin zu werden. Vergessen waren ihre langjährigen freundschaftlichen Beziehungen zu einer Unzahl jüdischer Menschen... Vergessen, was sie ihrem Entdecker Sokal, vergessen, was sie ihren langjährigen Mitarbeitern Bela Balasz, Paul Dessau, Vajda verdankte... ›Wie komme ich dazu, mir von diesen Fremdlingen, die unsere Mentalität, unser Seelenleben nicht verstehen können, mein Werk zerstören zu lassen?‹ Mit einigen dieser Fremdlinge hatte sie bis gestern ihr Werk geschaffen« (H. R. Sokal: *Lebt wohl, Leidenschaften*).

Leni Riefenstahl

# Vampyr
## Der Traum des Allan Gray
## 1932

*Regie* Carl Theodor Dreyer. *Synchron-Regie* Paul Falkenberg. *Regie-Assitenz* Ralph Holm, Eliane Tayara, Preben Birk. *Buch* Carl Theodor Dreyer, Christen Jul, nach der Erzählung *Carmilla* von Sheridan Le Fanu (1872). *Kamera* Rudolf Maté, Louis Née. *Musik* Wolfgang Zeller. *Bauten und Kostüme* Hermann Warum, Hans Bittmann, Cesare Silvagni. *Schnitt* Carl Theodor Dreyer. *Darsteller* Julian West (Allan Gray, in der französischen und englischen Fassung David Gray). Henriette Gérard (Marguerite Chopin), Sybille Schmitz (Léone), Renée Mandel (Gisèle), Maurice Schutz (Schloßherr), Jan Hieronimko (Arzt), Jane Mora (Krankenschwester), Albert Bras und A. Babanini (Diener). *Produktion* Carl Dreyer Filmproduktion, Berlin-Paris (Carl Theodor Dreyer, Nicolas de Guntzburg). 68 Minuten. *Uraufführung* 6.5.1932.

Allan Gray kommt nach Courtempierre und steigt in einem Gasthof ab. Nachts bekommt er Besuch von einem alten Mann; der seltsame Besucher spricht von einer Frau, deren Tod verhindert werden muß, und übergibt Gray ein Paket, das er im Fall seines Todes öffnen soll. Gray sieht sich in der Gegend um und folgt dem Schatten eines einbeinigen Soldaten bis zu einer verlassenen Mühle, wo der Schatten sich auf einer Bank neben seinem Besitzer, dem Soldaten, hinsetzt. Gray sieht tanzende Schatten, einen leeren Sarg und einen Arzt, der von einer alten Frau eine Phiole Blut gebracht bekommt. Auf einem nahegelegenen Schloß lernt Gray zwei Schwestern kennen: Léone leidet unter unerklärlichem zunehmendem Blutverlust, Gisèle kümmert sich um sie. Der Vater der Mädchen – es ist der alte Mann, der Gray im Gasthof aufgesucht hat – wird von dem kopfstehenden Schatten des Soldaten erschossen. Gray öffnet das Paket, das er von dem Sterbenden erhalten hat: es enthält ein Buch über Vampirismus. Léone verschwindet; als Gray und Gisèle sie wiederfinden, ist sie in den Händen einer alten Frau, die schnell verschwindet. Léone hat eine Wunde am Hals und betrachtet ihre Schwester mit unheimlicher Gier. Der Arzt kommt. Gray spendet Léone Blut. Dann fällt er in Schlummer. Die Diener des Schlosses lesen in dem Vampir-Buch von Marguerite Chopin, die diese Gegend als Vampir heimgesucht haben soll und nun auf dem örtlichen Friedhof begraben liegt. Gray hindert Léone daran, Gift zu nehmen. Nach einer Auseinandersetzung mit dem Arzt bricht er zusammen. Im Traum sieht er sich selbst als Toten, wie er in einem Sarg von dem Soldaten, dem Arzt der alten Frau, fortgetragen wird. Er wacht auf und treibt mit Hilfe eines Dieners einen eisernen Pfahl in den Leichnam von Marguerite Chopin. Léone gesundet. In der Mühle stirbt der Soldat; der Arzt wird von herunterstürzendem Mehl lebendig begraben. Gray und Gisèle treiben in einem Boot den Fluß hinunter.

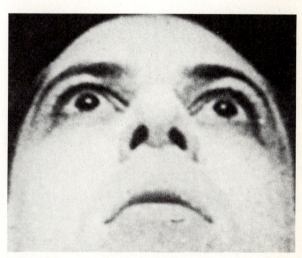

Julian West

Der Däne Carl Theodor drehte 1921 seinen ersten langen Spielfilm, *Praesidenten*. Es folgte eine Reihe dänischer, schwedischer, norwegischer und deutscher (*Die Gezeichneten*, 1921; *Michael*, 1924) Filme. 1926 entstand in Frankreich der Film, der ihn berühmt machte, *La Passion de Jeanne d'Arc*. Kommerziell war der *Jeanne d'Arc*-Film kein großer Erfolg; es dauerte fünf Jahre, bis Dreyer mit der finanziellen Hilfe eines jungen holländischen Filmenthusiasten, Baron Nicolas de Guntzburg, eine eigene Produktionsgesellschaft gründen und sein nächstes Projekt, *Vampyr*, realisieren konnte. Hauptsitz der Produktionsgesellschaft und Uraufführungsort war Berlin; gedreht wurde der Film in Frankreich, in natürlichen Dekors in Senlis und bei Montargis; die wenigen Dialoge des stumm aufgenommenen Films wurden auf deutsch, französisch und englisch nachsynchronisiert. Dieser »größte aller Horrorfilme ... das einzige unbestrittene Meisterstück des Genres« (William K. Everson, *Klassiker des Horrorfilms*) läßt sich nicht nur für den deutschen Film reklamieren, weil er trotz der Internatio-

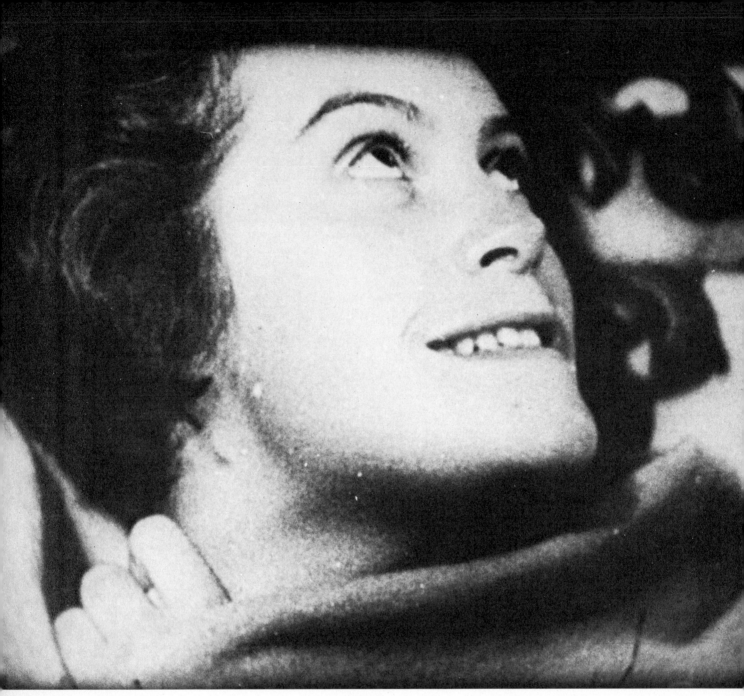

Sybille Schmitz

Der Soldat und sein Schatten

Jan Hieronimko

nalität seiner Entstehungsgeschichte nominell eine deutsche Produktion ist und in der großen Tradition von *Das Kabinett des Dr. Caligari* und *Nosferatu* steht. »Dieses in Frankreich realisierte Werk ist das am wenigsten französische Dreyers, dafür aber mit Sicherheit sein deutschestes. Nicht nur ist der Dialog expressiver in der deutschen Fassung, er ist dort auch natürlicher, erfüllter; das gilt besonders für die Passagen aus dem Buch mit dem besonderen Rhythmus der deutschen Sprache und ihrer Überfülle zusammengesetzter Wörter. Erinnert der phantastische Stil des Films an die Werke von Julien Green, so gemahnt der Ton, die Aussage an die *Stimmung* (deutsch im französischen Original dieses Zitats) der deutschen Philosophie, eine Stimmung, wie sie sich zum Beispiel in Romanform ausdrückt in den *Verwirrungen des Zöglings Törless* von Musil. Die Worte, mit denen Musil die Unschuld und Verwirrung seines Helden umschreibt, treffen auch auf Allan Gray zu: ›Es war etwas geschehen, das seine Gedanken nicht begreifen konnten, etwas sehr einfaches und zugleich völlig Fremdes. Er hatte Bilder gesehen, die keine Bilder waren.‹ Musil beschreibt ›Situationen, in denen sich die Verbindung löst, die es uns für gewöhnlich möglich macht, daß unser Leben sich in dem Bewußtsein als ein Ganzes spiegelt, so als ob Leben und Bewußtsein parallel verliefen.‹ In einigen Passagen von *Vampyr* wird dieser Parallelismus zerstört, und das Phantastische gewinnt die Herrschaft über die Seelenlandschaft. Die Entdeckungen von Allan Gray wie die von Törless entziehen sich den Worten, der Vernunft und dem Kalkül. Wir haben es hier zu tun mit dem wahren Übernatürlichen, dem Übernatürlichen am Rande der Realität, nicht außerhalb der Realität, nah und fern zugleich, auf dem schmalen Grat, auf dem Törless erkennt: ›Unser wahres Leben besteht vielleicht aus den Fragmenten eines anderen, ungreifbaren Lebens‹« (Jean Sémolué: *Dreyer,* 1962 – also Jahre vor dem *Törless*-Film von Schlöndorff, der seinerseits einer der besten Kenner des Dreyer-Films ist). Der Film hat seine eigene, auch den Zuschauer beunruhigende Realität großenteils geschaffen durch den ständigen Wechsel der Perspektiven, wobei die Perspektiven selbst offen bleiben. Diese Methode ist schon im Drehbuch exakt angelegt; typisch sind hier Anweisungen wie: »Diese Einstellung wird so aufgenommen wie die vorhergehende, das heißt so, daß der Zuschauer im Ungewissen bleibt, ob sie real sind oder nicht.« Manchmal wird die irritierende Desorientierung durch einen Wechsel der Perspektiven in einer einzigen Einstellung bewirkt. Die traumhaft zwischen Welten des Realen und Irrealen, des Bewußten und Unterbewußten schwankende Erzählweise wird in ihrer Wirkung noch durch eine photographische Qualität des Diffusen, zu der Dreyer und sein Kameramann Rudolf Maté (er hatte mit Dreyer schon den *Jeanne d'Arc*-Film gemacht und wurde später ein bekannter Hollywood-Kameramann und -Regisseur) durch einen technischen Defekt gelangten. Als sie die Muster der ersten Aufnahmen sahen, waren die Bilder von Lichtschleiern überzogen; in die Filmkassette war Licht gelangt. Aus dem Fehler entwickelten Dreyer und Maté einen Stil, indem sie das Material vorbelichteten und dadurch kontrastschwächer machten: daraus resultierte das seltsam weiche, weiße, fließende Licht, in das die Bilder des Films getaucht sind. Ein ähnlich innovierendes Malheur passierte bei den Tonaufnahmen, als durch einen technischen Fehler ein seltsam unwirklicher Ton in den Dialog kam: der Fehler wurde beibehalten und zum Stil verfeinert, und man hört nun Sätze wie »Ich habe Angst zu sterben ... Mein Gott, mein Gott« auf eine Weise von der Leinwand, die einen frösteln macht.

Henriette Gérard

# Razzia in St. Pauli
## 1932

*Regie und Buch* Werner Hochbaum. *Kamera* Alfred Otto Weitzenberg. *Musik* Kurt Levaal. *Musikalische Bearbeitung und Leitung* Giuseppe Becce. *Lied* »Song der Hafenarbeiter« gesungen von Ernst Busch. *Bauten* Willy Schiller. *Ton* Franz Schröder. *Schnitt* Carl Behr. *Darsteller* Gina Falkenberg (Ballhaus-Else), Friedrich Gnass (Matrosen-Karl), Wolfgang Zilzer (Musiker-Leo), Charly Wittong (Volkssänger), Kurt Appel, Käthe Hüter, Max Zilzer, Friedrich Rittmeyer sowie Polizisten, Ganoven und Mädchen aus St. Pauli. *Produktion* Orbis Film. 73 Minuten. *Uraufführung* 20. Mai 1932.

St. Pauli. Ballhaus-Else liegt noch im Bett, als auf der Flucht vor der Polizei der Ganove Matrosen-Karl durchs Fenster in ihr Zimmer springt; er wird wegen seiner Beteiligung an einem Einbruch gejagt. Ballhaus-Else versteckt ihn in ihrem Bett und lernt in ihm einen Mann kennen, der ihr mehr zusagt als ihr bisheriger Freund Musiker-Leo. Die beiden verbringen einen Tag voller Glück und Träumen: sie wollen St. Pauli und Hamburg verlassen und anderswo ein friedliches Leben führen. Am Abend gehen sie in die Kongo-Bar, einem Ganoven-Treffpunkt, um Musiker-Leo zu sagen, daß Else ihn verläßt. Die Polizei macht eine Razzia auf die Kongo-Bar. Matrosen-Karl wird verhaftet und abgeführt. »Ich komme wieder!« ruft er Else noch zu. Am nächsten Morgen erwacht Ballhaus-Else wieder in Leos Bett und lauscht auf den Lärm des Hafens und die Lieder der Hinterhofsänger. Ernst Busch singt den »Song der Hafenarbeiter«:

> Wo Staub statt Tau vom Himmel fällt,
> Marschiert das Heer, das große
> graue Arbeitsheer.
> Zur Maschine ruft sie das Geld:
> Unser Brot gib uns heut,
> Herr der Welt,
> Der du das Geld
> erfunden ...

Werner Hochbaum ist der vergessene Klassiker des deutschen Films. Bis in die siebziger Jahre war er selbst Fachleuten nur ein obskurer Begriff. 1976 ließ

Ernst Busch und Friedrich Gnass

eine Hochbaum-Retrospektive der Viennale seinen Rang als einer der wichtigsten Figuren des deutschen Films vor dem 2. Weltkrieg erkennen, ein Ruf, der sich durch eine Hochbaum-Reihe des Londoner National Film Theatre im gleichen Jahr international festigte. Werner Hochbaum wurde 1899 in Kiel geboren, drehte zwischen 1929 und 1939, als er von den Nationalsozialisten mit Arbeitsverbot belegt wurde, 12 abendfüllende Spielfilme und starb 1946, als er sich Hoffnung auf eine Fortsetzung der gewaltsam abgebrochenen Karriere machen durfte, in Potsdam an einem Lungenleiden, erst 47jährig. Den Ärger mit dem Dritten Reich hatte er schon mit seinem Debütfilm, einem Hauptwerk der proletarisch-revolutionären Schule, vorprogrammiert: *Brüder* ist die authentische und aggressive Rekonstruktion eines Hamburger Hafenarbeiter-Streiks vom Winter 1896/97. Hamburg und der Hafen blieben immer faszinierend für ihn, Kneipen und Etablissements mit Show waren sein Milieu, zerrissene Seelen und paranoide Gemüter seine mit Sympathie erforschten Objekte; er erforschte die unordentliche Gegenwelt der Bourgeoisie; für die Faschisten mit ihrem Konzept einer heilen Welt voll schöner Menschen war das eine Neigung zum »Kranken« und »Morbiden«. Mit *Razzia in St. Pauli* drehte der 33jährige Hochbaum nach *Brüder* und zwei kurzen Wahlpropaganda-Filmen für die SPD seinen ersten Tonfilm. »*Razzia in St. Pauli* war Hochbaums erstes chef d'oeuvre. Wenn man darin irgendwelche Einflüsse entdecken kann, dann höchstens die des frühen Renoir. Im Grunde aber ist das Werk mit keinem anderen Film vergleichbar, am wenigsten mit einem, der vorher oder nachher in Deutschland – sieht man von Hochbaums eigenem späterem Werk ab – entstanden ist ... Die Faszination des Films geht von seiner außergewöhnlichen technischen Virtuosität aus. Musikalischer Rhythmus und Dynamik ergeben einen Bogen, der sich bruchlos von Anfang bis zum Schluß spannt; der Wechsel von Stimmungen erfolgt so geschickt und bestimmt, daß er auch zu musikalischen Parallelen anregt: die Ruhe und Schwüle von Elses Schlafzimmer, das Aufgepeitschte des Nachtlebens, der entschlossene Wirbel der Polizeiautos in den nächtlichen Straßen, das eskalierende Chaos der Razzia. Wie Hochbaum es schafft, eine Stimmung in die andere übergehen zu lassen, vor allem in den Kongo Bar-Szenen, wirkt wie der Show-Off eines Virtuosen: vom müden Beginn des Abends in der leeren Bar, wo drei unappetitliche Huren vergeblich das Interesse einiger verirrter Kunden zu wecken versuchen, werden wir in einem kaum merkbaren Crescendo bis zum hektischen Tempo der heißen Nacht mitgerissen« (David Robinson, *Ein Metteuren-Scène* im Untergrund, in: *Werner Hochbaum,* 1976). – *Razzia in St. Pauli* wurde im Mai 1932 in Berlin uraufgeführt und im Dezember 1933 von der Filmprüfstelle mit folgender Begründung verboten: »Der Film sieht die Menschen und ihre Umgebung sowie ihr Tun aus der sozialistischen Perspektive, was besonders durch einen Schlußsong zum Ausdruck kommt.« Dieser »Song der Hafenarbeiter«, im Off gesungen von Ernst Busch (der berühmte Brecht-Sänger war ein Schulkamerad Hochbaums aus Kiel), schließt mit der Zeile: »So leben die einen. Und so leben die anderen.«

# Kuhle Wampe
## oder Wem gehört die Welt
## 1932

*Regie* Slatan Dudow. *Buch* Bertolt Brecht, Slatan Dudow, Ernst Ottwald. *Kamera* Günther Krampf. *Musik* Hanns Eisler. *Lieder* »Solidaritätslied«, »Sportlied«, »Frühjahr« von Hanns Eisler *(Musik)* und Bertolt Brecht *(Text),* gesungen von Ernst Busch und Helene Weigel. *Bauten* Robert Scharfenberg, C.P. Haacker. *Ton* Kroschke Michelis. *Schnitt* Peter Meyrowitz. *Darsteller* Ernst Busch (Fritz), Hertha Thiele (Anni Bönike), Martha Wolter (Gerda), Adolf Fischer (Kurt), Lili Schönborn (Mutter Bönike), Max Sablotzki (Vater Bönike), Gerhard Bienert (Mann mit Bärtchen) sowie 4000 Arbeitersportler, die Arbeiterspielgruppe »Das rote Sprachrohr« und der Uthmann-Chor. *Produktion* Praesens-Film. 85 Minuten. *Uraufführung* 30.5.1932.

Berlin 1931. 315 000 Arbeitslose. Die Arbeitslosenunterstützung für Jugendliche ist gerade gestrichen worden. Der junge Bönike ist den ganzen Tag lang mit dem Fahrrad unterwegs gewesen, auf Stellungssuche. Abends kommt er nach Hause. Die Mutter meint, er habe sich vielleicht nicht genug um Arbeit bemüht. Der Vater erinnert daran, daß die Miete noch nicht bezahlt ist, und meint, sein Sohn wäre besonders untüchtig. Die Tochter Anni erinnert daran, daß der Vater selbst stempeln geht. Nach dem Abendessen geht der Vater in die Kneipe, die Mutter in die Küche, Anni mit ihrem Freund Fritz aus. Der junge Bönike springt aus dem Fenster. Vorher hat er seine Armbanduhr abgelegt. Eine Nachbarin sagt: »Ein Arbeitsloser weniger.« Familie Bönike bekommt den Räumungsbescheid. Anni versucht vergeblich, ihn rückgängig zu machen. Dem Rat ihres Freundes Fritz folgend zieht die Familie Bönike in die Zeltkolonie »Kuhle Wampe« außerhalb Berlins, am Müggelsee, »die älteste Wochenendsiedlung Deutschlands ... 1913 mit zehn bis zwanzig Zelten gegründet« (Kommentar). Anni geht mit Fritz. Ihr Vater sagt: »Wenn was passiert, schlag ich dir dod.« Es passiert, Anni wird schwanger. Vater Bönike hat ein Gespräch mit Fritz. Dann wird Verlobung gefeiert. Bei der ausgedehnten Verlobungsfeier kommt es zum Streit zwischen Anni und Fritz. Anni verläßt »Kuhle Wampe« und zieht zu ihrer Freundin Gerda.

Gerda und ihr Freund Kurt sind bei einer Gruppe, die ein großes proletarisches Sportfest mit sportlichen Wettkämpfen und Auftritten von Agitprop-Gruppen organisiert und durchführt. Bei dem Sportfest sehen Anni und Fritz sich wieder und versöhnen sich. Auf der Heimfahrt von der Veranstaltung kommt es in der S-Bahn zu einer politischen Diskussion zwischen Bürgern und Proletariern. Kurt, auf einen Herrn im Stehkragen zielend: »Und dieser Herr hier, der wird die Welt auch nicht ändern. Dem gefällt se ja so, wie se ist.« Der Herr im Stehkragen: »Und wer wird sie ändern?« Gerda: »Die, denen sie nicht gefällt!«

Ernst Busch, Martha Wolter und Adolf Fischer

»Darf Deutschland fotografiert werden oder nicht? Das ist die erste Frage. Die zweite Frage lautet: Wie darf es fotografiert werden?« So schrieb Bernhard von Brentano am 22. April 1932 zu dem Brecht-Film *Kuhle Wampe* und zu den Zensurskandalen, die ihn begleiteten. Der *Film Kuhle Wampe* war längst zu einem *Fall Kuhle Wampe* geworden. Der Film hat den Untertitel *Wem gehört die Welt?* Hätte er das Programm, das in dieser Frage liegt, nicht erfüllt, so wäre es erst gar nicht zu einem Fall geworden. »Die revolutionäre Veränderung der gesellschaftlichen Verhältnisse ist das Programm des Werkes, das zu Recht als Beginn des sozialistischen Realismus im deutschen Film angesehen wird« (Wolfgang Gersch/Werner Hecht im Nachwort zu *Bertolt Brecht: Kuhle Wampe – Protokoll des Films und Materialien,* 1978). Der Untertitel zum *Fall Kuhle Wampe* könnte heißen: Wem gehört das Zelluloid? Wem gehören die Kameras? Wem gehören die Ateliers? Wem gehören die Kinos? Wem gehört das Publikum? Wem gehört der Film? 1930 hatte Brecht im Dreigroschenprozeß erfolglos versucht, diese Fragen im Sinne der Produzierenden zu klären. 1931 unternahm er den erfolgreichen Versuch, eine alternative Filmproduktion durchzuziehen. Brecht: »Im Sommer hatten wir durch die Ausnützung besonders

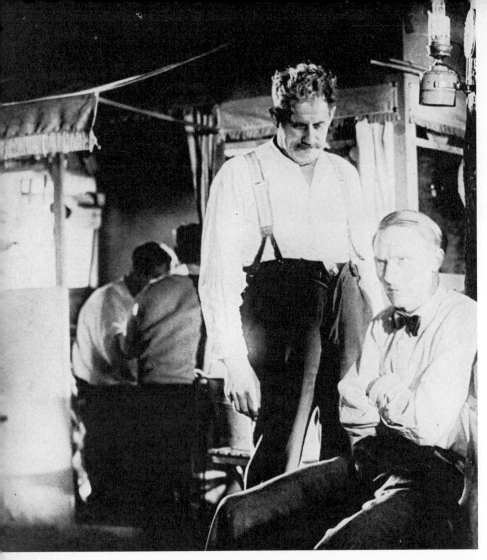

Der Selbstmord des jungen Boenike

Ernst Busch und Hertha Thiele

Max Sablotzki und Ernst Busch

Das Gespräch in der Straßenbahn

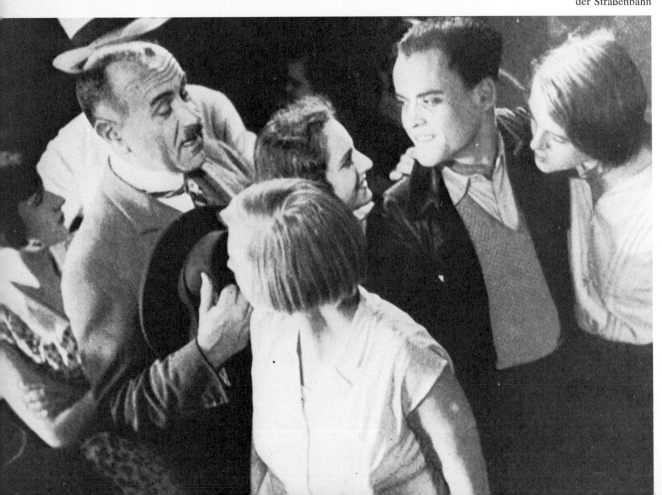

günstiger Umstände (Auflösung einer Filmgesellschaft, Bereitwilligkeit eines Privatmannes, eine nicht zu hohe Summe Geldes zusammen mit seiner schauspielerischen Fähigkeit in einen Film zu investieren und so weiter) die Möglichkeit, einen kleineren Film herzustellen. Unter dem frischen Eindruck der Erfahrungen aus dem Dreigroschenprozeß setzten wir, erstmalig in der Geschichte des Films, wie man uns sagte, einen Vertrag durch, der uns, die Hersteller, zu den Urhebern im rechtlichen Sinne machte. Dies kostete uns den Anspruch auf die übliche feste Bezahlung, verschaffte uns aber beim Arbeiten sonst unerlangbare Freiheiten...« Und weiter Brecht, in einem anderen, wie der vorige 1932 geschriebenen, hier nach dem oben genannten Werk zitierten Text: »Der Film *Kuhle Wampe* wurde von dem jungen Regisseur S. Th. Dudow unter großen materiellen Schwierigkeiten hergestellt. Die meisten Bilder mußten in schnellstem Tempo, ein Viertel des ganzen Films zum Beispiel in zwei Tagen, aufgenommen werden. Die einzige Unterstützung gewährten uns die kommunistischen Sportverbände, die uns an bestimmten Tagen ... 4000 Arbeitersportler organisierten. Durch die Schwierigkeiten, immerfort die Geldmittel aufzutreiben, dauerte die Herstellung des Films über ein Jahr, und inzwischen ging die Entwicklung der Verhältnisse in Deutschland (Faschisierung, Verschärfung der Arbeitslosigkeit und so weiter) in rapidem Tempo vor sich.« Der 28jährige Regisseur Slatan Theodor Dudow, mit dem Brecht sich bei *Kuhle Wampe* verband, war ein gebürtiger Bulgare, 1922 nach Berlin gekommen, Assistent bei Film *(Metropolis)* und Bühne (Jessner, Piscator), Erfahrungen mit Agitproptruppen, 1929 in der UdSSR Begegnung mit Eisenstein. Mit seinem Regiedebüt, dem kurzen Dokumentarfilm *Wie lebt der Berliner Arbeiter?* (1930), bewegte er sich bereits im Milieu von *Kuhle Wampe*. Und wie dieser »proletarische Reportage-Film« bekam auch *Kuhle Wampe* sofort Schwierigkeiten mit der Zensur; der Brecht-Dudow-Film wurde der berüchtigste Filmzensur-Skandal der sterbenden Weimarer Republik überhaupt. Im März 1932 wurde er zum erstenmal verboten, mit der Begründung, »daß der Bildstreifen als Ganzes die öffentliche Ordnung und Sicherheit sowie lebenswichtige Interessen des Staates gefährde« (Entscheid der Filmprüfstelle Berlin). Brecht: »Der Inhalt und die Absicht des Films gehen am besten aus der Aufführung der Gründe hervor, aus denen die Zensur ihn verboten hat.« In dem Aufsatz »Kleiner Beitrag zum Thema Realismus«, in dem Brecht den Film als »eine Montage einiger ziemlich in sich abgeschlossener kleiner Stücke« beschreibt, schildert Brecht eine Unterredung mit dem Zensor, der unter anderem sagt: »Sie stehen auf dem Standpunkt, die Gesellschaft veranlasse junge Menschen zum Selbstmord, indem sie ihnen Arbeitsmöglichkeiten verweigert. Und Sie genieren sich ja auch nicht, des weiteren anzudeuten, was den Arbeitslosen anzuraten wäre, damit hier eine Änderung eintritt. Nein, meine Herren, Sie haben nicht als Künstler gehandelt, nicht hier. Es lag Ihnen nicht daran, ein erschütterndes Einzelschicksal zu gestalten, was Ihnen niemand verwehren könnte.« Brecht berichtet: »Wir saßen betreten. Wir hatten den unangenehmen Eindruck, durchschaut worden zu sein.« Das *Kuhle Wampe*-Verbot führte zu erbitterten öffentlichen Auseinandersetzungen. Im *Berliner Börsen-Courier* schrieb Herbert Ihering: »Für den, der den Film kennt, ist von allen Filmverboten dies das unbegreiflichste ... Der Film ist unsentimental und deshalb gerecht. Er färbt nicht. Er idealisiert nicht die Arbeiter. Im Gegenteil: er zeigt auch die philiströsen Seiten, die Hinneigung zum Kleinbürgertum (bei der Verlobungsfeier und bei der Lektüre). Er zeigt nicht die Rührseligkeit, sondern auch die böse Spießigkeit der Enge. Er zeigt dagegen die Arbeitersportjugend ... Er ist ein Experiment. Er ist jenseits des Betriebes gemacht, mit künstlerischer Überzeugung und restlosem Einsatz. Eine Fahrt im überfüllten Stadtbahnwagen vom Arbeitersportfest nach Berlin ist sogar ungewöhnlich gut. Einer liest aus der Zeitung vor, daß Kaffee in Brasilien ins Meer geschüttet worden sei. Sofort entzünden sich hieran die Gespräche, ins Politische, ins Private; klatschende Frauen sprechen vom Kaffeekochen, Bürger und Arbeiter vertreten ihre Meinungen. Worte fliegen hin und her. Schichten und Typen werden deutlich.

Hertha Thiele und Ernst Busch

Das ist ausgezeichnet gemacht. Einige Badebilder sollen die Kirche verletzen? Nur weil in der Ferne eine Glocke läutet? Unbegreiflich. Hundert mondäne Filme müßten dann verboten werden.« Und in der *Weltbühne* Rudolf Arnheim, der sich auch in öffentlichen Protestveranstaltungen für den Film einsetzte: »Immer deutlicher wird, daß man gesonnen ist, alle irgendwie freiheitlichen und fortschrittlichen Filme zu verbieten, koste es, was es wolle ... In dem großen Lied der Arbeitersportler wird nichts gesagt, als daß die Stärke in der Einigkeit bestehe, und die Diskussion über die ungerechte Verteilung der Güter gipfelt in den Sätzen: ›Wer wird die Welt ändern? Die, denen sie nicht gefällt!‹ Wenn man das nicht mehr sagen kann, wenn nicht mehr mitgeteilt werden darf, daß es Menschen gibt, die den Zustand der Welt zu verändern wünschen, dann ist damit erwiesen, daß die Zensurpraxis beim nackten Machtkampf angelangt ist, in dem die Vernunft zu schweigen hat wie das Weib in der Kirche.« Im April 1932 wurde der Film mit Schnitten freigegeben. Im Mai wurde er in Moskau uraufgeführt, im Juni folgte die Berliner Premiere. Dann kamen die Nazis und veränderten die Welt auf ihre Weise. Im März 1933 wurde *Kuhle Wampe* wieder verboten. Heute ist er erlaubt, aber nur selten zu sehen. (Wem gehört der Bildschirm?) Man sollte ihn in einem Double-Feature-Programm zusammen mit Leni Riefenstahls Reichsparteitags-Film 1934 zeigen, den *Triumph des Willens* neben der Ohnmacht des Willens, ein Programm, das nur zu Tränen erbittern kann.

# Die verkaufte Braut
## 1932

*Regie* Max Ophüls. *Regie-Assistenz* August Lautenbacher, Willy Riethof. *Buch* Curt Alexander, nach der Oper von Friedrich Smetana. *Kamera* Reimar Kuntze, Franz Koch, Herbert Illig, Otto Wisching. *Musik* Friedrich Smetana. *Musikalische Leitung* Theo Mackeben. *Liedertexte* Robert Vambery. *Bauten und Kostüme* Erwin Scharf. *Choreographie* Senta Born. *Ton* Friedrich Wilhelm Dustmann. *Schnitt* Paul Ostermayr. *Darsteller* Jarmila Novotna (Marie), Willy Domgraf-Fassbaender (Hans), Karl Valentin (Zirkusdirektor Brummer), Liesl Karlstadt (Frau Brummer), Otto Wernicke (Kezal), Max Nadler (Bürgermeister), Annemie Soerensen (Esmeralda), Paul Kemp (Wenzel), Hermann Kner (Micha), Maria Janowska (Frau Micha), Max Schreck (Indianer), Hans Appel (Kraftmensch), Ernst Ziegler (Clown), Karl Riedel und Georg Holl (Polizisten), Richard Révy (Finanzienrat), Lothar Koerner (Diplomat), Lotte Deyers (Gouvernante), Mary Weiss (Zögling), Trude Haefelin (Zögling), Dominik Loescher (Wirt zur Goldenen Gans), Kurt Horwitz (Moritatensänger), Therese Giehse (Ansagerin), Eduard Mathes-Roeckel (Photograph), Max Duffek (Erklärer eines Schlachtenpanoramas), Beppo Brem (Bauernbursche). *Produktion.* Reichsliga-Film. 2115 Meter. *Uraufführung* 18.8.1932.

Der Heiratsvermittler Kezal betreibt die Verehelichung von Marie, der schönen Bürgermeisterstochter, und Wenzel, des Sohnes der reichen Eheleute Micha. Beide Elternteile sind mit dem Arrangement einverstanden. Alles scheint so gut wie richtig. Nur Marie gefällt es nicht, daß sie so geschäftsmäßig verkuppelt werden soll. Außerdem lernt sie den Postillon Hans kennen. Um von den Verwandten nicht entdeckt zu werden, taucht Marie mit Hans in dem Trubel des Kirchweihfestes unter. Der Zirkus Brummer kommt in das Dorf. Der alleingelassene Wenzel macht die Bekanntschaft der Tänzerin Esmeralda. Die Eltern von Marie und Wenzel werden langsam unruhig, ebenso der Heiratsvermittler Kezal. Der Bürgermeister sperrt seine Tochter in ihrem Zimmer ein und verbietet dem Zirkus, der noch 300 Gulden Steuerschulden bei der Gemeinde hat, das Auftreten. Kezal bietet Hans eine Summe Geld, wenn er auf Marie verzichtet. Hans lacht ihn aus, aber als er von den Nöten des Zirkus hört, läßt er sich von Kezal die 300 Gulden ausbezahlen und gibt sie Wenzel, zur Weitergabe an den Zirkus. Der Zirkus darf auftreten. Im Dorf spricht es sich schnell herum, daß Hans die eben erst gewonnene Braut verkauft hat. Die Schande bricht Maries Stolz; sie ist nun bereit, Wenzel zu heiraten, der aber seinerseits nur noch an Esmeralda denkt und bei der Gala-Vorstellung des Zirkus auch gleich spontan seinen Einstand in der Arena gibt. Marie sitzt mit ihren Eltern in der Vorstellung. Hans holt sie unbemerkt heraus, als der Trubel in der Arena am größten ist. Nachdem Hans den ganzen Ort vor der Bedrohung durch einen ausgebrochenen Zirkus-Bären rettet, ist er der Held des Tages. Er und Marie bekommen ebenso den elterlichen Segen wie Wenzel und Esmeralda. Kezal ist mit allem einverstanden, denn er hat sich die verauslagten Gulden von Micha wie vom Bürgermeister doppelt rückvergüten lassen. Alles ist so gut wie richtig.

Paul Kemp und Otto Wernicke

Der Präsident der »Vereinigung der Deutschen Lichtspieltheaterbesitzer« ließ den 30jährigen Max Ophüls, mit seinem Erstling *Die verliebte Firma* ein erfolgreicher Regie-Neuling, zu sich nach München kommen und eröffnete ihm, er habe sehr viel Kapital zur Verfügung und wolle die erste Filmoper der Welt herstellen; daraus wurde dann Ophüls' Version von Smetanas *Verkaufter Braut*, bis heute die beste Filmoper der Welt, ein Werk, in dem die ganze tobende ländliche Freude des Originals und seine ganze ländliche Durchtriebenheit samt dem in Synkopen übersetzten verliebten Herzflattern total und ganz Film geworden ist. Ophüls: »Meine Experimentiersucht wurde aufs äußerste angeregt... Die Aufnahmen fanden in Geiselgastaig bei München statt. Wir bauten im Freien ein tschechisches Dorf in der Architektur des vorigen Jahrhunderts auf und wohnten sogar ein halbes Jahr darin. Alle Chöre, Sologesänge, Orchesteruntermalungen, wurden im Freien aufgenommen und gaben auch klanglich dem Film frische Luft. Eine große Sequenz des Films spielte auf einem Jahrmarkt. Ich reiste durch Deutschland und engagierte mir richtige Jahrmarktsleute, die mit ihren Familien nach Geiselgasteig zogen: Feuerschlucker, Akrobaten, Clowns, Zigeuner mit ihren Tanzbären, Wahrsager. Richtige Bauernjungen und Bauernmädchen, die aus den Bergen kamen, wurden zu Komparsen... Einer der größten Volksdarsteller, Karl Valentin, der zu Bayern gehört wie Bier, Rettich und Brezeln, spielte... den Inhaber eines kleinen Wanderzirkus. Er nahm das sehr echt. Als der wirkliche Zirkus auf dem Gelände in der Vorbereitungszeit aufgebaut wurde, half er bei den Arbeiten mit. Er hatte das Gefühl, er gehörte ihm. An einem Morgen stand er da im Nebel, eine traumhafte Sancho-Pansa-Gestalt, und malte auf das Zelt: ›Wer diese Leinwand zerschneidet und wird dabei erwischt, wird bestraft.‹« (Max Ophüls: *Spiel im Dasein,* 1959) Zu den Berufsgauklern, den echten Landleuten, den Amateuren und den Volksschauspielern Valentin und Liesl Karlstadt holte sich Ophüls echte Opern-Profis, die damals sehr prominenten Jarmila Novotna und Willy Domgraf-Faßbaender, und Darsteller aus ganz anderen Bühnen- und Filmwelten: aus der kunterbunten Mischung dieses Opernensembles bezieht der Film viele seiner stärksten und komischsten Effekte. »Domgraf-Faßbaender singt im Duett mit Otto Wernicke, und dabei geht weniger dem Wernicke die Luft aus, als daß dem Faßbaender welche abgelassen wird« (Frieda Grafe, *Filmkritik,* 1970).

Karl Valentin

Karl Valentin, Annemie Soerensen, Otto Wernicke, Willy Dohmgraf-Fassbaender, Max Nadler, Jarmila Novotna, Paul Kemp und Partner

# Ein blonder Traum
## 1932

*Regie* Paul Martin. *Buch* Walter Reisch, Billie Wilder. *Kamera* Günther Rittau, Otto Baecker, Konstantin Irmen-Tschet. *Musik* Werner Richard Heymann. *Lieder* »Irgendwo auf der Welt gibt's ein kleines bißchen Glück« von Werner Richard Heymann *(Musik)* und Robert Gilbert, Werner Richard Heymann *(Text)*, »Einmal schafft's jeder«, »Wir zahlen keine Miete mehr«, »Alles verstehen heißt alles verzeih'n« von Werner Richard Heymann *(Musik)* und Walter Reisch *(Text)*. *Bauten* Erich Kettelhut. *Choreographie* Franz Rott. *Ton* Fritz Thiery. *Schnitt* Willy Zeyn. *Darsteller* Lilian Harvey (Jou-Jou), Willy Fritsch (Willy I), Willi Forst (Willy II), Paul Hörbiger (Vogelscheuche), Trude Hesterberg (Illustrierte Ilse), C. Hooper Trask (Charles J. Merryman), Hans Deppe (Sekretär), Wolfgang Heinz (Portier), Barbara Pirk, Ina van Elben, Ernst Behmer, Hugo Döblin. *Produktion* Ufa (Erich Pommer). 101 Minuten. *Uraufführung* 23.9.1932.

Willy I und Willy II sind Fensterputzer bei der Firma »Blitz und Blank«. Beim Fensterputzen im amerikanischen Konsulat werden sie zu Zeugen einer empörenden Szene: Ein reizendes Mädchen namens Jou-Jou wird von dem pompösen Portier unsanft hinausgeworfen. Die beiden Willys nehmen sich sofort ritterlich der Dame an und erfahren ihr trauriges Schicksal: Jou-Jou, die bislang den Zirkusartisten Ping und Pong als lebendes Wurfgeschoß diente, und deren großer Traum eine Karriere in Hollywood ist, wurde von einem Hochstapler namens Merryman hereingelegt, der ihr gegen eine Gebühr von 25 Dollar die Erfüllung dieses Traumes versprach. Nun hat sie kein Dach über dem Kopf und keinen Menschen auf der Welt, nur einen eigentümlichen Hund namens Buffalo. Willy I und Willy II versprechen sich von Jou-Jou die Erfüllung ihrer romantischsten Träume und bieten ihr fürs erste ein Quartier, dort, wo sie selbst zu Hause sind: in zwei ausrangierten Eisenbahn-Waggons weit draußen vor der Stadt. Sie werden dort betreut von einem philosophischen Gemütsmenschen, »Vogelscheuche« genannt, der nun auch Jou-Jou in seine väterliche Obhut nimmt. Die Rivalität der in Jou-Jou verliebten beiden Willy nimmt zuweilen lebensgefährliche Formen an. Jou-Jou verschafft sich die einzig mögliche Erfüllung ihrer Karriere-Träume im Schlaf: Ein Traum entführt sie nach Hollywood, wo sie ihre Talente präsentieren darf. Die freundliche Vision wird aber zum Albtraum und nimmt ein derart katastrophales Ende, daß Jou-Jou nun von ihren Ambitionen geheilt ist. Vor die Wahl gestellt, sich für einen der beiden Willys entscheiden zu müssen, nimmt sie Willy I, der seine Vorstellung vom Leben zu zweit so formuliert hatte: »Jeden Abend zu Haus und einmal im Monat ausgehen.« Die Vorstellungen von Willy II sind weniger bürgerlich: »Jeden Abend ausgehen und einmal im Monat zu Hause.«

Willi Forst, Lilian Harvey und Willy Fritsch

So wie der Billy Wilder-Biograph Maurice Zolotow die Entstehungsgeschichte von *Ein blonder Traum* bei Wilder und Walter Reisch recherchiert hat, sollte der Film ursprünglich anders, etwas verwegener ausgehen: »Lilian kann sich zwischen den beiden Aspiranten auf ihr Herz nicht entschließen; angewidert verlassen die beiden sie und gehen zusammen ihrer Wege, unbeweibt, während die Regentropfen beharrlich auf ihre Fahrräder fallen – ganz wie Newman und Redford. Ganz recht: Die beiden fahren auf ihren Rädern in Berlin herum und suchen nach schmutzigen Fensterscheiben. Miss Harvey war außer sich. Wie konnten sie es nur wagen, diese beiden ignoranten Schreiberlinge! Diese Stümper! Völlig unvorstellbar: ein Lilian-Harvey-Film, in der sie von *zwei* Männern verlassen wird! Daß *ein* Mann sie verläßt, war ja schon undenkbar. Und Erich Pommer, der genau wußte, auf welcher Seite seine Stulle gebuttert war, gab ihr recht. ›Bringt das in Ordnung‹, befahl er. Reisch erinnert sich, wie Wilder mit sich rang, einen Film zu schreiben, der dem Star gerecht würde und trotzdem originell blieb. Schließlich sagte er: ›Ich hab's, ich hab's. Wir bringen einen kleinen Hund hinein. Ich kann mir keinen Hund vorstellen, dem es nicht ein Leichtes wäre, Lilian Harvey an die Wand zu spielen. Der eine Willy bekommt dann Lilian, und der andere Willy bekommt den Hund, und meiner Meinung nach ist der, der den Hund kriegt, der Gewinner.« Und so wurde es gemacht: Willi Forst bekam den Hund; Willy Fritsch bekam das Mädchen; und einer von den beiden Willys, ich weiß nicht mehr welcher, ging nach Amerika, was unser anderer Willy oder vielmehr Billy zu dieser Zeit bereits auch im Sinne hatte« *(Billy Wilder in Hollywood).* *Ein blonder Traum* ist wie *Die Drei von der Tankstelle* ein Depression-Musical, aber dank des schärferen Witzes und der größeren Virtuosität von Buch und Regie ein gewaltiger Fortschritt gegenüber dem Thiele-Film, mit gelegentlichen Vorahnungen von noch kühneren Musical-Ideen. »Die erste Begegnung der drei Hauptfiguren während einer Mittagspause auf einem Dach beschwört für einige Augenblicke die Aussicht auf ein neo-realistisches Musical« (Tim Pulleine, *Monthly Film Bulletin,* 1978). Parallel zur deutschen wurden eine englische und eine französische Fassung gedreht: *Happy ever after,* Regie Paul Martin und Robert Stevenson, mit Lilian Harvey, Jack Hulbert, Sonnie Hale; *Un Rêve Blonde,* Regie Paul Martin, Jean Boyer, mit Lilian Harvey, Henri Garat, Pierre Brasseur.

Paul Hörbiger und Lilian Harvey

Willy Fritsch und Lilian Harvey

# Grün ist die Heide
## 1932 · 1951 · 1972

**Grün ist die Heide 1932.** *Regie* Hans Behrendt. *Buch* Bobby E. Lüthge, Curt J. Braun, nach Motiven von Hermann Löns. *Kamera* Ewald Daub. *Musik* Walter Ulfig, Grete Walter. *Lieder* »Grün ist die Heide«, »Auf der Lüneburger Heide«, »Wenn der Birnbaum blüht« von Hermann Löns *(Text)* und Karl Blume *(Musik)*. *Bauten* Erwin Scharf. *Ton* Emil Specht. *Schnitt* P.E. Krafft. *Darsteller* Theodor Loos (Lüder Lüdersen), Camilla Spira (Grete), Hugo Werner-Kahle (Oberförster), Peter Voss (Walter), Fritz Odemar (Oberforstrat Schliepemann), Alfred Beierle (Gendarm), Gerhard Bienert (Specht), Fritz Kampers (Alois), Paul Beckers (Blümchen), Karl Blume (Nachtigall). *Produktion* R.N.-Film. 2337 Meter. *Uraufführung* 20.11.1932.

**Grün ist die Heide 1951.** *Regie* Hans Deppe. *Regie-Assistent* Fred Westhoff. *Buch* Bobby E. Lüthge. *Kamera* (Geva-Color) Kurt Schulz. *Kamera-Assistenz* Herbert Geier. *Musik* Alfred Strasser. *Lieder* »Grün ist die Heide« von Karl Blume *(Musik)* und Hermann Löns *(Text)*, »Rose-Marie« von Fritz Jöde *(Musik)* und Hermann Löns *(Text)*, »Auf der Lüneburger Heide« von Ludwig Rahlfs *(Musik)* und Hermann Löns *(Text)*, »Vergißmeinnicht, du Blümlein blau« von Ernst Licht *(Musik)* und Hermann Löns *(Text)*, »Riesengebirglers Heimatlied« von V. Hampel *(Musik)* und O. Fiebiger *(Text)*. *Bauten* Gabriel Pellon, Peter Schlewski, Hans-Jürgen Kiebach. *Kostüme* Walter Kraatz. *Ton* Hans Ebel, Hans Löhmer. *Schnitt* Hermann Ludwig. *Darsteller* Hans Stüwe (Lüder Lüdersen), Sonja Ziemann (Helga), Otto Gebühr (Gottfried Lüdersen), Margarete Haagen (Frau Lüdersen), Rudolf Prack (Förster Walter Rainer), Hans Richter (Hans), Kurt Reimann (Nachtigall), Ludwig Schmitz (Tünnes), Willy Fritsch (Amtsrichter), Josef Sieber (Oberförster), Oskar Sima (Zirkusdirektor), Else Reval (Zirkusdirektorin), Karl Finkenzeller (Pistek), Ernst Waldow (Apotheker), Rolf Weih (Arzt), Kurt Pratsch-Kaufmann (Oberlehrer), Franz Otto Krüger (Zauberkünstler). *Produktion* Berolina (Kurt Ulrich). 89 Minuten. *Uraufführung* 1951.

**Grün ist die Heide 1972.** *Regie* Harald Reinl. *Regie-Assistenz* Frankie Guarente. *Buch* Michael Wildberger. *Kamera* (Farbe) Karl Löb. *Kamera-Assistenz* Manfred Löben. *Musik* Peter Schirmann. *Kostüme* Wolfgang Zehetner. *Ton* Kurt Petri. *Darsteller* Roy Black (Norbert), Monika Lundi (Ursula), Rainer Rudolph (Bernie), Peter Millowitsch (Möps), Jutta Speidel (Hanna), Heidi Kabel (Frau Engelmann), Ralf Wolter (Herr Hoegen), Henri Vahl (Opa), Günther Schramm (Dr. Velten), Agnes Windeck (Frau von Meltendorf), Viktoria Brams (Anita), Jean-Claude Hoffmann (Stefan), Rut Rex-Viehöver (Frau Berger), Eddi Arent (Herr Locher). *Produktion* Allian-Terra-Rob Houwer (Heinz Willeg). 86 Minuten. *Uraufführung* 20.12.1972.

Die *Grün ist die Heide*-Versionen von 1932 und 1951 erzählen mit zeitgemäßen Variationen die gleiche Geschichte von Wilderei und Liebe, verbunden mit den komischen Abenteuer dreier singender Landstreicher, der »Monarchen«. Ein ehemaliger Gutsbesitzer kann seiner Leidenschaft für die Jägerei nur noch durch Wildern frönen (in der Fassung von 1932 hat er sein Jagdrevier verloren, weil er einfach verarmt ist, in dem Nachkriegs-Remake ist er ein Flüchtling, der seinem ostpreußischen Revier nachtrauert). Seine Tochter ist ganz verzweifelt über sein illegales und gefährliches Treiben, nicht nur, weil sie sich um den Papa sorgt, sondern auch, weil sie dem jungen Förster Walter, der dem unbekannten Wilderer nachstellt, in Liebe verbunden ist. Um dem Konflikt zu entgehen, überredet sie den Vater, mit ihr in die Stadt zu ziehen, was natürlich auch eine schmerzliche Trennung von Walter bedeutet. Bevor es zur Abreise kommt, wird ein großes Volksfest gefeiert. Während die anderen feiern, ist der Alte wieder beim Wildern. Aber diesmal stellt er, der als richtiger Jäger natürlich waidgerechte Wilderei betreibt, einen nichtswürdigen Halunken, der aus purer Profitgier das Wild mit Schlingen fängt. Es kommt zum Kampf, der alte Edel-Wilderer wird von dem Schlingen-Wilddieb angeschossen. Förster und Polizisten kommen dazu: Der alte Gutsherr gilt nicht nur als von jedem Verdacht gereinigt, sondern wird auch noch als Held gefeiert. Er verspricht seiner Tochter, das Wildern zu lassen: Sie kann mit ihrem Förster glücklich werden. – Die Version von 1972 handelt von drei jungen Männern aus der Großstadt, die in die Heide gehen, um sich in Abstinenz von Frauen, Alkohol und Nikotin zu regenerieren; alle guten Vorsätze müssen aber dem Vergnügen an sämtlichen Freuden des Lebens weichen.

Als der erste *Grün ist die Heide*-Film 1932 herauskam und nach Marktberichten aus der Zeit »ein ungewöhnlicher Überraschungserfolg« wurde, gab es

Paul Beckers, Fritz Kampers und Karl Blume

auch sonst im Kino jede Menge Bauernschwänke, Operetten mit ländlich-regionalem Flair, Berg- und Talfilme, Dialekt-Lustbarkeiten, Blut- und Boden-Melodramen, Ganghoferisches und Anzengruberisches und »Volksfilme« (ein Terminus der Nazi-Kritik), aber *Heimatfilme* gab es damals noch nicht; dieser Ausdruck stammt bezeichnenderweise aus der Nachkriegszeit, als 1951 der zweite *Grün ist die Heide*-Film herauskam und »mit allem, was da in der Heide kreucht und fleucht, den Förstern, Flüchtlingen, Heidjern, der hohen Obrigkeit, harmlosen Stromern und verschlagenen Schlingenstellern, einem Wanderzirkus und einem Heimatfest« *(Film-Echo)* zum größten Geschäftserfolg der Saison 1951/52 und zusammen mit dem schon früher gestarteten *Schwarzwaldmädel* zum Pionier- und Hauptwerk einer gewaltigen Konjunktur wurde. Das Vaterland ist tot, es lebe die Heimat; der Heimatfilm wurde der große Kick des deutschen Nachkriegsfilms und der deutsche Film par excellence. Das kam nicht von ungefähr, denn zum Thema Heimat hatte sich allerhand angestaut. Heimat als Begriff war von den Nazis mißbraucht worden, Heimat als Realität war umkämpft worden; Heimat wurde

zerstört und mußte aufgegeben werden; es gab Flüchtlinge und Vertriebene, es gab aber auch Remigranten, die schon vorher den Verlust der Heimat erfahren hatten. Gewaltiges hatte sich angestaut, aber das wurde nun nicht kanalisiert: die Schleusen der Fröhlichkeit, der Traurigkeit, der Gefühligkeit wurden aufgetan und alle Fragen und Antworten, die zu dem Thema anfielen, wurden einfach weggeschwemmt. Das Heimatliche war überhaupt kein Thema mehr; es war zum »hybriden Topos« (Michael Braun: *Das Verhältnis von Qualität und Verbreitung*) geworden, auf gut Deutsch: zum ausgeflippten Basis-Element. Trauer, Zorn oder was immer auch von Heimatvertriebenen empfunden werden mochte, fanden ihren Niederschlag in der Verbitterung eines ostpreußischen Gutsherren, der seine dortige Jagd verloren hat und deshalb in der »kalten Heimat« zum Wildern gezwungen ist, oder bestenfalls noch im Absingen von verschnulzten Riesengebirgsliedern. Entschlossen, ein Genre zu werden, das großherzig mit Emotionen spielt, ohne sich weiter auf Rationalisierungen einzulassen, wurde der Heimatfilm zu einem Vehikel, auf das jeder aufspringen konnte; als die Konjunktur dann zur Zeit des dritten, völlig lächerlichen *Grün ist die Heide*-Films endgültig aus war, war das Heimatliche nicht einmal mehr ein hybrider Topos, nur noch ein Kostüm für Schlagerfilmchen.

Remake 1951: Sonja Ziemann und Rudolf Prack

# F.P.1 antwortet nicht
## 1932

*Regie* Karl Hartl. *Buch* Walter Reisch, nach dem Roman von Curt Siodmak. *Kamera* Günther Rittau, Konstantin Irmen-Tschet, Otto Baecker. *Musik* Allan Gray. *Musikalische Leitung* Hans O. Borgmann. *Lieder* »Flieger, grüß mir die Sonne« und »Ganz dahinten, wo der Leuchtturm steht« von Allan Gray *(Musik)* und Walter Reisch *(Text)*. *Bauten* Erich Kettelhut, A. B. Henninger. *Ton* Fritz Thiery. *Schnitt* Willy Zeyn jr. *Darsteller* Hans Albers (Ellissen), Sybille Schmitz (Claire), Paul Hartmann (Droste), Peter Lorre (Foto-Reporter), Hermann Speelmans (Damsky), Paul Westermeier (Der Mann mit den Schiffbrüchigen), Arthur Peiser (Der Mann mit dem Zahnweh), Gustav Püttjer (Der Mann mit der Fistelstimme), Georg August Koch (1. Offizier), Hans Schneider (2. Offizier), Werner Schott (Matthias), Erik Ode (Konrad), Dr. Manning (Ein Arzt), Georg John (Ein Maschinist), Rudolf Platte (Der Funker auf der F.P.1), Friedrich Gnas (Ein Funker auf der Werft) und unter Mitwirkung der Deutschen Verkehrsfliegerschule. *Produktion* Ufa (Eberhard Klagemann). 115 Minuten. *Uraufführung* 22.12.1932.

F.P.1 ist das kühne Projekt des Kapitänleutnants a.D. Droste, eine verankerte Flug-Plattform, die sich im Ozean erheben soll, auf dem Schnittpunkt von vier Welten, eine Art schwimmender Flugplatz, wo Flugzeuge landen, tanken und repariert werden können, und der es ermöglicht, binnen 24 Stunden Erdteil mit Erdteil zu verbinden. Ein besonderer Freund dieses Vorhabens ist der Ozeanflieger Ellissen, der keine Gelegenheit ausläßt, Drostes Ideen zu propagieren. Die Lennartz-Werke beschließen die Ausführung des Projektes F.P.1. Während F.P.1 in Arbeit geht, nimmt Ellissen ein Angebot der Mannheimer Meteor-Werke an, mit ihrem neuen Modell 7000 T.K. einen Nonstop-Flug Berlin–Berlin durchzuführen. Claire Lennartz, die schöne Schwester der Brüder Lennartz, denen die Lennartz-Werke gehören, möchte Ellissen lieber auf dem Boden halten. Bei den Arbeiten zu seinem schwimmenden Flugplatz stellt Droste immer wieder Anzeichen für Spionage und Sabotage fest. Aber nach zwei Jahren Bauzeit liegt F.P.1, eine Stadt aus Stahl und Glas mit Flughafen, Funkanlagen, Leuchtturm, Reparaturwerkstätten, Hotels und Hangars sicher verankert im Ozean. Die Nachricht geht um die ganze Welt. In einem kleinen Hafen-Hotel hört sie auch Ellissen, dem alles schief gegangen ist und der sich hier verkrochen hat. Voll Sehnsucht und Reue denkt er an Claire Lennartz, die sich nun wohl an Droste halten wird. Ein Ferngespräch zwischen der Lennartz-Werft und F.P.1 endet damit, daß man auf der Fluginsel Schreie und Schüsse hört. Dann bricht die Verbindung ab. Es herrscht Sturm, und nur der beste Flieger kann die Verbindung zu F.P.1 wiederherstellen. Claire findet Ellissen und bringt ihn dazu, mit ihr zur Fluginsel zu fliegen. Ellissen muß bei Sturmböen auf F.P.1 landen, das Flugzeug macht Bruch. Wie sich herausstellt, hat der Chefingenieur Dumsky, der für eine mächtige Konkurrenzfirma arbeitet, Droste niedergeschlagen, die Flutventile geöffnet und die Ölvorräte unbrauchbar gemacht. Die Mannschaft hat er durch Gas betäubt. Als Ellissen sieht, wie liebevoll Claire sich um den verletzten Droste kümmert, wird ihm alles klar. Unaufhaltsam sinkt F.P.1. Ellissen macht eines der beschädigten Flugzeuge klar, startet, findet ein Schiff, springt ins Wasser, klettert an Bord und funkt um Hilfe für F.P.1. Von allen Seiten eilen Schiffe und Großflugzeuge herbei. F.P.1 kann gerettet werden. Ellissen ist klar geworden, daß es auf der Erde kein Glück für ihn gibt – aber in der Luft schon:

> Vom Nordpol zum Südpol
> Ist nur ein Katzensprung
> Wir fliegen die Strecke
> Bei jeder Witterung!

Die Hauptdarsteller der deutschen, englischen und französischen Version: Hans Albers, Conrad Veidt und Charles Boyer

*F.P.1* (= Flugzeug-Plattform 1) gehört zu den Science Fiction-Filmen, die eine der Realisierung schon nahe technische Errungenschaft beschreiben. Curt Siodmak hatte sich zu dem Roman, der dem Film zugrunde liegt, von einem Projekt des deutschen Ingenieurs A. B. Henninger inspirieren las-

Paul Hartmann, Sybille Schmitz und Hans Albers

sen, dessen Verwirklichung damals in Deutschland wie in Amerika ernstlich erwogen wurde. Die Zivilluftfahrt entwickelte dann aber ziemlich schnell Passagiermaschinen, die Flugplätze im Atlantik überflüssig machte; für kriegerische Zwecke wurden die Flugzeugträger geschaffen, und die technische Fazilität, die dem Traum von Henninger noch am nächsten kommt, sind Ölbohr-Inseln im Meer, an die damals noch niemand dachte. Die Film-Realität der Flugzeug-Plattform, für die Dreharbeiten auf der winzigen Ostsee-Insel Oie errichtet, wirkt auf der Leinwand sehr beeindruckend: »Mit Hilfe eines gewaltigen Aufwands an Mitteln ist es geglückt, die nicht vorhandene Insel so realistisch darzustellen, daß ihre Existenz nicht den geringsten Zweifel zu dulden scheint ... Die gigantischen Konstruktionen des Unterbaus, die funkelnden Lichter bei Nacht und die Vision der dem Morgengrauen entsteigenden Plattform: das sind Eindrücke von einer Großartigkeit, wie sie der Film bisher selten erschlossen hat ... Die Vollkommenheit der Illusion wird noch durch fabelhafte Fliegeraufnahmen gesteigert« (Siegfried Kracauer, *Frankfurter Zeitung*, 1932). *F.P.1 antwortet nicht* läßt sich aber nicht nur als Traum einer kommenden Super-Technik genießen; schon das, was er als romantischer Flieger-Film, als eine Art Albers-Variante eines Saint-Exupéry-Abenteuers bietet, ist sehr schön. Albers trifft genau den Ton des mit Wurstigkeit, Ironie und Melancholie durchsetzten Einsamkeits-Heroismus, den das Lied »Flieger, grüß mir die Sonne«, einer der schönsten Filmschlager überhaupt, anschlägt. Für Sybille Schmitz war *F.P.1 antwortet nicht* nach *Vampyr* der zweite außerordentliche Erfolg dieses Jahres. Siegfried Kracauer: »Sie verkörpert die weibliche Hauptrolle mit einer erstaunlichen suggestiven Kraft. Ohne daß ihr Gesicht an sich eine zwingende Form besäße, erlangt es in der Bewegung des Spiels sofort eine Macht, die beinahe magisch genannt werden muß.« Parallel zur deutschen wurden eine englische und eine französische Version gedreht: *Secrets of F.P.1* mit Conrad Veidt, Jill Esmond, Leslie Fenton, und *I.F.1 ne répond plus* mit Charles Boyer, Danièle Parola, Jean Murat.

Sybille Schmitz und Hans Albers

# Morgenrot
## 1933

*Regie* Gustav Ucicky. *Buch* Gerhard Menzel, nach einer Idee von E. Freiherr von Spiegel. *Kamera* Carl Hoffmann. *Musik* Herbert Windt. *Bauten* Robert Herlth, Walter Röhrig. *Schnitt* Eduard von Borsody. *Darsteller* Rudolf Forster (Kapitänleutnant Liers), Adele Sandrock (Liers Mutter), Fritz Genschow (Oberleutnant Fredericks), Camilla Spira (Grete Jaul), Paul Westermeier (Jaul), Gerhard Bienert (Böhm), Friedrich Gnass (Juraczik), Franz Niklisch (Petermann), Hans Leibelt (Bürgermeister von Meerskirchen), Else Knott (Helga), Eduard von Winterstein (Hauptmann Kolch). *Produktion* Ufa. 2328 Meter. 1933.

1. Weltkrieg. Kapitänleutnant Liers, ein hochdekorierter und sehr volkstümlicher U-Boot-Kommandant, ist auf Heimaturlaub in Meerskirchen. Seine alte Mutter, die in diesem Krieg schon zwei Söhne verloren hat, versucht ihn zu bewegen, sich auf einen weniger gefährlichen Posten versetzen zu lassen. Aber Liers kennt nichts als seine Pflicht und liebt nur sein Boot, die U 21. Das U-Boot läuft zu neuer Feindfahrt aus. Es hat die Mission, einen englischen Kreuzer zu versenken, der einen prominenten feindlichen Armeeführer mit einem Stab von Instruktoren nach Rußland bringt. Nach tagelanger Suche kommen der englische Kreuzer und seine drei Begleitzerstörer in Sicht. U 21 taucht und torpediert den Kreuzer. Bei seinen weiteren Operationen begegnet U 21 einem scheinbar harmlosen dänischen Segelschiff, das sich als getarntes englisches Kriegsschiff erweist. Während das deutsche U-Boot noch mit diesem Gegner beschäftigt ist, nähert sich in schneller Fahrt ein englischer Zerstörer. Liers versucht noch schnell zu tauchen, aber sein Boot wird gerammt und sinkt schwerbeschädigt in die Tiefe. In 60 Meter Tiefe liegt es mit zehn Überlebenden in dem einzigen noch erhaltenen Raum. Es sind nur acht Tauchretter an Bord. Die Männer wollen bei ihren Offizieren bleiben, nach der Devise: alle oder keiner. Plötzlich fallen zwei Schüsse. Zwei Matrosen haben sich erschossen: Petermann, der ein Menschenfeind war, weil er glaubte, daß ihn keiner liebt, und Oberleutnant Fredericks, der wie Liers aus Meerskirchen stammte und die Bürgermeisterstochter Helga liebte, die aber nur Augen für Liers hatte. Liers kehrt nach Meerskirchen und in die Arme seiner Mutter heim. »Sie weiß, er wird wieder hinausgehen auf die See, und sie weiß auch, daß er nicht anders handeln kann. Verluste müssen ertragen werden und – selbst 50 Jahre Nacht – davon wird kein Deutscher blind! – Wieder fahren sie gegen England, die Kriegsflagge flattert stolz im Wind, denn: Deutschland lebt, und wenn wir sterben müssen!« (*Illustrierter Filmkurier* N. 1920).

Adele Sandrock und Rudolf Forster

Am 2. Februar 1933 sah der Führer einen Film, der ihm gefiel. Auf einem Premierenfoto von *Morgenrot* sieht man Adolf Hitler, erst seit drei Tagen deutscher Reichskanzler, in der ersten Rang-Reihe des Berliner Zoo-Palasts sitzen, eingerahmt von Vizekanzler von Papen und von seinem alten Gönner, dem Ufa-Boss Hugenberg, und einen Film genießen, der alle Tugenden preist, die er in *Mein Kampf* gepredigt hatte und nun seinem Volk ernstlich beizubringen endlich imstande war: Patriotismus, Heroismus, besinnungslose Hingabe an das Führerprinzip und totale Aufopferungsbereitschaft, innige Verbundenheit zwischen Heimat und Front, dies alles effektvoll vereint in einem »Werk zur Erinnerung und Mahnung, zum Glauben und zur Wiedergeburt« (Oskar Kalbus, *Vom Werden deutscher Filmkunst,* 1935). Erinnerung, Mahnung, Glauben, Wiedergeburt: die Funktion eines solchen Films, im genau kalkulierten Rückblick auf einen verlorenen Krieg den nationalen Revanchismus anzuheizen und die gläubige Bereitschaft zu einer erfolgreicheren Wiederholung eines heiligen Krieges gegen unwürdige Feinde (die Episode mit dem getarnten englischen Kriegsschiff soll zeigen, daß der Gegner mit schmutzigen Tricks arbeitet) zu etablieren, wird hier klar umrissen. Das Erschreckendste an dem Drehbuch von Gerhard Menzel (Douglas Sirk: »Er war einmal eine der großen Hoffnungen der deutschen Literatur, dann wurde er ein großer Nazi«) ist seine hemmungslose Todes-Besessenheit. Schließlich heißt der Film nicht umsonst *Morgenrot,* und um keinen Zweifel zu las-

Rudolf Forster

sen, welches Morgenrot gemeint ist, wird das »Morgenrot, Morgenrot, leuchtest mir zum frühen Tod« auch musikalisch zitiert. Kapitänleutnant Liers macht seiner Mutter rundweg klar, daß er dem Sterben eine größere Bedeutung beimißt als dem Leben: »Was ist wichtig? Das Leben? Wir wissen's nicht. Das unwichtigste halten wir für wichtig. Und das Wichtigste sehen wir gar nicht. Vielleicht ist der Tod das einzige Ereignis im Leben.« Dieses barbarische Philosophieren geht dann allen Ernstes weiter mit einem Satz, der selbst als Ironie nur schwer erträglich wäre: »Wir Deutschen wissen vielleicht nicht, wie zu leben, aber wie zu sterben, das wissen wir.« Und damit niemand auf den Gedanken kommt, hier könne vielleicht ein zweckfreies Sterben gemeint sein, ruft der Erste Offizier auf dem Höhepunkt der Ereignisse aus: »Ich könnte zehn Tode sterben für Deutschland!« Wer bietet mehr? Richtig, nachdem er zehn Tode angeboten hat, fügt er nach blitzschnellem Nachdenken hinzu: »Hundert!« Daß solche Filme und die Leute, die sie machten, Zukunft hatten, zeigte sich auf ganz besondere Weise im November 1939, als *Morgenrot* in Wiederaufführung gestartet wurde. »Dieser Film, der vor etwa 7 Jahren hergestellt wurde, kann nie so aktuell und packend gewesen sein wie gerade heute, da er wie die künstlerische Gestaltung der wagemutigen Heldentat des Kapitänleutnants Prien anmutet. Dieser Film verherrlicht das deutsche Soldatentum in einer schlichten ergreifenden Weise, deren Wirkung sich niemand entziehen kann« (*Der deutsche Film*, 1939). Bei dieser Wiederaufführung war *Morgenrot* freilich um eine Szene gekürzt, die schon der Premierenkritiker des *Film-Kurier* im Februar 1933 als »kleine Belehrung für blutrauscherfüllte Chauvinisten« empfunden hatte: »Da erinnert die Mutter des Kapitäns, wundervoll schlicht gestaltet von Adele Sandrock, bei der Nachricht vom Untergang des englischen Schiffes an den Tod von vielen hundert Menschen.«

# Liebelei
## 1927 · 1933

**Liebelei 1927.** *Regie* Jacob und Luise Fleck. *Buch* Herbert Juttke, Georg C. Klaren, nach dem Bühnenstück von Arthur Schnitzler (1895). *Kamera* Eduard Hoesch. *Bauten* Jacques Rotmil. *Musik* Felix Bartsch. *Darsteller* Fred Louis Lerch (Fritz), Henry Stuart (Theodor), Jaro Fürth (Der alte Weiring), Evelyn Holt (Christine Weiring), Vivian Gibson (Mizi), Hilde Maroff, Robert Scholz, Karl Platen. *Produktion* Hegewald-Film. 2808 Meter. *Uraufführung* 15.3.1927.

**Liebelei 1933** *Regie* Max Ophüls. *Regie-Assistenz* Ralph Baum. *Buch* Hans Wilhelm, Curt Alexander, nach dem Bühnenstück von Arthur Schnitzler. *Kamera* Franz Planer. *Musik und musikalische Leitung* Theo Mackeben, unter Verwendung von Kompositionen von Wolfgang Amadeus Mozart, Johannes Brahms, Ludwig van Beethoven. *Bauten* Gabriel Pellon. *Ton* Hans Grimm. *Schnitt* Friedel Buckow. *Darsteller* Magda Schneider (Christine Weiring), Luise Ullrich (Mizzi Schlager), Paul Hörbiger (Der alte Weiring), Willi Eichberger (Oberleutnant Theo Kaiser), Wolfgang Liebeneiner (Leutnant Fritz Lobheimer), Gustaf Gründgens (Baron Eggersdorf), Olga Tschechowa (Baronin Eggersdorf), Paul Otto (Major von Eggersdorf). *Produktion* Elite-Tonfilm. 2412 Meter. *Uraufführung* 10.3.1933.

Der Wiener Offizier Leutnant Fritz Lobheimer hat ein Verhältnis mit der Ehefrau des Barons von Eggersdorf. Diese heimliche Beziehung bringt ihn immer wieder in schwierige Situationen, und er beschließt, besonders auch auf Anraten seines Freundes, des Oberleutnants Theo Kaiser, mit Frau von Eggersdorf zu brechen. Er schleicht sich während einer Galavorstellung in der Wiener Hofoper, die auch Eggersdorf besucht, noch einmal zu der Geliebten, um ihr seinen Entschluß mitzuteilen. Diese Unterredung wird durch das unerwartete Zurückkommen des Barons unterbrochen. Im letzten Augenblick gelingt es Fritz Lobheimer, ungesehen zu entkommen. In einem Café trifft er seinen Freund Theo, und zwar unerwarteterweise in Gesellschaft von zwei jungen Frauen: der Musikerstochter Christine Weiring und ihrer Freundin Mizzi Schlager. Theo hat die Bekanntschaft der beiden in der Oper gemacht: Christines Opernglas war von der Galerie auf den Tschako des Oberleutnants gefallen, und Theo hatte die Rückgabe als Gelegenheit genutzt, sich mit den Damen für den weiteren Verlauf des Abends zu ver- abreden. Theo und Mizzi verlieben sich, Christine erlebt mit Fritz ihre erste große Liebe, und das Glück dieser Liebe läßt Fritz schnell seine Affäre mit Frau von Eggersdorf vergessen. Die beiden Paare sind gerade dabei, ihre Liebe mit einem kleinen Fest zu feiern, da erscheint Baron von Eggersdorf, der Mann der einstigen Geliebten. Er hat, angestachelt durch seinen Bruder, den Schreibtisch seiner Frau aufgebrochen und darin den Schlüssel zu Fritz' Wohnung gefunden. Den Regeln seiner Klasse folgend fordert er Fritz Lobheimer zum Duell; den Regeln seiner Offiziersehre folgend muß Fritz sich dieser Forderung stellen. Fritz bringt es nicht über das Herz, Christine etwas über diese Entwicklung und ihre Vorgeschichte zu sagen. Er entschuldigt sich mit einer Reise und hofft auf einen glücklichen Ausgang der Schießerei. Theo, der die Sinnlosigkeit dieses Duells um eine bereits abgeschlossene Affäre erkennt, überwirft sich in der Absicht, den Freund zu retten, mit seinem Vorgesetzten und muß den Dienst quittieren. Er kann aber damit nicht verhindern, daß das Duell stattfindet. Baron von Eggersdorf hat als der Beleidigte den ersten Schuß. Er tötet Fritz. Ahnungslos hat Christine an diesem Tag ihr Probesingen für ein Engagement an der Oper absolviert. Als sie glücklich in die Wohnung ihres Freundes kommt, erfährt sie die furchtbare Nachricht und macht ihrem Leben durch einen Sprung aus dem Fenster ein Ende.

Willi Eichberger, Luise Ullrich, Magda Schneider, Wolfgang Liebeneiner

*Liebelei* von Max Ophüls ist der schönste deutsche Film. Ophüls: »Über *Liebelei* lag ein Glücksstern. Ich glaube aber, Glückssterne scheinen besonders hell am Poetenhimmel, und ich glaube, Arthur Schnitzler ist ein großer Poet.« Der Ophüls des Films *Liebelei* ist ein noch größerer Poet als der Schnitzler des Schauspiels *Liebelei*. »Schnitzler war schon zehn Jahre tot, als ich mich mit seinem Werk befaßte. Sein dichterischer Zauber hielt uns alle gefangen wäh-

Magda Schneider

rend der Arbeit.« In *Liebelei* von Ophüls sind die Figuren nur noch der Ausdruck ihrer Empfindungen. Ihre Bewegungen sind die Bewegungen ihrer Gefühle; so, wenn Fritz mit Christine Walzer tanzt und in der nächsten Einstellung mit der Baronin Eggersdorf völlig anders Walzer tanzt; so, wenn Fritz nach der verlegenen Traurigkeit seines Gesprächs mit dem alten Weiring völlig erstarrt mit gesenktem Kopf im Aufgang zur Weiring'schen Wohnung steht; so, wie der Baron auf der Suche nach einem Beweisstück wie von Sinnen die Treppenflucht hinaufstürzt und so, wie der alte Weiring das Treppenhaus hinunterstürzt auf die Straße, wo seine zerschmetterte Tochter liegt; so, wenn die Liebenden mit der Schlittenkutsche durch den weißen Winterwald gleiten: »Ich schwöre dir, daß ich dich liebe.« – »Ich schwöre dir, daß ich dich liebe.« Ophüls: »Am meisten leuchtete wohl der Glücksstern an dem Tag, an dem ich Probeaufnahmen machte für die beiden weiblichen Hauptrollen. In meinem Wagen saßen Luise Ullrich, eine neue dramatische Schauspielerin vom Staatstheater, noch nicht im Film erprobt, und Magda Schneider, ein munterer, aufkommender Operettenstar. Wir fuhren an der Stadtperipherie entlang durch den Wald nach Johannisthal. Luise Ullrich sollte die melancholische Christine, Magda Schneider ihre lustige Freundin Mizzi spielen. ›Die Leut sagen immer, ich bin traurig!‹, lachte Luise Ullrich, ›und deshalb muß ich traurige Rollen spielen ... aber mit meiner Mutter z'haus hab i a Hetz den ganzen Tag ... Meine Mutter kann's nimmer gar glauben, wann sie mi weinen sieht im Theater!‹ Wie sie das sagte, war sie von einem drolligen Wiener Humor. Ich stutzte. ›Ach, und ich möchte so gerne ein einziges Mal tragisch sein!‹ seufzte die kleine Schneider neben mir. Ich sah sie an und stutzte wieder. Sie meinte es ernst. Mir kam eine Idee. Warum sollte ich nicht den umgekehrten Test als den geplanten mit den beiden Mädels machen? Das Resultat war eine Überraschung. Die Rollen wurden – genau wie es die Mädchen im Auto gewünscht hatten – vertauscht. Und so geschah es, daß ein sehr unkompliziertes, frohes Mädel eine der tragischsten Gestalten der europäischen Literatur formte und dadurch besonders erschütternd wirkte.« Die Ullrich hat eine lange Szene, in der sie nur herummault, weil die kleine Feier, auf die sie so

Willi Eichberger, Luise Ullrich, Magda Schneider, Wolfgang Liebeneiner

scharf war, aus Gründen, deren tragische Reichweite sie nicht übersehen kann, nicht richtig zustande kommt. Die Schneider hat eine lange Szene, in der sie, in eine furchtbare unendliche Ferne sehend, die Nachricht vom Tod ihres Geliebten mit schrecklicher Genauigkeit rationalisiert (es ist, als ob man ihr beim Sterben zusieht). Allein diese beiden Szenen markieren eine Höhe in der inszenatorischen Verdeutlichung von Gefühlen, die im deutschen Film nie wieder erreicht wurde; in der Behandlung eines Dialogs, der einen Gefühlspunkt umkreist, hat man erst von Fassbinder wieder ähnliches erlebt. Max Ophüls: »Der Film war so gut vorbereitet, daß er in knapp vier Wochen hergestellt war. Für uns alle, die wir daran gearbeitet hatten, war es nicht lange genug. Uns ging die schöne Zeit zu schnell dahin. Am letzten Drehtag arbeiteten wir in einer kleinen Caféhaus-Dekoration. Die Lichter gingen aus. Es war zu Ende. Wir standen herum und wollten's nicht wahrhaben. ›Im Theater fällt wenigstens ein Vorhang‹, sagte einer traurig. Und dann griff jemand zu einer Axt, und die anderen nahmen die Hämmer, und wir zerschlugen die Dekoration und trugen zum Andenken an die schöne Zeit jeder ein Stückchen davon nach Hause. Ich nahm eine Markiertafel vom Billardtisch mit« (Max Ophüls: *Spiel im Dasein*). – Über die Erstverfilmung von *Liebelei* 1927 schrieb das Fachblatt *Kinematograph*: »Die Alltagsgeschichte von der süßen, dummen Liebe, die so viel Bitternis bringt, ist von der Regie sehr geschickt, klar und eindringlich in guter Lebensbeobachtung geschildert. Weil es eine Schilderung des Lebens ist, wirkt das ganze niemals banal, wie es abgegriffene Liebesgeschichten so oft tun.«

# Flüchtlinge
## 1933

*Regie* Gustav Ucicky. *Buch* Gerhard Menzel, nach seinem gleichnamigen Roman. *Kamera* Fritz Arno Wagner. *Musik* Herbert Windt. *Lied* »Weit ist der Weg zurück ins Heimatland« von Ernst Erich Buder (Musik) und Franz Baumann (Text). *Bauten* Robert Herlth, Walter Röhrig. *Ton* Hermann Fritzsching. *Schnitt* Eduard von Borsody. *Darsteller* Hans Albers (Arneth), Käthe von Nagy (Kristja), Eugen Klöpfer (Laudy), Ida Wüst (Die Megele), Walter Hermann (Deutscher Delegierter), Karl Rainer (Peter), Franziska Kinz (Die Schwangere), Veit Harlan (Mannlinger), Hans Adalbert von Schlettow (Der Sibirier), Friedrich Gnass (Husar), Karl Meixner (Pappel), Fritz Genschow (Hermann), Hans Hermann Schaufuss (Zwerg), Josef Dahmen (Der Rothaarige), Rudolf Biebrach (Der Uhrmacher), Karsta Löck (Die Hellerle), Maria Koppenhöfer (Die Wolgadeutsche), Andrew Engelmann (Der russische Kommissar). *Produktion* Ufa (Günther Stapenhorst). 2408 Meter. *Uraufführung* 8.7.1933.

Der deutsche Offizier Arneth ist in der Zeit der Weimarer Republik wegen staatsfeindlicher Umtriebe straffällig geworden und ins Ausland geflohen. (In der Sprache des Original-Programmheftes: »Verbittert und angewidert von der Knechtseligkeit der deutschen Republik ist er ins Ausland gegangen, als man ihn in der Heimat wegen Vaterlandsliebe eingesperrt und verfolgt hatte.«). In Nanking hat er sich als Truppen-Ausbilder anstellen lassen. 1928 begegnet er in dem mandschurischen Charbin, das von japanischen, russischen und mandschurischen Truppen umkämpft wird, einer Gruppe von Wolgadeutschen, die aus Rußland geflohen ist, von den Russen gejagt und von der Kommission des Völkerbundes im Stich gelassen wird und die verzweifelt versucht, auf irgendeinem Weg nach Deutschland zu gelangen. Anfänglich widerstrebend nimmt Arneth sich ihrer an. Unter seiner Führung bringen die Flüchtlinge einen Zug in ihren Besitz und können die von den Kriegshandlungen in Mitleidenschaft gezogene Bahnstrecke so weit reparieren, daß es ihnen gelingt, die Reise nach Deutschland anzutreten.

Hans Albers, Fritz Genschow und Eugen Klöpfer

Nachdem Regisseur Gustav Ucicky und Drehbuchautor Gerhard Menzel im Februar 1933 den Nationalsozialisten mit *Morgenrot* den Prototyp des neuen völkischen Kriegsfilms beschert haben, lieferten sie noch im Dezember des gleichen Jahres das erste wohlgelungene Exemplar einer weiteren Spezies des Nazi-Propaganda-Films hinterher: *Flüchtlinge*. Wie die weiteren Werke, die nach diesem Muster gestrickt werden, schildert der Film, wie deutsche Minoritäten im Ausland von den barbarischen Herren dieses Landes terrorisiert werden und in einem deutschen Helden, der sich in der Weimarer Zeit angeekelt von der Heimat abgewandt hatte, die Führerfigur finden, die sie auf den Weg nach Hause, in das neue Deutschland des Dritten Reiches bringt. Wie schon in *Morgenrot* enthusiasmiert sich Autor Menzel für Wert und Schönheit des Sterbens: »Für etwas sterben – den Tod wünsch' ich mir!« heißt es in einem Dialog. *Flüchtlinge* wird mit dem erstmals verliehenen Staatspreis ausgezeichnet und nach Verdienst gelobt: »Mit *Flüchtlinge* ist plötzlich der ›neue Film‹ da, der seit der nationalsozialistischen Revolution gefordert und erstrebt wird. Dieses Filmwerk ist vom ›neuen Geist‹ getragen, denn es verkörpert die hohen sittlichen Ideen der Selbsthilfe und des Führerprinzips« (Oskar Kalbus, *Vom Werden deutscher Filmkunst,* 1935).

# S.O.S. Eisberg
## 1933

*Regie* Arnold Fanck. *Dialog-Regie* Hans Hinrich, *Regie-Assistenz* Werner Klingler. *Buch* Arnold Fanck, Fritz Loewe, Ernst Sorge, Hans Hinrich, Tom Reed, F. Wolff, E. Knopf. *Kamera* Hans Schneeberger, Richard Angst. *Flugaufnahmen* Ernst Udet, Franz Schrieck. *Musik* Paul Dessau. *Bauten* Fritz Maurischat, Ernst Petersen, Arno Richter. *Schnitt* Hermann Haller. *Darsteller* Leni Riefenstahl (Hella Lorenz), Ernst Udet (Ernst Udet), Gustav Diessl (Dr. Karl Lorenz), Sepp Rist (Dr. Johannes Brand), Gibson Gowland (John Dragan), Max Holsboer (Jan Matushek), Walter Riml (Fritz Kümmel). *Produktion* Deutsche Universal (Paul Kohner), mit Unterstützung der dänischen Regierung unter dem Protektorat von Knud Rasmussen. 2827 Meter. *Uraufführung* 30.8.1933.

Als Führer einer vierköpfigen Expedition geht Dr. Johannes Brand nach Grönland, um seinen bei einer Expedition im Vorjahr verschollenen Kollegen und Freund, Dr. Karl Lorenz, zu suchen und nach Möglichkeit lebend zu bergen. Brand macht sich Vorwürfe, daß er damals die Suche nach Lorenz abgebrochen hat, obwohl selbst die junge Frau des Verschollenen, Hella Lorenz, ihm versichert, daß Lorenz das Opfer seines eigenen Ehrgeizes geworden ist. Die anderen Teilnehmer der Suchexpedition sind Fritz Kümmel, Jan Matushek und John Dragan. Am Karajak-Gletscher finden sie das Tagebuch von Lorenz. Die letzte Eintragung liegt erst vier Tage zurück: Lorenz schreibt, er wolle versuchen, über die Eisschollen des Fjords zu dem Eskimodorf Thule am anderen Ufer zu gelangen, eine Strecke von 34 Kilometern. Die Expedition folgt ihm auf diesem Weg, von Eisscholle zu Eisscholle springend. Von der immer stärker werdenden Flut werden sie ins offene Meer abgetrieben. Auf einem riesigen Eisberg entdecken sie eine improvisierte Fahne. Hier finden sie Lorenz, der auf die gleiche Weise wie sie abgetrieben wurde. Der Proviant reicht nur noch für wenige Tage. Mit ihrem primitiven Funkgerät senden die Gestrandeten S.O.S.-Rufe aus, die schließlich von einem Kurzwellenamateur in Labrador aufgefangen werden. Hella Lorenz, eine Schülerin des Meisterfliegers Ernst Udet, startet nach Norden. Sie fliegt über den Karajak-Fjord, sieht aber nicht, daß unten ein Mensch im Wasser schwimmt und ihr verzweifelt zuwinkt: Johannes Brand, der die Wahnsinnstat unternimmt, 12 Kilometer Eiswasser zu durchschwimmen, um zu den Eskimos von Thule zu gelangen. Hella Lorenz entdeckt den Eisberg mit dem Rest der Expedition. Die Landung mißglückt, die Maschine geht völlig zu Bruch, Hella Lorenz kann sich retten. Sie sieht ihren Mann wieder, mit erfrorenen Beinen, aber lebend. Die Expedition ist kurz vor dem Erfrieren und Verhungern. Dr. Matushek wird von einem Eisbären getötet, den er mit einem primitiven Speer zu erlegen versucht. Dragan versucht, den Expeditionshund zu schlachten, und tötet statt dessen Kümmel, der sich schützend über das Tier wirft. Dragan stürzt mit Eismassen von dem kalbenden Eisberg ins Meer. Für die letzten Überlebenden scheint alles verloren. »Da brummt noch einmal ein moderner europäischer Motor in dieses unendliche Schweigen des Meeres. – Und ein lebendiger Mensch lenkt mit eiserner Ruhe seine in rasendem Tempo über das allesverschlingende Eis hinwegbrausende Maschine, – ein Mann – ein Herr über gebändigte Explosionskräfte – ein großer, moderner Könner auf seinem Gebiet – ein warm empfindender Mensch als Herr über Stahl und Eis und Sturm – Udet. Ein Kamerad kommt Kameraden zu Hilfe!« (Ende der von Arnold Fanck verfaßten Inhaltsangabe des Films).

Ernst Udet

In einem Bergroman von James R. Ullman, *The White Tower,* sagt ein Schweizer Bergführer zu einem amerikanischen Piloten: »Wir Schweizer – wie auch die Engländer, Franzosen und Amerikaner – steigen aus Sport auf die Berge, im Gegensatz zu den Deutschen. Warum die bergsteigen, weiß ich nicht. Jedenfalls nicht aus Sport.« Auch wir anderen, nicht bergsteigenden Deutschen stehen hier vor einem Mysterium, das uns ähnlich schauern macht wie der

Berg den Bergler. Irgendetwas Gewaltiges muß es wohl auf sich haben mit der Bergwelt, die auch majestätisch genannt wird, denn nicht nur die Jünger des Bergkultes neigen zu Extremen, die Gegner dieses Kultes tun das auch. Von Herbert Achternbusch, der ein ganz nüchterner, klardenkender Bayer ist, gibt es Sätze wie: »Die Berge stinken!« oder, noch besser: »Solange es die hohen Berge gibt, kann ich an eine Gerechtigkeit nicht glauben!« Für den Bergler, und noch mehr für den Bergfilmer, deren größter Dr. Arnold Fanck ist, scheint der Berg eine Art Vaterfigur zu sein, eine herrliche wie auch fürchterliche Übervaterfigur, mit der man ringt, voller Wahn und Verwirrung. Fanck hat den Bergfilm und seinen Verwandten, den Heimatfilm, *das* deutsche Filmgenre, praktisch im Alleingang kreiert. Aus der Rheinpfalz gebürtig und von Beruf Geologe, begann er 1919 mit *Wunder des Schneeschuhs*. Es folgten *Im Kampf mit dem Berge* (1921), *Fuchsjagd im Engadin* (1923), *Berg des Schicksals* (1924), *Der Heilige Berg* (1926, Fancks erster Film mit seiner Meisterschülerin Leni Riefenstahl; Siegfried Kracauer schrieb, die Naturaufnahmen seien teils wundervoll, teils Kunstdrucke auf Glanzpapier, und zu den dargestellten Naturobjekten habe der Operateur wohl vorher »Bitte recht freundlich!« gesagt), *Der große Sprung* (1927), *Die weiße Hölle vom Piz Palü* (1929, Co-Regie G. W. Pabst), *Stürme über dem Montblanc* (1930, Fancks erster Film mit Ernst Udet) und *Der weiße Rausch* (1931). Das gemeinsame Thema der meisten dieser Filme ist das Abenteuer, das man wohl normalerweise in der Begegnung mit dem Berg sucht: Wie man ihn überlebt (das ganze Genre hat eine starke sado-masochistische Komponente). Nachdem Fanck so den heimischen Bergen ausführlich gehuldigt hatte, wandte er sich den weißen Bergen Grönlands zu und drehte 1933 *S. O. S. Eisberg*, wieder ein Überlebensdrama. Es ist Fancks ehrgeizigster Film und in vieler Hinsicht sein bester, schon weil alle relevanten Exzesse hier auf die Spitze getrieben werden. Seinen Fliegerstar Ernst Udet (der allen Beschreibungen nach offensichtlich genau der erfreuliche Typ war, als den Zuckmayer ihn in *Des Teufels General* porträtiert) behandelt Fanck so ziemlich auf die gleiche Manier wie die Berge, als Naturereignis. Der Film wurde von der deutschen Tochtergesellschaft der amerikanischen Universal produziert und auch in einer englischen Fassung *S. O. S. Iceberg* gedreht, deren Co-Regisseur Tay Garnett war.

Gustav Diessl und Leni Riefenstahl

# Hitlerjunge Quex
## Ein Film vom Opfergeist der deutschen Jugend 1933

*Regie* Hans Steinhoff. *Buch* K. A. Schenzinger, Bobby E. Lüthge, nach dem Roman von K. A. Schenzinger (1932). *Kamera* Konstantin Irmen-Tschet. *Musik* Hans-Otto Borgmann. *Text des HJ-Liedes* Baldur von Schirach. *Bauten* Benno von Arent, Arthur Günther. *Ton* Walter Tjaden. *Schnitt* Milo Harbich. *Darsteller* Heinrich George (Vater Völker), Berta Drews (Mutter Völker), Ein Hitlerjunge (Heini Völker), Claus Clausen (Bannführer Kass), Ein Hitlerjunge (Fritz Doerries, Kameradschaftsführer), Ein Hitlermädchen (Ulla Doerries), Hermann Speelmans (Stoppel), Rotraut Richter (Gerda), Karl Meixner (Wilde), Hans Richter (Franz), Ein Hitlerjunge (Grundler), Ernst Behmer (Kowalki), Hans Joachim Büttner (Arzt), Franziska Kinz (Krankenschwester), Karl Hannemann (Lebensmittelhändler), Ernst Rotmund (Revierwachtmeister), Rudolf Platte (Moritatensänger), Reinhold Bernt (Ausrufer), Hans Deppe (Althändler), Anna Müller-Lincke (Eine Nachbarin Völkers), H. O. Stern (Kneipenwirt) und Mitglieder der Berliner Hitler-Jugend. *Produktion* Ufa (Karl Ritter), unter dem Protektorat des Jugendführers des Deutschen Reiches Baldur von Schirach. 2609 Meter. *Uraufführung* 19. 9. 1933.

Beusselkietz, ein Berliner Bezirk mit einer hohen Arbeitslosenquote, überwiegend kommunistisch orientiert und organisiert. Bei einem Aufruhr um ein paar gestohlene Äpfel wird der Arbeitslose Völker verletzt. Der Arbeitslose Stoppel kümmert sich um ihn und bringt ihn nach Hause. Völker bedroht seine Frau, weil sie ihm kein Geld mehr geben will. Der Sohn des Paares, Druckerlehrling Heini Völker, kommt nach Hause, liefert seiner Mutter 1 Mark Trinkgeld ab, die er bekommen hat, und erbittet für sich nur einen Groschen, weil er beim Glücksrad auf dem Rummelplatz ein Patent-Taschenmesser gewinnen will. Auf dem Rummelplatz begegnet Heini dann dem arbeitslosen Stoppel, der ihn für die kommunistische Jugend-Internationale gewinnen will; Stoppel lädt ihn zu einer Propagandafahrt der kommunistischen Jugend an den Seddin-See ein. Am Bahnhof bricht auch eine Kameradschaft der Hitler-Jugend zu einer Fahrt auf: bei den jungen Kommunisten geht es sehr zwanglos zu, die Hitlerjungen halten auf Disziplin und bewegen sich stramm in Reih und Glied. Am See schleicht Heini sich dann von den Kommunisten fort und stößt im Wald auf das Lager der Hitlerjungen. Er ist sehr beeindruckt von der Sonnenwendfeier und dem Absingen von »Unsere Fahne flattert uns voran«. Die Hitlerjungen finden Heini und jagen ihn fort, weil sie ihn für einen Kommunisten-Spitzel halten. Zuhause erzählt er seiner Mutter von dem Erlebnis und singt ihr das Lied vor. Dafür bekommt er Ohrfeigen vom Vater und die Belehrung, lieber die Internationale zu singen. Von dem HJ-Geschwisterpaar Fritz und Ulla Doerries wird Heini eingeladen, zur Einweihung des neuen Hitlerjugend-Heimes in der Beusselstraße zu kommen. Für den gleichen Abend ist Heini aber von Stoppel in das kommunistische Parteilokal bestellt; als ein hier beschlossener Überfall ausgeführt wird, halten die Hitlerjungen Heini wieder für einen Kommunisten-Spitzel. Er rehabilitiert sich bei ihnen, indem er den Kommunisten-Plan verrät, das Hitlerjugend-Heim auszuräuchern. Die Kommunisten beschließen, Heini als Verräter zu bestrafen. Heinis Mutter gerät in Panik und dreht den Gashahn auf: Heini kann noch gerettet werden, die Mutter stirbt. Im Krankenhaus besuchen ihn seine neuen Freunde von der Hitlerjugend. Er bekommt ihre Uniform und darf in das HJ-Heim ziehen. Weil er eifrig ist und sich »beweglich wie Quecksilber« bewährt, wird er von seinen Kameraden »Quex« genannt. Im Wahlkampf übernimmt Heini im roten Beusselkietz die gefährlichsten Aufträge und trägt seine Zettel unter die Kommunisten. Er wird von einem kommunistischen Kommando überfallen und getötet. »Der kleine tapfere Soldat ist den Heldentod gestorben, für seine Sache, für die Kameraden, für die heißgeliebte Fahne und den Führer. Aber andere deutsche Jungens reißen die Fahne wieder hoch, die mit dem Blut eines der besten geweiht ist« *(Illustrierter Filmkurier)*.

Bei der Uraufführung saß Adolf Hitler in der Loge, auf der Bühne stand Baldur von Schirach, der Reichsjugendführer, hob die Hand zum Deutschen Gruß und sprach: »Mein Führer! Deutsche Volksgenossen! Ich kann hier keinen Vortrag halten über den Film *Hitlerjunge Quex,* denn dieser Film soll für sich selbst sprechen. Ich kann nur einen Augenblick lang ihre Gedanken hinlenken auf den jungen Kameraden, dessen Schicksal in diesem Film dargestellt wird...« Das Modell zum Hitlerjungen Quex, an das Schirach erinnerte, war der Hitlerjunge Alfred Norkus, eines der Opfer des 1932 von der SA heraufbeschworenen Straßenterrors. Goebbels war mit dem Film sehr zufrieden: »Ich glaube, daß der *Hitlerjunge Quex* viele unbelehrbar Scheinende am Ende doch noch belehren kann.« Genau das war das mit großem Geschick verfolgte Ziel des Films: in einer Situation, in der die Nationalsozialisten zwar bereits an der Macht waren, aber doch noch ein bißchen darauf angewiesen, die Bekehrung der politischen Gegner in der Bevölkerung zu *erwirken* statt zu *erzwingen,* einen Film zu machen, der die Freiheit der Option für Rechts oder Links vorgaukelt, um die Zwangsläufigkeit der Entscheidung für das Deutschland der Nazis um so überzeugender darzustellen. Zu diesem Zweck wurde eine Strategie angewandt, die später, als man Überredung nicht mehr nötig hatte, nur noch verpönt war. Man machte sich dem Filmgegner von Links gleich, dem proletarisch-revolutionären Film, und benutzte das Modell der realistischen Straßen- und Sozial-Filme; man spielte auf der Bühne des Gegners das dem Publikum des Gegners vertraute Stück, stellte dessen Aussage aber auf den Kopf; daß die Lage verzweifelt ist, hatte der sozialistische Film auch gesagt; nun wird, während es so scheint, als würde ein Lehrstück vom freien Wettbewerb vorgeführt, dem Zuschauer klargemacht, daß der Kommunismus, nach dem er in seiner Verzweiflung greifen könnte, nur ein Strohhalm ist, verglichen mit dem Schlachtschiff der nationalsozialistischen Bewegung. Das schlechthin unwiderstehliche Moment dieser Strategie ist der *Quex-Effekt,* in dem *Hitlerjunge Quex*-Roman von K. A. Schenzinger, auf dem der Film basiert, raffiniert angelegt und in der Leinwandfassung szenisch brillant realisiert. Quex, noch bei den Roten zu Hause, schleicht sich an das nächtliche Lagerfeuer der Hitlerjugend und bekommt bei ihrem Gesang rote Ohren und einen Kloß in der Kehle. »Deutschland, Deutschland über alles, fiel es mit tausend Stimmen wie eine heiße Welle über ihn her. Ich bin auch ein Deutscher, dachte er, und dieses Bewußtsein kam mit solcher Wucht und so unerwartet über ihn wie sonst nie in seinem Leben, nicht in der Schule, nicht zu Hause.« Der *Quex-Effekt* findet sich dann in allen besseren Nazi-Filmen wieder. Am stärksten wirkt er natürlich in Dokumentarfilmen wie Riefenstahls *Triumph des Willens,* wo dem Zuschauer vollends klar wird: was sich auf der Leinwand begibt, ist kein Stück Traumfabrik, sondern ein Stück der wundervollsten Wirklichkeit, und er selbst, der Zuschauer, ist ein Teil dieser Wirklichkeit. Der Regisseur Hans Steinhoff, der diese Leistung erbrachte, war 1933 schon ein alter Routinier: 1882 im bayerischen Pfaffenhofen geboren, war er nach abgebrochenem Medizinstudium zur Bühne gegangen, 1912 dann zum Film, wo er alles inszenierte, was seines Weges kam, um 1930 auch einige Drehbücher des jungen Billie Wilder, der als alter Billy Wilder dann Steinhoff einen »Scheißregisseur« nannte, nicht wegen seiner rechtzeitigen nationalsozialistischen Gesinnung, sondern rein fachlich. Der Steinhoff des *Hitlerjunge Quex* ist leider kein Scheißregisseur. »*Hitlerjunge Quex* ist, künstlerisch gesehen, nicht nur einer der besten Propaganda-Filme, sondern auch einer der effektvollsten Jugend-Filme, die Deutschland je hergestellt hat« (Herbert Holba, *Action,* 1967).

Claus Clausen, Hitlerjunge Quex und Heinrich George

# Der Firmling
## Eine tolle Groteske zum Lachen und Nachdenken von Karl Valentin und Liesl Karlstadt 1934

(Weder der Film selbst noch alle verfügbaren Unterlagen und Valentin-Filmographien geben weitere Angaben zu Stab und Besetzung, außer: *Produktion* Arya-Film.) 24 Minuten.

Vater und Sohn besuchen ein vornehmes Weinrestaurant und benehmen sich dort, als seien sie in einem Biergarten. Beide sind im Festtagsstaat, der Bub trägt eine Kommunionkerze; er ist heute gefirmt worden und der Vater war der Pate, denn, wie er später erklärt: »Niemand auf da ganzn Welt hätt dir dein Firmpat gmacht, wenn ich ois eigna Vata net eigsprunga wär.« Sie bestellen beim Ober zwei Bier und Brot und erfahren, daß hier Weinzwang herrscht, also bestellt der Vater zwei Gläser Weinzwang. Der Bub möchte einen Emmenthaler, der Vater findet auf der Karte nur Affenthaler und bestellt ein Stück Affenthaler mit Pfeffer und Salz. Vom Ober aufgeklärt, daß es Affenthaler nur per Flasche, nicht per Stück gibt, wundert sich der Vater, daß man den Käse jetzt aus Flaschen zieht und macht sich Gedanken, wie er ihn aus der Flasche kriegen soll, vielleicht »min Korknzia rausziehn?«. Der Bub lacht und kriegt eine vom Vater geschmiert. Der Vater klagt dem Ober sein Leid, daß der Bub immerzu lacht, und der Ober meint, der Bub würde sich halt freuen, weil er noch jung ist. Das kann den Vater nicht überzeugen: »Is des a Grund dassma dann an ganzn Tag lacht, wennma jung is?! Ich wa auch jung, ich wa vielleicht jinger wie dea!« Schließlich bestellen sie eine Limonade für den Bub und einen Schnaps für den Vater, außerdem Makkaroni mit Schinken; die Diskussion über 1 Portion Makkaroni oder 2 oder eine Doppelportion für zwei schließt der Vater mit »A halbe Doppelportion, des is ja eine!« Die beiden lassen es sich gutgehen und stiften zunehmend mehr Chaos. Zur Feier des Tages bekommt der Bub seine erste Zigarre. Der Vater erzählt dem Ober und dem ganzen Lokal, wie er es geschafft hat, dem Bub zu seinem Festtag einen anständigen Anzug zu beschaffen. Einen neuen hat er nicht kaufen können, der hätte 35 Mark gekostet: »Fünfunddreißig M, ich nicht. Ich bin keina von da Burschoasie, der wos Geld zum Ärmel rausfalln lasst.« Schließlich hat er einen passenden gebrauchten von seinem Kriegskameraden Erlacher Franz bekommen. Dem Bub wird es von der Zigarre schlecht, der betrunkene Vater singt »Auf der schönen Wiese«. Sie werden des Lokals verwiesen, aber ehe sie es verlassen, stecken sie sich die Reste der Makkaroni in die Taschen und zerstören noch einige Einrichtungsgegenstände.

Im Jahre 1920 hat Karl Valentin einen Münchner Filmproduzenten damit entnervt, daß er Drehbuch-Besprechungen nur beim Spazierengehen im Regen auf der Theresienwiese abzuhalten gewillt war. Unter ähnlichen Bedingungen könnten sich die Autoren dieses Bandes auch darauf einlassen, zu erklären, wie der *Firmling* in diesen Band kommt, der sich mit kurzen Spielfilmen überhaupt nicht aufhält, nur mit ordentlichen sogenannten abendfüllenden; aber schließlich käme dabei auch nur die faule Ausrede heraus, daß ohne einen Valentin keine klassische Kollektion denkbar ist, die langen Filme *mit* Valentin aber nicht in Frage kommen, nur sein eigenes durchweg kurzes Gewächs, denn »›Valentin-Filme‹ oder ›Filme mit Valentin‹, da ist ein Unterschied wie der zwischen Sahneeis und Eis mit Sahne, also ein großer« (Rainer Gansera, *Filmkritik* Nr. 236 vom August 1976, das größte Stück Filmpublizistik in dieser Zeit, dem wir auch alle hier benutzten Informationen verdanken). Auf jeden Fall würde sich aber unter einem Regenschirm auf der Theresienwiese sehr schön der große Satz von Herbert Achternbusch zitieren lassen, mit dem sowieso eh schon alles gesagt ist: »Dann habe ich den *Firmling* wiedergesehen, der wahrscheinlich der beste deutsche Film ist (ich weiß es gewiß).«

# Die Finanzen des Großherzogs
## 1924 · 1934

**Die Finanzen des Großherzogs 1924.** *Regie* F. W. Murnau. *Buch* Thea von Harbou, nach dem Roman von Frank Heller. *Kamera* Karl Freund, Franz Planer. *Bauten* Rochus Gliese, Erich Czerwonski. *Darsteller* Harry Liedtke (Großherzog Ramon II.), Mady Christians (Großfürstin Olga von Rußland), Guido Herzfeld (Markowitz), Hermann Vallentin (Herr Binzer), Alfred Abel (Philipp Collins alias Prof. Pelotard), Adolphe Engers (Don Esteban Paqueno), Ilka Grüning (Augustine), Julius Falkenstein (Ernst Isaacs), Hans Hermann (Verschwörer), Georg August Koch (Verschwörer), Max Schreck (Verschwörer). *Produktion* Union/Ufa. 2483 Meter. *Uraufführung* 7.1.1924.

**Die Finanzen des Großherzogs 1934.** *Regie* Gustaf Gründgens. *Regie-Assistenz* Wolfgang Loe-Bagier. *Buch* Hans Rameau, nach dem Roman von Frank Heller. *Kamera* Ewald Daub. *Kamera-Assistenz* Fritz von Friedl. *Musik* Theo Mackeben. *Bauten* Franz Schroedter, Walter Haug. *Ton* Martin Müller, Hans Rütten. *Schnitt* Carl Forcht. *Darsteller* Viktor de Kowa (Großherzog Ramon II.), Hilde Weissner (Diana), Paul Henckels (Paqueno), Heinz Rühmann (Detektiv Pelotard), Maria Loja (Conchita Hernandez), Hans Stiebner (Luis), Fritz Alberti (Großfürst Cyrill), Theo Lingen (Fürst Potemkin), Willi Schur (Kapitän Malossol), Wolfgang von Schwindt (Sergeant Quesada), Ernst Rotmund (Mircowich), Vilma Bekkendorff (Zofe). *Produktion* Tofa (Ludwig Behrends). 97 Minuten. *Uraufführung* 10.1.1934.

Der hoffnungslos verschuldete jugendliche Herrscher eines mediterranen Zwergstaates, Großherzog Ramon, lernt auf einer zu Sanierungszwecken unternommenen Auslandsreise eine russische Adelige kennen (in der Murnau-Fassung Olga, die Schwester des Großfürsten Cyrill, in der Gründgens-Fassung Diana, dessen Tochter). Die beiden halten sich gegenseitig für Hochstapler, was ihrer Liebe aber keinen Abbruch tut. Olga/Diana gerät in Bedrängnis, weil der Großfürst sie mit einem ungeliebten Mann verheiraten will; der Großherzog, weil seine Untertanen angesichts der zerrütteten Staatsfinanzen eine Revolution veranstalten. Sie helfen sich gegenseitig aus dem Schlamassel, von einigen freiwilligen und unfreiwilligen Helfern unterstützt: Der sanierte Staat bekommt ein strahlendes Herrscherpaar.

*Die Finanzen des Großherzogs* 1924: Harry Liedtke und Mady Christians

Diese Anekdote verdanken wir Robert Herlth: Bei einer Räucherstäbchen-Teeparty Thea von Harbous im Berlin der zwanziger Jahre lernten sich F. W. Murnau und Gustaf Gründgens kennen, zwei große Herren, zwei große Snobs, zwei große Ästheten, beide homoerotisch, Gründgens freilich erst am Anfang seiner Karriere. Mit einer Ausschließlichkeit, die fürchten ließ, Gründgens habe die berühmteren Murnau-Filme nie gesehen, verankerte er die Konversation an den *Finanzen des Großherzogs,* an der er viele Feinheiten rühmte, vor allem die Schiffs-Passagen, den er aber insgesamt kühn für mißlungen hielt, schon weil das Sujet als stummer Film gar nicht zu realisieren sei. Murnau meinte sehr freundlich, es werde ja sicher eines Tages einen tönenden Film geben, und Gründgens werde ihm dann sicher den Gefallen erweisen, einen »gehörigen« Film *Die Finanzen des Großherzogs* zu drehen. »Gegebenenfalls«, lächelte Gründgens. 1932 drehte er seinen zweiten Film, *Die Finanzen des Großherzogs.* So kam es, daß wir zwei Kino-Fassungen eines Stoffes von zwei so gleichartigen und gleichwertigen Männern haben. Der Stoff selbst, der Roman *Storhertingens Finanser* von Frank Heller, ist ein Werk von göttlicher Snob-Allüre; hinter dem Pseudonym verbarg sich der Schwede Martin Gunnar Serner, der sich wegen eigentümlicher Geldgeschäfte nicht mehr in seiner Heimat sehen lassen durfte, was ihm aber weiter nichts ausmachte, denn in den Salons der Welt schätzte man seinen brillanten Witz. Daß Murnau auf diesen Stoff verfiel, erregte damals viel Aufsehen. »Man war gespannt, wie Murnau, der Grübler und Sinnierer, diesen auf federnde Grazie gestellten Stoff bewältigen würde« *(Film-Kurier,* 1924). Das

Resultat hat die Murnau-Expertin Lotte Eisner nicht recht begeistert: »In den *Finanzen des Großherzogs* finden wir nichts von der beschwingten Ironie, die etwa Stroheim in *The Merry Widow* beweist. Und nicht einmal etwas von der amüsanten Frivolität eines Lubitsch, wie in *Trouble in Paradise*... Wir spüren auch nichts von der homoerotischen Sensualität manch sonnenerfüllter Einstellungen von *Tabu* in jener Szene, in der Harry Liedtke, der Großherzog, Münzen ins Meer wirft, nach denen Knaben tauchen... Alles Unreale, jede Traumvision wird von ihm detailliert ausgeführt und umgeformt. Aber das gleiche geschieht auch bei jedem komischen, auf Realistik basierenden Einfall« *(Murnau)*. Gründgens ist es dann tatsächlich gelungen, Murnau um einige Längen zu schlagen, und nicht nur, weil er einen tönenden Film machen konnte: »Hellers heitere Satire auf die Zustände in einem fiktiven Liliputstaat am Mittelmeer inspirierte Gründgens zu einem spöttischen Schwanengesang auf Hoch- und durch Dekadenz angekränkelten Herzens-Adel. Ein amüsantes Parlando schaumschlägerischer Konversationen und optischer Finessen, die an die Litographien Eugène Reuniers erinnern, zeigen, daß er mit den Mitteln des Films rasch umzugehen gelernt hatte« (Herbert Holba: *Gustaf Gründgens Filme*).

*Die Finanzen des Großherzogs* 1934: Viktor de Kowa und Hilde Weissner

# Die Feuerzangenbowle
## So ein Flegel 1934
## Die Feuerzangenbowle 1944 · 1970

**So ein Flegel 1934.** *Regie* R. A. Stemmle. *Buch* Hans Reimann, R. A. Stemmle, nach dem Roman *Die Feuerzangenbowle* von Heinrich Spoerl (1933). *Regie-Assistenz* Reinhard Steinbicker. *Kamera* Carl Drews. *Musik* Harald Böhmelt. *Bauten und Kostüme* Erich Czerwonski. *Ton* Hans Grimm. *Schnitt* Rudolf Schad. *Darsteller* Heinz Rühmann (Schriftsteller Dr. Hans Pfeiffer/Oberprimaner Erich Pfeiffer), Ellen Frank (Marion Eisenhut), Inge Conradi (Ilse Bundschuh), Maria Seidler (Ilses Mutter), Erwin van Roy (Regisseur Bürglein), Walter Steinweg (Springer), Annemarie Sörensen (Eva Knauer), Oskar Sima (Professor Crey), Rudolf Platte (Tanzlehrer Rettig), Franz Klebusch (Brandl), Jakob Tiedtke (Rektor Knauer), Else Bötticher (Frau Knauer), Erika Streithorst (Nora), Franz Weber (Oberlehrer Bömmel), Carl Platen (Pedell), Margarete Sachse (Frau Rettig), Gerhard Haselbach (Ackermann), Horst Beck (Luck), Eduard Bornträger (Hitz), Henriette Steinmann (Frau Windscheidt), Evelyn Roberti (Soubrette), Anita Mey (Anbeterin), Rudolf Klix (Portier). *Produktion* Cicero. 2316 Meter. *Uraufführung* 13. 2. 1934.

**Die Feuerzangenbowle 1944.** *Regie* Helmut Weiss. *Buch* Heinrich Spoerl, nach seinem Roman. *Kamera* Ewald Daub. *Musik* Werner Bochmann. *Darsteller* Heinz Rühmann (Dr. Johannes Pfeiffer), Karin Himboldt (Eva), Hilde Sessak (Marion), Erich Ponto (Professor Grey, genannt Schnauz), Paul Henckels (Professor Bömmel), Hans Leibelt (Gymnasialdirektor Knauer, genannt Zeus), Max Gülstorff (Oberschulrat), Hans Richter (Rosen), Albert Florath (Alter Herr), Clemens Hasse, Lutz George, Margarete Schön, Ewald Wenck, Georg Vogelsang, Karl Etlinger, G. H. Schnell, Erwin Biegel, Anneliese Würtz, Hedwig Wangel, Egon Vogel, Carl Platen, Rudi Schippel, Walter Werner. *Produktion* Terra. 97 Minuten. *Uraufführung* 28. 1. 1944.

**Die Feuerzangenbowle 1970.** *Regie* Helmut Käutner. *Regie-Assistenz* Erika Balqué. *Buch* Helmut Käutner, nach dem Roman von Heinrich Spoerl. *Kamera* (Eastmancolor) Igor Oberberg. *Kamera-Assistenz* Joachim Gitt, Alex Henschel. *Musik* Bernhard Eichhorn. *Bauten* Michael Girschek. *Kostüme* Ingrid Zoré. *Ton* Gunther Kortwich. *Schnitt* Jane Sperr. *Darsteller* Walter Giller (Dr. Hans Pfeiffer), Uschi Glas (Eva Knauer), Theo Lingen (Professor Grey), Willy Reichert (Professor Bömmel), Fritz Tillmann (Direktor Knauer), Hans Richter (Dr. Brett), Nadja Tiller (Marion Xylander), Wolfgang Condrus (Husemann), Helen Vita (Frau Windscheid), Alice Treff (Frau Knauer), Herbert Wiessbach (Oberschulrat Hinzelmann), Willi Rose (Klemke), Rudolf Schündler, Ivan Desny, Wolfgang Lukscky, Albert Lieven, Hans Hessling. *Produktion* Rialto (Horst Wendlandt). 100 Minuten. *Uraufführung* 18. 9. 1970.

*Die Feuerzangenbowle* 1944: Heinz Rühmann

Dr. Hans Pfeiffer, ein junger, erfolgreicher Schriftsteller, der von einem Privatlehrer erzogen wurde und deshalb die Schulzeit mit all ihren tollen Streichen nur vom Hörensagen kennt, begibt sich in eine Kleinstadt, um als Primaner getarnt, das Versäumte nachzuholen. (In den beiden *Feuerzangenbowlen*-Filmen unter dem Originaltitel wird diese Unternehmung geboren als pure Schnaps- beziehungsweise Feuerzangenbowlen-Idee. In der Erstverfilmung des Stoffes *So ein Flegel* hat der Ausflug auf die Schulbank einen praktischen Zweck: Pfeiffer hat ein Bühnenstück *Zwischen Sekunda und Prima* geschrieben und muß sich bei den Proben von den Schauspielern sagen lassen, daß er keine Ahnung vom Schulmilieu hat; er wechselt deshalb mit seinem jüngeren Bruder Erich, mit 22 Jahren noch immer Oberprimaner, die Plätze: Erich übernimmt in der Großstadt am Theater und im Privatleben die Rolle von Hans, während Hans in der Kleinstadt auf die Schule geht. Der Film ist also eine doppelte, an zwei Schauplätzen ablaufende Verstellungs-Komödie, mit einer Doppelrolle für Rühmann.) Als Primaner entfaltet Pfeiffer eine beträchtliche Phantasie bei der ulkfreudigen Ausschmückung des grauen Schulalltags und wird so natürlich zum Idol seiner neuen Kameraden und zum Schrecken aller Lehrer. Seine Freundin aus der großen Welt, die Schauspielerin Marion, reist ihm nach, um nicht die Kontrolle über ihn zu verlieren. Aber Pfeiffer hat sich bereits in eine Schülerin verliebt, Eva, die Tochter seines Gymnasialdirektors Knauer. Damit wird er zum Rivalen des Professors Grey, der, obwohl nicht mehr jung, unbedingt Eva heiraten möchte. Natürlich wird Grey nun umsomehr die Zielscheibe der schlimmsten Pennälerstreiche Pfeiffers. Am Schluß klärt sich alles auf und Pfeiffer verlobt sich mit Eva. (In *So ein Flegel* nimmt er sie noch mit in die Großstadt, wo sie gerade rechtzeitig zur Premiere von *Zwischen Sekunda und Prima* kommen. Bruder Erich hat inzwischen das Herz der Sekretärin Ilse Bundschuh erobert. Als am Schluß der Vorstellung nach dem Autoren gerufen wird, verbeugen sich beide Brüder an der Rampe.

*So ein Flegel* 1934: Rudolf Platte, Heinz Rühmann und Partner

Wenn man die *Feuerzangenbowle* von 1970 sieht, muß man weinen; dieser traurige Film ist das letzte Kino-Werk des großen deutschen Regisseurs Helmut Käutner. Wenn man Heinrich Spoerls 1933 erschienenen und in der Taschenbuchausgabe von 1973 jetzt im 145. Tausend vorliegenden Roman liest, muß man sich wundern, wie wenig man sich zum Lachen animiert sieht, gilt das Werk doch als Klassiker der deutschen Pennäler-Literatur; diese Art idyllischer Komik, die sich fast ausschließlich von der dialektgefärbten Trottel-Sprache harmloser Pauker nährt (»Schwäfelwasserstoff ist ein onangenehmer Geselle«) wird wahrscheinlich von jedermanns eigenen Schulerlebnissen spielend übertroffen. Spoerl geht alles unheimlich lieb und sanft an und läßt es mit Tönen ausklingen, die jedem Übermut, geschweige denn dem eigentlich für das Genre lebenswichtigen Anarchismus, abhold sind. Das Motto heißt »Dieser Roman ist ein Loblied auf die Schule, aber es ist möglich, daß die Schule es nicht merkt.« Mit seinen letzten Sätzen mündet der Roman in das alte Spießerlied der Selbstbescheidung, um nicht zu sagen der Duckmäuserei: »Wahr... sind die Träume, die wir spinnen, und die Sehnsüchte, die uns treiben. Damit wollen wir uns bescheiden.« Zwischendurch stellt Hans Pfeiffer einmal richtig fest, daß ihm ja gar nichts passieren kann, weil er ja gar kein richtiger Schüler ist: wenn der Lausbubenmut aber zum Gratismut wird, ist er in Wirklichkeit weder mutig noch komisch. Die einzige wirklich entwicklungsfähige komische Idee, die Spoerl hat, daß nämlich Pfeiffer erschreckt merkt, wie er sich tatsächlich in Mentalität und Allüre zum Primaner wandelt, führt der Autor überhaupt nicht aus. Wenn man die Rühmannsche *Feuerzangenbowle* von 1944 sieht, kann man wirklich lachen, auch wenn man bedauern muß, daß der Film seiner Vorlage entsprechend viel zu freundlich und harmlos ist; aber viele Passagen, die in der unbeholfenen Erzählweise des Romans die Wirkung auf das Zwerchfell verfehlen (Spoerls Stil ist noch weitaus weniger komisch als der Inhalt), kommen auf der Leinwand durch flamboyante Komödiantik zu guter Wirkung. Wenn man schließlich die Erstverfilmung *So ein Flegel* von 1934 sieht, hat man am meisten von der Feuerzangenbowlen-Saga; nicht nur, weil die Primaner-Erlebnisse Pfeiffers durch hinzuerfundene, in ihrer spezifischen Komik nur auf der Leinwand denkbare Episoden wie Pfeiffers Kinobesuch mit der angebeteten Eva und der Pennäler-Tanzunterricht bei Maître Rudolf Platte wirkungsvoll angereichert sind, sondern vor allem durch die originell angelegte und ausgeschmückte Parallelhandlung des Pfeiffer-Bruders, des echten Pennälers, der in der Großstadt versucht, den Platz seines Bruders auszufüllen.

*Die Feuerzangenbowle* 1944: Heinz Rühmann und Partner

*Die Feuerzangenbowle* 1970: Walter Giller und Theo Lingen

# Der verlorene Sohn
## 1934

*Regie* Luis Trenker. *Buch* Luis Trenker, Arnold Ulitz, Reinhart Steinbicker, nach dem Roman von Luis Trenker. *Kamera* Albert Benitz, Reimar Kuntze. *Musik* Giuseppe Becce. *Darsteller* Luis Trenker (Tonio), Maria Andergast (Barbl), Bertl Schultes (Barbls Vater), Marian Marsh (Lilian), Jimmy Fox (Hobby), Paul Henckels (Lehrer), Eduard Köck (Vater Feuersinger), Franz W. Schröder-Schromm (Mister Williams), Melanie Horeschowsky, Lore Schützendorf, Emmerich Albert, Hans Jamnik, Luis Gerold. *Produktion* Deutsche Universal. 80 Minuten. *Uraufführung* 6.4.1934.

Tonio Feuersinger ist Holzfäller in den Dolomiten und möchte die weite Welt kennenlernen. Nach der Arbeit sitzt er beim Lehrer und läßt sich von fremden Ländern erzählen. Beim Marmolada-Skirennen gewinnt seine Mannschaft den Ehrenpreis, den der Amerikaner Williams gestiftet hat. Bei der Preisverleihung lernt Tonio die Tochter des Amerikaners, Lilian, kennen. Am nächsten Tag unternimmt er mit dem Bergführer Jörg und Lilian Williams eine Bergtour. Ein Unwetter kommt auf. Jörg stürzt tödlich ab. Tonio kann mit letzter Kraft Lilian retten. Nach diesem Erlebnis hat er den Spaß an den Bergen verdorben. Zwar möchte ihn seine Freundin Barbl lieber da behalten, zwar wählt das Dorf ihn zum nächstjährigen Rauhnachtkönig; aber Tonio fährt nach Amerika. In New York erlebt er eine Enttäuschung nach der anderen. Williams und seine Tochter sind auf einer Weltreise. Er kennt niemand und findet keine Arbeit. Hunger, Elend und Heimweh verfolgen ihn. Dann findet er im Madison Square Garden einen Job als Box-Sekundant. Bei einem Boxkampf zähmt er einen Boxer, der die Kontrolle über sich verliert; Tonio wird als Held gefeiert. Zufällig sitzen Williams und Tochter Lilian im Publikum. Sie erkennen den Mann aus den Dolomiten wieder und nehmen ihn mit sich. Tonio verliebt sich in Lilian. Als er in der Wohnung von Williams eine Nachbildung der Sonnenmaske seines Dorfes findet, fällt ihm ein, daß er versprochen hat, zum Rauhnachtfest wieder daheim zu sein. Er kehrt zurück, schließt seine Barbl in die Arme und wird als Rauhnachtkönig gefeiert.

Luis Trenker

»Als ich eines Abends die geisterhaft leuchtenden Felswände der Sellatürme vor mir sah, kam mir ein Gedanke: Aus den steilen Wandfluchten dieser drei Türme müßten die Wände der Wolkenkratzer herauswachsen, damit hätte ich mit einem Schlag den Übergang von der Heimat in die Weltmetropole, zugleich aber auch die beiden Gegenpole meines Films« (Luis Trenker: *Alles gut gegangen*). Wie Leni Riefenstahl kommt Luis Trenker aus der Schule des Bergfilmers Arnold Fanck. Aber während die Riefenstahl die Lektionen des Meisters aufweichte zu ihrem kleinen parfümierten Privat-Mythos von der heroischen Berg-Fee, revitalisiert Trenker sie, indem er dauernd die Konfrontation mit anderen Welten sucht und sich reibt an neuen Partnern, neuen Gegnern, neuen Milieus. Daß dabei zuweilen etwas simple Gegenüberstellungen von schlimmen fernen Ländern und der heilen heimatlichen Bergwelt herauskommen, kann den Zuschauer kaum kränken, zumal Trenkers göttliches Kosmopolitentum mit seiner positiven und vorurteilsfreien Neugierde auf alles nahe und ferne Unbekannte bei ihm stets durch alle Trachtenjanker-Knopflöcher blitzt. Vor allem aber ist er dank dieser Mentalität öfters zu einem wahren Innovations-Genie geworden. Das berühmteste Beispiel dafür sind seine neorealistischen Sequenzen von dem in New York herumirrenden verlorenen Bergsohn. Trenker in *Alles gut gegangen:* »Ich habe drüben nur gedreht, was ich erlebte, und nicht eine Zeile nach dem Drehbuch... Schauspieler brauchte ich keine, was außer mir mitwirkte, waren die New Yorker Einwohner. Ich beschloß, alles heimlich aus einer Autolimousine heraus zu drehen. Die Verständigung zwischen dem Kameramann und mir geschah durch unauffällige Zeichen. Die New Yorker, gleichgültig ob arm oder reich, jung oder alt, spielten auf diese Weise, ohne es zu wissen, mit... Manchmal drehten Benitz und Rautenfeld mit ihren Handkameras heimlich aus den Auslagenscheiben der Geschäfte und aus Hausgängen heraus und fingen die ratlosen Gesichter stellensuchender Arbeitsloser und hungernder Passanten ein... Damit hatten wir endlich das New York gefunden, das ich suchte, diese Stadt mit ihren tausend Gesichtern, mit ihren grellen Licht- und schwarzen Schattenseiten, mit der Sixth Avenue und der Hellskitchen mit ihrer Armut und Hoffnungslosigkeit. Dieser aus der Not geborene Einfall, die Wirklichkeit mitspielen zu lassen, hat einen Stil der Filmkunst eingeleitet, der von den Italienern aufgegriffen und der Welt als Neoverismus proklamiert wurde. Der italienische Regisseur Vittorio de Sica hat mir erzählt, daß er die Anregung zum neuen Stil, dem er den großen Erfolg seiner *Fahrraddiebe* verdankte, von meinem *Verlorenen Sohn* bekommen habe.« – Nur Lumpen sind bescheiden, sagt Goethe.

Marian Marsh und Luis Trenker

Luis Trenker und Partner

# Maskerade
## 1934

*Regie* Willi Forst. *Buch* Walter Reisch, Willi Forst. *Kamera* Franz Planer. *Musikalische Leitung* Willy Schmidt-Gentner. *Bauten* Karl Stepanek. *Ton* Hermann Birkhofer, Martin Müller. *Darsteller* Paula Wessely (Leopoldine Dur), Adolf Wohlbrück (Heidenck), Peter Petersen (Prof. Carl Ludwig Harrandt), Hilde von Stolz (Gerda Harrandt), Walter Janssen (Paul Harrandt), Olga Tschechowa (Anita Keller), Julia Serda (Fürstin M.), Hans Moser (Gärtner Zacharias). *Produktion* Tobis-Sascha, Wien (K.J. Fritzsche). 97 Minuten. *Uraufführung* 21.8.1934.

Wien 1905, im Fasching. Anita Keller ist verlobt mit dem Hofkapellmeister Paul Harrandt, liebt aber den erfolgreichen Maler Paul Heidenck. Heidenck indessen ist im Augenblick nur Gerda, der Frau des Chirurgen Harrandt, zugetan. (Der Musiker Harrandt und der Arzt Harrandt sind Brüder.) Gerda läßt sich von Heidenck in seinem Atelier malen, nur mit einer Maske und einem Chinchilla-Muff bekleidet. Der Chinchilla-Muff gehört aber, wie sehr viele Leute wissen, Anita Keller. Das Bild erscheint auf dem Titelblatt einer Zeitschrift, und wie alle Welt denkt Kapellmeister Harrandt, seine Verlobte habe Heidenck halbnackt Modell gesessen. Zur Rede gestellt, streitet der Maler das ab; das Modell sei eine gewisse Leopoldine Dur – ein Name, den er in seiner Not schnell erfindet. Der gründliche Kapellmeister findet heraus, daß es tatsächlich eine Leopoldine Dur gibt, sie ist Vorleserin bei einer Fürstin M. Auch Heidenck lernt schließlich das Mädchen kennen, das er glaubte, erfunden zu haben. Sie gefällt ihm derart, daß Anita Keller vor Eifersucht ganz rasend wird und Heidenck mit einer Pistole niederschießt. Leopoldine Dur läßt den Verletzten von Professor Harrandt verarzten. Der Chirurg verzeiht seiner unberechenbaren Verlobten Anita. Während Leopoldine Heidenck gesund pflegt, entdecken sie ihre gegenseitige Liebe und finden schließlich zusammen. Wer tatsächlich Modell saß zu diesem Bild, das eine Dame in Maske und Chinchilla-Muff zeigt und von Heidenck »Maskerade« genannt wurde, kommt nie heraus.

Paula Wessely und Adolf Wohlbrück

Hilde von Stolz und Adolf Wohlbrück

Im Frühjahr 1933 traf Schauspieler Willi Forst Herrn Keuner, der ihn lange nicht gesehen hatte und mit den Worten begrüßte: »Sie haben sich gar nicht verändert.« – »Oh!« sagte Forst und erbleichte. – Er war damals 30 Jahre alt und hatte als Filmliebhaber in Stumm- und Tonfilmen eine beachtliche Karriere gemacht, aber nun langweilte es ihn, ewig die »Weaner Parkettwonne«, wie ihn der Kritiker Alfred Kerr im *Berliner Tageblatt* einmal bezeichnet hatte, zu spielen. – Die indignierte Antwort auf den scheinbar hybriden Wunsch Willi Forsts, einmal Regie zu führen, »wenn man so jung und so hübsch ist wie Sie, ist man nun mal Liebhaber«, verband er mit nachsichtiger Verachtung und dem Sarkasmus der Heiterkeit und inszenierte seinen Schubert-Film. *Leise flehen meine Lieder* wurde im Herbst 1933 erfolgreich uraufgeführt. Forst war es vorzüglich gelungen, das alte zarte Wien wieder aufleben zu lassen, wo Schubert seine fröhlichen und traurigen Melodien geschrieben hatte. »... die Fachpresse zeigte sich verwundert. Es verblüffte der Mut eines jungen Menschen, der es wagte, einer halben Nation die Stirn zu bieten. Schubert, in Österreichs Filmen degradiert zum Operettenhelden, zählte zum Fundus einheimischer Produktionen wie der Stephans-Dom, das Riesenrad und der Heurige. Das fiktive, dem Publikum aufgezwungene Schubert-Bild zerstört zu haben, war Kulturtat und Gefahrenmoment zugleich. Die Filmbesucher jedoch gaben Forst recht.« (Herbert Holba: *Kein Himmel voller Geigen.*) Hatte Willi Forst mit seinem ersten Film am überlieferten Schubert-Mythos leicht gerüttelt, rückte er mit *Maskerade* den verdrehten Vorstellungen von der untergegangenen Donau-Monarchie zu Leibe. Dieses nostalgische Melodram, eine Mixtur aus dekorativer Melancholie und temperamentvoller Eleganz, das den Normalverbraucher von der Wahrhaftigkeit der Karl Krausschen Erkenntnis »Wenn die Moral nicht anstieße, würde sie nicht verletzt werden« zu überzeugen suchte, brachte Willi Forst und dem österreichischen Film Weltruhm und Anerkennung ein. Mit *Escape* (1937) versuchte Hollywood eine amerikanische Version dieses Stoffes, aber an die »mitteleuropäische Dekadenz-Romanze« kam die US-Produktion nicht heran. – »Sieht man ab von der glücklich rekonstruierten ›typisch Wiener Atmosphäre‹, die elegant, vielleicht ein wenig sentimental präsentiert wurde, so kann man die Feststellung machen, daß die exakte Beschreibung der Leopoldine Dur den Hauptakzent des Films bildet. Forsts Paraphrasen, sein eklektischer Sinn übertrugen charakteristische Merkmale einer Schnitzler-Wienerin auf die Ebene der Zeitlosigkeit: so kam er zu einer annähernd realen Betrachtung der Wienerin und ihrer Eigenheiten.« (Herbert Holba: *ebenda*) – In *Maskerade* gab Paula Wessely ihr Filmdebüt. Es war Forsts Verdienst, sie für den Film entdeckt zu haben und zugleich ihr Triumph, denn der Erfolg brachte sie über Nacht nach oben. Für Willi Forst war diese zweite Regie-Arbeit die Bestätigung, daß er sich auf dem richtigen Weg befand. Er führte Regie wie er als Bonvivant vormals den Frack getragen hatte – leicht, sicher und unauffällig. Er gehörte zu jener Klasse von Regisseuren, deren Geschäft Warren Beatty einmal so beschrieb: »Ein Filmregisseur ist eine Mischung von General, Sergeant, Beichtvater, Psychotherapeut, Lokführer, Puffer, Public-Relations-Experte, Wirtschaftsberater – kurz, der einfachste Job der Welt.«

# Triumph des Willens
## Reichsparteitag-Film der NSDAP 1935

*Regie* Leni Riefenstahl. *Fotografische Leitung* Sepp Allgeier. *Kamera* Sepp Allgeier, Karl Attenberger, Werner Bohne, Walter Frentz, Hans Gottschalk, Werner Hundhausen, Herbert Kebelmann, Albert Kling, Franz Koch, Herbert Kutschbach, Paul Lieberenz, Richard Nickel, Walter Riml, Arthur von Schwertführer, Karl Vass, Franz Weihmayr, Siegfried Weinmann, Karl Wellert. *Kamera-Assistenz* Sepp Ketterer, W. Hart, Peter Haller, Kurt Schulz, Eugen O. Bernhard, Richard Kandler, Hans Bühring, Richard Böhm, Erich Stoll, Josef Koch, Otto Jäger, August Beis, Hans Wittmann, Wolfgang Müller, Heinz Lincke, Erich Küchler, Wilhelm Schmidt, Ernst Kunstmann, Erich Grohmann. *Musik* Herbert Windt. *Ton* Siegfried Schulz, Ernst Schütz. *Schnitt* Leni Riefenstahl. *Produktion* Leni Riefenstahl. *Uraufführung* 1935.

Dokumentarfilm über den NSDAP-Reichsparteitag 1934, abgehalten vom 4. bis 10. September 1934 in Nürnberg und von Adolf Hitler unter das Motto »Triumph des Willens« gestellt. Die Original-Inhaltsangabe verdeutlicht die Absicht des Films und läßt seinen Stil ahnen:

»*Froher Morgen.* Sonne liegt über dem Land der Deutschen. Wolken ballen sich, türmen sich zu gigantischen Gebirgen, von silbernen und goldenen Lichtern umkränzt, senken sich, fließen, zerflattern... Einem phantastischen Aar gleich, durchrast ein Flugzeug die Luft. Weit seine Flügel spannend, stürzt es vorwärts, seine Propeller mahlen sich heulend in den Wind. Es ist das Flugzeug, das den Führer jener Stadt entgegenträgt, in der sich das große, stolze, herzerhebende Schauspiel eines neuen Deutschland vollziehen wird. Vorwärts rast die mächtige Maschine. Der dröhnende Rhythmus der Motoren ruft in die Winde: ›Nürnberg... Nürnberg... Nürn-

*Triumph des Willens*

berg...‹ Tief unten leuchtet die Stadt. Unübersehbare Menschenmassen starren zum Himmel. Da – in Wolkennähe, am sonnengoldenen Firmament, zieht der jagende Schatten, wird größer, nähert sich. Donnernd und brausend kreist er über der Stadt. Ein Flugzeug. Das Flugzeug! Der Führer kommt! – *Festlicher Tag*. Als der Riesenvogel endlich über dem Flugplatz schwebt, sich senkt, heranrollt, steht, ist die erwartungsfrohe Spannung der Tausende aufs Höchste gestiegen und löst sich in freudigen, begeisterten Rufen. Der Führer steigt aus dem Flugzeug. Da und dort ein kurzer, fester Händedruck, ein freundliches Wort, ein grüßender Blick. Auf den Gesichtern derer, die sich hier einfinden konnten, liegt das Leuchten dankbarer Gläubigkeit. Umtost von brausendem Jubel fährt der Führer in die Stadt ein. Die Straßen erbeben von den Rufen der Treue, der Liebe, des Glaubens! Nürnberg begrüßt den Führer der Deutschen in der stolzen Hochstimmung dieses festlichen, sonnenumfluteten Tages! – *Freudiger Abend.* Vor dem Hotel des Führers drängt sich im dunklen Gewühl des Abends die Menge. Reichswehr marschiert auf. Fackeln und Scheinwerfer brechen durch den Abend. In großen strahlenden Lichtern grüßt es von der Fassade des Hauses: ›Heil Hitler!‹ Die Reichswehr-Kapelle gruppiert sich in feierlicher Runde, ehern blinkt das stumpfe Grau der Stahlhelme im grellen Licht. Der Dirigent hebt den Taktstock. Zum bestirnten Himmel ziehen die straffen und festlichen Weisen des Zapfenstreichs. Immer wieder erscheint der Führer an seinem Fenster, immer wieder umjubelt von den freudig erregten Menschen dieses festlichen, freudigen Abends. – *Ein neuer Tag erwacht.* Der milde Schein der Morgensonne liegt auf den Dächern, flirrt um die jahrhundertealten Türme dieser deutschesten der deutschen Städte: Nürnberg. Zarte Rauchfahnen steigen in noch dunstige Höhen. Glocken rufen ins Land. Die alte, schöne Stadt, im bunten Schmuck seiner schö-

Leni Riefenstahl

nen, barocken Denkmäler und Figuren der ehrwürdigen Kirchen, harrt der weiteren großen Ereignisse nach dem Auftakt des Willkommens, harrt des grandiosen Schauspieles. Und so zeigt der Film weiter im raschen, gedrängten Ablauf die Vorgänge, die Geschichte wurden: Eröffnung des Parteitags in der Kongreßhalle. Aufmarsch der 52000 Männer des Arbeitsdienstes. Aufmarsch der Jungarbeiter. Trachtenzug der Bauern und Bäuerinnen. Deutsche Jugend vor ihrem Führer. Heldenehrung im Luitpoldhain. Weihe der Standarten durch die Blutfahne. Aufmarsch der SA und SS. Fahnenwald der Amtswalter. Vorbeimarsch vor dem Führer. – *Der Führer,* wie ihn dieser Film zeigt: Mit welcher herzlichen Güte tritt der Führer zu den in ihren alten Trachten nach Nürnberg gekommenen Bäuerinnen, ergreift die nur scheu und zaghaft gereckten Hände, lacht, lächelt und spricht mit den Frauen... Welche feierliche Kraft, welcher männliche Ernst spricht aus seinen Zügen, wenn er die Front der Standartenträger abschreitet – wie ganz anders hier, fast symbolisch heiliger Akt, der Handschlag! Und immer wieder spüren wir es mit einer beinahe mythisch zu nennenden Gewalt: Wie sehr gehört dieses Volk zu seinem Führer, wie sehr gehört dieser Führer zu ihm! Aus jedem Blick, aus jedem Druck der Hände spricht das Bekennen und das Gelöbnis: Wir gehören zusammen. In ewiger Treue zusammen.«

*Krieg der Sterne*

Der Zeitgenosse der achtziger Jahre wäre niemals bereit, eine Bewegung oder einem Führer den obigen Text samt der Botschaft, die er enthält, abzukaufen; selbst der Volksgenosse der dreißiger Jahre, obwohl an solchen Wortschwulst gewöhnt, hätte dafür vielleicht nicht die totale Bereitschaft aufgebracht. Die Botschaft mußte nicht formuliert, sondern formalisiert werden, doppelt formalisiert: zu einer Veranstaltung, wie es sie in dieser Form noch nie gegeben hatte, dem Reichsparteitag der NSDAP, und zu einem Film, der den Impakt dieser Veranstaltung noch verstärkt und diesen verstärkten Impakt bis in das kleinste Dorfkino trägt, Leni Riefenstahls *Triumph des Willens*. Mittels dieses Films kann die Botschaft ohne weiteres auch den heutigen Zuschauer überrumpeln, der über ihre formulierte Textform nur den Kopf schütteln würde. Richard Roud hat das in einem Programmheft des Londoner *National Film Theatre,* das den Film seit Jahrzehnten immer wieder mit großem Erfolg zeigt, auf eine kurze Formel gebracht: »Dies ist nicht nur einer der aufregendsten Filme, die je gemacht wurden; es ist auch einer der wichtigsten Filme überhaupt, weil er fundamentale Fragen von Form und Inhalt aufwirft. Die Kraft des Films ist so gewaltig, daß er den Zuschauer auf Wege führt, denen er normalerweise nie folgen würde – bis er dann plötzlich wieder zu sich kommt und sich darüber klar wird, daß dieser Film der Ausdruck von etwas ist, was er, der Zuschauer, verabscheut. Einen größeren Tribut kann man einem Film nicht leisten.« *Triumph des Willens* hat einen Vorgänger, der leider völlig verschollen zu sein scheint: die Riefenstahl drehte schon über den Reichsparteitag von 1933 einen kürzeren (1700 Meter) Dokumentarfilm, dessen Titel identisch mit dem Motto der Veranstaltung war: *Sieg des Glaubens*. Dank der hier gesammelten Erfahrungen und einer nun bei der Riefenstahl zutage tretenden gewaltigen organisatorischen und formalen Virtuosität konnte sie den viel größer angelegten Parteitag von 1934 in einer Weise dokumentieren, daß eine vorher und nachher nie gesehene Mischung von Propaganda und Showbusiness herauskam. »Das emotionale Crescendo, das die Massen unter der Ansprache Hitlers erfahren, wird durch die permanent kreisenden Kamerafahrten hergestellt. Hitler selbst wird in einem kalkulierten Ritardando umfahren, die Kamera vollführt in zwei Halbkreisbewegungen Schwenks um ihn herum, ohne sich ihm je zu nähern. Dazu ist sie in der Untersicht postiert, um Hitler gegen den Himmel gestellt den Massen zu entheben. Ein überwältigender Augenblick entsteht, wenn die Führer zur Totenehrung schreitend das Meer der Massen zerteilen. Die Kamera hebt von der Augenhöhe zur Kranfahrt (im Aufzug, am Fahnenmast montiert) ab und zieht in vertikaler Achse den Zuschauerblick nach oben. Während die Führer der Bewegung sich in Mittelachse zum Bildhintergrund entfernen, schnellt die Kamera in die Aufsicht. Aus dem dynamischen Verhältnis beider Bewegungen im erblickten Raum entwickelt sich für den Zuschauer ein fast physisch erfahrener Sog« (Karsten Witte). Diese Analyse von

Riefenstahls Triumph-Stil findet sich in *Wir tanzen um die Welt,* einem Buch über deutsche Revuefilme 1933–1945. Natürlich ist das Werk der gelernten Tänzerin Riefenstahl, wie Witte sagt, einem Revuefilm nicht unähnlich; nur orientiert sich leider ihre Choreographie am Rechteck statt am Kreis und strebt stets auf das Ornament des Blocks zu, nicht dem der Blume wie im klassischen amerikanischen Show-Film, und leider geht es hier nicht um »die Wechselwirkung von überschäumender Lebensfreude und Erotik, verdeutlicht im aphrodiasakischen Effekt von Musik und Tanz« (Raymond Durgnat über den amerikanischen Revuefilm), sondern um den Appell an die niedersten nationalistischen Instinkte und die Konditionierung eines ganzes Volkes zur Kriminalität. Ach Leni, in großer Zeit mit ihrem arischen Ernst und ihrer vulgären Schönen-Menschen-Ästhetik; in einer zivilisierten Zeit und mit ein bißchen meschuggenem Gemüt wäre sie ein großer Regisseur erquicklicher Filme geworden. Heute wird sie nicht müde zu erzählen, daß *Triumph des Willens* zu den Lieblingsfilmen von Mick Jagger und anderen Helden unserer Zeit gehört; tatsächlich ist es ein Kultfilm, der tiefe Spuren hinterläßt: die finale Siegesparade von *Star Wars* ist bewußt als Parodie auf *Triumph des Willens*-Tableaus angelegt, und wenn in der *Rocky Horror Picture Show* dem Dr. Frank N. Furter die Erschaffung eines wahrlich nordischen Menschen gelingt, jubelt seine Assistentin Magenta mit deutschem Akzent: »A triumph of his will!« Nun ist es natürlich klar, daß es für Mick Jagger and Company ein sehr genüßlicher Anblick sein muß, wenn Tausende von gutbürgerlichen Freaks geschlossen auf den Trip gehen, angeturnt von einer Übermenschen-Figur, und nicht nur ein bißchen angekokst, wie es vielleicht eine Pop-Fan-Gemeinde sein mag, sondern bis zum Hals im Koks des Faschismus. Darüber hinaus ist auch klar, daß von der heutigen Popszene her gesehen die Nürnberger Veranstaltung und ihre Filmdokumentation eine, wenn auch mit unheiligen Inhalten gefüllte, Vorwegnahme einer gewandelten Performer-Audience-Beziehung ist, ohne die Pop-Kult nicht denkbar wäre: »Eine andere Form der Wahrnehmung, eine andere Beteiligungsform an Unterhaltung; Bewußtseinstheoretiker bezeichnen das als Explosion der Perspektive« (Wolf Wondratschek). Nur stellte halt das tausendstimmige Heil-Hitler-Brüllen für die ganze nationale Identität und Existenz eine gewaltige, entstabilisierende Kraft dar, während wir die Millionen von Jugendlichen, die sich bei ihren Pop-Parteitagen ihre Freude aus dem Hals schreien, ohne dazu aufgefordert worden zu sein, ihrem Nachbarn die Kehle durchzuschneiden, getrost für eine große stabilisierende Kraft halten dürfen.

# Amphitryon
## Aus den Wolken kommt das Glück
## 1935

*Regie* Reinhold Schünzel. *Regie-Assistenz* Kurt Hoffmann. *Buch* Reinhold Schünzel. *Kamera* Fritz Arno Wagner, Werner Bohne. *Trickfilmaufnahmen* E. Kunstmann, H. Weidemann. *Musik* Franz Doelle. *Lieder* »Ich muß mal wieder was erleben«, »Hoch aus den Wolken kommt das Glück«, »Tausendmal war ich im Traum bei dir« von Franz Doelle *(Musik)* und Bruno Balz, Ch. Amberg *(Text)*. *Bauten* Robert Herlth, Walter Röhrig. *Kostüme* Rochus Gliese, Manon Hahn, W.S. Mittendorf. *Ton* Fritz Thiery. *Schnitt* Arnfried Heyne. *Darsteller* Willy Fritsch (Jupiter/Amphitryon), Käthe Gold (Alkmene), Paul Kemp (Merkur/Sosias), Fita Benkhoff (Andria), Adele Sandrock (Juno), Hilde Hildebrand (Erste Freundin), Aribert Wäscher (Kriegsminister), Ewald Wenck (Arzt), Annie Ann, Vilma Beckendorf, Gerhard Bienert, Hilde Boenisch. *Produktion* Ufa (Günther Stapenhorst). 104 Minuten. *Uraufführung* 18.7.1935.

Jupiter wirft sein Auge auf Alkmene, die Gattin des thebanischen Hauptmanns Amphitryon, der sich gerade im Krieg gegen Böotien befindet. Mit Merkur begibt er sich auf die Luftreise in die irdischen Gefilde, nach Theben. Jupiter holt sich bei Alkmene, die in unerschütterlicher Treue auf die Heimkehr des hoffentlich siegreichen Amphitryon wartet, einen Korb, aber Merkur kommt Andria näher, Alkmenes Dienerin, deren Mann, Amphitryons Bursche Sosias, sie wegen seiner anhaltenden Trunkenheit schon lange vernachlässigt. Um Alkmene trotz ihrer Treue doch noch erobern zu können, verwandelt Jupiter sich in Amphitryon; Merkur muß die Gestalt des Sosias annehmen. So getarnt ziehen Jupiter und Merkur als angebliche Heimkehrer in Amphitryons Heim ein. Alkmene wirft sich dem vermeintlichen Gatten in die Arme, aber während der Wiedersehensfeier spricht Jupiter dem Wein so reichlich zu, daß er entschlummert, ohne Alkmene genossen zu haben. Indessen lernt Andria in Merkur einen gar nicht mehr vertrottelten Sosias kennen und schätzen. Am folgenden Morgen landet das siegreiche Heer der Thebaner in der Heimatstadt. Der echte Amphitryon findet seine Frau Alkmene in einer ihm unverständlichen Verstimmung vor. Die göttlichen Doppelgänger Jupiter und Merkur machen sich angesichts ihrer echten Vorbilder aus dem Staube. Amphitryon gewinnt den Eindruck, Alkmene habe ihn in seiner Abwesenheit betrogen. Er geht wütend zum Rechtsanwalt; die Anwaltskanzlei wird aber von den neuerlich verkleideten Jupiter und Merkur geführt, und während Merkur den tobenden Amphitryon beschäftigt, macht Jupiter einen letzten Versuch bei Alkmene – der aber infolge eines plötzlich ausbrechenden olympischen Schnupfens mißlingt. Nun erscheint aus den Wolken Juno, die Gemahlin Jupiters, mit seinen Extratouren seit langem vertraut. Sie klärt die Lage. Die versöhnten Liebenden blicken den in die Lüfte entschwindenden Göttern nach.

Fita Benkhoff und Paul Kemp

»Im Kern ist dies eine durch und durch erotisierte Doppelgänger- und Verwechslungskomödie auf Kosten eines bejahrten, glatzköpfig-korpulenten Pantoffelhelden, der sich unsterblich blamiert. Daß dieser alte Bock kein geringerer ist als Jupiter, dessen mehr als schmeichelhafte Standbilder den ganzen Film hindurch von den ahnungslosen Massen gehuldigt wird, macht den dezidiert antiautoritären Charakter des Films aus« (Kraft Wetzel, Peter Hagemann: *Liebe, Tod und Technik*). Mit *Amphitryon* ergab es sich zum erstenmal, daß ein ganzes, im Grunde harmloses Genre, in dem der deutsche Film der internationalen Produktion eine Reihe wegweisender Werke geschenkt hatte, das Film-Musical ironisch-eleganten Zuschnitts, mit einer glanzvollen Abschiedsvorstellung infolge Abwanderung aller Talente, die solches hervorbringen konnten, einfach abtrat; der nicht ganz arische Reinhold Schünzel ging 1936 nach USA, Filme von der Art, die mit *Die Drei von der Tankstelle* kreiert worden war und mit

*Amphitryon* zum vorläufig letztenmal realisiert wurde, erlebten ihr Comeback erst wieder mit Filmen des ehemaligen Schünzel-Assistenten Kurt Hoffmann in den späten fünfziger Jahren: *Wir Wunderkinder* und *Das Wirtshaus im Spessart*. Für das, was inzwischen als Ersatz produziert wurde, blieb das Arsenal technischer Fazilitäten, das Schünzel für *Amphitryon* anschaffen ließ: um Schünzels Visionen realisierbar zu machen, mußte die Ufa ihre ganze Trickkiste auf den fortgeschrittensten Stand der Technik bringen. *Amphitryon* ist ein Film mit doppeltem Boden. Wer mit dem einfachen Boden hinreichend bedient ist, kann sich an die Grazie und den Witz von Idee und Gestaltung halten. Für die übrigen entschlüsseln sich die chiffrierten Botschaften schon mit dem Untertitel *Aus den Wolken kommt das Glück* und seiner szenischen Umsetzung. Das Glück, das aus den Wolken kommt, war für den Volksgenossen von 1935 ganz eindeutig der göttliche Adolf Hitler, wie er in der berühmten ersten Sequenz von Riefenstahls *Triumph des Willens* aus den Nebelfetzen des Himmels über Nürnberg auf das seiner harrende Parteitags-Volk mit dem Flugzeug herniederschwebt. Unten im fränkischen Theben parodieren die vaterländischen Frauen Griechenlands die hehre Gesinnung der deutschen Kämpfers-Gattin: »Seid mutig in der schweren Zeit / die Männer stehn in blut'gem Streit / und wer von ihnen draußen fällt / der stirbt fürs Vaterland als Held!« Den stärksten Tobak dieser Persiflage spuckt Alkmene aus, wenn sie sich anschließend das *à part* leistet: »Ach ja, vor so vielen Leuten redet man leicht etwas, was man nachher selbst nicht glaubt.« Von diesem Satz fühlten sich die starken Rhetoriker Goebbels und Hitler offenbar tödlich getroffen; er mußte, und das war seltsamerweise der einzige Zensureingriff, aus dem fertigen Film entfernt werden. »Für Hitler machten Reden vor Massenversammlungen, in denen er sich und Teile seiner Zuhörerschaft zu orgiastischen Kollektivberauschungen aufputschte, den Kern seiner politischen Identität; die verbotene Dialogzeile berührte mit der Glaubhaftigkeit den neuralgischen Punkt solch öffentlicher Zurschaustellung« (Kraft Wetzel u. a.: *Liebe, Tod und Technik*). Mit der Choreographie und Ausstattung der triumphalen Heimkehr des thebanischen Heeres wird dann vollends das Nürnberger Parteitags-Happening durch den süßesten Kakao gezogen.

Käthe Gold, Willy Fritsch und Paul Kemp

# Der Kaiser von Kalifornien
## 1936

*Regie* Luis Trenker. *Buch* Luis Trenker. *Kamera* Albert Benitz. *Zweite Kamera* Heinz von Jaworsky. *Musik* Giuseppe Becce. *Bauten* Erich Grave. *Ton* Adolf Jansen, Martin Müller. *Schnitt* Rudolf Schaad, Willy Zeyn. *Darsteller* Luis Trenker (Johann August Suter), Viktoria von Ballasko (Anna), Werner Kunig (Rudolf), Karli Zwingmann (Emil), Elise Aulinger (Frau Dübolt), Melanie Horeschowsky (Amalie), Bernhard Minetti (Der Fremde), Luis Gerold (Ermattinger), Paul Verhoeven (Billy), Hans Zesch-Ballot (Gouverneur Alvaredo), Marcella Albani (Frau des Gouverneurs), Walter Franck (Castro), Reginald Pasch (Marshall), Berta Drews (Chansonette), Alexander Golling (Kewen), Heinrich Marlow (Thompson). *Produktion* Luis Trenker-Film. 88 Minuten. *Uraufführung* 21.7.1936.

Als der Schweizer Buchdrucker Johann August Suter sich in einer verzweifelten Situation das Leben nehmen will, erscheint ihm eine Gestalt, »Der Fremde« und zeigt ihm lockende Bilder einer neuen Welt. Suter geht 1836 nach Amerika. Zuerst siedelt er am Mississippi, dann baut er in Kalifornien ein ganzes Agrar-Reich an, Nova Helvetia. Er befriedigt seine Schweizer Gläubiger und läßt seine Frau Anna und seine Kinder Rudolf und Emil nachkommen. Kalifornien kommt zu den USA. Auf Suters Boden wird Gold gefunden, der Goldrausch bricht aus, Abenteurer überschwemmen Suters Besitz, er muß einen Prozeß um seine Rechte führen. Während der turbulenten Fünfzehnjahrfeier der Stadt Franzisco wird das Urteil verkündet: Suter hat gesiegt. Er verlangt die Entfernung aller Goldsucher von seinem Gebiet. Die Folge ist ein blutiger Aufruhr der Glücksritter, der Suter fast das Leben kostet. – Fünfzehn Jahre später. Als alter gebrochener Mann wankt Suter die Treppen zum Kapitol in Washington empor. Da erscheint ihm noch einmal »Der Fremde«: »Suter, du hast einen guten Kampf gekämpft, ewig wird dein Herz in den Wäldern und Flüssen Kaliforniens schlagen.« Und er zeigt ihm die Vision des künftigen Kaliforniens.

Wie Trenker in seinem Erinnerungsbuch *Alles gut gegangen* erzählt, bekam er 1935 das Angebot, den Film über die Olympischen Spiele 1936 in Berlin zu drehen. Er hatte aber wenig Neigung dazu und wollte lieber in die USA, wo er schon einmal gearbeitet hatte, einen neuen Film drehen, »dessen Thema mir seit Jahren am Herzen lag. Im Gegensatz zum *Verlorenen Sohn* das Schicksal eines erfolgreichen Auswanderers zu gestalten, der sich in der Neuen Welt durch Kühnheit, Mut und Glück durchsetzt.« Mit dem Suter-Projekt trat er in direkte Konkurrenz zu Hollywood, das zur selben Zeit *Suter's Gold* drehte, einen Film, den ursprünglich Eisenstein machen sollte und der dann von James Cruze inszeniert wurde. Für die zweimonatigen Dreharbeiten in Amerika hatte Trenker 100 000 Dollar kalkuliert, die ihm nicht genehmigt wurden; er mußte die Expedition, auf die er siebzehn Mann mitnahm, mit 20 000 Dollar durchführen. Mit dieser Mini-Crew und dem lächerlichen Budget drehte er in Nevada, Kalifornien und Texas. Die Massenszenen, die er wegen der fehlenden Mittel nicht in Amerika drehen konnte, produzierte er Ende 1935 in Oberitalien, in der Nähe von Livorno. Der *Kaiser von Kalifornien* ist trotz der deutschen Western-Schwemme der sechziger Jahre der beste deutsche Western geblieben: Rhythmus und Realismus der Reise nach Kalifornien, der Massenszenen beim Aufbau von Nova Helvetia und der Ausbruch des Goldrauschs sind allem, was vergleichbare deutsche und sogar die meisten amerikanischen Produktionen der Zeit zu bieten haben, weit voraus. Der Nerv und die Kraft, mit der er in seine realistische Geschichte die Visionen mit dem geheimnisvollen Fremden wirklich integriert, sind Qualitäten, die ihn die ähnlich orientierten Spökenkieker-Talente der Bergkameradin Leni Riefenstahl und des gemeinsamen Lehrmeisters Arnold Fanck glatt überrunden lassen.

Luis Trenker und Partner

# Der Mann, der Sherlock Holmes war
## 1937

*Regie* Karl Hartl. *Regie-Assistenz* Eduard von Borsody. *Buch* R. A. Stemmle, Karl Hartl. *Kamera* Fritz Arno Wagner. *Musik* Hans Sommer. *Lied* »Jawohl, meine Herren« von Hans Sommer *(Musik)* und Busch *(Text)*. *Bauten* Otto Hunte, Willy Schiller. *Ton* Hermann Fritzsching. *Schnitt* Gertrud Hinz. *Darsteller* Hans Albers (Sherlock Holmes), Heinz Rühmann (Dr. Watson), Marieluise Claudius (Mary Berry), Hansi Knoteck (Jane Berry), Hilde Weissner (Madame Ganymare), Siegfried Schürenberg (Monsieur Lapin), Paul Bildt (Der Mann, der lacht), Franz W. Schröder-Schrom (Polizei-Direktor), Hans Junkermann (Exzellenz Vangon), Eduard von Winterstein (Gerichts-Vorsitzender), Edwin Jürgensen (Staatsanwalt), Ernst Legal (Diener Jean), Erich Dunskus, Clemens Hasse, Ernst Waldow. *Produktion* Ufa (Alfred Greven). 112 Minuten. *Uraufführung* 15.7.1937.

Der Nordexpress wird auf seinem Weg nach Paris mitten in der Nacht auf offener Strecke angehalten, und zwar von zwei Männern, die zusteigen, sich als der berühmte Detektiv Sherlock Holmes und sein Freund Dr. Watson ausgeben und auf der Weiterreise zwei junge Damen, die Nichten Jane und Mary des kürzlich verstorbenen Professors Berry, einem kleinen Verhör unterziehen. In Paris, wo gerade die Weltausstellung stattfindet, steigen Holmes und Watson im Hotel Palace ab. Allgemeines Rätselraten umgibt ihre wahren Absichten. Dann kommt das Gerücht auf, die berühmten Mauritius-Marken, die kostbarsten Stücke der Ausstellung, seien Fälschungen, und Holmes sei mit der Aufklärung dieses Falles betraut. Holmes und Watson verlassen Paris und statten dem Schloß des verstorbenen Professors Berry einen Besuch ab. In Berrys Laboratorium finden sie Hinweise dafür, daß Berry einer der gerissensten und geschicktesten Fälscher des Jahrhunderts war. Diese Eröffnung trifft die als Universalerbinnen des Professors eingesetzten Nichten Jane und Mary besonders. Noch ehe die Polizei auf dem Schloß eintrifft, verschwinden Holmes und Watson wieder. Im Leihhaus »Lombard«, das sich als Hauptquartier einer ganzen Fälscherbande entpuppt, können sie dann nicht nur die echte Mauritius sicherstellen, sondern auch Mengen von Falschgeld. Die Bande und deren Ware übergeben sie der Polizei. Dann werden sie selbst auf Veranlassung der Staatsanwaltschaft festgenommen: ihre Identität als Holmes und Watson ist äußerst zweifelhaft. Den Mann freilich, der die Abenteuer der beiden lachend verfolgt hat und der sich als Sir Arthur Conan Doyle erweist, den Mann, der Holmes und Watson erfunden hat, stört das nicht im geringsten.

Hans Albers und Heinz Rühmann

»Der Film, eine köstliche Parodie auf den berühmten Detektiv, ist einer der Höhepunkte der ganzen deutschen Filmkomödie« (David Stewart Hull: *Film in the Third Reich*) und »der künstlerisch vollendetste, witzigste und kommerziell erfolgreichste von allen Karl Hartl-Filmen« *(Focus on Film)*. Albers, die eigene kühne Männlichkeit hinreißend persiflierend, und Rühmann, die nicht vorhandene Virilität tollkühn usurpierend, hatten sich bereits mit *Bomben auf Monte Carlo* als eines der originellsten Gespanne der Filmgeschichte erwiesen, weitaus komischer als Dean Martin & Jerry Lewis und ähnliche Paare. Mit *Der Mann, der Sherlock Holmes war* übertrafen sie ihren ersten Erfolg noch, und zwar haushoch: es ist ein überaus angenehmer, überaus erheiternder Film. Interessanterweise hat er bis heute allen Remake-Versuchen (an deren Planung Hartl selbst gelegentlich mitbeteiligt war) widerstanden.

# Zu neuen Ufern
## 1937

*Regie* Detlef Sierck. *Regie-Assistenz* Fritz Andelfinger. *Buch* Detlef Sierck, Kurt Heuser, nach dem Roman von Lovis H. Lorenz. *Kamera* Franz Weihmayr. *Musik* Ralph Benatzky. *Lieder* »Tiefe Sehnsucht«, »Ich steh' im Regen«, »Yes, Sir!« von Ralph Benatzky *(Text* und *Musik). Bauten* Fritz Maurischat. Kostüme Arno Richter. *Ton* Carl-Heinz Becker. *Schnitt* Milo Harbich. *Darsteller* Zarah Leander (Gloria Vane), Willy Birgel (Sir Albert Finsbury), Viktor Staal (Henry), Erich Ziegel (Dr. Hoyer), Hilde von Stolz (Fanny), Edwin Jürgensen (Gouverneur), Carola Höhn (Mary), Jakob Tiedtke (Wells sr.), Robert Dorsay (Bobby Wells), Iwa Wanja (Violet), Ernst Legal (Gilbert), Siegfried Schürenberg (Gilbert), Lina Lossen (Zuchthaus-Vorsteherin), Lissi Arna (Nelly), Herbert Hübner (Kasinodirektor), Mady Rahl (Soubrette), Lina Carstens (Bänkelsängerin), Curd Jürgens, Paul Bildt. *Produktion* Ufa (Bruno Duday). 106 Minuten. *Uraufführung* 31.8.1937.

London 1840. Die Sängerin Gloria Vane liebt Sir Albert Finsbury, Sohn eines verarmten Lords, der sein Verhältnis zu Gloria mit der gleichen Leichtfertigkeit betreibt wie die anderen Affären seines Lebens. Seiner ungewissen Zukunft wegen hat er sich zum Heeresdienst nach Australien gemeldet. Vorher hat er noch Verbindlichkeiten zu regeln. Er bittet seinen wohlhabenden Freund Bobby Wells, ihm mit 615 Pfund unter die Arme zu greifen. Wells verhöhnt ihn, indem er ihm einen Scheck über 15 Pfund gibt. Finsbury rächt sich, indem er eine 6 vor die 15 schreibt. Finsbury und Gloria verabschieden sich; er will sie nach Australien nachkommen lassen, sobald er Boden unter den Füßen hat. Nach seiner Abreise kommt der Scheckbetrug heraus. Getragen von den jeweiligen Affekten ihrer Zuneigung zu Finsbury nimmt Gloria die Tat auf sich, nicht ahnend, welche Strafe sie erwartet. Sie wird zu sieben Jahren Deportation in das australische Zuchthaus Parametta verurteilt. In Sydney ist Finsbury schnell zum Adjudanten des Gouverneurs avanciert. Außerdem winkt ihm die Hand der Gouverneurstochter Mary. Das Schicksal Glorias bewegt ihn, aber sein Egoismus behält die Oberhand: Auf ihre flehentliche Botschaft aus dem Zuchthaus antwortet er nicht. Sie läßt sich aber in ihrem Glauben an Finsbury trotzdem nicht erschüttern. Australien ist noch arm an Frauen, und ein Erlaß der Königin Viktoria fördert die Verheiratung von weiblichen Deportierten. Gloria meldet sich zu der allmonatlich stattfindenden Brautschau; sie hat vor, dem Mann, der sie nimmt, zu entfliehen – in die Freiheit und zu Finsbury. Der Farmer Henry Hoyer wählt Gloria als seine Braut und nimmt sie mit sich. Gloria flieht. Sie gelangt in dem Augenblick zum Gouverneurspalast, als dort die Verlobung von Finsbury mit Mary gefeiert wird. Gloria sieht ihre Liebe verraten. Sie findet ein Engagement im Sydney-Casino. In diesem Casino feiert Finsbury mit seinen Freunden Abschied vom Junggesellendasein. Er sieht Gloria wieder. Er zeigt Reue und beschwört sie, ein neues Leben mit ihm zu wagen. Aber ihre Liebe zu ihm ist erloschen. Finsbury bringt sich um. Gloria sucht Zuflucht im Zuchthaus Paretta. Dort findet sie Henry; er nimmt sie ein zweites Mal mit auf seine Farm.

Zarah Leander und Partner

Detlef Sierck war 1934 Verwaltungsdirektor am Alten Theater in Leipzig, als ihm die Berliner Volksbühne das Angebot machte, Shakespeares *Was ihr wollt* zu inszenieren. Er nahm die Chance wahr, um nach Berlin zu kommen, denn seine systemkritischen Äußerungen und Handlungen hatten ihn am Theater in Mißkredit gebracht. Der Erfolg an der Volksbühne ebnete ihm den Weg zur Ufa. Er drehte mehrere erfolgreiche Filme, darunter *Das Mädchen vom Moorhof* (1935), *Stützen der Gesellschaft* (1935), *Schlußakkord* (1936) und *Das Hofkonzert* (1936). Mit *Zu neuen Ufern* (1937) und *La Habanera* (1937) machte er Zarah Leander zum großen Star, bevor er 1937 Deutschland verließ, um über Frankreich in die USA zu emigrieren. Er anglisierte seinen Namen und nannte sich von nun an Detlef Sirk. Als Sierck wie als Sirk hat er einen Ruf als der Meister des Melodrams; aber die Birgel-Figur in *Zu neuen Ufern* ist nicht der genretypische statische Charakter, dessen grundlegende moralische Entscheidung getroffen ist, bevor die Handlung beginnt, sondern der überspannte Charakter, der zum Nicht- oder nur Schwererreichbaren zu gelangen sucht, um zu seinem Ausgangspunkt zurückzukehren. »Es ist ein Stück Sozialkritik, von der Art, die ich mag. Manche Leute mögen gedacht haben, der Film sei anti-englisch, aber so simpel ist das nicht. In diesem Film ist die gleiche Art von Sozialkritik wie in *La Habanera*. Ich hasse ja den Begriff Sozialkritik, weil das so ein Klischee geworden ist, aber es gibt keinen anderen Ausdruck, um diese Art von Filmen zu charakterisieren. Was ich in einem Film tue, ist, einfach die Dinge zu zeigen; die Kritik muß beim Publikum einsetzen. ... *Zu neuen Ufern* hat zwei Dinge, die für mein Filmemachen fundamental sind; dieser Aspekt sozialen Bewußtseins, und die Art von Charakteren, an denen ich interessiert bin, hier verkörpert von Willy Birgel. Die Figur, der mein Interesse galt, im Theater wie im Film und die ich auch im Melodram zu erhalten versucht habe, ist die zweifelnde, die ambivalente, die unsichere Figur. Die Unsicherheit und das Vage der menschlichen Ziele sind zentral in meinen Filmen, wenn auch diese Züge manchmal versteckt sein mögen. Ich bin interessiert an Dingen, die sich im Kreise drehen, an Leuten, die immer wieder dahin zurückkehren, von wo sie aufgebrochen sind. Deshalb findet man in meinen Filmen immer wieder das, was ich tragische Rondos nennen möchte: Leute, die sich im Kreise bewegen. Die meisten meiner Figuren tun das.« Zu den schönsten Szenen in diesem Film gehört die, in der der Farmer seiner zukünftigen Frau einen großen Spiegel kauft: »Spiegel sind Imitationen des Lebens. Was an einem Spiegel interessant ist, ist, daß er einen nicht so zeigt, wie man ist, er zeigt einen spiegel*verkehrt*. ... Und der Spiegel eines Spiegels ist die Imitation des Lebens« (Jon Halliday, *Sirk on Sirk*). Mit Willy Birgel schildert Sierck einen schwachen Charakter, der sich mit üblen Machenschaften durchlaviert und damit die Liebe der Heldin verspielt. Die typisch melodramatische Figur ist die leidenschaftlich liebende und entsetzlich leidende Frau, deren Weg durch ihre übermenschliche Größe bestimmt ist, ähnlich der der Lillian Gish in Griffith' *Broken Blossoms* (1919). – *Zu neuen Ufern* war Zarah Leanders erster Ufa-Film. »Ich hatte zwei Hauptpartner, einen mit schurkisch schwarzer Seele und einen mit einem Gemüt so rein wie Rauhreif. Der Schurke war Willy Birgel, groß und schlank, attraktiv häßlich, geschmeidig wie eine Weidenrute – ein ausgekochter Verführer. ... Im Film war er einfach eine Katastrophe. Jeder menschliche oder männliche Charme ging ihm völlig ab. Mir ist selten ein Mann begegnet, der etwas so Tötendes hatte wie Willy Birgel« (Zarah Leander, *Es war so wunderbar*). Birgel konnte eher mit Pferden umgehen, wie sich zeigen wird, aber das konnte die Leander damals noch nicht wissen. Sie war gerade noch rechtzeitig für den deutschen Film entdeckt worden, um Rollen zu spielen, die den Frauen im Lande als Vorbild dienen sollten. So führte sie eindrucksvoll vor, wie eine Frau vom Leid gebeutelt wird und doch erhobenen Hauptes dem Sturm des Schicksals die Stirn bietet. Singend sollte sie den Weggang der Marlene Dietrich vergessen machen – spielend die Garbo ersetzen. Tat sie beides gleichzeitig, war sie weder die eine noch die andere, sondern die singende Tragödin und schönste Frau des Nazifilms.

Willy Birgel und Zarah Leander

Zarah Leander und Viktor Staal

# Das indische Grabmal
# 1921 · 1938 · 1958

**Das indische Grabmal 1921.** 1. Teil: *Die Sendung des Yoghi.* 2. Teil: *Das indische Grabmal. Regie* Joe May. *Buch* Fritz Lang, Thea von Harbou. *Kamera* Werner Brandes. *Bauten* Martin Jakoby-Boy, Otto Hunte, Erich Kettelhut, Karl Vollbrecht. *Darsteller* Conrad Veidt (Maharadscha von Eschnapur), Erna Morena (Savitri), Olaf Fönss (Herbert Rowland), Mia May (Irene), Lya de Putti (Mirrha), Paul Richter (MacAllan), Bernhard Goetzke (Yoghi Ramigani), Karl Platen (Rowlands Diener), Wilhelm Diegelmann (Kapitän), Hermann Picha (Gelehrter), Wolf von Schwind, Lewis Brody. *Produktion* Joe May. 1. Teil 2957 Meter. 2. Teil 2534 Meter. *Uraufführung* 1. Teil 22.10.1921; 2. Teil 19.11.1921.

**Das indische Grabmal 1938.** 1. Teil: *Der Tiger von Eschnapur.* 2. Teil: *Das indische Grabmal. Regie* Richard Eichberg. *Regie-Assistenz* Arthur Teuber. *Buch* Arthur Pohl, Hans Klaehr, Richard Eichberg, nach dem Roman *Das indische Grabmal* von Thea von Harbou und Tatsachenberichten aus Indien. *Kamera* Ewald Daub (Atelier), Hans Schneeberger (Außen), H.O. Schulze, W. Mayer-Bergelt. *Musik* Harald Böhmelt. *Bauten* W.A. Hermann, A. Bütow. *Choreographie* Hans Gérard. *Ton* Erich Lange. *Darsteller* Fritz van Dongen (Maharadscha von Eschnapur), La Jana (Sitha), Alexander Golling (Prinz Ramigani), Kitty Jantzen (Irene Traven), Gustav Diessl (Sascha Demidoff), Hans Stüwe (Architekt Fürbringer), Theo Lingen (Emil Sperling), Olaf Bach (Radscha Sadhu), Gisela Schlüter (Lotte Sperling), Karl Haubenreisser (Gopal), Albert Hörrmann (Ragupati), Rosa Jung (Myrrha), S.O. Schoening (Dr. Putri), Hans Zesch-Ballot (Fjedor Borodin), Harry Frank (Mischa Borodin), Gerhard Bienert (Ratani) und das indische Menaka-Ballett. *Produktion* Eichberg-Film (Richard Eichberg/Tobis. 1. Teil 2432 Meter. 2. Teil 2570 Meter. *Uraufführung* 1.Teil 7.1.1938; 2.Teil 28.1.1938.

**Das indische Grabmal 1958.** 1. Teil: *Der Tiger von Eschnapur.* 2. Teil: *Das indische Grabmal. Regie* Fritz Lang. *Regie-Assistenz* Frank Winterstein. *Buch* Werner Jörg Lüddecke, nach einer Originalidee von Thea von Harbou und dem Film von Richard Eichberg. *Kamera* (Eastmancolor) Richard Angst. *Musik* Michel Michelet (1. Teil), Gerhard Becker (2. Teil). *Bauten* Willy Schatz, Helmut Nentwig. *Kostüme* Claudia Herberg. *Choreographie* Robby Gay. *Ton* Clemens Tütsch. *Schnitt* Walter Wischniewsky. *Darsteller* Debra Paget (Sitha), Paul Hubschmid (Harald Berger), Claus Holm (Dr. Walter Rhode), Sabine Bethmann (Irene), Walther Reyer (Maharadscha von Eschnapur), Luciana Paoluzzi (Bharani), René Deltgen (Fürst Ramigani), Jochen Brockmann (Padhu), Inkijinoff (Oberpriester Yama), Guido Celano (General Dagh), Jochen Blume (Asagara), Panos Papadopulos (Kurier). *Produktion* CCC (Artur Brauner). 1. Teil 101 Minuten, 2. Teil 101 Minuten. *Uraufführung* 1. Teil 22.1.1959; 2. Teil 5.3.1959.

Ein europäischer Architekt wird von dem Maharadscha von Eschnapur nach Indien gerufen, um dort Großbauten zu errichten. Die Liebe des Maharadschas zu einer schönen Inderin, die sich mit einem Europäer einläßt, und das Machtstreben eines anderen indischen Fürsten, der den Maharadscha stürzen will, führen zu Intrigen und Abenteuern, in die auch der Architekt verstrickt wird. Der prachtvollste Bau, den er für den Maharadscha errichtet, das indische Grabmal, soll zum Kerker werden, in den die Inderin schon zu ihren Lebzeiten eingemauert wird. (In den Variationen dieser Geschichte ist es mal der Architekt selbst, den die Inderin Savitri/Shita liebt, mal ein anderer Europäer; in den beiden ersten Versionen ist Savitri/Shita bereits die Maharani, in der 1958er Version will der Maharadscha sie erst dazu machen; in den beiden ersten Versionen stirbt sie einen Opfertod, in der letzten erlebt sie ein Happy-End mit dem Architekten, während der Maharadscha auf irdische Macht verzichtet und ein Guru wird; die weiße Frau Irene, die in allen drei Versionen eine Rolle spielt, ist in den beiden ersten Fassungen die Verlobte des Architekten, in der letzten seine Schwester.)

*Das indische Grabmal* 1938: Alexander Golling und Kitty Jantzen

*Das indische Grabmal* ist das Hauptwerk des deutschen Abenteuer-Großfilms exotischer Prägung, ein Genre, das selbst exotischen Ursprungs ist. »Prunkhafte Monumentalfilme und Abenteuerfilme, die in

*Das indische Grabmal* 1938 (Werkfoto): La Jana und Kitty Jantzen

exotischen Ländern spielen oder in denen vermummte Bösewichte und Hotelratten über die Leinwand geistern, sind typisch für die damalige Zeit und allen Filmländern eigen. Auch wenn die Monumentalfilme zuerst in Italien, die Abenteuerfilme in Amerika gedreht worden sind« (Lotte Eisner: *Dämonische Leinwand*). Am Anfang und am Ende der *Indischen Grabmal*-Erfolgssaga steht Fritz Land, der Autor der ersten und Regisseur der dritten, bislang letzten Fassung. Lang: »Sylvester 1957 war ich in den Vereinigten Staaten mit Freunden zusammen, deutschen Emigranten wie ich. Wir sprachen über Deutschland, da ging das Telephon. Artur Brauner von der deutschen CCC-Film fragte mich, ob ich ein Remake der beiden Indien-Filme inszenieren wolle, die ich 1919 mit Thea von Harbou für die Decla-Bioskop-Gesellschaft von Joe May geschrieben hatte. Ursprünglich hatte ich diese Drehbücher für mein eigenes Regie-Debüt geschrieben, aber als die Bücher fertig waren, verzögerten einige Umstände, darunter der Tod meiner Mutter, die Realisation. Wir waren in den Bergen, als Thea von Harbou, die damals noch nicht meine Frau war, zu mir kam und sagte: ›Weißt du's schon: sie haben beschlossen, den Film selbst zu machen.‹ Sie hatten kein Vertrauen zu mir. Kein Mensch kann sich vorstellen, wie mich das damals verärgert hat. 1957 hatte ich Deutschland vierundzwanzig Jahre lang nicht gesehen. Die Indien-Filme wurden nur gemacht, weil der Produzent von mir einen deutschen Film mit einem populären Sujet und einem Budget von 4 Millionen Mark wollte, der nach seiner Vorstellung dann automatisch ein internationaler Erfolg werden müßte, auch in Amerika. Das war eine amüsante Herausforderung, das Sujet gab alle denkbaren Möglichkeiten her. Dann gab man mir das Drehbuch und ich schrie auf: ›Das kann ich nicht machen! Erstens interessiert mich diese stupide Art von Sentimentalität nicht, und zweitens ist das nicht einmal als Melodram gut.‹ Deshalb habe ich dann alles umgeschrieben ... Aber diese beiden Indien-Schnulzen sind ein Desaster ... Sie haben überall viel Geld eingespielt, aber ich für meinen Teil hasse sie« *(Cahiers du Cinéma,* 1965). Joe May, der 1919 die Regie der Indien-Filme wahrscheinlich vor allem deshalb an sich riß, weil er ihre kommerziellen Möglichkeiten erkannte, hatte von 1913 an seine ersten Erfolge mit Detektiv-Serials nach amerikanischem und französischem Vorbild. Seinen ersten Monumentalfilm-Erfolg hatte er 1918 mit *Veritas Vincit* (die Hauptrolle spielte wie in den meisten seiner Filme, auch in den Indien-Filmen, seine Frau Mia May). Der Erfolg der Indien-Filme war, wie erwartet, monumental, aber Fritz Lang wäre ihnen wahrscheinlich ein besserer Regisseur gewesen. »Die von Otto Hunte auf dem Ateliergelände errichteten, reich ornamentierten Monumentalbauten im *Indischen Grabmal* stehen im Kontrast zu einer recht banalen Handlung. Der Film wirkt heute veraltet. Der Auftakt des zweiten Teils ist je-

*Das indische Grabmal* 1921: Bernhard Goetzke und Mia May

*Das indische Grabmal* 1921: Erna Morena und Lya de Putti

doch herrliche deutsche Filmkunst. Conrad Veidts hohe Gestalt wandelt durch ein hell-dunkles Tempel-Inneres. Über aufgerauhte Mauermassen, über riesige, modern stilisierte indische Götterreliefs geheimnisvolles Schimmern. Joe May kann dieses Niveau nicht halten« (Lotte Eisner: *Dämonische Leinwand*). Gegen den Regisseur des zweiten *Indischen Grabmals* aber, Richard Eichberg, war Joe May der reine Eisenstein. Seit Mitte der zehner Jahre unaufhörlich Filme ausstoßend, war Eichberg der König der Berliner Schnauze und von einer geradezu wollüstigen spekulativen Bedenkenlosigkeit, und »zwischen Frivolität und Laszivität mußte sich auch seine Schauspielergarde bewegen können« (Herbert Holba: *Geschichte des deutschen Tonfilms*). In seiner Fassung der Indien-Filme erklimmt der bombastische Kitsch himmlische Höhen (diese Fassung ist dank unaufhörlicher Wiederaufführungen in Kino und Fernsehen die bekannteste). Wie May setzte auch Eichberg seine Frau, Kitty Jantzen, in einer weiblichen Hauptrolle ein. Das Beste an dem Film ist natürlich die schöne La Jana (»die vollkommene Blöße«, Alfred Polgar), wie sie mit ihren schönen Gliedern durch den Film gleitet als Hohepriesterin eines Kultes, der überhaupt nicht daran denkt, die kalten Statuen eines Shiva zu feiern, weil er seine heiße Befriedigung in sich selber findet.

*Das indische Grabmal* 1958: Debra Paget

◀◀ *Das indische Grabmal* 1938: La Jana

# Olympia-Film
## 1. Teil · Fest der Völker
## 2. Teil · Fest der Schönheit
## 1938

*Regie* Leni Riefenstahl. *Buch* Leni Riefenstahl. *Kamera* Hans Ertl, Walter Frentz, Guzzi Lantschner, Kurt Neubert, Hans Scheib, Andor von Barsy, Wilfried Basse, Franz von Friedl, Hans Gottschalk, Willi Hameister, Walter Hege, Werner Hundhausen, Heinz von Jaworsky, Hugo von Kaweczynski, Albert Kling, Ernst Kunstmann, Leo de Laforgue, Alexander von Lagorio, Otto Lantschner, Erich Nitzschmann, Hugo O. Schulze, Karl Vass. *Aufnahmen des Prologs* Willy Zielke. *Musik* Herbert Windt, Walter Gronostay. *Schnitt* Leni Riefenstahl. *Produktion* Olympia-Film (Leni Riefenstahl). 1. Teil 3429 Meter; 2. Teil 2722 Meter. *Uraufführung* 20.4.1938.

Zweiteiliger Dokumentarfilm über die Olympischen Sommerspiele 1936 in Berlin. Der erste Teil, *Fest der Völker,* beginnt mit einem Prolog, in der für Sinn und Stil dieser Ouvertüre aufschlußreichen Original-Inhaltsangabe wie folgt beschrieben: »Der Prolog führt uns zurück in die Antike, in der schon viele Jahrhunderte vor unserer Zeitrechnung die Kampffestspiele von Olympia in Blüte standen. Das klassische Altertum formte die Ideale von Kraft, Schönheit und Anmut. Aus den griechischen Tempelgängen blicken die Gestalten und Antlitze von Statuen, die die großen Künstler jener Zeit geschaffen haben. Götterbilder sind es, Halbgötter, Helden und Kämpfer. Achilles, Paris, Alexander der Große, wie verschieden drücken sie das Idealbild männlicher Schönheit aus. Doch auch die Frauengestalt in der unsterblichen Plastik der Aphrodite steht als notwendige Ergänzung des Ideals von der menschlichen Schönheit in diesem Kreis, die ewige Sehnsucht neben der Kraft. Aus der gespannten Verhaltenheit des Diskuswerfers von Myron löst sich der Athlet aus unseren Tagen. Und wie Aphrodite zu der männlichen Kraft sich ergänzend stellte, so treten Frauengestalten mit ihren Spielen und entspannten Tänzen neben die Athleten. Aus diesem Rhythmus der Sehnsucht nach Schönheit wird die Flamme geboren. Die Flamme entzündet die Fackel, die das ewige Feuer vom uralten Altar aus Olympia durch sieben Länder in das Stadion nach Berlin trägt, wo es an den sechzehn Tagen der XI. Olympischen Spiele über der Jugend aus 52 Nationen und ihren Kämpfen leuchtet.« – Auf den Einmarsch der Nationen folgen die einzelnen Wettbewerbe, mit besonders konzentrierter Darstellung der Höhepunkte: Der vierfache Goldmedaillen-Erfolg von Jesse Owens; Hochsprung der Männer; dreifacher Finnen-Sieg beim 10000-Meter-Lauf der Männer; nächtlicher Wettbewerb im Stabhochsprung mit harter japanisch-amerikanischer Konkurrenz; dramatisch-tragische Staffelläufe; der Marathonlauf. – Auch der zweite Teil hat seinen eigenen, kleinen Prolog: »Der Film führt uns im Morgengrauen ins Olympische Dorf. Das Scherzo einer filmischen Sinfonie hebt an: Kaum ist die Natur erwacht, sind auch die jungen Athleten auf den Beinen. Das Morgentraining im Olympischen Dorf setzt ein. Wir folgen der Kamera, die bis in die ›Sauna‹, dem erfrischenden Dampfbad der Finnen, eindringt« *(Original-Inhaltsangabe).* Es folgen weitere Wettbewerbe, mit konzentrierter Darstellung der Höhepunkte: die Turndisziplinen; die Segelolympiade auf der Kieler Förde; Fechten; Boxen; Fünfkampf; Gymnastik; der Zehnkampf mit dem Amerikaner Glenn Morris in der Star-Rolle; Indien und Deutschland im Hockey-Endkampf; Finale im Polo; Österreich und Italien im Kampf um die Goldmedaille des Fußballwettbewerbs; 100-km-Straßenrennen; bei der Military reitet Freiherr von Wangenheim mit gebrochenem Schlüsselbein weiter und rettet dadurch die Goldmedaille für Deutschland; fünf Goldmedaillen für Deutschland bei den Ruder-Regatten in Grünau; die Schwimmwettbewerbe. »Die Schlußfeier bedeutet kein Ende, sondern ein Weiterklingen eines ewigen Akkordes, der einmal angeschlagen ist. Die Olympische Flamme verlöscht, da reißt sich die Kamera am Scheinwerferdom empor, der sich über dem Stadion wölbt. Das Dach des Lichtdoms grüßt als Feuerbotschaft – es ist dasselbe Licht, das einst über Akropolis aufging« *(Original-Inhaltsangabe).*

Der Prolog

*Fest der Völker*

1928 drehte Dr. Arnold Fanck den ersten Olympiade-Film, *Das weiße Stadion,* über die Olympischen Winterspiele dieses Jahres in St. Moritz. 1936 drehte seine Schülerin Leni Riefenstahl in Berlin den Olympia-Film, der ihren Verehrern gilt als »a poem, a hymn, a paean, an ode to beauty... one of the greatest moments of beauty in the history of the cinema« (David B. Hinton, *The Films of Leni Riefenstahl,* 1978), dem weniger besinnungslosen Betrachter aber als die Vollendung von Lenis vulgärer Schöne-Menschen-Ästhetik oder auch einfach nur als ein Werk gewaltiger Naivität, das eine ohnehin schon fragwürdige Sache auf ihren dubiosen Höhepunkt treibt. »Die Ästhetik, mit der die Riefenstahl jenseits der aktuellen sportlichen Dokumentation am Mythos von Olympia, an der Vereinigung von Muskeln und Ideal webt, ist heute freilich bereits in alle ihre Kitschteile zerfallen. Den wissenden Augen fehlt die naive Begeisterungsfähigkeit. Eine Sonne, die flimmernd in die Schale des olympischen Feuers sinkt, demonstrative Harmonie von Körper Natur durch rhythmische Gymnastik in den Dünen, die Apotheose der Jugend im nächtlichen Sternenhimmel über der prachtvollen Schlußfeier, das sind Bilder, die inzwischen so oft mißbraucht wurden, daß sie sich hier nicht mehr öffnen. Zudem – aber das ist nicht nur bei diesem Olympia-Film der Fall – kann einem schon die Galle der Empörung hochkommen bei dem dummen Geschwätz vom Fest des Friedens und von der Jugend der Welt, die da gerufen sein soll. Bisher hat noch jeder Olympia-Film in Sehnen- und Muskelmystik geschwelgt und den Mythos vom edlen Wettkampf beschworen. Leni Riefenstahls Film hat dies allerdings am perfektesten und – wenn man so will – am packendsten getan. Am Ende des Schrumpfungsprozesses vom Athleten zum Trimm-Dich-Fitler, geschlagen zum Vorurteil, das Pathos Lüge sei, sprachlos, phantasielos und terrori-

*Fest der Schönheit*

stisch verwöhnt von der Perfektion elektronischer Massenmedien, ist es für uns schwierig, allein die technische Leistung der Riefenstahl zu würdigen, von Verständnis und Nachempfindung ihres naiven Ideals ganz zu schweigen. Dieser Film ist ein monumentales Ereignis, in jedem Sinne des Wortes. Alles andere als ein Propagandafilm für das Dritte Reich, schwelgt er in der Schönheit des Körperlichen und versucht mit ihr eine Sinnlichkeit wiederzuwecken, die schon längst in der Entfremdung zugrunde gegangen ist. Die Bilder von Jesse Owens vermitteln einen nostalgischen Eindruck, die deutschen Hauruck-Athleten mit Tophaarschnitt sind die Heroen dieser Zeit« (Wolfgang Limmer, *Süddeutsche Zeitung,* 1972). Im Jahre 1980, in dem man das Gerangel um die Moskauer Olympischen Spiele erlebt, liest sich eine 1966 von Wolfgang Staudte anläßlich eines Interviews über seinen Film *Rotation* (1948) gemachte Fußnote besonders pikant: »Ich wollte damals einige Szenen aus dem Leni-Riefenstahl-Film über die Olympiade in meinen Film übernehmen als Demonstration dafür, daß der kleine Mann damals 57 Nationen ins Stadion einziehen sah, während oben in der Führerloge Hitler mit seinen Ganoven saß. Und da haben die Russen (die zur Entstehungszeit des Films die Produktion der Defa kontrollierten, A.d.A.) gesagt: Das geht nicht. Damals waren sie einfach dagegen, daß ein Deutscher so argumentiert. Sie meinten – es war vielleicht ein wenig spitzfindig, aber doch nicht unbegründet –, die Nazis könnten die Tatsache, daß das Ausland an der Olympiade teilgenommen habe, nicht zu ihrer Entlastung heranziehen. Die Russen waren ja bei der Olympiade gar nicht beteiligt ... Diese Szene ist aus meiner persönlichen Erfahrung entstanden. Ich bin ganz sicher, und der Dialog sagt es beinahe wörtlich, daß der einfache Mensch auf der Straße hier in Berlin der Meinung war, zu dieser Olympiade würde keiner kommen. Und deshalb waren diese Spiele mit ihrer großen internationalen Beteiligung eine außerordentlich gefährliche und wirkungsvolle Demonstration für das Grundgefühl des einfachen Menschen, des unpolitischen wie des politischen: er mußte mit ansehen, daß wirklich diesem Staat die Ehre angetan wurde ... In meinem Film sollte dieses Schauspiel den Grund für den Eintritt des Helden in die Partei abgeben« (Interview von Ulrich Gregor und Heinz Ungureit, zitiert nach *Filmstudio* 48, 1966).

Leni Riefenstahl

# 13 Stühle
## 1938

*Regie* E. W. Emo. *Buch* Per Schwenzen, E. W. Emo, nach dem Roman *Dvenatcat'stul'ev* von Evgenij P. Petrov und Ilja A. Ilf (1928). *Kamera* Eduard Hösch. *Musik* Nico Dostal. *Bauten* Julius von Borsody. *Ton* Ingenieur Kemetter. *Schnitt* M. Obal. *Darsteller* Heinz Rühmann (Felix Rabe), Hans Moser (Alois Hofbauer), Annie Rosar (Karoline Hofbauer), Inge List (Lilly Walter), Hedwig Bleibtreu (Oberschwester), Menta Egies (Die Freundin), Karl Skraub (Möbelladenbesitzer), Richard Eybner (Oskar), Alfred Neugebauer (Eberhardt), Maria Waldner (Eberhardts Frau), Rudolf Carl (Portier von der Lerchengasse), Walter Huber (Alter Mann), Pepi Kramer-Glöckner (Alte Frau), Wilhelm Taucher (Fritz), Wiener Sängerknaben (Waisenhaus-Chor). *Produktion* Emo-Film/Terra (Hans Tost). 2516 Meter. *Uraufführung* 16.9.1938.

Der Friseur Felix Rabe erbt von seiner Tante Anna kein größeres Vermögen, wie er gehofft hatte, sondern dreizehn Biedermeierstühle und ein Ölgemälde der Verstorbenen. Rabe versucht, die Stühle dem Trödler Alois Hofbauer zu verkaufen, aber Hofbauer ist von diesen Objekten so wenig überzeugt, daß er sie nur in Kommission nimmt; er gibt Rabe einen Vorschuß von zehn Mark. Wunderbarerweise gehen die Stühle weg wie warme Semmeln, an dreizehn verschiedene Käufer. Als sie alle verkauft sind, findet Rabe hinter Tante Annas Ölgemälde einen Brief, der ihn darüber aufklärt, daß in einem der Stühle 100 000 Mark eingenäht sind. Rabe und Hofbauer jagen den Stühlen hinterher. Der letzte der Stühle, der mit dem Geld, landet in einem Waisenhaus, von dem Rabe das Wertobjekt nicht zurückfordern will. Trotzdem wird er dank eines Haarwuchsmittels, an dem er immer schon herumexperimentiert hat, ein wohlhabender Mann.

13 Stühle weniger eins

Die Komiker-Filme sind die Autoren-Filme des Dritten Reichs. In einer Zeit, da die individuelle schöpferische Kraft, die sich frei im Film ausdrückt, weder vorhanden noch gefragt war und es also das, was wir heute den Autoren-Film nennen, nicht gab und nicht geben durfte, behauptete sich der Film, der mit seinem Helden identisch war, nicht reglementierbar, keinen fremden Zwecken dienlich zu machen (es sei denn, der Komiker würde dem Anarchismus untreu, zu dem ihn sein Metier verpflichtet). Die Filme der Moser, Lingen, Rühmann bestätigen glanzvoll die *actor as author*-Theorie. *13 Stühle* ist der beste Rühmann- und der beste Moser-Film. Seine literarische Vorlage ist witzigerweise eine sowjetische Satire auf die Bourgeoisie, den »lebenden Leichnam« und seine Feigheit, Bestechlichkeit und Verlogenheit. 1970 drehte Mel Brooks eine neue Filmfassung des Stoffes unter dem Originaltitel *12 Stühle*.

Hans Moser, Heinz Rühmann und Partner

# Napoleon ist an allem schuld
## 1938

*Regie* Curt Goetz. *Regie-Assistenz* Hans Müller. *Buch* Curt Goetz, Karl Peter Gillmann. *Kamera* Friedl Behn-Grund. *Musik* Franz Grothe. *Lieder* »Es war ein Mädchen und ein Matrose«, »Wir sind des Kaisers heimliche Armee«, »Warum hat der Napoleon?«, »Wir sind des Kaisers tapfere Armee« von Franz Grothe *(Musik)* und Willy Dehmel *(Text);* »Kleiner Tambour« französisches Volkslied, bearbeitet von Franz Grothe, Text Willy Dehmel. *Bauten* Emil Hasler. *Kostüme* Ilse Fehling. *Choreographie* Edmond Leslie. *Ton* Hans Grimm. *Schnitt* Renée Metain. *Darsteller* Curt Goetz (Lord Arthur Cavershoot), Valerie von Martens (Lady Josephine Cavershoot), Paul Henckels (Lord Cunningham), Else von Möllendorf (Madeleine alias Pünktchen), Kirsten Heiberg (Fifi), Max Gülstorff (Professor Meunier), Willi Schur (Rustam), Maria Krahn (Madge), Leopold von Ledebur (Butler William), Eberhardt Leithoff (Regisseur Cutier), Hans Mierendorf (Revue-Autor), Rudolf Schündler (Rundfunkreporter), Eduard von Winterstein, Olga Limburg, Hermann Pfeiffer, Jack Trevor. *Produktion* Tobis (Gerhard Staab). 93 Minuten. *Uraufführung* 29.11.1938.

Lord Cavershoot hat einen Napoleon-Spleen, der sein ganzes Dasein bestimmt. Lady Cavershoot (natürlich heißt sie Josephine) hat sich mit der Marotte ihres Mannes abgefunden. In Lord Cunningham hat sie einen treuen Verehrer, ihr Mann einen guten Freund. Lord Cavershoot fährt zum Kongreß der Napoleon-Forscher nach Paris. Die Krönung des Kongresses ist eine Napoleon-Revue. Lord Cavershoot ist entsetzt, als er sieht, daß hinter dem von Girls gestellten »N« ein ebenfalls von einer Tänzerin verkörperter Punkt steht: er hält das für völlig unmöglich und beschwert sich. Die Darstellerin des Punktes wird sofort entlassen. Cavershoot begegnet ihr; sie ist in Tränen aufgelöst. Um sie zu trösten, nimmt der Lord diese Madeleine mit in ein Nachtlokal. Als sie bei einer Razzia ihre Pässe vorzeigen müssen und Madeleine keinen hat, gibt Lord Cavershoot sie als seine Tochter aus. In diesem Augenblick werden sie von einem Reporter fotografiert. Am nächsten Tag ist das Bild von »Vater und Tochter Cavershoot« im »Daily Mail«. Der Lord muß den Zorn der Lady fürchten. Freund Cunningham kommt nach Paris geflogen. Es wird beschlossen, Madeleine mit nach England zu nehmen und sie als außereheliche Tochter bei Josephine einzuführen. Josephine gibt sich gelassen und präsentiert – was Cavershoot und Cunningham vergeblich zu verhindern versuchen – Madeleine bei einem Gartenfest der Gesellschaft. Madeleine hat das Gefühl, daß sie Schwierigkeiten verursacht; sie geht zurück nach Paris. Lord und Lady Cavershoot haben sie aber inzwischen so liebgewonnen, daß sie ihr nachreisen, um sie zu adoptieren.

Curt Goetz und Napoleon

Goetz' *Napoleon ist an allem schuld* gehört zu den unterhaltsamsten, am effektvollsten gemachten und pointiert-witzigsten Musik-Komödien der dreißiger Jahre. Er ließ sich tatsächlich keinen Gag entgehen. Sein Held ist kein vertrottelter Wissenschaftler, sondern ein richtiger Narr, der sich irgendwann dazu entschlossen hat, wie sein Forschungsobjekt und Abgott Napoleon Bonaparte zu leben, um in die Abgründe der napoleonischen Seele hinabzutauchen. So lassen sich Lord Cavershoot am 18. Juni, dem Jahrestag der Schlacht von Waterloo, von ihrem dunkelhäutigen Diener Rustam – genau wie Napoleon – am Morgen durch Pistolenschüsse wecken. Wenn seine Lordschaft die Augen öffnen, hat der brave Rustam zu melden, um welche verlorene oder gewonnene Schlacht es sich am heutigen Tage handelt – d.h. Gedenktag. Die Gobelins im Schlafgemach des Forschers zeigen wildes Schlachtgetümmel, und auf dem Riesentisch sind die verschiedensten Landkarten ausgebreitet und besondere Punkte mit Fähnchen markiert. Die Locke fällt seiner Lordschaft in die blasse Stirn, der Diener redet ihn mit »Sir« an und auch ihn trägt ein Schimmel nicht ins Schlachtgetümmel, sondern durch die friedliche Landschaft. – Es war das erste Mal, daß Curt Goetz einen Tonfilm inszenierte, worüber er anschließend an die Premiere in Berlin sagte: »Wie Sie wahrscheinlich wissen, meine Damen und Herren, *jeder*

Filmautor wird im Laufe der Atelierarbeit unweigerlich verrückt, *jeder* Hauptdarsteller wird, sei es vom Autor, sei es vom Regisseur, in kürzester Frist verrückt *gemacht,* und *jeder* Regisseur muß schon *vorher* verrückt gewesen sein, um sich solch eine Bürde und Verantwortung aufzuladen. Wenn Sie aber Autor, Regisseur und Hauptdarsteller in einer Person sind, so bedeutet das, daß das Schicksal Sie aufrichtig liebt. Denn wen es liebt, den züchtigt es. Wenn Sie aber außerdem der Gatte der Hauptdarstellerin sind, dann ... ja ... dann macht das alles wieder gut. Jawohl!« *(Das große Curt Goetz Album).* – 1940 verbot Goebbels den Film, da er ihm dem Ernst der Stunde nicht angemessen schien. Außerdem durfte auf Kosten der Deutschen zu oft gelacht werden. Hinzu kam, daß Curt Goetz und seine Frau bereits am 21. Februar 1939 in die USA emigriert waren und schon 1933 verboten worden war, Filme von Emigranten aufzuführen. In den Remakes der Filme übernahm Heinz Rühmann die Rollen von Curt Goetz, aber es war kaum mehr als ein Hauch von den hohen Boulevard-Niveaus zu spüren, das Goetz einst pflegte.

Else von Möllendorf und Curt Goetz

Curt Goetz als Napoleon

# Tanz auf dem Vulkan
## 1938

*Regie* Hans Steinhoff. *Regie-Assistenz* Rudi Hillberg. *Buch* Hans Steinhoff, Hans Rehberg, Peter Hagen. *Kamera* Ewald Daub. *Musik* Theo Mackeben. *Lieder* »Die Nacht ist nicht allein zum Schlafen da«, »Murrt nicht über Debureau« von Theo Mackeben *(Musik)* und O.E. Hesse, F. Beckmann. *Art Director* Rochus Gliese. *Bauten* Bruno Lutz, Hermann Asmus. *Kostüme* Arno Richter. *Choreographie* Carl Bergeest. *Ton* Adolf Jansen. *Schnitt* Martha Dübber. *Darsteller* Gustaf Gründgens (Debureau), Ralph Arthur Roberts (König Karl X.), Hans Leibelt (Prinz Louis Philippe), Theo Lingen (Graf Cambouilly), Sybille Schmitz (Héloise, Gräfin Cambouilly), Gisela Uhlen (Angele), Erich Ziegel (Fürst Sullac), Hadrian M. Netto (Polizeipräfekt Gravon), Will Dohm (Direktor Pomponille), Elsa Wagner (Pauline), Wolf Trutz (Renard), Franz Weber (Gaston), Franz Nicklisch, Walter Werner (Freunde Debureaus), Hilde Hildebrand (Gräfin X), Paul Bildt (Mönch). *Produktion* Majestic/Tobis (Werner Kortwich). 85 Minuten. *Uraufführung* 30.11.1938.

Paris 1830. Die Pariser hassen ihren despotischen König Karl X. und lieben dessen bürgernahen Vetter, den Prinz Louis Philippe. Mehr noch lieben sie den Schauspieler Debureau vom Théâtre des Funambules, der nicht nur ein König der Bühne ist, sondern auch ein königlicher Agitator: die Spottverse auf den König, die er auf der Bühne vorträgt und dann auch noch gedruckt unters Volk bringt, sind das Entzücken und der Trost des Volkes von Paris. Debureau wird vergöttert. Auch Louis Philippe hört auf die Ratschläge des in der Kunst wie in der Politik gleichermaßen genialen Mannes. Debureau wird auch in der Liebe der Gegenspieler des Königs. Beide lieben die Gräfin Héloise, Gattin des Höflings Cambouilly. Héloise genießt das Leben ebenso gern im Schatten der Macht wie im Schatten der Kunst. Debureau gibt sich so sehr seiner rasenden Leidenschaft für Héloise hin, daß er für die sanfte Zuneigung der Schauspielerin Angèle keinen Sinn hat. Eines Abends sitzt der König mit Héloise in einer Loge des Théâtre des Funambules. Er plauscht mit seiner Dame und ignoriert das Spiel auf der Bühne. Debureau fühlt sich provoziert. Tollkühn bricht er in Spottlieder auf den König aus. Ein ungeheurer Skandal und ein Haftbefehl gegen Debureau sind die Folgen. In der Maske Louis Philippes gelangt er bis zum Haus der Gräfin, wo er verhaftet wird. Angèle verwendet sich für ihn beim König und hört aus dessen Mund Debureaus Todesurteil. Sie überbringt Debureaus Freunden diese Nachricht. Fieberhaft bereiten sie den entscheidenden Schlag gegen den verhaßten Herrscher vor. Am Morgen, als Debureau zur Guillotine gefahren wird, erhebt sich das Volk »und schüttelt unter der Führung seines Idols das Joch des Tyrannen ab« *(Illustrierter Filmkurier)*.

Gustaf Gründgens

*Tanz auf dem Vulkan* war der einzige Film, der dem linientreuen Starregisseur des Dritten Reiches, Hans Steinhoff, von offizieller Seite einen Rüffel einbrachte, weil er die Revolution gegen die Herrschenden guthieß. Das Chanson »Die Nacht ist nicht allein zum Schlafen da«, das Gustaf Gründgens in Anwesenheit des Königs von der Bühne des Théâtre des Funambules ins Publikum schmetterte, war weniger frivolen als politischen Inhalts. Da wird zum »Schlendrian unter den Laternen«, zur »Rebellion in den Katakomben« aufgerufen und »Amnestie allen braven Sündern« propagiert, kurz – die Unordnung besungen, und das in einem Staat, der Zucht und Ordnung als höchstes Gebot auf seine Fahnen geschrieben hatte. Goebbels witterte Unrat: Aufwiegelei? Der »Protestsong« durfte auf keiner Platte erscheinen. Es war wohl nur der Verpackung als Satire zu verdanken, daß der Film die Filmzensur passierte. Hinzu kam, daß der Film ein paar Hiebe an die Franzosen austeilte, ähnlich wie in *Frau ohne Bedeutung* (1936), wo Hans Steinhoff aus der Vorlage Oscar Wildes eine nicht sofort durchschaubare Schmähung der dekadenten Engländer fabriziert hatte. Der Gedanke aber, daß Steinhoff seine Brötchengeber und Protegés provozieren wollte, kann vergessen werden, denn außer, daß ihm das nicht im Traum eingefallen wäre, war er mit dem Gedanken, diesen Stoff zu verfilmen, schon 15 Jahre lang

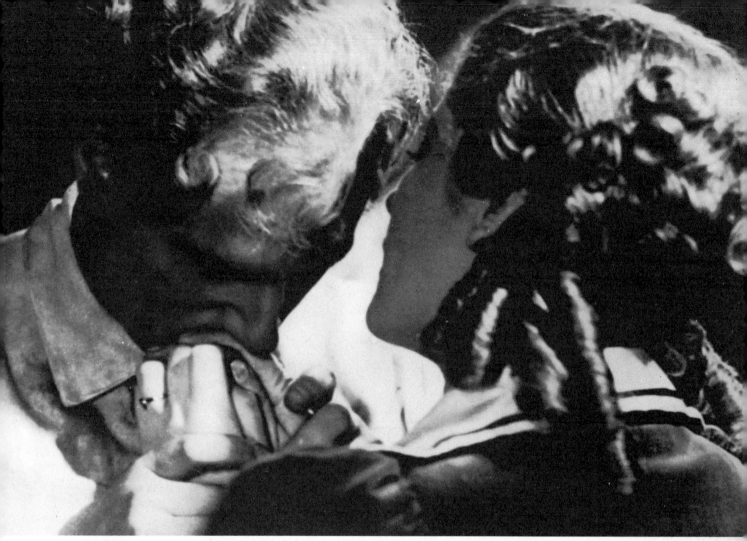

Gustaf Gründgens und Sybille Schmitz

»Die Nacht ist nicht allein zum Schlafen da...«

Gustaf Gründgens und Partner

schwanger gegangen. Gustaf Gründgens war die Rolle des Debureau geradezu auf den Leib geschrieben. Steinhoff wollte diesen Stoff nur mit Gründgens in der Hauptrolle verfilmen oder gar nicht. Gründgens hatte tatsächlich etwas von Debureau, allein was seine Position als Intendant des Preußischen Staatstheaters anbetraf. Hermann Göring hatte Gründgens zum Staatsrat ernannt und so stand er unter der alleinigen Befehlsgewalt des preußischen Ministerpräsidenten. Gründgens mußte sich allerdings davor hüten, sich in den Machtbereich von Joseph Goebbels zu begeben, denn dem war er ein Dorn im Auge. Gründgens hatte damit eine Sonderstellung, die ihm die Möglichkeit gab, so manchen jüdischen Schauspieler vor den Fängen Goebbels zu schützen, was sein Staatstheater zu einer Art Oase werden ließ. Der Gedanke der Identität Debureau–Gründgens tauchte überall in der Presse auf, wenn vom *Tanz auf dem Vulkan* die Rede war, allerdings vorsichtig und schnell wieder einschränkend: »Das ist nur eine Gründgens-Rolle – denn Debureau ist ja wohl Gründgens selbst! . . . – das ist eine phantastische Duplizität von Naturen. Aber hier müssen wir auch gleich einschränkend vermerken: sie sind beide miteinander verwandt unter Abstrich der zeitlichen Voraussetzungen. Zwischen beiden liegt eine geschichtsreiche hundertjährige – aber immerhin eine: Pause . . .« *Filmwoche,* 1938). Die Angst vor der historischen Parallele und die Allmacht Goebbels' war in allen Besprechungen spürbar. Die Musik von Theo Mackeben und die Verse von Otto Ernst Hesse und Fritz Beckmann hatten tatsächlich etwas dynamitgeladenes, worauf das Publikum begeistert ansprang. Einige kritische Kleingeister bemängelten allerdings an dem Film das operetten- und pomphafte und die triviale Darstellung der Ereignisse der damaligen Epoche. Unvergeßlich ist die Schlußszene, in der Gustaf Gründgens auf dem Richtplatz stehend, die Arme ausgebreitet, von seinen Bewunderern umgeben, sein Chanson in die Menge jubelt: Da sieht man ihm an, daß er leidenschaftlich gern Heldentenor in Glogau geworden wäre.

Gustaf Gründgens

# Menschen, Tiere, Sensationen
## 1938

*Regie* Harry Piel. *Buch* Reinhold Meissner, Erwin Kreker, J.M. Frank. *Kamera* Bruno Timm, Fritz von Friedl, Karl Hasselmann. *Musik* Fritz Wenneis. *Bauten* Max Knaake. *Ton* Ferdinand Haubmann, Eugen Hrich. *Schnitt* Hildegard Grebner. *Darsteller* Harry Piel (Robert Hansen, genannt Bobby), Elisabeth Wendt (Maja de Passy), Ruth Eweler (Fedora), Edith Oss (Estrella, genannt Ella), Eugen Rex (Zauberkünstler), Willi Schur, Eduard Wenck (Agenten), Josef Karma (Tierpfleger Franz), Aruth Wartan (Falk), Egon Brosig (Hopkins), S. O. Schöning (Direktor), Gerhard Damman (Krause), Karl Platen (Briefträger). *Produktion* Ariel. 90 Minuten. *Uraufführung* 23.12.1938.

Als Ersatz für eine ausgefallene Nummer engagiert der Zirkus Sarrasani die Hochtrapez-Artistin Fedora, sehr zum Ärger von Robert Hansen, der mit seiner Affen-Nummer am Hochtrapez die Hauptattraktion des Programms ist: Fedora ist seine geschiedene Frau, die ihn verlassen hat, weil sein egoistischer Ehrgeiz ihr keine eigene Chance gegönnt hat. Nun hat sie es auch ohne ihn geschafft. Der Höhepunkt ihrer Sensations-Nummer: Während sie in der Zirkuskuppel arbeitet, ertönt aus einer Loge ein Schuß; aufschreiend stürzt sie ins Dunkle; ein Scheinwerfer folgt ihr und zeigt sie dann auf einem zweiten Trapez dicht über der Manege. Hansen muß zugeben, daß das eine tolle Nummer ist; heimlich schickt er seiner geschiedenen Frau jeden Tag Rosen in die Garderobe. Hansen wird von einer übermäßig temperamentvollen Südländerin verfolgt, die nicht verstehen kann, daß er sie verschmäht, und ihre krankhafte Eifersucht auf alle Frauen richtet, denen der Artist zugeneigt sein könnte. Diese Maja de Passy fuchtelt sogar gerne mit einem Revolver herum. Es entgeht ihr nicht, daß Hansen wieder zunehmendes Interesse für seine geschiedene Frau Fedora zeigt. Sie wollen sogar nach Ende des Sarrasani-Engagements gemeinsam auf eine Südamerika-Tournee gehen. Bei der Abschiedsvorstellung sitzt Maja de Passy in einer Loge und gibt während Fedoras Nummer einen Schuß ab. Die Artistin hält das für den Schuß, den sonst ihr Assistent abfeuert. Sie stürzt ins Leere und stirbt in Hansens Armen. Maja de Passy wird abgeführt. Hansen geht allein auf Südamerika-Tournee.

Harry Piel

Harry Piel, dessen liebste Kindheitserinnerung es war, daß er als Zwölfjähriger in der Dachrinne des elterlichen Hauses spazierenging, hat weit über hundert Filme gemacht, wenn auch nicht alle eigens gedreht. Robert Siodmak erzählt in seinen Memoiren, daß er vor seinem eigenen Regiedebüt sein Geld verdiente und das Handwerk lernte, indem er aus zwei alten Piel-Filmen einen neuen zusammenschnitt. »Das war möglich, da Harry Piel immer die gleichen Schauspieler verwandte. Allerdings konnte es vorkommen, daß die Akteure den Ort ihres Verbrechens in einem Auto verließen und mit einer Droschke ankamen. Aber das machte nichts« *(Ich war selbst dabei)*. Piel ließ sich gerne als den »deutschen Douglas Fairbanks« etikettieren. Das ist eine Nummer zu hoch gegriffen, schon weil die Fairbanksche Grazie ihm völlig abgeht und die ungeheuere Faszination, die er in seinen Filmen auf Frauen ausübt, dem Zuschauer völlig unverständlich bleibt. Dieses Mißverhältnis zwischen behaupteter und tatsächlicher Wirkung kann etwas störend wirken, wenn die bis zu wahnsinniger Besessenheit und kriminellen Verirrungen gehende Zuneigung einer schlimmen Salonschlange, die Piel vorübergehend von dem geraden Kurs seiner Halsbrechereien abbringt, der Angelpunkt der ganzen Dramaturgie ist, wie in *Menschen, Tiere, Sensationen*. Auf eine solche Narretei hätten die Hersteller der amerikanischen Serials, der Fortsetzungsfilme voll pausenloser, überraschungsreicher Action, atemberaubender Stunts und schwindelerregender Gefahrenmomente, mit denen die Piel-Filme viel näher verwandt sind als mit Fairbanks-Abenteuern, sich niemals eingelassen. *Menschen, Tiere, Sensationen* ist neben *Artisten* (1935), *Der Dschungel ruft* (1936), *Die Nacht der tausend Sensationen* (1938) und *Der Tiger Akbar* (1950) der bekannteste und typischste Film aus Piels Tonfilmzeit; der Titel ist natürlich ein ganzes Piel-Programm. Den Thrill der Sensationen fand er übrigens nicht nur in der Manege und bei der Tiger-Hatz; einige seiner interessantesten Filme handeln von sensationellen technischen Erfindungen, so von ungewöhnlichen Möglichkeiten des Fernsehens (*Die Welt ohne Maske,* 1934), einem Gerät, das es dem Helden ermöglicht, sich unsichtbar zu machen *(Ein Unsichtbarer geht durch die Stadt,* 1933) und von Arbeitsrobotern *(Der Herr der Welt,* 1934). Ein bedauerlicher Charakterzug des Menschen Piel war seine kernige Humorlosigkeit. Dem Kollegen Piel Jutzi untersagte er den Vornamen, weshalb der Regisseur von *Berlin – Alexanderplatz* sich dann Phil Jutzi nannte; per kammergerichtlicher Verfügung ließ er jedermann Geldstrafen androhen, der die Möglichkeit erwähnte, Piel könne bei seinen Stunts Double benutzen; und als 1940 ein »Jude aus Budapest« ihn angeblich der Spionage für die Franzosen verdächtigte, schrieb Piel dem *Völkischen Beobachter:* »Man möge sich darauf verlassen, daß ich wie jeder anständige Deutsche lieber bei meinem Führer die bescheidenste Rolle spiele als die selbst eines Generals der französischen Armee.«

Ruth Eweler

# Effi Briest
Der Schritt vom Wege 1939
Rosen im Herbst 1955
Fontane Effi Briest 1974

**Der Schritt vom Wege 1939.** *Regie* Gustaf Gründgens. *Regie-Assistenz* Rudolf Schaad, Ulrich Erfurth. *Buch* Georg C. Klaren, Eckart von Naso, nach dem Roman *Effi Briest* von Theodor Fontane (1894/95). *Kamera* Ewald Daub. *Musik* Mark Lothar. *Bauten* Traugott Müller, Franz Koehn. *Ton* Gustav Bellers. *Schnitt* Johanna Schmidt. *Darsteller* Marianne Hoppe (Effi Briest), Karl Ludwig Diehl (Baron von Instetten), Paul Hartmann (Major a.D. von Crampas), Max Gülstorff (Dr. Alonzo Grieshübler), Paul Bildt (Herr von Briest), Käthe Haack (Luise von Briest), Hans Leibelt (Ministerialrat Wüllersdorf), Elisabeth Flickenschildt (Marietta Tripelli), Gisela von Collande (Afra), Renée Stobrawa (Roswitha), Erich Dunskus (Kruse), Flora Berthold (Hulda), Ursula Voss (Herta), Ursula Friese (Berta). *Produktion* Gustaf Gründgens/Terra. 101 Minuten. *Uraufführung* 9.2.1939.

**Rosen im Herbst 1955.** *Regie* Rudolf Jugert. *Regie-Assistenz* Rainer Erler. *Buch* Horst Budjuhn, nach dem Roman *Effi Briest* von Theodor Fontane (1894/95). *Kamera* (Eastmancolor) Werner Krien. *Musik* Franz Grothe. *Liedertexte* Willy Dehmel. *Bauten* Walter Haag. *Kostüme* Charlotte Flemming. *Ton* F. W. Dustmann. *Schnitt* Lisbeth Neumann-Kleinert. *Darsteller* Ruth Leuwerik (Effi Briest), Bernhard Wicki (Geert von Instetten), Carl Raddatz (Major von Crampas), Paul Hartmann (Herr von Briest), Lil Dagover (Frau von Briest), Günther Lüders (Alonzo Grieshübler), Lotte Brackebusch (Roswitha), Margot Trooger (Johanna), Heinz Hilpert (Minister von Cramer), Eva Veitl (Frau von Cramer), Lola Müthel (Marietta), Hans Cossy (Herr von Wüllersdorf), Hedwig Wangel (Konsulin Rhode), Willem Holsboer (Pastor Lindequist), Maria Krahn (Pastorin Lindequist), Barbara Born (Anni von Instetten), Gundel Thormann (Sidonie von Graseabb). *Produktion* Divina (Utz Utermann). 107 Minuten. 1955.

**Fontane Effi Briest oder Viele, die eine Ahnung haben von ihren Möglichkeiten und ihren Bedürfnissen und dennoch das herrschende System in ihrem Kopf akzeptieren durch ihre Taten und es somit festigen und durchaus bestätigen 1974.** *Regie und Buch* Rainer Werner Fassbinder. *Regie-Assistenz* Rainer Langhans, Fritz Müller-Scherz. *Kamera* Dietrich Lohmann, Jürgen Jürges. *Musik* Aus Werken von Camille Saint-Saens und anderen. *Ausstattung* Kurt Raab. *Schnitt* Thea Eymèsz. *Darsteller* Hanna Schygulla (Effi), Wolfgang Schenck (Baron Geert von Instetten), Karlheinz Böhm (Geheimrat Wüllersdorf), Ulli Lommel (Major Crampas), Ursula Strätz (Roswitha), Irm Hermann (Johanna), Lilo Pempeit (Luise von Briest), Herbert Steinmetz (Herr von Briest), Hark Bohm (Apotheker Grieshübler), Rudolf Lenz (Geheimrat Rummschüttel), Barbara Valentin (Marietta Tripelli), Karl Scheydt (Kruse), Theo Tecklenburg (Pastor Niemeyer), Barbara Lass (Polnische Köchin), Eva Mattes (Hulda), Andrea Schober (Annie), Anndorthe Braker (Frau Pasche), Peter Gauhe (Vetter Dagobert) und Rainer Werner Fassbinder (Off-Erzähler). *Produktion* Tango-Film (Rainer Werner Fassbinder, Michael Fengler). 141 Minuten. *Uraufführung* 28.6.1974 (Berliner Filmfestspiele).

*Der Schritt vom Wege* 1939: Marianne Hoppe und Karl Ludwig Diehl

Die junge Effi Briest wird mit dem älteren Baron von Instetten, Landrat in Kessin, verheiratet, dessen korrekte Art ihrem leichten Naturell völlig entgegengesetzt ist. Sie wird in dieser Ehe nicht glücklich; Effis Sehnsüchte, die Wünsche und Bedürfnisse ihres Körpers, ihres Herzens und ihres Verstandes bleiben an der Seite des Mannes, der »lieb und gut, aber kein Liebhaber« ist, unerfüllt. Auch die Geburt einer Tochter kann sie nicht aus ihrer Vereinsamung retten. Ein problematisches, bescheidenes Glück findet sie in einer Beziehung mit einem Freund ihres Mannes, dem draufgängerischen, in Liebesaffären ebenso erfahrenen wie nonchalanten Major von Crampas; sie wird durch dieses Erlebnis ihrer wahren Natur bewußter, zugleich ist das Unerlaubte der

Beziehung dieser ihrer Natur zuwider. So ist sie eigentlich erleichtert, als sie durch Instettens Berufung in ein Ministerium und den dadurch bedingten Umzug nach Berlin von dem Major getrennt wird. Einige Jahre später findet Instetten einen Brief von Crampas an Effi. Er fordert den Major zum Duell. Crampas schießt in die Luft und wird von Instetten, den keine Emotionen, nur Konventionen zur Austragung des Duells motivierten, getötet. Instetten bekommt drei Monate Festungshaft, dann avanciert er zum Ministerialdirektor. Sein Haus und das Haus ihrer Eltern bleiben Effi verschlossen. Als sie ihre Tochter einmal sehen darf (in der Jugert-Fassung sagt man dem Kind, seine Mutter sei tot), wird ihr klar, daß das Kind ihr völlig entfremdet worden ist; die kleine Annie ist bereits so korrekt wie ihr Vater. In Effi zerbricht etwas: »Mich ekelt, was ich getan. Aber was mich noch mehr ekelt, das ist Eure Tugend.« Sie stirbt an gebrochenem Herzen. Vor ihrem Tod verzeiht sie Instetten, »denn er hatte viel Gutes in seiner Natur und war so edel, wie jemand sein kann, der ohne rechte Liebe ist.«

»Viele, die eine Ahnung haben von ihren Möglichkeiten und ihren Bedürfnissen und dennoch das herrschende System in ihrem Kopf akzeptieren durch ihre Taten und es somit festigen und durchaus bestätigen.« Der lange Untertitel von Fassbinders *Effi Briest* hätte als interpretierendes Motto ebenso gut auch schon über Gründgens' *Schritt vom Wege* stehen können; nur war 1939 solche Deutlichkeit völlig unmöglich – wie im Grunde der ganze Film selbst. In der Zeit des großen Nazi-Frust-Kinos wurde mit penetrantem Stumpfsinn in Film auf Film Selbstaufgabe statt Selbstverwirklichung gepredigt und die Aufopferung des persönlichen Glücks zugunsten der Prinzipien von Pflicht, Treue (zu allem möglichen außer zu sich selbst) und Dienst an Familie und Staat. In dieser Zeit war ein Film wie *Der Schritt vom Wege,* der es mit seiner Heldin wagt, die geltenden Tugenden ekelhaft zu finden, ein nonkonformistisches, aufsässiges und schier revolutionäres Werk. Die ängstlichen Drehbuchautoren waren sich dessen völlig bewußt und deshalb bestrebt, eine Fontane-Adaption zu verfassen, die vor allem deutlich machen sollte, daß Effi eine Ehebrecherin ist, die der Läuterung bedarf. Gustaf Gründgens war indessen nicht ängstlich. »Für den Regisseur, der aus seiner libertinen Einstellung zur Sexualität kein Geheimnis machte, kam eine getreue Umsetzung des Effi-Psychogramms in der skizzierten Form wahrscheinlich nicht in Frage, da sie seiner eigenen Auffassung extrem widersprach und zusätzlich Fontane falsch interpretierte, der Effis Jugend und ihrer sexuellen Adoleszenz das Recht einräumte, Lebensnähe und Lebenswärme nachzuspüren und sexuellen Impulsen nachzugeben. In seiner Gattin Marianne Hoppe fand er jene Effi, die durch Ausdruck und Gebärde

*Der Schritt vom Wege* 1939: Karl Ludwig Diehl und Marianne Hoppe

*Der Schritt vom Wege* 1939: Marianne Hoppe

verständlich machen konnte, daß der ›angetraute Gatte lieb und gut, aber kein Liebhaber war‹, ohne dabei das Wort zu Hilfe nehmen zu müssen. Darauf baute Gründgens auf und gestaltete einen Film, der optisch zeigt, was der Dialog verschweigt oder nur zaghaft andeutet. Mit ihr gelingt ihm der Kraftakt, die Drehbuch-Katharsis Effis in ein traumhaftes, von ihr selbst unbewußt gesteuertes Hineinwachsen in ein Schicksal umzuwandeln« (Herbert Holba: *Gustaf Gründgens Filme*). Die reglementierten Kritiker der Zeit sahen sofort, daß mit diesem Film ein Malheur passiert war. In der Fachzeitschrift *Der deutsche Film* (März 1939) kümmert sich der Rezensent Robert Volz um des Baron Instettens Tragik viel teilnahmsvoller als um Effis Drama; Instettens Wertvorstellungen sind noch in Ordnung: Treue zählt mehr als Liebe. »Was den Verzweifelten innerlich zermürbt, ist der Verlust des Glaubens an seine Frau. Nicht seine Liebe stirbt, die Treue ist erschlagen.« Einige Zeilen weiter wird Volz dann noch deutlicher: »Es braucht ja nicht erst noch begründet zu werden, daß im Reiche Adolf Hitlers die Familie die unantastbare Kraft des äußeren und des inneren Gefüges des Volksganzen darstellt.« Sechzehn Jahre nach Gründgens drehte dann Rudolf Jugert seine Effi Briest-Version *Rosen im Herbst,* einen Film, der weder im Dritten Reich noch zu irgendeiner anderen Zeit irgendjemand wehe, also auch niemandem wohl hätte tun können, eine sehr banale Sache, für die man nicht Fontane hätte bemühen müssen; Courths-Maler hätte es auch getan. Angesichts der matronenhaften Ruth Leuwerik ist es freilich verständlich, daß Katharsis hier als das einzig Wichtige und fast abendfüllend erscheint; warum nicht das voraufgegangene Drama gleich weglassen? Die Fassbinder-Fassung nennt sich mit vollem Recht *Fontane Effi Briest,* weil sie trotz der entschiedenen Konzentration auf die beiden Hauptfiguren und die entsprechende Vernachlässigung von Neben-Figuren und -Handlungen am getreuesten dem Original folgt, wobei aber der Filmautor nicht nur dem Romanautor, sondern auch sich selbst treu bleibt. Daß Fontane hier ausführlich zu Wort kommt, wird natürlich am deutlichsten in den dem Roman entnommenen, im Off (von Fassbinder selbst) gelesenen Erzähltexten, die sich mit den von den Darstellern gesprochenen Texten oft auf die interessante Weise überdecken, daß sie diese Dialoge zum Schweigen bringen (Off-Text zum stummen Bild). Aber auch abgesehen davon, was direktes Fontane-Zitat ist, folgt Fassbinder stilistisch dem Fontane-Ton: gelassen, undramatisch, ironisch. Fassbinder: »Ich glaube schon, daß mich dieser Fontane auch interessiert, weil ich finde, daß das mit meinen Erzählweisen etwas zu tun hat... Fontane hat, ähnlich wie ich, so eine Sicht der Welt, die man sicherlich verurteilen kann, nämlich: daß die Sachen so sind und daß man sie so schwer verändern kann. Obwohl man begreift, daß man sie verändern müßte, setzt irgendwann einmal die Lust aus, sie zu verändern, und man beschreibt sie dann nur noch« (zitiert nach *Atlas-Schmalfilm-Katalog*). *Fontane Effi Briest* nimmt in Fassbinders Werk wie in der Entwicklung des Neuen Deutschen Films eine besondere Rolle ein: es war, ähnlich wie *Der junge Törless* vorher und *Die verlorene Ehe der Katharina Blum* später, die erste gelungene Verfilmung eines großen literarischen Stoffes und wie jene beiden Schlöndorff-Filme ein kommerzieller Erfolg, der dem Neuen Deutschen Film sein Publikum finden half. Außerdem war es der erste Fassbinder-Film, der das Produkt einer langen und sorgfältigen Arbeit war. »An keinem anderen Film hat Fassbinder so lange gearbeitet: 58 Drehtage, bei allerdings einjähriger Unterbrechung, weil der Hauptdarsteller Wolfgang Schenck erkrankt war. Diese Sorgfalt brachte den bisher künstlichsten und kühlsten seiner Filme zustande, wenn man einmal von den Stilisierungen der kleinen Gangsterfilme, vor allem ihrer Kunstsprache, absieht. Dennoch ist *Effi Briest* an keiner Stelle steril. Der Film bezieht seine Intensität aus der Spannung zwischen Distanz (in der Erzählweise) und Emotion (im Erzählinhalt)« (Wilhelm Roth u. a.: *Rainer Werner Fassbinder*).

*Fontane Effi Briest* 1974: Ulli Lommel und Hanna Schygulla

# Bel Ami
## 1939 · 1954

**Bel Ami 1939.** *Regie* Willi Forst. *Regie-Assistenz* Victor Becker. *Buch* Willi Forst, Axel Eggebrecht, nach dem Roman von Guy de Maupassant (1885). *Kamera* Ted Pahle. *Kamera-Assistenz* Erich Schmidtke. *Musik* Theo Mackeben. *Lied* »Du hast Glück bei den Frau'n, bel ami« von Theo Mackeben *(Musik)* und Hans Fritz Beckmann *(Text)*. *Bauten* Werner Schlichting, Kurt Herlth. *Choreographie* Rudolf Kölling. *Ton* Erich Lange. *Schnitt* Hans Wolff. *Darsteller* Willi Forst (Georges Duroy), Johannes Riemann (Laroche), Olga Tschechowa (Madeleine), Ilse Werner (Suzanne), Hilde Hildebrand (Frau von Marelle), Lizzi Waldmüller (Rachel), Marianne Stanor (Grisette), Aribert Wäscher (Walter), Willi Dohm (Forestier), Hubert von Meyerinck (Varenne), Hadrian M. Nezzo (Rival), Hans Stiebner (Starnoff), Kalout Ben Gassem (Kaid von Marakesch), Werner Scharf (Dolmetscher), Egon Brosig (Conferencier), Eleonore Tappert (Sängerin), Paul Samson-Körner, Tatjana Sais, Richard Ludwig, Ilse Petri, Hildegard Busse, Werner Dunskus, Hans Waschatko, Walter Gross, Ewald Wenck. *Produktion* Deutsche Forst Filmproduktion. 100 Minuten. *Uraufführung* 21.2.1939.

**Bel Ami 1954.** *Regie* Louis Daquin. *Buch* Louis Daquin, Vladimir Pozner, Roger Vailland; deutsche Fassung Peter Loos, nach dem Roman von Guy de Maupassant (1885). *Kamera* (Farbe) Nicolas Hayer, Viktor Meihsl. *Musik* Hanns Eisler. *Lied* »Du hast Glück bei den Frau'n, bel ami« von Theo Mackeben *(Musik)* und Hans Fritz Beckmann. *Darsteller* Johannes Heesters (Georges Duroy), Marianne Schönauer (Madeleine Forestier), Gretl Schörg (Clothilde de Marelle), René Caussimon (Forestier), René Lefèvre (Walter), Christl Mardayn (Madame Walter), Maria Emo (Suzanne Walter), Lucas Amann (Laroche-Mathieu), Jaqueline Duc (Rachel), Egon von Jordan (St. Potin). *Produktion* Projektograph-Film, Wien. 86 Minuten. *Uraufführung* 1954.

Paris 1880. Georges Duroy kehrt vom Militärdienst in Afrika nach Paris zurück; er hat eine ungewisse Zukunft vor sich. Die Begegnung mit seinem alten Freund Forestier, Chefredakteur der *Vie Française,* verschafft ihm erste Chancen. In Forestiers Haus lernt er dessen Chef, den Zeitungsverleger Walter kennen. Duroy wird Mitarbeiter der *Vie Française.* Bei seinen journalistischen Gehversuchen hilft ihm Forestiers kluge Frau Madeleine. Überhaupt hat er Glück bei den Frauen; nicht nur Madeleine, auch die Sängerin Rachel und die etwas verrückte Madame de Marelle sind ihm gewogen. Madeleine Forestier wird frei (in der Forst-Version durch Scheidung, in der Daquin-Version durch den Tod Forestiers). Duroy heiratet sie und wird auch als Chefredakteur der *Vie Française* der Nachfolger von Forestier. Und von Madeleine trennt er sich nur, um noch höher aufzusteigen: er heiratet Suzanne (in der Forst-Version die Tochter des Kolonialministers Laroche, in der Daquin-Version die Tochter des Zeitungsverlegers Walter, deren Mutter er schon zuvor zu seinem beruflichen Nutzen verführt hat).

*Bel Ami* 1939: Willi Forst, Lizzi Waldmüller und Partnerinnen

Mit seinem Roman *Bel ami,* der 1892 ins Deutsche übersetzt *Der schöne Georg* hieß, wollte Maupassant, »das Leben eines Abenteurers erzählen, der all' denen ähnlich ist, die wir täglich in Paris treffen und denen man in allen Berufen begegnet.« – Dieses Anliegen behielten die französischen Schriftsteller und Journalisten Roger Vaillant und Vladimir Pozner, die Regisseure Louis Daquin und Peter Loos, eine Versammlung von Volksfrontlern, sehr scharf im Auge bei der Drehbuchbearbeitung für das Remake 1954. Willi Forst und Axel Eggebrecht durften das offenbar nicht. Sie mußten sich dem Diktat der nationalsozialistischen Filmfunktionäre mit ihrer Angst vor historischen Parallelen und ihrer Prüderie und Humorlosigkeit beugen, die gesellschaftskritischen Akzente entschärfen und dem satirischen Sarkastiker Maupassant und seinem frivolen Helden die Seele reinigen. So erklärt sich der veränderte Schluß der Forst-Version ganz von selbst. Er wandelt sich und muß zeigen, daß er im Grunde ein anständiger Kerl ist, dem die Frauen das Leben zu leicht gemacht haben. In dem Moment, in dem ein junges, tapferes Mädchen sich seiner annimmt und ihm klarmacht, daß das Leben eines Mannes auch anständigen Zielen gewidmet sein kann, verläßt er die eingeschlagene Bahn, verzichtet auf Kaviar und begnügt sich mit Bratkartoffeln. In der Maupassant-Daquin-Ver-

*Bel Ami* 1939: Willi Forst

sion bleibt Duroy der Unverbesserliche, der keinen heißen Liebesschwur scheut, um weiter Karriere zu machen. Maupassant dichtete den Frauen keinen Vater wie Shakespeare der Ophelia den Polonius, der ihr rät: »Traut seinen Schwüren nicht: denn sie sind Kuppler, / ... Fürsprecher sündlicher Gesuche bloß, / ... Um besser zu berücken.« – Den Drehbuchautoren des *Bel Ami* von 1939 wurde verletzte Moralität untergeschoben: »Wir würden uns heute eher abgestoßen als angezogen fühlen von einer Gesellschaft, die so ausschließlich als korrupt, eitel, oberflächlich und genußsüchtig dargestellt wird.... Die Bearbeitung hat sich einige positive Korrekturen erlaubt, in der richtigen Erkenntnis, daß Maupassant, ›maßlos wie in seinem Leben‹, auch in seinem berühmten Roman oftmals die Dinge nach der schlechten Seite übertrieben hat ... Die bejahenden Änderungen, ... sind eher als pro denn als contra Maupassant zu bezeichnen! ... Man mag darüber streiten, ob Maupassant, der eifrige Schüler und Jünger Flauberts, den großen Schriftstellern zuzuzählen ist, oder ob er als der gewandte ›Vielschreiber‹ zu gelten hat, der auf keine andere Wirkung bedacht war als jene, die sich von den ständig steigenden Ziffern eines Bankkontos ablesen läßt. Maßlos in dieser ewigen Jagd nach dem Interessanten, Unalltäglichen, nach Geld und Genuß und glühenden Liebesabenteuern, war er auch in der Kühnheit und hitzigen Lust des Fabulierens« *(Filmwelt, 1939).* Forst hatte es immer vermieden, bei den Nazis Filme zu drehen oder in Filmen mitzuspielen, die einen aktuellen Inhalt hatten. Flatternde Hakenkreuzfahnen im Hintergrund waren ihm ein Greuel. Er wußte, daß er bei Goebbels schon so halbwegs auf der Abschußliste stand, weil dieser seine Operettenfilme, die nicht zeitbezogen waren, nicht mochte.

Goebbels sollte angeblich einmal gesagt haben: »Wenn der Forst kein Jude ist, fresse ich den Göring.« (Er fraß ihn nicht, sonst wäre es Gustaf Gründgens schlecht ergangen.) Es ist tatsächlich erstaunlich, daß es Forst unter diesen Umständen überhaupt gelungen war, seinen alten Traum, den Maupassant-Stoff zu realisieren. Er inszenierte die Geschichte in der ihm eigenen Art, als Frou-Frou-durchraschelte Operette, wogegen Goebbels diesmal nichts einzuwenden hatte. Obwohl die Handlung im Paris des ausgehenden 19. Jahrhunderts angesiedelt, war doch Forsts Wien unverkennbar. Als feiner Herr des deutschen Films in seiner geschniegelten, liebenswerten Distinktion, mit seinem Wiener Charme und Esprit war es ihm trotz der inhaltlichen Beschränkungen geglückt, etwas von dem Glanz der Belle epoque hinüberzuretten.

*Bel Ami* 1954: Johannes Heesters

# Wasser für Canitoga
## 1939

*Regie* Herbert Selpin. *Regie-Assistenz* Auguste Barth. *Buch* Walter Zerlett-Olfenius, Emil Burri und Peter Francke, nach dem Bühnenstück von G. Turner Krebs. *Kamera* Franz Koch. *Kamera-Assistenz* Josef Koch. *2. Kamera* Josef Illig. *Musik* Peter Kreuder. *Lied* »Goodbye, Johnny« von Peter Kreuder *(Musik)* und Hans Fritz Beckmann *(Text),* gesungen von Hans Albers. *Bauten* Ludwig Reiber, Arthur Schwarz, Willy Depenau. *Special Effects* Rudolf Pfenninger. *Ton* Karl Albert Keller. *Schnitt* Lena Neumann. *Darsteller* Hans Albers (Oliver Montstuart), Charlotte Susa (Lilly), Hilde Sessak (Winifred Gardener), Peter Voss (Gilbert Trafford), Josef Sieber (Ingram), Heinrich Kalnberg (Reechy), Andrews Engelmann (Ruski), Karl Dannemann (Dyke), Hans Mierendorff (Shatterhand), Heinrich Schroth (Gouverneur), Beppo Brem, E. F. Fürbringer, Willy Roesner, Arnulf Schröder, Carl Wery. *Produktion* Bavaria (C. W. Tetting). 3270 Meter. *Uraufführung* 10. 3. 1939.

Kanada 1905. Der Ingenieur Oliver Montstuart wird verdächtigt, den Bau der Wasserleitung nach Canitoga zu sabotieren. In Notwehr tötet er einen Helfershelfer der wahren Saboteure. Da ihm der Chefingenieur Trafford trotz der zwischen ihnen bestehenden Freundschaft die Notwehr nicht abnimmt, muß Montstuart als steckbrieflich gesuchter Mörder in die Berge fliehen. In der folgenden Sylvesternacht taucht er ziemlich verwildert und unter dem neuen Namen Nicholsen in Canitoga auf. Lilly, die Wirtin des »Eldorado«, ist ganz begeistert von ihm und bittet Chefingenieur Trafford, diesem Mann Nicholson einen Job zu geben. Trafford erkennt den Freund natürlich sofort und ist entsetzt über seine Frechheit, aber Montstuart stellt sich einfach am nächsten Tag an der Baustelle Lamerlan-River dem dort amtierenden Ingenieur Ingram als neuer Mitarbeiter vor. Er begegnet dort auch Lilly wieder, die die Kantine betreibt, und lernt Traffords Verlobte Winifred kennen, mit dem Resultat, daß Winifred dem Chefingenieur bald mitteilt, sie könne nur noch Montstuart lieben. Reechy, ein alter Freund Montstuarts, bekommt heraus, daß hinter den Sabotageakten, die immer weiter gegen den Bau der Wasserleitung gerichtet werden, niemand anderes als der Ingenieur Ingram steckt. Bevor er das aber Montstuart mitteilen kann, wird er ermordet. Ingram, der inzwischen entdeckt hat, daß der angebliche Nicholsen der gesuchte Mörder Montstuart ist, schiebt ihm den Mord in die Schuhe. Die Arbeiter wollen Montstuart lynchen. Ingram nutzt die Verwirrung, um ungestört einen Caisson, der mit großer Mühe ins Flußbett des Lamerlan Rivers gesenkt wurde, undicht zu machen. Montstuart kann die Arbeiter auf seine Seite bringen. Er unternimmt es, den Senkkasten abzudichten, obwohl er weiß, daß ihm das bei dem im Caisson herrschenden Luftdruck das Leben kosten kann. Vorher zwingt er noch Lilly, die mit Ingram im Bunde ist, zu einem vollen Geständnis. Dann läßt er sich einschleusen und dichtet das Leck ab. Mit letzter Kraft kommt er wieder nach oben. Als Sterbender gibt er seinen Bericht über die Sabotage-Aktion und ihre Verhinderung.

Hans Albers

Die Vorstellung von Virilität erschöpft sich in den deutschen Filmen der dreißiger und vierziger Jahre meist darin, daß ein blonder Junge mit blankem Gesicht entschlossen-aufmunternde, oft der Schule des deutschen Idealismus entliehene Texte in einer Manier an den Partner bringt, die eher an Trompeteblasen als an Sprechen erinnert; der Meister dieser Methode der Dialogbehandlung, die im Fachjargon auch wenig schmeichelhaft als »Bellen« bezeichnet wird, war Horst Caspar. Völlig anders war Hans Albers, dessen auch heute noch faszinierende Virilität interessanterweise von seiner Gebrochenheit bestimmt wird: gebrochenes Organ, ironisiertes Selbstverständnis, sarkastische Weltsicht; »er hatte doch vom Vagantentum eines François Villon einen Hauch verspürt; er war Romantiker und durch und durch Individualist« (Reimar Hollman, *Film,* 1965). Jeder hat seinen Albers-Lieblingsfilm; für uns ist der Film, in dem die Albers-Persona am klarsten sichtbar wird, *Wasser für Canitoga.* »Hier dreht sich alles um eine Figur, die ein echter Kinoheld ist. Monstuart ist zynisch (›Wer Geld hat, hat auch Freunde‹), selbstsicher (›Ich erreiche alles, was ich will‹) und hat die unvermeidliche Aureole des Geheimnisumwitterten: Auf die Frage der Saloon-Chefin ›Wer sind Sie wirklich?‹ antwortet er ›Wer ich bin? Ich weiß es selbst nicht.‹ Außerdem nimmt er sich selbst nicht ernst (›Ich bin der Maharadscha von Whisky-Pur‹), macht ständig Witze und bezeugt überhaupt einen Humor, der für die deutsche Produktion dieser Zeit ganz ungewöhnlich ist. ›Sie sollten ein regelmäßiges Leben führen‹, mahnt ihn einer, und er antwortet: ›Jeden Tag besoffen ist auch regelmäßig gelebt.‹ Dieser Witzbold behält sein Format bis zu seinem letzten Streich. Und daß er bis zu seinem letzten Schnaps-Hauch für die Vollendung einer Wasserleitung kämpft, ist nicht ohne Ironie« (Francis Courtade/ Pierre Cadars: *Histoire du Cinema Nazi,* 1972).

Andrews Engelmann, Hans Albers und Peter Voss

# Sissi
## Prinzessin Sissy 1938
## Sissi 1955
## Sissi, die junge Kaiserin 1956
## Sissi – Schicksalsjahre einer Kaiserin 1957

**Prinzessin Sissy 1938.** *Regie* Fritz Thiery. *Dialogregie* Paul Hörbiger. *Regie-Assistenz* Ludwig Ptack. *Buch* Friedrich Forst-Burggraf, Rudolf Brettschneider. *Kamera* Georg Bruckbauer. *Musik* Willy Schmidt-Gentner. Lieder »So blau wie du ihn haben willst, so kann der Himmel nicht sein« von Schmidt-Gentner (Musik) und Josef Hochmuth, H. Werner (Text), »Frag' nicht, warum wir heut' glücklich sind« von Schmidt-Gentner *(Musik)* und Hans Adler *(Text)*. *Bauten* Hans Ledersteger. *Kostüme* Manon Hahn. *Ton* Hans Bucek. *Schnitt* René Métain. *Darsteller* Paul Hörbiger (Herzog Max in Bayern), Gerda Maurus (Herzogin Ludovika), Traudl Stark (Sissy), Hansi Knoteck (Hanna Hofer), Emil Stöhr (Wittberg), Otto Tressler (König Ludwig I. von Bayern), Rudolf Prack (Prinz Luitpold), Hans Olden (Zirkusdirektor Lindner), Mimmi Scharp, Kitty Stengl, Richard Waldemar, Erika Kossmann, Eduard Loibner, Robert Valberg, Irmgard Albert, Philipp von Zeska. *Produktion* Mondial-Internationale Filmindustrie, Wien. 2300 Meter. *Uraufführung* 19. 4. 1939.

Die kleine Sissy wächst in Possenhofen am Starnberger See als Tochter des gemütvollen Herzog Max in Bayern und seiner Frau Ludovika auf. Der Herzog verhilft dem Wanderzirkus Lindner, der durch einen Brand seine ganze Habe verloren hat, zu einem neuen Zirkuszelt in München; er verspricht sogar, dort mit seinen adeligen Freunden als Kunstreiter aufzutreten. Und er hält Wort, obwohl König Ludwig I. das öffentlich plakatierte Auftreten des Adels im Zirkus verboten hat: Max und seine Freunde führen Quadrille und Dressur maskiert vor; auch die kleine Sissy macht mit, als tollkühne Kunstreiterin, ebenfalls in Maske. Der König erfährt davon und will alle Beteiligten verhaften lassen, aber Max entzieht sich und seine Freunde dem Zugriff der Polizei. Um endlich Klarheit über die seltsame Affäre der adeligen Zirkusquadrille zu gewinnen, läßt der König Sissy zu sich aufs Schloß kommen. Als die Eltern später nachkommen dürfen, hat die Kleine den König bereits derart charmiert, daß die Zirkusaffäre schnell verziehen wird.

*Prinzessin Sissy* 1938: Paul Hörbiger, Traudl Stark und Hansi Knotek

**Sissi 1955.** *Regie* Ernst Marischka. *Regie-Assistenz* Rudolf Zehetgruber. *Buch* Ernst Marischka. *Kamera* (Agfacolor) Bruno Mondi. *Kamera-Assistenz* Herbert Geier. *Musik* Anton Profes. *Bauten* Fritz Jüptner-Jonstorff. *Kostüme* Gerdago, Franz Szivats. *Maske* Jupp Paschke, Heinz Stamm, Fritz Jelinek. *Ton* Herbert Janeczka. *Schnitt* Alfred Srp. *Darsteller* Romy Schneider (Prinzessin Elisabeth von Bayern, genannt Sissi), Karlheinz Böhm (Kaiser Franz Joseph), Magda Schneider (Herzogin Ludovika von Bayern), Gustav Knuth (Herzog Max von Bayern), Uta Franz (Prinzessin Helene von Bayern), Vilma Degischer (Erzherzogin Sophie), Erich Nikowitz (Erzherzog Franz Karl), Peter Weck (Erzherzog Carl-Ludwig), Josef Meinrad (Gendarmerie-Majör Böckl), Franz Böheim (Johann Petzmacher), Karl Fochler (Graf Grünne), Otto Tressler (Feldmarschall Radetzky), Hilde Wagener (Baronin Wulffen). *Produktion* Erma-Film, Wien (Ernst Marischka). 102 Minuten. *Uraufführung* 1955.

Die österreichische Erzherzogin Sophie sucht für ihren Sohn, den jungen Kaiser Franz Joseph, die passende Frau. Ihre Wahl fällt auf die älteste Tochter ihrer Schwester Ludovika: Prinzessin Helene, genannt Nené. Ludovika lebt mit ihrem Mann, Herzog Max in Bayern, und ihren acht Kindern in Possenhofen am Starnberger See. Die Schwestern verabreden ein Rendezvous in Bad Ischl. Ludovika nimmt auch ihre zweitälteste Tochter, Elisabeth genannt Sissi, auf die Reise mit. Als Sissi in der Umgebung von Ischl alleine angeln geht, begegnet sie Franz Joseph. Bei einem Waldspaziergang erzählt er Sissi, daß er nach Ischl gekommen sei, um sich mit Nené zu verloben. Die beiden sind sich sehr sympathisch. Während des offiziellen Soupers in der Kaiservilla beschäftigt sich Franz Joseph statt mit Nené fast nur mit Sissi. Dann verkündet er zur Verblüffung der ganzen Gesellschaft seine Verlobung mit Prinzessin Sissi. Mutter Sophie ist gar nicht damit einverstanden, daß Franz Joseph »diesen Fratz« (Sissi ist erst 16) zur Kaiserin machen will. Sissi nimmt Abschied von ihrer bayerischen Heimat, von den Münchnern bejubelt. Ein rosengeschmücktes Schiff bringt sie nach Wien, wo ihr ein triumphaler Empfang bereitet wird. Und dann wird Hochzeit gefeiert.

**Sissi – Schicksalsjahre einer Kaiserin 1957.** Stab und Besetzung wie Sissi. Zusätzliche Darsteller: Hans Ziegler (Doktor Seeburger), Helene Lauterböck (Gräfin Esterhazy), Klaus Knuth (Ludwig), Sonja Sorell (Henriette Mendel), Peter Neusser (Graf Batthyani), Franca Parisi (Teresa), Chariklia Baxevanos (Helena), Albert Rueprecht (Erzherzog Ferdinand Max), Egon von Jordan (Carlo). 108 Minuten. 1957.

Einige Jahre nach der ungarischen Königskrönung fährt Sissi, diesmal mit der kleinen Prinzessin Sophie, wieder nach Ungarn, um die guten Beziehungen zwischen dem Kaiserhaus und dem ungarischen Adel zu festigen. Böse Zungen sagen ihr eine Beziehung zum Grafen Andrassy nach. Als Sissi mit Franz Joseph in Bad Ischl Ferien macht, stellen die Ärzte bei ihr ein Lungenleiden fest. Nach Aufenthalten in Madeira und Korfu ist sie wieder völlig geheilt. Das Kaiserpaar stattet seinen italienischen Provinzen einen Staatsbesuch ab. Der italienische Adel nimmt eine provozierend ablehnende Haltung gegen Franz Joseph und Sissi ein, aber die Kaiserin gewinnt schnell das Herz des einfachen Volkes. Mit einer Demonstration auf dem Markusplatz findet der Staatsbesuch ein glanzvolles Ende.

*Sissi* 1955: Romy Schneider und Karlheinz Böhm

**Sissi, die junge Kaiserin 1956.** Stab und Besetzung wie *Sissi*. Zusätzliche Darsteller: Walther Reyer (Graf Andrassy), Richard Eybner (Postmeister), Ivan Petrovich (Dr. Max Falk), Senta Wengraf (Gräfin Bellegarde), Josef Egger (Zeremonienmeister), Hugo Gottschlich (Hüttenwirt). 107 Minuten. 1956.

Sissi bewährt sich als Kaiserin und ist allseits beliebt, nur bei ihrer herrschsüchtigen Schwiegermutter, Erzherzogin Sophie, nicht. Als dem Kaiserpaar eine kleine Prinzessin geboren wird, verschärft sich die Spannung zwischen den beiden Frauen, da Sophie die Erziehung des Kindes als ihre Sache ansieht. Sissi reist verzweifelt zu ihren Eltern nach Possenhofen. Franz Joseph holt sie sehr liebevoll zurück: die beiden unternehmen eine Hochgebirgswanderung. Sissi bewährt sich als Herrscherin, indem sie auf Bitten des ungarischen Grafen Andrassy die Spannungen zwischen dem ungarischen Adel und dem Kaiserhaus beilegt. In Budapest werden Franz Joseph und Sissi mit der Krone des Heiligen Stephan gekrönt.

*Sissi, die junge Kaiserin* 1956: Romy Schneider

Der erste Sissi-Film, *Prinzessin Sissy,* hat im Grunde mit den späteren Sissi-Filmen außer der Heldin wenig gemein, ist aber ein sehr einnehmender kleiner Film, der als lehrreiches *Prequel* (wie man heute sagen würde: Film mit der Vorgeschichte eines Falles, im Unterschied zur Fortsetzung = Sequel) zu der Marischka-Trilogie dient. Gezeigt werden die Kinderjahre einer Kaiserin, angefüllt mit Episoden und eingebettet in ein Milieu, die die einnehmenden, unkaiserlichen Züge der späteren Herrscherin begründen. Vor allem der Sissi-Vater ist hier noch viel entschiedener als die bei Marischka von Gustav Knuth gespielte Figur der fidele Freak, der sich um Konventionen und angemessene Verhaltensweisen so wenig schert, daß er gar straffällig wird, eine durchaus dem Ungehörigen zuneigende Type, scharf abgesetzt gegen seinen Schwager, den König, an dem eine *Filmwelt*-Atelierreportage vom Juni 1938 vor allem »seine nationale, ja großdeutsche Gesinnung« zu schätzen weiß. Die Marischka-Trilogie von Ernst Marischka mit Romy Schneider ist *das* große, perfekte deutsch-österreichische Melodram, verfertigt von einem mit allen Wassern gewaschenen Routinier, den aber vor allem seine Qualität auszeichnet, daß er einen starken Glauben hat, einen Glauben an seine echten und noch mehr an seine falschen Gefühle; weil er sein Metier so gut beherrscht, kann er sie dann auch dem Publikum glaubhaft machen. Warum das Publikum so scharf auf Sissi war, haben die Kritiker natürlich schnell herausgefunden: »Bei Licht besehen waren die Sissi-Serien die höfisch-herrschaftliche Variation der Heimatfilme. Sie entsprachen der inzwischen gewachsenen Lust an der Repräsentation, die etwa zur gleichen Zeit in der Begeisterung beim Besuch der (deutschblütigen) persischen Kaiserin Soraya in der Bundesrepublik Triumphe feierte. Die Bewunderung für monarchistische Institutionen und Symbole, die alle Sissi-Filme deutlich prägte, war von der Massenpresse der Illustrierten provoziert worden; sie berichtete unaufhörlich über die Kaiserin Soraya, über die Eheschließung der Filmschauspielerin Grace Kelly mit dem Fürsten von Monaco und über die Romanzen der englischen Prinzessin Margaret« (Walther Schmieding: *Kunst oder Kasse,* 1961). Die Kritik ist ja natürlich immer sehr kaltschnäuzig. Mit etwas mehr Erbarmen für das Publikum beschreibt Ilona Brennicke das Sissi-Phänomen als einen »majestätischen Mythos in der Zeit des großen Staubwischens«: »Sissi Schneider, der erste Freak Deutschlands, Bergkind ohne Hunger, adelig, aber mit wahrer Liebe, Sehnsucht nach wirklicher Freiheit und immerwährender Furcht vor Bürgerlichkeit... Eine Nation weinte, endlich. Jeder ging nach Hause in seine Zwei- oder Drei-Zimmerwohnung und sehnte sich *nicht* nach bunten Kleidern. Es war völlig wurscht. Denn so irreal wie der Film war, so hat man ihn auch verstanden. Das einzige, was galt, war eine kleine Freiheit, endlich aus diesem langjährigen Staubwischen auszubrechen. Die fünfziger Jahre sprechen natürlich für sich« *(Romy Schneider und ihre Filme,* 1980).

*Sissi, Schicksalsjahre einer Kaiserin* 1957: Romy Schneider und Magda Schneider

# Der Postmeister 1940
# Dunja 1955

**Der Postmeister 1940.** *Regie* Gustav Ucicky. *Regie-Assistenz* Ludwig Ptack. *Buch* Gerhard Menzel, nach der Novelle *Stancionnyj Smotritel* (1831) von Alexander Puschkin. *Kamera* Hans Schneeberger. *Musik* Willy Schmidt-Gentner. *Liedertexte* Konstantin Peter von Landau. *Bauten* Werner Schlichting, Kurt Herlth. *Kostüme* Alfred Kunz. *Ton* Alfred Norkus. *Schnitt* Rudolf Schaad. *Darsteller* Heinrich George (Der Postmeister), Hilde Krahl (Dunja), Siegfried Breuer (Rittmeister Minskij), Hans Holt (Fähnrich Mitja), Ruth Hellberg (Elisawetha), Margit Symo (Mascha), Erik Frey (Sergej), Franz Pfaudler (Pjotr), Alfred Neugebauer (Gutsbesitzer), Leo Peukert (Oberst), Richard Häussermann (Schneider), Auguste Pündösdy (Wirobowa), Oskar Wegrostek, Hugo Gottschlich, Anton Pointner. *Produktion* Wien-Film/Ufer, Wien (Erich von Neusser). 95 Minuten. *Uraufführung* 25.4.1940.

**Dunja 1955.** *Regie* Josef von Baky. *Regie-Assistenz* Wolfgang Glück. *Buch* Emil Burri, Johannes Mario Simmel, nach dem Drehbuch des Films *Der Postmeister* von Gerhard Menzel und der Novelle von Alexander Puschkin. *Kamera* (Agfacolor) Günther Anders. *Kamera-Assistenz* Hannes Staudinger, Herbert Müller. *Musik* Alois Melichar. *Bauten* Fritz Maurischat. *Kostüme* Edith Almoslino. *Choreographie* Dia Luca. *Ton* Herbert Janeczka, Kurt Schwarz. *Schnitt* Herma Sandtner. *Darsteller* Eva Bartok (Dunja), Ivan Desny (Minskij), Karlheinz Böhm (Mitja), Walter Richter (Der Postmeister), Maria Litto (Mascha), Eva Zilcher (Elisabeth), Otto Wögerer (Sergej), Ernst Jäger (Oseip), Lotte Medelsky (Alte Frau), Bruno Dallansky (Pjotr), Otto Schenk (Sascha), Ernst Meister, Jörg Liebenfels (Fähnriche). *Produktion* Sascha-Film, Wien (Herbert Gruber). 97 Minuten.

Simeon Simeonowitsch, der Postmeister einer entlegenen Station, hat eine Tochter, Dunja, deren Schönheit auf alle Durchreisenden einen tiefen Eindruck macht. Auch der Rittmeister Minskij fängt sofort an, ihr den Hof zu machen, als er auf den Pferdewechsel wartet. Er will sie sogar mit nach Petersburg nehmen, in den Glanz der großen Welt, von der Dunja immer träumt. Der Postmeister läßt seine Tochter mit den besten Wünschen ziehen. Er ist sehr stolz auf Dunja und fest davon überzeugt, daß Minskij sie heiraten wird. In Petersburg kann Dunja wirklich ein glanzvolles Leben führen, aber an Heirat denkt Minskij nicht. Dunja bleibt seine Geliebte und wird mit seiner Billigung auch die Geliebte von vielen anderen. Eines Tages begegnet sie ihrer wahren Liebe, dem Fähnrich Mitja, der es ehrlich mit ihr meint. Dunja zieht zu einer kleinen Schneiderin, Elisabeth, und fängt ein neues, bescheidenes Leben an. Der Postmeister erfährt aus dem Klatsch von Reisenden, welche Karriere seine Tochter gemacht hat. Er fährt nach Petersburg, um Rechenschaft von ihr und Minskij zu fordern. Dunja erfährt rechtzeitig von seinem Kommen und fleht Minskij um seine Hilfe an. Minskij macht sich einen Spaß daraus, für den Alten eine Hochzeitsgesellschaft zu inszenieren. Der Postmeister merkt nicht, daß er auf eine Komödie hereinfällt. Zu später Stunde erscheint Mitja auf dem Fest und erkennt bestürzt in der »Braut« seine Dunja, von deren Vorleben er nichts ahnte. Er sagt sich für immer von ihr los. Der Postmeister bemerkt davon nichts. Hochbeglückt fährt er wieder nach Hause. Dunja bringt sich um. Minskij muß der Sterbenden schwören, dem Postmeister ihren Tod anzuzeigen als den Tod seiner Frau Dunja. Von nun an erzählt der Postmeister allen Durchreisenden – einmal ist es auch der Fähnrich Mitja – von seiner schönen Tochter Dunja, die den Rittmeister Minskij geheiratet hat und die ihrem alten Vater nichts als Freude und Glück gebracht hat, solange sie am Leben war.

Hilde Krahl und Heinrich George

»Was ist ein Postmeister? Ein wahrer Märtyrer der vierzehnten Klasse, den sein Dienstrang nur vor Schlägen schützt, und auch das nicht immer« (Puschkin, *Der Postmeister*). Die Novelle Puschkins führte einen neuen realistischen Stil in die russische

»Besonders wertvoll« war damals und ist heute noch die atmosphärisch beeindruckende Evokation eines Milieus, kulturell parfümiert und mit darstellerischen Bravourleistungen gewürzt, die jede mögliche kritische Distanz lukullisch verkürzen. Das Remake von 1955 bemüht sich vergeblich um eine Wiederholung dieser fragwürdigen Leistung; mit Eva Bartok und Ivan Desny lassen sich nur die blassesten Schatten von Hilde Krahl und Siegfried Breuer projezieren, und der von Walter Richter gespielte Postmeister hat in diesem Konzept ohnehin keine Chance.

Literatur ein und präsentierte einen Helden, der aufgrund seiner sozialen Stellung zum Leiden bestimmt ist. Der Ucicky-Film, die dritte Verfilmung des Stoffes nach dem adäquaten sowjetischen Stummfilm *Kolleshki Registrator* von 1925 und der französischen Schnulze *Nostalgie* von 1936, praktiziert mit viel Erfolg die Umsetzung der realistischen Geschichte in eine tränenreiche Romanze, »künstlerisch besonders wertvoll« nach den damals herrschenden Prädikatsbegriffen, die der Sache in ihrer achtbaren Irrelevanz vollkommen gerecht werden.

Hilde Krahl und Siegfried Breuer

# Die Geierwally
## 1921 · 1940 · 1956

**Die Geierwally 1921.** *Regie* E. A. Dupont. *Buch* E. A. Dupont, nach dem Roman *Geier-Wally* von Wilhelmine von Hillern (1875). *Kamera* Arpad Viragh, Karl Hasselmann. *Bauten* Paul Leni. *Darsteller* Henny Porten (Geier-Wally), Albert Steinrück (Höchstbauer), Wilhelm Dieterle (Bären-Joseph), Eugen Klöpfer (Vinzenz), Wilhelm Diegelmann und Gerd Fricke (Roferbauer senior und junior), Elise Zachow-Vallentin, Marie Grimm-Einödshofer, Julius Brandt. *Produktion* Ufa. *Uraufführung* Dezember 1921.

**Die Geierwally 1940.** *Regie* Hans Steinhoff. *Buch* Jacob Geis, Alexander Lix, nach dem Roman *Geier-Wally* von Wilhelmine von Hillern (1875). *Kamera* Richard Angst. *Musik* Nico Dostal. *Ton* Hans Rütten. *Schnitt* Ella Ensink. *Darsteller* Heidemarie Hatheyer (Geier-Wally), Eduard Köck (Fenderbauer), Sepp Rist (Bären-Joseph), Winnie Markus (Afra), Leopold Esterle (Vinzenz), Mimi Gstöttner-Auer (Luckard), Ludwig Auer (Klettermeier), Georg Vogelsang (Nicodemus), Hans Adalbert von Schlettow (Leander), Maria Hofen (Mariann), Marta Salm (Nani), Käte Merk (Resi), Anna Exl (Ochsenwirtin), Hans Kratzer (Dorfbote), Gustav Waldau (Der Graf), Rolf Pinnegger (Bürgermeister), Franz Ludwig (Oberförster), Hans Hanauer (Lehrer). *Produktion* Tobis. 102 Minuten. *Uraufführung* 13.8.1940.

**Die Geierwally 1956.** *Regie* Franz Cap. *Regie-Assistenz* Claus von Boro. *Buch* Peter Ostermayr, Wolf Neumeister, nach dem Roman *Geier-Wally* von Wilhelmine von Hillern (1875). *Kamera* (Agfacolor) Franz Koch. *Musik* Bernhard Eichhorn. *Bauten* Carl Kirmse. *Ton* Heinz Terworth. *Schnitt* Claus von Boro. *Darsteller* Barbara Rütting (Geierwally), Franz Pfaudler (Höchstbauer), Carl Möhner (Josef), Til Kiwe (Vinzenz), Helga Neuner (Afra), Maria Hofen (Luckard), Heinrich Hauser (Lorenz), Walter Janssen (Curat), Beppo Schweiger (Benedikt), Gusti Kreissl (Retta). *Produktion* Peter Ostermayr. 90 Minuten. *Uraufführung* 1956.

Der alte Höchstbauer (Fenderbauer in der Steinhoff-Fassung) hat zu seinem Leidwesen keinen Sohn, sondern nur eine Tochter, die Wally. Die stolze Wally will ihrem Vater zeigen, daß sie so kühn sein kann wie jeder Mann: sie seilt sich in eine Klamm ab und tötet einen Geier (in beiden Remakes verdient sie sich ihren Namen »Geierwally«, indem sie ein Geier-Junges aufzieht). Wally liebt den Jäger Bären-Joseph, der Vater beharrt darauf, daß sie den reichen Bauern Vinzenz heiratet; Wally weigert sich und wird auf die Hoch-Alm verbannt. Nach dem Tod des Vaters übernimmt sie den Hof. Der Bären-Joseph scheint eine neue Freundin zu haben, Afra. Wally beleidigt Afra. Joseph rächt sich, indem er Wally öffentlich verhöhnt. Rasend vor Zorn, Scham und Eifersucht verkündet Wally, sie werde denjenigen heiraten, der den Joseph tot seiner Afra vor die Kammer legt. Vinzenz will sich diesen Lohn verdienen. Angeschossen stürzt Joseph in die Geier-Klamm. Wally läßt sich abseilen und rettet ihn. Die ganze Eifersucht war umsonst, denn Afra ist in Wirklichkeit nicht Josephs Liebste, sondern seine Schwester!

*Die Geierwally* 1940: Heidemarie Hatheyer

Die Geschichte von der Geierwally, dem »Weib aus naturwurzelndem Gemüt mit frischer Seele« *(Berliner Tagblatt)* war zu Beginn des Jahrhunderts eine beliebte Lektüre, die auch in einer Bühnen-Adaption »als sentimentaler Schmachtfetzen über die größten wie über die kleinsten Bühnen gegangen ist« *(Der Film,* 1921), aber *Die BZ am Mittag* irrte sich, als sie meinte, der »Moderduft vergilbter Leihbibliotheksschmöker« sei für das Kino nicht geeignet und: »Die selig entschlafene Wilhelmine von Hillern ist durch den Film nicht wieder lebendig zu machen.« E.A. Dupont, später mit *Variété* weltberühmt geworden, bescherte dem Stoff ein langes Kinoleben, indem er ihn rigoros entschnulzte, brutalisierte und zu einer Abfolge wilder Kraftproben gestaltete, zu einem Film, der eher an John Fords irische Dickschädel-Sagas erinnert als an einen deutschen Heimatfilm. Einen wesentlichen Anteil an dieser Operation hatten die zwei Kameraleute Arpad Viragh und Karl Hasselmann und einer der besten Filmarchitekten seiner Zeit, Paul Leni, der spätere Regisseur des *Wachsfigurenkabinett* (1924). »Da sind Bilder wie die Kommunikantin im Baum, der Festzug, in dem Joseph die Höchstbäuerin zum Tanz abholt, die nächtliche Fackelstreife im Wald – die zum Schönsten gehören, das im deutschen Film gezeigt worden ist. Regietechnische Meisterstücke sind die Raufszene zwischen Joseph und Wally im Tanzsaal und der Kampf Josephs mit dem losgewordenen Stier. Dupont scheut auch vor starken Mitteln nicht zurück wie dem grausigen Anblick der toten Magd mit gebrochenen Augen und offenem Mund« *(Der Film,* 1921). Die späteren Versionen des Stoffes, von denen der Steinhoff-Film mit Heidemarie Hatheyer am bekanntesten ist und öfter in den Fernsehprogrammen auftaucht, gingen dann behutsam den Weg zurück zu einer Art Unterhaltung, die es nicht gerade als ihre Aufgabe ansieht, die ungemütlicheren Seiten der Folklore zu betrachten und auch einmal ethnographisch ein bißchen von der ja übermäßig vorhandenen Rohheit vorzuzeigen.

*Die Geierwally* 1956: Barbara Rütting

*Die Geierwally* 1940: Heidemarie Hatheyer

*Die Geierwally* 1921: Henny Porten, Wilhelm Diegelmann und Gerd Fricke

# Jud Süss
## 1940

*Regie* Veit Harlan. *Regie-Assistenz* Wolfgang Schleif, Alfred Braun. *Buch* Veit Harlan, Eberhard Wolfgang Möller, Ludwig Metzger. *Kamera* Bruno Mondi. *Musik* Wolfgang Zeller. *Bauten* Otto Hunte, Karl Vollbrecht. *Kostüme* Ludwig Hornsteiner. *Choreographie* Sabine Ress. *Ton* Gustav Bellers. *Schnitt* Friedrich Carl von Puttkammer, Wolfgang Schleif. *Darsteller* Ferdinand Marian (Jud Süss), Heinrich George (Herzog Karl Alexander), Hilde von Stolz (Die Herzogin), Werner Krauss (Rabbi Loew und Süss' Sekretär Levy), Eugen Klöpfer (Landschaftskonsulent Sturm), Kristina Söderbaum (Dorothea Sturm), Malte Jaeger (Aktuarius Faber), Albert Florath (Obrist Röder), Theodor Loos (von Remchingen), Fiebelkorn (Charlotte Schulz), Anny Seitz (Minchen Fiebelkorn), Ilse Buhl (Friederike Fiebelkorn), Jacob Tiedtke (Konsistorialrat), Erna Morena (Frau des Konsistorialrats), Else Elster (Luziana), Emil Hess (Hans Bogner), Käte Jöken-König (Frau Bogner), Primaballerina (Ursula Deinert), Erich Dunskus (Meister der Schmiedezunft), Otto Henning (Vorsitzender des Gerichts), Heinrich Schroth (von Neuffer), Hannelore Benzinger (Hausmädchen), Bernhard Goetzke, Wolfgang Staudte, Max Vierlinger, Eduard Wenk. *Produktion* Terra (Otto Lehmann). 2663 Meter. *Uraufführung* 24.9.1940.

Herzog Karl Alexander von Württemberg will wie andere Souveräne einen glanzvollen Hof führen. Er fordert eine Garde, eine Oper und ein Ballett. Die Landstände lehnen seine Forderungen ab. Der Herzog läßt aus Frankfurt Süss Oppenheimer kommen und macht ihn zu seinem Finanzberater, mit der Vollmacht, Steuern, Zölle und Brückengelder einzutreiben. Die Württemberger versuchen, sich gegen die immer größere Teuerung und gegen die Methoden der Beamten des Süss Oppenheimer aufzulehnen. Auf Veranlassung Oppenheimers wird der Judenbann in Württemberg aufgehoben; viele andere Juden kommen ins Land und machen Geschäfte. Der Rabbi Löw mahnt Oppenheimer zur Zurückhaltung: »Streng ist die Strafe des Herrn, wenn die Juden vergessen, wer sie sind.« Süss Oppenheimer will Dorothea Sturm, die Tochter des Landschaftskonsulenten Sturm, heiraten. Dorothea ist bereits mit dem Aktuarius Faber verlobt; jetzt heiratet das Paar, damit Dorothea nicht mehr den Nachstellungen Oppenheimers ausgesetzt ist. Oppenheimer läßt Sturm wegen verschwörerischer Umtriebe verhaften. Als die Stände sich das nicht gefallen lassen wollen, löst der Herzog sie auf. Der Aufstand gegen den Herzog und seinen Juden formiert sich. Faber, der mit einer geheimen Botschaft unterwegs ist, wird verhaftet und, als er die Namen seiner Mitverschworenen nicht preisgeben will, gefoltert. Dorothea versucht, ihren Mann frei zu bekommen. Oppenheimer verlangt seinen Preis. Faber kommt frei, Dorothea geht ins Wasser. Unter der Führung des Obristen Röder, eines Kriegskameraden des Herzogs, bricht der Aufstand aus. Der Herzog läßt Oppenheimer freie Hand zu einem Staatsstreich, der aus Karl Alexander einen absoluten Souverän machen soll. Aber der Herzog erliegt einem Schlaganfall. Damit erlischt der Freibrief, mit dem Oppenheimer Generalpardon gewährt worden war. Oppenheimer wird verhaftet, vor ein Gericht gestellt und erhängt. Innerhalb eines Monats haben alle Juden das Land zu verlassen.

Werner Krauss und Ferdinand Marian

Wilhelm Hauff hatte 1827 eine Novelle über Jud Süss geschrieben, 1925 erschien der Roman *Jud Süss* von Lion Feuchtwanger und 1934 wurde der Stoff in England unter der Regie von Lothar Mandes mit Conrad Veidt unter dem Titel *Jew Suess* verfilmt. – Von der nationalsozialistischen Filmkritik wurde immer wieder betont, daß sich Veit Harlans Film *Jud Süss* eng an die historische Wahrheit hielte und sich sogar in den kleinsten Details auf sichere Quellen stütze. Wahr hingegen ist, daß er sich weder an Feuchtwangers Roman noch an die historischen Tatsachen hielt. Der historische Süß Oppenheimer war als Halbjude 1692 in Heidelberg geboren und von 1732 bis 1738 Finanzberater des Prinzen Karl Alexander von Württemberg. Die Landstände, die sich ihre Vorrechte zu sichern suchten, machte er sich zu Feinden. Als der Tod des Herzogs ihn des Schutzes beraubt, wurde er nach einem langen Prozeß von den Landständen zum Tode verurteilt und 1738 hingerichtet. Während des Prozesses wurde nie erwähnt, daß Süß Oppenheimer skandalöse intime Beziehungen zu Damen der Gesellschaft unterhalten, geschweige ihnen Gewalt angetan hatte. – In seinem Roman beschreibt Feuchtwanger den Herzog und den Juden ebenso lüstern wie machthungrig; der Herzog sinnlich und brutal nach einem Regiment strebend in der Art Ludwig XIV. und Jud Süss als einen intelligenten, subtilen Charakter mit einem teuflischen Genie ausgestattet, von Eitelkeit getrieben und dem Herzog geistig überlegen. Im Roman spielt der Herzog die Rolle des Verführers. Er stellt der schönen Tochter des Juden nach, versucht sie brutal zu mißbrauchen; sie rettet sich durch einen verzweifelten Sprung vom Dach in den Tod. Süß Oppenheimer schwört dem Herzog Rache. – Veit Harlan bastelte daraus einen antisemitischen Propagandafilm, indem er die Figur des Juden verzerrte und das Perfektionieren der üblichen gewaltherrschaftlichen Methoden der Steuereintreibung als »typisch jüdisch« hinstellte. »Hier zeige ich das Urjudentum, wie es damals war und wie es sich heute noch ganz rein in dem einstigen Polen erhalten hat. Im Gegensatz zu diesem Urjudentum steht nun der Jud Süss, der elegante Finanzberater des Hofes, der schlaue Politiker, kurz: der getarnte Jude« (Veit Harlan in *Der Film,* 20.2.1940). In Harlans Film ist auch der Jude der geile Lüstling, der von Dorothea als Preis für seine Hilfe ihre Hingabe fordert. In seinen Memoiren, eine endlose Rechtfertigung seiner Filmarbeit im Dritten Reich, betont Harlan immer wieder, daß er sich mit Händen und Füßen gewehrt habe, diesen Film zu schreiben und zu inszenieren, aber schließlich von Goebbels dazu gezwungen worden sei. »Dies ist, schlicht gesagt, die Unwahrheit. Ich weiß das genau aus erster Quelle, aus dem Munde von Peter Paul Brauer, der den *Jud Süss* ursprünglich drehen sollte. Brauer war ein mittelmäßiger Regisseur, aber ein braver Parteimann... ›Ärger mit Goebbels?‹ fragte ich. Auch. Aber in erster Linie mit Veit Harlan. Er versucht mit allen Mitteln, mir den *Jud Süss* wegzunehmen. Er hat schon das ganze Propagandaministerium gegen mich in Bewegung gesetzt...« (Géza von Cziffra, *Kauf dir einen bunten Luftballon*). Selbst seine politische Naivität oder Dummheit, wie Kristina Söderbaum behauptet, oder seine deutsch-nationale Einstellung, die er selbst immer wieder betont, können diesen Film nicht entschuldigen, denn wie Curt Goetz als Dr. med. Hiob Prätorius betont, ist die Mikrobe der menschlichen Dummheit ein zählebiger, gemeingefährlicher Schädling. Die Aussage des Films paßte den Propagandaabsichten der Nazis genau ins Konzept. Der Film verfehlte seine Wirkung nicht. In einem Bericht der Zentral-Filmgesellschaft Ost im *Filmkurier* vom 5.8.1943 hieß es: »Den Aussagen von vielen Überlebenden in den Ostgebieten zufolge wurde der Film *Jud Süss,* wie auch der Herausgeber selbst feststellen konnte, im Osten immer dann, wenn eine ›Aussiedlung‹ oder Liquidation im Ghetto bevorstand, der ›arischen‹ Bevölkerung gezeigt. Wahrscheinlich erachtete man es für ein gutes Mittel, jeder Hilfe seitens der nichtjüdischen Bevölkerung vorzubeugen« (Joseph Wulf, *Theater und Film im Dritten Reich. Eine Dokumentation*). Himmler ordnete 1940 an, daß die gesamte SS und Polizei Gelegenheit bekommen müsse, den *Jud-Süss*-Film zu besuchen. Abgesehen von der üblen Aussage sind die Filme der Starregisseure des Dritten Reichs wie Steinhoff, Ritter und Harlan technisch geschickt gemacht. »Harlan versteht es, wann immer nötig, spektakulär und dramatisch zu werden (vor allem bei Massenszenen. Beispielsweise die Nachtaufnahmen, als man Dorotheas Leiche aus dem Wasser holt). Die schauspielerischen Leistungen sind insgesamt hervorragend.

Ferdinand Marian

Dennoch weist *Jud Süss* jenen prinzipiellen Mangel auf, den man allen Nazifilmen, vor allem aber denen Veit Harlans, ankreiden muß: sie sind perfekt gemachte Arbeiten ohne jegliche Originalität. Die technische Qualität ist tadellos, der Aufwand kolossal, der künstlerische Genius aber fehlt« (Francis Courtade/Pierre Cadars, *Geschichte des Films im Dritten Reich*). Nach 1945 wurden gegen Veit Harlan verschiedene Prozesse wegen »Verbrechens gegen die Menschlichkeit« angestrengt, die aber schließlich – wie so oft in der Bundesrepublik – mit Freispruch endeten. So sollte Harlan Recht behalten, als er während des Prozesses in Hamburg sagte: »Die Welt ist rund. Eines Tages wird meine Frau wieder auf der Leinwand zu sehen sein und ich neben der Kamera!« 1950 drehte er seinen ersten Nachkriegsfilm *Unsterbliche Geliebte* mit Kristina Söderbaum in der Hauptrolle.

# Kora Terry
## 1940

*Regie* Georg Jacoby. *Regie-Assistenz* Erich Kobler. *Buch* Walter Wassermann, C.H. Diller, nach dem Roman von H.C. von Zobeltitz. *Kamera* Konstantin Irmen-Tschet. *Musik* Frank Fux. *Lieder* »Wenn es Frühling wird«, »Für eine Nacht voller Seligkeit« von Peter Kreuder *(Musik)* und Günther Schwenn *(Text)*. *Bauten* Erich Kettelhut, Hermann Asmus. *Kostüme* Herbert Ploberger, Margot Hielscher. *Choreographie* Sabine Ress. *Ton* Walter Rühland. *Schnitt* Erich Kobler. *Darsteller* Marika Rökk (Kora Terry/Mara Terry), Josef Sieber (Karel Tobias, genannt Tobs), Will Quadflieg (Michael Varany), Will Dohm (Agent Möller), Herbert Hübner (Stefan Borodyn), Flokkina von Platen (Olly Laurenz), Hans Leibelt (Bartos), Ursula Herking (Fräulein Haase), Franz Schafheitlin (Vopescu), Maria Koppenhöfer, Paul Bildt, Rudolf Carl, Erich Fiedler, Karl John, Theodor Loos, Hubert von Meyerinck, Leo Peukert. *Produktion* Ufa (Max Pfeiffer). 106 Minuten. *Uraufführung* 27.11.1940.

Die Zwillingsschwestern Kora und Mara Terry treten zusammen in einer tanzakrobatischen Nummer auf und lieben denselben Mann, den Geiger Michael Varany. Mara ist ein anständiges Mädchen, Kora eine völlig hemmungslose Person. Im Verlauf einer Auseinandersetzung zwischen den beiden verunglückt Kora tödlich; immerhin ist Mara aufgrund der Umstände mordverdächtig. Ihr väterlicher Freund Tobs nimmt die Schuld auf sich und läßt sich in ein Straflager schicken, während Mara auf seinen Rat als Kora weiterlebt, und zwar um der kleinen Tochter Koras wegen, um die sich die frivole Mutter nie gekümmert hat. Die tote Kora aber hat zu ihren Lebzeiten allerlei finstere Dinge getrieben, die Mara nun auszubaden hat. Mit viel Müh und Not kann sie schließlich ihre Identität als Mara Terry wiedergewinnen, und dann kriegt sie endlich auch den Geiger Varany.

Der deutsche Film der dreißiger und vierziger Jahre war reich gesegnet mit wunderbaren Frauen mit der »Begabung, fraulichen Reiz als künstlerische Qualität geltend zu machen« (wie Alfred Polgar einmal über Carola Neher, die Polly der *Dreigroschenoper*, gesagt hat). Es war die reine Vergeudung, denn dieses Chauvinisten-Kino hatte nur Platz für Opferlämmer und Heldenmütter. Eine aber, die stets bekam, was sie verdiente, war Marika Rökk: Filme wie Turnhallen als Spielplatz für das Sportsmädel als Poltergeist. 1936 machte sie ihren ersten Film, *Leichte Kavallerie,* mit dem besten Regisseur, den sie in ihrer ganzen Karriere hatte und der ihr bezeichnenderweise überhaupt nicht zusagte, Werner Hochbaum. Bis Kriegsende folgten 14 weitere Filme, von denen die bekanntesten *Eine Nacht im Mai, Es war eine rauschende Ballnacht, Hallo Janine, Frauen sind doch bessere Diplomaten* und *Die Frau meiner Träume* sind. »Eine Aufgabe, auf die sie sehr stolz war und mit der sie sich als große Verwandlungskünstlerin fühlte, war die Doppelrolle der ungleichen Schwestern in *Kora Terry*. Während die eine Schwester, Mara, ein wahres Unschuldslämmchen ist, immer edel, hilfreich und opferbereit, ist Schwester Kora ein genußsüchtiges Geschöpf, rücksichtslos, ordinär und leichtsinnig. Um diese beiden extremen Charaktere in den Griff zu bekommen, wurden vormittags die Szenen mit Mara gedreht, während sie sich nachmittags ganz auf Kora einstellen konnte ... Leider wird die Gegensätzlichkeit der beiden von Rökk und Jacoby so extrem aufgefaßt – leise, weinerlich, mit niedergeschlagenen Blicken die eine, aufreizend, vulgär, die Arme herausfordernd in die Seite gestützt und mit hocherhobenem Kopf die andere, daß schließlich keine ›echt‹ wirkt. Erst am Schluß wird sie glaubwürdig, wenn Mara, von Kora und deren Vergangenheit befreit, sie selbst sein darf und ein bißchen von der Frivolität der Schwester in die Gestalt hinübernimmt« (Carla Rhode u.a.: *Wir tanzen um die Welt*). Ironischerweise litt der Nazi-Film, überreich versorgt mit erstklassigen Darstellerinnen, mit denen er nichts anzufangen wußte, unter einem spürbaren Mangel an virilen Helden, deren er dringend bedurfte. Ersatz fand sich meist nur in so limonadigen Typen wie Will Quadflieg, hier Rökk-Partner als edler Geiger, der dann so oft in ähnlichen Rollen eingesetzt wurde, daß er sich den Spitznamen »Geiger des deutschen Films« einhandelte.

Marika Rökk und Will Quadflieg

# Wunsch-konzert
## 1940

*Regie* Eduard von Borsody. *Buch* Felix Lützkendorf, Eduard von Borsody. *Kamera* Franz Weihmayr, Günther Anders, Karl Drews. *Musik* und *musikalische Leitung* Werner Bochmann. *Bauten* Alfred Bütow, Heinrich Beisenherz. *Kostüme* Gertrud Steckler. *Ton* Walter Rühland. *Schnitt* Elisabeth Neumann. *Darsteller* Ilse Werner (Inge Wagner), Carl Raddatz (Herbert Koch), Heinz Goedecke (Heinz Goedecke), Joachim Brennecke (Helmut Winkler), Ida Wüst (Frau Eichhorn), Hedwig Bleibtreu (Frau Wagner), Hans Hermann Schaufuss (Hammer), Hans Adalbert Schlettow (Kramer), Malte Jaeger (Lehrer Friedrich), Walter Ladengast (Schwarzkopf), Albert Florath (Arzt), Elise Aulinger (Frau Schwarzkopf), Wilhelm Akthaus (Hauptmann Freiberg), Walter Bechmann (Kellner), Günther Lüders (Monteur Zimmermann), Erwin Biegel (Monteur Justav), Vera Hartegg (Frau Friedrich), Vera Complojer (Frau Hammer), Aribert Mog, Ewald Wenck, Werner Schott, und im Wunschkonzert Marika Rökk, Heinz Rühmann, Paul Hörbiger, Hans Brausewetter, Josef Sieber, Weiss-Ferdl, Wilhelm Streinz, Albert Bräu und das Philharmonische Orchester Berlin. *Produktion* Cine-Allianz/Ufa. 2832 Meter. *Uraufführung* 30. 12. 1940.

Bei den Olympischen Spielen 1936 lernen sich Inge Wagner und der Fliegerleutnant Herbert Koch kennen. Kurz vor dem Heiratsantrag wird Koch in einer geheimen Mission abgerufen. Die geheime Mission ist der Einsatz der Legion Condor im Spanischen Bürgerkrieg. Im September 1939 bricht der Krieg aus. In Berlin verabschiedet sich der Fliegerleutnant Helmut Winkler von der alten Frau Wagner und deren Enkelin Inge Wagner, auf die er sich Hoffnungen macht. Inge denkt aber immer noch an den Offizier Koch, von dem sie seit ihrem Kennenlernen und seinem unvorhergesehenen Abschied nichts mehr gehört hat. Nach drei Jahren hört sie dafür im Wunschkonzert des Großdeutschen Rundfunks eines Tages eine Ansage des populären Wunschkonzert-Leiters Heinz Goedecke: »Wir rufen Hauptmann Herbert Koch – er wünscht sich zur Erinnerung an die Olympiade in Berlin die Olympia-Fanfare.« Inge, mit der unvergessenen Liebe zu Koch im Herzen, ist ganz aufgeregt. Es gelingt ihr, Kochs Adresse zu ermitteln. Sie schreiben sich und vereinbaren ein Treffen in Hamburg, das aber nie zustande kommt, weil Koch sich an einem Aufklärungsflug beteiligen muß. Das Wunschkonzert geht weiter. Die Soldaten Kramer und Hammer überbringen als »Feindbeute« fünf Ferkel. Marika Rökk singt. Goedecke meldet dem Lehrer Friedrich die Geburt eines Jungen. Wilhelm Streinz singt für die Mutter des gefallenen Musikers Schwarzkopf »Gute Nacht, Mutter«. Als weitere Attraktionen treten Paul Hörbiger, das Seemanns-Trio Heinz Rühmann, Josef Sieber und Hans Brausewetter, Weiss-Ferdl und Albert Bräu vor das Mikrophon. Inge Werner wartet vergeblich auf Koch, bei dessen Aufklärungsflug Inges Jugendfreund Winkler verwundet wird. Koch glaubt, auf Inge verzichten zu müssen, da Winkler ihm erzählt hat, daß er mit Inge »so gut wie verlobt« sei. Inge kommt ins Lazarett und Winkler, der von Inge die Zusammenhänge erfährt, gesteht Koch, daß er gar nicht mit Inge verlobt ist. An seinem Krankenbett führt er Herbert und Inge wieder zusammen.

Joachim Brennecke, Hedwig Bleibtreu und Ilse Werner

Im Mittelpunkt des Films steht die Sendung »Wunschkonzert«, die »Weihestunde des Äthers«, die während des Krieges an jedem Sonntagnachmittag um 15 Uhr ausgestrahlt wurde. Dort wurden die Lieblingsmelodien der an der Front kämpfenden Soldaten und ihrer Familien gespielt. Jeder konnte sich etwas wünschen und eine kleine Summe spenden. Diese Sendung sollte die Moral der Daheimgebliebenen stärken. In dem Film *Wunschkonzert* waren dokumentarische Sequenzen aus den Olympia-Filmen der Riefenstahl, dem Krieg gegen Polen, Frankreich und England eingefügt worden. Was damit erreicht werden sollte, hört sich im nationalsozialistischen Jargon so an: »Der Film ist zum Mittler des Gemeinschaftsgefühls geworden und hat sich zum Träger nationaler Kultur erhoben, ... hat uns die kämpfende und siegende Front nähergerückt, ... hat uns auf den Straßen im Osten und Westen mitmarschieren lassen. Ist nicht der Film »Wunschkonzert« das schönste Beispiel hierfür? Hier schwingt der Gleichklang der Herzen, der Front und der Heimat, des ganzen Volkes« *(Filmwelt,* 1941). – Im Gegensatz zu den Hollywood-Filmen des gleichen Genres, in denen die positiven Helden meist GIs, ganz einfache Soldaten sind, wie beispielsweise in *Hollywood Canteen* (1944) und für die der Zuschauer bangt und hofft, ist es im deutschen Film das Sinnbild des großartigen Soldaten, der hochdekorierte Offizier. Der Respekt vor der Hierarchie geht soweit, daß nur der Ranghöhere auch das Mädchen bekommt und der Untergebene entweder einen Trostpreis oder leer ausgeht. Bei dem Mädchen geht es nie um den männerfressenden Vamp, sondern die Filmheldin als Preis für den mit zahlreichen Orden ausgezeichneten Kämpfer fürs Vaterland ist immer die tapfere kleine Frau aus dem Alltagsleben. Sportlich, straff und gesund muß sie sein, das Gesicht natürlich, frisch, liebenswürdig, unverkrampft und echt, kurz – der Kamerad, dem man glaubt und vertraut – Ilse Werner. Einem Typ von Frau wie ihr durfte man zumuten, drei Jahre lang einem Mann treu ergeben zu bleiben, den sie kaum kennt und ohne ein Wort von ihm zu hören. Der Film *Wunschkonzert* war in erster Linie ein Appell an die wartende Frau in der Heimat. Schon in *Urlaub auf Ehrenwort* (1937) wird die Frau auf ihre aufopfernde Rolle vorbereitet und später in *Auf Wiedersehen, Franziska* (1941) und *Die große Liebe* (1942) immer wieder hingewiesen. *Wunschkonzert* war ein großer Publikumserfolg, spielte 7,6 Millionen Mark ein und wurde bis zum Ende des Krieges von ungefähr 23 Millionen Menschen gesehen.

Ilse Werner, Carl Raddatz und Partner

# Der große König
## 1942

*Regie* Veit Harlan. *Regie-Assistenz* Wolfgang Schleif, Herbert Kiehne. *Buch* Veit Harlan. *Kamera* Bruno Mondi. *Musik* Hans-Otto Borgmann. *Bauten* Erich Zander, Karl Machus. *Kostüme* Ludwig Hornsteiner. *Ton* Hans Rütten. *Schnitt* Fr. von Puttkamer. *Darsteller* Otto Gebühr (Friedrich der Große), Kristina Söderbaum (Luise), Gustav Fröhlich (Feldwebel Treskow), Hans Nielsen (Fähnrich Niehoff), Paul Wegener (General Czernitscheff), Paul Henckels (Grenadier Spiller), Elisabeth Flickenschildt (Frau Spiller), Kurt Meisel (Alfons), Harry Hardt (1. Adjutant von Dessau), Hilde Körber (Königin Elisabeth), Claus Clausen (Prinz Heinrich der Ältere), Claus Detlev Sierck (Prinz Heinrich der Jüngere), Herbert Hübner (Graf Finkenstein), Hans Hermann Schaufuss (General Zieten), Franz Schafheitlin (Oberst Bernburg), Otto Wernicke (Oberst Rochow), Jacob Tiedtke (Bürgermeister von Berlin), Bernhard Goetzke (General von Hülsen), Leopold von Ledebur (General von Retzow), E.F. Fürbringer (Ludwig XV.), Lola Müthel (Madame Pompadour), Hilde von Stolz (Dauphine), Paul Westermeier (Preußischer Wachtmeister), Karl Hellmer (Russischer Wachtmeister), Eric Radolf, Franz Nicklisch, Otto Henning, Reginald Pasch, Josef Peterhans, Heinrich Schroth, Jaspar von Oertzen, Otto Graf. *Produktion* Tobis. 3233 Meter. *Uraufführung* 3.3.1942.

1759. Friedrich der Große verliert die Schlacht von Kunersdorf und damit die Hoffnung, den Krieg mit Österreich noch gewinnen zu können. In einer zerschossenen Mühle sucht er Schutz. Die Müllerstochter Luise ist zurückgeblieben und kümmert sich um die Verwundeten, darunter Feldwebel Treskow und Fähnrich Niehoff vom Regiment Bernburg. Die Umgebung des Königs rät zur Kapitulation. Der König aber gibt nicht auf. Während einer Besichtigung im Lager von Lebus nimmt er das Regiment Bernburg in Strafe, weil es in Kunersdorf »lieber leben als siegen« wollte. Oberst Bernburg erschießt sich auf der Stelle. Major Rochow übernimmt das Regiment. Feldwebel Treskow und Fähnrich Niehoff leiden unter der Schande ihres Regiments, dem sogar die Fahne weggenommen wird. Luise, die bei der Truppe geblieben ist, stickt eine neue Fahne. Sie liebt Feldwebel Treskow. Friedrich der Große entgeht dank seiner Genügsamkeit einem Giftmordanschlag. In Berlin konspiriert man gegen den König, mit dem Ziel eines Friedensschlusses mit Frankreich. Der König zieht nach Torgau, das die Österreicher mit Übermacht besetzt halten. Treskow und Luise lassen sich von Oberst Rochow trauen. Vor Torgau sind die Preußen zur Schlacht aufmarschiert. Auf ein vereinbartes Signal soll General Zieten angreifen. Das Signal kommt nicht. Als Treskow sieht, daß seinem Regiment Gefahr droht, gibt er spontan selbst das Signal. Nach der Schlacht ist das österreichische Heer völlig geschlagen. Treskow wird zum Offizier befördert, zugleich aber auch wegen seiner Eigenmächtigkeit bestraft. General Czernitscheff erscheint als russischer Parlamentär bei Friedrich und bietet dem König ein russisches Stillhalten als günstige Ausgangsposition für die Preußen bei der bevorstehenden Entscheidungsschlacht gegen die Österreicher an. In der siegreichen Schlacht fällt

Otto Gebühr als der Alte Fritz in *Fridericus,* 1921

Otto Gebühr als der Alte Fritz in *Das Flötenkonzert von Sanssouci,* 1930

Treskow; in seinen letzten Minuten ist der König bei ihm und ruft über den Sterbenden hinweg: »Adieu, alle meine Soldaten, adieu!« Die preußischen Truppen ziehen zur Siegesparade in Berlin ein. Der König ist nicht dabei. Er ist nach Kunersdorf geritten, zum Ort seiner größten Niederlage. Luise, Treskows Witwe, ist zur Mühle zurückgekehrt. Sie hat ein Kind. In der Schloßkapelle von Charlottenburg hört Friedrich sich alleine ein Orgel-Tedeum an (anachronistisch angereichert durch das Motiv »Deutschland über alles«).

1921 debütierten Friedrich der Große als Filmheld und Otto Gebühr als Fridericus-Darsteller in der Trilogie *Fridericus Rex*. Sie setzten ihre gemeinsame Karriere fort mit *Die Mühle von Sanssouci* (1926), *Der alte Fritz* (1928), *Das Flötenkonzert von Sanssouci* (1930), *Die Tänzerin von Sanssouci* (1932), *Der Choral von Leuthen* (1933), *Fridericus* (1936) und *Das schöne Fräulein Schrag* (1937), um diese unglaubliche Erfolgsserie abzuschließen mit Veit Harlans *Der große König* (1942). Bereits bei dem ersten *Fridericus Rex* war klar, daß es hier um mehr ging als um erbauliche Historienmalerei. »Die Welt sollte das Schicksal eines genialen Menschen im Film erleben, der seiner Zeit in vieler Beziehung voraus war und unter dessen Führung ein kleines Volk – allerdings unter ungeheuerlichen Opfern – sich zur Großmacht emporgerungen hatte« (Oskar Kalbus, *Vom Werden deutscher Filmkunst,* 1935). Spätestens 1930 waren die Fridericus-Filme als chauvinistisch-militaristische Propaganda so vollends durchschaut, daß die Linke auf das Anlaufen des Ucicky-Films *Das Flötenkonzert von Sanssouci* mit heiliger Wut und äußersten Mitteln antwortete. »Aus den täglichen Pressemeldungen ist hinreichend bekannt, wie die Berliner Arbeiterschaft den nationalistischen Hetzfilm der Ufa in den proletarischen Wohnbezirken empfangen hat und daß durch wuchtige Demonstrationen in und vor den Kinos seine Absetzung vom Spielplan teilweise erzwungen wurde... Die Polizei erwies sich als tadellos funktionierende Hilfsgarde der nationalistischen Ufa. Sie versuchte, allerdings meist vergeblich, die Proteste im Keim zu ersticken, und behandelte die empörten Kinobesucher mit der üblichen Rohheit. Trotzdem ließen sich die Arbeiter nicht den Mund verbieten und setzten ihre Gesundheit aufs Spiel, um den Kriegshetzern auf proletarische Art die Meinung zu sagen... Wir betonen ausdrücklich, daß wir auch diese Art des Kampfes für eine mögliche und nützliche Form proletarischer Filmkritik halten. Das Proletariat versteht es, Kritiken sowohl mit der Feder als auch mit dem Hammer zu schreiben!« *(Arbeiterbühne und Film,* 1931). 1942, als mit *Der große König* der letzte Fridericus herauskam, hatte die Geschichte längst alle Film-Prophetien eingeholt, die Deutschen hatten nun wirklich ihren großen Führer, dem der große König des Films verblüffend glich, und sie waren auch bereits in ihrem siebenjährigen Krieg. Es gibt kaum einen anderen Film, der in allem, was auf der Leinwand geschieht, so genau auf die Gemütslage des Publikums kalkuliert ist, für das er gemacht ist, für den deutschen Zuschauer vom Sommer 1942. Die wahre propagandistische Raffinesse des Films besteht nicht darin, daß er mit wildem Schlachtenlärmen, der Darstellung der moralischen Minderwertigkeit des Feindes und der Aussicht auf eine prunkende Siegesparade in Berlin den Durchhalte- und Siegeswillen anfeuert (was er alles auch tut, und mit der gewohnten Durchschlagskraft); *Der große König* ist vor allem ein Film, der überfließt vor Verständnis für das unter dem Krieg leidende, am Krieg verzweifelnde Volk. Der große

Otto Gebühr als der Alte Fritz und Lil Dagover als *Die Tänzerin von Sanssouci,* 1932

Otto Gebühr als der Alte Fritz in *Der Choral von Leuthen,* 1933

Hans Nielsen, Kristina Söderbaum und Gustav Fröhlich

Führer respektive der große König, so versichert der Film unaufhörlich und sehr wirkungsvoll dem Zuschauer, weiß genau, daß der Krieg euch Hunger, Elend und Tod beschert, daß er eure Häuser vernichtet, eure Freunde und Verwandten tötet; der König hat jegliches Verständnis dafür, daß ihr des Krieges überdrüssig seid, er selbst wäre auch viel lieber in Sanssouci beim Flötenspiel, denn er verabscheut »den ihm aufgezwungenen Krieg«. Der König auf der Leinwand gestattet es sich sogar, zu weinen – zweimal! Der Gipfelpunkt des Raffinements ist es, wenn der alte Fritz knurrt: »Die Berliner haben eine große Schnauze – aber wenn es darauf ankommt, kann man sich auf sie verlassen!« Die Berliner sind ja schon geschmeichelt, wenn man ihnen überhaupt nur die große Schnauze attestiert; aber im Kontext dieses Films und der Zeitumstände muß damals, 1942, wohl manche heiße preußische Träne geweint worden sein. Das macht Veit Harlan niemand nach; und auch dem Otto Gebühr macht den alten Fritz niemand nach – das ist, ganz ohne Ironie gesagt, eine außerordentliche, total überzeugende Leistung. So authentisch, wie er hätte sein können und wie jeder Satz des Films laut Behauptung des Vorspanns ist, durfte es freilich mitten im Krieg gegen Franzosen und andere nicht zugehen. Für Joseph Goebbels war der große Friedrich nun nicht mehr *celui qui parle Français:* jegliche französische Wendung im Dialog des Königs mußte auf gut Deutsch nachsynchronisiert werden!

Kristina Söderbaum und Otto Gebühr als der Alte Fritz in *Der große König,* 1942

# Münchhausen
## 1943

*Regie* Josef von Baky. *Dialog-Regie* Fritz Thiery. *Buch* Berthold Bürger (= Erich Kästner). *Kamera* (Agfacolor) Werner Krien. *Trickaufnahmen* Konstantin Irmen-Tschet. *Musik* Georg Haentzschel. *Bauten* Emil Hasler, Otto Gülstorff. *Kostüme* Manon Hahn. *Choreographie* Maria Sommer. *Ton* Erich Schmidt. *Schnitt* Milo Harbich, Walter Wischniewski. *Darsteller* Hans Albers (Baron Münchhausen), Hans Brausewetter (Freiherr von Hartenfeld), Marina von Ditmar (Sophie von Riedesel), Käthe Haack (Baronin Münchhausen), Brigitte Horney (Katharina II.), Ferdinand Marian (Graf Cagliostro), Gustav Waldau (Casanova), Leo Slezak (Sultan Abdul-Hamid), Hermann Speelmans (Christian Kuchenreuther), Hilde von Stolz (Louise La Tour), Ilse Werner (Prinzessin Isabella d'Este), Eduard von Winterstein (Vater Münchhausen), Wilhelm Bendow (Der Mondmann), Michael Bohnen (Herzog Karl von Braunschweig), Andrews Engelmann (Fürst Potemkin), Waldemar Leitgeb (Fürst Grigorij Orlow), Walter Lieck (Der Läufer), Hubert von Meyerinck (Prinz Anton Ulrich), Jaspar von Oertzen (Graf Lanskoi), Werner Scharf (Prinz Francesco d'Este), Armin Schweizer (Johann), Marianne Simson (Die Mondfrau), Franz Weber (Fürst von Ligne), Bernhard Goetzke, Harry Hardt, Viktor Janson, Leopold von Ledebur, Franz Schafheitlin, Ewald Wenck. *Produktion* Ufa (Eberhard Schmidt). 3225 Meter. *Uraufführung* 5.3.1943.

Die wahre und wirkliche Geschichte Münchhausens, die Geschichte einer großen, romantischen Seele und eines abenteuerseligen Herzens. Baron von Münchhausen hat sie selbst erzählt, teils aus diesen und teils aus jenen Gründen, und nicht zuletzt auch deshalb, weil sich ein kleines, temperamentvolles Mädchen in ihn verliebt hat ... Nach langen Fahrten, die Mars und Venus bestimmten, kehrt Münchhausen mit seinem getreuen Diener Kuchenreuther wieder einmal heim nach Bodenwerder. Doch kaum hat er seinen Vater begrüßt, erreicht ihn eine Botschaft des Prinzen von Braunschweig. So reitet er nach der Residenz, wo er geschickt eine delikate Mission erledigt. Damit aber ist seines Bleibens hier nicht länger. Er folgt dem Prinzen nach Petersburg, wo er die Gunst der jungen Zarin Katharina gewinnt. Nachdem er sich mit dem eifersüchtigen Potemkin duelliert und von dem diabolischen Cagliostro das Geschenk der ewigen Jugend erhalten hat, zieht er als Regimentskommandeur Katharinas mit Kuchenreuther gegen die Türken. Sein berühmter Ritt auf der Kanonenkugel führt ihn ins türkische Lager. Am Hof des mächtigen Abd-ul-Hamid weiß sich Münchhausen bald das Vertrauen des Herrschers zu erringen. Er verschafft dem Sultan in einer wunderbaren und tollkühnen Wette eine Flasche Tokayer aus Maria Theresias Keller und bemächtigt sich darauf der schönen venezianischen Prinzessin Isabella d'Este, die Abd-ul-Hamid in seinem Harem gefangenhält. Mit ihr und Kuchenreuther entkommt er zu Schiff nach Venedig. Dort verbringt er ungezählte Tage seligsten Liebesglücks. Bald aber gerät Münchhausen in eine Auseinandersetzung mit Isabellas Bruder Francesco. Nach einem Duell der beiden muß Isabella den Schleier nehmen, Münchhausen die Stadt verlassen. Er besteigt in Begleitung des getreuen Kuchenreuther die Montgolfiere des Herrn Blanchard, die ihn und den Diener zum Mond entführt. Hier stirbt der rasch alternde Kuchenreuther. Münchhausen aber fand zur Erde zurück. Seine Zeitgenossen verließen ihn, keiner wurde von Freund Hein verschont – er selbst aber, Münchhausen, blieb jung, stark und tatenfroh bis auf den heutigen Tag. Münchhausen ist unsterblich.

Hans Albers

»Die Wonnen der Nostalgie sind für mich umschlossen in der Erinnerung an einen Film, den ich mit vierzehn Jahren in einem Vorortkino (im ›Saint-Mandé Palace‹, um genau zu sein) gesehen habe, einen Film des Deutschen von Baky, der meine ganze Kindheit verzaubert hat: Bollwerke aus buntem Gips, Blumen-Frauen, denen man den Kopf vom Rumpf weggezaubert hat, als Hommage an Méliès und das Theater Robert Houdin, und dicke Türken mit einem Turban auf dem Kopf, wie bei Molière ...« (Alain Le Bris, *Midi-Minuit Fantastique*, 1966). Zu ihrem 25jährigen Jubiläum leistete sich die Ufa eine gewaltige Aufwallung der Selbstverleugnung und drehte ein Meisterwerk der Phantasie, die ein Ausdruck der Freiheit ist. Denkbar unfrei war freilich zu dieser Zeit der Autor, der als Drehbuchverfasser die Voraussetzungen dafür schaffte, daß hier alle Haltetaue gekappt wurden und der Ballon Münchhausen-Film in die entferntesten Galaxen entschweben konnte: Erich Kästner, von dem mutigen Produktionsleiter Eberhard Schmidt vorgeschlagen, hatte unter den Nazis Schreibverbot. Es wurde für die Filmarbeit aufgehoben und dann gleich wieder in Kraft gesetzt; im Vorspann wurde dann nicht einmal sein Pseudonym Berthold Bürger genannt. Stillschweigend liquidiert wurde sogar das Tabu eines Führers, über dessen Weltmacht-Phantasien man keine Witze reißt. Im Film will der machtlüsterne Cagliostro den Lügenbaron als Gefolgsmann gewinnen und breitet ihm seine Eroberungsstrategien aus: »Wenn wir erst Kurland haben, pflücken wir Polen. Poniatowski, der sich heute noch Stanislaus II. nennt, ist reif. Dann werden wir König.« Aber Münchhausen winkt lächelnd ab: »In einem werden wir zwei uns nie verstehen: in der Hauptsache! Sie wollen herrschen, ich will leben. Abenteuer, Krieg, fremde Länder und schöne Frauen – ich brauche das alles, Sie aber mißbrauchen es!« So wurde Münchhausen zum Lügenbaron, der sich die Wahrheit leisten kann. »Ein Ausstattungsfilm von verschwenderischer Pracht: Hunderte farbenfroh kostümierter Komparsen drängeln sich auf dem Markt in einem Zuckerbäcker-Petersburg, den Kanälen und Plazas im Karnevals-Venedig der Renaissance und in einem Konstantinopel aus 1001 Nacht, komplett mit kindisch-korpulentem Sultan und falsettierendem Kastraten; noch auf dem Mond wuchert, surrealen Einfällen zum Trotz, bonbonfarbene Idyle... In den phantastischen Erfindungen – die tollwütigen Gewänder, der Ritt auf der Kanonenkugel, von wo aus er ins Publikum grüßt, der Ring zum Unsichtbarwerden, die Ballonfahrt zum Mond –, in all dem bewegt sich Hans Albers mit der heiteren Gelassenheit eines schlafwandelnden Kindes« (Kraft Wetzel/Peter A. Hagemann: *Liebe, Tod und Technik – Kino des Phantastischen 1933–1945,* 1977).

Hans Albers und Ilse Werner

Hans Albers, Hermann Speelmans, Wilhelm Bendow und Marianne Simson

Hans Albers und Brigitte Horney    Hans Albers und Eduard von Winterstein

# Romanze in Moll
## 1943

*Regie* Helmut Käutner. *Regie-Assistenz* Rudolf Jugert, Siegfried Breuer. *Buch* Helmut Käutner, Willy Clever, nach einer Idee von Willy Clever. *Kamera* Georg Bruckbauer. *Kamera-Assistenz* Wolfgang Hewecker. *Musik* Lothar Brühne, Werner Eisbrenner. *Bauten* Otto Erdmann, Franz F. Fürst. *Kostüme* Ludwig Hornsteiner. *Ton* Hans Grimm. *Schnitt* Anneliese Sponholz. *Darsteller* Marianne Hoppe (Madeleine), Paul Dahlke (Madeleines Ehemann), Ferdinand Marian (Michael), Siegfried Breuer (Viktor), Elisabeth Flickenschildt (Portiersfrau), Eric Helgar (Michaels Bruder), Karl Platen (Michaels Diener), Anja Elkoff (Sängerin), Walter Lieck (Der Lange), Ernst Legal (Der Schwerhörige), Hans Stiebner (Der Dicke), Karl Günther (Juwelier), Hugo Flink (Bankier), Klaus Pohl (Pfandleiher), Leo Peukert (Cafetier), Maria Loja (Frau des Cafetiers), Ethel Reschke (Straßenmädchen), Egon Vogel (Blumenverkäufer), Helmut Käutner (Dichter). *Produktion* Tobis (Hermann Grund). 100 Minuten. *Uraufführung* 25.6.1943.

Madeleine ist mit einem korrekten und naiven Buchhalter verheiratet, einem treubesorgten Mustergatten, der von ihren feineren Instinkten und unbewußten Sehnsüchten nichts ahnt. Der Komponist Michael sieht sie, wie sie eine Perlenkette im Schaufenster eines Juweliers bewundert, und verliebt sich in ihr rätselhaft vielsagendes Lächeln. Sie inspiriert ihn zu einer Komposition, »Romanze in Moll«, zum Dank schenkt er ihr die wertvolle Kette. Madeleine will ihm die Kette zurückgeben, erliegt aber seinem Werben. Von nun an führt sie ein Doppelleben, als Ehefrau des ungeliebten Mannes und als Geliebte des Komponisten, an dessen Seite sie zu ihrer Selbstverwirklichung findet. Als der Ehemann verreist, um bei einer auswärtigen Bank eine Buchprüfung vorzunehmen, nimmt Michael seine Geliebte mit zu einem Ausflug auf das Landgut seines Bruders. Dessen Freund Viktor, ein routinierter Lebemann, verliebt sich in Madeleine. Kurze Zeit später wird Viktor Leiter des Bankhauses, bei dem der Ehemann beschäftigt ist. Er glaubt, die Frau, die ihren Mann betrügt, leicht für sich gewinnen zu können; um die Voraussetzungen für eine Liaison mit Madeleine noch günstiger gestalten zu können, befördert er ihren Mann zum Leiter einer auswärtigen Filiale. Als Madeleine sich ihm verweigert, versucht er, sie zu erpressen. Nach dem Besuch der Uraufführung der »Romanze in Moll« geht Madeleine nach Hause und nimmt eine Überdosis Schlaftabletten. Michael fordert Viktor zu einem Duell; der Schußwechsel geht für Viktor tödlich aus.

Paul Dahlke und Marianne Hoppe

Auch nach 1933 war der deutsche Film noch nicht völlig verarmt; sein größter Reichtum war ein Aufgebot wunderbarer Frauen, wie es zu dieser Zeit nicht einmal Hollywood vorzeigen konnte: Marianne Hoppe, Ilse Werner, Brigitte Helm, Zarah Leander, Hilde Krahl, Lizzy Waldmüller, Käthe von Nagy, Brigitte Horney, Jenny Jugo, Angela Salloker, Hertha Feiler, Anny Ondra, Dorothea Wieck, Olga Tschechowa, Marthe Harrel, Sybille Schmitz, Ursula Deinert, La Jana, Hilde Sessak, Charlotte Susa, Luise Ullrich, Magda Schneider, Kirsten Heiberg und so weiter und so weiter (die Reihenfolge stellt keine Rangfolge dar), gar nicht zu reden von den großen Charakterdarstellerinnen und Komikerinnen wie Elisabeth Flickenschildt und Ursula Herking, den Sportsmädeln wie Mady Rahl und Carla Rust und so fort und so fort. Über alle diese herrlichen Darstellerinnen verfügte der deutsche Film der dreißiger und vierziger Jahre, aber »verfügen« war auch alles, was er mit ihnen tat. Verlassen von aller Liebe, verlassen von der unendlichen Zärtlichkeit, mit der ein Ophüls seine Frauenfiguren durch Feuer und Wasser führte, »kam die deutsche Frau zum Einsatz« in Filmen, die für die Frau nur Verzicht auf Selbstverwirklichung vorsahen; der Platz der Frau ist auf jeden Fall an der Seite des pflichtbewußten Mannes, und wenn man bei einem gelegentlichen Ausbruchsversuch auch mal ein Auge zudrücken mag, so nur, um es anschließend wieder fester auf die Devise zu fixieren, daß das Leben der Frau ein Opfergang zu sein hat. In dem jungen Käutner, der 1939, als 31jähriger, nach Kabarett- und Bühnen-Erfahrungen zum Drehbuch und zur Filmregie kam, hatte dieser deutsche Film einen der wenigen, die

Ferdinand Marian          Paul Dahlke, Marianne Hoppe und Elisabeth Flickenschildt

Ferdinand Marian und Paul Dahlke

Romanze in Moll

Marianne Hoppe und Ferdinand Marian

wußten, daß der Film, wie die etwas frivole Rede geht, die Kunst ist, mit schönen Frauen schöne Dinge zu machen. Unter den obwaltenden Umständen wurde sein Wirken freilich meist von Melancholie überschattet. Käutners siebenter Film *Romanze in Moll* kann als Schlüsselfilm über das beschriebene Dilemma der deutschen Frau im deutschen Film aufgefaßt werden, obwohl er wahrscheinlich nicht so gemeint ist. So wie Marianne Hoppe hier in der Obhut des Buchhalter-Mustergatten Paul Dahlke verkommt, so waren Hoppe & Company dem Regime von humorlosen, erotisch uninspirierten, strengen Regie-Buchhalterseelen ausgeliefert, und wenn sie unter ganz glücklichen Umständen mal einen fanden, der eine Komposition aus ihnen machte, sie schmückte und zum Leuchten brachte, dann konnten sie schon sehr glücklich sein. Marianne Hoppe wurde mehrfach mit dieser kreativen Liebe beschenkt, jedesmal ging es um Filme, die diese Malaise selbst, die Frustration einer Frau in einer patriachalischen Ordnungswelt, zum Thema hatten: *Der Schritt vom Wege,* inszeniert von ihrem Mann Gustaf Gründgens, und die beiden Käutner-Filme *Auf Wiedersehen Franziska* und *Romanze in Moll*. »Allein die Liebe und die Suche nach dem Kostbaren retten die Helden Käutners vor dem Lebens-Ekel«, schreibt Louis Marcorelles über *Auf Wiedersehen, Franziska,* und kommt dann zu *Romanze in Moll:* »*Romanze in Moll* von 1943 beschleunigt noch diesen tragischen und evasiven Kristallisations-Prozeß, der mitten im Nazismus und im totalen Krieg den Wert eines von Wahrhaftigkeit erfüllten stummen Protestes gewinnt. Vor allem finden wir hier Marianne Hoppe wieder, eines der schönsten Gesichter, die die Leinwand uns geschenkt hat, von Lilian Gish bis Mari Tôrôcsik. Als eine noch engelhaftere Michèle Morgan zeigt sie eine Sensibilität und einen Reichtum der Empfindung, die wirklich von Innen leuchten und die Scheinwerfer kaum noch brauchen. Wenn wir in der Konzert-Szene sehen, wie sie einsam in der Loge sitzt und die Tränen ihr langsam über ihr eingefrorenes Gesicht laufen, verstehen wir, daß dies der eine Moment ihres Lebens ist, in dem sie ihr Gefühl ausleben kann. Käutner kann es sich leisten, die Details der Intrige in der Schwebe zu lassen und die Begegnung von Figuren, die sich nicht begegnen dürfen, zu vermeiden. Das Unwägbare wird zur Substanz eines Werkes von hoher Diszipliniertheit« *(Cahiers du Cinéma,* 1957).

Marianne Hoppe und Ferdinand Marian

# Unter den Brücken
## 1945

*Regie* Helmut Käutner. *Regie-Assistenz* Rudolf Jugert. *Buch* Walter Ulbrich, Helmut Käutner, nach dem Manuskript *Unter den Brücken von Paris* von Leo Laforgue. *Kamera* Igor Oberberg. *Musik* Bernhard Eichhorn. *Bauten* Anton Weber. *Schnitt* Wolfgang Wehrum. *Darsteller* Hannelore Schroth (Anna Altmann), Carl Raddatz (Hendrik Feldkamp), Gustav Knuth (Willy), Ursula Grabley (Vera), Margarete Haagen (Wirtschafterin), Hildegard Knef (Mädchen in Havelberg), Walter Gross (Mann auf der Brücke), Helmut Helsig, Erich Dunskus, Klaus Pohl, Helene Westphal, Hildegard König. *Produktion* Ufa (Walter Ulbrich). 100 Minuten. *Uraufführung* September 1946 bei der Internationalen Filmschau Locarno.

Hendrik und Willy fahren mit ihrem Havelkahn stromauf und stromab. In einer Sommernacht steht ein weinendes Mädchen auf der Brücke, in deren Nähe ihr Kahn auf die Weiterfahrt am nächsten Morgen wartet. Wider Erwarten springt dieses Mädchen nicht ins Wasser, sondern wirft nur einen Geldschein hinein. Die Freunde fischen ihn auf, geben ihn zurück und überreden das Mädchen, Anna, auf dem Kahn zu übernachten. Dann fährt sie eine Strecke mit. Hendrik verliebt sich in Anna. Willy macht den unseligen Vorschlag, sie solle eine ganze Reise mitmachen, damit man sie besser kennenlernt und nicht etwa die Katze im Sack kauft. Anna ist beleidigt und verläßt das Schiff. Hendrik und Willy fühlen sich nun einsam auf ihrem Kahn. Hendrik bringt ihre Adresse in Erfahrung und sucht sie auf. Leider kommt auch Willy hinzu. Die beiden verabreden, daß der, der das Mädchen bekommt, den Kahn verlassen muß. Willy geht voreilig an Land, weil er sicher ist, daß Anna ihn bei näherer Bekanntschaft nicht nehmen wird. Hendrik fährt mit dem Kahn weiter und ist sicher, daß Anna schon zu ihm finden wird. Willy versucht, sich an Land zu betätigen. Anna schätzt ihn als treuen Freund, aber nicht mehr. Sie erzählt ihm, warum sie damals auf der Brücke das Geld ins Wasser geworfen hat: Sie hat es fürs Modellstehen von einem Maler bekommen und war betroffen, weil dieser Künstler sie nur als Künstler sah, nicht als Frau. Willy spürt, daß Anna Sehnsucht nach Hendrik hat. Er geht zu Hendrik und sagt ihm Bescheid. Hendrik und Anna werden sich einig. Sie könnten glücklich sein, wenn nicht die Verabredung wäre: Anna oder der Kahn.

Die Wahl wird durch Willys Humor und seine Anhänglichkeit an Hendrik erübrigt. Es bleibt alles, wie es war. Der Kahn fährt weiter stromauf und stromab, nur daß sich zu den zwei Schiffern ein Mädchen gesellt hat. Willy ist einsam wie zuvor und schaut hinauf zu den Brücken, über die das Leben geht.

Hannelore Schroth

»Eine deutsche Filmsensation: *Unter den Brücken* ist, künstlerisch, stilistisch und geistig betrachtet die letzte Sensation des deutschen Films und eine der größten Filmsensationen der letzten Jahre überhaupt« *(Die Tat,* Zürich, 6.10.1946). Deutschland wußte es noch nicht, aber aus dem Filmdeutschland des Dritten Reiches war ein Film übriggeblieben und plötzlich aufgetaucht, der mit allen Filmen dieses Reiches überhaupt nichts gemein hatte, der über die Zeiten hinweg hinüberreichte zurück in die große Tradition des realistischen deutschen Films von vor 1933 und der in der kommenden Nachkriegszeit ohne Nachfolger blieb bis auf den heutigen Tag. Ein Wunderfilm, ein einfacher Film von einfachen Leuten, die eine einfache Geschichte erleben; ein Film, in dem ein Regisseur, der später nie wieder Interesse für das Einfache zeigte, eine Haltung zu seinen Figuren einnimmt, wie man sie nur ganz selten in einem Film erlebt, in einem deutschen schon gar überhaupt nicht: Käutner, der dritte Mann an Bord, der seine beiden Kahnschiffer gut genug kennt, um ganz genau zu wissen, was komisch an ihnen ist und was ein bißchen mies, der aber nie daran denkt, sich über sie lustig zu machen oder sie zu kritisieren. Und der die Frau an Bord genau so liebt wie die beiden anderen. Vielleicht hat er sogar bei der Arbeit genau so gesungen wie die beiden mit ihrem »Lieber Jung', du weißt Bescheid, nichts ist für die Ewigkeit« und ihrem »Der Südwind machte muschemusch«; daß Männer hier bei der Arbeit singen, erscheint einem als das natürlichste in der Welt. *Unter den Brücken* wurde von Mai bis Oktober 1944 gedreht, und Carl Raddatz hat erzählt, was das für ein seltsames Drehen war: »Wir haben damals alle mit großer Liebe an den *Brücken* gearbeitet. Unsere Motive, Glienicker Brücke, die ganze Havel, Ketzin, Havelwerder, es war eine idyllische, fast romantische Drehzeit, in der über unseren Köpfen die Bomberströme nach Berlin zogen. Ganz hinten am Horizont stiegen dann ein paar Minuten später Rauchpilze hoch, der Himmel wurde finster, dort hinten grollte es, und die Erde zitterte leise, und um uns quakten die Frösche, der Wind ging durchs Schilf, die Havel floß gemütlich weiter, als ob nichts wäre. Wir sahen uns besorgt an, die Arbeit ging weiter. Oder wie oft nachts, am E-Werk in Potsdam, wie oft mußten wir abbrechen, Alarm, die Scheinwerfer erloschen, im Tempo zum Bunker der Sternbrauerei, Entwarnung, wir drehen weiter bis zum Morgen. Wir waren alle sehr glücklich damals durch unsere Arbeit« *(Spielfilme im ZDF)*. Im März 1945 wurde der Film (der technisch so perfekt ist, als sei er unter den idealsten Friedensbedingungen hergestellt) von der Zensur freigegeben. Zu einer Premiere im geschlagenen Nazi-Deutschland kam es nicht mehr, im Gegenteil: die meisten Kopien und ein Teil des Negativs verbrannten in den letzten Kriegstagen. Nach dem Krieg tauchten Kopien in Schweden und in der Schweiz auf. Als *Unter den Brücken* im November in Stockholm Premiere hatte, schrieb *Aftonbladet:* »Dieser ausgesucht künstlerische und liebenswürdig unterhaltende Film, den der Zufall aus dem deutschen Zusammenbruch gerettet hat, kann als ein Gruß aus einem anderen Deutschland betrachtet werden.«

Hannelore Schroth

Hildegard Knef

Carl Raddatz

Gustav Knuth und Hannelore Schroth

Hannelore Schroth und Gustav Knuth

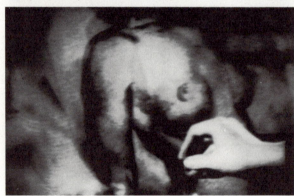
Weiblicher Akt mit Künstlerhand

# Die Mörder sind unter uns
## 1946

*Regie* Wolfgang Staudte. *Regie-Assistenz* Hans Heinrich. *Buch* Wolfgang Staudte. *Kamera* Friedl Behn-Grund, Eugen Klagemann. *Musik* Ernst Roters. *Bauten* Otto Hunte, Bruno Monden. *Kostüme* Gertraude Recke. *Ton* Klaus Jungk. *Schnitt* Hans Heinrich. *Darsteller* Ernst Wilhelm Borchert (Dr. Mertens), Hildegard Knef (Susanne Wallner), Erna Sellmer (Frau Brückner), Arno Paulsen (Ferdinand Brückner), Michael Günther (Ihr Kind Herbert), Christian Schwarzwald (Ihr Kind Otto), Robert Forsch (Mondschein), Marliese Ludwig (Sonja), Hildegard Adolphi (Daisy), Albert Johannes (Bartholomäus), Ursula Kriegk (Carola Schulz), Wolfgang Dohnberg (Fritz Knochenhauer), Ernst Stahl-Nachbaur (Arzt), Wanda Peterss, Käthe Jöken-König, Christiane Hanson. *Produktion* Defa (Herbert Uhlig). 2400 Meter. *Uraufführung* 15.10.1946. Alternativer Titel *Der Mann, den ich töten werde*.

Der Chirurg Hans Mertens kehrt aus dem Krieg in das zerstörte Berlin zurück. Er steht noch unter dem Schock des vergangenen Krieges und leidet angesichts der zahllosen Opfer, die der Krieg gefordert hat. Mertens ist ohne Hoffnung. Er trinkt, um die Vergangenheit zu vergessen. Er findet sich in der Gegenwart nicht zurecht und vegetiert in einer halbzerbombten Wohnung dahin, deren Besitzerin die junge Grafikerin Susanne ist, die gerade aus dem KZ heimkommt. Das Zusammensein mit ihr und die Sympathie, die sie immer stärker füreinander empfinden, führen ihn ganz allmählich aus seiner Lethargie und Mutlosigkeit heraus. Doch dann steigen die Erlebnisse aus seiner Vergangenheit wieder auf. In einem Krankenhaus fällt er angesichts eines stöhnenden Kranken in Ohnmacht. Fieberträume plagen ihn, aber er erholt sich wieder. Da erfährt Mertens, daß sein ehemaliger Kompaniechef Brückner, der am Weihnachtsabend 1942 in Polen unschuldige Männer und Frauen und Kinder als Geiseln erschießen ließ, in Berlin lebt. Brückner ist ein biederer Kaufmann geworden, der aus verbeulten Stahlhelmen Kochtöpfe fabriziert. Mertens lockt Brückner auf ein einsames Trümmergrundstück, um ihn zu erschießen, aber das Auftauchen einer Frau, die Hilfe für ihr Kind sucht, hindert ihn daran. Mertens geht mit der Frau mit und operiert das todkranke Kind.

Die Operation gelingt und Mertens schöpft Hoffnung, eines Tages wieder seinen Beruf ausüben zu können. Aber der Gedanke an den Brückner läßt Mertens nicht zur Ruhe kommen. Am Weihnachtsabend geht er in Brückners Fabrik, wo dieser gerade eine salbungsvolle Rede vor seiner Belegschaft hält. Als sie allein sind, fordert Mertens Rechenschaft von ihm und zieht die Pistole. Susanne kann die Tat im letzten Augenblick verhindern.

Hildegard Knef und Wilhelm Borchert

Das Exposé zu diesem Film hatte Wolfgang Staudte bereits vor Beendigung des Krieges geschrieben. Die Idee dazu lieferte ein persönliches Erlebnis. Ein SS-Obersturmführer, ein Apotheker, den Staudte kannte, hatte ihn während des Krieges aus politischen Gründen mit der Pistole bedroht, aber nicht abgedrückt. Staudte überlegte damals, was er wohl mit dem Mann machen wird, wenn der Krieg vorüber ist. Nach dem Ende des Krieges legte er sein Exposé den Kulturoffizieren der vier Besatzungsmächte vor. »Nur der sowjetische Kulturoffizier war an meinem Projekt sehr interessiert. Er hat in einem einzigen Punkt einen starken Einfluß auf den Film genommen. In meiner Originalgeschichte erschießt nämlich Mertens den Brückner. Und da sagte der russische Kulturoffizier: Alles andere ist richtig; nur es geht nicht an, daß der Zuschauer am Schluß ermuntert wird, seinen privaten Rachekrieg zu führen. Wir werden ihn daran hindern, und vor allem werden wir Sie daran hindern, so eine Möglichkeit auch nur aufzuzeigen. Damals war ich voller Zorn ... Aber ich habe eingesehen, daß die Änderung richtig war ...« (Gespräch mit Wolfgang Staudte, in: *Filmstudio 48*, 1966). Er schrieb den Schluß also um. Susanne und Mertens gehen über den Fabrikhof. Susanne: »Hans, wir haben nicht das Recht zu richten!« Mertens: »Nein, Susanne, aber wir haben die Pflicht, Anklage zu erheben, Sühne zu fordern im Auftrag von Millionen unschuldig hingemordeter Menschen!« In der

Schlußsequenz sieht man Brückner stehen hinter den Gittern seines Fabriktores, das sich in ein Gefängnisgitter verwandelt und beteuern »Ich bin doch unschuldig!« Über dieses Bild ist eine lange Kamerafahrt über Kriegshinterbliebene, Kriegsversehrte und Soldatengräber kopiert. – Dieser erste Trümmerfilm war ein hoffnungsvoller Ansatz, die deutsche Vergangenheit zu bewältigen. Es war ein schüchterner Anfang, denn die späteren Filme wie *Morituri* (1948), *Lang ist der Weg* (1947) oder *Liebe 47* (1949) beschränkten sich immer nur auf die Darstellung des »rein Menschlichen«. Man glaubt, der reinen Humanität zu begegnen – und steht doch nur einem gefährlichen Benebelungs-Verfahren gegenüber, eigens dafür erfunden, eine fatale Unfähigkeit zu verhüllen: Die Unfähigkeit, den Menschen in seiner verantwortlichen Stellung der Gesellschaft, zum Staat, zur Politik, zum Krieg und zum kriegerischen Frieden darzustellen. *Die Mörder sind unter uns* wurde im In- und Ausland ein großer Erfolg. Ungefähr fünf Millionen Zuschauer hatten ihn bis 1951 bereits gesehen. Sie gingen hinein, weil es der erste deutsche Film war, weniger um sich mit der politischen Vergangenheit auseinanderzusetzen. Der erzwungene Verzicht auf Atelieraufnahmen hatten dem deutschen Film die Bezeichnung »Trümmerfilm« eingebracht. Der deutsche Film suchte die Realität der Trümmer, aber man fragte sich, ob es Erkenntnis war oder eher ein masochistisches Lustgefühl, die Ruinen so zu fotografieren, daß man den Eindruck hatte, es handele sich um eine Karajan-Inszenierung von Verdis dramatischer Oper *Die Macht des Schicksals* auf der Freilichtbühne im südlichen Taormina. – Werner Fiedler schrieb im Oktober 1946 in *Neue Zeit:* »Die Kamera krallt sich fest an Trümmern, schafft erschreckend schöne Ruinenlandschaften. Sie krallt sich fest an zertrümmerten Schicksalen, schafft großartig düstere Seelenlandschaften. Die Elemente dieses Films sind nicht Licht und Schatten, sondern Schatten, deren lastende Schwärze durch die paar zaghaft matten Glanzlichter noch vertieft werden. Schlagschatten erschlagen immer wieder die aufglimmenden Hoffnungsschimmer ...« – Kritiker bemängelten, daß Staudte hier wiedermal nur das Schicksal »sogenannter besserer Leute« schildere, eines Akademikers und einer Künstlerin, denn »die Seelenkrisen der Arbeiter scheinen sich als ungeeignet zum Verfilmen zu haben«. Auf die Frage, warum Staudte diesen Film gedreht habe, sagte er: »Ich habe mich das eigentlich auch gefragt, um so mehr, als ich in der Nazizeit ein vergleichsweise politisch nicht aktiver Mensch war, ein wenig ausgerichtet auf den Gedanken, diese Zeit zu überleben ... Die Tatsache meiner Existenz, meines Überlebens war Verpflichtung, und ich hatte so etwas wie ein Schuldgefühl, das ich eigentlich heute noch nicht verloren habe und das mich heute noch beschäftigt« *(Künstler und politisches Bewußtsein,* in: *Filmwissenschaftliche Mitteilungen,* 1966).

Hildegard Knef und Wilhelm Borchert

Hildegard Knef und Wilhelm Borchert

# Film ohne Titel
## 1948

*Regie* Rudolf Jugert. *Buch* Helmut Käutner, Ellen Fechner, Rudolf Jugert. *Kamera* Igor Oberberg. *Musik* Bernhard Eichhorn. *Bauten* Robert Herlth, Gerhard Ladner, Max Seefelder. *Kostüme* Irmgard Becker. *Darsteller* Hans Söhnker (Martin Delius), Hildegard Knef (Christine Fleming), Irene von Meyendorff (Angelika Rösch), Willy Fritsch (Der Schauspieler), Fritz Odemar (Der Autor), Peter Hamel (Der Regisseur), Erich Ponto (Herr Schichtholz), Carsta Löck (Frau Schichtholz), Annemarie Holtz (Viktoria Luise Winkler), Margarete Haagen (Haushälterin Emma), Fritz Wagner (Jochen Fleming), Käthe Pontow (Helene), Carl Voscherau (Bauer Fleming), Hildegard Grethe (Bäuerin Fleming), Werner Finck (Hubert), Nicolai Kolin, Hannes Brackebusch, Berta Picard, Auguste Hansen-Kleinmichel, Lilo Hauer, Elly Klippe, Arnold Risch, Bum Krüger, Rudolf Helten, Walter Pose. *Produktion* Camera-Film. 90 Minuten. *Uraufführung* 23.1.1948.

Vor einem Wohnwagen, der in der Nähe eines niederdeutschen Bauerndorfes steht, diskutieren ein Filmregisseur, ein Drehbuchautor und ein Schauspieler Thema und Form eines neuen Filmes, den sie herstellen möchten. In die Debatte platzen zwei Bekannte des Autoren: das Bauernmädchen Christine Fleming und Martin Delius, früher Kunsthändler in Berlin. Der Regisseur interessiert sich für die Geschichte des merkwürdigen Paares, die der Autor zu erzählen beginnt: – Martin Delius nimmt nach einem Bombenangriff seine Geschäftspartnerin Angelika Rösch und deren Hausangestellte Christine in seinen Haushalt auf. Martin und Christine kommen sich immer näher, obwohl sie als einfaches Kind vom Land nicht richtig mit Antiquitäten umzugehen weiß. Ein Weiterbestand des Verhältnisses scheitert an den gesellschaftlichen Vorurteilen. Die enttäuschte Christine verläßt Martin. Nach dem Krieg begegnen die beiden sich unter veränderten gesellschaftlichen Verhältnissen wieder: Christine ist jetzt die besitzende Bauerntochter, Martin der besitzlose Heimkehrer. Martin bleibt für eine Weile auf dem Hof, verliebt sich aufs neue in Christine und bittet den Bauer, ihren Vater, um ihre Hand. Der Bauer mag aber seine Tochter, die jetzt an das satte Landleben gewöhnt ist, keinem Habenichts zur Frau geben. Martin geht nach Hannover. – Der Regisseur und der Schauspieler sehen in der Geschichte einen Filmstoff, aber jeder von ihnen hat andere Vorstellungen, wie man die Story für die Leinwand zurechtbiegen soll. Vor allem vom Schluß hat jeder andere Vorstellungen. Der Autor ist strikt gegen eine Verfälschung der Geschichte. Man fragt das ungleiche Paar, wie seine Geschichte im wirklichen Leben ausging: – Je mehr Martin und Christine aneinander vorbeigehen, um so mehr erkennen sie, daß sie zusammengehören. Auf der Hochzeit, die Christines Bruder Jochen mit einem Flüchtlingsmädchen feiert, kommen die Filmleute und das Liebespaar zusammen und werden sich darüber einig, daß aus dieser schönen Geschichte niemals ein Film wird.

Hans Söhnker, Hildegard Knef, Fritz Odemar, Willy Fritsch und Peter Hamel

In einer seiner seltenen, selbstironischen Launen porträtiert der deutsche Film in *Film ohne Titel* sich selbst in seiner ebenso befreiten wie orientierungslosen Nachkriegs-Situation, auf dem Punkt stehend, wo man es sich leistet, in den Startlöchern herumzufaulenzen, Perspektiven entwerfend und wieder verwerfend, die eigene Ziellosigkeit genießend, ehe dann der alte Ernst und die neue Zielbewußtheit wieder Überhand gewinnen und man entschlossen Tritt faßt. Am Schluß des Films werden sich die Filmleute des Films einig, daß man aus der schönen Geschichte des Lebens, wie es wirklich ist, niemals einen Film machen wird; das ist auf eine vermutlich ganz unbewußte Art sehr verräterisch. Denn so ging es ja wirklich weiter: der direkte Zugriff auf die Realität wurde vermieden, und die Bestandteile dieser Realität wurden, auch von den Gestaltern dieses Films, zu den teils schnulzigen, teils kabarettistischen Traumfabrik-Genres konfektioniert, die in Film ohne Titel so gelassen veralbert werden.

# Affäre Blum
## 1948

*Regie* Erich Engel. *Regie-Assistenz* Zlata Mehlers, Ludwig Lober. *Buch* R. A. Stemmle. *Kamera* Friedl Behn-Grund, Karl Plintzner. *Musik* Herbert Trantow. *Bauten* Emil Hasler, Walter Kutz. *Ton* Erich Schmidt. *Schnitt* Lilian Seng. *Darsteller* Hans Christian Blech (Karlheinz Gabler), Gisela Trowe (Christina Burmann), Arno Paulsen (Wilhelm Platzer), Maly Delschaft (Anna Platzer), Blandine Ebinger (Lucie Schmerschneider), Kurt Ehrhardt (Dr. Jakob Blum), Karin Evans (Sabine Blum), Gerhard Bienert (Karl Bremer), Renée Strobrawa (Frieda Bremer), Herbert Hübner (Landgerichtsdirektor Hecht), Paul Bildt (Untersuchungsrichter Konrad), Ernst Waldow (Kriminalkommissar Schwerdtfeger), Hugo Kalthoff (Kriminalassistent Lorenz), Helmut Rudolph (Regierungspräsident Wilschinsky), Alfred Schieske (Kriminalkommissar Otto Bonte), Friedrich Maurer (Rechtsanwalt Dr. Gerhard Wormser), Klaus Becker (Hans Fischer), Hilde Adolphi (Alma), Margarete Schön (Sophie Konrad), Werner Peters (Egon Konrad), Jean Brahn (Fritz Merkel), Albert Venohr (Waffenhändler), Emmy Burg (Frau des Waffenhändlers), Reinhard Kolldehoff (Max Tischbein). *Produktion* Defa (Herbert Uhlich), Berlin-Ost. 110 Minuten. *Uraufführung* 3.12.1948.

1926. Dr. Jakob Blum, ein jüdischer Fabrikdirektor in Magdeburg, wird verdächtigt, seinen Buchhalter ermordet zu haben, der ihn wegen angeblicher Steuerhinterziehung angezeigt hatte. Der antisemitische Untersuchungsrichter hält hartnäckig an diesem Verdacht fest, als sich längst die Spur des wahren Mörders abzeichnet. Ein gewisser Gabler ist verhaftet worden, der Schecks aus dem Scheckheft des verschwundenen Buchhalters mit gefälschter Unterschrift in Umlauf gebracht hat und eine Uhr aus dessen Besitz bei sich getragen hat. Kriminalkommissar Schwerdtfeger und Untersuchungsrichter Konrad schenken der Darstellung Gablers Glauben, er habe das Scheckheft und die Uhr aus dem Mantel eines Unbekannten entwendet, der ihn für irgend ein dunkles, nicht zur Ausführung gelangtes Unternehmen gewinnen wollte und ihn zu diesem Zweck in seinem Auto mitnahm. Dieser Unbekannte, das steht für Schwerdtfeger und Konrad fest, muß natürlich Blum gewesen sein. Gabler ist sogar in der Lage, aus einer größeren Zahl von Häftlingen heraus Blum als jenen Unbekannten zu bezeichnen. Es wird verschwiegen, daß der Kommissar Gabler vorher entsprechend präpariert hat. Der Regierungspräsident Wilschinsky, der von Blums Unschuld überzeugt ist, läßt aus Berlin den berühmten Kommissar Bonte kommen. Aber der Untersuchungsrichter lehnt es ab, mit Bonte zusammen zu arbeiten; er verschanzt sich hinter seiner richterlichen Unabhängigkeit. In der völkischen Presse wird gegen das Eingreifen des Regierungspräsidenten in die Voruntersuchung polemisiert. Bei den Nachforschungen, die Bonte trotzdem betreibt, gräbt er im Keller des Hauses, das Gabler in einem Dorf bei Magdeburg bewohnt, die Leiche des verschwundenen Buchhalters aus. Zur gleichen Zeit legt der von dem unsicher gewordenen Schwerdtfeger bedrängte Gabler ein halbes Geständnis ab. Er gibt den Ort an, wo die Leiche vergraben ist, bezeichnet jedoch Blum als den Mörder und sich selbst nur als Helfershelfer bei der Beseitigung der Leiche. Auch dieser völlig unwahrscheinlichen Darstellung schenkt der Untersuchungsrichter, der sich auf die Schuld Blums versteift hat, wiederum Glauben. Endlich gelingt es Bonte, die Braut Gablers ausfindig zu machen: sie war Zeugin der Tat und legt ein Geständnis ab. Nun kann auch Gabler nicht mehr leugnen. Er hat mit Hilfe eines fingierten Stellenangebotes, in dem ein Kassierer für eine Sparkasse gesucht wurde, den Buchhalter in seine Wohnung gelockt und ihn dort ermordet, um sich in den Besitz des Geldes zu setzen, das jener für die im Inserat verlangte Kaution bei sich trug.

Hans Christian Blech und Gisela Trowe

»*Affäre Blum* ist einer der großen Glücksfälle der deutschen Filmgeschichte. Für die Regie zeichnet Erich Engel, der sonst keinen bemerkenswerten Film schuf. Der Grund für die Gelungenheit dieses Films kann also nicht in seiner Person gesucht werden. Das Team heißt R. A. Stemmle *(Drehbuch),* Friedl Behn-Grund, Karl Plintzner *(Kamera),* Emil Hasler *(Bauten),* dann als Akteure Paul Bildt (den Brecht damals für den besten deutschen Schauspieler hielt), Hans-Christian Blech, Gisela Trowe, Blandine Ebinger, in kleineren Rollen Albert Venohr, Gerhard Bienert, Lili Schönborn-Anspach – lauter Leute mit einer Affinität zum ›realistischen‹ oder ›proletarischen‹ oder Brechtschen Spielen. Dazu kam der Ehrgeiz der Produktionsfirma (es war die Defa), einen Film von Weltrang drehen zu wollen. Der Film muß für 1948 sehr teuer gewesen sein. So umkreist die Kamera einmal ein Haus – wie bei Ophüls, Lubitsch, Renoir! Ein Hollywood-Film aus der Trümmerzeit« (Daniel Dohter, *Film-Korrespondenz,* 1975). Bis auf die Relativierung der Verdienste von Erich Engel ist das alles sehr richtig. Engel, vor und nach der Nazi-Zeit einer der engsten Theater-Mitarbeiter von Bertolt Brecht, wäre ohne weiteres in der Lage gewesen, auch ohne Mitarbeiter und Darsteller von gleicher Schulung einen Film von quasi Brechtscher Qualität zu drehen, und als ein Regisseur bemerkenswerter Filme hatte er sich schon mit seinen zwei vor dem Dritten Reich entstandenen Jenny Jugo-Komödien *Wer nimmt die Liebe ernst?* (1931) und *Fünf von der Jazzband* (1932) erwiesen. Seine allererste, sehr komische Filmerfahrung war der 1922 gemeinsam mit Brecht konzipierte und realisierte Karl Valentin-Film *Mysterien eines Frisiersalons;* der Mäzen dieses Unternehmens war ein reicher Schwarzhändler, dem es nur darum ging, seinem Bruder, einem unbegabten Schauspieler, eine Rolle zu verschaffen. Von Filmdingen verstand dieser Mann ebensowenig wie Brecht und Engel. Engel: »Wir kamen mit einem Zettel ins Atelier, standen flaxend herum und wußten nicht, wie man einen Film macht ... Abends lachten wir, daß wir von den Stühlen fielen« (*Film und Fernsehen,* 1975). Eine sehr viel seriösere Bekanntschaft mit dem Film machte er 1930, als er bereits einer der führenden Berliner Bühnenregisseure war: bei der Dostojewski-Verfilmung *Der Mörder Dimitri Karamasoff* stand er dem Regisseur Fedor Ozep als Dialogregisseur zur Seite. Nach 24 weiteren Filmen und dem Ende des Nazi-Reichs konnte er endlich sein seit Jahren gehegtes Lieblings-Projekt verwirklichen, die Verfilmung des Mordfalles Haas (im Film Fall Blum) aus den zwanziger Jahren; die authentischen Unterlagen steuerte der noch lebende Kriminalkommissar Busdorf (im Film Bonte) bei. »Der Film *Affäre Blum* spiegelt nicht nur den Antisemitismus rechtsgerichteter Kreise in der Weimarer Republik, sondern nimmt auch kritisch Stellung dazu. Konrad, Schwerdtfeger und Hecht werden nicht als individuell geprägte Charaktere begreifbar, sondern spielen ausschließlich als Repräsentanten ihrer politischen Ideologie eine Rolle« (Peter Pleyer: *Deutscher Nachkriegsfilm,* 1965).

Arno Paulsen und Hans-Christian Blech

# Berliner Ballade
## 1948

*Regie* R. A. Stemmle. *Buch* Günter Neumann. *Kamera* Georg Krause. *Musik* Werner Eisbrenner, Günter Neumann. *Bauten* Gabriel Pellon. *Kostüme* Gertraud Recke. *Ton* Hans Löhmer. *Schnitt* Walter Wischniewsky. *Darsteller* Gert Fröbe (Otto Normalverbraucher), Aribert Wäscher (Anton Zeithammer), Tatjana Sais (Ida Holle), Ute Sielisch (Eva Wandel), O. E. Hasse (Der Reaktionär), Werner Oehlschläger (Der Raisoneur), Hans Deppe (Emil Lemke), Erwin Biegel (Herr vom Bezirksamt), Karl Schönböck (Rundfunkreporter), Eduard Wenk (Vorarbeiter), Hernert Hübner (Herr Bollmann), Erich Dunskus (Portier), Valy Arnheim (Amerikanischer Politiker), Clemens Hasse (Hamsterer), Erik Ode (Sprecher). *Produktion* Comedia (Alf Teichs). 89 Minuten. *Uraufführung* 31.12.1948.

Im Jahr 2049 versetzt sich ein Bewohner dieser zukünftigen Welt mittels Spezial-Zeitbetrachter in das Jahr 1949. Der Held dieser um 100 Jahre zurückliegenden Zeit ist Otto Normalverbraucher, ein Berliner und unfreiwilliger Vaterlandsverteidiger, der in Bayern gestrandet ist. Hier lernt er die Errungenschaften der wiedergewonnenen Zivilisation kennen: Zuzugsgenehmigung, Lebensmittelkarten, Arbeitserlaubnis und so weiter. Otto will unbedingt zurück nach Berlin und schafft das auch, indem er sich durch einen Fuchsbau unter den Zonengrenzen durcharbeitet. Er landet vor seiner Wohnung, in der sich ein schiebender Unternehmer und eine ehevermittelnde Untermieterin eingenistet haben. Otto versucht, wieder Mensch zu werden, und merkt, daß das nur durch die Ausübung des Tauschhandels möglich ist. Er schlägt sich als Drucker, Kellner und Nachtwächter durch. In seinen vielen Träumen taucht immer wieder ein leckeres Kuchenmädchen mit Törtchen und Schlagsahne auf. Weil er so viel träumt, räumen Diebe das seiner Obhut anvertraute Konfektionsgeschäft leer, so wird er seinen Job los. Dafür findet er sein Kuchenmädchen in natura und geht mit ihr zum Standesamt. Nach einigen zeitgenössischen häuslichen Szenen gerät Otto in eine militär-taktische Diskussion zwischen zwei reaktionären Vertretern von Ost und West, wobei es derart schlagkräftig zugeht, daß Otto in einem Sarg wieder zu sich kommt. Selbst die Särge sind in dieser Zeit so miserabel gefertigt, daß Otto auf dem Bodenbrett des Sarges liegenbleibt, während die trauernden Hinterbliebenen den Kasten zum Friedhof schleppen und der gute Otto seiner eigenen Beerdigung beiwohnen darf. Da die Zeremonie angesetzt ist und deshalb auch stattfinden muß, der Sarg aber noch leer steht, werden statt Otto Normalverbraucher Schiebertum und Egoismus, Haß und Militarismus und die endlosen und erfolglosen Konferenzen zu Grabe getragen. Die menschliche Vernunft siegt halt immer – meint der Zeitbetrachter aus dem Jahre 2049.

O. E. Hasse und Gert Fröbe

Das Kabarett ist der Todfeind des Films und zugleich die größte Versuchung des Filmemachers, bei dem die Kraft zur filmischen Gestaltung nicht ausreicht; Kleinkunst, vom Tagesgeschehen gespeist und zum sofortigen Verbrauch bestimmt, von der Pointen-Dramaturgie reglementiert, »live« zu genießen. Läßt der Film sich auch nur auf einen Flirt mit dem

Kabarett ein, so muß er dafür bezahlen mit einem gestörten Verhältnis zur Realität wie zur Surrealität und gelangt niemals zu einer wünschenswerten Verbindung zwischen dem Satirischen und dem Epischen, sondern immer nur zu einer Abfolge wohlfeiler und greller Effekte im Niemandsland zwischen allen Medien und Kunstformen. Mit *Berliner Ballade* und dem einen Monat zuvor uraufgeführten Käutner-Film *Der Apfel ist ab* beginnt die Liebesgeschichte des deutschen Nachkriegsfilms und des deutschen Kabaretts, die zu einer katastrophalen Ehe mit einer entsprechenden Anzahl von Mißgeburten führte. Dabei sind die Produkte, die aus der Verfilmung von Kabarett entstanden, immer noch leichter zu goutieren als die Filme, die wie ein Kabarettprogramm inszeniert wurden. Einer der schlimmsten Filme aus der zweiten Kategorie ist Käutners Spätwerk *Der Traum von Lieschen Müller.* Das beste Werk aus der ersten Kategorie ist *Berliner Ballade,* das nichts anderes ist als das Kabarett-Programm *Schwarzer Jahrmarkt,* für das Kino angereichert um die zentrale Figur des Otto Normalver-

braucher (der Start von Gert Fröbes großer Filmkarriere) und die Rahmenhandlung aus dem Jahre 2049, letzteres eine eher unglückliche Idee, die dem Ganzen eine utopische Nostalgie-Witz-Perspektive aufzwingt, was für ein Kabarett-Programm, egal ob auf der Bühne oder auf der Leinwand, auf jeden Fall die falsche Perspektive ist.

Tatjana Sais und Gert Fröbe

# Rotation
## 1948

*Regie* Wolfgang Staudte. *Regie-Assistenz* Hans Heinrich. *Buch* Wolfgang Staudte, Erwin Klein, nach einer Idee von Wolfgang Staudte. *Kamera* Bruno Mondi. *Musik* H. W. Wiemann. *Bauten* Willy Schiller, Willi Eplinius, Artur Schwarz, Franz Fürst. *Kostüme* G. Schott. *Ton* Karl Tramburg. *Schnitt* Lilian Seng. *Darsteller* Paul Esser (Hans Behnke), Irene Korb (Lotte Behnke), Karl-Heinz Deikkert (Helmut Behnke) Brigitte Krause (Inge, seine Freundin), Reinhold Bernt (Kurt Blank), Reinhard Kolldehoff (Rudi Wille), Werner Peters (Udo Schulze), Albert Johannes (Personalchef »VB«), Theodor Vogeler (SD-Mann), Walter Tarrach (SD-Mann), Valeska Stock (Hebamme), Ellen Thenn-Weinig (Frau Salomon), Klemens Hertberg (Herr Salomon), Hans-Erich Korbschmitt (Ein Besucher), Maria Loja (Die Wirtin), Wolfgang Kühne, Alfred Maak, Margit Rocky, Siegfried Andrich, Hugo Kalthoff, Carlo Kluge, Helmut Hain, Georg August Koch. *Produktion* Defa (Herbert Uhlig). 2375 Meter. *Uraufführung* 16.9.1949.

Kriegsende. Männer von der SS treiben politische Häftlinge in einem Gefängnishof zusammen, um sie zu liquidieren. Einer von ihnen ist der Drucker Hans Behnke. Er erinnert sich an die letzten zwanzig Jahre seines Lebens: Mitte der Zwanziger Jahre heiratete er die Lotte Blank. Sie haben beide keine Arbeit. Ihr kleiner Sohn Helmut, der kurz nach ihrer Hochzeit geboren wird, leidet bald an Unterernährung. 1933 findet Hans Behnke endlich eine Anstellung in einem Zeitungsbetrieb. Es geht nun bergauf, aber Hans Behnke verliert dadurch noch lange nicht den Blick für die Realität. Er denkt gar nicht daran, das Bild mit dem röhrenden Hirsch über dem Sofa durch ein Porträt-Bild des Führers zu ersetzen. Doch dann winkt der Aufstieg. Nach einigem Zögern tritt er in die Partei ein und zieht die Gardinen zu, um den Abtransport jüdischer Nachbarn nicht mitansehen zu müssen. Erst als der politisch aktive Bruder seiner Frau von den Nazis ermordet wird, beginnt er, sich gegen das Unrecht aufzulehnen, indem er Flugblätter gegen die Nazis drucken hilft. Sein blonder Sohn Helmut ist ein begeisterter Hitlerjunge geworden. Er denunziert seinen Vater und Behnke wird verhaftet. – Im letzten Moment wird die Exekution im Gefängnishof von einem Stoßtrupp russischer Soldaten verhindert. Behnke ist gerettet, aber seine Frau Lotte ist bei den letzten Bombenangriffen ums Leben gekommen. Helmut kehrt schon bald aus der Gefangenschaft zurück. Nach langem Zögern, aber ermutigt durch das Zureden seiner Freundin Inge, sucht Helmut seinen Vater auf und bittet ihn um Verzeihung. Aber Behnke kennt die wahren Schuldigen: »Nicht ihr – *wir* müssen *euch* um Verzeihung bitten.«

Paul Esser und Inge Korb

Staudte attackiert den unpolitischen Kleinbürger, der gefangen in seinem Fatalismus, sich später zu rechtfertigen sucht, daß er den Krieg ja nicht gemacht, sondern lediglich seine Pflicht getan habe. Paul Esser spielt nicht nur diese eine Seite. Er ist nicht nur dieser sture und rigide Mitläufer-Typ, der sich die entsprechenden Parolen auch gleich zu eigen macht, sondern er ist einer derjenigen, die ganz dunkel etwas von ihrer Mittäterschaft ahnen. So spiegelt sich in Essers Augen permanent das schlechte Gewissen und der Anflug von Unmut über die eigene Tranigkeit. Dieses Spiel von Paul Esser erlaubte es Staudte, ohne auch nur den Bruchteil einer Sekunde Peinlichkeit oder Aufdringlichkeit zu erregen, Esser in Sträflingskleidung mit dem gequälten Gesichtsausdruck eines Kindes, endlos lange vor der von namenlosen Opfern bekritzelten Wand stehen zu lassen. – »Als schon im Jahre 1948, also nur drei Jahre nach der bedingungslosen Kapitulation, im öffentlichen und politischen Leben die ersten Anzeichen einer hemmungslosen Restauration sichtbar wurden, als man erst zaghaft, dann immer unverhüllter die Rehabilitation der faschistischen Führer und Generäle betrieb, die ersten Soldatenzeitungen an den Kiosken auftauchten, der alte nationalistisch-reaktionäre ›Stahlhelm-Bund‹ protestlos von der Bonner Regierung sanktioniert wurde – als man in öffentlichen Kundgebungen von der ›deutschen Schmach‹ sprach, womit man nicht etwa die eigene faschistische Vergangenheit, sondern das Trauma der Wehrlosigkeit, der verlorenen Ostgebiete und die Saar meinte –, in dieser Zeit schrieb ich das Szenarium zu dem Film *Rotation*. – Ich habe in diesem Film versucht, mich gegen die verhängnisvollen Tendenzen der Gegenwart zu stellen – die Entwicklung des politischen Alltags gleicht erschreckend der Zeit nach dem Ersten Weltkrieg –, ich habe versucht aufzuzeigen, wie es zu der unfaßbaren Katastrophe kommen konnte, um mitzuhelfen, daß es nicht in Zukunft zu

war nur der Anfang der hitlerischen Wehrmacht.« (Wolfgang Staudte, *Deutsche Filmkunst*, Heft 2, 1955, Nachdruck in: Stiftung Deutsche Kinemathek [Hrsg.], Wolfgang Staudte). – Staudte hatte Ärger mit der Defa wegen einer Szene, die sich Staudte weigerte zu verändern. »Das war die Szene, in der der Hitlerjunge aus der Gefangenschaft zu seinem

Theodor Vogeler

Paul Esser

einer noch größeren Katastrophe kommt. Zu viele sind heute schon wieder bereit, den gleichen Weg, der Europa erschüttert hat, noch einmal zu gehen. – ... Und heute wie damals ist in Deutschland die Zahl der Unbelehrbaren groß, die noch immer glauben, ›unpolitisch‹ sein zu können. Deshalb zeigt *Rotation* die Geschichte eines braven und tüchtigen Mannes. Auch er will nichts damit zu tun haben, auch er ist unpolitisch und wird mitschuldig. ... Mein wichtigstes Anliegen aber mit diesem Film war es zu zeigen, wohin die ›Politik der Stärke‹ geführt hat. Damals wie heute entbrannte der Kampf um die Wiederbewaffnung. Damals waren es nur hunderttausend Mann! Heute sind es ja nur zwölf Divisionen. Das Hunderttausend-Mann-Heer aber

Vater zurückkehrt, die Uniform in den Ofen steckt, einen Anzug anzieht und sagt: Vater, das ist mein erster Zivilanzug. Worauf der Vater entgegnete: Und das war deine letzte Uniform! Diese Szene hat man rausnehmen wollen; ich habe mich aber entschieden geweigert, das zuzulassen. Und daraufhin wurde der Film tatsächlich ein Dreivierteljahr lang nicht aufgeführt. ... Wegen der pazifistischen Tendenz. Ich finde das nach wie vor dumm. Aber zu notieren ist eben, daß die Defa den Film nicht herausgebracht hat, bevor nicht das Placet vorlag. Schließlich haben wir uns auf irgendeine Konzession geeinigt. Den Film gar nicht rausbringen, das hatte auch wieder keinen Sinn.« (Gespräch mit Wolfgang Staudte in: *Filmstudio 48*, 1.1.1966).

Paul Esser und Karl-Heinz Deickert

# Nachtwache
## 1949

*Regie* Harald Braun. *Buch* Harald Braun, Paul Alverdes. *Kamera* Franz Koch. *Musik* Mark Lothar. *Bauten* Walter Haag. *Darsteller* Luise Ullrich (Cornelie), Hans Nielsen (Pfarrer Johannes Heger), René Deltgen (Stefan Gorgas), Dieter Borsche (Kaplan von Imhoff), Angelika Voelkner (Lotte), Käthe Haack (Oberin von Heiliggeist), Gertrud Eysoldt (Schwester Jakobe), Nicolai Kolin (Der Karnikkelmann), Herbert Kroll (Bürgermeister), Annette Schleiermacher (Helferin). *Produktion* Neue Deutsche Filmgesellschaft-Filmaufbau. 107 Minuten. *Uraufführung* 21.10.1949.

Der evangelische Pfarrer Heger kommt mit seiner zehnjährigen Tochter Lotte als Gemeindepfarrer und Seelsorger des Hospitals zum Heiligen Geist nach Burgdorf. Am Krankenhaus ist eine Ärztin, Cornelie Badenhausen, die durch den Krieg und den Tod ihrer kleinen Tochter den Glauben an Gott verloren hat. Den Vater des Kindes, Stefan Gorgas, glaubt sie als Jagdflieger im Krieg gefallen. Gorgas lebt aber noch. Er ist Schauspieler geworden. Auf Einladung eines Kriegskameraden, des jetzigen Kaplans von Imhoff, kommt er nach Burgdorf, um hier den Jedermann zu spielen. Gorgas betrachtet die Religion nur mehr mit Zynismus. Die beiden Geistlichen entwickeln ein freundschaftliches Verhältnis miteinander. »Beide Geistliche kennen ihren gemeinsamen Weg als eine Art ›Nachtwache‹, die sie für die von dem Dunkel der Zeit überschattete Menschheit halten.« Die vergeblichen Versuche Gorgas, Cornelie wieder für sich zu gewinnen, führen zu einem skandalösen Auftritt. Die Hospitals-Oberin bittet sie, ihre Stelle zu verlassen. Cornelie schickt sich an, aus Burgdorf abzureisen. Da passiert ein Unglück. Auf dem Marktplatz schwingt Gorgas mit der kleinen Lotte in einer Schiffschaukel. Lotte stürzt aus der Schaukel. Cornelie und die Ärzte des Hospitals kämpfen vergeblich um das Leben des Kindes. Kaplan von Imhoff steht Pfarrer Heger bei, der verzweifelt auf den Ausgang der Operation wartet. Lotte ist tot. Auf dem Turm seiner Kirche trifft Heger, der dort über den Gang der Welt sinniert, Gorgas, der sich die Schuld am Tod des Kindes gibt und sich umbringen will. Heger hält ihn davon ab. Cornelie ist um Heger besorgt und sucht ihn. Sie findet ihn in seinem Pfarrhaus beim Klavierspiel; er spielt das Lied, das er immer mit seiner Tochter vor dem Schlafengehen sang. Am nächsten Morgen nimmt Cornelie in Hegers Kirche am Gottesdienst teil, nun wieder mit Gott versöhnt. (Zitat aus *Illustrierte Filmbühne* Nr. 447).

Dieter Borsche und Hans Nielsen

*Nachtwache,* unter dem Slogan »Der Film, zu dem man seinen liebsten Menschen mitnimmt« in die Kinos gebracht, war der größte deutsche Filmerfolg der Saison 1949/50 und einer der erfolgreichsten Nachkriegsfilme überhaupt. Er erfüllte eine ähnliche Funktion wie die dann folgenden Heimatfilme, und zwar mit den gleichen Mitteln: er begegnete der seelischen Heimatlosigkeit (der Verlust an Heimat als ein Verlust an Seele ist ein zentrales Motiv von Egon Günthers Feuchtwanger-Verfilmung *Exil* von 1980) mit dem Balsam einer Beichte, die Vergebung von allem auch ohne Sündenbekenntnis und Buße gewährt: *Nachtwache* ist ein ökumenischer Heimatfilm. Harald Braun, der sich das alles ausgedacht und in Szene gesetzt hatte, war dank passender Ausbildung der geeignete Mann für diese Aufgabe: er stammte aus einem Pastorenhaushalt und kam aus der besten Ufa-Schnulzenschule. Die platte Redseligkeit des Werkes wurde sogar von den meisten Kritikern honoriert; nur Karl Korn schrieb in der *FAZ:* »Nachtwachen werden schweigend gehalten!« Die

besten Sachen aber über die *Nachtwache* hat die Hauptdarstellerin Luise Ullrich geschrieben, in ihren überhaupt sehr scharfsinnigen und ehrlichen Memoiren *Komm auf die Schaukel, Luise*. Eindrücke vor den Dreharbeiten (Braun demütigte die mit einer Erfahrung von 25 Filmen, darunter *Liebelei* und Brauns eigene *Nora*, gesegnete Hauptdarstellerin, indem er ihr Probeaufnahmen aufzwang): »Die Lektüre (des Drehbuchs) fiel mir schwer. Das Thema schien mir problemüberladen, triefend von Sentimentalität und angepfropft mit konstruierter Dramatik ... Viele Personen des Buches hatten durch den Krieg und durch das erlebte Elend den Glauben an Gott verloren. Am Schluß sang ein Kinderchor: ›Erhebet Eure Herzen, erhebet sie zum Herrn‹, und alle wurden bekehrt. Wenn sie mir die Rolle nicht geben, dachte ich, dann ist es auch kein Unglück.« Abschließende Eindrücke nach den Dreharbeiten: »Der Ton, den Harald Braun für die Ärztin wollte, war nicht mein Ton ... Er wollte sie sanft, mild, leise, wehmütig, und ich wollte ihr hinterrücks eine Spritze Lebenswillen und Selbstironie verpassen, und wenn Harald es nicht merkte, einen Hauch Humor, weil ich finde, die schrecklichsten Dinge im Leben kann man als intelligenter Mensch nur mit Humor ertragen. Wir mußten Vokabeln klären. Harald sagte: ›Verstehen Sie doch, die Ärztin ist vom Leben enttäuscht und desillusioniert.‹ Ich sagte: ›Das stimmt, Sie haben recht.‹ Das muß man immer sagen, wenn man mit einem Regisseur verhandelt und seine eigene Meinung durchsetzen will. ›Aber Enttäuschung heißt ja wörtlich das Ende einer Täuschung, ist also eigentlich positiv und der Anfang einer Wahrheit. Und Glück liegt dort, wo keine Illusionen mehr sind.‹ Harald Braun war vollkommen anderer Ansicht. Er verstand überhaupt nicht, daß man heiter enttäuscht sein und sich von Illusionen angenehm befreit fühlen kann. Trotzdem ließ er mich die Rolle so spielen, wie ich sie eben mit meinen Möglichkeiten spielen konnte. Er mochte mich sehr, aber ich war nicht sein Typ. Sein Typ war Zarah Leander, er liebte und verehrte sie.«

# Die Sünderin
## 1951

*Regie* Willi Forst. *Regie-Assistenz* Georg Marischka. *Buch* Gerhard Menzel. *Kamera* Vaclav Vich. *Kamera-Assistenz* Claus Schumann. *Musik* Theo Mackeben. *Bauten* Franz Schroedter. *Kostüme* André. *Ton* Martin Müller. *Schnitt* Max Brenner. *Darsteller* Hildegard Knef (Martina), Gustav Fröhlich (Alexander), Robert Meyn (Martinas Stiefvater), Aenne Bruck (Martinas Stiefmutter), Jochen-Wolfgang Meyn (Martinas Stiefbruder), Andreas Wolf (Arzt), Theo Tecklenburg, Vera Friedtberg, Carl Voscherau, Benno Gellenbeck, Karl Kramer, Horst von Otto. *Produktion* Deutsche Styria-Film in der jungen Film-Union Rolf Meyer. 90 Minuten. *Uraufführung* 18.1.1951.

Jochen-Wolfgang Meyn und Hildegard Knef

Im Krieg muß Martinas Vater, da politisch suspekt, seine Villa aufgeben und mit seiner Familie in eine Etagenwohnung ziehen. Die anspruchsvolle Mutter macht diesen sozialen Abstieg durch zahlreiche Verhältnisse mit begüterten Herren wett. Von ihrem Mann als Hure beschimpft, verläßt sie die ihren. Der Vater wird von der Gestapo abgeholt. Die vierzehnjährige Martina bleibt mit ihrem Halbbruder allein. Gegen Barzahlung gibt sie sich ihm hin. Als der Vater wieder heimkehrt und die häuslichen Verhältnisse übersieht, wirft er Martina hinaus. Der Krieg ist aus. Martina wird zur Prostituierten. Sie lernt den verlotterten Maler Alexander kennen und verliebt sich ernstlich in ihn. Der Maler hat einen Gehirntumor, er wird erblinden und sterben. Um Geld für eine Operation zu beschaffen, geht Martina wieder den Weg der Sünde. Als sie genug verdient hat, fährt sie mit Alexander nach Wien, wo er operiert wird. Die Kopfschmerzen lassen nach. Nur Martina und der Arzt wissen, daß das nur eine vorübergehende Linderung ist. Martina bringt den Unheilbaren, der von seinem Zustand nichts weiß, mit Schlaftabletten um. Dann spült auch sie eine Unmenge Veronal mit Sekt herunter.

»Zu meinem großen Schmerz wird der berüchtigte Film *Die Sünderin* trotz aller Proteste zuständiger Stellen nun auch in Köln, in der Metropole unserer Erzdiözese aufgeführt... Ich erwarte, daß unsere katholischen Männer und Frauen, erst recht unsere gesunde katholische Jugend in berechtigter Empörung und in christlicher Einmütigkeit die Lichtspieltheater meidet, die unter Mißbrauch des Namens der Kunst eine Aufführung bringen, die auf eine Zersetzung der sittlichen Begriffe unseres christlichen Volkes hinauskommt.« So hieß es in dem Mahnwort, das Joseph Kardinal Frings, Erzbischof von Köln, am Sonntag, den 4. März 1951 von allen Kanzeln der Erzdiözese verlesen ließ. Willi Forsts erster Nachkriegsfilm *Die Sünderin* war der größte Skandalfall des deutschen Nachkriegsfilms. Die Kirchenvertreter zogen vorübergehend aus der FSK aus, weil sie die Freigabe des Films nicht verhindern konnten. Allerorten kam es zu wilden Demonstrationen. Geistliche warfen in Kinos Stinkbomben. Stadt- und Kreisbehörden verboten die Aufführung des Films, Kabinette von Bundesländern attestierten ihm nicht nur »entsittlichende Wirkung«, sondern sogar »verfassungsfeindliche Tendenzen«. Als Landes- und Oberlandesgerichte Polizeimaßnahmen gegen *Sünderin*-Aufführungen sanktionierten, ging es schon nicht mehr um den Film selbst, sondern nur noch um die Frage, ob die Film-Freiheit in der Bundesrepublik einer Polizei- und Staatszensur weichen würde. Es wurde von einem neuen Kulturkampf gesprochen. Aber dann entschied das Karlsruher Bundesgericht, Film falle nicht unter »freie Meinungsäußerung«, sondern sei ein »Erzeugnis der Kunst«. Damit war er für die Zukunft vor Polizeizensur weitgehend geschützt. Das war die letzte gute Tat der *Sünderin,* die ja überhaupt auf der Leinwand nur gesündigt hatte, um Gutes tun zu können. Wir haben das Wort ihres Erzeugers dafür. Noch vor der Premiere im Januar 1951 erklärte Willi Forst seinen Film so: »Das Hohelied einer Frau beweist uns durch die alles überstrahlende Kraft der Liebe, daß es dicht neben

Schmutz und Finsternis auch Reinheit, Helligkeit und Schönheit geben kann.« Es wäre ein bißchen zu leicht, ihn beim Wort zu nehmen und das als das letzte, vernichtende Urteil über die Sünderin stehen zu lassen. In Wirklichkeit ist *Die Sünderin* der interessanteste schlechte deutsche Film aus einer Zeit, da es fast nur schlechte deutsche Filme gab. Heillos interessant ist es zum Beispiel, wie Forst die allegorischen Trickspielereien aus seinen Wiener Operetten-Filmen mit makabrer Note, aber ganz ernstgemeint in die Hintertreppen-Geschichte übernimmt: Alexander malt seinen Arzt, auf dem Bild verwandelt sich der Kopf des Arztes in den Kopf eines Todesengels. Sehr eindrucksvoll auch die Forstsche Metaphorik: Martina (eine ausgezeichnete Leistung von Hildegard Knef) geht wieder auf den Strich, um Geld für Alexanders Operation zu verdienen, nächtlich steigt sie durch Schmutz und Trümmer, und damit mans auch glaubt, sagt sie im Off-Kommentar: »Wieder mußte ich durch Schmutz und Trümmer steigen...« Der Film hat nämlich einen Kommentar, oder vielmehr: er besteht aus einem endlosen, bebilderten Monolog Martinas, die vor dem Griff nach dem Veronal noch mit ihren Gedanken in der Vergangenheit herumspringt. Bei besserer Verarbeitung des Sujets und etwas mehr Kunstverstand hätte der Film eine kühne Vorwegnahme heutiger filmischer Erzählstrukturen werden können. Wie die Dinge liegen, wirkt er mehr wie ein nachträglich mit Ton versehener Stummfilm, der einem verwirrten Cutter in die Hände gefallen ist. Aber er hat die Faszination aller heillos chaotischen und wüst verkitschten Filme.

Hildegard Knef

# Der Untertan
## 1951

*Regie* Wolfgang Staudte. *Buch* Wolfgang Staudte, Fritz Staudte. *Kamera* Robert Baberske. *Musik* Horst-Hanns Sieber. *Bauten* Erich Zander, Karl Schneider. *Kostüme* Walter Schulze-Mittendorf. *Ton* Erich Schmidt. *Schnitt* Johanna Rosinski. *Darsteller* Werner Peters (Diederich Hessling), Paul Esser (Regierungs-Präsident von Wulkow), Sabine Thalbach (Agnes Göpel), Friedrich Maurer (Agnes' Vater), Renate Fischer (Guste Daimchen), Ernst Legal (Pastor Zillich), Hans-Georg Laubenthal (Mahlmann), Wolfgang Heise (Leutnant von Brietzen), Gertrud Bergmann (Mutter Hessling), Emmy Burg (Magda Hessling), Carola Braunbock (Emmi Hessling), Blandine Ebinger (Frau von Wulkow), Eduard von Winterstein (Der alte Buck), Raimund Schlecher (Dr. Wolfgang Buck), Friedrich Richter (Fabrikant Lauer), Axel Triebel (Major Kunze), Friedrich Gnass (Napoleon Fischer). *Produktion* Defa, Berlin-Ost. 97 Minuten. *Uraufführung* 31.3.1951. *Erstaufführung* Bundesrepublik Deutschland 8.3.1957.

Diederich Hessling, geboren in Netzig als Sohn eines Papierfabrikanten, wird von seinem Vater häufig verprügelt. Von früh auf lernt er die Macht als eine Erscheinung kennen, die ihn furchtsam und zugleich wohlig erzittern läßt. In der Schule, wo die Lehrer die absolute Autorität verkörpern, erfährt Hessling, daß die Macht denen, die ihr dienen, auch das Recht gibt, nach unten weiterzutreten. Er studiert in Berlin als nationalstolzer Korpsstudent, bekommt eines Tages sogar seinen Kaiser zu sehen und erkennt: hier ist höchste Macht. Vor dem Militärdienst, den er im Prinzip begeistert bejaht, drückt er sich mit Hilfe seiner Plattfüße und seiner korporativen Verbindungen. Er läßt sich mit der Tochter eines verarmten Fabrikanten, Agnes Göpel, ein und läßt sie dann sitzen, weil ein deutscher Mann nur ein unberührtes Mädchen heiratet. Hessling kehrt nach Netzig zurück und übernimmt die Fabrik seines inzwischen verstorbenen Vaters. Er sieht streng auf Sittlichkeit unter seinen Arbeitern und pflegt die nationale Sache umso mehr, als er erkennt, daß seine liberalen Gegner zugleich Geschäftskonkurrenten sind: man muß es so einrichten, daß man der Macht dient und zugleich daran verdient. Den Fabrikanten Lauer, der sich zu einer Majestätsbeleidigung hinreißen läßt, bringt er durch seine Zeugenaussage ins Gefängnis, womit er sich das Wohlwollen des Regierungs-Präsidenten von Wulkow sichert. An amtlichen Papieraufträgen ist nun kein Mangel mehr. Außerdem wird Hessling Stadtverordneter; in dieser Eigenschaft setzt er sich für den Bau eines Kaiserdenkmals ein. Auf dieser Höhe seines Lebens heiratet Hessling die schwerreiche Guste Daimchen. Die Hochzeitsreise führt die beiden nach Italien, wo auch gerade Wilhelm II. weilt: Hessling bringt ihm im Alleingang eine gelungene Ovation. Heimgekehrt sieht Hessling sich mit einem dummen Problem konfrontiert: ein Leutnant von Brietzen läßt seine Schwester Emmi sitzen. Hessling fordert Genugtuung, aber der Leutnant verhöhnt ihn nur. Irgendwie hat Hessling das Gefühl, daß das so ganz in Ordnung ist. Endlich wird das Kaiserdenkmal vollendet. Hessling darf die Festrede halten. Ein Wolkenbruch überrascht die Festgesellschaft. Alles flieht. Hessling harrt aus und erweist dem Denkmal seine unerschütterliche Reverenz.

Werner Peters

Wie sehr Wolfgang Staudte mit der Verfilmung der bissigen Satire nach Heinrich Mann ins Schwarze der Seele des deutschen Bürgers getroffen hatte und wie sehr er selbst zur Entstehungszeit des Films noch zu verletzen vermochte, bewies ein großer Teil westdeutscher Kritiker, die auf die Barrikaden stiegen und Gift und Galle spuckten. In der Bundesrepublik war *Der Untertan* vom »interministeriellen Filmausschuß« der für die Einfuhr sowjetzonaler Filmprodukte in erster Linie verantwortlichen Instanz, verboten worden. Welch eine Parallele! 1918 war die Reaktion gegen den Roman von Heinrich Mann Sturm gelaufen. – Der Filmkaufmann Mehl, Geschäftsführer der Berliner Ideal Film GmbH ließ aber den Bonner Filmprüfern keine Ruhe. 1956, nachdem der Film bereits zum zweitenmal abgelehnt worden war, erwirkte er eine einmalige Aufführungserlaubnis (wie er das schaffte, blieb sein Geheimnis) für Westberlin und organisierte auch gleich eine Pressekonferenz. Die Kritiken waren durchweg positiv. Es hieß unter anderem, daß es sich hier »um einen avantgardistischen Film handelt, und nicht einzusehen ist, warum dieses Werk, das ein unheilvolles Gebrechen unserer Zeit, den Untertanengeist, karikiert, nicht auch im Westen gezeigt werden konnte« (*Telegraf,* 9.10.56), und »denn hier liegt einer der klarsten und saubersten Filme vor, der einen Großteil der westdeutschen Filmhersteller in einen Gewissenskonflikt mit ihrem eigenen Filmgeschmack bringen müßte« (*Sender Rias Berlin,* 12.10.56). Das Wirtschaftsministerium fand schließlich heraus, daß jene Bonner Institution über eine gesetzliche Handhabe, den Film zu verbieten, gar nicht verfügte, da der Film nicht gegen den Paragraphen 93 des STGB verstieß, der die Herstellung verfassungsverräterischer Publikationen verbietet. Der Film mußte notgedrungen freigegeben werden. Er mußte um elf Minuten gekürzt werden und wurde mit einem Vorspann versehen, der den Zuschauer darauf hinwies, daß es sich bei der Schilderung der Vorfälle in diesem Film um einen Einzelfall handele. – *Der Untertan* war bereits mit außergewöhnlichem Erfolg in mehreren westeuropäischen Ländern gelaufen, hatte Preise auf verschiedenen Filmfestspielen im Ausland gewonnen und viel Anerkennung erhalten. In der Bundesrepublik war das anders. Wolfgang Staudte wurde unter anderem als Protegé Goebbels' hingestellt, weil er im Dritten Reich schon Filme gedreht hatte. *Der Untertan* machte ihn nun zum »Nestbeschmutzer«, und weil er von fünf Filmen nach dem Krieg vier für die Defa gedreht hatte, war er nun der »Ost-West-Pendler« und »tanzte auf mehreren Hochzeiten«. Der größere Teil der westdeutschen Presse reagierte gereizt, nahezu hysterisch. Unter der Überschrift »Ein Film gegen Deutschland, Wolfgang Staudte im Dienste kommunistischer Kulturpolitik« bemängelte ein Kritiker, daß der einfache Mann und die Arbeiter als brave, rechtschaffende Menschen dargestellt sind und verdächtigte Staudte, »im Geiste der Bolschewisierung der Welt« *(Filmpress)* zu wirken. Andere Kritiker bezeichneten den Film als humorlos und böse und Oskar Kalbus nannte ihn schlicht einen »Charaktermord«. – *Der Untertan* gehört zu den bedeutendsten Nachkriegsfilmen. Für Herbert Ihering hatte Staudte mit diesem Film »Maßstäbe gesetzt«: »Dieser Defa-Film kommt im rechten Augenblick;

Werner Peters

chen bedrucktes Klopapier verteilt. Das traf auch für die karikaturistische Übersteigerung der reaktionären Charaktere zu, die die Unheimlichkeit der Gestalten zuweilen vergessen ließ. *Der Untertan* gehört zu den ganz großen Erfolgen in der Geschichte des Defa-Films.

Werner Peters und Sabine Thalbach

politisch und künstlerisch. Denn in welchem deutschen Roman wurde schärfer jener Untertanentyp entlarvt, der sich immer wieder für Militär und Krieg mißbrauchen läßt. Der Film führt die Entlarvung optisch weiter. Ein Gesicht, ja ein Nacken, ein Auge, ein Mund können eine ganze Menschengruppe, einen Stand, eine Klasse entlarven. Die Großeinstellungen, der Wechsel der Einzel- und Gesamtaufnahmen, von den genialen sowjetischen Regisseuren Eisenstein und Pudowkin als bild-dramaturgisches Mittel in den Film eingeführt, sind von Staudte und seinem Kameramann Baberske hier selbständig und in richtiger, sinndienender Anordnung verwendet. Dadurch erst werden die vielen satirischen Situationen und Simplizissimus-Karikaturen möglich.« (*Berliner Zeitung*, 4.9.1951). Die entlarvende Charakterstudie, das satirische Porträt des Untertanengeistes ist Staudte wirklich gelungen. Doch ein Schönheitsfehler ist, daß Staudte in seiner Sucht nach überstarken Bildschilderungen ins Kabarettistische abgleitet. Er ließ sich keinen Gag entgehen, so daß manches durch das Zuviel an Persiflage zum Klamauk wurde. Dazu gehört beispielsweise die Szene, in der Hessling, als erfolgreicher Papierfabrikant gefeiert, mit kernigen vaterländischen Sprü-

# Die letzte Brücke
## 1954

*Regie* Helmut Käutner. *Co-Regie* Gustav Gavrin. *Regie-Assistenz* Horst Hächler, Dejan Kosanović, Erika Balqué. *Buch* Helmut Käutner, Norbert Kunze. *Kamera* Elio Carniel. *Musik* Carl de Groof. *Bauten* Otto Pischinger. *Ton* Oskar Nekut. *Schnitt* Paula Dworak, Hermine Diethelm. *Darsteller* Maria Schell (Helga Reinbeck), Bernhard Wicki (Boro), Barbara Rütting (Militza), Carl Möhner (Feldwebel Martin Berger), Horst Hächler (Leutnant Scherer), Fritz Eckhardt (Haslinger), Robert Meyn (Stabsarzt Dr. Rottsieper), Pable Minćić (Momcillo), Zvonko Zungul (Sava), Stevo Petrović (Ratko), Janez Vrchovez (Vlaho), Tilla Durieux (Alte Bäuerin), Walter Regelsberger (Nachrichtensoldat), Franz Eichberger, Peter Versten, Heinrich Einsiedel (Gebirgsjäger), Radolcic Dragoslav (Englischer Offizier), Steffi Schwarz (Oberschwester). *Produktion* Cosmopol-Ufus, Wien-Belgrad (Carl Szokoll). 105 Minuten. *Uraufführung* 11.2.1954.

2. Weltkrieg, Balkan. Helga Reinbeck, im Zivilberuf Kinderärztin, ist Oberschwester im deutschen Reservelazarett Bjelo Jezero. Sie liebt den Feldwebel Martin Berger, dessen Einheit zur Partisanenbekämpfung eingesetzt ist. Italien hat kapituliert. Um Bjelo Jezero herum ist Niemandsland. Unter dem Vorwand, Hilfe für ihr todkrankes Kind zu erbitten, holt die als Bäuerin verkleidete serbische Studentin Militza die Ärztin aus dem Lazarett und entführt sie zu ihrer Partisanen-Einheit. Die Partisanen haben viele Kranke und Verwundete, unter den Schwerverwundeten ist ihr einziger Arzt. Helga wird gezwungen, ihn zu operieren. Er stirbt. Die Partisanen lassen Helga nicht mehr gehen. Ihr Anführer Boro sagt zu Helga: »Ich immer glauben, für Doktor verwundeter Feind auch Mensch.« Bei den Partisanen bricht Typhus aus. Die Deutschen besetzen Dorf für Dorf. Ein Zug von Kranken und Verwundeten bewegt sich über die Hängebrücke der Neretva. Helga ist unter ihnen. Der Zug wird von deutschen Sturmbooten beschossen. Die Brücke stürzt in den Fluß. Helga kann sich mit anderen retten. Bei der Sturmbootbesatzung war Feldwebel Martin Berger, ihr Freund. Bei einem Zusammenstoß zwischen Partisanen und Deutschen gerät der Leutnant Scherer in Gefangenschaft. Er nennt Helga eine Verräterin. Scherer gelingt die Flucht. Von ihm erfährt Martin, wie es Helga ergeht. Ein britischer Flieger springt mit dem Fallschirm ab, um den Partisanen Medikamente zu bringen. Verwundet versteckt er sich in dem von den Deutschen besetzten Poltewa. Militza macht sich mit Helga auf, um ihn zu finden und die Medikamente zu holen. Noch ehe sie den Rückweg antreten können, werden sie von der einheimischen Polizei zu Straßenarbeiten herangezogen. Helga hat nun die Chance zur Flucht, aber sie nützt sie nicht. Militza kommt bei einer Straßensprengung um. Helga fühlt nun umso mehr, daß sie die Medikamente zu den Partisanen bringen muß. Sie stößt auf Martin, der vergeblich versucht, ihr ihren Entschluß auszureden. Sie setzt ihren Weg fort. Als sie mitten auf einer Brücke ist, bricht ein Feuergefecht zwischen Deutschen und Partisanen aus. Als Martin und seine Männer auf der einen Seite und Boro und seine Männer auf der anderen Seite sehen, daß sie Helga gefährden, stellen sie das Feuer ein. Aber eine letzte verirrte Geschoßgarbe trifft Helga. Mühsam gelangt sie noch an das andere Ufer und übergibt Boro die Medikamente. Dann wendet sie sich um, um zurückzugehen. Mitten auf der Brücke bricht sie tot zusammen. Auf beiden Seiten setzt das Feuer wieder ein.

Bernhard Wicki und Maria Schell

Auf Helmut Käutner, der mit seinem letzten im Dritten Reich gedrehten Film *Unter den Brücken* den besten Film seiner ganzen Karriere gemacht hatte, warteten in der Nachkriegszeit nach *In jenen Tagen*, mit dem er schon seine verhängnisvolle Neigung anzeigte, die von ihm unter den Nazis mit Geschick vermiedenen politisch-zeithistorischen Stoffe anzupacken und zugleich durch die Tendenzen des »rein Menschlichen« aufzuweichen, zunächst nur Enttäuschungen, Rückschläge und Verirrungen: *Der Apfel*

Maria Schell

*ist ab* (1948), *Königskinder* (1949), *Epilog* (1950), *Weisse Schatten* (1951), *Käpt'n Bay-Bay* (1953). Nach dieser Serie von Mißerfolgen war er für Verleiher und Produzenten ein toter Mann. Wie es weiterging, erzählte 1959, als Käutner längst wieder sehr lebendig und obenauf war, der *Spiegel* in einer Käutner-Titelstory: »Käutner war noch immer in Verruf, als 1953 der Kameramann Ashley zu ihm kam und berichtete, daß man in Jugoslawien besonders billig drehen könne. Über Ashley gewann Käutner Kontakt zu dem jungen Wiener Cosmopol-Produzenten Carl Szokoll, der von den Aspekten billiger Filmerei ebenso angetan war wie sein Finanzier, der österreichische Mühlenbesitzer Polsterer. Die Cosmopol plante daraufhin, in Jugoslawien einen Partisanen-Film neu in deutscher Fassung zu kurbeln. Nachdem Käutner durch Jugoslawien gereist war und Drehplätze besichtigt hatte, ersann er allerdings eine neue Handlung. Aus dem Partisanenarzt der Originalfassung wurde eine deutsche Krankenschwester, die von den Partisanen entführt wird ... 76 Tage lang kurbelte Käutner in den bosnischen Bergen mit einer ungeschminkten Maria Schell und einem Schweizerischen Darsteller namens Bernhard Wicki. Autor Käutner hatte sein Manuskript – wie zu erwarten – von fragwürdigen Feiertönen und Wortklischees nicht freizuhalten vermocht (›Das sind Menschen wie du und ich‹). Aber wie in vielen Käutner-Filmen machte der Regisseur die Schwächen des Autors wett. Als *Die letzte Brücke* Anfang 1954 in Deutschland anlief, hatte sich Käutner ein glänzendes Comeback erarbeitet. Das Ausmaß der Verzückung, in das Käutner die deutschen Kritiker versetzte, ließ sich an der Rezension der Welt erkennen: »Was für ein Film!« ergötzte sich der *Welt*-Kritiker. »Endlich! Endlich gibt es einen deutschen Film, der sich getrost neben der internationalen Spitzenklasse sehen lassen kann.« An den formalen, für einen deutschen Film damals ganz ungewöhnlichen Meriten der *Letzten Brücke* ist auch heute noch nicht zu rütteln. Aber die Erkenntnis, daß der im Grunde unpolitische Käutner seinen politischen Stoffen das Rückgrat brach, indem er ihren harten Kern mit wohlfeiler Humanität sachte umschiffte, setzte sich nach *Himmel ohne Sterne* und *Schwarzer Kies* immer mehr durch. Es gehörte Mut dazu, sich auf die heikle Frage der Kollaboration in einem Partisanenkrieg einzulassen; aber wenn man zu seiner Hauptfigur eine Frau und Ärztin macht, provoziert man leicht die falsche Art von Tränen.

# Herr Puntila und sein Knecht Matti
## 1955

*Regie* Alberto Cavalcandi. *Buch* Alberto Cavalcandi, Vladimir Pozner, Ruth Wieden, nach dem Bühnenstück von Bertolt Brecht *(Text)* und Hanns Eisler *(Musik)* (1948). *Kamera* (Farbe) Viktor Korger. *Bauten* Erik Aaes, Hans Zehetner. *Darsteller* Curt Bois (Puntila), Heinz Engelmann (Matti), Maria Emo (Eva), Gaby Banschenbach (Laina), Inge Holzleithner (Fina), Edith Prager (Manda), Erika Pelikowsky (Sandra), Elfriede Irrall (Lisu), Erland Josephson (Attaché), Otto Schmöle, Robert Werner, Fritz Heller, Aladar Kunrat, Josef Gmeinder, Max Brod, Armand Czory, Fritz Links, Dorothea Neff, Karl Skraup, Mela Wigandt, Otto Wögerer. *Produktion* Wien-Film, Wien. 97 Minuten.

Nach einem dreitägigen Saufgelage im Hotel von Tavasthus wird der Gutsbesitzer Puntila ganz menschlich und bespricht mit seinem Chauffeur Matti seine privaten Kümmernisse: die bevorstehende Verlobung seiner Tochter Eva mit einem Attaché paßt ihm nicht, da er Eva als Mitgift einen ganzen Wald mitgeben muß. Puntila fürchtet, er könne nüchtern und dann »direkt zurechnungsfähig« werden. Deshalb trinkt er weiter, mit dem Resultat, daß er sich in einem Dorf nacheinander mit drei Frauen verlobt und völlig sinnlos Knechte engagiert. Zuhause wird er nüchtern. Er jagt die Bräute und die Knechte fort und schikaniert seine Tochter und seinen Chauffeur. Vor allem will er nichts davon wissen, daß Eva statt des langweiligen Attachés lieber den vitalen und intelligenten Matti als Mann hätte. Also kommt es zur Verlobungsfeier von Eva und dem Attaché. Bei dieser Gelegenheit vertreibt Puntila seine »sinnlose Nüchternheit« wieder mit Alkohol: nun jagt er den Attaché davon und rät Eva, den Matti zu heiraten. Der Matti aber läßt sich nichts schenken, was er nicht gebrauchen kann. »Da wollt er sie geben seinem Knecht / Doch als er den Knecht dann frug / Da sprach der Knecht: Ich nehm sie nicht / Denn sie ist mir nicht gut genug« (Brecht: Puntila-Lied).

1955 machten die Ateliers am Wiener Rosenhügel, die damals von sowjetischen Filmfunktionären kontrolliert wurden, dem Schauspieler Curt Bois das Angebot, in einem geplanten *Gasparone*-Film mitzuwirken. Bois machte den Gegenvorschlag, Brechts Bühnenstück *Herr Puntila und sein Knecht Matti* zu verfilmen; er hatte kurz zuvor den Puntila in einer Inszenierung des Ost-Berliner »Deutschen Theater« gespielt. Das Projekt entwickelte sich schnell und farbig. Als Regisseur wurde Alberto Cavalcanti engagiert, ein Brasilianer mit internationaler Erfahrung: in der Schule des französischen Avantgarde-Films großgeworden, drehte er 1926 seinen ersten Film *Rien que les Heures,* und arbeitete später hauptsächlich in England (Episode aus *Dead of Night* 1945, *Nicholas Nickleby* 1947). Haupt-Drehbuchautor wurde Vladimir Pozner, ein Franzose russischer Herkunft mit Hollywood-Erfahrung. Brecht gab dem Unternehmen seinen Segen und nach der Lektüre des ersten Drehbuch-Entwurfes auch wertvolle Hinweise: »Natürlich müssen die Puntila-Geschichten ›von unten‹ aus, vom Volk aus, erzählt werden. Dann werden Charaktere wie Matti und Eva Puntila sofort richtig gesehen. Matti ist im jetzigen Drehbuch eine schwächliche und undeutliche

Curt Bois und Partner

Maria Emo und Heinz Engelmann

Figur, es kommt nicht heraus, daß er trotz und wegen des Dienstverhältnisses ständig und in jeder Replik im Gegensatz zu seinem Herrn steht. Eva Puntila ›liebt‹ ihn nicht wegen seiner Muskeln – er braucht gar keine zu haben – sondern weil er ein richtiger Mann ist, Humor und Überlegenheit besitzt und so weiter. Natürlich darf er auch nicht eine Sekunde glauben, daß Eva für ihn die richtige Frau sei oder Herr Puntila sie ihm wirklich geben würde. Er führt mit der Prüfung nur die romantische Idee Puntilas und Evas ad absurdum. Das muß ein Spiel bleiben, sonst wird Matti ein Dummkopf« (Bertolt Brecht: Texte für Filme II). Am phantasievollsten haben Cavalcanti und Pozner das Problem bewältigt, Brechts anti-illusionistische Absichten mit dem illusionsfreundlichen Charakter des Films zu versöhnen. »Cavalcanti hat einen sehr brauchbaren Ausweg gefunden. Er klammert die eigentliche Handlung durch eine (auch farblich abgehobene) Rahmenhandlung ein, in der die Mägde das Geschehen ›von der Küche aus‹ kommentieren, ganz wie es der Dichter wollte. Dazwischen rollt, von Hanns Eislers Musik zügig akzentuiert, die Fabel vom Gutsherrn Puntila ab, jenem ausbeuterischen Alkoholiker, der im Suff zum Menschenfreund wird ... Da Puntilas sympathische Trunkenheit indessen neun Zehntel der Rolle ausmacht, will es dem Film nicht mehr recht gelingen, uns im verbleibenden letzten Zehntel die ›klassenmäßig‹ bedingte Bösartigkeit dieses Mannes so recht vor Augen zu führen. Dazu trägt auch die Verkörperung der Gestalt durch den hinreißenden Curt Bois bei ... ein herrlicher Film« (Hans-Dieter Roos, Süddeutsche Zeitung). Das Zentralmotiv seines Stückes hat Brecht einem Film von Charlie Chaplin entliehen, dessen Filme er schon in den frühen zwanziger Jahren begeisterte Kritiken widmete und den er im Hollywood-Exil dann persönlich kennenlernte: in Chaplins Lichter der Großstadt verbrüdert sich ein Millionär im Suff mit dem Tramp Charlie, den er nicht mehr wiedererkennt, sobald er nüchtern ist.

# Des Teufels General
## 1955

*Regie* Helmut Käutner. *Regie-Assistenz* Erica Balqué. *Buch* Georg Hurdalek, Helmut Käutner, nach dem Bühnenstück von Carl Zuckmayer. *Kamera* Albert Benitz. *Kamera-Assistenz* Günter Haase, Bernhard Hellmund. *Musik* Archiv. *Bauten* Herbert Kirchhoff, Albrecht Bekker, Friedrich-Dieter Bartels. *Kostüme* Erna Sander. *Ton* Werner Schlagge. *Schnitt* Klaus Dudenhöfer. *Darsteller* Curd Jürgens (General Harras), Viktor de Kowa (SS-Gruppenführer Schmidt-Lausitz), Karl John (Oberstingenieur Oderbruch), Eva-Ingeborg Scholz (Waltraut »Pützchen« Mohrungen), Marianne Koch (Diddo Geiss), Camilla Spira (Olivia Geiss), Erica Balqué (Anne Eilers), Albert Lieven (Oberst Friedrich Eilers), Paul Westermeier (Unteroffizier Korrianke), Carl-Ludwig Diehl (Hugo Mohrungen), Harry Meyen (Leutnant Hartmann), Bum Krüger (Hauptmann Lüttjohann), Beppo Brem (Hauptmann Pfundmayer), Werner Fuetterer (Baron Pflungk), Robert Meyn (Generalleutnant von Stetten), Josef Offenbach (Kriminalrat), Wolfried Lier (Kellner Detlev), Ingrid van Bergen (Lyra Schöppke), Inge Meysel, Wolfgang Neuss. *Produktion* Real-Film (Gyula Trebitsch). 115 Minuten. *Uraufführung* 23.2.1955.

Ende 1941. Generalluftzeugmeister Harras, seit Kriegsbeginn verantwortlich für die technische Entwicklung der deutschen Luftwaffe, hat schwere Sorgen. Sein Jagdflugzeug-Bauprogramm wurde von der Führung abgelehnt. Die neuen Stuka-Typen versagen durch Konstruktionsfehler oder Sabotage. Die ungenierte Lagebeurteilung des alten Frontfliegers, der für die Nazis kaum Sympathien hat und aus fliegerischer Leidenschaft seinen eigenen Weg geht, beginnt ebenso interessant wie gefährlich zu werden. Das Reichssicherheitshauptamt interessiert sich nicht nur für die Zwischenfälle bei den Erprobungsflügen, sondern auch für diesen »Reaktionär« selbst. Harras ist zwischen Vernunft und Pflicht zerrissen. Auf einer Feier in einem feudalen Berliner Weinrestaurant werden seine Gespräche mit einem führenden Flugzeugkonstrukteur vom SD mitgeschnitten. Nachdem man Harras in der Hand hat, will man ihn in die neu zu gründende SS-Luftwaffe pressen. Harras lehnt ab. Er wird im Hauptquartier der Gestapo festgesetzt und einer Gehirnwäsche unterzogen. Dann wird er zu seiner Arbeit zurückgeschickt, »vom Fronteinsatz zurück«. Seine Entschlußkraft hat durch die Demütigungen einen Schock erlitten. Trotzdem verfolgt er weiter sein Ziel, die Stuka-Zwischenfälle aufzuklären. Vorher will er die neuen Maschinen nicht an die Front lassen. Seine Beratungen mit Oberstingenieur Oderbruch, einem alten Freund und unermüdlichen Warner, bringen auch keine Resultate. Trotz Protest der Bauaufsicht werden zwölf der neuen Maschinen aus der Erprobung heraus an die Front geschickt. Mit einer dieser Maschinen stürzt Oberst Eilers, ein enger Freund von Harras, tödlich ab. Auf einem Militärflugplatz bei Berlin setzt sich Harras selbst in eine der Unglücksmaschinen. Er hofft, den fatalen Fehler zu finden; ein Leben lang hat er schwierige Maschinen eingeflogen. Im letzten Augenblick steigt auch Oderbruch mit ein. Auch Harras kann den Sturzflug der Maschine nicht abfangen. Da greift Oderbruch ein; er kennt den Fehler, er hat ihn eingebaut – ein Beitrag zur Beendigung des Krieges, den er glaubte, verantworten zu können: die Maschinen sollten wegen ihrer Defekte ja nicht an die Front gehen. Harras will den Freund nicht preisgeben und will sich selbst nicht retten. Sie stürzen zu Tode.

Curd Jürgens, Werner Fuetterer und Viktor de Kowa

»Ich habe keinen einzigen deutschen Nachkriegsfilm gesehen, der mir gefallen hätte, außer *Des Teufels General* von Helmut Käutner, den habe ich großartig gefunden« (Fritz Lang in den *Cahiers du Cinéma*, 1965). Um Langs Urteil richtig einschätzen zu können, muß man wissen, daß er bei diesem Film der zu kurz gekommene ist. Seine Auskünfte in den *Cahiers* geben auch darüber Aufschluß, daß die Geschichte dieser Zuckmayer-Verfilmung in Hollywood beginnt: »Da war dieses Stück *Des Teufels General,* es handelte von Ernst Udet, dem deutschen Flieger, der sich geweigert hatte, für die Nazis zu fliegen und

Joseph Offenbach, Marianne Koch und Harry Meyen

durch einen aus freien Stücken herbeigeführten Absturz Selbstmord begangen hatte (eine etwas summarische Darstellung der tatsächlichen Ereignisse und des Zuckmayer-Stückes, A. d. A.). David Selznick bot mir 1951 an, diesen Film zu inszenieren. Ich war an dem Projekt sehr interessiert, weil ich das Stück von Zuckmayer sehr liebte, aber ich hatte gerade mit der 20th Century-Fox für *American Guerilla in the Philippines* abgeschlossen. Als ich dann aus Manila zurückkam, hatte Selznick das Projekt aufgegeben. Ehrlicherweise muß ich mich aber fragen, ob dieses Sujet mich wirklich betroffen hätte. Natürlich bin ich insoweit von einem solchen Sujet betroffen, da ich vor Hitler geflohen und ein Deutscher katholischer Erziehung bin. Aber hätte es auch das amerikanische Publikum betroffen? Ich hatte auch einmal das Projekt eines Canaris-Films; diese Figur hat mich immer interessiert.« *Des Teufels General* von Helmut Käutner und *Canaris* von Alfred Weidenmann, beide 1955 gedreht, sind die Hauptwerke einer Richtung, die dann zunehmend von der deutschen Kritik angegriffen wurden, weil sie auf sehr bequeme Art etwaige deutsche Zweifel und Gewissensqualen angesichts des Dritten Reiches besänftigten, indem sie die am wohlfeilsten zu rehabilitierenden deutschen Wehrmachtsführer verherrlichten; interessanterweise hatte Hollywood mit *Rommel, der Wüstenfuchs* (1951) schon vorgemacht, wie das geht. Es herrschte »die grenzenlose Bereitwilligkeit, dem Publikum etwas Gutes anzutun. Der Zuschauer, der erwachsene, lehnt sich im Kinosessel zurück. Er erkennt aufatmend, daß hier sein eigener Freispruch zelebriert wird: er war damals ein ohnmächtiges Werkzeug, ein Opfer, ein getretenes Frontschwein. Er sieht, daß es auch aufrechte Kerle gab, die ihren Mann standen, schmucke Helden, die schon wußten, was gespielt wird, und gar manchen Widerstandskämpfer« (Joe Hembus: *Der deutsche Film kann gar nicht besser sein*). Die Bereitschaft, dem Publikum Gutes zu tun, offenbarte sich bei der Zuckmayer-Verfilmung vor allem in der Behandlung des Oderbruch-Komplexes. Im Stück schickt der Chefingenieur Oderbruch technisch nicht intakte Maschinen an die Front und nimmt den Tod von Kameraden auf sich, um Hitlers Niederlage zu beschleunigen. Dieses Motiv führte im Theater-Publikum und unter der Kritik zu einer lebhaften Diskussion, und Zuckmayer selbst sah »viele Besucher mit seiner (Oderbruchs) Problematik, und dadurch vielleicht mit ihrer eigenen kämpfen« *(Persönliche Notizen zu meinem Stück)*. Im Film wurde die Problematik entschärft: Oderbruch sabotiert zwar auch hier die Fertigstellung der neuen Maschinen, die aber entgegen seinen strikten Anweisungen an die Front gehen; der Makel des bewußten »Kameradenmörders« wird also von ihm genommen. Um noch ein übriges zu tun, hatten Käutner und/oder die Produktion ursprünglich vor, die Rolle mit Dieter Borsche zu besetzen, der damals der Inbegriff des feinen, edlen Kinohelden war. Die Rolle wurde dann von Karl John gespielt, dem im wirklichen Leben passiert war, was dem General Harras im Film geschieht: durch das Erzählen böser Führer-Witze (wie Walther Schmieding richtig feststellt, »bestand der staatsgefährdende Widerstand des Generals hauptsächlich aus Kasino-Bonmots«) brachte er sich fast um Kopf und Kragen.

Curd Jürgens

# Die Halbstarken
## 1956

*Regie* Georg Tressler. *Regie-Assistenz* Benno Hoffmann. *Buch* Will Tremper, Georg Tressler, nach einer Story von Will Tremper. *Kamera* Heinz Pehlke, *Kamera-Assistenz* Hans Biensfeldt. *Musik* Martin Böttcher. *Bauten* Lothar Wloch. *Schnitt* Wolfgang Flaum. *Darsteller* Horst Buchholz (Freddy Borchert), Karin Baal (Sissy Bohl), Christian Doermer (Jan Borchert), Jo Herbst (Günther), Viktoria von Ballasko (Mutter Borchert), Stanislaw Ledinek (Antonio Garezzo), Mario Ahrens (Mario), Manfred Hoffmann (Klaus), Hans Joachim Ketzlin (Willi), Kalle Gaffkus (Kudde), Wolfgang Heyer (Wölfi), Paul Wagner (Vater Borchert), Eduard Wandrey (Pepe Garezzo), Friedrich Joloff (Theo). *Produktion* Inter West (Wenzel Lüdecke). 97 Minuten. 1956.

Berlin, in den fünfziger Jahren. Freddy Borchert, 19, ist der Anführer einer Halbstarken-Bande. Er ist von zu Hause abgehauen, weil er seinen Vater, einen gewissenhaften Beamten, der seine Familie tyrannisiert, nicht mehr ertragen kann. Vater Borchert muß aufgrund einer Bürgschaft für seinen bankrott gegangenen Schwager eine hohe Schuld abzahlen. Freddys jüngerer und etwas sanfterer Bruder Jan gewinnt durch die Angebereien Freddys den Eindruck, daß Freddy ein gemachter Mann ist. Er bittet ihn, ihm die 3000 Mark zu geben, mit denen der Vater seine Schulden loswerden könnte; er tut das vor allem seiner Mutter zuliebe, die unter den häuslichen Umständen sehr leidet. Freddy bereitet gerade das »größte Ding« vor, das er je gedreht hat. Er läßt Jan im unklaren, um was es geht, aber er nimmt ihn mit und verspricht ihm die 3000 Mark. Um Mitternacht rollt die Aktion ab, obwohl einige Bandenmitglieder im letzten Augenblick weich werden wollen. Ein Postauto wird überfallen und ausgeraubt, die Geldsäcke bringen die Halbstarken mit einem »geliehenen« Buick zu dem Bootshaus draußen vor der Stadt, wo schon ihre Mädchen warten. In den Säcken sind aber nur wertlose Postanweisungen. Freddys Ansehen bei der Bande und bei seiner Freundin Sissy erleidet eine gewaltige Einbuße. Er bricht fast zusammen. Um sich und den anderen zu beweisen, daß er immer noch der Boß ist, bricht er sofort zu einer neuen Tat auf. Sissy macht mit, Bruder Jan will Freddy zurückhalten und wird niedergeschlagen. Sie brechen in die Villa des Espressobesitzers Garezzo ein, um dessen Tresor auszurauben. Jan folgt ihnen, um das Schlimmste zu verhindern. Der alte Vater Garezzos schreit um Hilfe. Freddy legt einen Revolver auf ihn an, bringt es aber nicht fertig, zu schießen. Sissy nimmt die Waffe und schießt den Alten tot. »Dieser Schuß reißt die halbstarke Schale von Freddy; er sieht plötzlich die kalte Raffgier, die Sissy antreibt; er sieht auf einmal den Irrweg, den er an ihrer Seite gegangen ist. Und er stellt sich Sissy in den Weg, als sie fliehen will. Er schlägt sie nieder, obwohl sie in ihrer Todesangst auch ihn anschießt und schwer verletzt, obwohl die Sirenen der Funkwagen – von Nachbarn alarmiert – schon vor dem Haus heulen. Er schlägt Sissy nieder und geht allein der Polizei entgegen – ein Halbstarker, der sich selbst überwunden hat und bereit ist, die Verantwortung für seine Taten zu übernehmen« (*Illustrierte Film-Bühne* Nr. 3435).

Hans Joachim Pentzlin, Karin Baal und Kalle Gaffkus

Zur Schreckensbilanz des deutschen Nachkriegsfilms gehört der Umstand, daß die Regisseure, deren Karrieren im Dritten Reich oder noch früher begonnen hatten, weiterhin die Szene beherrschten; in den zwanzig Jahren nach 1945, in denen in anderen Filmländern an die Seite oder an die Stelle der etablierten (und notabene nicht mit fragwürdigen politischen Engagements belasteten) Filmemacher unzählige neue Kräfte traten, konnten sich im bundesrepublikanischen Film wesentlich nur drei neue Regisseure durchsetzen: Harald Reinl, ein vielseitiger und fähiger B-Picture-Regisseur, Rolf Thiele, ein ambitionierter, aber in der Qualität seiner Hervorbringungen sehr schwankender Autor-Regisseur, und Bernhard Wicki, eine explosive Begabung, deren Karriere mit den entsprechenden Hindernissen gepflastert wurde. Zwei Talente, die mit ihrem Debütfilm einen großen Erfolg hatten, den sie mit ihrer weiteren Arbeit nicht wiederholen konnten oder wollten, waren der frühere Dokumentarfilmregisseur Georg Tressler und der frühere Journalist Will Tremper; ihr gemeinsamer Erfolgsfilm war *Die Halbstarken,* geschrieben von Tremper, der später selbst einige sehr interessante Filme *(Flucht nach Berlin, Die endlose Nacht, Playgirl)* drehte und dann zum Journalismus zurückkehrte, inszeniert von Georg Tressler, der nach der sehr schönen *Endstation Liebe* (Buch Tremper) nur noch halbwegs interessante Filme hervorbrachte und schließlich seine Zuflucht beim Fernsehen suchen mußte. Das Projekt *Die Halbstarken* war die Frucht einer doppelten Spekulation (wir sehen keinen Anlaß, dieses Wort Spekulation als ein Schimpfwort zu benutzen). Das Problem der Halbstarken war ein heißes Schlagzeilen-Thema der Zeit; Tremper, ein Berliner Milieu-Kenner und als Sensationsreporter bei der *BZ* ein kleiner Geistesverwandter des frühen Billy Wilder, kannte sich hier ganz genau aus. Die weitere Spekulation lief darauf hinaus, die Welterfolge *Saat der Gewalt* und *Denn sie wissen nicht, was sie tun* (beide 1955) nachzuahmen. Fast automatisch führte der Stoff aber auch zurück zu fruchtbaren Quellen, zu den Berliner Straßen- und Sozialfilmen, die um 1930 entstanden waren; allein die Rückbesinnung auf dieses Milieu machte die *Halbstarken* schon zu einer Sensation unter den total eskapistischen deutschen Filmen der Zeit. Wie Tremper erzählt, waren der Produzent Wenzel Lüdecke und er auf Tressler verfallen, weil sie von diesem einen faszinierenden Film über Kartoffelanbau gesehen hatten: »Wenn der ein so trockenes Thema so aufregend darstellt, was mußte er erst aus einem von Hause aufregenden Stoff machen!« (Tremper). Das Resultat gab ihnen recht. »Auf den Straßen von Berlin drehte der improvisationsfreudige Georg Tressler seinen berühmten Film *Die Halbstarken,* der einen beachtlichen internationalen Erfolg erzielen konnte und dessen Hauptdarsteller Horst Buchholz, Karin Baal und Christian Doermer über Nacht außerordentlich po-

Stanislaw Ledinek und Horst Buchholz

puläre Stars wurden. Der Film hat viele Fehler und bezeugt zuweilen einen etwas zweifelhaften Geschmack, hat aber seinen Wert durch Tresslers unbezweifelbare Ehrlichkeit und die Luzidität, mit der er das Thema der Gewalttätigkeit angeht. Er versucht, mit Naivität, aber auch mit Objektivität zu zeigen, wie und warum aus einem 20jährigen Jungen, der nicht schlechter ist als viele andere auch, ein Ganove und sogar ein Krimineller werden kann. Diese Demonstration wird zuweilen verfälscht durch Outriertheiten bei der Darstellung der sehr ungewöhnlichen Familienverhältnisse und durch die primären psychologischen Reaktionen der Figuren, aber dafür haben die Szenen unter den jungen Leuten den Ton einer ganz seltenen Authentizität. Von vielerlei filmischen Reminiszenzen beeinflußt, die von Pabst bis zu Laslo Benedeks *Der Wilde* gehen, detailliert Tressler ohne Gefälligkeit die stupide, weil auf Gewalt aufgebaute Revolte seiner Helden, eine zwar unsinnige, aber doch saubere, mutige und virile Revolte. Tressler versucht nicht, seine Helden zu entschuldigen, sondern sie zu erklären« (Yves Boisset, *Une Jeunesse en Ruines,* in *Présence du Cinéma,* 1960).

Jo Herbst, Hans Joachim Pentzlin, Mario Ahrens, Christian Doermer und Kalle Gaffkus

# Lissy
## 1957

Sonja Sutter

*Regie* Konrad Wolf. *Regie-Assistenz* Frank Winterstein, Michael Engelberger. *Buch* Alex Wedding, Konrad Wolf, nach dem Roman von F.C. Weiskopf. *Kamera* Werner Bergmann, Hans Heinrich. *Kamera-Assistenz* Günter Sahr. *Musik* Joachim Werzlau. *Bauten* Gerhard Helwig. *Kostüme* Elly-Charlotte Löffler. *Ton* Werner Klein. *Schnitt* Lena Neumann. *Darsteller* Sonja Sutter (Lissy), Horst Drinda (Fromeyer), Hans-Peter Minetti (Paul Schröder), Kurt Oligmüller (Kaczmierczik), Gerhard Bienert (Vater Schröder), Else Wolz (Mutter Schröder), Raimund Schelcher (Max Franke), Christa Gottschalk (Toni Franke), Mathilde Daneger (Sprecher), Horst Friedrich (Warnke), Annemarie Hase (Frau Kaluweit), Otto-Eduard Stübler (Direktor Hoppe), Willi Schwabe (Kassierer Gold), Gert-Michael Henneberg (Staudinger), Else Koren, Hela Gruel, Christiane von Trümbach. *Produktion* Defa, DDR. 89 Minuten. *Uraufführung* 30. 5. 1957. BRD-Erstaufführung 1958.

Berlin 1932/33. Lissy, die Tochter des sozialdemokratischen Arbeiters und Gewerkschaftlers aus dem Berliner Arbeiterviertel Wedding wollte heraus aus der dumpfen Hinterhausatmosphäre und arbeitet nun am Tabakstand des Automatenbüffets »Quick« in der Joachimsthaler Straße am Kurfürstendamm. Sei heiratet den Angestellten Alfred Fromeyer, der seiner Frau ein gesichertes Dasein bieten will. Lissy bringt einen Jungen zur Welt. Im Zeichen der Wirtschaftskrise verliert Fromeyer seine Stellung. Wut und Verzweiflung und die Angst um die Familie treiben ihn in die Arme der NSDAP. Aus Fromeyer wird ein strammer SA-Sturmführer. Mit ihrem Mann steigt auch Lissy auf. Ein Aufstieg und ein Abstieg zugleich. Lissy beginnt das zu ahnen, als Paul, ihr Bruder, der früher bei der Roten Jungfront war, ebenfalls zur SA geht. Als Paul sich in seiner Empörung über die Kapitalisten bei den Nazis verdächtig macht, wird er hinterrücks von ihnen erschossen. Beschämt erkennt Lissy, daß Fromeyer ein Irrtum gewesen und sie auf dem falschen Weg ist. Sie zieht die Konsequenz und verläßt ihn, um einen neuen Anfang zu machen.

*Lissy* war der dritte Film des Regisseurs Konrad Wolf; nach *Einmal ist Keinmal* (1955) und *Genesung* (1956) und sein erster wirklich großer Erfolg. Ebenso wie Wolfgang Staudte beschäftigt auch er sich mit der Bewältigung deutscher Geschichte und wie dieser in *Rotation* (1948) mit der Frage, wie es dazu kommen konnte, daß Deutschlands Bürger sich so leicht in die Reihen der Nationalsozialisten eingliedern ließen. Er schildert die Motive sachlich und nüchtern, wobei er auf die klischeehafte Darstellung des SA-Mannes als Monster verzichtet. Er beschreibt sie als Menschen, die vergeblich um das tägliche Brot kämpften und für die es als Ausweg aus der Misere nur noch den Beitritt in die SA gab. Er macht auch deutlich, was die emotionale Ansprache durch die Nationalsozialisten für unpolitische Menschen ausmachte, denn die Partei versprach nicht nur Arbeit und Brot, sondern appellierte erfolgreich an das nationale Bewußtsein der Menschen. »So kann es nicht weitergehen. Da kann nur ein Führer helfen, der mit eiserner Hand Ordnung macht, alles ausmerzt, was giftig und schädlich für unser Volk ist«, erläutert Fromeyer seiner Frau Lissy. Der Film zeigt aber auch, wie die so zerrissenen Arbeitslosen gegen ihre eigenen proletarischen Genossen aufgehetzt sind, wie das schlechte Gewissen in ihnen rumort, das in Lissys Bruder so stark wird, daß er von seinen angeblichen Gesinnungsgenossen umgebracht wird,

Horst Drinda

um dann von ihnen als Opfer von »Rotmord« bestattet zu werden. Der Mord an Paul wird für Lissy zum entscheidenden Wendepunkt in ihrem Leben. Ihre Wandlung durch die Erlebnisse der Verfolgung ihres sozialdemokratischen Vaters, kommunistischer Freunde und jüdischer Nachbarn an. Als sie bei der Beerdigung ihres Bruders in das feige und zertretene Gesicht Fromeyers blickt, empfindet sie nur noch Abscheu und ihr Weggang versteht sich nun ganz von selbst. Wie ihr zukünftiges Leben aussehen wird, läßt der Film offen, während der Roman von C. W. Weiskopf sich Lissy der kommunistischen Widerstandsbewegung anschließen läßt. »Die Offenheit am Schluß des Films macht seinen Vorzug seine Modernität aus: dem Zuschauer wird die Gedankenarbeit nich abgenommen ... Aus der Methode der differenzierten Geschichtsanalyse, die sich weniger für Ergebnisse, sondern für Veränderungen interessiert, resultiert auch die formale Eigenart des Films, der in manchen Szenen einen dokumentarischen Charakter gewinnt und sich darin manchen filmischen Vorbildern aus der realistischen Epoche des deutschen Films vor 1933, aber auch dem italienischen Neorealismus verwandt zeigt (einige Einstellungen des Films, Bilder von Straßen zum Beispiel, erinnern unmittelbar an Filme von Vittorio de Sica). Zu seinem künstlerischen Prinzip gehört es, die Aussage aus einem ständigen Wechselspiel der Objekte zu entwickeln – daraus geht das ›Atmosphärische‹ dieses Films hervor.« (Gero Gandert u. a., *Film in der DDR*.) Das Milieu ist so echt, die trostlose Atmosphäre der Wirtschaftskrise wird beklemmend lebendig, denn keine Spruchbänder oder Plakateffekte verunzieren das Porträt dieser kleinbürgerlichen Berliner Ehe mit all ihrer ganzen Durchschnittlichkeit. Mit seinem Film *Lissy* hat Konrad Wolf einen Weg eingeschlagen, den er bis heute kontinuierlich weiterverfolgt hat.

# Nachts, wenn der Teufel kam
## 1957

*Regie* Robert Siodmak. *Regie-Assistenz* Oskar Wintergerst. *Buch* Werner Jörg Lüddecke, nach dem Tatsachenbericht von Will Berthold. *Kamera* Georg Krause. *Musik* Siegfried Franz. *Bauten* Rolf Zehetbauer. *Ton* Erwin Jennewein. *Schnitt* Walter Boos. *Darsteller* Mario Adorf (Bruno Lüdke), Claus Holm (Kriminalkommissar Axel Kersten), Hannes Messemer (SS-Gruppenführer Rossdorf), Annemarie Düringer (Helga Hornung), Monika John (Lucy Hansen), Peter Carsten (Mollwitz), Carl Lange (Major Wollenberg), Werner Peters (Willi Keun), Christa Nielsen (Schlampilein), Rose Schäfer (Anna Hohmann), Lucas Amman (Pflichtverteidiger von Keun), Wilmut Borell (SS-Sturmführer Heinrich), Helmut Brasch (SS-Truppführer Scharf), E.F. Fürbringer (Dr. Schleffien), Käthe Itter (Kantinenwirtin), Margaret Jahnen (Frau Weinberger), Walter Janssen (Kriminalrat Dr. Böhm), Georg Lehn (Kriminalassistent Brühl). *Produktion* Divina (Claus Hardt). 105 Minuten. 1957.

Berlin, Ende der dreißiger Jahre. Ein altes Fahndungsblatt macht den Komissar Axel Kersten auf eine Serie seltsam übereinstimmender Mordfälle aufmerksam. Mit Hilfe seiner Assistentin Helga Hornung erarbeitet er sich seine eigene Theorie, die im Widerspruch zur offiziellen Auffassung seiner Vorgesetzen steht. Inzwischen ist in Hamburg unter Mordverdacht ein windiger Zeitgenosse, Willi Keun, verhaftet worden. Man fand seine Freundin, eine lebenslustige Kellnerin, im Keller ihres Hauses ermordet und überrascht ihn in ihrer Wohnung. Alles spricht gegen ihn: das heimliche Stelldichein, der reichliche Alkoholgenuß, die verfängliche Situation. Willi Keuns Leben scheint verloren, noch ehe der Prozeß beginnt. Nur Kommissar Kersten, der zäh seine eigene Theorie verfolgt, glaubt an eine mögliche Unschuld des Angeklagten. Seine Überlegung, daß alle die unaufgeklärten, bestialischen Untaten der vergangenen Jahre von einem einzigen Täter, einem übermenschlich starken Mörder begangen sein müssen, findet das Interesse des ehrgeizigen SS-Gruppenführers Rossdorf, der auf einen »Modellabschreckungsfall« hofft, um sich mit einem Sondergesetz gegen Untermenschen mit breitesten Auslegungsmöglichkeiten »ganz oben« lieb Kind zu machen. Kersten liefert ihm den Mörder, einen gewissen Bruno Lüdke, und die Beweise für seine Theorie. Aber »ganz oben«, auf dem Obersalzberg, erlebt der Gruppenführer eine unerwartete Abfuhr. Aus optischen Gründen lehnt es Hitler ab, mitten im Krieg die Bevölkerung mit der Enthüllung einer achtzigfachen Mordserie zu beunruhigen. Mit brutaler Konsequenz wird ein radikaler Kurswechsel vorgenommen. Ab sofort gibt es keinen »Fall Lüdke« mehr. Die unaufgeklärten Morde bleiben unaufgeklärt, und Willi Keun muß dran glauben. Kersten rebelliert gegen diesen teuflischen Plan. Auf eigene Verantwortung versucht er, gegen ausdrücklichen Befehl, den Todeskandidaten Keun mit Hilfe seiner Akten, die den Stempel »Geheime Reichssache« tragen, herauszupauken. Der Versuch mißlingt. Keun wird verurteilt. Kersten wird wegen Ungehorsams an die Front geschickt. Der Massenmörder Lüdke wird unauffällig liquidiert. Die Akten sind geschlossen.

Rose Schäfer und Mario Adorf

In der ersten Szene zeichnet der dicke Werner Peters als uniformierter Nazi-Funktionär eine Gruppe molliger BDM-Mädeln für irgendein hervorragendes Verhalten aus, und man hat den Eindruck, daß alles schwitzt, und daß der Schweiß von der Oberlippe des lüsternen Funktionärs eine Dunstwolke aufsteigen läßt, die sich über der Szene vermählt mit dem Parfüm, das aus den Achselhöhlen der in Turnleibchen gekleideten Blondinen strömt, und so wird das Ganze im Nu zu einem Tableau komischer Obszönität, das der Regisseur mit einem ungeheuer sarkastischen Blick betrachtet. Kein anderer deutscher Regisseur außer vielleicht der Fritz Lang von *M* hatte so wie Siodmak die unbeschreibliche Gabe, eine zuvor kühl und genau durchdachte und konstruierte Geschichte in lauter Momente ironisch gesehener sinnlicher Wahrnehmung umzusetzen. Wenn Claus

Claus Holm, Wilmut Borell, Hannes Messemer, Peter Carsten und Mario Adorf

Mario Adorf und Monika John

Holm voller Besessenheit eine Tapete von der Wand kratzt, weil unter der Tapete eine Zeitung klebt, in der, wie unser Held plötzlich erinnert, etwas wahnsinnig Wichtiges stehen könnte, dann wird das bei Siodmak zu einer fast physisch greifbaren, aufregenden Realität, die zugleich ganz absurd und komisch ist. Und je ambivalenter die Inszenierung, desto stärker der Sog, den die Szene auf den Zuschauer ausübt; damit der Zuschauer aber nur von diesem Sog angezogen, nicht verschlungen wird, wird dosiert Ironie eingesetzt. In *Nachts, wenn der Teufel kam*, findet diese Siodmak-Strategie zu ihren besten Wirkungen. »Ich bin auf alle meine Filme, die ich nach dem Kriege, nach meiner Rückkehr aus Amerika, gemacht habe, nicht stolz. Bis auf zwei: *Die Ratten* und *Nachts, wenn der Teufel kam*. Mit diesem Film habe ich Mario Adorf und Hannes Messemer entdeckt. Es handelte sich dabei um eine wahre Begebenheit ... Ich glaube, das Buch wurde sechsmal umgeschrieben. Dann hatte ich das Studio in Baldham bei München zur Verfügung, das zu dieser Zeit der Gloria-Produktion gehörte, und ich drehte dort ohne Einmischung der Produktion den Film. Einige Jahre zuvor hatte ich Mario Adorf in den Münchner Kammerspielen gesehen. *Die Caine war ihr Schicksal* wurde aufgeführt. Mario Adorf hatte kein Wort zu sprechen. Er saß auf der rechten Bühnenseite und tippte auf einer stummen Schreibmaschine den Verlauf des Prozesses mit. Das machte er mit einer solchen Aufmerksamkeit und Intensität, daß er mir auffiel und damals bereits habe ich mich entschlossen, ihn eines Tages zu beschäftigen ... Bei den Festspielen in Berlin bekam der Film elf Auszeichnungen. Ich erhielt den Großen Goldenen Filmpreis. Alle meine Mitarbeiter auch. Leider besteht der Große Goldene Filmpreis nicht aus reinem Gold! Er ist nur vergoldet, und als mein Mädchen ihn einmal putzte, konnte man hinterher meinen Namen kaum noch lesen« (Robert Siodmak: *Ich war selber dabei*, 1980).

Claus Holm, Werner Peters und Lucas Amann

# Das Wirtshaus im Spessart
## 1957

*Regie* Kurt Hoffmann. *Regie-Assistenz* Wolfgang Kühnlenz. *Buch* Heinz Pauck, Luiselotte Enderle, Günter Neumann, H. C. Gutbrod, nach dem Roman von Wilhelm Hauff (1825). *Kamera* (Agfacolor) Richard Angst. *Farbberatung* Alvord Eiseman. *Musik* Franz Grothe. *Liedertexte* Willy Dehmel, Günter Neumann. *Bauten* Robert Herlth. *Kostüme* Elisabeth Urbancic. *Ton* Walter Rühland. *Schnitt* Claus von Boro. *Darsteller* Liselotte Pulver (Comtesse Franziska), Carlos Thompson (Räuberhauptmann), Günther Lüders (Baron Sperling), Rudolf Vogel (Gaukler Parrucchio), Wolfgang Neuss (Räuber Knoll), Wolfang Müller (Räuber Funzel), Ina Peters (Zofe Barbara), Kai Fischer (Räuberbraut Bettina), Veronika Fitz (Magd Luise), Herbert Hübner (Graf Sandau), Hubert von Meyerinck (Polizeimajor), Helmut Lohner (Felix), Hans Clarin (Peter), Paul Esser (Korporal), Otto Storr (Pfarrer), Heini Göbel (Kutscher Gottlieb), Karl Hanft (Knecht Jakob), Ernst Braasch (Diener Anton), Vera Complojer (Wirtin). *Produktion* Georg Witt. 100 Minuten. 1957.

Comtesse Franziska von und zu Sandau ist in Begleitung ihres Verlobten, Baron Sperling, ihrer Zofe Barbara und eines geistlichen Herrn unterwegs nach Würzburg. Mitten im finstersten Spessart stürzt ihre Kutsche in eine Grube und bleibt mit gebrochenem Rad liegen. Zwei Galgenvögel namens Knoll und Funzel empfehlen den Reisenden, im nahegelegenen Wirtshaus Quartier zu suchen. Die Herberge erweist sich als eine Räuberhöhle. Baron Sperling wird zu Franziskas Vater, dem Grafen Sandau geschickt, mit einer Lösegeldforderung von 20000 Gulden. Die Räuber ziehen mit ihren Gefangenen ab; sie ahnen nicht, daß in Franziskas Kleidern der bereits zuvor in Räuberhand gefallene Wandergeselle Felix steckt, während Franziska in Felix' Kleidern zu ihrem Vater galoppiert. Der geizige Sandau weigert sich, ihre Gefährten auszulösen. Franziska reitet wütend ins Räuberlager, wo sie bald zum Burschen des feschen Räuberhauptmanns avanciert. Der konfuse Sandau alarmiert zuerst die herzoglichen Truppen gegen die Räuber, dann schickt er doch noch Baron Sperling mit dem Lösegeld los. Die Räuber wollen beim Nahen der Truppen ihre Gefangenen aufhängen, aber ihr Hauptmann duldet das nicht, weil er inzwischen gemerkt hat, was es mit seinem Burschen auf sich hat. Als die Soldaten kommen, sind die Räuber bereits kampfunfähig; ihr Hauptmann hat ihnen eine Lektion verpaßt. Der Hauptmann selbst ist und bleibt verschwunden, weil Franziska ihn in der Turmkammer des väterlichen Schlosses versteckt hat. Als der Tag ihrer Hochzeit mit Baron Sperling gekommen ist, läßt sie sich von dem Räuberhauptmann, der in Wirklichkeit ein edler Graf ist, entführen.

Carlos Thompson, Liselotte Pulver und Paul Esser

*Das Wirtshaus im Spessart* ist den anderen deutschen Produktionen der Zeit turmhoch überlegen, aber Kurt Hoffmann folgt nur den Lehren seines Lehrmeisters Reinhold Schünzel, statt das Genre, das mit den Musicals von *Die Drei von der Tankstelle* bis *Amphytrion* schon einmal herrlich in Blüte stand, wirklich mit neuem Leben und neuer Form zu erfüllen, und vor allem: er verwechselt die nicht nur *romantische,* sondern auch abgründige und vielgesichtige Romantik mit dem harmlosen Biedermeier – was man hier erwarten dürfte, wäre mehr Ruchlosigkeit im Erotischen, mehr Groteske im Heiteren, mehr Grausen im Gruseligen und mehr Ironie in allem plus einem Satz doppelter Böden. Immerhin und wie gesagt: In den schlimmen fünfziger Jahren durfte man für einen Kurt Hoffmann dankbar sein. Was hat er in diesen Jahren, von 1950 bis zum Wirtshaus, gedreht? *Taxi-Kitty, Wochenend im Paradies, Klettermaxe, Moselfahrt aus Liebeskummer, Hokuspokus, Musik bei Nacht, Das fliegende Klassenzimmer, Feuerwerk, Drei Männer im Schnee, Ich denke oft an Piroschka, Heute heiratet mein Mann, Salzburger Geschichten, Bekenntnisse des Hochstaplers Felix Krull:* eine Linie; ein deutliches Bemühen, das Ziel immer höher zu stecken und die Mittel stets zu verfeinern; kein einziger schlechter Film, kein einziger geschäft-

Wolfgang Müller, Liselotte Pulver und Wolfgang Neuss

Liselotte Pulver, Günther Lüders und Otto Storr

licher Versager: eine derartige Bilanz konnte keiner seiner Kollegen vorweisen. (Nicht, daß der Filmemacher nicht wie jeder andere Künstler kein Recht auf Mißerfolge hätte; die Bilanz verrät auch etwas über das Musterschülerhafte in Kurt Hoffmann!) Mit dem *Wirtshaus im Spessart* war der 47jährige Hoffmann, Sohn des berühmten Kameramanns Carl Hoffmann und praktisch im Atelier aufgewachsen (vom 21. Lebensjahr an Assistenzen bei Eric Charell, Robert Siodmak, Reinhold Schünzel und, leider auch, Wolfgang Liebeneiner, Gustav Ucicky, Hans Steinhoff), auf dem Höhepunkt seiner Karriere angelangt. Diese angenehme Position nutzte er zum Griff nach einem höchsten Ziel, *Wir Wunderkinder*. In den Spessart kehrte er, weil das *Wirtshaus* so erträglich war, noch zweimal zurück, 1960 mit dem *Spukschloß im Spessart,* über das Friedrich Luft in der *Welt* schrieb: »Hier ist, Hurra!, der lustigste, übermütigste, intelligenteste deutsche Lustspielfilm seit vielen Jahren«, und 1967 mit den *Herrlichen Zeiten im Spessart,* die aber keinen Anlaß mehr zum Hurra-Schreien gaben.

# Das Mädchen Rosemarie
## 1958

*Regie* Rolf Thiele. *Buch* Erich Kuby, Rolf Thiele, Jo Herbst, Rolf Ulrich. *Kamera* Klaus von Rautenfeld. *Musik* Norbert Schultze. *Bauten* Wolf Englert, Ernst Richter. *Ton* Erwin Schänzle. *Schnitt* Lisbeth Neumann. *Darsteller* Nadja Tiller (Rosemarie), Peter van Eyck (Fribert), Carl Raddatz (Hartog), Gert Fröbe (Bruster), Hanne Wieder (Marga), Mario Adorf (Horst), Jo Herbst (Walter), Werner Peters (Nakonski), Karin Baal (Do), Horst Frank (Student), Erich von Loewis (von Killenschiff), Arno Paulsen (Schmidt), Tilo von Berlepsch (Oelsen), Hubert von Meyerinck (Kleie), Helen Vita (Eveline), Ruth Hausmeister (Frau Hartog). *Produktion* Roxy (Luggi Waldleitner). 100 Minuten. 1958.

Rosemarie, ein Mädchen aus dem sozialen Niemandsland, lernt in Frankfurt den Industriellen Konrad Hartog aus Essen kennen. Hartog ist Mitglied des »Isoliermattenkartells«; hinter dieser Tarnbezeichnung verbirgt sich eine Arbeitsgemeinschaft von Industriellen, die in Verbindung mit der Regierung an einem wichtigen Projekt arbeitet. Das Projekt soll geheim bleiben. Zwischen Hartog und Rosemarie entwickelt sich ein beständiges Verhältnis. Er richtet ihr in Frankfurt eine Wohnung ein und gibt ihr regelmäßig Geld. Französische Kreise interessieren sich für das Vorhaben des »Isoliermattenkartells« und schicken Alfons Fribert in die Bundesrepublik, um Kontakte aufzunehmen. Er merkt schnell, daß Rosemarie ihm dabei nützlich sein kann. Zwischen Rosemarie und Hartog kommt es zum Bruch; als Abschiedsgeschenk bekommt sie einen Mercedes SL 190. Fribert erzieht Rosemarie zur teuersten und smartesten Hure der Bundesrepublik: er weiß, daß die Industriebosse, die Rosemaries Kundschaft ausmachen, vor allem jemanden brauchen, bei dem sie sich alles von der Seele reden können – alles andere ist zweitrangig. Was die Kunden im Bett reden, zeichnet ein Tonband für Fribert auf. Rosemarie ist sich nicht im Klaren darüber, wie gefährlich ihre Spitzelarbeit für Fribert ist. Im Kartell stellt der Regierungs-Repräsentant, EK genannt, fest, daß die Informationen, über die die Franzosen verfügen, aus dem Kartell selbst kommen müssen. Hartog, der sich mitverantwortlich fühlt, will die offenbar existierenden skandalösen Tonbänder herbeischaffen. Rosemarie will endgültig Eintritt in die Gesellschaft finden. Fribert soll sie zu einem Fest mitnehmen, das Bruster, einer der Kartellherren gibt. Fribert lehnt ab; er weiß, daß das zu provozierend wäre. Rosemarie versteht es, auch ohne ihn zu dem Fest zu kommen. Sie überzieht in jeder Hinsicht, auch Hartog gegenüber: sein Angebot, die Bänder zu kaufen, beantwortet sie mit der Forderung, er möge sich scheiden lassen und sie heiraten. Als Rosemarie das Fest verläßt, ist sie nicht mehr das Schoßkind eines zweifelhaften Glücks, sondern eine Gejagte. Fribert kann sich mühelos aus der Schlinge ziehen. Rosemarie wird ermordet.

Nadja Tiller

Rolf Thiele gehört zu den erschreckend wenigen neuen Regisseuren, die der deutsche Nachkriegsfilm hervorbrachte. Zusammen mit Hans Abich hatte er in Göttingen die Produktionsfirma Filmaufbau gegründet, die der selbstgesteckten Neuerer-Devise, (»Filme gegen den Film zu machen«, sehr schnell untreu wurde; die neuen Leute ergaben sich schnell dem alten Ufa-Stil. 1952 debütierte Thiele, mit einem völlig banalen Film, *Primanerinnen,* als Regisseur. In den folgenden zwanzig Jahren folgten drei Dutzend Filme, von denen eine Handvoll Thiele als einen Mann von sehr hoher Intelligenz und beschränkter kreativer Phantasie ausweisen; der Rest ist ein fürchterliches Kunterbunt aller möglichen Stile und Themen. Sein einziger wirklich großer Film ist *Das Mädchen Rosemarie,* ein Werk von kühler, scharfer Intelligenz und unverwechselbarem Stil, ein die bundesrepublikanische Wirklichkeit virtuos verfremdendes und mittels dieser Verfremdung analysierendes Lehrstück. Thiele: »Ich bediente mich eines Lustmordes, um ein Stückchen Gesellschaftskritik loszuwerden. Ich bediente mich gewisser Obszönitäten, um darauf hinzuweisen, wie obszön wir heute mit unserer Innerlichkeit umgehen« (in einem Interview mit Hans-Dieter Roos, *Film,* 1963).

# Wir Wunderkinder
## 1958

*Regie* Kurt Hoffmann. *Regie-Assistenz* Wolfgang Kühnlenz. *Buch* Heinz Pauck, Günter Neumann, nach dem Roman von Hugo Hartung. *Kamera* Richard Angst. *Bauten* Franz Bi, Max Seefelder. *Kostüme* Elisabeth Urbancic. *Ton* Walter Rühland. *Schnitt* Hilwa von Boro. *Darsteller* Hansjörg Felmy (Hans Boeckel), Robert Graf (Bruno Tiches), Johanna von Koczian (Kirsten), Wera Frydtberg (Vera), Elisabeth Flickenschildt (Frau Meisegeier), Ingrid Pan (Doddy), Ingrid van Bergen (Evelyne), Jürgen Goslar (Schally), Tatjana Sais (Frau Häflingen), Liesl Karlstadt (Frau Roselieb), Michl Lang (Herr Roselieb), Peter Lühr (Chefredakteur Vogel), Hans Leibelt (Herr Lüttjensee), Lina Carstens (Bäuerin Vette), Pinkas Braun (Siegfried Stein), Ernst Schlott (Dr. Sinsberg), Ralf Wolter (»Letzter Mann«), Horst Tappert (Lehrer Schindler), Franz Fröhlich (Obsthändler), Ludwig Schmid-Wildy (Ludwig), Karl Lieffen (Obmann Wehackel), Otto Brüggemann (Dr. Engler), Helmut Rudolph (Baron von Lieven), Helmut Brasch (Herr Untermüller), Karen Marie Löwert (Frau Hansen), Michael Burk, Rainer Penkert und Fritz Korn (Studentenkabarett), sowie Wolfgang Neuss und Wolfgang Müller (Erklärer). *Produktion* Filmaufbau (Hans Abich). 108 Minuten.

1913. Bei einem Ballonaufstieg anläßlich der Jahrhundertfeier der Völkerschlacht bei Leipzig schmuggeln sich die Tertianer Hans Boeckel und Bruno Tiches in den Ballonkorb. Boeckel wird vorzeitig erwischt und bestraft, Tiches wird erst in den Lüften entdeckt und für seinen vaterländischen Eifer gelobt. 1923. Tiches lernt das Bankfach und schwört auf die deutsche Republik. Boeckel erlebt als Werkstudent eine kurze, glückliche Liebesgeschichte mit Vera von Lieven. 1933. Tiches schwört auf den Führer und macht Karriere. Boeckel paßt sich nicht an, verliert seine Stellung bei der Zeitung und gewinnt das Herz der Dänin Kirsten, die ihn kurzerhand heiratet. Tiches heiratet Evelyne, eines der vielen geschickten Kinder von Frau Meisegeier. 1945. Tiches treibt Schwarzhandel großen Stils. Boeckel ist mit einem Handwägelchen unterwegs, um für seine Frau Kirsten und die beiden Kinder den letzten Teppich gegen Eier einzutauschen. 1955. Tiches fährt einen Mercedes 300 und gilt als einer der Erfinder des deutschen Wirtschaftswunders. Boeckel ist Journalist und schreibt in seiner Zeitung, was er von dem Wundermenschen Tiches hält. Tiches versucht, Boeckel einzuschüchtern. Weil ihm das nicht gelingt, wird er so wütend, daß er in einen leeren Fahrstuhlschacht rennt. Er bekommt eine große Beerdigung, und ein Ministerialrat sagt an seinem Grab: »In seinem Sinne wollen wir weiterleben.«

Robert Graf und Hansjörg Felmy

Nachdem über ein Nachkriegs-Jahrzehnt lang die vorherrschende Empfindung des deutschen Films angesichts des deutschen »Schicksals« das Selbstmitleid gewesen war, wirkte ein selbstironischer Film wie *Wir Wunderkinder* wie ein wahres Wunder. Noch verwunderlicher war, daß man diese von der Welt beruhigt und beifällig aufgenommene Satire auf die Kinder des Nazireichs und des Wirtschaftswunders einem Mann verdankte, der in seinem qualitativ wie quantitativ ganz ansehnlichen Oeuvre bislang keinerlei Interesse für Politik und als eher bürgerlich-konservative Figur auch keine Neigung zur Satire hatte erkennen lassen. Es muß einmal gesagt werden, daß die ausgewiesenen politischen Satiriker Helmut Käutner und Wolfgang Staudte diesen Film nicht besser gemacht hätten, eher im Gegenteil. Seine bürgerliche Bravheit hat Hoffmann freilich dazu verführt, viel zu lieb mit seinem »guten Deutschen«, der Felmy-Figur Hans Boeckel umzugehen; hier liegt die große Schwäche des Films, die es auch dem alten Selbstmitleid gestattet, sich wieder Bahn zu brechen. »Der Zuschauer sieht Boeckel unter

Ralf Wolter und Robert Graf

Jürgen Goslar und Hansjörg Felmy

Hansjörg Felmy, Robert Graf und Partner

Robert Graf, Hansjörg Felmy und Wera Frydberg

Ingrid van Bergen, Ingrid Pan, Hansjörg Felmy und Robert Graf

Hansjörg Felmy und Johanna von Koczian

Ingrid Pan

Hansjörg Felmy und Johanna von Koczian

Johanna von Koczian und Hansjörg Felmy

Robert Graf

Robert Graf und Hansjörg Felmy

Johanna von Koczian, Robert Graf und Partner

Ingrid van Bergen

dem Ungeist der Zeit leiden und leidet mit – bis zur Selbstbemitleidung. Denn, nicht wahr, so war es doch: wer dachte schon, daß es so schlimm kommen würde – die Nazis waren brutal, aber was sollte man dagegen tun – man mußte doch mitmachen, sonst verlor man die Stellung. Hans Boeckel verliert allerdings seinen Redakteurs-Posten, der alsbald von flegelhaften HJ-Knaben eingenommen wird. Aber die Tragik ist nicht allzu groß, denn er kann im Buchhandel weiterarbeiten. Die ganze Zeit des Dritten Reiches erscheint als Widerstreit edler Kulturmenschen und krakeelender NS-Karrieremacher, in dem die Nazis wie zwangsläufig obsiegen ... Der wiedergekehrte Friede schenkt auch den Helden seiner Familie zurück, was neuen Anlaß zu idyllischen Bildern gibt. Dann macht Hoffmann noch schnell Ernst mit der unbewältigten Vergangenheit, denn der Nazi-Bonze, der dem Boeckel immer schwer zu schaffen gemacht hat, ist auch wieder da und schon ganz obenauf. Der Redakteur Boeckel läßt sich nun aber nicht mehr an der Nase herumführen, selbst wenn es den Posten kosten sollte. Jawohl, wir haben aus der Vergangenheit gelernt! Welche Chance wäre es für Hoffmann gewesen, die inhaltslos gewordene Rekompensation eines Schuldkomplexes, das Nachholen der Revolte, die damals, als sie versäumt wurde, lebensgefährlich gewesen wäre, heute aber, da sie vollzogen wird, nur das Risiko eines Stellungswechsels beinhaltet, der Lächerlichkeit preiszugeben! Aber nein, dieser Filmschöpfer, der damals *Quax der Bruchpilot* drehte und heute mit nonkonformistischen Späßen *(Das Spukschloß im Spessart)* aufmuckt, sieht in der verspäteten Revolte seines Helden einen Triumph« (Joe Hembus: *Der deutsche Film kann gar nicht besser sein*).

# Sterne
## 1959

Jürgen Frohrieb und Sascha Kruscharska

*Regie* Konrad Wolf. *Regie-Assistenz* Isak Cheskia, Michael Englberger. *Buch* Angel Wagenstein. *Kamera* Werner Bergmann. *Kamera-Assistenz* Manfred Damm. *Musik* Simeon Pironkow. *Bauten* Maria Iwanowa, Alfred Drosdek. *Kostüme* Albert Seidner. *Ton* Erich Schmidt. *Schnitt* Christa Wernicke. *Darsteller* Sascha Kruscharska (Ruth), Jürgen Frohriep (Walter, Unteroffizier), Erich S. Klein (Kurt), Stefan Pejtschew, Georgi Naumow, Hannjo Hasse. *Produktion* Defa, DDR/Studio für Spielfilme, Sofia (Hans-Joachim Funk, Boyan Marintchev, Metodi Kovatchev). 92 Minuten. *Uraufführung* 27. 3. 1959. BRD-Erstaufführung 3. 6. 1960.

Bulgarien 1943. In einer kleinen Stadt macht ein Transport griechischer Juden auf dem Wege ins Konzentrationslager Auschwitz halt. Walter, ein deutscher Unteroffizier, lernt über den Stacheldraht hinweg das jüdische Mädchen Ruth kennen, das ihn um Medikamente bittet. Walter beginnt, sich für sie zu interessieren und die Tragweite seiner Schuld zu ahnen. Sein Kamerad Kurt ermöglicht ihm zwei Begegnungen mit dem Mädchen Ruth. Bei den nächtlichen Spaziergängen mit der Gefangenen diskutieren sie die Frage von Schuld und Unschuld und der Verantwortung des einzelnen Menschen. Ihre Anklage macht ihn betroffen und er versucht, ihr seine Resignation und Distanz begreiflich zu machen. Ihre Argumente und ihr grausames Schicksal rütteln Walter wach. Als er sich endlich entschlossen hat, ihr zur Flucht zu verhelfen und Vorbereitungen dafür trifft, ist es zu spät. Der Transport ist bereits in Richtung Auschwitz weitergefahren. Jetzt erst begreift Walter, daß seine passive Haltung, seine »innere Emigration« nicht ausreicht und er sucht den Kontakt zur bulgarischen Widerstandsbewegung.

Sascha Kruscharska

Mit *Sterne* führt Konrad Wolf seinen Weg, die Auseinandersetzung mit dem Faschismus, den er mit *Genesung* (1956) begonnen hatte und mit *Lissy* (1957) fortsetzte, konsequent weiter. 1959 erhielt *Sterne* auf den Filmfestspielen in Cannes, wo er als bulgarische Produktion lief, weil diplomatische Beziehungen zur DDR noch fehlten, den zweiten Preis. In der Bundesrepublik lief der Film nur kurze Zeit und ohne die Schlußszene, die die Wandlung Walters, des unpolitischen Menschen zum bewußten Antifaschisten schildert. Damit wurde die ganze Figur Walter amputiert. – Mit der Schilderung dieses deutschen Unteroffiziers beschreibt Konrad Wolf den Typ des »integren Intellektuellen«, der zwar Vorbehalte gegen die bestehenden Verhältnisse hat und seinen Widerwillen gegen das Regime und seine Machthaber verbalisieren kann, aber doch nicht die Kraft aufbringt und den Mut, aktiv zu werden und vor einem persönlichen Engagement zurückschreckt. Er ist der ewige Zauderer, der erst tragische Erlebnisse erfahren muß, die ihm ordentlich unter die Haut gehen, der erst ganz persönlich angekratzt werden muß, damit er handelt. Sein Freund Kurt dagegen ist der Typ des kernigen und biederen Landsknechts. Sorgfältig bewacht er die todgeweihten Juden. Für ihn ist es selbstverständlich, daß er den älteren und schon gebrechlichen jüdischen Gefangenen höflich beim Besteigen der Waggons behilflich ist, die sie nach Auschwitz in den Tod bringen werden. »Konrad Wolf erzählt seine erschütternde Geschichte mit einer zurückhaltenden Sachlichkeit, die für Sentimentalität und andere falsche Töne keinen Raum läßt. Gerade weil er das abschreckende Mißverständnis zwischen privater Anständigkeit und der allgemeinen Unmenschlichkeit, die von den vergeblichen auf ihre innerliche Distanz pochenden Protagonisten praktiziert wird, sich selbst kommentieren ließ und auf eigene Wertungen verzichtete, gelang ihm eines der wahrsten und eindringlichsten Werke des antifaschistischen Films.« *(rororo Filmlexikon).*

# Die Brücke
## 1959

*Regie* Bernhard Wicki. *Regie-Assistenz* Holger Lussmann. *Buch* Michael Mansfeld, Karl-Wilhelm Vivier, Bernhard Wicki, nach dem Roman von Manfred Gregor. *Kamera* Gerd von Bonin. *Zweite Kamera* Horst Fehlhaber. *Kamera-Assistenz* Franz Ausböck. *Musik* Hans Martin Majewski. *Bauten* Peter Scharff, Heinrich Graf Bühl. *Ton* Willy Schwadorf. *Schnitt* C. O. Bartning. *Darsteller* Volker Bohnet (Scholten), Fritz Wepper (Mutz), Michael Hinz (Forst), Frank Glaubrecht (Borchert), Karl Michael Balzer (Horber), Volker Lechtenbrink (Hager), Günther Hoffmann (Bernhard), Cordula Trantow (Franziska), Wolfgang Stumpf (Stern), Günter Pfitzmann (Heilmann), Heinz Spitzner (Fröhlich), Siegfried Schürenberg (Oberstleutnant), Ruth Hausmeister (Mutter Mutz), Eva Veitl (Mutter Borchert), Editz Schulze-Westrum (Mutter Bernhard), Hans Elwenspoeck (Vater Forst), Trude Breitschopf (Mutter Forst), Klaus Hellmold (Vater Horber), Inge Benz (Sigrun), Till Kiwe (Ritterkreuzträger), Edeltraud Elsner (Barbara). *Produktion* Fono-Film (Hermann Schwerin, Jochen Severin). 105 Minuten. *Uraufführung* 22. 10. 1959.

April 1945. Eine Kleinstadt in Deutschland. Acht Sechzehnjährige, sieben Jungen und ein Mädchen, Schüler eines Oberrealgymnasiums, spüren den Krieg näherkommen. Sie sind der letzte Jahrgang, der noch zur Schule geht. Die älteren hat man schon eingezogen. Die Jungen heißen Sigi Bernhard, Karl Horber, Jürgen Borchert, Walter Forst, Klaus Hager, Albert Mutz und Hans Scholten. Bei einem Fliegeralarm geht eine verirrte Bombe bei der Brücke am Fluß nieder. Nach Schulschluß besichtigen die Jungen die Sensation; Schaden hat die Bombe nicht angerichtet. Die Jungen bekommen ihre sofortige Einberufung. Auf dem Kasernenhof beginnt die Ausbildung. Ihr Klassenlehrer Stern geht zu dem Kompaniechef, Hauptmann Fröhlich, und bittet ihn, etwas für seine Jungen zu tun; er sieht keinen Sinn darin, daß zum Schluß noch diese Kinder geopfert werden. Er verläßt resigniert den Hauptmann, ohne etwas erreicht zu haben. In der Nacht ist Alarm. Die Amerikaner sind durchgebrochen. Der Oberstleutnant hält an das Ersatzbataillon eine flammende Ansprache. Hauptmann Fröhlich hat inzwischen die Jungen näher kennengelernt und ist jetzt entschlossen, sie von der Front fernzuhalten. Er setzt sie vor der Stadt an der kleinen Brücke als Sicherung ein und gibt dem Unteroffizier Heilmann den Befehl, dafür zu sorgen, daß ihnen nichts passiert. Die Jungen sind enttäuscht, daß sie nicht an die Front kommen. Unteroffizier Heilmann geht in die Stadt, die Lage sondieren. Er hat eine Auseinandersetzung mit zwei Feldgendarmen und wird von ihnen erschossen. Die Jungen sitzen gelangweilt an der Brücke in ihren Stellungen. Bei einem Fliegerangriff kommt der kleine Sigi um. Dann nähern sich die amerikanischen Panzer. Die Jungen werfen sich fanatisch dem Feind entgegen. Sie erledigen zwei Panzer mit Panzerfäusten. Die restlichen Amerikaner drehen ab, um Verstärkung zu holen. Bei diesem Kampf sind vier der Jungens gefallen. Mutz und Scholten, die übriggebliebenen, wollen nach Hause gehen. Da erscheint ein deutsches Sprengkommando, um die strategisch unwichtige Brücke zu sprengen. Als es Mutz klar wird, daß die fünf Kameraden völlig sinnlos gefallen sind, schießt er einen Mann des Sprengkommandos nieder. Die anderen Pioniere schießen zurück; Scholten wird getroffen. Mutz taumelt in die Stadt zurück.

Volker Lechtenbrink und Cordula Trantow

Bernhard Wicki: »Mein erster Film war ein Dokumentarfilm, *Warum sind sie gegen uns?* Ich war schon lange an der Regie interessiert, aber ich habe nie geglaubt, daß ich es schaffen würde. Mein Freund Käutner hat mich einmal ihm assistieren lassen; ich war sein vierter oder fünfter Assistent. In Wirklichkeit wollte ich nur zuschauen und lernen. Außerdem hatte ich natürlich in 28 als Darsteller gearbeitet; bei jedem dieser Filme habe ich dem Regisseur auf die Finger geschaut, sogar im Schneideraum. Dann habe ich meine Chance bekommen. Ich bin gegen den Krieg. Jedermann ist gegen den Krieg. Mit der *Brücke* wollte ich zeigen, wieso diese Jungens, die Kinder waren, Kinder wie tausend andere auch, dazu kamen, infolge falscher Erziehung zu den schlimmsten Grausamkeiten fähig zu sein. Die Deutschen

sind für Propaganda sehr empfänglich. Die meisten Leute haben ein offenes Ohr für Propaganda, überall in der Welt, wenn auch vielleicht in England und der Schweiz nicht so sehr wie in Frankreich und in Deutschland. In Deutschland ist es sehr leicht, die Leute zu beeinflussen. Die ganze Entwicklung des Nazismus gründete sich auf die Beeinflussung der Menschen. Wenn Sie jungen, 14jährigen Menschen sagen, daß sie für ihr Land sterben müssen, wenn Sie sie im Geist des Nazismus erziehen, dann werden diese jungen Menschen glauben, daß sie richtig handeln. Ich glaube auch, daß wir es nötig haben, diese jungen Menschen, die wirkliche Idealisten waren und bereit, für das, an was sie glaubten, zu sterben, um Verzeihung zu bitten. Diese jungen Menschen waren sehr unschuldig; auch das wollte ich sagen. Die Schuld liegt bei den Erwachsenen; bei den Erwachsenen, die sie erzogen haben« (zitiert nach *Films and Filming*, 1962). *Die Brücke* markiert eine Rückbesinnung auf die große Tradition des realistischen deutschen Films vor 1933. Sujetbedingt denkt man hier natürlich zuerst an Pabsts *Westfront 1918*, zumal die zeitgenössische Kritik immer wieder dazu ermuntert hat, die Meisterschaft Wickis aus seiner Gestaltung der Kampfszenen abzulesen, die etwa das letzte Drittel des Films ausmachen: »Eindeutiger Höhepunkt des Films aber sind die mit kompromißloser Ehrlichkeit und unbestechlichem Realismus aufgezeichneten Kampfszenen« (Dieter Krusche, *Filmforum*, 1960). Nun sind aber kriegerische Metzeleien, gerade wenn man sie mit unbestechlichem Realismus angeht, kein sehr hoher Schwierigkeitsgrad für die Filmregie, selbst wenn das nicht jedem so gut gelingt wie Wicki oder Peckinpah. Wickis Meisterschaft bewährt sich am schönsten im Umgang mit dem unblutigen, von den Effekten der Brutalität nicht angereicherten Realismus der ganzen ersten Filmhälfte. Das heißt, *Die Brücke* wäre ein ebenso hervorragender Film ohne sein Kampffinale; freilich kein ebenso erfolgreicher. Wicki: »*Die Brücke* war ein wirklicher Erfolg. Ein paar junge Menschen haben die ganze Sache mißverstanden; aber junge Leute lieben auch die Western, in denen Leute gekillt werden. Die ältere Generation hat aber verstanden, was ich sagen wollte.« In der Tat hinterläßt die grausame Ironie des Schlusses – daß die Verteidigung der Brücke strategisch völlig sinnlos war – ein Unbehagen und läßt den Raum für fatale Relativierungen: wäre die Verteidigung der Brücke strategisch sinnvoll gewesen, wären die Jungen dann einen glorreichen, sinnvollen Opfertod gestorben, wie einst die Mitglieder der *Letzten Kompanie* (1930) unseligen Angedenkens? Und hätten sie gar die strategisch wichtige Brücke erfolgreich verteidigt, wären sie dann vorbildliche Helden?

Fritz Wepper

# Filmographie
# Chronik
# Bibliographie

# Fünfhundertzweiundzwanzig weitere deutsche Filme

Um von der Spannweite der deutschen Filmproduktion 1930–1960 über die im Hauptteil behandelten Klassiker hinaus einen Eindruck zu vermitteln, folgen hier fünfhundertzweiundzwanzig wesentliche deutsche Filme aus dieser Zeit. Die Abkürzungen bedeuten: R = Regie; B = Drehbuch; K = Kamera; M = Musik; ML = Musikalische Leitung; L = Lieder; T = Liedertexte; A = Ausstattung; D = Darsteller; P = Produktion; NFT = National Film Theatre; MFB = Monthly Film Bulletin.

**Akrobat schö-ö-ön.** R Wolfgang Staudte. B Wolfgang Staudte. K Georg Bruckbauer. M Friedrich Schröder, Paul Hühn. D Charlie Rivel (Charlie), Karl Schönböck (Orlando), Hans Hermann Schaufuß (Krause), Klara Tabody, Käte Dyckhof, Hans Junkermann, Fritz Kampers. P Tobis. 2328 Meter. 1943.
Der Groteskakrobat Charlie sucht ein Engagement, kommt beim Varieté »Tabarin« aber nur als Nachtwächter unter. Als er nachts im Varieté mit einer Akrobatin eine Nummer einstudiert, verliert er auch noch diese Stellung. Aber als im Programm eine Nummer ausfällt, darf er mit seiner Partnerin einspringen: der Beginn einer großen Karriere.
Das Regiedebüt von Wolfgang Staudte.

**Alles Lüge.** R E.W. Emo. B Fritz Koselka, Lilian Belmont. K Fritz Woditzka. M Willy Schmidt-Gentner. D Wolf Albach-Retty (Will Wolters), Senta Wengraf (Klementine), Hedwig Bleibtreu (Frau Plamerhof), Siegfried Breuer (Plamerhof), Gusti Wolf. P Loewen-Film, Wien. 73 Minuten. 1949.
Klementine liebt den Boxer Will Wolters, was ihre erziehungsberechtigte Großmutter nie dulden würde; also muß Klementine die Fiktion aufrechterhalten, der Boxer sei ein Musiker.

**Allotria.** R Willi Forst. B Jochen Huth, Willi Forst. K Ted Pahle, Werner Bohne. M Peter Kreuder. D Renate Müller, Jenny Jugo, Adolf Wohlbrück, Heinz Rühmann, Hilde Hildebrand. P Cine-Allianz. 94 Minuten. 1936.
Zwei Liebespaare haben große Schwierigkeiten zu Ehepaaren zu werden.
»Ein reiner Spaß-Film in der Art der damaligen amerikanischen Komödien von Cukor, Stevens und La Cava... Obwohl der Film eine wunderschöne Ausstattung in einer echt art-deco-Stil hat (die Innendekorationen werden von Mengen von Muschel-Motiven beherrscht), liegt seine wahre Stärke im Drehbuch und den Darstellern« (John Gillet, NFT).

**Alraune.** R Richard Oswald. B Charlie Roellinghoff, Richard Weisbach, nach dem Roman von Hanns Heinz Ewers. K Günther Krampf. M Bronislaw Kaper. A Otto Erdmann, Hans Sohnle. D Brigitte Helm (Alraune), Albert Bassermann (Wissenschaftler), Agnes Straub, Käthe Haack, Martin Kosleck, Harald Paulsen, Bernhard Goetzke. P Ufa. 103 Minuten. 1930.
Ein Experiment in künstlicher Befruchtung, an dem eine Prostituierte und ein gehängter Krimineller beteiligt sind, führt zur Bildung einer Frau von großer Schönheit und tödlicher Gefühlskälte.

Weitere Verfilmungen: 1918, Regie Mihaly Kertész (Michael Curtiz), mit Guyla Gal; 1928, Regie Henrik Galeen, mit Brigitte Helm; 1952, Regie Arthur Maria Rabenalt, mit Hildegard Knef, Erich von Stroheim. Das Thema wird ausführlich behandelt im Band *Klassiker des deutschen Stummfilms*.

**Altes Herz wird wieder jung.** R Erich Engel. B Walter Wassermann, C.H. Diller. K Fritz Arno Wagner. M Theo Mackeben. A Otto Hunte, Karl Vollbrecht. D Emil Jannings (Friedrich Wilhelm Hoffmann), Maria Landrock (Brigitte Lüders), Viktor de Kowa (Dr. Paul Dehnhardt), Will Dohm (Heinrich Hoffmann), Elisabeth Flickenschildt (Jenny), Harald Paulsen, Roma Bahn, Gerta Böttcher. P Tobis (Fritz Klotzsch). 2660 Meter. 1943.
Der siebzigjährige Chef einer Schokoladenfabrik meidet seine Verwandtschaft, um den Spekulationen um die Erbschaft aus dem Wege zu gehen. Zufällig stellt er fest, daß das junge Mädchen Brigitte seine Enkelin ist, die Tochter seines unehelichen Sohnes, der im Krieg gefallen war. Er will sie unterstützen, aber Brigitte lehnt jede Hilfe ab, was ihm sehr imponiert. Seinen Verwandten Dr. Paul Dehnhardt beauftragt er, sich um Brigitte zu kümmern. Sie verlieben sich ineinander und werden ein Paar.
Jannings letzter Film.

**Der alte Sünder.** R Franz Antel. B Martin Costa, Franz Antel, nach dem Bühnenstück von Martin Costa. K Hans Theyer. M Hans Lang. D Paul Hörbiger (Ferdinand Bauer), Maria Andergast (Mizzi Hanack), Susi Nicoletti (Yvonne Farini), Inge Conradi, Thea Weis, Hannerl Matz, Rudolf Carl, Rosa Albach-Retty. P Schönbrunn-Film, Wien. 102 Minuten. 1950.
Mit seinem Grundsatz, daß man, um als erfolgreicher Damenschneider das richtige Image zu haben, sich stets als verruchter Lebemann geben muß, richtet sich Ferdinand Bauer so total zugrunde, daß er am Ende dank der treuen Hilfe seiner bescheidenen Buchhalterin Mizzi (spätere Frau Bauer) nur noch als Armeleuts-Schneider überleben kann.

**Der alte und der junge König.** R Hans Steinhoff. B Thea von Harbou, Rolf Lauckner. K Karl Puth. M Wolfgang Zeller. A Fritz Maurischat und Weber. D Emil Jannings (König Friedrich Wilhelm I.), Leopoldine Konstantin (Königin Sophie), Werner Hinz (Kronprinz Friedrich), Carola Höhn (Kronprinzessin), Marieluise Claudius (Prinzessin Wilhelmine), Claus Clausen (Leutnant Katte), Friedrich Kayssler, Georg Alexander, Walter Janssen, Theodor Loos, Heinrich Marlow, Fritz Odemar, Rudolf Klein-Rogge. P Deka-Film. 3343 Meter. 1935.
Kronprinz Friedrich, empört über die spartanisch-strenge Erziehung durch seinen Vater, will den Zwängen entfliehen und vertraut sich seinem Freund, Leutnant von Katte, an. Von Katte will ihm bei der Flucht behilflich sein, aber der Plan wird durch den König entdeckt. Friedrich und von Katte werden verhaftet und Friedrich muß der Vollstreckung des Todesurteils an von Katte beiwohnen. Friedrich sieht die Nutzlosigkeit des Widerstandes gegen den Vater ein, aber erst am Totenbett Friedrich Wilhelms kommt es zur wahren Versöhnung zwischen dem alten und dem jungen König.
Der alte Fritz ist der junge Fritz, der lernen muß, daß Gehorsam und Unterwerfung die ersten Preußen-Tugenden sind. Mit dem Prädikat »Staatspolitisch und künstlerisch besonders wertvoll« dem Volksgenossen zur Beherzigung anempfohlen.

**Am Galgen hängt die Liebe.** R Edwin Zbonek. B Erna Fentsch, nach dem Bühnenstück *Philemon und Baucis* von Leopold Ahlsen. K Walter Partsch. M Ernst Roters. A Theodor Harisch, Wolf Witzemann. D Carl Wery (Nikolaos), Annie Rosar (Marulja), Marisa Mell (Alka), Bert Fortell (Alexandros), Sieghardt Rupp (Petros), Michael Janisch, Eduard Köck, Paul Esser. P Rex-Film. 93 Minuten. 1960.
1944, Griechenland. Kämpfe zwischen griechischen Partisanen und deutschen Besatzern. In einer abgelegenen Hütte gewährt ein altes Ehepaar, Nikolaos und Marulja, Freunden wie Feinden das von jeher heilige Gastrecht. Sie werden deshalb von ihren Landsleuten getötet.

**Anastasia, die letzte Zarentochter.** R Falk Harnack. B Herbert Reinecker. K Friedl Behn-Grund. M Herbert Trantow. A Fritz Maurischat, Ernst Schomer, Arno Richter. D Lilli Palmer (Die Unbekannte), Ivan Desny (Ein Jugendfreund), Susanne von Almassy (Mrs. Stevens), Käthe Braun (Frau von Rathleff-Keitmann), Gertrud Schanzkowsky (Eva Bubat), Emmy Burg (Pflegerin), Berta Drews, Tilla Durieux, Margot Hielscher, Lucie Höflich, Franziska Kinz, Marina Ried, Ellen Schwiers, Maria Sebaldt, Adelheid Seek, Alice Treff, Dorothea Wieck, Paul Bildt, Rudolf Fernau, Werner Peters, Wolfgang Preiss, Charles Regnier, Ernst Schröder, Dieter Zeidler. P Hansa (Günter Matern). 107 Minuten. 1956.
1920 wird eine Unbekannte aus dem Landwehrkanal in Berlin gerettet. Sie behauptet Anastasia, die jüngste Tochter des russischen Zaren zu sein. Die Verwandten erkennen sie nicht an, denn außer um die Millionen der Romanows, die in England für die Kinder des Zaren deponiert sind, geht es ihnen um die dynastische Nachfolge. Ihre Identität konnte nie nachgewiesen werden.
»Das Rätsel dieses Lebens blieb bis heute ungelöst. Wenn diese Frau nicht Anastasia, die letzte Zarentochter, ist, dann ist sie die genialste Hochstaplerin, die je von sich reden machte. Wenn sie es aber ist, dann ist ihr Schicksal das erschütterndste unserer Zeit.« (*Illustrierte Film-Bühne* Nr. 3432). Im gleichen Jahr drehte Anatol Litvak die amerikanische Version mit Ingrid Bergmann in der Hauptrolle, die dafür einen Oscar bekam.

**Andreas Schlüter.** R Herbert Maisch. B Helmut Brandis, Herbert Maisch,

nach dem Roman *Der Münzturm* von Alfred von Czibulka. *K* Ewald Daub. *M* Wolfgang Zeller. *D* Heinrich George (Andreas Schlüter), Mila Kopp, Olga Tschechowa, Dorothea Wieck, Theodor Loos, Paul Dahlke. *P* Terra. 3078 Meter. 1942.
Berlin 1700–1710. Andreas Schlüter, der »preußische Michelangelo«, entwirft das neue Bild Berlins und befreit die deutsche Baumeisterkunst vom französischen Einfluß.
In der Propaganda-Perspektive des Films wirkt Schlüter wie des großen Kurfürsten Albert Speer.

**Anna und Elisabeth.** *R* Frank Wysbar. *B* Gina Hink. *K* Franz Weihmayr. *M* Paul Dessau. *A* Fritz Maurischat. *D* Dorothea Wieck (Elisabeth), Hertha Thiele (Anna), Maria Wanck (Margarete), Carl Balhaus (Martin), Matthias Wieman (Mathias Testa), Willy Kaiser-Heyl, Roma Bahn, Carl Wery. *P* Kollektiv-Film. 2057 Meter. 1933.
Das Graubündener Bauernmädchen Anna gilt als Wundertäterin, seit ihr als tot erklärter Bruder nach ihrem Gebet wieder zum Leben erwacht ist. Unter den vielen Leidenden, die von ihr geheilt werden wollen, ist auch die gelähmte Gutsherrin Elisabeth; als sich Anna der hysterischen Elisabeth entziehen will, kippt diese aus ihrem Rollstuhl: sie kann wieder gehen. Elisabeth drängt die stille Anna in die Rolle der Wunderheilerin. Als nicht alles nach ihren Absichten geht, bringt Elisabeth sich um.
Letzte Ausflüge des deutschen Films in phantastische Bereiche, von der Nazi-Fachkritik mißtrauisch verfolgt: »Hinter dem Stoff guckt noch viel Liberalismus und Krankhaftes hervor, erinnert noch vieles an Thomas Manns Lungenkranke aus *Der Zauberberg* und Gerhart Hauptmanns *Die Insel der großen Mutter.* Frank Wysbar hat auch an dem Film *Mädchen in Uniform* mitgewirkt. Er muß seine Menschen von der körperlichen und geistigen Dekadenz befreien und sie bald in ein volkhaftes und gesundes Leben stellen, wenn er mit der neuen Zeit mitmarschieren will« (Oskar Kalbus, *Vom Werden deutscher Filmkunst,* 1935).

**Annelie** *R* Josef von Baky. *B* Thea von Harbou. *K* Werner Krien, Hanns König. *M* Georg Haentzschel. *A* Emil Hasler, Otto Gülstorff. *D* Luise Ullrich (Annelie), Werner Krauss (Dörensen), Käthe Haack (Frau Dörensen), Karl Ludwig Diehl (Dr. Laborius), Albert Hen, Axel von Ambesser. *P* Ufa. 92 Minuten. 1941.
1871–1941. Die Geschichte eines ewig unpünktlichen Mädchens, das zu einer musterhaften Arzt-Gattin und Mutter dreier Söhne heranreift und die Verluste zweier Weltkriege mit der »Gnade eines gütigen Herzens« (Programmheft) zu tragen weiß.

**Annemarie, die Braut der Kompanie.** *R* Carl Boese. *B* Bobby E. Lüthge, Karl Noti. *K* Willi Hameister. *M* Otto Urack. *A* W.A. Hermann. *D* Paul Hörbiger (Musketier Karl Lehmann), Lucie Englisch (Annemarie), Albert Lieven (Fähnrich von Schumann), Paul Heidemann, Rudolf Schündler. *P* Aco (Gustav Althoff). 2593 Meter. 1932.
Musketier Lehmann kümmert sich um die militärische und sentimentale Erziehung des Fähnrichs von Schumann, was zu einer Folge heikler Scharmützel mit den Damen des neben der Kaserne liegenden Höheren-Töchter-Instituts führt.
Mobilmachung durch Militärschwänke, eine Methode der frühen dreißiger wie der frühen fünfziger Jahre.

**Anuschka.** *R* Helmut Käutner. *B* Axel Eggebrecht, Helmut Käutner. *K* Erich Claunigk. *M* Bernhard Eichhorn. *A* Ludwig Reiner, Rudolf Pfenninger, Willi Eplinius, Maria Pommer-Uhlig. *D* Hilde Krahl (Anuschka Hordak), Beppo Schwaiger (Jaro Nowarek), Siegfried Breuer (Professor van Hartberg), Elise Aulinger (Marina Nowarek), Friedl Czepa (Eva von Hartberg), Rolf Wanka (Dr. Sacha Wendt), Fritz Odemar, Karl Etlinger, Anton Pointner. *P* Bavaria. 98 Minuten. 1942.
Anuschka, Bauerntochter in der Tatra, geht nach dem Tod ihres Vaters nach Wien und wird im Haus des Chirurgen Hartberg als Stubenmädel engagiert. Sie gerät in den Verdacht, ein goldenes Feuerzeug ihrer Herrin gestohlen zu haben, kann sich aber nach mancherlei Mißverständnissen rehabilitieren. Hartberg hilft ihr schließlich sogar, den in Wucherhände gefallenen väterlichen Hof zurückzugewinnen. Anuschka heiratet ihren Jugendfreund, den Jungbauern Jaro.
»Ein *Postmeister* für verwirrte Ästheten« (Courtade/Cadars: *Geschichte des Films im Dritten Reich*).

**Der Apfel ist ab.** *R* Helmut Käutner. *B* Helmut Käutner, Bobby Todd nach der musikalischen Komödie von Kurt E. Heyne, Bobby Todd, Helmut Käutner. *K* Igor Oberberg. *M* Bernhard Eichhorn. *ML* Adolf Steimel. *A* Gerhard Ladner, Hermann Liebig, Wolfgang Znamenacek, Günther Strupp. *D* Bobby Todd (Adam Schmidt/Adam), Bettina Moissi (Eva Meier-Eden/Eva), Joana Maria Gorvin (Lily Schmidt/Lilith), Arno Assmann (Dr. Lutz/Luzifer), Helmut Käutner (Professor Petri/Petrus), Irene von Meyendorff, Margarete Haagen, Thea Thiele, Gerda Corbett. *P* Camera-Film. 3310 Meter. 1948.
Der Apfelsaftfabrikant Adam Schmidt ist seiner Frau Lily und seiner Sekretärin Eva gleichermaßen zugetan. Nach einem Selbstmordversuch geht er in eine Klinik und erhält dort zur Übung der Selbstdisziplin einen Apfel, den er aber nur anschauen, und nicht essen darf. Er tut es dennoch und muß die Klinik verlassen. Er schläft in der Vorhalle der Klinik ein, und der Traum führt ihn ins Paradies. Er begegnet Petrus (Professor Petri) und Luzifer (Steuerberater Dr. Lutz), aber auch Eva und Lilith. Nach zahlreichen Abenteuern im Himmel, im Paradies und in der Hölle verhilft ihm der Traum zu der Erkenntnis, daß er sich im Widerstreit seiner Gefühle am besten für die Synthese beider Frauen entscheiden sollte.
»Käutners Film ist im Grunde nur eine Komödie, aber nicht eine Satire, denn weder das biblische Geschehen, noch die einbezogenen Gegebenheiten der Nachkriegszeit werden lächerlich gemacht – erst die Kombination beider Faktoren wirkt komisch« (Peter Pleyer: *Deutscher Nachkriegsfilm 1946–1948*).

**April, April.** *R* Detlef Sierck. *B* H.W. Litschke, Rudo Ritter. *K* Willy Winterstein. *M* Werner Bochmann. *D* Carola Höhn (Friedel), Albrecht Schoenhals (der Prinz), Charlotte Daudert (Mirna), Lina Carstens (Mathilde), Erhard Siedel (Lampe), Paul Westermeier, Hubert von Meyerinck, Herbert Weissbach. *P* Ufa. 82 Minuten. 1935.
Ein Bäcker entwickelt sich zum Direktor einer Backwaren-Fabrik und entfaltet übertriebenen gesellschaftlichen Ehrgeiz. Seine Freunde spielen ihm einen Streich: ein falscher Prinz kommt die Fabrik besuchen.
Der erste lange Spielfilm von Detlef Sierck. »Nach *April, April* wußte ich alles über die technische Seite des Filmemachens« (Halliday: *Sirk on Sirk*).
Eine holländische Fassung des Films drehte Sierck unter dem Titel *'T was één April.*

**Ariane.** *R* Paul Czinner. *B* Paul Czinner, Carl Mayer, nach dem Roman von Claude Anet. *K* Adolf Schlasy. *M* Aus Werken von Wolfgang Amadeus Mozart und Richard Strauss. *A* Erich Zander. *D* Elisabeth Bergner (Ariane), Rudolf Forster (Konstantin), Annemarie Steinsieck, Hertha Guthmar, Theodor Loos, Alfred Gerasch. *P* Nero-Film. 70 Minuten. 1931.

Die Studentin Ariane liebt den reifen Konstantin und spielt ihm eine erfahrene Frau vor, da er keine unschuldigen Mädchen und tieferen Gefühle mag.
Der geborene Ungar Paul Czinner hatte seinen ersten Erfolg mit *Nju* (1924), dessen Hauptdarstellerin Elisabeth Bergner, ab 1933 mit Czinner verheiratet, auch die Protagonistin seiner meisten weiteren Filme blieb. *Ariane* ist neben *Der träumende Mund* der einzige deutsche Tonfilm des Paares, das 1933 seine gemeinsame Karriere in England fortsetzte, unter anderem mit einem Remake von *Ariane* (1934). »Was einem von *Ariane* im Gedächtnis haften bleibt, sind zwei starke Sequenzen, die seltsamerweise schon gewisse Elemente im Schaffen von Max Ophüls vorwegnehmen. Die erste zeigt Arianes Begegnung mit Konstantin in der Oper; ganz wunderbar beteiligt uns Czinner an der atemlosen Begeisterung, mit der Ariane das glanzvolle Ereignis und die Musik des *Don Giovanni* genießt (über den Opernhelden macht Konstantin die selbstverräterische Bemerkung, er »habe das Pech, Lust zu suchen und Liebe zu finden«), zugleich pointiert er die Kaltblütigkeit von Konstantins Annäherungs-Strategie, indem er sie durch Zwischenschnitte mit dem Routinebetrieb hinter den Opernkulissen gleichsetzt. Die zweite denkwürdige Sequenz ist das nächtliche Finale auf dem Bahnhof, wo die durch schnelle Kamerafahrten, zischenden Dampf und anfahrende Räder geschaffene betäubende Atmosphäre meisterhaft alles Erklärende über die Versöhnung der Liebenden verbirgt; durch den Ton romantischer Gnade, mit der der Film schließt, läßt er uns viele seiner früheren Mängel vergessen« (Tim Pulleine, *Monthly Film Bulletin*). Weitere Verfilmung des Stoffes: *Love in the Afternoon,* 1957, Regie Billy Wilder, mit Audrey Hepburn, Gary Cooper.

**Artisten.** *R* Harry Piel. *B* Max W. Kimmich. *K* Ewald Daub. *M* Fritz Wenneis. *A* W. A. Herrmann. *D* Harry Piel (Harry Peters), Susi Lanner (Hella Stoll), Hilde Hildebrand (Vera Leander), Louis Ralph (Morelli), Hans Junkermann, Bruno Ziener, Hans von Zedlitz. *P* Ariel-Film. 107 Minuten. 1935.
Der Artist Harry Peters vernachlässigt sein Mündel Hella Stoll und seine Tiere, weil er der schönen Vera Leander verfallen ist. Er führt einen ausschweifenden Lebenswandel, was ihn beinahe das Leben kostet als er vom fliegenden Trapez abstürzt, hätte nicht Elefant Jumbo ihn mit dem Rüssel aufgefangen. Als seine Tiere krank werden, kommt er endlich zur Besinnung und findet in Hella, die aus Kummer das Weite gesucht hat, eine liebende Frau.
*Artisten* war Harry Piels 100. Film.

**Der Arzt von Stalingrad.** *R* Geza von Radvany. *B* Werner P. Zibaso, nach dem Roman von Heinz G. Konsalik. *K* Georg Krause. *M* Siegfried Franz. *A* Willy Schatz, Robert Stratil, Claudia Herberg. *D* O. E. Hasse (Stabsarzt Dr. Fritz Böhler), Eva Bartok (Kapitän Alexandra Kasalinskaja), Hannes Messemer (Oberleutnant Pjotr Markow), Mario Adorf, Walther Reyer, Vera Tschechowa, Leonard Steckel. *P* Divina (Walter Traut). 110 Minuten. 1958.
Stabsarzt Dr. Fritz Böhler, Gefangener in einem sowjetischen Lager, steht Freund und Feind aufopfernd bei.
»›Diesen Film schrieb das Schicksal. Es befahl Beginn, Verlauf und Ende. Es befahl auch den Schauspielern, auf jede eitle Ausstrahlung ihrer Persönlichkeit zu verzichten und mit tiefem Ernst ganz die zu werden, die hundert Leben lebten und tausend Tode starben.‹ Das stand im Pressetext zu einem der vielen, üblen Filme, die Vergangenheit – hier am Beispiel Stalingrad – zu Kolportage und Melodramatik herabziehen« (Heiko R. Blum: *30 Jahre danach*).

**Atlantic.** *R* E. A. Dupont, *B* E. A. Dupont, Victor Kendall, nach dem Bühnenstück *The Berg* von Ernest Raymond. *K* Charles Rosher. *M* John Reynders. *D* Fritz Kortner (Heinrich Thomas), Elsa Wagner (Anna Thomas), Willi Forst (Poldi), Heinrich Schroth (Harry von Schröder), Julia Serda (Clara von Schröder), Elfriede Borodin, Lucie Mannheim, Franz Lederer, Hermann Vallentin, Theodor Loos, Georg John. *P* British International Pictures, London. 3108 Meter. 1929.

Der Ozeanriese »Atlantic« stößt mit einem Eisberg zusammen. Frauen und Kinder werden in die Rettungsboote gebracht. Für die männlichen Passagiere gibt es keine Rettungsmöglichkeit. Binnen drei Stunden vollzieht sich die Katastrophe.

Der Film wurde in den Londoner Elstree-Studios von dem deutschen Regisseur Dupont in einer englischen, einer deutschen und einer französischen Fassung gedreht. »Ich kenne mich in Schiffsuntergängen nicht aus, habe bislang noch nie einen mitgemacht, aber ich bin fest davon überzeugt, daß weder ich noch irgend jemand, den ich kenne, sich so aufführen würde wie die Figuren in *Atlantic*... *Atlantic* ist, sehr zu seinem Nachteil, nur ein für die tönende Leinwand adaptiertes Bühnenstück. Keine Spur von der Ironie dieses großen Schiffes, des Menschen Triumph über den Ozean, das untergeht, und nichts als kleine Rettungsboote zurückläßt, in denen die Menschen zu entkommen versuchen. Kein Gefühl von Eis gegen Stahl, und vom Menschen gegen beides. Nichts als edle Reden und verworrene Situationen. Die deutsche Version, mit einer anderen Besetzung vom gleichen Regisseur gemacht, war weitaus besser gespielt, und die Sprache kam voll zur Wirkung; da schienen die Figuren wirklich Menschen aus Fleisch und Blut zu sein« (Robert Herring, *Manchester Guardian*). *Atlantic* war der erfolgreichste Film der Saison 1929/30.

**Auf Wiedersehen, Franziska.** *R* Helmut Käutner. *B* Helmut Käutner, Curt J. Braun. *K* Jan Roth. *A* Willi A. Herrmann, Margot Hielscher, *M* Michael Jary. *D* Marianne Hoppe (Franziska Tiemann), Hans Söhnker (Michael Reisiger), Fritz Odemar (Professor Tiemann), Rudolf Fernau (Dr. Christoph Leitner), Hermann Speelmans (Buck Standing), Margot Hielscher (Helen), Herbert Hübner (Tad Simmons). *P* Terra. 89 Minuten. 1941.

Der Wochenschaureporter Reisiger reist von Kontinent zu Kontinent, was ihn daran hindert, sich um die geliebte Franziska und dann auch um die Kinder zu kümmern. Immer wieder gibt es einen herzzerreißenden Abschied. Als er sich endlich entschließt häuslich zu werden, kommt der Krieg und der Einberufungsbefehl. Franziska will treu und tapfer auf ihn warten. »Zum ersten Mal hat der Abschied einen Sinn«, sagt sie, als sie ihn zum Zug bringt.

»Ich glaube sagen zu können, daß es nur wenige Filme gibt, die mit soviel Zurückhaltung darstellen, wie unmöglich es in dieser Welt für zwei Menschen, die sich wirklich lieben, ist, zusammenzukommen. Die Deutschen, denen man ihre ›germanische‹ Schwere und ihre Obsession mit dem Schicksal nachsagt, finden in Käutner einen Liebhaber des Höhenflugs, der ständig die Realität schreift, ohne allzu profund in sie einzudringen, wie ein Lang oder ein Murnau das tun« (Louis Marcorelles, *Cahiers du Cinéma*). Ein Remake drehte Wolfgang Liebeneiner 1957 unter dem Titel Franziska, mit Ruth Leuwerik und Carlos Thompson.

**Die Austernlilli.** *R* E. W. Emo. *B* Gerte Illing. *K* Reimar Kuntze. *M* Robert Stolz. *L* »Mon chéri, mon ami«, »Eine goldige Frau«, »Wenn jetzt der Richt'ge käm'« von Bruno Balz (T), Robert Stolz (M). *A* Fritz Maurischat, Heinrich Weidemann. *D* Hermann Thimig (Der Austernkönig van Mühlen), Heinz Salfner (Piet, Kammerdiener), Theo Lingen (Lucien Mercour, Revueautor), Oskar Sima (Stöckl, Geschäftsführer), Gusti Wolf (Lilli Dupont, eine Austernöffnerin), Albert Florath, Franz Weber, Edith Meinhard. *P* Tobis. 2281 Meter. 1937.

Die mittellose Chansonette Lilli wird Austernöffnerin in der Pariser Austernstube »Zum Austernkönig«. Lilli Dupont erobert im Fluge alle Männerherzen. Der Revueautor Lucien sucht einen Mäzen für seine Revue »Die Austernprinzessin«. Er will seinen Freund, den Besitzer der Austernstube für diesen Plan gewinnen. Als der Lilli kennenlernt, verliebt er sich in sie, verrät aber nicht, daß er der millionenschwere Austernkönig ist, sondern nur sein Sekretär, um mit Lilli seinen Spaß zu haben. Doch als Lilli die Wahrheit erfährt, reist sie sofort ab. Doch die Revue kommt zustande und Lilli spielt die Hauptrolle, als der Austernkönig zufällig ebenfalls auf der Bühne landet, ist die Verlobung perfekt.

**Das Bad auf der Tenne.** *R* Volker von Collande. *B* Rolf Meyer, Herbert Tjadens, Volker von Collande. *K* (Agfacolor) Andor von Barsy, Hermann Wallbrück. *M* Theo Mackeben. *L* »Siehst du, wie die Sterne schimmern« von Theo Mackeben (M) und Günther Schwenn (T). *D* Heli Finkenzeller (Antje), Will Dohm (Hendrick), Richard Häussler (Kaufherr aus Wien), Gisela von Collande (Stin), Marianne Simson (Nina), Wilfried Seyferth, Paul Henckels, Walter Lieck, Claus Holm, Erna Sellmer. *P* Tobis. 82 Minuten. 1943.

Im flandrischen Terbrügge nimmt die Bürgermeisterin Antje auf der Tenne eine Badewanne in Benutzung, ein galantes Geschenk eines durchreisenden Wiener Handelsherrn. Sie wird dabei von zahlreichen Einwohnern heimlich beobachtet. Die Wanne löst viel Streit aus und wird von den Frauen von Terbrügge heimlich entfernt. Antje besteht darauf, eine neue Wanne zu bekommen; an der neuen Wanne sind dann, was sie nicht ahnt, Räder befestigt, so daß sie schließlich badend durch den ganzen Ort spazierenfährt. *Das Bad auf der Tenne* war der dritte deutsche Farbfilm; da die Farbe für das Filmschaffen also noch so neu war wie die Badewanne des Films für *seine* Zeit, machten die Autoren sich Gedanken über farbgeeignete Sujets und kamen so auf die Idee einer Geschichte, die eigentlich nur der Vorwand ist zu einem an Breughel orientierten Genrebild. Das Unternehmen wurde ohne besondere Ambitionen und Prätentionen durchgeführt, so daß der Film zu einem ganz behaglichen Vergnügen geraten ist. Ein eher geiles Eastmancolor-Remake drehte Paul Martin 1955 mit Sonja Ziemann, Paul Klinger und Karl Schönböck.

**Bal paré.** *R* Karl Ritter. *B* Karl Ritter, Felix von Lützkendorf. *K* Günther Anders. *M* Theo Mackeben. *L* »Ilse«, »Als ich in Hamburg war« von Frank Wedekind (T) und Theo Mackeben (M). *A* Walter Röhrig. *D* Paul Hartmann (Dr. Horst Heisterkamp), Käthe Haak (Johanna, seine Frau), Hannes Stelzer (Hansjürgen), Ilse Werner (Maxi), Lina Carstens (Lina Brunnhuber, ihre Mutter), Ursula Deinert (Solotänzerin), Pamela Wedekind (Diseuse). *P* Ufa (Karl Ritter). 2838 Meter. 1940.

„Bal paré"

Auf ihrem ersten Bal paré findet die Tanzelevin in dem Industriellen Heisterkamp einen noblen Mäzen, der ihr nie zu nahe tritt. Sein Sohn verliebt sich heftig in Maxi und nach dramatischen Auseinandersetzungen zwischen Vater und Sohn kommt es zu einem Happy-End.

**Die Barrings** *R* Rolf Thiele. *B* Thiele und Felix Lützkendorf nach dem Roman von Simpson. *K* Günther Anders. *M* Friedrich Meyer. *A* Walter Haag, Hans Kutzner. *D* Paul Hartmann (Archibald von Barring), Dieter Borsche (Fried von Barring), Nadja Tiller (Gerda von Eyff), Lil Dagover, Sonja Sutter, Olga Tschechowa, Ida Wüst. *P* Roxy (Ludwig Waldleitner). 108 Minuten. 1954.

Fried von Barring erkennt zu spät den wahren Charakter seiner Frau, Gerda von Eyff, und ihre unglaubliche Verschwendungssucht. Nach dem Tod des Schwiegervaters Archibald reißt Gerda Geld und Macht an sich, verkauft gegen den Willen von Mann und Sohn den Familienbesitz, um dem Berliner Gesellschaftsleben zu frönen. Fried überlebt den Verlust der Heimat nicht und stirbt.

Restauratives Seelendrama. Da Restauration und Seele zu dieser Zeit sehr gefragt waren, wurde der Film ein Riesenerfolg, und Thiele drehte gleich noch eine Fortsetzung, *Friederike von Barring*.

**Befreite Hände.** *R* Hans Schweikart. *B* Erich Ebermayer, Kurt Heuser, nach dem Roman von Ebermayer. *K* Carl Hoffmann, Heinz Schnackertz. *M* Lothar Brühne. *A* Ludwig Reiber, Willi Deppenau, Ruth Wagner. *D* Brigitte Horney (Dürthen), Olga Tschechowa (Kerstin Thomas), Ewald Balser (Professor Wolfram), Carl Raddatz (Joachim von Erken), Eduard von Winterstein (Erken sr.), Luise Hohorst, Paul Dahlke. *P* Bavaria. 96 Minuten. 1939.

Holzschnitzerin vom Land wird gefördert, entwickelt sich in der Großstadt zur anerkannten Bildhauerin, vergißt über ihre Liebe zu einem Gutsbesitzer ihre Kunst und wird von ihrem verehrten Lehrer daran erinnert, wo ihr Platz im Leben ist: am Arbeitsplatz – und an seiner Seite.

Maler- und Bildhauer-Filme sind verräterisch: so wie dieser Film die grausligen Schnitz- und Hau-Werke seiner Helden als die wahre Kunst ausgibt, so empfindet er sich selbst als das definitive Künstlerdrama.

**Begegnung mit Werther.** *R* Karl Heinz Stroux. *B* Karl Heinz Stroux, Hermann Gressieker, nach *Die Leiden des jungen Werther* von Johann Wolfgang von Goethe. *K* Friedl Behn-Grund, Ernst Kalinke. *M* Wolfgang Fortner. *A* Paul Markwitz. *D* Horst Caspar (Werther), Heidemarie Hatheyer (Lotte), Paul Klinger (Albert), Rudolf Reif, Paul Dahlke, Walther Kottenkamp, Fritz Odemar, Karl Lieffen, Hans Reiser. *P* Nova. 88 Minuten. 1949.

Ein Beitrag zum 200. Geburtstag Goethes. Werther, nicht nur von seiner Umwelt, sondern auch vom Regisseur unverstanden: lärmendes Schwärmen in Pappmaché-Wäldern. Weitere (bessere) Verfilmungen des Stoffes: *Werther*, auch *Le Roman de Werther* 1938 (Regie Max Ophüls, mit Pierre-Richard Willm, Annie Vernay), *Die Leiden des jungen Werther* 1975 (Regie Egon Günther, mit Hans-Jürgen Wolf, Katharina Thalbach).

**Das Bekenntnis der Ina Kahr.** *R* G. W. Pabst. *B* Erna Fentsch nach dem Roman von Hans-Emil Dits. *K* Günther Anders. *M* Erwin Hallez. *A* Otto Pischinger. *D* Elisabeth Müller (Ina Kahr), Curd Jürgens (Paul Kahr), Albert Lieven (Dr. Pleyer, der Anwalt), Margot Trooger, Hanna Rucker, Ingmar Zeisberg, Vera Molnar, Hilde Körber. *P* Omega. 2800 Meter. 1954.

Die Geschichte einer Ehe zweier ungleicher Menschen. Auf Grund ihrer Selbstanzeige wegen Mordes an ihrem Mann ist Ina Kahr zum Tode verurteilt worden. Das Auftauchen eines Zeugen ermöglicht ein Wiederaufnahmeverfahren. Ihrem Anwalt und ihrem Vater erzählt Ina das Drama ihrer Ehe mit Paul. Nach ihrer Beichte sind sich Vater und Anwalt einig, daß Ina eine milde Strafe zu erwarten hat.

»Pabst, der große Pabst von *Westfront 1918* und *Lulu* verfällt mit dem *Bekenntnis der Ina Kahr* in den gewöhnlichen Blödsinn der Ufa-Produktionen der Nazizeit. Curd Jürgens spielt einen

195

verkommenen Taugenichts und wird von seiner Frau ermordet. Prozeß, alles wird noch einmal aufgerollt, anfängliche Romanze, dann Orgien, dann kommen die Advokaten und das ganze Klimbim beginnt. Ungeachtet dessen erfreut das schöne Gesicht der Vera Molnar in einer Episodenrolle (aber man merkt sie sich!), ansonsten ist das alles sehr traurig, traurig, traurig« (*Positif*, März 1957).

**Bekenntnisse des Hochstaplers Felix Krull.** *R* Kurt Hoffmann. *B* Robert Thoeren, Erika Mann nach dem Roman von Thomas Mann. *K* Friedl Behn-Grund. *M* Hans-Martin Majewski. *A* Robert Herlth. *D* Horst Buchholz (Felix Krull), Liselotte Pulver (Zaza), Ingrid Andree (Zouzou), Susi Nicoletti (Madame Houpflé), Paul Dahlke (Professor Kuckuck), Ilse Steppat (Maria Pia), Werner Hinz (Stabsarzt), Walter Rilla, Peer Schmidt, Alice Treff, Paul Henckels, Heinz Reincke, Heidi Brühl, Erika Mann, Jo Herbst. *P* Filmaufbau. 107 Minuten. 1957.

Nachdem der charmante Felix Krull die kaiserliche Musterungskommission überlistet hat, beschließt er eine Hotelkarriere in Paris zu beginnen. Getreu seinem Leitsatz »Liebe die Welt und die Welt wird dich lieben« steigt er die Stufen des Erfolgs hinauf. Durch die Affäre mit Madame Houpflé betritt er das internationale Parkett und reist als falscher Marquis Venosta rund um die Welt, während der echte Marquis die Zeit in den Armen von Zaza verbringt. Der Himmel bewölkt sich als der echte Marquis in den Verdacht gerät, Zaza ermordet zu haben und man den falschen Marquis in Lissabon verhaftet. Aber dank seines Charmes und seiner Cleverness kommt er noch einmal davon und kann zu neuen Abenteuern aufbrechen.

»Nach *Piroschka* zeigte sich, daß Hoffmann von der Schablone des Lustspielregisseurs loszukommen trachtete. In seiner dem literarischen Vorlage inadäquaten Verfilmung von Thomas Manns *Bekenntnisse des Hochstaplers Felix Krull* suchte er die Musterungsszene, in Anklang an Staudtes *Untertan*, zu einer ironischen Distanzierung vom preußischen Militarismus zu machen« (Walther Schmieding: *Kunst oder Kasse*).

**Berge in Flammen.** *R* Luis Trenker, Karl Hartl. *B* Luis Trenker, Karl Hartl. *K* Sepp Allgeier, Albert Benitz, Giovanni Vitrotti. *M* Giuseppe Becce. *A* Leopold Blonder. *D* Luis Trenker (Florian Dimai), Lissi Arna (Pia), Luigi Serventi (Franchini), Claus Clausen (Leutnant Kall), Erika Dannhoff, Paul Graetz. *P* Marcel Vandal & Charles Delac, Berlin-Paris. 110 Minuten. 1931.

Vor Ausbruch des 1. Weltkriegs. Der Österreicher Dimai und der Italiener Franchini machen eine gemeinsame Bergtour. Der Krieg bricht aus. Dimai und Franchini stehen sich nun als feindliche Offiziere gegenüber. Vergeblich versuchen die Italiener, einen von den Österreichern gehaltenen Berg zu nehmen. Eines Tages hören die Österreicher unheimliche Laute aus dem Berg. Es wird ihnen klar, daß die Italiener einen Stollen in den Fels treiben, um die österreichischen Stellungen zu sprengen. Dimai begibt sich in sein jetzt von Italienern besetztes Heimatdorf und kundschaftet aus, wann die Sprengung erfolgen soll. Er kehrt rechtzeitig zu seiner Truppe zurück, zieht sie kurz vor der Sprengung aus ihren Stellungen und läßt diese dann sofort wieder besetzen. Nach dem Krieg trifft Dimai sich in alter Bergkameradschaft mit Franchini wieder.

Trenkers erste Arbeit als Regisseur. Die Story geht auf verschiedene authentische Vorfälle aus dem 1. Weltkrieg zurück, an denen Trenker teilweise selbst beteiligt war. »*Berge in Flammen* ist dank der glänzenden Photographie von Sepp Allgeier oft und viel gerühmt worden... Indem der Trenker-Film den Fortbestand persönlicher Beziehungen betonte, trat er damit dem Chauvinismus noch nachdrücklicher entgegen als Filme wie *Kreuzer Emden* und *U-9 Weddigen*. Doch während an diesen die innere Erstarrung der Stabilisierungsjahre nicht spurlos vorübergegangen war, spiegelte sich in Trenkers Film der Durchbruch nationaler Leidenschaften, der zum Kriege führen mußte, unverhüllter wider. Wie aber läßt sich seine anti-chauvinistische Haltung mit dem ihm dennoch innewohnenden Nationalismus vereinbaren? Es handelt sich hier um eine Haltung, die Kriege als überpersönliche Ereignisse darstellt, mit denen man sich abzufinden hat, selbst wenn man sie innerlich verurteilt« (Siegfried Kracauer, *Von Caligari bis Hitler*). Bei den Dreharbeiten verlor Co-Regisseur Karl Hartl durch eine unfachmännisch ausgelöste Sprengung ein Auge.

**Der Berg ruft.** *R* Luis Trenker. *B* Luis Trenker, Hanns Sassmann, Richard Billinger, nach dem Roman *Kampf ums Matterhorn* von Carl Haensel. *K* Sepp Allgeier, Albert Benitz, Walter Riml, Otto Martini, Klaus von Rautenfeld. *M* Giuseppe Becce. *D* Luis Trenker, Heidemarie Hatheyer, Herbert Dirmoser, Peter Elsholtz, Lucie Höflich, Ernst Legal. *P* Luis Trenker-Film. 2609 Meter. 1937.

Die Geschichte der Erstbesteigung des Matterhorns durch den Engländer Edward Whymper und den Italiener Jean Antoine Carrel, 1864.

Remake des Luis Trenker-Stummfilms *Der Kampf ums Matterhorn* von 1928. »Die stumme Fassung hatte mich nicht befriedigt, sie war zu sehr vom tatsächlichen Geschehen abgewichen, was mir keine Ruhe ließ« (Luis Trenker, *Alles gut gegangen*).

**Berlin – Ecke Schönhauser.** *R* Gerhard Klein. *B* Wolfgang Kohlhaase. *K* Wolf Göthe. *M* Günther Klück. *A* Oskar Pietsch. *D* Ekkehard Schall (Dieter), Ilse Pagé (Angela), Harry Engel (Karl-Heinz), Ernst-Georg Schwill (»Kohle«), Helga Göring, Erika Dunkelmann, Raimund Schelcher, Hartmut Reck. *P* Defa, DDR. 80 Minuten. 1957.

Der Film erzählt die Geschichte einer Gruppe von Halbstarken in Ost-Berlin, die, von den Eltern vernachlässigt und unverstanden und von der Sehnsucht nach Freiheit beseelt, sich auf der Straße herumtreiben. Zunächst zerdeppern sie nur eine Straßenlaterne und werden von einem Volkspolizisten ins Gebet genommen. Doch dann lassen sie sich von Westberliner Kriminellen zum Diebstahl von Personalausweisen anheuern. Als es bei einem Streit in der Gruppe zu einem Schußwechsel kommt und Dieter und »Kohle« glauben, jemanden umgebracht zu haben, setzen sie sich in den Westen ab, wo »Kohle« in den menschenunwürdigen Verhältnissen im Flüchtlingslager umkommt und Dieter zu neuen Einsichten gelangt und in die DDR zurückkehrt.

Der Film schildert nicht nur die Vorteile der sozialistischen Gesellschaftsordnung, sondern zeigt auch die Schwierigkeiten der Jugendlichen im Alltag, die allerdings weniger groß wären, würden die Jugendlichen den westdeutschen Verführungskünsten nicht so schnell auf den Leim gehen. Der Film spricht ein in der damaligen Zeit ganz aktuelles Problem an: der Diebstahl von Personalausweisen. Dieses Vergehen wurde in der DDR mit hohen Strafen belegt.

**Eine Berliner Romanze.** *R* Gerhard Klein. *B* Wolfgang Kohlhaase. *K* Wolf Göthe. *M* Günter Klück. *A* Karl Schneider. *D* Annekathrin Bürger (Uschi), Ulrich Thein (Hans), Uwe-Jens Pape, Erika Dunkelmann, Erich Franz, Marga Legal, Horst Kube, Hartmut Reck. *P* Defa, DDR. 81 Minuten. 1956.

Die Verkäuferin Uschi arbeitet im Ost-Sektor Berlins, und Hans ist Gelegenheitsarbeiter und lebt in Westberlin. Sie lieben, streiten und versöhnen sich wieder und heiraten.

Der Film beschränkt sich auf die Gefühle von Uschi und Hans, in denen sich die Probleme des gespaltenen Berlins und die Auswirkungen auf das Leben widerspiegeln.

**Betrogen bis zum jüngsten Tag.** *R* Kurt Jung-Alsen. *B* Franz Fühmann, Kurt Bortfeld, nach der Erzählung *Kameraden* von Franz Fühmann. *K* Walter Fehdmer. *M* Günter Klück. *A* Artur Günther. *D* Wolfgang Kieling, Rudolf Ulrich, Hans-Joachim Martens, Walter Suessenguth, Renate Küster. *P* Defa, DDR. 1957.

1941, im ostpreußisch-litauischen Grenzgebiet. Drei deutsche Soldaten verschulden bei einer Jagd den Tod eines Mädchens, der Tochter ihres Hauptmanns. Um der Strafe zu entgehen, versenken sie die Leiche im Moor. Die Leiche wird gefunden. Ein SS-General, Vater eines der Täter, erklärt, es könne sich nur um einen von »russischen Untermenschen« begangenen Mord handeln. Als der Hauptmann nach dem deutschen Einmarsch aus Rache litauische Frauen erschießen lassen will, gesteht einer der drei Soldaten die fahrlässige Tötung. Er wird von seinem Kameraden, dem Sohn des Generals, der Lüge bezichtigt und bei der nächsten Gelegenheit hinterrücks erschossen.

Eine Geschichte, die von dem bequemen und einlullenden Konzept der vielen Kriegsfilme, die den Soldaten als eine vom Schicksal in eine ungute, aber von ihm nicht zu verantwortende Situation geworfene Figur darstellen, rigoros abweicht und sich auf eine unbarmherzige Betrachtung der Kameradschaft als Komplizentum einläßt.

**Der Bettelstudent.** *R* Georg Jacoby. *B* Walter Wassermann, C.H. Diller, nach der Operette von Carl Millöcker. *K* Ewald Daub. *ML* Alois Melichar. *A* Fritz Maurischat, Karl Weber, Herbert Ploberger. *D* Marika Rökk (Laura), Johannes Heesters (Simon Rymanowicz), Carola Höhn, Fritz Kampers, Ida Wüst. *P* Ufa. 95 Minuten. 1936.

Als Student und Revoluzzer getarnt erobert polnischer Herzog eine patriotische Grafentochter.

Weitere Verfilmungen: 1931, Regie Viktor Janson, mit Hans Heinz Bollmann, Jarmila Novotna; 1956 Regie Werner Jacobs, mit Waltraut Haas, Gerhard Riedmann, in Farbe und Scope.

**Bismarck.** *R* Wolfgang Liebeneiner. *B* Rolf Lauckner, Wolfgang Liebeneiner. *K* Bruno Mondi. *M* Norbert Schultze. *A* Erich Zaner, Karl Machus, Bert Hoppman. *D* Paul Hartmann (Bismarck), Friedrich Kayssler (König Wilhelm), Maria Koppenhöfer (Königin Augusta), Werner Hinz (Kronprinz Friedrich), Ruth Hellberg (Kronprinzessin Viktoria), Walter Franck (Napoleon III.), Lil Dagover (Kaiserin Eugénie), Käthe Haack (Johanna von Bismarck), Karl Schönböck (Kaiser Franz Joseph), Franz Schafheitlin, Bruno Hübner, Harald Paulsen, Otto Gebühr, Bernhard Goetzke, *P* Tobis (Heinrich Jonen). 3188 Meter. 1940

1862. Wilhelm I. beruft Bismarck als Kanzler. Bismarck löst das Parlament auf, stellt die Presse unter Zensur und rüstet auf. Durch Abkommen mit Rußland und Österreich abgesichert, entzieht er Schleswig-Holstein der dänischen Herrschaft. Über die Verwaltung von Schleswig-Holstein kommt es zu Differenzen mit Österreich, das sich außerdem mit Napoleon gegen Preußen zu verbünden sucht. Bismarck neutralisiert Frankreich und zieht gegen Österreich in den Krieg; in Königgrätz wird die habsburgische Armee geschlagen. Bismarck gewinnt den Kronprinzen für die Idee, zusammen

mit Österreich und den anderen deutschen Staaten gegen Frankreich zu ziehen. Zur Beendigung des Kriegs von 1870/71 wird in Versailles das deutsche Kaiserreich gegründet.
»Wenn Bismarck im Landtag sich mit Heftigkeit gegen die Opposition wendet und ihr entgegenschleudert, ›der gordische Knoten‹ der deutschen Situation lasse sich nicht mit Behutsamkeit, sondern nur durch militärischen Einsatz lösen, was hieße, daß eine Reform des Heeres zu erfolgen habe (›mit oder ohne Ihr Einverständnis!‹), dann fällt es einem schwer, nicht an Hitler zu denken... Rein technisch und künstlerisch gesehen fehlt es dem Film an Atmosphäre und erst recht an Genialität. Man muß sich schon sehr anstrengen, um darin Regieleistungen aufzuspüren... In dem Film gibt es nur eine einzige, wirklich exzellente Sequenz: die der Landtagsauflösung« (Francis Courtade/Pierre Cadars: *Geschichte des Films im Dritten Reich*).

**Das Blaue vom Himmel.** *R* Viktor Janson. *B* Billie Wilder, Max Kolpe. *K* Heinrich Gärtner. *M* Paul Abraham. *L* »Was kümmert mich die ganze Welt«, »Ich könnte jetzt zu Ihnen sagen«, »Einen Tag möcht' ich bei dir sein« von Paul Abraham (*M*), Fritz Rotter, Max Kolpe (*T*). *A* Jack Rotmil. *D* Martha Eggert (Anni Müller), Hermann Thimig (Hans Meiser), Ernst Verebes (Der flotte Hugo), Fritz Kampers (Tobias), Margarete Schlegel (Zigaretten-Lilly), Jakob Tiedtke, Margarete Kupfer, Hans Richter. *P* Aafa-Film (Rudolf Walther-Fein). 82 Minuten. 1932.
Anni Müller, Kassiererin der U-Bahn-Station Wallenstein-Platz, liebt den Postflieger Hans Meier und verschafft ihm einen Job als Himmelsschreiber bei den Tabu-Zigaretten-Werken. Seiner Aufgabe als Werbeflieger kommt Hans nach, indem er an den Himmel schreibt »Ich liebe dich, Anni«.
Ein zu Unrecht in Vergessenheit geratenes Musical, gleichrangig *Die Drei von der Tankstelle* und *Ein blonder Traum*.

**Der Blaufuchs.** *R* Viktor Tourjansky. *B* Karl Georg Külb nach dem Bühnenstück von F. Herczeg. *K* Franz Weihmayr. *M* Franz R. Friedl. *L* »Von der Puszta will ich träumen«, »Kann denn Liebe Sünde sein?« Bruno Balz (*T*), Lothar Brühne (*M*). *A* Werner Schlichting. *D* Zarah Leander (Ilona), Willy Birgel (Tibor Vary), Paul Hörbiger (Stephan Paulus), Jane Tilden (Lisi), Karl Schönböck (Trill), Rudolf Platte, Eduard Wenck, Edith Meinhard. *P* Ufa (Bruno Duday). 2765 Meter. 1938.
Liebesgeschichte zwischen einem Flieger und der vernachlässigten Ehefrau eines verknöcherten Wissenschaftlers.
Ein Film, der ausschließlich gedreht wurde, damit Zarah Leander die Möglichkeit hat, mit rauchiger Stimme ihre Chansons zu singen.

**Bomben auf Monte Carlo.** *R* Hanns Schwarz. *B* Hans Müller, Franz Schulz nach Heltai und dem Roman von Reck-Malleczewen. *K* Günther Rittau, Konstantin Irmen-Tschet. *M* Werner R. Heymann. *D* Hans Albers (Kapitän Craddock), Heinz Rühmann (1. Offizier), Anna Sten, Ida Wüst, Karl Etlinger, Kurt Gerron, Rachel Devirys, Peter Lorre, Otto Wallburg. *P* Ufa (Erich Pommer). 3032 Meter. 1931.

Kapitän Craddock hat nicht nur sein eigenes Geld, sondern auch die Löhnung seiner Matrosen im Spielcasino von Monte Carlo verloren. Er droht, die Bank von Monte Carlo von seinem Kriegsschiff aus zu beschießen, wenn sie ihm nicht 100 000 Francs zahlt. Ganz Monte Carlo gerät in Aufruhr und Craddock findet schließlich Zuflucht in Honolulu.
»Lyrische Frivolität, sexueller Patriotismus, Herz auf dem rechten Fleck, während Geld erpreßt wird, ehrliche Verlogenheit, treuherzige Falschheit? Richtig. – Das ist das Buch von Hans Müller und Franz Schulz. Es hat das Gute, daß es auch schlecht ist;... Das Manuskript ist ebenso stillos, wie es sinnlos ist, ebenso langweilig, wie es geschmacklos ist« (Herbert Jhering, *Von Reinhardt bis Brecht*). Remake: 1959, Regie Werner Jacobs, mit Eddie Constantine, in Farbe.

**Blaubart.** *R* Christian-Jaque. *B* André Paul Antoine, Christian-Jaque, Jean Berard Luc (französische Fassung); Hans Rehfisch, Erich Kröhnke, Boris Borresholm (deutsche Fassung). *K* Christian Matras. *M* Werner Eisbrenner, Gérard Calvi. *D* Hans Albers (Blaubart), Cécile Aubry (Aline), Fritz Kortner (Florian), Lina Carstens, Arno Paulsen, Ina Halley. *P* Deutschfranzösische Gemeinschaftsproduktion der Alcina-Ala. 95 Minuten. 1951.
Ritter Blaubart ist zum sechsten Male Witwer geworden. Alle Frauen fürchten ihn, weil es heißt, er habe alle seine Frauen umgebracht. Nun ehelicht er das unerschrockene Wirtshaustöchterlein Aline, die hinter sein schreckliches Geheimnis kommt. Er stellt die Neugier seiner Frauen auf die Probe. Bezähmen sie sie nicht, tötet er sie. Auch Aline wäre dem Fallbeil zum Opfer gefallen, hätte sie nicht der liebende Florian und seine Getreuen gerettet.
Der Ritter Blaubart stammt aus dem französischen Märchen *Barbe bleue* von Charles Perrault (1697). Die bluttriefende Seite Blaubarts tritt in diesem Film in den Hintergrund, denn Albers gefällt sich eher in der Rolle des Draufgängers und Weiberhelden, den die Frauen um den Finger wickeln. –

Seit der Prügelei Kortner gegen Albers 1929 auf der Bühne während der Vorstellung *Rivalen*, auf Grund derer Kortner seine Rolle damals niederlegte, stehen die beiden Schauspieler erstmalig wieder gemeinsam vor der Kamera.

**Die blaue Stunde.** *R* und *B* Veit Harlan. *K* Werner Krien. *M* Franz Grothe. *A* Walter Haag. *D* Kristina Söderbaum (Angelika), Hans Nielsen (Paul), Kurt Kreuger (Dulong), Paulette Andrieux (Lou), Harald Juhnke, Otto Gebühr, Jakob Tiedtke. *P* Komet. 95 Minuten. 1952.
Die Geschichte einer Ehe, die an den kleinen Fehlern (nächtliches Schnarchen) des Ehemannes zu scheitern droht. Doch dann siegt die Einsicht und es kommt zur Versöhnung.
»Sie verzeihen sich das Vergangene und versprechen sich alles für die Zukunft, die schwierig und schön sein wird, weil sie sich lieben. Sie werden zwar beide wieder in ihre alten Fehler zurückfallen und es wird noch oft zum ›Ehekrach‹ kommen. Aber sie wissen, daß es der ewige Kampf um die Liebe ist und um den geliebten Menschen. Denn dort, wo die Liebe zu hoffen und zu fürchten aufhört, erlischt auch ihr Feuer.« (*Illustrierte Film-Bühne*, Nr. 1869) Offenbar ein Lehrfilm Veit Harlans für seine Frau Kristina; die autobiografischen Züge sind unverkennbar.

**Brand in der Oper.** *R* Carl Froelich. *B* Walter Reisch, Walter Supper. *K* Fritz Arno Wagner, Reimar Kuntze. *M* Hansom Milde-Meissner, unter Verwendung von Werken von Richard Wagner, Jacques Offenbach. *A* Franz Schroedter. *D* Gustaf Gründgens (Otto van Lingen), Gustav Fröhlich (Richard Farber), Alexa Engström, Gertrud Arnold, Marianne Fröhlich, Jarmila Nowotna. *P* Froelich-Film. 2800 Meter. 1930.
Generaldirektor van Lingen und sein Sekretär Richard Faber lieben dasselbe Mädchen, Floriane Bach, Choristin am Stadttheater. Als im Theater während einer Vorstellung ein Feuer ausbricht, retten beide mit vereinten Kräften das Mädchen. Sie sind nun wieder Freunde. Van Lingen verzichtet auf Floriane.

**Der brave Soldat Schwejk.** *R* Axel von Ambesser. *B* Hans Jacoby nach dem Roman von Jaroslav Hašek. *K* Richard Angst. *M* Bernhard Eichhorn. *A* Werner und Isabella Schlichting, Leo Blei. *D* Heinz Rühmann (Schwejk), Ernst Stankowski (Oberstleutnant Lukas), Ursula Borsodi (Kathi), Senta Berger (Gretl), Erika von Thellmann (Baronin), Franz Muxeneder (Woditschka), Hugo Gottschlich. *P* CCC-Film. 96 Minuten. 1960.
Der Hundehändler und spätere brave Soldat Schwejk überlebt den Ersten Weltkrieg, weil er ihn ohne Furcht und mit der gottergebenen Naivität seines einfältigen Herzens über sich ergehen läßt. Auf diese Weise entkommt er der Krankenbaracke des Militärgefängnisses und landet dank der Baronin von Botzenheim in einer gemütlichen Garnison. Er besteht noch zahlreiche andere schwierige Situationen und entgeht um Haaresbreite den Kugeln seines Exekutionskommandos, weil gerade der Frieden ausbricht. So kann er sich wie verabredet mit Trinkbruder Woditschka im »Kelch« um sechs Uhr nach dem Krieg zu einem Gläschen treffen.
Schwejk wird hier allzu oft als sagenhaft blöde Militärperson gezeigt, wodurch die Figur an Farbe und Substanz verliert. Der Gestalt ist die Spitze genommen. Zu wenig kommt zum Ausdruck, daß es sich hier um einen Typen handelt, der sich durch vorgetäuschte Dummheit gegen die Sinnlosigkeit dieses Krieges wehrt, durch die wortgetreue und genaue Ausführung von Befehlen ihren Sinn ad absurdum führt und damit die geistlose Maschinerie des österreichischen Militarismus sichtbar macht.

**Der brave Sünder.** *R* Fritz Kortner. *B* Alfred Polgar, nach seinem Bühnenstück *Defraudanten* und dem Roman *Die Hochstapler* von U. Katajew. *K* Günther Krampf. *M* Nikolaus Brodszky, Artur Guttmann. *B* Julius von Borsody. *D* Max Pallenberg (Leopold Pichler), Heinz Rühmann (Wittek), Dolly Haas (Hedwig), Josefine Dora (Ludmilla), Fritz Grünbaum, Peter Wolff, Rose Pointexter, Louis Ralph, Ekkehardt Arendt. *P* Allianz-Tonfilm. 2979 Meter. 1931.
Abenteuer und Verwirrungen des pedantischen Oberkassierers Leopold Pichler, der wider Willen zum Defraudanten wird: »Der Mensch fällt in Schande, wie er in Ohnmacht fällt. Über uns waltet ein ewiges Gesetz.«
Das Filmregie-Debüt Fritz Kortners. »Der brave Sünder gehört zum besten, was in deutschen Ateliers seit vielen Jahren geschaffen worden ist. Soviel Humor, soviel Klugheit, soviel konzentrierter Fluß und soviel Talent sind lange nicht an einen Film gewendet worden« (Rudolf Arnheim, *Die Weltbühne*, 1931). Remake: *Bei Pichler stimmt die Kasse nicht* 1961, Regie Hans Quest, mit Theo Lingen, Georg Thomalla.

**Brennendes Geheimnis.** *R* Robert Siodmak. *B* Friedrich Kohner, nach der Novelle von Stefan Zweig. *K* Robert Baberske, Richard Angst. *M* Allan Gray. *D* Willi Forst (Baron), Hilde Wagner (Mutter), Hans Joachim Schaufuß (Sohn), Alfred Abel, Lucie Höflich, Hans Richter. *P* Tonal-Film. 2540 Meter. 1933.
Ein Kind verfolgt eine sich entwickelnde Beziehung zwischen seiner Mutter und einem Baron und entdeckt das »brennende Geheimnis« des Verhältnisses zwischen den Geschlechtern.
Siodmak: »Der Film hatte das Pech, am Tage des Reichstagsbrandes uraufgeführt zu werden. Ganz Berlin lachte über die Koinzidenz. Goebbels schrieb im *Völkischen Beobachter* eine großartige Kritik, verlangte aber gleichzeitig, daß der Film abgesetzt werde, da er familienzerstörend sei. Der Film verschwand nach drei Tagen von der Leinwand, und ich mußte weg, da die SA hinter mir her war« (*Ich war dabei*). Der Film wurde offiziell nie ver-

boten, aber wahrscheinlich ist er tatsächlich »verschwunden«, da das Werk der Juden Zweig und Siodmak nach der Nazi-Ideologie und -Phraseologie ausgesprochen »ungesund« war.

**Buddenbrooks.** 1. und 2. Teil *R* Alfred Weidenmann. *B* Erika Mann, Harald Braun, Jacob Geis, nach dem Roman von Thomas Mann. *K* Friedl Behn-Grund. *M* Werner Eisbrenner. *A* Robert Herlth, Herbert Ploberger. *D* Liselotte Pulver (Tony), Nadja Tiller (Gerda), Hansjörg Felmy (Thomas), Hanns Lothar (Christian), Lil Dagover (Konsulin), Werner Hinz (Konsul), Rudolf Platte, Günther Lüders, Robert Graf, Gustav Knuth, Matthias Fuchs, Maria Sebaldt, Paul Hartmann, Wolfgang Wahl. *P* Filmaufbau (Hans Abich). 1. Teil 99 Minuten. 2. Teil 107 Minuten. 1959.
Glanz und Verfall des Hauses Buddenbrook.
(Zum 1. Teil) »Sehen wir auf der Leinwand den Verfall der Familie Buddenbrook? Nein, aber statt dessen das Privatleben einer gleichnamigen Familie ... ein entkeimtes, normiertes und unsorgfältiges Produkt ...« (Zum 2. Teil) »Auf das Schema der zehn kleinen Negerlein reduzierte der Film den Mannschen Roman, indem er einerseits die geschichtliche Verknüpfungen (der Bau der Hamburg-Lübecker Eisenbahn, der preußisch-österreichische Krieg, der Kampf gegen die Sozialdemokratie sorgfältig auflöst und andererseits in dem Bemühen, den Kinofreund zu schonen, so weit ging, daß er ihm zuliebe die Zahl der einzeln zu ziehenden Wurzeln von Thomas' Unglückszahn von vier auf drei vermindert. Wenn trotzdem, anders als im 1. Teil, großbürgerliche Atmosphäre entsteht, ist dies nicht zuletzt den Darstellern zu danken, abgesehen von Felmys Felmyblick« (Dietrich Kuhlbrodt, *Filmkritik*, 1960).

**Die Buntkarierten.** *R* Kurt Maetzig. *B* Berta Waterstradt, nach ihrem Hörspiel *Während der Stromsperre*. *K* Friedl Behn-Grund, Karl Plintzner. *M* H. W. Wiemann. *A* Emil Hasler. *D* Camilla Spira (Guste), Werner Hinz (Paul), Lotte Lieck, Friedrich Gnass, Carsta Löck, Ursula Diestel, Yvonne Merin, Kurt Liebenau. *P* Defa/DDR. 101 Minuten. 1949.

Das Mädchen Guste kommt 1884 als uneheliches Kind eines Dienstmädchens zur Welt. Die Mutter stirbt bei der Geburt. Guste wächst in sozialem Elend auf, und als sie den Arbeiter Paul heiratet, gibt ihre Herrschaft ihr die »Buntkarierten, das Statussymbol ihrer Klasse« als Mitgift mit. Durch Paul, der aktiv in der Gewerkschaft tätig ist, erwacht ganz langsam Gustes politisches Bewußtsein, aber es fehlt ihr die Kraft zum Handeln. Als sie erfahren muß, daß ihr erwachsener Sohn jede Aktivität verweigert, ist sie von sich enttäuscht, ihrem Sohn nichts vermittelt haben zu können. Sie wird denunziert, muß ins Lager, aber mit dem Leben davon. Aus den »Buntkarierten« näht sie für Christel, die die Humboldt-Universität besuchen wird, am Schluß des Films ein Kleid.
»Die Buntkarierten sind Symbol einer Epoche, Symbol für das Schicksal von drei Generationen. Den heutigen Beschauer erstaunt vor allem, wie lebendig dieser Film geblieben ist, wie wenig verstaubt, und wie sehr hier, immerhin erst vier Jahre nach dem Desaster, die Lehren aus einer hoffnungslos verrannten Situation gezogen werden ... Dabei ist es ein sehr lockerer Film, ... Maetzig befand sich hier auf dem Weg zum echten Volksstück mit ernsten und heiteren Motiven, einer Szenerie, die in vielem an die Skizzen von Zille erinnert.« (Heiko R. Blum u. a., *Film in der DDR*).

**Burgtheater.** *R* Willi Forst. *B* Jochen Huth und Willi Forst. *K* Theodor Pahle. *M* Peter Kreuder. *A* Werner Schlichting, Kurt Herlth. *D* Werner Krauß (Mitterer), Willy Eichberger (Josef Rainer), Olga Tschechowa (Baronin Seebach), Hans Moser (Sedlmayer), Karl Paryla (Junger Schauspieler), O. W. Fischer (Ein Schauspieler), Babette Reinhold-Devrient (Die Fürstin), Maria Holst (Fritzi). *P* Willi Forst-Film/Tobis. 3366 Meter. 1936.
Das Wiener Burgtheater um die Jahrhundertwende. Auf der Höhe seines Ruhms erlebt der große Schauspieler Mitterer die erste und letzte Leidenschaft seines Lebens, das bisher nur der Kunst geweiht war. Er will der Kunst entsagen. Doch als er die Hoffnungslosigkeit seiner Liebe begreift, erkennt er, daß das tiefe Geheimnis wahren Künstlertums der Verzicht auf das Leben ist.

**Ein Burschenlied aus Heidelberg.** *R* Karl Hartl. *B* Ernst Neubach, Hans Wilhelm (nach einigen Quellen auch Billie Wilder). *K* Carl Hoffmann. *M* Hans May. *A* Robert Herlth, Walter Röhrig. *D* Willi Forst (Robert Dahlberg), Betty Bird (Elinor Miller), Hans Brausewetter (Bornemann jr.), Ernst Stahl-Nachbaur, Ida Wüst, Erik Ode. *P* Ufa. 79 Minuten. 1930.
Junge Amerikanerin studiert in Heidelberg und verliebt sich in einen deutschen Kommilitonen.
Das Regie-Debüt von Karl Hartl, nach dem Urteil von Herbert Jhering geeignet, das Ansehen des deutschen Films im In- und Ausland zu ruinieren.

**Canaris.** *R* Alfred Weidenmann. *B* Herbert Reinecker, Erich Ebermayer. *K* Franz Weihmayr. *M* Siegfried Franz. *A* Rolf Zehetbauer. *D* O. E. Hasse (Admiral Canaris), Adrian Hoven (Hauptmann Althoff), Barbara Rütting (Irene von Harbeck), Martin Held (Obergruppenführer Heydrich), Wolfgang Preiss (Oberst Holl), Peter Mosbacher, Arthur Schröder, Charles Regnier, Alice Treff, Ilse Fürstenberg. *P* Fama (F. A. Mainz). 110 Minuten. 1954.
Admiral Canaris, Chef der deutschen Abwehr, hilft verfolgten Personen, warnt vor einem Krieg und beteiligt sich an einem Komplott gegen Hitler. Seinen Gegenspieler findet er in dem SD-Chef Obergruppenführer Heydrich, der kein Mittel unversucht läßt, die Abwehr unter seine Kontrolle zu bekommen. Der Krieg bricht aus, Polen und Frankreich werden besiegt, Heydrich triumphiert, aber Canaris weiß, daß letzten Endes Deutschland verlieren wird. Heydrich wird nach Prag abgerufen und von tschechischen Patrioten erschossen. Vergeblich warnt Canaris vor einem Krieg mit der Sowjetunion. Um Millionen von Menschenleben zu retten, stimmt er dem Plan eines Sprengstoffattentates gegen Hitler zu. Er hat sich aber schon hinreichend verdächtig gemacht und wird seines Postens enthoben. Das Attentat vom 20. Juli mißlingt. Canaris wird verhaftet und hingerichtet.
»Admiral Canaris erscheint als eine gutmütige Vater-Figur, die geschickt gegen die Umtriebe des Führers opponiert und das Pech hat, durch die Beteiligung an einem Komplott ums Leben zu kommen; ein Sprecher der ›guten‹ Deutschen ... Wenn die Deutschen die Welt ihrer Helden mit rosarot gefärbten Brillen betrachten, so ist das ihre Sache, jedenfalls solange unsere Sache davon nicht berührt wird. Der Film liegt aber nicht nur interpretativ falsch, sondern auch im Umgang mit den historischen Details. Auch das könnte man hingehen lassen, würde die Atmosphäre des Films nicht eine dokumentarische Authentizität suggerieren.« (Ian Johnson, *Films and Filming*).

**Capriccio.** *R* Karl Ritter. *B* Felix Lützkendorf, Rudo Ritter. *K* Günther Anders. *M* Alois Melichar. *L* »Mit Bravour« und »Das Frauenherz schlägt immer für den Einen« von Franz Baumann (*T*) und Alois Melichar (*M*). *A* Walter Röhrig. *D* Lilian Harvey (Madelone), Anton Imkamp (General d'Estroux, ihr Großvater), Paul Dahlke (ihr Vormund), Aribert Wäscher (Präfekt Barberouse), Viktor Stahl (Fernand), Paul Kemp (Henri), Kate Kühl (Gräfin Mallefougasse), Margot Höpfner (Eve), Hedi Höpfner (Anais). *P* Ufa. 3034 Meter. 1938.
Die Waise Madelone, von ihrem Großvater wie ein Junge erzogen, um sie vor Mitgiftjägern zu bewahren, weigert sich nach seinem Tode, sich von ihrem Vormund verheiraten zu lassen und wird in ein Kloster verbannt. Als sie scheinheilig in eine Heirat einwilligt, gewinnt sie die Freiheit, entflieht vor der Zeremonie und Hochzeitsnacht in Männerkleidern und erlebt mit den beiden Burschen Fernand und Henri mancherlei Abenteuer. Eine geplante Hochzeit mit Eve wird Madelone zum Verhängnis, denn sie muß ihr Geheimnis lüften. Schließlich endet ihr Männerdasein in den Armen von Fernand.
»Der vielleicht typischste und für die Zeit interessanteste Film, den Lilian Harvey nach 1933 drehte, war *Capriccio* ... Diese Operette, diese filmische Opera buffa, suchte unter anderen ›Don Giovanni‹ und ›Carmen‹ in der Musik von Hafenspelunken zu parodieren. Lilian Harvey singt und tanzt die Rolle der armen Waise Madelone, die von ihrem Großvater militärisch streng erzogen worden ist und häufig in Männerkleidern auftritt. Der Beginn des Vorspanns ist sehenswert: ein großes Ballett stellt die Hauptfiguren vor, dabei ist die Kameraarbeit außerordentlich agil. In der Folge jedoch überwiegen übertriebene Gags und groteske Interpretation. Die Kriegspropaganda lag Ritter anscheinend besser als eine Musikparodie« (Francis Courtade/Pierre Cadars, *Geschichte des Films im Dritten Reich*).

**Capriolen.** *R* Gustaf Gründgens. *B* Jochen Huth, Willi Forst, nach dem Bühnenstück *Himmel auf Erden* von Huth. *K* Franz Planer, Kurt Neubert. *M* Peter Kreuder. *A* Werner Schlichting, Kurt Herlth. *D* Marianne Hoppe (Mabel Atkinson), Gustaf Gründgens (Jack Warren), Fita Benkhoff (Peggy Macfarland), Maria Bard (Dorothy Hopkins), Volker von Collande (William Baxter), Hans Leibelt, Max Gülstorff, Paul Henckels, Albert Florath. *P* Deutsche Forst-Filmproduktion/Tobis (Willi Forst). 2451 Meter. 1937.
Die berühmte Fliegerin Mabel Atkinson, die Zeitungsleute nicht ausstehen kann, heiratet den Star-Reporter Jack Warren, der eine Abneigung gegen interessante Frauen hat. Die turbulente Ehe endet vor dem Scheidungsrichter, der die behauptete gegenseitige unüberwindliche Abneigung aber nicht feststellen kann.
Einer der wenigen gelungenen Versuche aus dieser Zeit, den Stil der amerikanischen sophisticated comedy nachzuahmen. Das Titellied von Peter Kreuder (Musik) und Jochen Huth (Text) wurde zu einem Evergreen: »Wenn ein Liebespaar das tut, was dieser Film erzählt – so was nennt man Capriolen.«

**Carl Peters.** *R* Herbert Selpin. *B* Ernst von Salomon, Walter Zerlett-Olfenius, Herbert Selpin. *K* Franz Koch. *M* Franz Doelle. *A* Fritz Maurischat. *D* Hans Albers (Dr. Carl Peters), Karl Dannemann (Dr. Karl Jühlke), Fritz Odemar (Graf Pfeil), Toni von Bukovics, Hans Leibelt, Rolf Prasch, Herbert Hübner, Erika von Thellmann, E. F. Fürbringer. *P* Bavaria. 3193 Meter. 1941.
1882. Nachdem er sich bei einem London-Aufenthalt mit der englischen Kolonial-Politik beschäftigt hat, versucht Dr. Carl Peters in Berlin vergeblich, die staatlichen Stellen von der Notwendigkeit der Schaffung deutscher Kolonien zu überzeugen. Er geht mit ein paar Freunden auf eigene Faust nach Ostafrika und schafft die Grundlagen für die spätere Schaffung der Kolonie Deutsch-Ostafrika. Zwar be-

kommt er dann einen kaiserlichen Schutzbrief und wird sogar Reichskommissar, muß sich aber ständig in einem Zweifrontenkrieg gegen die Engländer wie gegen die Reaktionäre im preußischen Landtag (die jüdischen Sozialdemokraten!) zerreiben.

Sinn und Zweck des mit den Prädikaten »Staatspolitisch und künstlerisch wertvoll«, »Kulturell wertvoll«, »Volksbildend« und »Jugendwert« ausgezeichneten Films erläutert die Original-Inhaltsbeschreibung: »Das Finale des Films wird zeigen, wie der weitsichtige und tatkräftige deutsche Kolonialpionier Peters in seinen Tagebuchblättern die folgerichtige Entwicklung der politischen Machtkämpfe voraussieht und wie ihm schon damals die große Auseinandersetzung des um seinen Lebensraum kämpfenden Deutschlands mit dem Weltbedrücker England naturbedingt erschien. So schlägt sich die Brücke aus der Lebensarbeit des Dr. Peters mitten in die politische Wirksamkeit unserer Tage.«

**Ciske – ein Kind braucht Liebe.** R Wolfgang Staudte. B Wolfgang Staudte, nach dem Roman *Ciske de Rat* von Piet Bakker. K Prosper Deheukelaire, Otto Baecker. M Steyne van Brandenberg, Herbert Windt. A Nicole van Baarle. D Dick van der Velde (Ciske), Heli Finkenzeller (Tante Jans), Berta Drews (Frau Ferimuth), Alexander Kerst, Günther Lüders, Hermann Speelmans, Henrik K. Brusse. P Film Maatschappij Amsterdam-Omega, Amsterdam-München. 96 Minuten. 1955.

Verständnisvoller Lehrer kümmert sich um verwahrlosten Jungen.

Wolfgang Staudte: »Natürlich gab es in der Bundesrepublik sehr grundsätzliche Vorbehalte gegen mich, weil ich jahrelang bei der DEFA gearbeitet habe. 1955 habe ich in Holland den Film *Ciske – de Rat* gemacht, an den sich eine westdeutsche Produktionsfirma angehängt hat. Es wurde damals parallel eine deutsche Fassung gedreht. Für den holländischen Film habe ich beim Festival in Venedig den Silbernen Löwen für die beste Regie bekommen. Dieser Preis hat die Leute im Westen sehr verwirrt. Einige Vorurteile waren plötzlich nicht mehr wichtig, und man redete mit mir« (Stiftung Deutsche Kinemathek: *Wolfgang Staudte*).

**Condottieri.** R Luis Trenker, Werner Klinger. B Luis Trenker, Kurt Heuser, Mirko Jelusich. K Albert Benitz, Klaus von Rautenfeld, Walter Hege, Carlo Montuori. M Guiseppe Becce. A Erich Grave, Herbert Ploberger. D Luis Trenker (Giovanni Lombardo), Ethel Maggi (Catarina Sforza), Carla Sveva (Maria Salviati), August Eichhorn (Malatesta), Herbert Hübner, Hans Zesch-Ballot, Aribert Wäscher. P Tobis-ENIC, Berlin-Rom. 97 Minuten. 1937.

Italien, 16. Jahrhundert. Giovanni Lombardo dient als Söldnerführer dem Herzog von Malatesta, überwirft sich mit ihm und wird eingekerkert. Er kann fliehen, geht nach Frankreich und verdingt sich dort bei dem Duc d'Argentière. Nach Florenz zurückgekehrt, besiegt er in einem Duell Malatesta, schenkt ihm aber das Leben. Mit einem großen Heer zieht er nach Rom und stürmt den Vatikan. Nach einigen friedlichen Jahren wird er wieder von seinem alten Feind Malatesta überfallen; nach siegreicher Schlacht erliegt Giovanni seinen Wunden.

Als Komparserie für die Berliner Innenaufnahmen der Erstürmung des Vatikans wurden 60 Mann der »SS Leibstandarte Adolf Hitler« abgestellt und, wie der Namenspatron der Einheit fand, zweckentfremdet. Luis Trenker: »Während der Held des Films, Giovanni de Medici, mit seinem wilden Haufen gepanzerter, schwerbewaffneter Krieger alles zertrümmernd in den Saal stürmt, erwartet ihn der Heilige Vater allein und im vollen Ornat auf seinem päpstlichen Thron. Da geschieht etwas Unerwartetes: Erschüttert hält Giovanni vor der majestätischen Würde des Papstes in seinem Vorwärtsstürmen inne. Giovannis Faust mit dem Schwert sinkt langsam nieder, und ergriffen blicken hundert Augen in das strenggütige Antlitz des Heiligen Vaters, der sich erhebt und die Hand zum Segen ausstreckt. Stumm neigen sich die Häupter der wilden Krieger. Giovanni und seine Leute sinken, indem sie sich der geistigen und heiligen Persönlichkeit des Stellvertreters Gottes bewußt werden, ergriffen in die Knie. Damit ist die Versöhnung zwischen dem Papst und Giovanni besiegelt, und ein glückliches Italien jubelt. Wer aber nicht jubelte, war Goebbels. Und wer während einer späteren Vorführung mitten in der Szene aufstand und zornig den Raum verließ, war Adolf Hitler. Er hatte wahrscheinlich eine andere Verwendung seiner SS-Leibstandarte erwartet als die, vor dem Papst knien zu müssen« (*Alles gut gegangen*).

**Der Cornet – Die Weise von Liebe und Tod.** R Walter Reisch. B Walter Reisch, nach dem Werk von Rainer Maria Rilke. K (Eastmancolor) Göran Strindberg. M Werner Eisbrenner. A Wolf Englert, Rudolf Remp, Alfred Bücken. D Götz von Langheim (Cornet Christoph von Langenau), Anita Björk (Schloßgräfin), Wolfgang Preiß (Freiherr von Pirovano), Peter van Eyck (Mönchschreiber), Benno Sterzenbach, Walter Janssen, Claus Clausen, Piet Clausen, Fritz Rasp. P Fama (F. A. Mainz). 109 Minuten. 1955.

1660. Cornet Christoph von Langenau zieht mit dem kaiserlichen österreichischen Heer gegen die Türken. Auf Schloß Zathmar, mit dessen Herrin der Cornet auf Adlerbeize geht und über Nacht nicht heimkehrt, soll der Gegner in eine Falle gelockt werden. Der Plan gelingt, aber nur, weil der Cornet und seine ganze Einheit sich hinopfern.

»Da ruft ihn die Fahne, die Pflicht, der Gehorsam!« (Original-Inhaltsangabe). Eine sehr fragwürdige Regie-Leistung von Walter Reisch, der in den frühen dreißiger Jahren einige der besten deutschen Filme geschrieben hat (und einen der schlimmsten »Fahne, Pflicht, Gehorsam«-Filme, *Das Flötenkonzert von Sanssouci*).

**Die Csárdásfürstin.** R Georg Jacoby. B B. E. Lüthge nach der Operette von Leo Stein und Bela Jenbach. K Bruno Mondi (Agfacolor). M Emmerich Kálmán. Musikalische Bearbeitung Willy Mattes. A Erich Kettelhut. D Marika Rökk (Sylva Varescu), Johannes Heesters (Edwin von Weylersheim), Franz Schafheitlin (Leopold von Weylersheim), Walter Müller (Boni), Hubert Marischka (Feri). P Styra-Film/Junge Union-Film (Rolf Meyer). 94 Minuten. 1951.

Der Revuestar Sylva wegen ihres Temperaments »Die Csárdásfürstin« genannt, verdreht allen Männern den Kopf. Die Liebe des Rittmeister von Weylersheim erwidert sie, so daß er seine Braut Stasi vergißt. In Rom und Paris begegnen sie sich wieder, aber Sylva ist an der Seite eines anderen Mannes. Doch es wendet sich alles zum Guten: Von Weylersheim bekommt Sylva und sorgt auch dafür, daß seine Braut einen richtigen Mann findet.

**Cyankali.** R Hans Tintner. B Hans Tintner, nach dem Bühnenstück von Friedrich Wolf (1929). K Günther Krampf. M Willy Schmidt-Gentner. D Grete Mosheim (Hete), Nico Turoff, Claus Clausen, Herma Ford, Margarete Kupfer, Paul Henckels, Louis Ralph, Paul Kemp. P Atlantis-Film. 2428 Meter. 1930.

Der Arbeiterführer Paul ist auf der Flucht vor der Polizei, weil er während einer Aussperrung mit seinen Kollegen das Werksmagazin geplündert hat, um die hungernden Arbeiterfamilien mit Lebensmitteln zu versorgen. Wegen der Notlage will Pauls Freundin Hete das Kind, das sie von ihm erwartet, abtreiben lassen. Ein Moderarzt verweigert ihr die Hilfe und schickt sie zu einer »Kollegin«. Von dieser bekommt Hete Cyankali, das, angeblich in kleinen Dosen genommen, die gewünschte Wirkung haben soll. Hetes verzweifelte Mutter gibt ihr eine Überdosis. Hete stirbt. Die Mutter wird verhaftet.

Verfilmung des seinerzeit berühmten Kampfstückes des kommunistischen Arztes und Schriftstellers Friedrich Wolf gegen den Paragraphen 218. »Schade – jedes politische Moment ist in diesem Film behend umgangen worden. Man sieht weder Arbeitermassen, noch sieht man etwas von der Aussperrung, noch spürt man etwas von dem Kampfwillen der Arbeiter. Der Film beschränkt sich auf reine Elendsmalerei, und auch die ist nicht immer gut. Trotzdem ist der Film als Kampfmittel gegen den Paragraphen 218 ein gutes Werbemittel, besonders durch die gute Leistung der Grete Mosheim, die die Hete mit erschütternder Echtheit spielt« (*Arbeiterbühne und Film*, Juni 1930).

**Damals.** R Rolf Hansen. B Peter Groll, Rolf Hansen nach einer Idee von Bert Roth. K Franz Weihmayr. M Lothar Brühne. L »Jede Nacht ein neues Glück«, »Einen wie dich könnt' ich lieben« von Bruno Balz (T). D Zarah Leander, Hans Stüwe, Rossano Brazzi, Jutta von Alpen, Hilde Körber, Herbert Hübner, Hans Brausewetter. Otto Graf. P Ufa. 95 Minuten. 1943.

Der Film erzählt die Geschichte einer Ärztin, die gegen die ausdrücklichen Anordnungen ihres Chefs, eine Operation vornimmt, wobei die Patientin stirbt. So gerät die Ärztin unter Mordverdacht.

**Damenwahl.** R E. W. Emo. B Gustav Kampendonk, Heinz Bruck. K Bruno Timm. M Heino Gaze. A Rolf Zehetbauer. D Grethe Weiser (Mathilde), Georg Thomalla (Max), Willy Fritsch (Herbert Blank), Ingrid Pan (Marion), Rudolf Platte, Oskar Sima, Ewald Wenk. P Fono-Film. 95 Minuten. 1953.

Mutter Mathilde hat ein gut florierendes Nachtlokal. Der Alltag gerät durcheinander, als die 19jährige Tochter Marion aus Amerika eintrifft und gleichzeitig ganz unverhofft ihr leiblicher Vater Herbert Blank, der seit zwei Jahrzehnten verschollen ist. Mathilde und Herbert söhnen sich aus und Marion macht sich aus der rechten Hand ihrer Mutter, dem Max, ihren liebenden Ehemann.

**Danton.** R Hans Behrendt. B Heinz Goldberg, Hans R. Rehfisch. K Nikolaus Farkas. A Julius von Borsody. D Gustaf Gründgens (Robespierre), Fritz Kortner (Danton), Lucie Mannheim (Louise Gély), Alexander Granach (Marat), Gustav von Wangenheim (Desmoulins), Werner Schott, Hermann Speelmans, Friedrich Gnass. P Allianz-Tonfilm (Wilhelm Szekely). 2526 Meter. 1931.

Robespierre bringt Danton zu Fall. In seiner letzten Rede vor dem Revolutionstribunal wird der bereits verhaftete Danton zum Ankläger seiner Ankläger. Das Volk jubelt ihm zu. Robespierre läßt ihn abführen und guillotinieren.

»Danton, der Filmrebell, war ein widerspruchsvolles Gemisch aus werdendem Nationalsozialisten und demokratischem Kämpfer. Diese Mischung schien damals eine gewisse Anziehungskraft auszuüben« (Siegfried Kracauer, *Von Caligari zu Hitler*).

**Dich hab' ich geliebt.** R Rudolf Walther-Fein, Hans Conradi. B Walter Reisch. K Frederik Fuglsang, Paul Holzki. M Werner Schmidt-Boelcke. A Botho Höfer, Hans Minzloff. D Mady Christians (Inge Lund), Walter Jankuhn (Otto Raney), Hans Stüwe (Dr. Hubert Baumgart), Marion Conradi, Carl Platen, Sophie Pagay, Trude Berliner, Hans Mierendorff. P Aafa. 2780 Meter. 1929.

Die ehemalige Schauspielerin Inge Lund, verheiratet mit Dr. Baumgart, läßt sich durch eine Begegnung mit ihrem ehemaligen Geliebten Otto Raney bewegen, zur Bühne zurückzukehren. Baumgart läßt sich scheiden. Inges Comeback-Versuch mißlingt. Sie geht zu Baumgart zurück, der sie verzeihend wieder aufnimmt.
*Dich hab' ich geliebt* ist der erste hundertprozentige Tonfilm, der in einem deutschen Atelier gedreht wurde (im Gegensatz zu dem deutschen Talkie *Die Königsloge,* das schon vorher in New York entstand). Eine banale Geschichte, unbeholfen realisiert, aber an der Kasse erfolgreich und sogar bis in die USA exportiert.

**Dieses Lied bleibt bei dir.** *R* Willi Forst. *B* Johannes Mario Simmel. *K* Günther Anders. *M* Willy Schmidt-Gentner. *L* »Dieses kleine Lied bleibt bei dir«, »Mir wird so dulioh« von Willy Schmidt-Gentner und Marchetti (M) und Robert Gilbert (T). *A* Werner Schlichting, Marie-Louise Lehmann. *D* Paul Henreid (Conrad Hegner), Eva Kerbler (Leonie Lerch), Fritz Schulz, Elma Karlowa, Ernst Stankowski, Dorit Kreysler, Nicole Heesters, Friedrich Domin, Reinhold Schünzel. *P* Carlton. 104 Minuten. 1954. Alternativer Titel *Kabarett.*
1900-1920. Die Geschichte eines Wiener Unterhaltungs-Etablissements und des Komponisten Hegner, der sich ständig verliebt und ein einziges Mal ernsthaft geliebt wird, von der Sängerin Leonie Lerch, die ums Leben kommt, als sie ihm zur Truppenbetreuung an die Ostfront nachreist.
Künstler-Melodram, bei dessen Verfertigung Willi Forst sich übermäßig von tragischen Schauern übermannen ließ.

**D III 88.** *R* Herbert Maisch. *B* Hans Bertram, Wolf Neumeister. *K* Georg Krause, Heinz Jaworsky. *M* Robert Küssel. *A* O. Moldenhauer, B. Lutz. *D* Christian Kayssler (Oberstleutnant Mithoff), Otto Wernicke (Oberwerkmeister Bonicke), Heinz Welzel (Fritz Paulsen), Hermann Braun (Robert Eckhard), Horst Birr (Flieger Hasinger), Adolf Fischer, Fritz Eberth, Karl Martell, Paul Otto, Carsta Löck. *P* Tobis. 2984 Meter. 1939.
Durch persönliche Differenzen gefährden zwei Jagdflieger ein militärisches Manöver. Wegen dieser Disziplinlosigkeit erhalten sie Startverbot, doch der Kommandant, menschlicher Gefühle mächtig, läßt sich schließlich umstimmen und die beiden Jagdflieger erhalten die Möglichkeit, sich durch unerhörte fliegerische Taten zu bewähren.
»Dieser Großfilm führt mitten hinein in den Geist und in das Herz des neuerstandenen Deutschlands, in die fiebernde Vaterlandsliebe der Waffe, die beschirmend ihren silbernen Schild über das deutsche Schaffen und Wirken, das deutsche Glauben und Schaffen hält.« (Illustrierter Film-Kurier Nr. 2982). Hans Bertram, der für diesen Film die flugtechnische Leitung übernommen hatte, drehte zwei Jahre später eine Fortsetzung: *Kampfgeschwader Lützow.* Bertram war Fachmann; er arbeitete von 1927 bis 1933 als Berater beim chinesischen Luftverkehrswesen.

**Die drei Codonas.** *R* Arthur Maria Rabenalt. *B* Kurt Heuser, Joachim Friedrich Bremer, Lothar Maria Mayring. *K* Friedl Behn-Grund. *M* Peter Kreuder. *A* Arthur Schwarz, Hans Minzloff, Erich Schweder. *D* René Deltgen (Alfredo Codona), Josef Sieber (Edward Codona), Ernst von Klipstein (Lalo Codona), Lena Norman (Vera Bruce), Annelies Reinhold, Harald Paulsen, Paul Verhoeven, Bernhard Götzke. *P* Tobis. 109 Minuten. 1940.
Vor dem Ersten Weltkrieg. Vater Codona macht mit seinem kleinen Wanderzirkus in Amerika bankrott. Die Söhne Alfredo und Lalo und ihre Ziehschwester Vera arbeiten sich langsam hoch und arbeiten an ihrer Traumnummer, dem dreifachen Salto. Beim Ringling-Zirkus verliebt sich Alfred in die deutsche Luftakrobatin Lilian Leitzel. Nach dem Weltkrieg sehen sie sich in Europa wieder. Sie wollen heiraten. Lilian verunglückt tödlich. Mit Alfredo geht es bergab. Vera heiratet ihn aus Mitleid. Als Alfredo erfährt, daß sie in Wirklichkeit seinen Bruder liebt, erschießt er erst sie und dann sich selbst.
Berühmt wegen seiner guten Zirkus-Szenen.

**Donauschiffer.** *R* Robert A. Stemmle. *B* Hans Gustl Kernmayr (und, im Vorspann nicht genannt, Philipp Lothar Mayring, Robert A. Stemmle und Werner Hochbaum). *K* Karl Hasselmann, Karl Ludwig Ruppel. *M* Anton Profes. *A* Hans Ledersteger. *D* Hilde Krahl (Anny Hofer), Attila Hörbiger (Peter Korngiebel), Paul Javor (Nikolaus), Oskar Sima, Oskar Wegrostek, Lotte Lang, Hugo Gottschlich. *P* Wien-Film. 90 Minuten. 1940.
Unter dem Kommando von Peter Korngiebel fährt der alte Flußdampfer »Fortuna« donauabwärts. An Bord sind Nikolaus, ein Adeliger, dem der Kapitän das Arbeiten beibringt, und die Sängerin Anny. Korngiebel und Nikolaus bemühen sich um Anny, was fast zu einer Schiffskatastrophe führt.
Das Drehbuch zu diesem behaglichen Film war die Frucht einer gemeinsamen Donaureise von Werner Hochbaum und Hans Gustl Kernmayr. Hochbaum sollte den Film auch inszenieren, bekam dann aber Berufsverbot.

**Das doppelte Lottchen.** *R* Josef von Baky. *B* Erich Kästner, nach seinem Buch. *K* Franz Weihmayr, Walter Riml. *M* Alois Melichar. *A* Robert Herlth. *D* Jutta Günther (Lotte), Isa Günther (Luise), Antje Weisgerber (ihre Mutter), Peter Mosbacher (der Vater), Auguste Pünkoesdy, Senta Wengraf, Maria Krahn, Liesl Karlstadt, Ernst Waldau. *P* Carlton-Film. 105 Minuten. 1950.
Die elfjährigen Zwillingsschwestern, die in frühester Kindheit durch die Scheidung ihrer Eltern getrennt wurden, treffen sich in einem Landschulheim wieder. Nach anfänglicher Aversion, die bald großer Sympathie Platz macht, beschließen sie, die Rollen zu tauschen und führen ihre Eltern wieder zusammen.

**Dorothea Angermann.** *R* Robert Siodmak. *B* Herbert Reinecker nach dem Schauspiel von Gerhart Hauptmann. *K* Georg Krause. *M* Siegfried Franz. *A* Robert Herlth, Robert Stratil. *D* Ruth Leuwerik (Dorothea), Bert Sotlar (Michael Sever), Alfred Schieske (Pastor Angermann), Kurt Meisel (Mario Mallonek), Edith Schulze-Westrum, Alfred Balthoff, Walter Sedlmayr. *P* Divina-Film. 106 Minuten. 1958.
Dorothea Angermann, die wohlbehütete, in Zucht und Ordnung aufgewachsene Pastorentochter steht vor dem Schwurgericht des Mordes an ihrem Mann Mario angeklagt. — Einst hatte sie ihn gegen ihren Willen geheiratet, weil ein Kind unterwegs war – die Folge einer gewaltsamen Verführung. Durch eine tätliche Auseinandersetzung kommt es zu einer Totgeburt. Als sie Michael Sever wiedertrifft, den sie liebt, will sie Mario verlassen. Im Verlauf ihres letzten Gesprächs kommt es zu dem Mord.

**Dr. Crippen an Bord.** *R* Erich Engels. *B* Kurt E. Walter, Erich Engels, Dr. Georg C. Klaren nach einem Tatsachenbericht von W. Ebert. *K* Ernst Wilhelm Fiedler. *M* Bernhard Eichhorn. *D* Rudolf Fernau (Dr. Crippen), René Deltgen, Anja Elkoff, Gertrud Meyen, Max Gülstorff, Paul Dahlke, O. E. Hasse, Heinz Schorlemmer. *P* Terra. 86 Minuten. 1942.
Der Arzt Dr. Crippen räumt seine Frau aus dem Wege, indem er sie vergiftet, um für seine Sekretärin, in die er sich verliebt hat, frei zu sein. In dem Bewußtsein, den perfekten Mord begangen zu haben, begeht er Fehler, die ihn schließlich dem Arm der Gerechtigkeit ausliefern.
Eine Art Fortsetzung dieser Gruselgeschichte drehte Erich Engels 1957 unter dem Titel *Dr. Crippen lebt* mit Elisabeth Müller, Peter van Eyck und Fritz Tillmann. Der Erfolg des ersten Films war dem zweiten nicht beschieden.

**Die drei Dorfheiligen.** *R* Ferdinand Dörfler. *B* Ferdinand Dörfler, nach dem gleichnamigen Bühnenstück von Max Neal, Max Ferner. *K* Erich Claunigk. *M* Theta Wolfram-Martini. *D* Joe Stoeckel (Hilgermoser), Beppo Brehm (Riedlechner), Erhard Siedel (Söllbeck), Willy Reichert (Postmartl), Ernst von Klipstein, Gabriele Reismüller, Walter Sedlmayr, Liesl Karlstadt. *P* Königfilm. 2760 Meter. 1949.
Der Hilgermoser, der Riedlechner und der Söllbeck leben sechzehn Jahre lang in dem Glauben, sie hätten der »schwarzen Resei« je 1 Kind gemacht.

**Das Dreimäderlhaus.** *R* Ernst Marischka. *B* Ernst Marischka, nach dem Bühnenstück von A. M. Willner, Heinz Reichert und dem Roman *Schwammerl* von Rudolf Hans Bartsch. *K* (Agfacolor) Bruno Mondi. *M* Anton Profes, unter Verwendung von Kompositionen von Franz Schubert. *A* Fritz Jüptner-Jonstorff. *D* Karlheinz Böhm (Franz Schubert), Ewald Balser (Ludwig van Beethoven), Gustav Knuth, Magda Schneider, Johanna Matz, Rudolf Schock, Helga Neuner, Gerda Siegl. *P* Aspa-Erma (Ernst Marischka, Wien). 102 Minuten. 1958.
Schuberts Bemühungen um Heiderl, Hederl und ganz besonders um Hannerl bleiben fruchtlos; ihm bleibt nur »die Musik, die als einziges seine Bestimmung und sein Glück ist« (*Illustrierte Film-Bühne* Nr. 4605).
Frühere Verfilmung des Stoffes: *Drei Mäderl um Schubert,* Regie E. W. Emo, mit Paul Hörbiger, Maria Andergast, Gretl Theimer, 1936.

**Drei Tage Mittelarrest.** *R* Carl Boese. *B* Bobby E. Lüthge, Heinz Gordon, Karl Noti. *K* Robert Lach. *M* Artur Guttmann, Nico Dostal. *D* Fritz Schulz, Felix Bressart, Lucie Englisch, Max Adalbert, Ida Wüst, Gretl Theimer, Hans Hermann Schaufuss. *P* Allianz. 2514 Meter. 1930.
Die Suche nach dem Vater eines unehelichen Kindes bringt eine ganze Garnison durcheinander.
Der erfolgreichste unter den vielen Militärschwänken der Zeit. Ein Remake drehte Georg Jacoby 1955, als die Militärklamotten wieder Hochkonjunktur hatten, mit Ernst Waldow und Grethe Weiser.

**Drei Unteroffiziere.** *R* Werner Hochbaum. *B* Jacob Geis, Fred Hildenbrandt, nach einer Idee von Werner Schoknecht. *K* Werner Krien. *M* Hansom Milde-Meissner. *A* Willy Schiller, Carl Haacker. *D* Albert Hehn (Unteroffizier Erich Rauscher), Fritz Genschow (Unteroffizier Fritz Kohlhammer), Wilhelm H. König (Unteroffizier Struwe), Wilhelm Althaus (Hauptmann Gruber), Heinz Engelmann (Leutnant Strehl), Wolfgang Staudte (Hauptfeldwebel Kern), Ruth Hellberg (Gerda Cyrus), Ingeborg von Kusserow (Lisbeth), Hilde Schneider (Käthe), Claire Winter, Christian Kayssler, Hermann Pfeiffer und Angehörige folgender Einheiten: Wachregiment Berlin, Infanterie-Lehr-Regiment, Panzer-Lehr-Abteilung, Jagdgeschwader Richthofen. *P* Ufa (Hans Herbert Ulrich, Ernst Martin). 94 Minuten. 1939.
Unteroffizier Kohlhammer liebt einige Mädchen und entscheidet sich dann, als eine Vaterschaft ankündigt, für die Telefonistin Lisbeth. Unteroffizier Struwe wird sich mit der Gymnastik-

lehrerin Käthe einig. Das Sorgenkind der beiden Unteroffiziere ist ihr Kamerad Rauscher, der schon fast dabei war, die Verkäuferin Lotte zu heiraten, als er sich dermaßen in die Schauspielerin Gerda verliebt, daß er darüber fast die Disziplinen seines Dienstes vergißt. Nach hinreichendem Zureden opfern Rauscher und Gerda ihre Liebe: er zieht die Pflicht vor, sie die Kunst.

Zehn Jahre nach seinem Debütfilm *Brüder,* dem »interessantesten filmischen Dokument aus den Tagen des Kampfes wider Kapitalismus und Faschismus« (Herbert Holba) beschließt der erst 41jährige Werner Hochbaum seine Karriere mit einem Film, in dem er tragischerweise seine ganzen Überzeugungen völlig vergeblich verrät: zwei Monate nach *Drei Unteroffiziere* erhält er Berufsverbot, bald nach Kriegsende stirbt er. Der Unteroffiziers-Film wird nach der Premiere von der Fachkritik in den üblichen Tönen barbarischer Lächerlichkeit verherrlicht: »Das ist das große Erlebnis dieses Films: Das soldatische Soldat in entscheidenden Stützen seines eisernen Gerüstes, in seinen Unteroffizieren zu sehen, aus deren Kreis ein einzelner durch Liebe ›weich‹ wird und ›nachgibt‹, und nun zu beobachten, wie das ganze System auf diesen Ausfall reagiert. Hier wird die Kameradschaft als jene Kraft der Selbstheilung aufgezeigt, die sofort die Wunde nach außen abschließt, bis durch Heranführung frischen Blutes aus den gesunden Organen der Kameraden die ganze Stelle auch innerlich wieder dicht und leistungsfähig wird... Werner Hochbaum hat das technische Deutschland, das im militärischen steckt, in großartiger Gliederung und Klarheit gestaltet« (*Der deutsche Film,* Mai 1939). Der Hochbaum-Experte Herbert Holba weist darauf hin, daß der Film ein ganzes Arsenal filmischer Zitate aus Hochbaums Lieblingsfilm *Lives of a Bengal Lancer* (Henry Hathaway, 1935) enthält.

**Dreyfus.** *R* Richard Oswald. *B* Heinz Goldberg, Dr. Fritz Wendhausen nach dem Buch von Bruno Weil. *K* Friedl Behn-Grund. *A* Fritz Schroeder, Hermann Warm. *D* Fritz Kortner (Dreyfus), Grete Mosheim (Lucie, seine Frau), Erwin Balser (Mathieu Dreyfus, sein Bruder), Heinrich George (Emile Zola), Albert Bassermann (Oberst Picquart), Oscar Homolka (Major Ferdinand Walsin-Esterhazy), Ferdinand Hart, Fritz Rasp, Paul Bildt, Leopold von Ledebur. *P* Richard Oswald. 3160 Meter. 1930.
Die Dreyfus-Affaire. Frankreich 1894. Der französische Offizier jüdischer Herkunft wird des Landesverrats verdächtigt, unschuldig verurteilt und lebenslänglich auf die Teufelsinsel (Französisch Guayana) verbannt. 1899 wird Dreyfus begnadigt, da sich die Fälschung der betreffenden Dokumente bestätigt hat. Aber es dauerte noch sechs weitere Jahre bis er endgültig rehabilitiert wird.

»Leichter Modergeruch der ersten Bilder... Der Ton: zu leise oder zu laut. Die Kamera: merkwürdig starr; planlos verharrend und plötzlich wie aufgescheucht. So tritt man in die flimmernde Bilderflucht wie in ein Museum ein: ins gespenstische Archiv des frühen Tonfilms.... So kommt es, daß ›Affaire Dreyfus‹ den Stil nicht eigentlich des Films, sondern eines gleichsam illustrierten Hörspiels hat. Es donnern und bibbern die Stimmen, bei Trommelklang und gedämpfter Kamera. Doch an anderen Stellen sind Heinrich Georges heisere Intensität, Albert Bassermanns murrend gebändigte Sprache und Fritz Kortners metallischer Ton so ausdrucksstark und eindrucksvoll, daß immer wieder, durch alle Unzulänglichkeit hindurch, das große Thema dieses Films in Bann schlägt« (Gunter Groll: *Magie des Films*).

**Dr. Holl.** *R* Rolf Hansen. *B* Thea von Harbou, H. O. Meissner. *K* Franz Weihmayr. *M* Mark Lothar. *A* Robert Herlth. *D* Dieter Borsche (Dr. Holl), Maria Schell (Angelika), Carl Wery (Alberti), Heidemarie Hatheyer (Helga Römer), Otto Gebühr, Franz Schafheitlin, Adrian Hoven, Marianne Koch. *P* Fama (F. A. Mainz). 100 Minuten. 1951.
Dr. Holl heiratet die unheilbar kranke Angelika Alberti, weil er weiß, daß das ihr letztes Glück sein wird. Seine Verlobte Helga versteht das. Aber dann wird Angelika durch ein von Holl entwickeltes Serum doch noch gesund. Helga leistet Verzicht »um in beruflicher Hingabe die Erfüllung ihres Lebens zu finden« (*Illustrierte Film-Bühne*).
Die alten Ufa-Aufopferungs-Ideen in die neudeutsche Schnulze hinübergerettet.

**Dreizehn alte Esel.** *R* Hans Deppe. *B* Janne Furch. *K* (Farbe) Ekkehard Kyrath. *M* Martin Böttcher. *L* »Mein Junge, halt die Füße still«, »Es ist egal« von Hanns Stani, Hans Albers (T) und Martin Böttcher (M). *A* Mathias Matthies. *D* Hans Albers (Josef Krapp), Marianne Hoppe (Martha Krapp), Karin Dor (Monika), Gunnar Möller, Günther Lüders, Werner Peters, Peter Uwe Witt, Peter Badura, Ursula Wolff, Rainer Ehrhardt, Isabell Stumpf, Sabine Schmiedel. *P* Gyula Trebitsch. 97 Minuten. 1958. Alternativer Titel *Dreizehn kleine Esel und der Sonnenhof.*
Der Globetrotter Josef kehrt nach vielen Jahren zu seiner Frau Martha zurück, die das Kinderheim »Sonnenhof« leitet. Mit seiner unbekümmerten Art und seinem unkonventionellen Verhalten stößt Krapp überall auf Unverständnis. Auch Martha ist über seine plötzliche Heimkehr nicht erfreut. Doch die Herzen der Kinder hat er schnell gewonnen. Er hilft ihnen, ihre Probleme zu lösen und wird zum Gegenpol der gestrengen Martha. Als die Stiftungskommission Martha nahelegt, die Heimleitung niederzulegen, springt Krapp ein, kauft den Sonnenhof und wird zur Freude aller künftig das Heim gemeinsam mit seiner Frau Martha leiten.

**Dreizehn Mann und eine Kanone.** *R* Johannes Meyer. *B* Fred Andreas, Georg Hurdaleck, Peter Francke, nach einer Idee von Pizarro Forzano. *K* Karl Hasselmann, Hans Georg Rehdmer. *M* Peter Kreuder. *D* Friedrich Kayssler (General), Otto Wernicke (Kommissar Fischer), Herbert Hübner (General Lobanow), Erich Ponto (Oberst Worochin), Alexander Golling, Fritz Genschow, E. F. Fürbringer, Hans Pössenbacher, Ludwig Schmitz, Beppo Brehm, Rudolf Schündler. *P* Bavaria (Karl Schulz). 2697 Meter. 1938.
1. Weltkrieg, Ostfront 1916. Unter den 13 Mann Besatzung des äußerst wichtigen Ferngeschützes 500 wird ein Verräter vermutet. Kriminalkommissar Fischer aus Berlin klärt den Fall.
»Die gerechte menschliche Haltung der Vorgesetzten und die kameradschaftliche Treue der Kanoniere zueinander klingen zusammen in einem hohen Lied deutschen Frontsoldatentums« (*Illustrierter Filmkurier* Nr. 2900).

**Dr. Semmelweis – Retter der Mütter.** *R* Dr. Georg C. Klaren. *B* Joachim Barckhausen, Alexander Stenbock-Fermor. *K* Eugen Klagemann. *M* Herbert Trantow. *A* Emil Hasler. *D* Karl Paryla (Semmelweis), Käthe Braun, Erik Schumann, Angelika Hauff, Eduard von Winterstein, Herbert Hübner, Camilla Spira. *P* Defa, DDR. 85 Minuten. 1950.

Arbeit und Leben des ungarischen Arztes Ignaz Philipp Semmelweis, dem es in den vierziger Jahren des vorigen Jahrhunderts gelang, die Ursachen des Kindbettfiebers zu entdecken und die Krankheit zu bekämpfen. Wegen seiner revolutionären Tätigkeit, nicht auf dem Gebiet der medizinischen Wissenschaft, wird er von mißgünstigen Kollegen aus Wien vertrieben. Als er 1965 endlich öffentliche Anerkennung erlangt, ist er durch den jahrelangen Kampf zermürbt und bricht zusammen.

**Du bist die Welt für mich.** *R* Ernst Marischka. *B* Ernst Marischka. *K* Sepp Ketterer. *ML* Anton Profes. *A* Fritz Jüptner-Jonstorff. *D* Rudolf Schock (Richard Tauber), Annemarie Düringer (Christine), Richard Romanowsky (Prof. Beines), Fritz Imhoff, Dagny Servaes, Wolfgang Lukschy. *P* Erma (Ernst Marischka). 90 Minuten. 1953.
Richard Tauber macht Karriere. Seine Freundin Christine, Tänzerin, verzichtet auf ihn um seiner Kunst willen. Sie wird herzleidend und als er sich endlich ihrer entsinnt und sie heiraten will, stirbt sie (während er »Ave Maria« von Gounod singt).

**Du bist mein Glück.** *R* Karl Heinz Martin. *B* Walter Wassermann, C. H. Diller. *K* Franz Koch. *M* Giuseppe Becce. *A* Max Seefelder, Strobl. *D* Benjamino Gigli (Mario Monti), Isa Miranda (Bianca/Mary), Gustav Waldau (Griesebach), Joe Stöckel (Portier), Hubert von Meyerinck (Anwalt). *P* Bavaria. 2636 Meter. 1936.
In München als Maurer tätiger italienischer Gastarbeiter wird als Opernstar entdeckt; er nimmt seinem Gesangslehrer die Frau weg, dieser der Frau das gemeinsame Kind – was alle Beteiligten in bittere Konflikte stürzt.

**Du bist Musik.** *R* Paul Martin. *B* Tibor Yost und Martin. *K* (Eastmancolor) Georg Bruckbauer. *M* Heinz Gietz, Heino Gaze. *L* »Daisy, crazy Daisy«, »Du bist Musik«, »Der Käp'ten hat's befohlen«, »Tschi-bam-tschi-bam-bo-bam-billa«, »Das hab' ich gleich gewußt« von Kurt Feltz (T), Heinz Gietz (M), »Das ist Musik für mich« von André Hoff (T), Luiz Gonzaga und te Dantas (M). *A* Helmut Nentwig. *D* Catarina Valente (Marina Rosario), Paul Hubschmid (Paul Heiden/Otto III.), Grethe Weiser, Rudolf Platte, Bum Krüger, Herbert Weißbach, Ernst Waldow. *P* CCC-Film. 90 Minuten. 1956.
Der unbekannte Komponist Paul Heiden schreibt eine Revue für die berühmte Marina Rosario, die aber von seiner Komposition nichts wissen will. Unter mysteriösen Umständen lernen sie sich kennen und verlieben sich ineinander. Die Premiere findet statt, und nachdem einige Hindernisse aus dem Weg geräumt sind, wird aus ihnen ein glückliches Paar.

**Durch die Wälder – durch die Auen.** *R* G. W. Pabst. *B* Walter Forster, F. M. Schilder, Peter Hamel, nach der Erzählung *Die romantische Reise des Herrn Carl Maria von Weber* von Hans Watzlik. *K* (Eastmancolor) Kurt Grigoleit. *M* Herbert Windt, Erwin Halletz, unter Verwendung von Werken von Carl Maria von Weber. *A* Ludwig Reiber. *D* Peter Arens (Carl Maria von Weber), Eva Bartok (Caroline Brandt), Karl Schönböck (Graf Enzio von Schwarzenbrunn), Joe Stöckel, Rudolf Vogel, Carolin Reiber. *P* Unicorn. 98 Minuten. 1956.
Carl Maria von Weber und seine Geliebte, die Sängerin Caroline Brandt, sind auf der Reise nach Prag. Bei einem Aufenthalt in Schloß Schwarzenbrunn versucht der Schloßherr, dem Komponisten die Freundin auszuspannen, während Weber die *Romantische Symphonie* einfällt. Bei der Uraufführung des Werkes merkt Graf Schwarzenbrunn, daß auch deutsche Musik schön sein kann, nicht nur die bislang von ihm bevorzugte italienische.
Der letzte Film von G. W. Pabst, Galaxen entfernt von *Westfront 1918, Kameradschaft* und *Dreigroschenoper.* Das Motiv vom Triumph der bodenständigen Musik erinnert an die Nazi-Schule der Genie-Filme (siehe Pabsts eigene Filme *Komödianten* und *Paracelsus*).

**Du und ich.** *R* Wolfgang Liebeneiner. *B* Eberhard Frowein, Curt I. Braun, nach dem Roman *Du selber bist das Rad* von Frohwein. *K* Bruno Mondi. *M* Wolfgang Zeller. *A* Werner Schlichting, Kurt Herlth. *D* Brigitte Horney (Anna Uhlig), Joachim Gottschalk (Johann Uhlig), Fritz Eugens (Otz Uhlig), Heinz Welzel (Otz Uhlig als Erwachsener), André St. Germain (Forescu), Werner Schott (Schütz), Elsa Wagner, Paul Bildt, Just Scheu, Leopold von Ledebur. *P* Minerva/Terra. 1938.
Vor dem Ersten Weltkrieg steigt der sächsische Strumpfwirker Johann Uhlig dank seiner Tüchtigkeit und des treuen Beistands seiner Frau zum Fabrikbesitzer auf. Anna Uhlig spielt vorübergehend mit dem Gedanken, ihren Mann zu verlassen. Krieg und Nachkriegszeit bringen das Unternehmen in Krisen, aber Uhlig überwindet alle Schwierigkeiten und übergibt die Fabrik schließlich seinem Sohn Otz.
»Das Hohe Lied des arbeitsreichen Lebens und des Werkes, das sich forterbt von Hand zu Hand, aber auch von Herz zu Herz« (Robert Volz, *Der deutsche Film,* 1938).

**Der Edelweißkönig.** *R* Paul Ostermayr. *B* Josef Dalman, Ludwig Schmid-Wildy, nach dem Roman von Ludwig Ganghofer. *K* Otto Baecker. *M* Franz R. Friedl. *A* Hanns H. Kuhnert, Kurt Dürnhöfer. *D* Viktor Gehring (Jörg), Katharina Berger (Marianne), Paul Richter (Ferdl), Hansi Knoteck (Veverl), Ingeborg Wittmann, Rolf Weih, Gustl Stark-Gstettenbaur, Hermann Erhardt, Elise Aulinger. *P* Tonlicht-Film (Peter Ostermayr). 2263 Meter. 1938.
Die Brüder Jörg und Ferdl nehmen sich der beschmutzten Ehre ihrer Schwester Hannerl an, die ein gräflicher Verehrer nach leidenschaftlicher Liaison hat schimpflich sitzen lassen.

**Ehe im Schatten.** *R* Kurt Maetzig. *B* Kurt Maetzig, nach der Novelle *Es wird schon nicht so schlimm* von Hans Schweikart. *K* Friedl Behn Grund. *M* Wolfgang Zeller. *A* Otto Erdmann, Franz F. Fürst, Kurt Herlth. *D* Paul Klinger (Hans Wieland), Ilse Steppat (Elisabeth), Alfred Balthoff (Kurt Berstein), Claus Holm (Dr. Herbert Blohm), Willi Prager, Hans Leibelt, Lothar Firmans, Karl Hellmer, Lotte Lieck, Gerda Malwitz, Hilde von Stolz. *P* Defa. 105 Minuten. 1947.
Die jüdische Schauspielerin Elisabeth Maurer wird von ihrem Freund, dem Verleger Blohm, nach der Machtergreifung Hitlers verlassen. Im November 1933 heiratet sie ihren arischen Kollegen Hans Wieland, mit dem sie gemeinsam am Berliner Theater engagiert ist. Jahrelang gelingt es ihm, seine jüdische Frau vor den Nazis zu beschützen. Der Krieg bricht aus. Als das Ehepaar gemeinsam eine Premiere besucht, erfährt der Staatssekretär, daß Wielands Frau Jüdin ist, und erstattet dem Minister Meldung. Hans Wieland wird vor die Wahl gestellt: Scheidung oder Berufsverbot. Hans und Elisabeth begehen gemeinsam Selbstmord.
Der Novelle liegt das Schicksal des Schauspielers Joachim Gottschalk und seiner Familie zugrunde. Mit diesem Film gab Kurt Maetzig sein Regiedebut. Bertolt Brecht, dem Kurt Maetzig seinen Erstling vorführte, soll sich ziemlich abschätzig geäußert und den Film als Kitsch bezeichnet haben. »Maetzig selbst distanziert sich heute vom gefühlsbetonten Agieren der Schauspieler und bekennt, ›daß *Ehe im Schatten* so sentimental statt realistisch wurde, ist Unvermögen, nicht Absicht‹« (Heiko R. Blum u. a., *Film in der DDR*).

**Einmal ist keinmal.** *R* Konrad Wolf. *B* Paul Wiens. *K* (Farbe) Werner Bergmann. *M* Günter Kochan. *A* Alfred Tolle. *D* Horst Drinda (Peter Weselin, Komponist), Brigitte Krause (Anna Leiterin der Jugendtanzkapelle), Paul Schulz-Wernburg, Annemone Haase, Christoph Engel, Friedrich Gnass, Hilmar Thate. *P* Defa, DDR. 98 Minuten. 1955.
Ein junger Komponist kommt aus der Bundesrepublik nach Klingenthal ins Erzgebirge, um dort Verwandte aufzusuchen. Er verliebt sich in die Leiterin der Tanzkapelle und wird Sieger bei einem Kompositionswettbewerb und beschließt, in der DDR zu bleiben.
»... eine musikalische Komödie, die vor allem dem damaligen Mangel an unterhaltenden Filmen in der DDR abhelfen sollte« (Ulrich Gregor u. a., *Film in der DDR*).

**El Hakim.** *R* Rolf Thiele. *B* Herbert Reinecker, nach dem Roman von John Knittel. *K* (Eastmancolor) Klaus von Rautenfeld. *M* Hans-Martin Majewski. *D* O. W. Fischer (Ibrahim), Nadja Tiller (Aziza), Robert Graf, Elisabeth Müller, Julia Rubini. *P* Roxy (Luggi Waldleitner). 110 Minuten. 1957.
Der junge Araber Ibrahim wird Arzt, läßt seine Freundin Aziza, ein ausgebildetes Tanzmädchen, sitzen, kämpft gegen Armut und Aberglauben und wird reich und berühmt, aber nicht glücklich. Er bekommt Lungenkrebs, trifft Aziza als Star eines Pariser Nachtklubs wieder und geht mit ihr nach Ägypten zurück.
»In den letzten fünfzehn Jahren haben sich die deutschen Filmproduzenten auf drei Arten von Stoffen kapriziert: 1) Wir Deutsche haben mit unserem üblichen Heroismus gekämpft, aber dank Hitler war der 2. Weltkrieg leider keine gute Sache für Deutschland; 2) Von zehn Modehäusern sind neun getarnte Bordelle; und 3) tränenreiche Romanzen wie *El Hakim,* der besser in *El Hokum* umgetitelt werden sollte – in den Zeiten von Rudolf Valentino wäre er ein Schlager gewesen« (Raymond Durgnat, *Films and Filming*).

**Endstation Liebe.** *R* Georg Tressler. *B* Will Tremper. *K* Helmut Ashley. *M* Martin Böttcher. *D* Horst Buchholz (Mecky), Barbara Frey (Christa), Karin Hardt, Benno Hoffmann. *P* Interwest. 85 Minuten. 1957.
Der Berliner Fabrikarbeiter Mecky versucht in der Wette zu gewinnen, ob er es übers Wochenende schafft, mit dem Mädchen Christa zu schlafen.
Verloren und vergessen auf dem halben Weg zwischen *Menschen am Sonntag* und den Berliner Proletarierfilmen der siebziger Jahre (*Lohn und Liebe* etc.): der glückliche gelungene Versuch des *Halbstarken*-Teams, die Leistung dieses Films durch Verzicht auf reißerische Handlung und Konzentration auf Milieu, Charaktere, Situationen, Arbeitswelt, Familienwelt, Freizeitwelt zu verbessern.

**Der Engel mit der Posaune.** *R* Karl Hartl. *B* Karl Hartl, Franz Tassié, nach dem gleichnamigen Roman von Ernst Lothar. *K* Günther Anders. *M* Willy Schmidt-Gentner. *A* Otto Niedermoser, Walter Schmiedl. *D* Paula Wessely (Henriette Alt), Attila Hörbiger (Franz Alt), Paul Hörbiger (Otto Eberhard Alt), Helene Thimig (Gretel Paskiewicz), Hedwig Bleibtreu (Sophie Alt), Oskar Werner (Hermann Alt), Curd Jürgens (Graf Traun), Maria Schell (Selma Rosner), Hans Holt (Hans Alt), Alma Seidler, Erna Mangold, Hermann Erhardt, Fred Liewehr, Gustav Waldau. *P* Vindobona, Wien. 138 Minuten. 1948.
1888–1948. Die Geschichte der Wiener Klavierbauer-Familie Alt im Wechsel von 60 Jahren österreichischer Geschichte.
Der erste Nachkriegsfilm von Karl Hartl. »Eine Art österreichischer *Cavalcade,* österreichische Geschichte, erlebt von einer Wiener Familie ... Der Film war international ein derartiger Erfolg, daß Hartls einstiger Mentor und väterlicher Freund Alexander Korda, inzwischen eine dominierende Kraft in der englischen Filmindustrie, den Regisseur einlud, nach London zu kommen und eine englische Version des Films zu drehen« (Goswin Doerfler, *Focus on Film*). Dieses englische Remake drehte dann Hartl 1950 unter dem Titel *The Angel with the Trumpet,* mit Eileen Herlie und Basil Sidney in den Rollen von Paula Wessely und Attila Hörbiger; von der Original-Besetzung spielten in der englischen Fassung Maria Schell und Oskar Werner.

**Die englische Heirat.** *R* Reinhold Schünzel. *B* Ludwig von Wohl, nach seinem gleichnamigen Roman. *K* Friedel Behn-Grund. *M* Franz Doelle. *A* Otto Hunte. *D* Adele Sandrock (Lady Mavis), Fritz Odemar (Percival), Georg Alexander (Doug), Hans Richter (Tuck), Renate Müller (Gerte), Adolf Wohlbrück (Warwick Brent), Hilde Hildebrand (Bella Amery). *P* Cine Allianz (Fritz Klotzsch). 2660 Meter. 1934.
Die Berliner Fahrlehrerin Gerte Winter läßt sich von dem schusseligen Sir Douglas Mavis heiraten. Da Douglas es nicht wagt, seiner Familie die Mesalliance zu beichten, entsteht eine Kette von Verwirrungen, aus denen Gerte schließlich von Douglas' Freund, dem Anwalt Brent, aus Anstand und Liebe gerettet wird.

**Es geschah am 20. Juli.** *R* G. W. Pabst. *B* Werner P. Zibaso, Gustav Machaty. *K* Kurt Hasse. *M* Johannes Weissenbach. *A* E. H. Albrecht, P. Markwitz. *D* Bernhard Wicki (Graf Stauffenberg), Karl Ludwig Diehl (Generaloberst a. D. Beck), Carl Wery (Generaloberst Fromm), Kurt Meisel (SS-Obergruppenführer), Erik Frey (General Olbricht), Albert Hehn (Remer), Til Kiwe (Oberleutnant von Haeften), Jochen Hauer (Feldmarschall Keitel), Ann Marie Sauerwein, Hans Baur, Oliver Hassencamp, Siegfried Lowitz. *P* Arca/Ariston. 107 Minuten. 1955.
Der Film schildert den Hergang des mißglückten Attentats auf Hitler am 20. Juli 1944.
»In der Manier Hitchcocks enthüllt Pabst Schritt für Schritt die kleinen Fehlkalkulationen im 20. Juli-Komplott, mit denen das große Debakel beginnt. Pabsts Stil mit seinem schnellen Schnitt und der dramatischen Kameraarbeit hat seine Ursprünge in der alten Schule des deutschen Films; das Resultat ist ein Werk voller Spannung und Konflikt, das historisch überzeugt und durch die Geschichte, die es enthüllt, tief erschreckt« *(The Times).*

**Es geschehen noch Wunder.** *R* Willi Forst. *B* Willi Forst, Johannes Mario Simmel. *K* Vaclav Vich. *M* Theo Mackeben. *L* »Es geschehen noch Wunder«, »Einmal und nie wieder« von Theo Mackeben *(M)* und Hans Fritz Beckmann *(T)*. *A* Franz Schroedter. *D* Hildegard Knef (Anita Weidner), Willi Forst (Robby Sanders), Marianne Wischmann (Doris Meller), Werner Fuetterer (Felix Schön), Hans Leibelt, Lotte Klein. *P* Junge Film-Union (Rolf Mayer). 105 Minuten. 1951.
Unterhaltungskomponist heiratet Konzertpianistin; sie bekommen viele Probleme, die sie dank einer sie verbindenden Wundermelodie überwinden.

**Eskapade.** *R* Erich Waschneck. *B* Rolf Meyer, C. und T. Echtermeier, Thea von Harbou, nach dem Roman von Richard Henry Savage. *K* Friedl Behn-Grund. *M* Kurt Schröder. *A* Sohnle und Erdmann. *D* Renate Müller (Madame Hélène), Georg Alexander (Arthur Lenox), Grethe Weiser (Helene Lenox), Walter Franck, Harald Paulsen. *P* Fanal. 98 Minuten. 1936. Alternativer Titel *Geheimagentin Hélène*.
Abenteuer einer von Paris aus operierenden Agentin der polnischen Freiheitskämpfer gegen das zaristische Rußland.

**Es kommt ein Tag.** *R* Rudolf Jugert. *B* Ernst Penzoldt nach seiner Novelle *Korporal Mombour*. *K* Igor Oberberg. *M* Norbert Schultze. *A* Walter Haag. *D* Dieter Borsche (Friedrich), Maria Schell (Madeleine) Lil Dagover (Madame Mombour), Herbert Hübner (Monsieur Mombour), Gustav Knuth, Renate Mannhardt, Gerd Martienzen. *P* Filmaufbau. 90 Minuten. 1950.
Frankreich 1870/71. Der preußische Korporal Friedrich verliebt sich in die junge Französin Madeleine, die um ihren gefallenen Bruder Gaston trauert. Entsetzt entdeckt Friedrich, daß er es selbst war, der Gaston im Krieg erschossen hat. Um die eigene Mutter nicht zu belasten, bewahren sie ihr Geheimnis und um ihr das Sterben zu erleichtern, schlüpft Friedrich in die Kleider Gastons und so schläft sie friedlich ein. Bei einem Schußwechsel will Friedrich seinen Kameraden helfen, aber der deutsche Korporal wird in der französischen Uniform erschossen.
Eine tragisch-süßliche Liebesgeschichte und die Schell in einer Rolle, die ihr auf den Leib geschrieben schien. Damals entstand das geflügelte Wort: »Niemand weint so schön und schnell, wie im Film Maria Schell.«

**Es lebe die Liebe.** *R* Erich Engel. *B* Walter Wassermann nach dem Roman »Das Rätsel Manuela« von Anna Elisabeth Weirauch. *K* Erich Claunigk. *M* Peter Kreuder. *L* »Auf all' meinen Wegen«, »Ein Stern ist vom Himmel gefallen« von H. F. Beckmann *(T)* und Peter Kreuder *(M)*. *A* Karl Weber. *D* Lizzi Waldmüller (Manuela des Orta), Johannes Heesters (Manfred), Hilde Seipp (Fritzi Lindner) Heini Handschuhmacher (Petri). *P* Bavaria (Fred Lyssa). 2428 Meter. 1944.
In Barcelona engagiert Revuestar Manfred Manuela del Orta als seine Partnerin. Durch eine Krankheit verhindert kommt sie erst nach einem Jahr nach Berlin, wird von Manfred nicht erkannt und wird nach einem langen Versteckspiel seine Partnerin im Leben und auf der Bühne.

**Die Entlassung.** *R* Wolfgang Liebeneiner. *B* Curt J. Braun, Felix von Eckardt. *K* Fritz Arno Wagner. *M* Herbert Windt. *A* Otto Hunte, Artur Nortmann, Karl Vollbrecht, Erich Schweder. *D* Emil Jannings (Fürst Bismarck), Theodor Loos (Kaiser Wilhelm I.), Carl Ludwig Diehl (Kaiser Friedrich III.), Werner Hinz (Kaiser Wilhelm II.), Werner Krauss (Geheimrat von Holstein), Otto Graf (Graf Eulenburg), Paul Bildt (von Bötticher), Walther Süssenguth (Zar Alexander), Margarete Schön, Christian Kayssler, Hildegard Grethe, Paul Hoffmann, Franz Schafheitlin, Herbert Hübner, O. E. Hasse. *P* Tobis (Emil Jannings). 2991 Meter. 1942.
Nach dem Tode Kaiser Wilhelm I. und Kaiser Friedrich III. wird Wilhelm II. deutscher Kaiser und schwört Bismarck Treue bis ans Ende. Doch bald fühlt sich Wilhelm in seiner politischen Machtausübung durch Bismarck eingeschränkt. Durch seine Selbstherrlichkeit hinterläßt er bei seinen Staatsbesuchen in anderen Ländern meist Verstimmung. Als ihm seine Mißerfolge bewußt werden, macht er Bismarck dafür verantwortlich. Er umgibt sich mit Speichelleckern, wird schlecht beraten und schließlich kommt es zu Auseinandersetzungen, die dazu führen, daß der Kaiser von Bismarck den Abschied fordert.
*Die Entlassung* gehört ebenso wie *Ohm Krüger* und *Robert Koch, der Bekämpfer des Todes* in die Reihe jener Filme, die den »Großen Deutschen« aufleben ließen. Bismarck wird in diesem Film als eine tragische Figur hingestellt und Hitler sozusagen legitimiert, die Politik Bismarcks fortzusetzen.

**Epilog – das Geheimnis der »Orplid«.** *R* Helmut Käutner. *B* R. A. Stemmle, Helmut Käutner. *K* Werner Krien, *M* Bernhard Eichhorn. *A* Emil Hasler. *D* Horst Caspar (Peter Zabel, Reporter), O. E. Hasse (Chefredakteur), Fritz Kortner (Mr. Hoopman), Hilde Hildebrand (Mrs. Hoopman), Irene von Meyendorff (Conchita), Hans Christian Blech, Bettina Moissi, Paul Hörbiger, Carl Raddatz, Peter van Eyck, Arno Assmann. *P* CCC-Film. 91 Minuten. 1950.
Der Reporter Peter Zabel recherchiert die mysteriösen Umstände des Untergangs der Yacht »Orplid« und das Schicksal der 15 Menschen, die dabei ums Leben kamen. Er deckt tatsächlich alles lückenlos auf und schreibt einen Tatsachenbericht, in dem er vor allem die Arbeit und ungeheure Macht jener dunklen politischen Organisationen angreift, die auch am Untergang der »Orplid« maßgeblich beteiligt war.

**1. April 2000.** *R* Wolfgang Liebeneiner. *B* Ernst Marboe, Rudolf Brunngraber. *K* Fritz Arno Wagner, Sepp Ketterer. *M* Alois Melichar. *A* Otto Niedermoser. *D* Josef Meinrad (Ministerpräsident von Österreich), Hilde Krahl (Vorsitzende der Weltschutzkommission), Judith Holzmeister, Otto Tressler, Curd Jürgens, Paul Hörbiger, Hans Moser. *P* Wien-Film im Auftrag der Österreichischen Bundesregierung. 105 Minuten. 1952.
Im Jahr 2000 erzwingen die Österreicher das Ende der Besatzungszeit.
Ein kleines Kabarettprogramm, zu einem groteskprätentiösen Großfilm aufgebläht.

**Es leuchten die Sterne.** *R* und *B* Hans Zerlett. *K* Georg Krause. *M* Leo Leux, Paul Lincke, Mathias Perl, Ernst Kirsch, Franz R. Friedl. *L* »Das ist Berlin, Berlin«, »Kleine Mama«, »Liebe hochverehrte Großmama«, »Hände hoch«, »Es leuchten die Sterne«, »Du mußt die Wahrheit recht verstehen«, »Haben Sie den Hut von Fräulein Molly schon geseh'n?« Texte von Hans Hannes und Bruno Balz. *A* Benno von Arent. *D* Ernst Fritz Fürbringer (Hans Holger, Regisseur), Vera Bergman (Carla), Fridtjof Mjoen (Werner), Carla Rust (Mathilde), Karl Stepanek (Brandt), Rudi Godden (Knutz), Paul Verhoeven (Gebauer), La Jana (Tänzerin), Rudolf Schündler (Versicherungsmann) und über fünfzig Prominente aus der Film- und Sportwelt. *P* Tobis. 2735 Meter. 1938.
Die Sekretärin Mathilde kommt nach Berlin, um Filmschauspielerin zu werden. Als Komparsin träumt sie von der großen Chance, doch statt dessen wird ihre Freundin entdeckt, wird aber nicht glücklich. Mathilde schwenkt um und heiratet den braven Oberbeleuchter Brandt.

»Die Filmherstellung ist ein schwieriges Unterfangen für alle Beteiligten; deshalb drängt Euch nicht danach, als Sterne zu leuchten; denn die Unannehmlichkeiten der Einkommensteuern werden nur noch übertroffen von der Tragik des Alterns, von dem Schmerz der veränderlichen Herzregungen und vom Übermaß der nervenaufpeitschenden Arbeit. Das ist, wenn wir den Trubel der Begebnisse zur Deutung bringen dürfen, die Quintessenz dieses Films« (*Völkischer Beobachter*, 20. 3. 1938).

**Es war eine rauschende Ballnacht.** *R* Carl Foelich. *B* Geza von Cziffra, Frank Thiess, Georg Wittuhn, Jean Victor. *K* Franz Weihmayr. *M* Peter I. Tschaikowsky, Theo Mackeben. *ML* Theo Mackeben. *L* »Nur nicht aus Liebe weinen« von Theo Mackeben *(M)* und Hans Fritz Beckmann *(T)*. *A* Franz Schroedter, Herbert Ploberger. *D* Zarah Leander (Katharina Alexandrowna Murakina), Marika Rökk (Nastassja Petrowna Jarowa), Hans Stüwe (Peter I. Tschaikowsky), Aribert Wäscher (Michael I. Murakin), Leo Slezak (Maximilian Hunsinger), Fritz Rasp (Porphyr P. Kruglikow), Paul Dahlke (Iwan C. Glykow), Karl Haubenreisser, Ernst Dumcke, Karl Hellmer, Carl Hannemann, Hugo Froelich. *P* Tonfilmstudio Carl Froelich/Ufa. 95 Minuten. 1939.
Tschaikowsky wird geliebt von der Tänzerin Nastassja und liebt Katharina, mit der er einst glücklich war und die jetzt unglücklich verheiratet ist mit dem reichen Murakin. Ohne sein Wissen hilft Katharina seiner Karriere mit dem Geld ihres Mannes weiter. Da er sie nicht kriegen kann, widmet er sich ganz seiner Kunst und kriegt so schließlich die »Pathétique« zustande. Während er die Uraufführung dirigiert, wirft ihn ein Cholera-Anfall danieder. Seine letzten Worte: »Wo sind die Posaunen?«
»Ein Musiker-Film, ein Ausstattungsfilm, ein Starfilm, ein Russenfilm und das alles ziemlich einheitlich in eine Art Stil gezwungen! Manche Elemente dieser Mischung verhalten sich freilich feindlich zueinander, und viel Passives liegt in manchen dieser Elemente, liegt in Biographie und Rasse Tschaikowskys. Durch ein ›Aktivieren‹ der beiden passiven Liebeserlebnisse Tschaikowskys sollte dem Film Tempo gewonnen werden. Carl Froelich wird den verschiedenartigsten Aufgaben des Films mit der ihm eigenen Verbindung von Gründlichkeit und Großzügigkeit gerecht. Weihmayrs Aufnahmetechnik steigert sich allmählich zu Rekordwirkungen von Weichheit und Jugendlichkeit« (Hans Spielhofer, *Der deutsche Film*, Oktober 1939).

**Es war einmal ein Walzer.** *R* Viktor Janson. *B* Billie Wilder. *M* Franz Lehár. *L* »Es war einmal ein Walzer«, »Rundfahrtmarsch«, »Es gibt noch Märchen« von Franz Lehár *(M)*, Fritz Rotter, Armin Robinson *(T)*. *K* Heinrich Gärtner. *A* Jack Rotmil. *D* Martha Eggert (Steffi Pirzinger), Rolf von Goth (Rudi Möbius), Ernst Verebes (Gustl Linzer), Paul Hörbiger, Ida Wüst. *P* Aafa-Film. 79 Minuten. 1932.
Eine bankrotte Berliner Firma und eine bankrotte Wiener Firma planen die Verheiratung ihrer Erben, da sie sich gegenseitig für sehr reich halten. Die jungen Leute regeln alles ganz anders mit anderen Partnern.
»Der sogenannte Wien-Film, damals aufgrund zahlreicher oberflächlichklischeehafter Produkte nicht gerade in besonderem Ansehen, wurde von Autor Wilder und Regisseur Viktor Janson ideenreich variiert« (Heinz-Gerd Rasner/Reinhard Wulf, *Bißchen dies und bißchen das*, in *Billy Wilders Filme*).

**Der Etappenhase.** *R* Joe Stoeckel. *B* Sigmund Graff, F. C. Cortan. *K* Hugo von Kaweczynski. *M* Marc Roland. *A* Arthur Günther, Carl Vollbrecht. *D* Günther Lüders (Musketier Hein Lammers), Leny Marenbach (Marie), Charlott Daudert (Antje), Aribert Mog (Leutnant Dierck), Erich Fiedler (Ferdinand Hasenbein), Hermann Ehrhardt, Eduard von Winterstein, Elsa Wagner. *P* Astra. 2979 Meter. 1937.
Die drei Musketiere Hein, Franz und Claus kommen von der Front (Flandern, 1. Weltkrieg) in die Etappe und machen dem Kommandantur-Schrei-

ber Hasenbein das Leben schwer. Sie entwenden und verspeisen einen für den Major bestimmten Hasen, während dem Major Katzenfleisch serviert wird, was er gar nicht merkt.
Remake: 1956, Regie Wolfgang Bekker, mit Beppo Brem, Michael Cramer, Vera Frydberg.

**Die ewige Maske.** R Werner Hochbaum. B Werner Hochbaum, Leo Lapaire, Kurt Gaugner, nach dem Roman von Leo Lapaire. K Oskar Schnirch. M Anton Profes. A Hans Jacoby. D Peter Petersen (Professor Tscherko), Mathias Wieman (Dr. Dumartin), Franz Schafheitlin (Adam Negar), Olga Tschechowa, Tom Kraa, Thekla Ahrens, Karl Skraup. P Progress-Film, Bern-Wien. 81 Minuten. 1936.
Durch Experimente mit einem von ihm entwickelten Serum gegen Meningitis und durch den (wie er annehmen muß) von ihm verschuldeten Tod eines Patienten gerät ein Wissenschaftler in eine schwere Krise.
»Werner Hochbaums berühmtester Film (sein einziger berühmter Film), *Die ewige Maske*, ist zugleich thematisch vielleicht ein unbedeutendster ... (In den Halluzinationen) treten die Figuren aus dem bewußten Leben des Helden fremdartig maskiert auf: die Witwe des Patienten, der vorwurfsvolle Professor, selbst der Chor des Kabaretts, in das er unvermeidlich flieht: ein schaurig-stimmungsvoller, expressionistischer Alptraum aus Schatten, Licht, mysteriösen Tunnels, einem E-Werk, das plötzlich über ihm explodiert, sein eigenes Spiegelbild« (David Robinson u. a.: *Werner Hochbaum*).

**Fabrik der Offiziere.** R Frank Wisbar. B Franz Hoellering, Frank Wisbar, nach dem Roman von Hans Hellmut Kirst. K Kurt Grigoleit. M Hans-Martin Majewski. A Walter Haag, Irms Pauli. D Carl Lange (Generalmajor Modersohn), Karl John (Major Frey), Erik Schuman (Hauptmann Ratshelm), Horst Frank (Hauptmann Feder), Peter Carsten (Hauptmann Katers), Helmut Griem (Oberleutnant Krafft), Paul Edwin Roth, Gisela Tantau, Lutz Moik. P Deutsche Film Hansa. 96 Minuten. 1960.
1944. Auf einer Heereskriegsschule wird ein Oberleutnant ermordet. Oberleutnant Krafft untersucht den Fall und findet den Täter in dem Wortführer einer nazistischen Fähnrichsgruppe. Die Konsequenz, mit der Krafft die Verurteilung des Mörders betreibt, führt zu seinem eigenen Tod.
»Dieser Kadettenthriller ist der weitaus schwächste unter den Militärfilmen des Regisseurs Frank Wisbar ... eine mittelmäßige Kriminalhandlung mit einigen blond-sentimentalen Zügen« (Hans-Dieter Roos, *30 Jahre danach*).

**Fährmann Maria.** R Frank Wysbar. B Hans-Jürgen Nierenz, Frank Wysbar. K Franz Weihmayr. M Herbert Windt. A Bruno Lutz. D Sybille Schmitz (Maria), Aribert Mog (Der Mann vom anderen Ufer), Peter Voss (Der Tod), Carl de Vogt, Karl Platen, Eduard Wenck, Gerhard Bienert. P Pallas-Film. 2285 Meter. 1936.
Maria hat von dem verstorbenen alten Fährmann das Fähramt am Fluß übernommen. Eines Abends setzt sie einen Verwundeten über. Sie nimmt ihn mit sich in ihre Kate und pflegt ihn. Der Tod kommt, um den Mann zu holen. Maria unternimmt verzweifelte Anstrengungen, um den Tod zu bewegen, den Mann am Leben zu lassen. Der Tod läßt sich nicht umstimmen. Maria opfert ihr eigenes Leben und geht mit dem Tod fort, über den Sumpf, der zwischen Dorf und Fluß liegt. Der Sumpf trägt sie, während er den Tod verschlingt. Maria setzt mit dem geliebten Mann über den Fluß und zieht mit ihm in ein neues Leben.
Ein sehr schöner Legenden-Film, der von Fritz Langs *Müdem Tod* begründeten Tradition mehr verpflichtet als Leni Riefenstahls *Blauem Licht*. Eine Art Remake drehte Wysbar 1945 in der amerikanischen Emigration: *Strangler of the Swamp*.

**Fahrendes Volk.** R Jacques Feyder. B Jacques Viot und Feyder. K Franz Koch, Josef Illig. M Wolfgang Zeller. A Fritz Maurischat, Jean d'Eaubonne. D Hans Albers (Fernand), Françoise Rosay (Flora), Camilla Horn (Pepita), Herbert Hübner (Zirkusdirektor Barlay), Hannes Stelzer (Marcel), Irene von Meyendorff (Yvonne), Ulla Gauglitz (Suzanne), Alexander Golling, Otto Stöckl, Friedrich Gnass, Tilly Wedekind. P Deutsch-französische Gemeinschaftsproduktion, Tobis, Berlin-Paris. 2933 Meter. 1938.

Auf der Suche nach dem entflohenen Häftling Fernand durchsucht die Polizei die Wohnwagen des Zirkus Barlay vergeblich, denn Flora, seine ehemalige Frau, hat ihn gut versteckt. Er wird Ansager und Stallbursche, aber Flora will nichts mehr von ihm wissen und verhindert, daß Marcel, ihrer beider Sohn, in Fernand seinen Vater entdeckt. Marcel liebt Yvonne, die Tochter des Direktors. Als der Vater von dem Verhältnis erfährt, fliegt Marcel raus und Yvonne auf eine Tanzschule nach Italien. Marcel gerät in schlechte Kreise, wird von Fernand befreit und folgt der Kunstreiterin Pepita nach Paris. Die schwangere Yvonne flüchtet sich unter die Rockschöße von Flora. Fernand, von ehemaligen Mithäftlingen erpreßt, beteiligt sich an einem Raubüberfall auf den Zirkus, den er nun verlassen muß. Als er Marcel zur Rückkehr nach Hause überreden will, zeigt Pepita Fernand an. Bei der atemberaubenden Jagd über die Dächer von Paris wird Fernand erschossen. Marcel kehrt zum Zirkus zurück und schließt seinen soeben geborenen Sohn in die Arme.
Eine französische Version, *Les Gens du Voyage*, wurde gleichzeitig mit der deutschen gedreht. Françoise Rosay spielte die Flora, André Brûle den Fernand, Mary Glory die Pepita und Sylvia Bataille die Yvonne.

**Der Fall Deruga.** R Fritz Peter Buch. B Hans Neumann, Fritz Peter Buch, L. A. C. Müller nach dem Roman von Ricarda Huch. K Werner Bohne. M Hans Ebert. D Willy Birgel (Dr. Donat), Geraldin Katt (Mingo Fabian), Dagny Servaes (Agnes Donat), Käthe Haak, Georg Alexander, Hans Leibelt, Paul Bildt, Walter Franck. P Georg Witt-Film. 2263 Meter. 1938.
Am Tage ihres Todes ändert die geschiedene Frau Donat ihr Testament zugunsten ihres geschiedenen Mannes. Die ursprünglich vorgesehene Erbin, ihre Cousine, ficht das Testament an und veranlaßt die Exhumierung der Leiche. Donat wird des Mordes an seiner geschiedenen Frau angeklagt. Er schweigt. Durch ein geschicktes Manöver lockt der Verteidiger Donat aus der Reserve, und die tatsächlichen Umstände des Todes werden aufgedeckt. Es handelt sich um Selbstmord. Donat wird freigesprochen und wird wohl künftig seinen Weg mit der Cousine seiner verstorbenen Frau gemeinsam gehen.
Ein Film, der sich mit der Fragwürdigkeit des Indizienprozesses ernsthaft auseinandersetzt. Weitere Verfilmung: *... und nichts als die Wahrheit*, 1958, Regie: Franz Peter Wirth mit O. W. Fischer, Marianne Koch, Ingrid Andree.

**Der fallende Stern.** R Harald Braun. B Herbert Witt und Braun. K Richard Angst. M Werner Eisbrenner. A Hans Sohnle, Fritz Luck. D Werner Krauss (Lenura, Kantinenpächter, 1950/Lenoir, Illusionist, 1910), Dieter Borsche (Lucius, Lokomotivführer, 1950/Luciano, Artist, 1910), Maria Wimmer (Elisabeth Hollreiser), Angelika Voelkner (Elisabeth als Kind), Elfriede Kuzmany (Alma Waurich), Bernhard Wicki, Paul Dahlke, Gisela Uhlen, Kurt Stieler, Renate Mannhardt, Georg Lehn, Rainer Penkert, Walther Kiaulehn. P NDF. 108 Minuten. 1950.
Der Film erzählt von der Lebensangst der Elisabeth Hollreiser, die als Sozialbeamtin in einem Barackenlager nach dem Zweiten Weltkrieg Dienst tut. Diese Lebensangst, die sie hart und selbstsüchtig gemacht hat, geht auf ein traumatisches Kindheitserlebnis in der Kometennacht 1910 zurück. Im Verlauf eines aufregenden Tages im Lager beginnt sie die Botschaft zu verstehen: »... daß nicht die Flucht vor der Angst, sondern das Vertrauen, auch in der Angst getragen und geboren zu sein, die Menschen fähig macht einander zu helfen«.
»Lehrstück und Predigt. Wie schön, wenn solche unkonventionelle Laienpredigt an das verstockte Saekulum Bild und Gestalt wird: dann gibt es suggestive Szenen von eigenwilliger Transparenz. Wie schade, wenn des Predigens kein Ende ist und alles doppelt und dreifach überdeutlich und immer noch einmal gesagt wird und wenn der Engel auf der Lokomotive grundsätzlich nur Belehrendes und Bekehrendes vernehmen läßt: ein wandelnder Zitatenschatz.« (Gunter Groll, *Magie des Films*).

**Der Fall Rabanser.** R Kurt Hoffmann. B Kurt Werner, nach einer Idee von S.P. Walther. K Albert Benitz. M Werner Eisbrenner. A Franz Schröder, Herbert Ploberger. D Hans Söhnker (Peter Rabanser), Carola Höhn (Dorothea Rabanser), Inge Landgut (Steffie), Ilse Steppat, Richard Häussler, Paul Dahlke, Harald Paulsen, Franz Schafheitlin, Inge Meysel. P Junge Film Union (Rolf Meyer). 80 Minuten. 1950.
Reporter Rabanser, Autor der Zeitungsserie »Ich raubte eine halbe Million«, gerät in dringenden Verdacht, diese Tat wirklich begangen zu haben.

**Familie Benthin.** R Kollektiv unter der Leitung von Slatan Dudow (und, kurzfristig, Kurt Maetzig). B Johannes R. Becher, Dudow, Kuba, Ehm, Welk. K Robert Baberske, Karl Plintzner, Walter Roßkopf. M Ernst Roters, Werner Neumann. A Erich Zander. D Maly Delschaft (Annemarie Naumann), Charlotte Ander (Olga Benthin), Hans-Georg Rudolph (Theo Benthin), J.P. Dornseif (Dr. Benthin), Brigitte Conrad, Harry Hindemith, Ottokar Runze, Hannelore Koblentz, Karl-Heinz Deickert, Erik Schumann. P Defa/DDR. 98 Minuten. 1950.
Ein im Westen lebender Kapitalist organisiert die Demontage eines Betriebes, den der Bruder in Magdeburg leitet. Drahtzieher dieser Schiebereien sind amerikanische Hintermänner. Parallel wird die Geschichte einer Arbeiterfamilie erzählt, deren Söhne in Sabotageakte in der DDR hineingezogen werden.
»An den Jugendlichen aus beiden Familien wird demonstriert, daß der Westen keine Perspektive hat (sondern Arbeitslosigkeit oder Tod als Fremdenlegionär), der Osten jedoch eine gesicherte Zukunft bietet (Werkswohnung, Ausbildung in volkseigenem Betrieb). ... Von heute aus betrachtet, wirkt der filmische Aufbau- und Zukunftsoptimismus jener DDR-Gründerjahre jedoch fast rührend und durchaus von einer echten Überzeugung der Filmemacher getragen. Zumal die Arbeiten Dudows aus jener Zeit präsentieren sich auch als historische Zeitdokumente von Graden« (Heinz Kersten u. a., *Film in der DDR*).

**Familie Buchholz.** R Carl Froelich. B Jochen Kuhlmey, nach dem Roman von Julius Stinde. K Robert Baberske. M Hans-Otto Borgmann. A Walter Haag. D Henny Porten (Wilhelmine Buchholz), Paul Westermeier (Karl Buchholz), Käthe Dyckhoff (Betti), Marianne Simson (Emmi), Hans Zesch-Ballot, Grethe Weiser, Gustav Fröhlich, Elisabeth Flickenschildt, Hans Hermann Schaufuss, Albert Hehn, Jakob Tiedtke. P Ufa (Friedrich Pflughaupt). 92 Minuten. 1944.

Berlin 1880. Wilhelmine Buchholz, schriftstellernde Gattin des Fabrikanten Karl Buchholz, gibt sich die größte Mühe, ihren beiden Töchtern an den richtigen Mann zu bringen, kann aber nur Emmi verheiraten, mit dem Arzt Dr. Wrenzchen. (Fortsetzung *Neigungsehe*).

**Familie Schimek.** *R* E. W. Emo. *B* Max Wallner, Reinhold Meissner. *K* Willi Winterstein. *M* Fritz Wenneis, mit einem Schlager von Paul Lincke. *A* Heinrich Richter, Karl Böhm. *D* Hans Moser (Ludwig Schigl), Käte Haack (Frau Schimek), Hilde Schneider (Hedwig), Hans Adalbert Schlettow (Franz Baumann), Fritz Odemar (Anton Kaltenbach), Grethe Weiser (Frau Kaltenbach), Wilhelm Bendow, Eduard von Winterstein, Heinrich Schrodt. *P* Majestic. 2322 Meter. 1957.

Ludwig Schigl, ehedem Geselle in der Schimekschen Tischlerei, kümmert sich nach dem Tod des Meisters Schimek mit solchem Enthusiasmus um das Wohl der Familie Schimek, daß die aus seiner Mühewaltung entstehenden Wirren schließlich nur noch vor Gericht ausgetragen werden können; dort führt Schigl sich dann so ungebührlich auf, daß er zu einer Haftstrafe verurteilt wird. Nach seiner Entlassung sieht er sich an, was die Schimeks inzwischen ohne ihn angestellt haben, und spricht: »Ich wende mich voll Abscheu von diesem undankbaren Haus!« – was er sich dann aber doch noch anders überlegt.

Remake: 1957, Regie Georg Jacoby, mit Theo Lingen.

**Fanfaren der Liebe.** *R* Kurt Hoffmann. *B* Heinz Pauck, nach einem Manuskript von Robert Thoeren, Michael Logan. *K* Richard Angst. *M* Franz Grothe. *LT* Willy Dehmel. *A* Franz Bi, Doris Lauerbach. *D* Dieter Borsche (Hans), Georg Thomalla (Peter), Inge Egger (Gaby), Grethe Weiser (Lydia), Oskar Sima, Beppo Brem. *P* Neue Deutsche Filmgesellschaft. 88 Minuten. 1951.

Die Musiker Hans und Peter sind arbeitslos. Die einzige Kapelle, wo noch etwas frei wäre, ist eine Damenkapelle. Hans und Peter gehen als Damen zur Damenkapelle.

Die erfolgreichste deutsche Filmkomödie der frühen fünfziger Jahre, geadelt durch die ungewöhnliche Menge von Witz und Geschmack, die in das Unternehmen investiert wurde, und die tollkühne Idee, Dieter Borsche, den man bislang nie anders gesehen hatte als schön, edel und tragisch, *en travestie* zu präsentieren. Die Story von Thoeren und Logan hatte bereits 1935 als Vorlage zu dem französischen Film *Fanfare d'amour* gedient und fand ihre definitive Verarbeitung in Billy Wilders *Some Like It Hot*, 1959. Der Erfolg von *Fanfaren der Liebe* hatte die *Fanfaren der Ehe*, Regie Hans Grimm, 1951, zur Folge.

**Fanny Elßler.** *R* Paul Martin. *B* Eva Leidmann und Paul Martin. *K* Konstantin Irmen-Tschet. *M* Kurt Schröder. *A* Erich Kettelhut. *D* Lilian Harvey (Fanny), Liselotte Schaak (Therese), Rolf Moebius (Herzog von Reichstadt), Paul Hoffmann (Metternich) Willy Birgel (Hofrat Gentz), Hubert von Meyerinck (Polizeipräfekt). *P* Ufa. 2266 Meter. 1937.

Mit Hilfe der Tänzerin Fanny Elßler will Metternich hinter die Pläne des Herzogs von Reichstadt, dem Sohn Napoleons, kommen. Fanny Elßler lehnt das Ansinnen ab. Als sie kurz darauf dem Herzog zufällig begegnet, verliebt sie sich in ihn. Metternich zwingt sie nach Paris zu gehen, wohin ihr der Herzog folgt. Daraufhin gerät sie in den Verdacht für die französische Partei zu arbeiten, die ihn zum Kaiser zu krönen beabsichtigt. Hofrat Gentz kann ihre Festnahme noch verhindern und den Herzog nach Wien zurückbringen, wo er stirbt. Fanny sucht Trost in ihrer Kunst.

**Die Fastnachtsbeichte.** *R* William Dieterle. *B* Kurt Heuser nach der Erzählung von Carl Zuckmayer. *F* (Farbe) Heinz Pehlke. *M* Siegfried Franz. *A* Emil Hasler, Walter Kutz. *D* Hans Söhnker (Panezza), Gitty Daruga (Viola), Götz George (Clemens), Dr. Henrici (Friedrich Domin), Berta Drews (Frau Bäumler), Rainer Brandt (Ferdinand), Christian Wolff (Jeanmarie), Grit Böttcher, Hilde Hildebrand. *P* Ufa (Dietrich von Theobald). 99 Minuten. 1960.

Mainz 1913. Karneval. Ein Mann wird, am Beichtstuhl kniend, erstochen. Es ist Ferdinand Dörffler, der uneheliche Sohn des wohlhabenden Geschäftsmannes Panezza, der sich nie zu seinem Sohn bekannte und ihm seine Hilfe verweigerte und Ferdinand damit aus der Stadt trieb. Ferdinands Bruder Clemens wird von seiner Mutter des Brudermordes bezichtigt. Doch da legt die junge Viola, die plötzlich aus Italien kommend in Mainz aufgetaucht war, ein Geständnis ab. Sie liebte Ferdinand sehr und war von ihm verlassen worden. Lolfo, der ihr bedingungslos ergeben war, verfolgte Ferdinand mit seinem tödlichen Haß. Lolfo wird tot aufgefunden. Er legte Hand an sich.

**Faust.** *R* Peter Gorski, nach der Gustaf Gründgens-Inszenierung des *Faust, der Tragödie erster Teil* von Johann Wolfgang von Goethe am Deutschen Schauspielhaus Hamburg. *K* (Farbe) Günther Anders. *M* Mark Lothar. *A* Teo Otto, Werner Achmann, Claudia Herberg. *D* Will Quadflieg (Faust), Gustaf Gründgens (Mephisto), Ella Büchi (Gretchen), Elisabeth Flickenschildt (Marthe), Hermann Schomberg, Eduard Marks, Max Eckard, Uwe Friedrichsen, Heinz Reincke, Hans Irle. *P* Divina (Walter Traut). 128 Minuten. 1960.

Film-Adaption einer klassischen Gründgens-Faust-Inszenierung.

**Der Favorit der Kaiserin.** *R* Werner Hochbaum. *B* Werner Hochbaum, Walter von Hollander, nach einem Manuskript von Hans Fritz Köllner. *K* Oskar Schnirch. *M* Anton Profes. *A* Emil Hasler. *D* Olga Tschechowa (Kaiserin Elisabeth von Rußland), Anton Pointner (Fürst Iwan Pototzky), Willy Eichberger (Alexander Tomsky), Trude Marlen (Irina), Adele Sandrock (Fürstin Dolgorucky), Heinz von Clewe, Walter Steinbeck, Ilse Trautschold, Peter Erkelenz. *P* Itala-Film. 86 Minuten. 1936.

Kaiserin Elisabeth von Rußland weist ihren langjährigen Günstling Fürst Potozky an, ihre Entourage durch junge und hübsche Offiziere aufzufrischen. Einer dieser Offiziere, Gardeleutnant Alexander Tomsky, gerät durch eine Verkettung komischer Umstände in den Ruf, der neue Favorit der Kaiserin zu sein. Er avanciert dadurch schnell, verliert aber auch die Liebe der Generalstochter Irinia. Nachdem Tomsky einen Staatsstreich Pototzkys verhindert hat, versöhnt die Kaiserin die beiden jungen Leute miteinander.

»Die schauspielerischen Leistungen – Olga Tschechowa köstlich und witzig als Zarin, die majestätische Adele Sandrock als die alte und Trude Marlen als die junge Kammerzofe – sind harmonisch in eine Komposition eingewoben, deren Gewebe reich strukturiert ist und visuell eindeutig Josef von Sternberg evoziert« (David Robinson: *Werner Hochbaum*).

**Feinde.** *R* Viktor von Tourjansky. *B* Emil Burri, Arthur Luethey, Viktor von Tourjansky. *K* Fritz Arno Wagner. *M* Lothar Brühne. *A* Julius von Borsody, Herbert Hochreiter, Alfred Metscher. *D* Brigitte Horney (Anna), Willy Birgel (Keith), Ivan Petrovich (Jan), Carl Wery, Hedwig Wangel, Beppo Brem. *P* Bavaria (C. W. Tetting). 2490 Meter. 1940.

Polen 1939. Eine deutsche Minderheiten-Gruppe wird von Polen terrorisiert und flüchtet durch einen Sumpf im Grenzgebiet nach Deutschland. Einer der Filme, die die Sehnsucht der Auslandsdeutschen nach dem wiedererstarkten Vaterland besingen und aus gräßlich ausgemalten Heimsuchungen die Rechtfertigung für den kriegerischen Überfall von 1939 herzuleiten versuchen.

**Ferien auf Immenhof.** *R* Hermann Leitner. *B* Per Schwenzen, Hermann Leitner. *K* (Farbe) Fritz Arno Wagner, Walter Hrich. *M* Hans-Martin Majewski. *A* Gabriel Pellon, Hans Aufenberg. *D* Angelika Meissner (Dick), Heidi Brühl (Dalli), Paul Klinger (Jochen von Roth), Ethelbert (Matthias Fuchs), Margarete Haagen, Paul Henckels, Raidar Müller, Christiane Jansen, Hubert von Meyerinck, Josef Sieber. *P* Arca. 94 Minuten. 1957.

Aus dem Immenhof wird ein Pony-Hotel gemacht, das zuerst gar keine und dann recht schwierige Gäste findet, doch schließlich wird das ganze zu einem Erfolgsunternehmen.

Der dritte Teil der Immenhof-Serie.

**Ferien vom Ich.** *R* Hans Deppe. *B* Peter Francke, nach dem Roman von Paul Keller. *K* Hugo von Kaweczynsky. *M* Marc Roland. *A* Willi A. Hermann. *D* Hermann Speelmans (George B. Steffenson), Carola Höhn (Eva von Dornberg), G. H. Schnell (Dr. Hartung), Hans Zesch-Ballot (John Stone), Ewald Wenck, Hans Adalbert Schlettow, Gina Falckenberg, Paul Henckels, Werner Finck, Else Reval. *P* Olaf Ford/Ufa. 2567 Meter. 1934.

Der amerikanische Großindustrielle Steffenson erholt sich inkognito von seinem Streß auf dem deutschen Guts-Hotel »Ferien vom Ich« und verliebt sich in die Hotelwirtin Eva von Dornberg.

Weitere Verfilmungen, beide in Farbe: 1952, Regie Hans Deppe, mit Rudolf Prack und Marianne Hold; 1963, Regie Hans Grimm, mit Walter Reyer und Geneviève Cluny.

**Der fidele Bauer.** *R* Hubert Marischka. *B* Nach der Operette von Leo Fall. *K* Hans Schneeberger. *ML* Bruno Uher. *A* Gustav Abel. *D* Paul Hörbiger (Matthias Scheichelroither), Erich Auer (Heini), Heinrich Gretler (Lindoberer), Marianne Wischmann (Vivian Harrison), Rudolf Carl, Helly Servi, Franz Marischka, Alma Seidler, Fritz Friedl, Loni Friedl. *P* Berna Donau-Film, Wien. 86 Minuten. 1951.

Der arme Bauer Matthias Scheichelroither läßt seinen Sohn Heini studieren. Der undankbare Heini wird unter dem Namen Henry Roither ein Erfolgskomponist und vergißt den Papa. Eine liebende Frau bringt alles wieder ins Lot.

**Die Fledermaus.** *R* Carl Lamac. *B* Hans H. Zerlett, Karl Forest nach der Operette von Johann Strauß. *K* Otto Heller. *ML* Michael Lewin, Ferdinand Folba. *D* Georg Alexander (Dr. Eisenstein), Anny Ondra (Rosalinde, seine Frau), Oskar Sima (Frank, Gefängnisdirektor), Hans Junkermann, Betty Werner, Iwan Petrovich, Franz Felix, Karl Etlinger, Eugen Jensen, Jaro Fürth. *P* Vandor-Film, Paris/Ondra-Lamac, Berlin. 2592 Meter. 1931.

Die Operette von Johann Strauß.

Weitere Verfilmungen: 1937, Regie Paul Verhoeven, mit Lida Baarova, Hans Söhnker, Friedl Czepa. 1945, Regie Geza von Bovary, mit Marte Harell, Willy Fritsch, Johannes Heesters, Siegfried Breuer.

**Das fliegende Klassenzimmer.** *R* Kurt Hoffmann. *B* Erich Kästner. *K* Friedl Behn-Grund. *M* Hans-Martin Majewski. *A* Robert Herlth. *D* Paul Dahlke (Justus), Heliane Bei (Beate), Paul Klinger (»Nichtraucher«), Peter Tost (Martin), Peter Kraus (Johnny), Michael Verhoeven (Ferdinand), Erich Ponto, Bruno Hübner, Knut Mahlke. *P* Carlton (Günther Stapenhorst). 90 Minuten. 1954.

Durch eine heiße Schlacht mit den Realschülern gelingt es den Gymnasiasten, die beiden Freunde, ihren Hauslehrer Justus und ihren Freund Dr.

Uthoff, genannt »Nichtraucher«, weil er in einem ausrangierten Nichtraucher-Eisenbahnwagenabteil von aller Welt abgeschieden haust, wieder zusammen zu bringen. Mit der glanzvollen Aufführung des Theaterstücks »Das fliegende Klassenzimmer« auf der lustigen Abschlußfeier gehen die Gymnasiasten in die Weihnachtsferien. Als die Schule im neuen Jahr wieder beginnt, hat Justus seinem Freund »Nichtraucher« die Nachfolge des sich zur Ruhe setzenden Schularztes schon gesichert. Zusammen mit Schwester Beate wird nun »Nichtraucher« künftig im Kreise der Jungen sein Leben verbringen.
Ein Film aus dem Märchenland der Schulzeit. – Weitere Verfilmung: 1973, Regie Werner Jacobs mit Heinz Reincke, Joachim Fuchsberger, Diana Körner.

**Das Flötenkonzert von Sanssouci.** R Gustav Ucicky. B Walter Reisch. K Carl Hoffmann. M Willy Schmidt-Gentner. A Robert Herlth, Walter Röhrig. D Otto Gebühr (Der König), Renate Müller (Blanche), Hans Rehmann (Major von Lindeneck), Walter Janssen (Maltzahn), Raoul Aslan (Brühl), Friedrich Kayssler, Karl Goetz, Aribert Wäscher, Margarete Schön, Theodor Loos, Hans Brausewetter, Paul Biensfeld, Wladimir Sokoloff, Attila Hörbiger, Theo Lingen, Jacob Tiedtke, Hubert von Meyerinck, Heinrich Gretler. P Ufa. 2412 Meter. 1930.

1756. In Dresden schließen das Österreich der Maria Theresia, das Rußland der Zarin Elisabeth und das Frankreich der Madame Pompadour einen Geheimvertrag gegen das Preußen des großen Friedrich. »Alle drei Frauen hassen den Einsiedler von Potsdam.« Durch seine Spione gerät Friedrich in den Besitz des Dokuments: während er im Konzertsaal von Sanssouci Flöte spielt, wird ihm die entzifferte Depesche auf das Notenpult gelegt. »In den kurzen Pausen der musizierenden Kapelle gibt Friedrich - sein Flötenspiel für Sekunden unterbrechend – seinen Generalen die entscheidenden Befehle. Niemand ahnt, daß die eisernen Würfel schon rollen.« (Zitate aus *Illustrierter Filmkurier* Nr. 1512).
Neben Veit Harlans *Der große König* der berüchtigsten aller Fridericus-Filme, ein Hauptwerk der völkisch-militaristischen Agitation.

**Flucht nach Berlin.** R und B Will Tremper. K Günter Haase, Gerard Bonin. M Peter Thomas. D Christian Doermer (Claus Baade), Susanne Korda (Doris Lange), Narziss Sokatscheff (Hermann Güden). P Stun-Film (Will Tremper). 103 Minuten. 1960.
Der SED-Funktionär Claus Baade drückt im letzten »freien« Dorf von Sachsen-Anhalt die Zwangskollektivierung durch. Der Bauer Hermann Güden setzt sich unter seinen Augen nach West-Berlin ab. Er verwickelt ungewollt nicht nur Baade, sondern auch eine Schweizer Journalistin, die auf der Autobahn unterwegs nach Berlin ist, in seine Flucht.
Das Regiedebüt von Will Tremper. Das im westdeutschen Film sonst kaum behandelte Thema der deutschen Teilung mit einer Mischung aus sarkastischem Realismus und Thriller-Temperament betrachtet, wie man sie in der bundesrepublikanischen Produktion seither nicht wieder erlebt hat.

**Die Försterbuben.** R und B Robert A. Stemmle nach dem Roman von Peter Rosegger. K (Eastmancolor) Hans Schneeberger. M Herbert Trantow. A Karl Weber, Helmuth Nentwig. D Herman Erhardt (Förster, Thomas Rufmann), Kurt Heintel (Friedolin, sein Sohn), Erich Auer (Martin, sein zweiter Sohn), Eva Probst (Helene), Herta Stahl (Bianca), Annie Rosar, Paul Hörbiger, Franziska Kinz, Oskar Sima, Thomas Hörbiger. P Prisma, Wien (Fritz Klotzsch). 100 Minuten. 1955.
Liebe, Mord und Totschlag im idyllischen Kärntner Heimatdorf Eustachen, hervorgerufen durch den mit fragwürdigen Erbanlagen ausgestatteten jungen Burschen Friedolin, dem Sohn des Försters. Priesterseminarist Martin bezichtigt sich selbst der schlimmen Tat, um den Bruder zu retten. Doch alles geht gut aus, denn bevor der tatsächliche Bösewicht sein Leben aushaucht, gesteht er die Bluttat. Friedolin ist ob der guten Tat des Bruders geläutert und sieht mit Helene einer glücklichen Zukunft entgegen.

**Die Försterchristl.** R Arthur Maria Rabenalt. B Fritz Böttger, Joachim Wedekind. K Friedl Behn-Grund. M Georg Jarno. ML Robert Gilbert, Bruno Uher. L »Hab' ein Herz frei und froh« von Robert Gilbert (T und M); »Gebt mir die Geigen der ganzen Welt«, »Steht ein Mädel auf der Puszta«, »Herr Kaiser – Herr Kaiser« von Bernhard Buchbinder (T) und Georg Jarno (M). A Robert Herlth. D Johanna Matz (Christl), Angelika Hauff (Ilona), Karl Schönböck (Kaiser Franz Joseph), Will Quadflieg (Földessy), Käthe von Nagy, Oskar Sima, Iwan Petrovich. P Carlton-Film. 104 Minuten. 1952.
1850. Regierungszeit Kaiser Franz Joseph. Die Försterchristl verdonnert einen jungen Jäger zu einem Taler Strafe wegen unerlaubten Betretens des kaiserlichen Waldgebietes. Er bekommt Arrest, weil er keinen Taler bei sich hat. Sie entläßt ihn vorzeitig. Als Christl erfährt, daß ihr Freund Földessy, der Christl liebt, den sie aber bislang kein Gehör schenkte, ein gesuchter Rebell und verschwunden ist, beschließt sie beim Kaiser um Gnade für ihn zu bitten. Auf dem Wiener Schloß erkennt sie im Kaiser den jungen Jäger wieder und verliebt sich in ihn. Der Kaiser will sie glücklich sehen und führt sie in die Arme des liebenden Földessy. Das Erlebnis mit dem Kaiser nimmt sie als schönen Traum mit in ihre Zukunft.
Weitere Verfilmungen: 1926, Regie: Friedrich Zelnik mit Lya Mara, Harry Liedtke, Wilhelm Dieterle. 1931, Regie: Friedrich Zelnik mit Irene Eisinger, Paul Richter, Oskar Karlweis.

**Der Förster vom Silberwald.** R Alfons Stummer. B Alfons Stummer, Alfred Solm, Günther Schwab, Friedrich Schreyvogel, Franz Mayr-Melnhof. K (Agfacolor) Walter Tuch. M Viktor Hruby. A Eduard Stolba. D Anita Gutwell (Liesl), Rudolf Lenz (Hubert Gerold), Karl Ehmann (Hofrat Leonhard), Erik Frey (Max Freiberg), Hermann Erhardt, Erni Mangold, Albert Rueprecht, Lotte Ledl. P Rondo, Wien. 100 Minuten. 1954. Alternativer Titel *Echo der Berge*.
Liesl Leonhard, die Enkelin des steirischen Hofrats Leonhard, die in Wien Bildhauerei studiert, lernt auf dem Jägerball in Hochmoos Hubert Gerold kennen, den Förster des Hofrats. Auf langen Spaziergängen mit Gerold lernt sie die Reize des Silberwalds schätzen. Ihr Wiener Freund, der Bildhauer Max Freiberg, kommt ihr nachgereist. Gerold erwischt ihn dabei, wie er einen der prächtigsten Hirschen des Reviers schießt. Auf Wilderei steht Gefängnis. Freiberg flüchtet nach Wien zurück. Gerold wird von dem Hofrat entlassen, weil er nichts über den Wilderer sagen will. Bei einem Wiener Atelierfest erfährt Liesl, daß Gerold den Wilderer laufen ließ, weil er dachte, sie sei in die Sache verwickelt. Beim Hubertusfest in Hochmoos trifft sie Gerold wieder und ist glücklich, daß er wieder als Förster vom Silberwald eingestellt ist.

**Frau am Steuer.** R Paul Martin. B Paul Hellbracht und Paul Martin nach einem Lustspiel von Paul Barabas. K Werner Bohne. M Harald Böhmelt. A Erich Kettelhut. D Lilian Harvey (Maria Kelemen), Lotte Spira (Marias Mutter), Willy Fritsch (Paul Banky), Leo Slezak (Bankdirektor), Rudolf Platte (Pauls Freund), Grethe Weiser (Anni Bertok), Georg Alexander (Bordon). P Ufa. 2302 Meter. 1939.
Maria und Paul heiraten, aber Maria gibt ihre Stellung in der Bank nicht auf. Als Paul arbeitslos wird, besorgt er den Haushalt. Als der Bankdirektor von Marias Ehe und der Stellungslosigkeit Pauls erfährt, stellt er ihn ein. Maria verliert ihre Stellung und somit die üblichen Eheverhältnisse wieder hergestellt.
Der einzige Film, in dem Lilian Harvey und Willy Fritsch ein Ehepaar spielten. Es war kein Erfolg und sollte auch ihr letzter gemeinsamer Film sein. Mehrere unliebsame Ereignisse kamen zusammen. Die Harvey hatte sich mit Regisseur Paul Martin endgültig überworfen. Hinzu kam, daß das Propagandaministerium sich weigerte, der Harvey weiterhin ihre Gage in Devisen auszuzahlen, denn sie war ja Ausländerin. Die Harvey warf das Handtuch und ging nach Paris, wo sie mit offenen Armen empfangen wurde. Fritsch war dadurch keineswegs gehandikapt, denn er hatte ohnehin schon ohne die Harvey gespielt in *Des jungen Dessauers große Liebe* von Arthur Robinson 1933.

**Die Frau am Wege.** R Eduard von Borsody. B Walter Firner, Irma Forner, Eduard von Borsody, nach dem Bühnenstück von Fritz Hochwälder und einem Entwurf von Georg Kaiser. K Walter Riml. M Willy Schmidt-Gentner. A Julius von Borsody, Helga Tramberger. D Brigitte Horney (Christine), Otto Woegerer (Rupp), Robert Freytag (Flüchtling). P Willi Forst-Produktion, Wien. 1948.
Nach zehnjähriger, geruhsamer Ehe geht die Frau eines langweiligen Grenz-Gendarmen mit einem Mann, der vor den Nazis flüchtet, in die Schweiz.

**Frauenarzt Dr. Prätorius.** R Curt Goetz, Karl Peter Gillmann. B Curt Goetz, Peter Gillmann nach dem Bühnenstück *Dr. med. Hiob Prätorius*. K Fritz Arno Wagner. M Franz Grothe. D Curt Goetz (Dr. Prätorius), Valerie von Martens (Violetta, seine Frau), Albert Florath (Pastor), Erich Ponto, Bruno Hübner, Rudolf Reiff. P Hans Domnick-Film. 90 Minuten. 1950.
Dr. Prätorius, Professor »humoris causa« ist Zeit seines Lebens einem Schädling auf der Spur: dem Bazillus der Dummheit. Der Erfolg ist ihm bislang versagt geblieben. Charmant und geistreich setzt er sich gegen die mißgünstigen Kollegen und ihren Quertreibereien durch. Schließlich entdeckt er nicht den Bazillus, sondern findet in Violetta eine Frau, die ihn nicht zum Weinen, sondern zum Lachen bringen kann. Sie leben in der Erkenntnis: »Was uns fehlt, ist Freude. Was wir brauchen, ist Hoffnung. Was uns nottut, ist Zuversicht. Wonach wir verschmachten, ist Frohsinn. Wonach wir dürsten, ist Liebe!«
Remake: 1956, Regie Kurt Hoffmann mit Heinz Rühmann, Liselotte Pulver, Fritz Rasp.

**Frauenschicksale.** R Slatan Dudow. B Slatan Dudow, Ursula Rumin, Gerhard Bengsch. K (Farbe) Robert Baberske, Hans Hauptmann. M Hanns Eisler. L »Lied vom Glück« von Bert Brecht (T), Hanns Eisler (M). A Otto Erdmann. D Sonja Sutter (Renate Ludwig), Lotte Loebinger (Hertha Stolz), Hanns Groth (Conny, Handlungsreisender), Anneliese Book (Barbara Berg), Susanne Düllmann, Ursula Burg, Gertrud Meyen, Karla Runkehl. P Defa, DDR. 104 Minuten. 1952.
Der Film erzählt die Geschichte mehrerer Frauen, die nach dem Krieg auf sich allein gestellt sind, aber ihr Recht auf Glück geltend machen. Im Mittelpunkt steht die Episode Renates, die von dem Weiberhelden Conny verführt wird und mit ihrem unehelichen Kind in Ostberlin eine Möglichkeit zum Beginn eines neuen Lebens findet.
»Wo die Frauen auf dem Boden ihres neuen Staates zu einem neuen Selbst-

bewußtsein finden, ist die Macht des ewig umherstreunenden Verführers am Ende. Dudows Neigung zur satirisch überhöhten Darstellung spiegelt sich besonders in den in Westberlin spielenden Handlungskomplexen wider« *(20 Jahre DEFA-Spielfilm).*

**Eine Frau fürs ganze Leben.** *R* Wolfgang Liebeneiner. *B* Herbert Reinekker, Oliver Hassenkamp, Georg Hurdalek. *K* (Farbe) Helmuth Ashley. *M* Franz Grothe. *A* Robert Herlth, Robert Stratil. *D* Ruth Leuwerik (Margarete), Klausjürgen Wussow (Ernst Ewald von Bergen), Harry Meyen (Karl Degenhardt), Gustav Knuth, Klaus Löwitsch, Maria Sebaldt, Theo Lingen. *P* Bavaria (Utz Utermann). 120 Minuten. 1960.
Der Film schildert das Leben einer Frau, die um die Jahrhundertwende geboren ist – als junges Mädchen, als Ehefrau und Mutter und Großmutter. Sie weiß immer Rat, hat für alles Verständnis und kann sich überall durchsetzen.
Der Film erzählt auch die Geschichte einer deutschen Familie etwa von 1912 bis 1947. Da ist es sehr verwunderlich, daß die Jahre des Dritten Reiches einfach unter den Tisch fallen.

**Die Frau meiner Träume.** *R* Georg Jacoby. *B* Johann Vaszary und Jacoby. *K* (Agfacolor) Konstantin Irmen-Tschet. *M* Franz Grothe. *A* Erich Kettelhut. *D* Marika Rökk (Julia Köster), Wolfgang Lukschy (Peter Groll), Walter Müller (Erwin Forster), Georg Alexander, Grethe Weiser, Inge Drexel. *P* Ufa. 2721 Meter. 1944.
Revuestar Julia Köster ist theatermüde. Sie flüchtet mit dem Zug und landet in einem abgeschiedenen Tiroler Dorf. Dort verliebt sich Ingenieur Groll in sie, doch als ihr Inkognito gelüftet wird, wendet er sich von ihr ab, aber die Sehnsucht führt ihn zu ihr zurück.
In diesem Film trug die Rökk ein bis zum Nabel dekolletiertes, enganliegendes Kleid. Bei der Vorführung bemängelte Goebbels dieses Kostüm: »Das ist frivol – so tanzt eine deutsche Frau nicht!«

**Fräulein Casanova.** *R* E.W. Emo. *B* Karl Hans Leiter, Helmut Qualtinger, nach dem Roman von Hans Karl Leiter. *K* Fritz Arno Wagner, Karl Löb. *M* Peter Igelhoff. *A* Fritz Mögle. *D* Angelika Hauff (Raffaela), Gertrud Kückelmann (Eva Schröder), Walter Giller (Fritz Schromm), Josef Meinrad (Rolf Reimann), Loni Heuser, Charlotte Daudert, Helly Servi. *P* Wiener Mundus-Wien. 90 Minuten. 1952.
Brave Unternehmerstochter spielt verrucht, um braven Unternehmerssohn, der verruchte Frauen liebt, an sich zu ketten.

**Das Fräulein von Scuderi.** *R* Eugen York. *B* Joachim Barckhausen, Alexander Graf Stenbock-Fermor nach der Novelle von E. T. A. Hoffmann. *K* Eugen Klagemann. *M* Walter Sieber. *A* Erich Zander. *D* Willy A. Kleinau (Cardillac), Anne Vernon (Madelon), Roland Alexandre (Olivier), Henny Porten (Fräulein von Scuderi), Matthieu Ahlersmeyer (Ludwig XIV.), Dorothea Wieck, Richard Häussler, Maria Wendt. *P* DEFA/Pandora. 95 Minuten. 1955.
Paris um 1860. Die Stadt wird von mordgierigen Räubern heimgesucht. Sie haben es ausschließlich auf die kostbaren Schmuckstücke aus der Werkstatt des Meisters Cardillac abgesehen, mit denen die Kavaliere ihre Damen beschenken, wozu sie aber meistens nicht mehr kommen. Als sich das dichtende tugendhafte Fräulein von Scuderie, das sich am Hofe Ludwig XIV. allgemeiner Gunst erfreut, mit Spottversen über die Hilflosigkeit der Polizei lustig macht und damit ihre schikanösen Anordnungen zu Fall bringt, erhält sie im Namen der Räuber aus Dankbarkeit kostbares Geschmeide des Meisters. Cardillac leugnet, der Spender zu sein. Doch er ist der skrupellose Mörder, der tötet, besessen von der Idee, die Schande seiner schmuckgierigen Mutter zu rächen, die ihr ein leichtsinniger Liebhaber angetan hat.

**Eine Frau ohne Bedeutung.** *R* Hans Steinhoff. *B* Thea von Harbou, nach dem Bühnenstück von Oscar Wilde. *K* Ewald Daub. *M* Clemens Schmalstich. *A* Sohnle und Erdmann. *D* Gustaf Gründgens (Lord Illingworth), Käthe Dorsch (Sylvia Kelvil), Friedrich Kayssler (Pfarrer Kelvil), Hans Leibelt (der alte Illingworth), Marianne Hoppe (Hester), Albert Lieven (Gerald), Paul Henckels (Hunstaton), Käthe Haak (Lady Hunstaton). *P* Majestic/Tobis (Hans Steinhoff). 2222 Meter. 1936.
Aus Indien zurückgekehrt begegnet Lord Illingworth seiner ehemaligen Geliebten Sylvia und ihrem gemeinsamen Sohn Gerald. Nachdem es durch einen angeblichen Flirt Illingworth' mit Hester, Geralds Freundin, zu einem Duell kommen soll, lüftet Sylvia das Geheimnis um Vater und Sohn. Gerald will sich erschießen, woran ihn Illingworth gerade noch hindern kann. Nach einer freundschaftlichen Aussprache verläßt Illingworth Sylvia »die Frau ohne Bedeutung« und reist nach Indien zurück, nachdem er sein Vermögen seinem Sohn vermacht hat.

**Frau Sylvelin.** *R* Herbert Maisch. *B* Walter Forster, Walter Ulbrich, nach dem Roman *Sylvelin* von Franzhans von Schönthan. *K* Karl Puth. *M* Franz Doelle. *A* Otto Hunte, Willy Schiller. *D* Heinrich George (Manfred Block), Maria von Tasnady (Sylvelin), Carla Rust (Claire), Paul Richter (Von Sollnau), Alfred Abel, Kurt Meisel, Walter Steinbeck. *P* F. d. F. (Wuellner-Ulrich). 2450 Meter. 1938.
Sylvelin, die junge und seelenvolle Frau des beträchtlich älteren und robusteren Industriellen Manfred Block, lernt auf einer Venedig-Reise den österreichischen Gutsbesitzer von Sollnau kennen. Als sie sich entschließt, bei Sollnau zu bleiben, bricht Block völlig zusammen. Sylvelin opfert ihre Liebe und kehrt zu Block zurück.
»Daß aus der Romanvorlage zu wenig weggelassen wurde, das ist wohl der Fehler des Films Frau Sylvelin. Vielleicht hätte man den ganzen Film weglassen sollen« (Hans Spielhofer, *Der deutsche Film*, 1938).

**Fridericus.** *R* Johannes Meyer. *B* Walter von Molo, Erich Kröhnke, nach dem Roman von von Molo. *K* Bruno Mondi. *M* Marc Roland. *D* Otto Gebühr (Der König), Hilde Körber (Wilhelmine), Lil Dagover (Marquise de Pompadour), Agnes Straub (Zarin Elisabeth), Käthe Haack (Maria Theresia), Bernhard Minetti (Graf Wallis), Paul Klinger, Carola Höhn, Lucie Höflich, Paul Dahlke, Paul Westermeier, Will Dohm. *P* Diana. 2660 Meter. 1937. Alternativer Titel *Der alte Fritz*.
Preußen im Siebenjährigen Krieg. Die Franzosen kommen den Österreichern mit einer großen Heermacht zur Hilfe. Die kleine Streitmacht von Friedrich II. wird geschlagen. Berlin wird von den Russen besetzt. Noch einmal schickt Friedrich seine Armee in die Schlacht; sie wird durch Zieten und seine Husaren siegreich entschieden. Die Berliner jubeln ihren Soldaten zu. Der König nimmt vor, sich als Friedensfürst zu bewähren.
Inhaltsgleich mit Veit Harlans *Der große König,* in den Dimensionen etwas bescheidener.

**Friedemann Bach.** *R* Traugott Müller. *B* Helmut Brandis, Echard von Naso, Ludwig Metzger. *K* Ludwig Metzger, Walter Pindter. *M* Mark Lothar, unter Verwendung von Werken von Johann Sebastian Bach und Friedemann Bach. *B* Arthur Günther, Werner Eplinius, Hertha Böhm. *D* Gustaf Gründgens (Friedemann Bach), Eugen Klöpfer (Johann Sebastian Bach), Lina Lossen (Magdalena Bach), Wolfgang Liebeneiner (Emanuel Bach), Lotte Koch, Wolf Trutz, Ernst Dernburg, Johannes Riemann, Franz Schafheitlin, Hermine Körner, Leny Marenbach. *P* Terra (Gustaf Gründgens). 100 Minuten. 1941.

Friedemann, der älteste Sohn von Johann Sebastian Bach, vernachlässigt sein Talent und verkommt derart, daß er eine Komposition seines Vaters als seine eigene ausgibt.
Sollte als Double Feature-Programm mit Straubs *Tagebuch der Anna Magdalena Bach* gezeigt werden, um den Unterschied zwischen purem Schund und der angemessenen Darstellung einer Künstler-Existenz zu verdeutlichen.

**Friedrich Schiller – Triumph eines Genies.** *R* Herbert Maisch. *B* Walter Wassermann, C.H. Diller, Paul Josef Cremers. *K* Fritz Arno Wagner. *M* Herbert Windt. *D* Horst Caspar (Schiller), Heinrich George (Herzog von Württemberg), Paul Dahlke (Feldwebel), Lil Dagover, Eugen Klöpfer (Schubart), Paul Henckels, Friedrich Kayssler, Walter Franck, Hannelore Schroth, Hans Nielsen. *P* Tobis. 90 Minuten. 1940.
Der junge Schiller kommt in die Militärakademie, lehnt sich gegen den starren Drill auf, fällt seinem Fürsten, dem Herzog von Württemberg, unangenehm auf und schreibt die *Räuber,* die er dann, nachdem er Regimentsmedicus geworden ist, anonym veröffentlicht. Bei der Uraufführung in Mannheim, die ein großer Erfolg wird, ruft eine Dame aus: »Das deutsche Volk hat seinen Dichter gefunden!« In einem unerschrockenen Gespräch mit dem Herzog fordert Schiller dann »Freiheit dem Geist! Freiheit dem Volk!« Er fällt wieder in Ungnade und muß nach Mannheim flüchten.
Ein einfallsreich inszenierter Film, der über weite Strecken den Eindruck erweckt, er richte seine Freiheit- und Reform-Appelle in Wirklichkeit an das Nazi-Regime, das aber dann auch dieses deutsche Genie (wie die vielen anderen, denen in den Filmen des Dritten Reiches gehuldigt wurde) für sich vereinnahmt. Prädikat »Staatspolitisch wertvoll«. 1959 schrieb Rudolf Oertel: »Das erstaunlichste Filmkunstwerk überhaupt, das im Dritten Reich gedreht wurde. Erstaunlich, denn es war von der ersten bis zur letzten Szene eine flammende Anklage gegen die Unterdrückung des Geistes durch einen Tyrannen und Militärdespoten und stimmte mit allem Feuer echter Leidenschaft, umgeben von Konzentrationslagern, angesichts eines Volkes in Uniform und im Gleichschritt, unter dem Dröhnen der Kanonen und Bomben, trotzig das Hohelied der Freiheit an« *(Macht und Magie des Films).* 1968 untersuchte Erwin Leiser die Sache noch einmal gründlich und kam zu einem ganz anderen Schluß; für ihn ist der Schiller dieses Films »das Genie, der geistige Führer, für den andere Gesetze gelten müssen. Der Autor der Räuber ist ein Vorläufer des Verfassers von Mein Kampf. Er ist ein Übermensch« *(Deutschland erwache!).*

**Fritz und Friederike.** *R* Geza von Bolvary. *B* Felix Lützkendorf. *K* Herbert Körner, Ted Kornowicz. *M* Lotar Olias. *A* Alfred Bütow, Heinrich Beisenherz, Alfred Bücken. *D* Liselotte Pulver (Friederike), Albert Lieven (Henry de Voss), Margarete Haagen, Erika von Thellmann, Loni Heuser, Otto Gebühr, Hans Leibelt. *P* Meteor (F. A. Mainz). 94 Minuten. 1952.
Friederike geht als Fritz zur Armee, um einen angebeteten Hauptmann zu erobern.

**Der Frontgockel.** *R* Ferdinand Dörfler. *B* Hans Fitz, F. B. Cortan nach dem Lustspiel von Hans Fitz. *K* Heinz Schnackertz. *M* Peter Igelhoff. *L* »In der Heimat, wo meine Mutter wohnt« von Claus Ritter *(T),* Peter Igelhoff *(M)* »Was tun denn die Mädchen am liebsten«, »Ich möcht' noch einen

Schnaps« von Sepp Randers *(T)* und Peter Igelhoff *(M). A* Ludwig Reiber. *D* Peter Pasetti (Oberstleutnant von Flitsch), Hanna Hutten (Maria), Harald Juhnke (Unteroffizier Fritz Schäffler), Beppo Brehm (Gefreiter Xaver Wurzlechner), Nadja Regin (Claudette), Günther Lüders, Conny Rux, Walter Sedlmayr, Will Höhne, Joachim Teege. *P* Dörfler-Film (Franz Wagner). 95 Minuten. 1955.

Frankreich 1940. In einem Schloß liegt eine deutsche Fliegerstaffel, deren »As« von Flitsch einen Hahn namens Kasimir sein Maskottchen nennt. Eines Tages ist er verschwunden und Hein, der den Stall bewachen soll, findet zwar die Übeltäter Fritz und Xaver, die aber den Gockel schon vertilgt haben. Schwester Maria springt ein, besorgt einen neuen Gockel, den sie mit Farbe dem Kasimir ähnlich pinseln. Als Flitsch mit dem falschen Maskottchen aufsteigt, fängt seine Maschine Feuer und er kann sich in letzter Sekunde mit dem Fallschirm retten. Der Gockel wird davongejagt.

Ein Militärschwank, denn zu dieser Zeit wird der Krieg im deutschen Film immer lustiger.

**Fronttheater.** *R* Arthur Maria Rabenalt. *B* H.F. Köllner, Werner Plücker, Werner Scharf, Georg Hurdalek. *K* Oskar Schnirch. *M* Werner Bochmann, Hans-Martin Majewski. *L* »Glocken der Heimat« von Werner Bichmann *(M),* Erich Knauf *(T);* »Du, wann werden wir uns sehn?« von Werner Bochmann *(M),* Margot Höpfner *(T);* »Wer ist hier jung, wer hat hier Schwung?« von Werner Bochmann *(M),* Christof Schulz-Cellen; »Wenn du auf Urlaub kommst« von Hans-Martin Majewski *(M),* Richard Nicolas *(T). A* Willi A. Hermann, Carl Böhm, Julius Daumann. *D* Heli Finkenzeller (Lena Meinhardt-Andres), René Deltgen (Paul Meinhardt), Lothar Firmans (Regisseur Langhammer), Wilhelm Strienz (Kammersänger Hermann), Hedi und Margot Höpfner (Hilde und Monika Keller), Willi Rose, Rudolf Schündler, Bruni Löbel. *P* Terra (Otto Lehmann). 2613 Meter. 1942.

Die Schauspielerin Lena Andres heiratet den Arzt Paul Meinhardt und gibt ihm zuliebe ihren Beruf auf. Der Krieg bricht aus, Paul kommt an die Front, Lena läßt sich von einem Regisseur überreden, für eine erkrankte Kollegin bei einer Fronttheater-Tournee einzuspringen. Ihrem Mann schreibt sie nichts davon. Er kommt zufällig dahinter. Glücklicherweise geht die nächste Tournee nach Griechenland, wo Paul jetzt kämpft. Lena spielt im antiken Theater, Paul sitzt im Publikum, »und wie herrlich ist es für Lena und Paul, das allgemeine Glück und das eigene einmünden zu lassen in einen Strom edelster Empfindungen und Kräfte« *(Illustrierte Film-Bühne* 3289).

**Frühjahrsparade.** *R* Geza von Bolvary. *R*-Assistenz Josef von Baky. *B* Ernst Marischka. *K* Stefan Eiben. *M* Robert Stolz. *A* Emil Hasler. *D* Paul Hörbiger (Kaiser Franz Joseph), Franziska Gaal (Marika), Wolf Albach-Retty (Wil-

helm August Jurek), Theo Lingen (Baron Zorndorf), Adele Sandrock (Gräfin Burgstetten), Firi Vaszary, Annie Rosar, Hans Richter, Hans Moser. *P* Deutsche Universal-Ungarische Universal, Budapest-Berlin–Wien (Geza von Bolvary). 2833 Meter. 1935.

Marika, ein ungarisches Mädel, kommt nach Wien und lernt dort den Trommler Jurek von den Deutschmeistern kennen. Dank Marikas und des von ihm komponierten Deutschmeister-Marsches wird Kaiser Franz Joseph auf Jurek aufmerksam: alle schwimmen im Glück.

Ein Remake drehte Ernst Marischka, hier nur Drehbuchautor, als Autor und Regisseur 1955 unter dem Titel *Die Deutschmeister,* mit Romy Schneider, der Tochter von Wolf Albach-Retty, in der weiblichen Hauptrolle, und Siegfried Breuer jr. als Jurek.

**Die Frühreifen.** *R* Josef von Baky. *B* Heinz Oskar Wuttig, Gerda Corbett. *K* Karl Löb. *M* Georg Haentzschel. *A* Emil Hasler, Paul Markwitz. *D* Heidi Brühl (Inge), Christian Doermer (Wolfgang), Christian Wolff (Freddy), Jochen Brockmann (Vikar Englert), Peter Kraus, Paul Esser, Richard Häussler, Sabine Sinjen, Ilse Fürstenberg, Jürgen Graf. *P* CCC-Film (Horst Wendlandt). 91 Minuten. 1957.

Die sechzehnjährige Inge ist unschlüssig, welchen Verlauf sie ihrem Leben geben soll. Sie verläßt ihr Elternhaus, um dem Mief der unglücklichen Ehe ihrer Eltern zu entgehen. Sie lernt Wolfgang kennen, einen ernsthaften jungen Mann. Er will sie heiraten, aber erst dann, wenn er finanziell dazu in der Lage ist. Aber Inge will nicht mehr warten. Aber auch bei den Söhnen mit Wirtschaftswundereltern fühlt sie sich nicht wohl, und es dauert nicht lange, und sie steht wieder vor den drei Idealen: den lieben Eltern, der wahren Liebe und dem schönen, sorglosen Leben. Aber Inge hat Erfahrungen gemacht und mit Hilfe des Vikar Englert findet sie den Weg, der ihrem Charakter entspricht.

**Fünf Millionen suchen einen Erben.** *R* Carl Boese. *B* Georg Hurdalek, Jakob Geis, nach dem Roman von Harald Baumgarten. *K* Ewald Daub. *M* Lothar Brühne. Lieder »Ich brech' die Herzen der stolzesten Frauen« und »Ich tanz' mit Fräulein Dolly Swing« von Bruno Balz (Text) und Lothar Brühne (Musik). *A* W. A. Herrmann, Alfred Bütow. *D* Heinz Rühmann (Peter Patt/Patrick Pitt), Leni Marenbach (Mabel), Oskar Sima (Blubberboom), Albert Florath (Bucklespring). *P* Majestic/Terra (Hans Tost). 2409 Meter. 1938.

Peter Patt, Staubsaugervertreter, Steptänzer und Kunstpfeifer, erbt 5 Millionen unter der Bedingung, daß er eine glückliche Ehe führt. Zwar tut er das tatsächlich, doch versucht sein Vetter Patrick, der ihm zum Verwechseln ähnlich sieht, das Gegenteil zu beweisen.

**Fünf Patronenhülsen.** *R* Frank Beyer. *B* Walter Gorrish. *K* Günter Marczinkowsky. *M* Joachim Werzlau. *A* Alfred

Hirschmeier. *D* Erwin Geschonneck (Kommissar Witting, Deutscher), Ulrich Thein (Wasja, Russe), Edwin Marian (José, Spanier), Ernst Georg Schwill (Willi, Deutscher), Armin Mueller-Stahl (Pierre, Franzose), Manfred Krug (Oleg, Pole), Günter Naumann (Dimitri, Bulgare). Ernst Busch (Gesang). *P* Defa, DDR. 88 Minuten. 1960.

Spanien zur Zeit des Bürgerkrieges. Der sterbende Kommissar gibt seinen Kameraden den Befehl, sich zu den eigenen Linien durchzuschlagen, um die Lageskizze eines feindlichen Waffendepots zu überbringen. Jeder erhält eine Patronenhülse, die einen Teil der Skizze enthält. Sie überstehen gemeinsam unglaubliche Strapazen. Pierre löst sich, verrückt vor Durst, von seinen Kameraden und wird von den Feinden erschossen. Die anderen fünf kämpfen sich bis zu den eigenen Linien durch. Die Patronenhülsen offenbaren nicht ein militärisches Geheimnis, sondern die Botschaft: »Bleibt zusammen, dann werdet ihr leben!«

»Der Sterbende gab ihnen aus dem Wissen um die Kraft der Gemeinsamkeit und im Vertrauen auf ihre kommunistische Moral diesen Befehl, um sie zu einem Kollektiv zusammenzuschweißen – ... Dieser Film des Regisseurs Beyer verbindet tiefen Ideengehalt mit einer spannungsreichen dramatischen Erzählweise« *(20 Jahre DEFA-Spielfilm).*

**Fünf unter Verdacht.** *R* Kurt Hoffmann. *B* Johanna Sibelius, Eberhard Keindorff. *K* Bruno Stephan. *M* Herbert Trantow. *A* Franz Bi. *D* Hans Nielsen (Kriminalrat Thomsen), Dorothea Wieck (Frau Berling), Friedrich Schönfelder (Studienrat Dr. Berling), Ina Halley, Hans Leibelt, Blandine Ebinger, Josef Sieber, Lutz Moik, Gunnar Möller. *P* CCC (Artur Brauner). 85 Minuten. 1950.

Kriminalrat Thomsen klärt den Mord an dem Schuldiener Palsberg, der Schülern Examensarbeiten, Schnaps und Zigaretten verkauft hat.

Eine Verlegenheitsarbeit von Kurt Hoffmann, ehe er endgültig zur Komödie fand.

**Fünf von der Jazzband.** *R* Erich Engel. *B* Hermann Kosterlitz, Curt Alexander, nach der Komödie von Felix Joachimson. *K* Reimar Kuntze. *M* Theo Mackeben. *A* Erich Czerwonski. *D* Jenny Jugo (Jessie), Rolf von Goth (Jim), Fritz Klippel (Moritz), Karl Stepanek (Jean), Günther Vogdt (Bill), Theo Schall, Werner Pledath, Arthur Mainzer, Gerhart Bienert,

Heinrich Gretler, Peter Lorre. *P* Ufa (Joe Pasternak). 2402 Meter. 1932.

Jessie gerät zufällig unter vier Musiker, die gerade einem Varieté-Direktor vorspielen; sie werden zusammen als »Die Fünf von der Jazzband« engagiert. Es kommt zu Schwierigkeiten, da Jessie keine Ahnung von Musik hat und da die vier sich in sie verlieben, während Jessie selbst sich in einen ganz anderen Mann verliebt. Die vier finden Ersatz in einem begabten Stubenmädchen, Jessie wird mit ihrem Freund glücklich.

*Fünf von der Jazzband* und der im Vorjahr entstandene *Wer nimmt die Liebe ernst?* begründeten Erich Engels Ruf als Komödienregisseur, vor allem als Regisseur von Jenny Jugo-Komödien.

**Fuhrmann Henschel.** *R* Josef von Baky. *B* Franz Spencer-Schulz nach dem Theaterstück von Gerhart Hauptmann. *K* (Farbe) Günther Anders. *M* Alois Melichar. *A* Werner Schlichting. *D* Walter Richter (Fuhrmann Henschel), Nadja Tiller (Hanne Schäl), Wolfgang Lukschy (Georg), Käthe Braun (Frau Henschel), Richard Romanowsky, Camilla Spira, Hans Quest. *P* Josef von Baky. 105 Minuten. 1956.

Fuhrmann Henschel, der Hauptgläubiger des verschuldeten Hotelbesitzers vom »Grauen Schwan« stellt die neue Magd Hanne aus dem Nachbardorf ein, um seine schwangere Frau zu entlasten. Hanne und Kellner Georg hatten früher ein Verhältnis. Das Kind wird tot geboren und Henschel schwört seiner Frau, Hanne nie zu heiraten. Georg und Hanne wollen in den Besitz des Hotels gelangen. Hanne verdreht Henschel den Kopf und nach einem Jahr heiraten sie. Hanne wird nun wieder Georgs Geliebte. Henschel entdeckt bei einem Ausflug ins Nachbardorf zufällig die verheimlichte Tochter Hannes und glaubt nun die Ursache für ihr mürrisches Verhalten gefunden zu haben. Er nimmt die Kleine mit und entdeckt bei seiner unverhofften Rückkehr das Verhältnis zwischen Georg und seiner Frau. Er sieht sich bestraft, weil er sein Gelübde gebrochen hat. Er verbringt die Nacht im Stall, schläft unruhig, stößt versehentlich die Petroleumlampe um, Feuer bricht aus und der Stall bricht über ihm zusammen, während Hanne mit ihrem Kind in die Finsternis flieht.

**Die Gans von Sedan.** *R* Helmut Käutner. *B* Jean L'Hote und Käutner nach Motiven eines Romans von L'Hote. *K* (Eastmancolor) Jacques Letellier. *M* Bernhard Eichhorn. *A* Serge Pimenoff, Jacques Brizzio. *D* Hardy Krüger (Fritz Brösicke), Jean Richard (Léon Riffard), Dany Carrel (Marguerite), Francoise Rosay (ihre Großmutter), Theo Lingen, Fritz Tillmann, Lucien Nat. *P* Ufa/Capac, eine Gemeinschaftsproduktion (Walter Ulbrich/Paul Claudon). 89 Minuten. 1959.

Im Krieg 1870/71 verwechseln der deutsche Soldat, Fritz und der französische, Léon versehentlich ihre Uniformen, die sie ablegten, um ein verbotenes Bad zu nehmen; der Deutsche, um in den Besitz einer appetitlichen

Gans zu kommen und der Franzose, um sich eine Erfrischung zu gönnen. Sie werden Freunde. Als sie ihr Mißschick entdecken, haben sie sich auch schon aus den Augen verloren und suchen sich nun am Rande des Schlachtgetümmels. Endlich finden sie sich wieder und aus Eifersucht auf Marguerite, die ihnen für eine Nacht Quartier gibt, hätten sie beinahe aufeinander geschossen. Léon wird verhaftet, weil man glaubt, daß er einen verwundeten deutschen Soldaten erschossen hat. Alles spricht gegen ihn, aber schließlich kommt Fritz und rettet ihn vor dem Erschießen.
»Die Franzosen sind nett, die Deutschen sind nett, die Weltgeschichte ist nett, die Ufa ist nett, keiner will den Krieg, also gibt es keinen Krieg, also warum da noch Kriegsfilme machen?« *(Cahiers du Cinéma)*.

**Die ganz großen Torheiten.** *R* Carl Froelich. *R-Assistenz* Rolf Hansen. *B* Erwin Hess, nach dem Roman von Marianne von Angern. *K* Franz Planer. *M* Ralph Benatzky. *A* Franz Schroedter. *D* Paula Wessely (Therese Brandl), Rudolf Forster (Dr. Alexander Dahlen), Hilde Wagener (Nina Baldass), Gustav Waldau (Graf Hoyer), Hedwig Bleibtreu (Gräfin Hoyer), Egon von Jordan (Baron Gigi), Bruno Hübner, Hals Olden, Gretl Theimer, Kurt Meisel, Karl Hellmer, Margarethe Schön. *P* Tonfilmstudio Carl Froelich / Tobis. 95 Minuten. 1937.
Therese Brandl kommt als Schauspielschülerin nach Wien und verliebt sich in ihren Lehrer Alexander Dahlen, der aber erst nach vielen Komplikationen und einem Selbstmordversuch Thereses merkt, daß auch er sie liebt.

**Gasparone.** *R* Georg Jacoby. *B* Hans Leip, Werner Eplinius, Rudo Ritter, nach der Operette von Carl Millöcker. *K* Konstantin Irmen-Tschet. *ML* Peter Kreuder. *L* »Ja, die Frauen sind gefährlich«, »Ich werde jede Nacht von Ihnen träumen«, »Du hast mich noch nie so geküßt«, »Einmal von Herzen verliebt sein« von Peter Kreuder (*M*) und Hans Fritz Beckmann (*T*). *A* Erich Kettelhut, Herbert Frohberg, Manon Hahn. *CH* Sabine Ress. *D* Marika Rökk (Ita), Johannes Heesters (Erminio Bondo), Heinz Schorlemmer, Leo Slezak, Oskar Sima, Elsa Wagner, Rudolf Platte, Ursula Herking, *P* Ufa. 92 Minuten. 1937.

Als allgegenwärtiger Räuber Gasparone getarnt sieht Regierungsrat Bondo im Lande Olivia nach dem Rechten.

**Gassenhauer.** *R* Lupu Pick. *B* und *LT* Johannes Brandt. *K* Eugen Schüfftan. *M* Marc Roland. *A* Robert Neppach, Erwin Scharf. *D* Ina Albrecht (Marie), Ernst Busch, Albert Hoermann, Hans Deppe, Martin Jacob, Wolfgang Staudte (Die fünf Hofsänger Peter, Paul, Max, Emil und Gustav), Karl Hannemann, Margarethe Schön, Willi Schaeffers, Hans Leibelt, die Comedian Harmonists. *P* Deutsches Lichtspiel-Syndikat. 2654 Meter. 1931.
In *Von Caligari zu Hitler* spricht Siegfried Kracauer von den Filmen, die mitten in der Wirtschaftskrise Hoffnung predigten. »Viele dieser Erzeugnisse waren darauf berechnet, die Arbeitslosen bei guter Stimmung zu halten. So zeigte etwa Lupu Picks *Gassenhauer* (1931) eine Schar stellungsloser Musiker, die ihr Elend erfolgreich bekämpften, indem sie auf schäbigen Hinterhöfen ein Lied spielten, das schließlich zum beliebten Schlager wurde. Der Film erinnerte mit seinen vertrauten Zille-Gestalten sowohl an René Clairs *Unter den Dächern von Paris* als auch an Balasz' *Abenteuer eines Zehnmarkscheines*. *Gassenhauer* war Lupu Picks erster Tonfilm und blieb sein einziger; kurz nach dessen Fertigstellung starb er.« Zugleich war es der erste Film von Wolfgang Staudte als Darsteller.

**Gastspiel im Paradies.** *R* Karl Hartl. *B* Karl Hartl, F.D. Andam. *K* Franz Koch. *M* Anton Profes. *A* Werner Schlichting. *D* Hilde Krahl (Ellen Lanken), Georg Alexander (Dr. Lanken), Albert Matterstock (Graf Wetterstein), Oskar Sima, Max Gülstorff, Bruno Hübner. *P* Ufa (Erich von Neusser). 96 Minuten. 1938.
Eine energische junge Frau bringt ein heruntergekommenes Hotel zu neuer Blüte und findet den Mann fürs Leben.
»Eine Komödie von mangelnder Konsequenz« (Goswin Doerfler, *Focus on Film*).

**Der gebieterische Ruf.** *R* Gustav Ucicky. *B* Erich Ebermayer, Josef Nauders. *K* Günther Anders. *M* Willy Schmidt-Gentner. *D* Rudolf Forster (Professor Wichmann), Maria Holst (Christel Exner), Paul Hubschmid (Ferdinand Hofer), Frieda Richard, Heinz Moog, Walter Janssen. *P* Wien-Film, Wien. 85 Minuten. 1944.
Der Chirurg Dr. Wichmann heiratet seine junge Kollegin Christel Exner. Er hat eines Tages eine lebensgefährliche Operation an dem Schauspieler Ferdinand Hofer durchzuführen, der früher mit Christel zusammen war, und den sie immer noch liebt. Er überwindet die Versuchung, in die ihn diese Situation bringt, und gibt nach geglückter Operation Christel frei.

**Gefangene der Liebe.** *R* Rudolf Jugert. *B* Walter Forster. *K* Bruno Mondi. *M* Werner Eisbrenner. *A* Erich Kettelhut, Johannes Ott. *D* Curd Jürgens (Willi Kluge), Annemarie Düringer (Maria), Bernhard Wicki, Mady Rahl, Paul Esser, Brigitte Horney, Claire Reigbert. *P* Rhombus. 88 Minuten. 1954.
In den letzten Tagen des Zweiten Weltkrieges haben Willi und Maria Kluge geheiratet. Nach acht Jahren kehrt Maria aus der Gefangenschaft mit dem Kind eines anderen zurück. Willi erwartet sie sehnsuchtsvoll. Marias Bekenntnis trifft ihren Mann sehr hart, doch aus Liebe zu ihr nimmt er das Kind auf. Maria kämpft gegen sein Mißtrauen und trägt schließlich den Sieg davon.
Ein sentimentales Rührstück, das männliche Großmut in beinahe unerträglicher Weise glorifiziert.

**Geheimnisvolle Tiefe.** *R* G.W. Pabst. *B* Trude Pabst, Walter von Hollander. *K* Hans Schneeberger, Helmut Ashley. *M* Roland Kovac. *A* Werner Schlichting, Isi Ploberger. *D* Paul Hubschmid (Dr. Ben Wittich), Ilse Werner (Cornelia), Stefan Skodler (Robert Roy), Elfe Gerhart (Charlotte), Hermann Thimig, Maria Eis, Harry Leyn, Ullrich Bettac, Otto Schmöle. *P* Pabst-Kiba. 94 Minuten. 1949.
Der idealistische Dr. Wittich arbeitet an einer Erfindung zum Wohle der Menschheit und unternimmt mit seiner Braut Cornelia Ausflüge in die geheimnisvollen Tiefen pyrenäischer Höhlensysteme. Er verliert Cornelia an den materialistischen Industriellen Roy, der zuvor schon versucht hat, Wittich zu korrumpieren. Cornelia kehrt zu ihm zurück; bei einer neuen Höhlenwanderung kommen sie gemeinsam um.

**Der Geigenmacher von Mittenwald.** *R* Rudolf Schündler. *B* Peter Ostermayr, nach dem Bühnenstück von Ludwig Ganghofer und Hans Neuert. *K* Heinz Schnackertz. *M* Bernhard Eichhorn. *A* Carl Kirmse. *D* Willi Roesner (Benedikt Oberbucher), Paul Richter (Vitus Brandner), Erika von Thellmann (Kuni Schlederer), Ingeborg Cornelius (Afra), Franziska Kinz, Erika Remberg, Gustl Stark-Gstettenbauer, Elise Aulinger. *P* Peter Ostermayr. 90 Minuten. 1950.
Der berühmte Geigenmacher Oberbucher heiratet Afra, die Tochter einer armen Schneiderin, die sich zu Unrecht von Vitus, dem Meistergesellen Oberbuchers, verschmäht glaubt. Bei einer Rettungsaktion in den Bergen kommt Oberbucher um; der Sterbende übergibt Afra der Obhut von Vitus.

**Geliebte Feindin.** *R* Rolf Hansen. *B* Jacob Geis, Juliane Kay, nach dem Roman von Maria von Kirchbach. *K* Friedl Behn-Grund. *M* Mark Lothar. *A* Robert Herlth, Walter J. Blokesch, *D* Werner Hinz (Gore), Ruth Leuwerik (Violante), Thomas Holtzmann (Brown), Wolf Dieter Maurer (Ronald), Brigitte Stanzel, Rolf Henninger, Leonard Steckel, Gustav Knuth, Hans Quest, Friedrich Domin, Lina Carstens, Herbert Weicker. *P* Neue Deutsche Filmgesellschaft. 100 Minuten. 1954.
Ägypten um 1900. Französischer Fremdenlegionär verliebt sich in Frau des englischen Konsuls, der ohne das Wissen der beiden die Situation ausnützt, um in den Besitz französischer Militärgeheimnisse zu gelangen.
Ungebrochene Tradition des Melodrams: den gleichen Film hätte Rolf Hansen bei der alten Ufa machen können; Ruth Leuwerik und Werner Hinz sind nur Zarah Leander- und Willy-Birgel-Ersatz.

**Genesung.** *R* Konrad Wolf. *B* Karl Georg Egel, Paul Wiens nach ihrem gemeinsamen Hörspiel. *K* Werner Bergmann. *M* Joachim Werzlau. *A* Willy Schiller. *D* Karla Runkehl (Irene Schorn), Wolfgang Kieling (Friedel Walter), Wilhelm Koch-Hooge (Max Kerster), Wolfgang Langhoff, Eduard von Winterstein, Erika Dunkelmann, Angela Brunner, Harry Hindemith, Erich Franz. *P* Defa, DDR. 106 Minuten. 1956.
Der Medizinstudent Friedel Walter kehrt aus dem Krieg heim und gibt sich als ausgebildeter Arzt aus, um allen Schwierigkeiten aus dem Wege zu gehen. Durch die Begegnung mit einer früheren Freundin und deren jetzigem Mann, einem Kommunisten, wird er vor eine schwierige Entscheidung gestellt und schließlich geläutert. Er gesteht seinen Titelmißbrauch und findet milde Richter.
*Genesung* ist die sozialistische Variante des einige Jahre zuvor entstandenen Dieter Borsche-Films *Die große Versuchung*.

**Gestehen Sie, Dr. Corda!** *R* Josef von Baky. *B* R.A. Stemmle. *K* Göran Strindberg. *M* Georg Haentzschel. *A* Erich Kettelhut, Helmut Nentwig. *D* Hardy Krüger (Dr. Fred Corda), Elisabeth Müller (Beate Corda), Lucie Mannheim, Hans Nielsen, Fritz Tillmann. *P* CCC (Artur Brauner). 97 Minuten. 1958.
Der Versuch der Justiz, dem Arzt Dr. Corda einen Mord nachzuweisen, den er nicht begangen hat, führt fast zum Ruin der Existenz von Corda und seiner Frau.
»Der Film kombiniert eine Kriminalhandlung mit einer Verdammung der deutschen Polizei und ihrer arroganten Behandlung von Verdächtigen... Das ist etwas sehr Seltenes im deutschen Film, und uns um so willkommener. In durchaus aggressiver Manier geht dem Film jeglicher Respekt vor der bürokratischen Autorität und damit auch vor dem konsequenten Verzicht auf individuelle Verantwortung und Betroffenheit ab, der in diesem 20. Jahrhundert so viel vom Besten des deutschen Geistes korrumpiert hat« (Raymond Durgnat, *Films and Filming*).

**Gino.** *R* und *B* Ottomar Domnick. *K* Andor von Barsy, Philipp Kepplinger, Jacob Bohn. *M* Winfried Zillig. *D* Eleonore von Hoogstraten (die Frau), Kurt Haars (der Mann), Jörg Pleva (Gino). *P* Dr. Domnick-Verlag und -Film. 84 Minuten. 1960.
Obwohl die Ehe seit Jahren geschieden ist, spioniert der Mann seiner geschiedenen Frau weiterhin nach. Er setzt einen sechzehnjährigen Jungen auf sie an, in den die Frau sich verliebt. Doch Gino erwidert die Liebe zu der wesentlich älteren Frau nicht. Aus verletzter Eitelkeit suggeriert sie ihn zum Rennfahrer und läßt ihn in ihrem Auto verunglücken.

Die Handlung verläuft in drei verschiedenen Ebenen: in der Realität, im Traum des Gino und in dem Roman der Frau. Offensichtlich stand hier Racines *Phedre* Pate.

**Das Glas Wasser.** *R* Helmut Käutner. *B* Helmut Käutner, nach dem Bühnenstück *Le Verre d'Eau* von Eugène Scribe. *K* (Eastmancolor) Günther Anders. *M* Bernhard Eichhorn, Roland Sonder-Mahnken. *L* Party Chanson, »Elegie Royale«, »Das Sprichwort sagt, wer wagt, gewinnt«, »Bluff-Chanson«, »Es muß an Arthur selber liegen« von Bernhard Eichhorn *(M)* und Helmut Käutner *(T)*. *A* Herbert Kirchhoff, Albrecht Becker, Werner Boehm. *D* Gustaf Gründgens (Sir Henry St. John), Liselotte Pulver (Königin Anna), Hilde Krahl (Herzogin von Marlborough), Sabine Sinjen (Abigail), Horst Janson (Arthur Masham). *P* Deutsche Film Hansa (Georg Richter). 83 Minuten. 1960
England 1710. Königin Anna ist völlig in der Hand ihrer beiden Ratgeber, der Herzogin von Marlborough und Sir Henry St. John. Durch einen raffinierten Coup schaltet Sir Henry die Herzogin aus und läßt die Königin jetzt allein für sich sagen.
Der überanstrengte Versuch, eine altbewährte Boulevardkomödie zu einem radikal durchstilisierten Film-Musical zu machen. Frühere Verfilmung: *Ein Glas Wasser* 1923, Regie Ludwig Berger, mit Lucie Höflich, Mady Christians, Hans Brausewetter.

**Glückskinder.** *R* Paul Martin. *B* Robert A. Stemmle, Paul Martin und Curt Goetz (Dialoge). *K* Konstantin Irmen-Tschet. *M* Peter Kreuder. *L* »Fräulein Niemand«, »Ich wollt' ich wär ein Huhn« von Hans Fritz Beckmann *(T)* und Peter Kreuder *(M)*. *A* Erich Kettelhut. *D* Lilian Harvey (Ann), Willy Fritsch (Gil), Paul Kemp (Frank), Oskar Sima (Stoddard), Paul Bildt (der Schnellrichter). *P* Ufa (Max Pfeiffer). 2558 Meter. 1936.
Der junge Reporter Gil rettet die hübsche Landstreicherin Ann vor dem Gefängnis, indem er sie als Verlobte ausgibt und nun auf Geheiß des Richters sofort heiraten muß. Alle Zeitungen berichten über diese Geschichte, nur Gil hat über seiner Blitzheirat seine Reporterpflicht vergessen, hat nun eine Frau am Hals und die Entlassung in der Hand. Gil fühlt sich genarrt und möchte seine Frau wieder loswerden. Doch Ann verhilft ihm zu einer Exklusivstory, und mit der Unterstützung seiner Freunde Frank und Stoddard geht die Geschichte doch noch gut aus.
*Glückskinder* war der zweite deutsche Film, den die Harvey nach ihrer Rückkehr aus den USA drehte. Von der Kritik wurde *Glückskinder* mit dem berühmten Capra-Film *It Happened One Night (Es geschah in einer Nacht,* 1934) verglichen, in dem Clark Gable und Claudette Colbert die Hauptrollen spielen. »Bravo, bravo! – Was die Amerikaner können, können wir auch! Vielleicht ist es niemand glauben wollen, daß es die deutsche Sprache mit dem amerikanischen Slang an trockenem Witz aufnehmen kann – ›Glückskinder‹ beweist das Gegenteil!« (*Film-Kurier*, Nov. 1936).

**Die göttliche Jette.** *R* Erich Waschneck. *B* Rolf Meyer, Kurt Walter. *K* Friedl Behn-Grund. *M* Georg Haentzschel. *A* R.A. Dietrich, Max Knaake. *D* Grethe Weiser (Jette), Viktor de Kowa (Fritz Barsch), Kurt Meisel (Graf Opalla), Eva Tischmann (Wilhelmine Schönborn) Elsa Wagner (Die Kunkeln), Ernst Waldow (August), Jakob Tiedtke (Kommerzienrat), Rudolf Klein-Rogge (Stadtrat Müller). *P* Fanal / Tobis (Hermann Grund). 2667 Meter. 1937.
Berlin um 1900. Jette Schönborn, Sproß einer Sippe von Vorstadtkomödianten, steigt zum Star eines weltstädtischen Revue-Theaters auf und wird als »göttliche Jette« der Liebling des Berliner Publikums. Sie verschmäht die Hand des reichen Grafen Opalla und bleibt bei Fritz Barsch, der ihren Aufstieg als Inspizient, Bühnenautor und schließlich Theaterdirektor begleitet und beflügelt hat.
*Die Kinder des Olymp* auf dem höchsten Berliner Schwank-Niveau. Berliner Schnoddrigkeit, sonst fast immer unangenehm forciert wirkend, erscheint in den unglaublich locker gespielten Rollen von Grethe Weiser und Viktor de Kowa tatsächlich als spontaner Ausdruck eines Lebensgefühls. Arrangement und Choreographie der Bühnendarbietungen, von der bayerischen Posse mit Gesang (mit der Weiser in kurzen Seppelhosen) bis zur weltstädtischen Revue, sind vergleichbaren Leistungen ähnlicher Filme, auch der modernen Revuefilme, weit überlegen. Die Kunst- und Kasse-Problematik des Showbusiness wird in präzise pointierten Dialogen ausgebreitet. Wenn die Herren des schlechtgehenden anspruchsvollen Theaters sich über die Erfolge der Vorstadtbühne mit der Bemerkung »Ordinäre Stücke – ordinäre Leute« hinwegzutrösten hoffen, ergänzt ihr Kompagnon von der Bank: »Ordinäres Geld.« Nur Kurt Meisel wirkt (wie meist), als sei er als Buffo zur Freak-Show engagiert.

**Gold.** *R* Karl Hartl. *B* Rolf E. Vanloo. *K* Günther Rittau, Otto Baecker, Werner Bohne. *M* Hans-Otto Borgmann. *A* Otto Hunte. *D* Hans Albers (Werner Holk), Friedrich Kayssler (Prof. Achenbach), Lien Deyers (Margit Möller), Brigitte Helm (Florence Wills), Michael Bohnen (John Wills), Eberhard Leithoff, Ernst Karchow, Rudolf Platte. *P* Ufa (Alfred Zeisler). 3297 Meter. 1934.

Prof. Achenbach und sein Mitarbeiter Werner Holk haben herausgefunden, wie man durch elektrische Atomzertrümmerung aus Blei Gold machen kann. Durch Sabotage explodiert die ganze Versuchsanlage, nur Holk überlebt. Er wird von einem schottischen Unternehmer engagiert; dieser John Wills hat, wie sich herausstellt, Achenbachs Geheimnis ausgeforscht und die Explosion verursacht. In Wills Laboratorium führt Holk die Blei-Gold-Umwandlung durch, dann läßt er die Anlage in die Luft gehen. In der Zukunft will er sich nicht mehr auf das Goldmachen einlassen, weil kein Segen darin liegt.
Neben *Der Tunnel* und *F.P. 1 antwortet nicht* der einzige große deutsche Science Fiction-Film der dreißiger Jahre. »Als der Film nach dem Krieg von der alliierten Zensurbehörde besichtigt wurde, kam den Betrachtern der Verdacht, die Deutschen könnten schon viel früher als angenommen einen Atom-Reaktor entwickelt haben. Alle Kopien des Films wurden eingesammelt und streng geheim gehalten. Angeblich wurde sogar eine Kopie in die USA geflogen, zur Beurteilung durch Atomwissenschaftler, ob die Maschinen vielleicht wirklich funktionieren könnten. Aber natürlich waren die Bauten nur die Phantasieprodukte des Filmarchitekten« (David Stewart Hull: *Film in the Third Reich*). Französische Fassung: *L'or*, mit Pierre Blanchar.

**Die goldene Stadt.** *R* Veit Harlan. *B* Alfred Braun, Veit Harlan nach dem Bühnenstück *Der Gigant* von Richard Billinger. *K* (Agfacolor) Bruno Mondi. *M* Hans Otto Borgmann / Smetana. *D* Kristina Söderbaum (Anna), Eugen Klöpfer (Melchior Jobst), Rudolf Prack (Thomas), Paul Klinger (Christian Leidwein), Kurt Meisel (Toni), Liselotte Schreiner (Maruschka), Annie Rosar (Frau Opferkuch), die Mutter Tonis), Hans Hermann Schaufuss, Ernst Legal, Inge Drexel. *P* Ufa. 3004 Meter. 1942.
Die Tochter des reichen Bauern Jobst Anna träumt von der goldenen Stadt Prag, der Heimat ihrer Mutter. Eines Tages fährt sie heimlich dorthin. Sie vergißt ihren Verlobten Thomas und gibt sich ihrem Vetter Toni hin, von dem sie nun ein Kind erwartet. Der Vater enterbt und Toni läßt sie im Stich. Sie erkennt, daß sie nicht in die Großstadt gehört, und geht nach Hause zurück. An dem Tag, an dem sie in ihrem Elternhaus eintrifft, heiratet ihr Vater gerade seine Haushälterin. Verzweifelt läuft sie ins Moor, wo ihre Mutter schon den Tod gesucht hat.
Der Mythos von Blut und Boden bestimmt diesen Film; die kernigen Bauern werden den verderbten Städtern gegenübergestellt und der Tscheche Toni, der Ausländer, diskreditiert.

**Der Gouverneur.** *R* Viktor Tourjansky. *B* Emil Burri, Peter Francke nach dem Schauspiel *Die Fahne* von Otto Emmerich Groh. *K* Konstantin Irmen-Tschet. *M* Wolfgang Zeller. *A* Max Mellin. *D* Brigitte Horney (Maria), Willy Birgel (Werkonen), Hannelore Schroth (Ebba), Ernst von Klipstein (Runeberg), Walter Franck (Dr. Sarko). *P* Terra (Hans Tost). 2700 Meter. 1939.
Das Leben und die Ehre des General Werkonen stehen auf dem Spiel: ein Attentat des Radikalenführers Dr. Sarko wurde von Offizier Runeberg verhindert, aber er entdeckt auch Heimlichkeiten zwischen Runeberg und seiner Frau Maria. Als Dr. Sarko erschossen aufgefunden wird, fällt der Verdacht auf Runeberg, der seinen Wachposten verlassen hatte, um sich mit einer Frau zu treffen. Werkonen ahnt, daß seine Ehe in Gefahr ist und muß sich zwischen Berufsehre und privatem Glück entscheiden.

**G.P.U.** *R* Karl Ritter. *B* Andrews Engelman, Felix Lützkendorf, Karl Ritter nach einer Idee von Andrews Engelman. *K* Igor Oberberg. *M* Herbert Windt. *D* Laura Solari (Olga Feodorowna), Andrews Engelman (Nikolai Bokscha), Marina von Ditmar (Irina), Will Quadflieg (Peter Assmus), Karl Haubenreißer (Jakob Frunse), Hans Stiebner, Maria Bard, Lale Andersen. *P* Ufa. 2717 Meter. 1942.
Während der russischen Revolution wird von einem Agenten der G.P.U. (sowjetische Polizei) eine Familie erschossen, von der nur die junge Olga Feodorowna überlebt. Olga sinnt auf Rache. 1939 findet sie den Mörder ihrer Familie, der als Agent für Frankreich und für Moskau arbeitet. Sie verrät seine doppelte Agententätigkeit in Moskau und läßt ihn liquidieren. Als sie befürchten muß, selbst in die Fänge der G.P.U. zu geraten, nimmt sie sich das Leben.
Die G.P.U.-Agenten werden kahlköpfig mit total verhauenen Gesichtern dargestellt. »Selten freilich sind die Gegner der Nazis, einer wie der andere, vertierter und undifferenzierter dargestellt worden als in diesem Film. Ritter verstand sich sehr gut auf wütende, hemmungslose Attacken und deren dramaturgische Wiederholung.« (Francis Courtade / Pierre Cadars, *Geschichte des Films im Dritten Reich*).

**Die Gräfin von Monte Christo.** *R* Karl Hartl. *B* Walter Reisch. *K* Franz Planer. *M* Allan Gray, Artur Guttmann. *A* Robert Herlth, Walter Röhrig. *D* Brigitte Helm (Jeanette Heider), Lucie Englisch (Mimi), Rudolf Forster (Graf Rumowski), Gustaf Gründgens (Baron), Mathias Wieman (Stephan Riehl), Oskar Sima, Theo Lingen, Max Gülstorff und das Orchester Barnabas von Gezy. *P* Majestic/Ufa (Eugen Kürschner, Gregor Rabinovitsch). 98 Minuten. 1932.
Die Filmstatistin Jeanette Heider, die im Nerz am Steuer eines Luxuswagens die »Gräfin von Monte Christo« spielt, verschwindet in diesem Aufzug und taucht in einem eleganten Wintersportort wieder auf. Die Hochstapelei macht letztlich alle glücklich, auch die zunächst Geschädigten, da sie für alle eine gute Reklame abwirft. Jeanette Heiders Freund Stephan ist als Journalist dem Fall nachgegangen und zum Sensationsreporter geworden. Sie selbst darf auf größere Rollen hoffen.

Herbert Jhering, der zwei Jahre zuvor Hartls Debütfilm *Ein Burschenlied aus Heidelberg* verrissen hatte, rief nun *Die Gräfin von Monte Christo* zu einem der besten deutschen Tonfilme aus, unter besonderer Würdigung der »ausgezeichneten Regie«. »Der Film etablierte Hartl als einen der führenden deutschen Filmemacher; fast alle seine folgenden Filme haben ihren Platz in der Geschichte des deutschen Films« (Goswin Doerfler, *Focus on Film*).

**Der Greifer.** *R* Richard Eichberg. *B* Rudolf Katscher, Egon Eis, Curt J. Braun, Max Ehrlich nach einer Idee von Victor Kendall. *K* Heinrich Gärtner, Bruno Mondi. *M* Hans May, John Reynders. *D* Hans Albers (Kriminal-Oberkommissar), Charlotte Susa, Margot Walter, Karl Ludwig Diehl, Eugen Burg, Harry Hardt. *P* Richard Eichberg-Film, Berlin / British International Pictures, London. 86 Minuten. 1930.

Ein Kriminal-Oberkommissar, »der Greifer« genannt, sieht seiner Pensionierung mit Unbehagen entgegen. Sein Sohn leitet die polizeilichen Ermittlungen in Sachen Postraub. Schließlich wird der Kriminal-Oberkommissar pensioniert. Trotzdem mischt er sich in die Ermittlungen seines Sohnes ein, was zu einer Auseinandersetzung führt, wonach der Sohn die Wohnung verläßt. Doch die Spürnase des Alten bewährt sich, und schließlich lösen Vater und Sohn den Fall gemeinsam, und der pensionierte Oberkommissar »zur besonderen Verwendung« zur Verfügung halten.

Weitere Verfilmung: 1957, Regie Eugen York mit Hans Albers, Susanne Cramer, Hansjörg Felmy.

**Griff nach den Sternen.** *R* Carl Heinz Schroth. *B* Helmut Käutner, Maria von Osten-Sacken. *K* Friedl Behn-Grund. *M* Werner Eisbrenner. *A* Hans Sohnle, Gottfried Will. *D* Erik Schumann (Turell), Liselotte Pulver (Christine), Oliver Grimm (Christian), Paul Henckels (Turells Vater), Gustav Knuth, Anna-Maria Sandri, Michael Ande, Ilse Werner, Nadja Tiller, Sybil Werden. *P* NDF (Georg Richter). 105 Minuten. 1955.

Der Jongleur Turell versucht vergeblich, mit seinen Bällen das Sternbild des Großen Bären in die Luft zu zeichnen. Sein Vater hat zu spät begonnen, mit ihm zu trainieren. Er heiratet Christine, um Vater zu werden, und mit einem Sohn das zu erreichen, was er selbst nie geschafft hat. Als er mit seinem sechsjährigen Christian mit dem Training beginnt, muß er bald enttäuscht feststellen, daß sein Sohn keinerlei Interesse an den Bällen seines Vaters hat. Resigniert gibt er auf. Von nun an tritt er in billigen Varietés auf, wo über ihm das Sternbild des Großen Bären an unsichtbaren Fäden befestigt ist. Ein Stern fällt vom Dekorationshimmel und verletzt ihn. Am Krankenbett verrät ihm das Geheimnis der richtigen Drehung des Daumens, bevor er für immer die Augen schließt.

In der Allegorie am Schluß des Films unerträglich. Merke: Auf die Hybris folgt immer, unweigerlich und unvermeidbar die Nemesis.

**Große Freiheit Nr. 7.** *R* Helmut Käutner. *B* Helmut Käutner, Richard Nicolas. *K* (Agfacolor) Werner Krien. *M* Werner Eisbrenner. *L* »La Paloma« von Sebastian Yradier *(M)*, Helmut Käutner (neuer Text), »Beim erstenmal da tut's noch weh« von Werner Eisbrenner *(T)*, Helmut Käutner *(M)*. *A* Max Mellin, Gerhard Lachner. *D* Hans Albers (Hannes), Ilse Werner (Gisa), Hans Söhnker (Willem), Ethel Reschke (Margot), Helmut Käutner (Karl), Kurt Wieschala (Jan), Gustav Knuth (Fiete), Hilde Hildebrand (Anita), Jens (Günther Lüders), Ilse Fürstenberg, Richard Nicolas, Anna-Maria Besendahl, Erna Sellmer. *P* Terra (Hans Tost). 3066 Meter. 1944.

Die Matrosen Jens, Fiete und Karl von der »Padua« gehen im Hamburger Hafen an Land, um ihren ehemaligen Kameraden Hannes, den ungekrönten König der Großen Freiheit, zu besuchen. Hannes, der einst auf die Seemannsschule gehen wollte, landete als Stimmungssänger im »Hippodrom«, dessen Chefin Anita, glaubt, Hannes fest in der Hand zu haben. Hannes' verstorbener Bruder Jan hinterläßt seinem Bruder sein Mädchen Gisa, an der Hannes für seinen Bruder einiges gutzumachen hat. Hannes verliebt sich in Gisa, die sich aber schon für den Werftarbeiter Willem entschieden hat. Hannes ist ein wenig enttäuscht, und obwohl Anita versucht, ihren Hannes festzuhalten, läßt sich Hannes von Fiete und Jens überreden, wieder auf die »Padua« zu gehen. Hannes nimmt Abschied von der Großen Freiheit.

Dieser schöne Film wurde von Goebbels verboten und erst nach dem Krieg aufgeführt. Goebbels schien es gestört zu haben, daß hier keine kernigen Kerle zu sehen waren, die in den Startlöchern hockten, bereit zu großen Taten, sondern Männer, die traurig sein und lieben konnten. Wer bis dahin Hans Albers' Draufgängertum und große Klappe nicht mochte, mußte nun Abbitte leisten; unvergeßlich sein Blick, als er begreift, daß er einen Moment zu spät kommt, Gisa seine Liebe zu gestehen. Der Hauch von Melancholie und Resignation, der auf dem Film liegt, und sein poetischer Realismus machen den Film zu einem Kunstwerk.

**Die große Liebe.** *R* Rolf Hansen. *B* Alexander Lernet-Holenia, Peter Groll, Rolf Hansen. *K* Franz Weih- mayr. *M* Michael Jary. *L* »Davon geht die Welt nicht unter«, »Mein Leben für die Liebe«, »Ich weiß, es wird einmal ein Wunder gescheh'n«, »Heut' kommen die blauen Husaren« von Michael Jary *(M)*, Bruno Balz *(T)*. *A* Walter Haag. *D* Zarah Leander (Hanna Holberg), Viktor Staal (Oberleutnant Paul Wendlandt), Grethe Weiser (Käthe), Paul Hörbiger (Alexander Rudnitzky), Wolfgang Preiss, Hans Schwarz jr., Julia Serda, Viktor Janson, Paul Bildt. *P* Ufa (Walter Bolz). 2738 Meter. 1942.

Die große Liebe zwischen dem Flieger-Oberleutnant Paul Wendlandt und der Varieté-Sängerin wird durch die berufsbedingten Einsätze der Partner immer wieder unterbrochen, erlebt aber dafür ganz Europa als Schauplatz und darf am Schluß, da der Flieger verwundet im Krankenhaus liegt, auf eine ruhigere Phase hoffen. Mit über 27 Millionen Besuchern von seinem Premierentag bis Kriegsende (knapp 3 Jahre) einer der erfolgreichsten deutschen Filme. »Zielgehemmte Erotik im Fronteinsatz muß auch der Heimat Triebaufschub auferlegen. Während der Offizier aber in allen Wirren den kühlen Kopf bewahrt, muß der verhängte coitus interruptus für die Frau sich als neurotische Störung auswirken. Das ist die Strafe im dramaturgischen Sinn und Glück im Darstellerischen zugleich. Denn man muß nur sehen, wie die Leander – im Gegensatz zum Robotertum der Marika Rökk und dem jungfräulichen Melodram der Söderbaum – ihre neurotisch gezeichnete Sinnlichkeit gegen alle Propagandaintentionen ihrer Auftritte behauptet« (Karsten Witte u.a.: *Wir tanzen um die Welt*).

**Die große Versuchung.** *R* Rolf Hansen. *B* Kurt Heuser, Franz Weihmayr. *K* Friedl Behn-Grund, Franz Weihmayr. *M* Mark Lothar. *A* Franz Bi, Botho Höfer. *D* Dieter Borsche (Richard Gerbrand), Ruth Leuwerik (Hilde), Renate Mannhardt (Sylva), Erich Ponto, Heinrich Gretler, Friedrich Domin, Ulrich Bettac, Paul Bildt, Claus Biederstedt, Susanne Körber, Franz Schafheitlin, Bruno Hübner, Carl Wery, Ernst Schröder. *P* Rotary (C. W. Tetting). 95 Minuten. 1952.

Richard Gerbrand hat im Krieg als Sanitäter die Chirurgie in der Praxis gelernt und übt sie nach dem Krieg erfolgreich aus. Als die Umstände seine Gewissensbisse forcieren, stellt er sich freiwillig dem Gericht, das ihn recht milde behandelt.

Eines der großen Melodramen der Zeit; an Ehrpusseligkeit wird hier freilich mehr aufgelegt, als das Genre erfordert und der Zuschauer ertragen kann.

**Grube Morgenrot.** *R* Wolfgang Schleif, Erich Freund. *B* Joachim Barckhausen, Alexander Stenbock-Fermor. *K* Ernst W. Fiedler, Alfred Westphal. *M* Wolfgang Zellner. *A* Franz Fürst. *D* Claus Holm, Hans Klering, Albert Venohr, Karl Hellmer, Charlotte Küter, Lotte Loebinger. *P* Defa, Berlin. 1948.

1945. Bergleute setzen eine Grube in Betrieb. – 1935. Eine Gruppe von Bergarbeitern kämpft um Recht auf Arbeit und ein menschenwürdiges Dasein. Sie übernehmen die stillgelegte Grube, um sie selbst zu verwalten. Doch sie müssen der Polizei weichen, die der ehemalige Besitzer gegen sie mobilisiert.

»*Grube Morgenrot* versucht, durch Kontrastierung von kapitalistischer und sozialistischer Wirtschaft zu zeigen, daß die Betriebe erst jetzt im wahren Sinne des Wortes ›volkseigen‹ geworden sind. Besonders betont werden... die Solidarität und gegenseitige Hilfe der arbeitenden Bevölkerung, ihre Notwendigkeit und die Tatsache, daß sie erst in der sozialistischen Gesellschaft Wirklichkeit geworden seien.« (Peter Pleyer, *Deutscher Nachkriegsfilm 1946–1948*). – Der Film durfte wegen der beschriebenen Tendenzen in Westdeutschland nicht gezeigt werden.

**Der grüne Domino.** *R* Herbert Selpin. *B* Harald Bratt, Emil Burri, nach dem Bühnenstück *Der Fall Claasen* von Erich Ebermayer. *K* Günther Rittau, Otto Baecker. *A* Otto Hunte, Willy Schiller. *M* Gottfried Huppertz. *D* Brigitte Horney (Ellen / Marianne), Karl Ludwig Diehl (Dr. Bruck), Alice Treff (Lilly), Erika von Thellmann (Theres), Margarete Schön (Frau von Falk), Theodor Loos, Walter Jung, Ernst Waldow, Trude Hesterberg. *P* Ufa (Alfred Greven). 2410 Meter. 1935.

Die elternlos aufgewachsene Ellen erfährt kurz vor ihrer Hochzeit, daß ihr Vater seit 20 Jahren wegen Mordes im Zuchthaus sitzt. Sie sorgt dafür, daß dem armen Mann endlich Gerechtigkeit widerfährt.

**Die grünen Teufel von Monte Cassino.** *R* Harald Reinl. *B* Joachim Bartsch, Michael Graf Soltikow, unter Verwendung des Buches *Monte Cassino* von Oberst a. D. Böhmler. *K* F. W. Kalinke. *M* Rolf Wilhelm. *A* Arne Flekstadt, Bruno Monden. *D* Joachim Fuchsberger (Oberleutnant Reiter), Ewald Balser (Oberstleutnant Schlegel), Elma Karlowa (Gina), Antje Geerk, Agnes Laurent, Carl Wery, Dieter Eppler, Wolfgang Preiss, Wolfgang Wahl, Harald Juhnke, Wolfgang Neuss, Leonard Steckel. *P* Franz Seitz. 97 Minuten. 1958.

1943/44. Deutsche Truppen bringen Kunstwerke aus dem Kloster Monte Cassino nach Rom, um sie vor alliiertem Beschuß zu retten.

Der deutsche Soldat war ein Kulturmensch und führte den Krieg zur Rettung der Kunstgüter, in deren Vernichtung die Alliierten ihr Kriegsziel sahen.

**Hafenmelodie.** *R* Hans Müller. *B* Arthur H. Kuhnert. *K* Willy Winterstein. *M* Franz Grothe. *L* »Als der Dampfer auslief, Charley«, »Denn es gibt so viel verlorene Kinder auf der Welt« von Franz Grothe *(M)* und Günther Eich *(T)*. *A* Herbert Kirchhoff. *D* Kirsten Heiberg (Marietta), Paul Henckels (Jansen), Catja Görna (Inge), Heinz Engelmann (Heinrich), Wolfgang Lukschy (Klaas), Arno Assmann, Peter Mosbacher, Josef Offenbach, Erwin Geschonneck, Josef Sieber, Franz Schafheitlin. P Real-Film (Gyula Trebitsch). 95 Minuten. 1949.

Der alte Jansen, Verwalter eines Hafenspeichers, wartet auf die Rückkehr seines Sohnes Klaas, den er als 14jährigen davongejagt hat. Heinrich Osthaus, Beleuchter in Mariettas Seemannslokal »Stadt Baltimore« und in der Hand einer Gaunerbande, gibt sich mit gefälschten Papieren als der Verschollene aus. Klaas kehrt heim. Der echte und der falsche Sohn retten Jansen, als die Gauner einen Speicherbrand verursachen. Heinrich wird Jansens Schwiegersohn: er heiratet dessen Tochter Inge.

»Eine echte Überraschung, ein Melodram, rein, mit allen Attributen, die dieser Gattung zugeschrieben werden... Der Film ist, wie es sich für ein Melodram gehört, völlig abgekapselt, Zeitbezüge treten überhöht und stilisiert auf. Die Menschenströme, die sich in der Nachkriegszeit über die Straßen wälzten, erscheinen hier wohlchoreographiert im Kontext von Undurchsichtigkeit und Kriminalität auf« (*Kirche und Film,* 1973).

**Haie und kleine Fische.** R Frank Wisbar. B Wolfgang Ott, nach seinem Roman. K Günter Haase. M Hans-Martin Majewski. L »Wer das vergißt« von Lotar Olias *(M)* und Peter Mösser *(T).* A Erich Kettelhut, Johannes Ott, Irms Pauli. D Hansjörg Felmy (Teichmann), Wolfgang Preiss (Kommandant Lüttke), Horst Frank (Heyne), Heinz Engelmann (Flottillenchef Wegener), Sabine Bethmann (Edith Wegener), Mady Rahl, Thomas Braut, Ernst Reinhold, Wolfgang Wahl, Siegfried Lowitz, Stefan Wigger. P Willy Zeyn-Film. 120 Minuten. 1957.

1940. Teichmann kommt als Seekadett an Bord des Minensuchbootes »Albatros«. Nach einigen Einsätzen wird das Schiff versenkt. Teichmann rettet seinen schwerverwundeten Flottillenchef Wegener und wird mit ihm zusammen von einem U-Boot aufgefischt. Nach einem Genesungsurlaub kommt Teichmann auf das U-Boot des von ihm verehrten Kommandanten Lüttke. Sein bester Freund, der mit dem E K I ausgezeichnete Heyne, bringt sich um, als sein Vater, ein Antifaschist, ins KZ gebracht wird. Teichmann versinkt in Depressionen. Das U-Boot wird durch einen Flugzeugangriff versenkt. Teichmann gehört zu den wenigen Männern, die gerettet werden können; Kommandant Lüttke bleibt an Bord.

Die im bundesrepublikanischen Geist revidierte und mit Trauerflor verhangene Fassung von *U-Boote westwärts,* mit einem Überlebenden der alten Besatzung: Heinz Engelmann, damals Oberleutnant, ist hier zum Flottillenchef avanciert.

**Hai-Tang.** R Richard Eichberg. B Ludwig Wolff, Monckton Hoffe. K Heinrich Gärtner, Bruno Mondi. M Hans May. LT Fritz Rotter. A Willi A. Hermann, Clarence Elder. D Anna May-Wong (Hai-Tang), Franz Lederer (Boris Borrisoff), Georg H. Schnell (Großfürst Pawel), Hugo-Werner Kahle, Hermann Blass. P British International Pictures. London. 2210 Meter. 1930.

Aus Liebe zum Leutnant Borrisoff verschmäht die Artistin Hai-Tang die Liebe des Großfürsten Pawel. Um ihren Bruder zu retten, gibt sie sich ihm dann doch hin; dann bringt sie sich um.

Weil die englischen Tonfilmateliers 1929 bereits tonfilmtechnisch besser ausgerüstet waren als die deutschen, produzierte Richard Eichberg diesen Film in London, und zwar in einer deutschen, einer englischen und einer französischen Fassung. Das Musterbeispiel eines vor absolut nichts zurückschreckenden Melodramas wurde in keiner der drei Fassungen ein Erfolg.

**Hallo Dienstmann.** R Franz Antel. B Rudolf Oesterreicher nach einer Idee von Paul Hörbiger. K Hans Teyer. M Hans Lang. D Paul Hörbiger (Ferdinand Godai, Professor), Hans Moser (Anton Lischka, Dienstmann), Maria Andergast (Gaby Brandstätter), Rudolf Carl, Waltraut Haas, Susi Nicoletti, Annie Rosar. P Schönbrunn-Film/Wien. 106 Minuten. 1951.

Professor Godai ist vom Fasching übrig geblieben und sitzt in der Verkleidung eines Dienstmanns 106 in der Bahnhofswirtschaft. Dienstmann Anton Lischka holt ihn als Verstärkung für Gaby Brandstätters Koffer. 106 spielt seine Rolle weiter, weil er sich in Gaby verliebt und schrubbt sogar Teller und Fußböden für sie. Als sie sich schließlich in der Akademie wiedertreffen, wo Gaby eine Stelle antreten soll, wird aus dem Dienstverhältnis schnell ein Liebesverhältnis.

Ein unglaublicher Unsinn, aber sehr lustig.

**Hallo, Fräulein –!** R Rudolf Jugert. B Helmut Weiss, nach einer Idee von Margot Hielscher. K Georg Bruckbauer. M Friedrich Meyer. L »Swing! Swing! Swing«, »Einer unter Millionen«, »Hey, how do you do?«, »Wenn die Baumwollfelder blühen« von Friedrich Meyer *(M)* und Hans Fritz Beckmann *(T).* A Max Mellin, Brigitte Raydt. D Margot Hielscher (Maria), Peter van Eyck (Tom), Hans Söhnker (Walter), Bobby Todd, Iska Geri, Oliver Hassenkamp, Freddy Brocksieper, Helmut Zacharias. P Camera. 100 Minuten. 1949.

Sommer 1945. Die Musikstudentin Maria Neuhaus geht mit einer von ihr gegründeten Jazzband auf Tournee, unterstützt und umworben von Captain Tom Keller, Besatzungs-Offizier und selbst Jazzer, und Walter Reinhardt, bislang Ingenieur bei der OT, jetzt Tournee-Leiter.

Angenehme Komödie über angenehme Aspekte der Besatzungszeit, vermischt mit einigen spießig-heuchlerischen Tönen: »Die Prophetin des deutschen Jazz-Zeitalters bleibt stets bedacht, nicht als »Ami-Fräulein« zu gelten. Die Musik von Friedrich Meyer ist auf der Höhe des Sujets, doch die Liedertexte von Hans Fritz Beckmann säuseln schlimme Ufa-Töne: »Das Schicksal aller Frau'n bestimmt die Liebe, Drum leitet sie ihr Herz, nicht ihr Verstand. Sie leben und sie sterben für die Liebe, Ihr Glück liegt stets in eines Mannes Hand.«

**Hallo Janine.** R Carl Boese. B K.G. Külb. K Konstantin Irmen-Tschet. M Peter Kreuder. Lied »Eins, zwei, drei« von Hans Fritz Beckmann (Text), Peter Kreuder (Musik). D Marika Rökk (Janine), Johannes Heesters (René), Rudi Godden (Pierre Tarin), Mady Rahl (Yvette), Else Elster, Ernst Dumcke, Erich Ponto, Kate Kühl, Hubert von Meyerinck. P Ufa. 93 Minuten. 1939.

Das Revue-Girl Janine hat Schwierigkeiten am Revue-Theater »Moulin bleu« etwas zu werden, weil der Star des Theaters ihr immer wieder dazwischen funkt. Doch als Janine endlich einen Komponisten kennenlernt, der ihr in seiner Revue die Hauptrolle anbietet, steht ihrer Karriere nichts mehr im Wege.

**Hanna Amon.** B und R Veit Harlan nach einer Idee von Richard Billinger. K (Agfacolor) Werner Krien, Georg Bruckbauer. M Hans Otto Borgmann. A Rochus Gliese, Hans Berthel, D Kristina Söderbaum (Hanna Amon), Lutz Moik (Thomas Amon), Ilse Steppat (Vera Colombani), Hermann Schomberg, Elise Aulinger, Hedwig Wangel, Ferdinand Anton, Hans Hermann Schaufuss. P Willy Zeyn-Produktion. 104 Minuten. 1951.

Die glückliche Eintracht der verwaisten Geschwister Hanna und Thomas Amon wird durch die exzentrische, faszinierend schöne Vera Colombani gestört, in die sich der 25jährige Thomas verliebt und ihr hoffnungslos verfällt. Hanna, die Mutterstelle an dem jüngeren Bruder vertritt, sieht ihn in sein Unglück laufen. Thomas flieht die bäuerliche Enge und reist mit der Colombani in den Süden. Enttäuscht und gebrochen kehrt er heim. Eine Heirat lehnt die Colombani spöttisch ab. Damit der Bruder nicht zum Mörder an der Colombani wird, kommt ihm Hanna zuvor. Um die selbstlose Tat zu sühnen, geht sie in Nacht und Nebel davon. Das Opfer muß vollendet werden.

Ein sentimentales Rührstück von Liebe und Eintracht aus der Feder und dem Blickwinkel Veit Harlans.

**Hannerl und ihre Liebhaber.** R Werner Hochbaum. B Johann von Vasary, nach dem Roman *Die Geschichte von Hannerl und ihren Liebhabern* von Rudolf Hans Bartsch. K Ted Pahle, Karl Kurzmayer. M Anton Profes, Bruno Uher. A Julius von Borsody, Emil Stepanek. D Olly Flint (Hannerl), Albrecht Schoenhals (Van den Born), Olga Tschechowa (Frau von Stahl), Hans Moser (Hafer), Jane Tilden, Anton Pointner, Hans Holt, Rudolf Carl. P Favorit-Film, Wien. 89 Minuten. 1936.

Hannerl, ein einfaches Wiener Mädel, und Van den Born, ein Flugzeug-Industrieller, verlieben sich ineinander, und keine Mißgunst der Welt kann sie mehr trennen.

**Hans Westmar – Einer von Vielen.** R Franz Wenzler. B Hanns Heinz Ewers, nach seinem Buch *Horst Wessel.* K Franz Weihmayr. M Ernst Hanfstaengl, Giuseppe Becce. D Emil Lohkamp (Hans Westmar), Paul Wegener (Bolschewistenführer), Carla Bartheel, Grete Reinwald, Grete Schröder, Carl Auen und die SA Berlin-Brandenburg. P Volksdeutsche Film GmbH. 2642 Meter. 1933.

Nach Studium in Wien und Berlin geht Hans Westmar zur SA und agitiert unter den Arbeitern. Er wird von den Kommunisten in eine Falle gelockt und getötet. Sein letztes Wort: »Deutschland!« Sein Trauerzug wird für die Nationalsozialisten zu einer Demonstration: der Wagen mit dem Sarg wird zum Schutz gegen Kommunistenüberfälle von Panzerwagen begleitet. Dann aber heben auch die Kommunisten die Hand zum Hitler-Gruß.

Der Film war als Horst Wessel-Biographie gedacht und trug auch zunächst den Titel *Horst Wessel.* Die Filmprüfstelle verbot aber den Titel und zunächst auch den ganzen Film, da er »weder der Gestalt Horst Wessels noch der nationalsozialistischen Bewegung als Trägerin des Staates gerecht wurde«. Nach Umarbeitung und Neutitelung wurde er im Dezember 1933 uraufgeführt. »Diese fiktionalisierte Darstellung des Lebens von Horst Wessel ist einer der wenigen Filme des Dritten Reiches, die sich mit zeitgenössischen politischen Begebenheiten beschäftigen; Goebbels meinte, er sähe keinen Sinn darin, seine Truppen über Leinwand und Bühne marschieren zu lassen, ihr Platz sei auf der Straße. Als der wahre Feind der Nationalsozialisten werden natürlich die Kommunisten gezeigt, die Schlüsselfigur aber ist der Kommunist, der zum Nationalsozialist wird: damit wird die ›radikale‹ Natur des Faschismus betont und darauf hingewiesen, daß die besten Interessen des Proletariats nicht bei dem *Internationalen* sondern dem *Nationalen* Sozialismus gut aufgehoben sind« (Julian Petley, *NFT).*

**Hanussen.** R O. W. Fischer, Georg Marischka. B Curt Riess, Gerhard Menzel. K Helmut Ashley. M Hans-Martin Majewski. A Robert Herlth, Hermann Warm. D O.W. Fischer (Hanussen), Liselotte Pulver (Hilde Graff), Erni Mangold (Priscilla Pietzak), Marie Dominique, Klaus Kinski, Reinhard Kolldehoff, Hermann Speelmans, Franz Muxeneder. P Royal (Arys Nissotti, Pierre O'Connell). 95 Minuten. 1955.

Der Prozeß gegen Eric Jan Hanussen, der wegen plumpen Betruges ange-

klagt ist, findet nicht statt, denn er liefert tatsächlich einen Beweis seiner hellseherischen Fähigkeiten. So gewinnt er Macht über die Menschen, was ihn mit Genugtuung erfüllt. Als seine Partnerin durch seine Schuld in den Tod geht, will er sich in keines Menschen Schicksal mehr einmischen. Hanussen spürt die kommende Macht der Nationalsozialisten und ist von ihr fasziniert. Er genießt die Macht der Nazis, aber das ändert sich, als er den Reichstagsbrand voraussagt, und nicht nur den, sondern auch, daß bald die halbe Welt in Flammen stehen würde. Viele wenden sich entsetzt von ihm ab. Als der Reichstag dann tatsächlich brennt, wird er den Nazis unbequem und von ihnen umgebracht.
Dieser Film war Fischers Regiedebüt. Nach dem Motto »Stoff ist der Star« inszenierte er und spielte einen Hanussen, den es nie gegeben hat, einen liebenswerten Menschen, der einem am Ende des Films ordentlich leid tut. Der berüchtigte Hellseher Hanussen, alias Steinschneider, war ein Scharlatan. Er verstand es, die Massen im Varieté zu bluffen und zu blenden, wie es seine SA-Freunde auf dem politischen Feld taten. Er war ein skrupelloser Mann, der die sensationsgierige Dummheit einiger Leute ausnutzte und daraus Profit schlug. Fischer spielte nicht gern unsympathische Rollen, und so wurde sein Hanussen ein netter Mensch, der alles im Griff hat.

**Der Hauptmann und sein Held.** *R* Max Nosseck. *B* Karl-Wilhelm Vivier, nach dem Bühnenstück von Claus Hubalek. *K* Georg Bruckbauer. *M* Martin Böttcher. *A* Hans Luigi. *D* Ernst Schröder (Hauptmann Eisenhecker), Jo Herbst (Paul Kellermann/Franz Kellermann), Fita Benkhoff, Ingeborg Schöner, Ilse Steppat, Fritz Wagner, Wolfgang Müller, Günther Pfitzmann. *P* CCC (Artur Brauner). 85 Minuten. 1955.
Paul Kellermann wird Soldat, weil ihm nichts anderes übrigbleibt. Trotz harter Ausbildung bleibt er ein verweichlichter Zivilist. Eine Blanko-Verleihungsurkunde des EK I, die er nur spaßeshalber mit seinem Namen ausgefüllt hat, wird ihm zur letzten Rettung, als er den fürchterlichen Zorn von Hauptmann Eisenhecker fürchten muß; plötzlich gilt er als Held, und als Vorgesetzter eines Helden macht auch Eisenhecker Karriere.
»Max Nossecks *Der Hauptmann und sein Held* ist – zumindest in den ersten zwei Dritteln – eine gelungene Satire auf die Idiotie des Militärs, überzeugend auch vor allem, weil sie in der Gestalt eines eingefleischten Zivilisten, eines gänzlich unsoldatischen Intellektuellen, das Gegenteil von Kommißhengst zeigt, das der Gefreite Asch in *08/15,* der listig sich windende Opportunist, ganz und gar nicht war« (Enno Patalas, *Film 56*).

**Der Hauptmann von Köln.** *R* Slatan Dudow. *B* Henryk Keisch, Michael Tschesno-Hell, Slatan Dudow. *K* (Farbe) Werner Bergmann, Helmut Bergmann. *M* Wilhelm Neef. *A* Oskar Pietsch. *D* Rolf Ludwig (Albert Hauptmann, Oberkellner), Erwin Geschonneck (Hans Karjanke), Else Wolz (Adele Karjanke), Christel Bodenstein (Hannelore), Kurt Steingraf (Pferdeapfel, Baron von Kohlen und Stahlbach), Ruth Baldor, Johannes Arpe, Hans W. Hamacher. *P* Defa, DDR. 118 Minuten. 1956.
Der stellungslose Oberkellner Hauptmann wird auf einem Soldatentreffen in Köln für den totgeglaubten, auf einer Kriegsverbrecherliste stehenden Hauptmann und Ritterkreuzträger Hans Albert gehalten. Aus dieser Verwechslung resultiert sein Aufstieg zum Personalchef der Montan-A.G. und schließlich weiter bis zum Bundestagsabgeordneten. Nach Erlaß einer Amnestie taucht der bisher unter einem falschen Namen lebende Hauptmann Albert auf. Der falsche Hauptmann wird wegen Hochstapelei verurteilt. Die Frage des Richters, ob er irgendwelche Kriegsverbrechen begangen habe, verneint er wahrheitsgemäß. Darauf der Richter: »Dann muß ich Sie verurteilen. Ein ›Ja‹ von Ihnen und Sie wären unter Amnestie.«

»Westdeutschland, wie Ostdeutschland es sieht. Aber es ist nicht jeder Brecht, der so tut als ob. Der Stoff hätte einen exzellenten politischen Film hergeben können, wird aber kompromittiert durch einen vaudeville-Ton, der einen mehr an René Clair denken läßt als an den Autor von Arturo Ui« *(Cahiers du Cinéma).*

**Hauptsache glücklich.** *R* Theo Lingen. *B* Jochen Huth, Rudo Ritter, nach einer Idee von Walter Forster. *K* Oskar Schnirch. *M* Werner Bochmann. *D* Heinz Rühmann (Axel Roth), Hertha Feiler (Uschi), Hans Leibelt (Generaldirektor Arndt), Jane Tilden (Liselotte Pfalz), Fritz Odemar, Max Gülstorff, Hilde Wagener. *P* Bavaria. 2572 Meter. 1941.
Axel Roth ist ein kleiner Buchhalter. Den Ehrgeiz, der ihm völlig abgeht, entwickelt seine Frau Uschi für ihn. Das bringt die beiden zuerst in finanzielle Schwierigkeiten und dann vor den Scheidungsrichter. Als ihnen das Scheidungsurteil zugestellt wird, sind sie aber bereits wieder ein liebendes Paar und völlig glücklich.

**Das Haus in Montevideo.** *R* Curt Goetz. *B* Curt Goetz, Hans Domnick, nach dem Bühnenstück von Curt Goetz. *K* Werner Krien. *M* Franz Grothe. *L* »Wir wandern, wir wandern« von Franz Grothe *(M)* und Willy Dehmel *(T). A* Emil Hasler. *D* Curt Goetz (Professor Traugott Hermann Nägler), Valerie von Martens (Frau Nägler), Ruth Niehaus (Atlanta), Albert Florath, Eckart Dux. *P* Domnick. 106 Minuten. 1951.
Der ehrpussige Professor Nägler, Vater von zwölf strenggezogenen Kindern, erbt ein Haus in Montevideo, und zwar unter der Voraussetzung, daß eine seiner Töchter binnen eines Jahres ein uneheliches Kind bekommen. (Rache seiner Schwester, die er wegen einer solchen Schande aus der Familie ausgeschlossen hatte.) Glücklicherweise stellt sich heraus, daß alle 12 Kinder Näglers unehelich sind, da Vater und Mutter wegen eines Formfehlers formell gar nicht verheiratet sind.
Remake in Farbe: 1962, Regie Helmut Käutner, mit Heinz Rühmann, Ruth Leuwerik.

**Heimat.** *R* Carl Froelich. *B* Harald Braun, nach dem Bühnenstück von Hermann Sudermann. *K* Franz Weihmayr. *M* Theo Mackeben. *L* »Eine Frau wird erst schön durch die Liebe«, »Drei Sterne sah ich scheinen« von Theo Mackeben *(M),* Hans Brennert *(T). A* Franz Schroedter, Manon Hahn. *D* Heinrich George (Oberst a. D. Leopold von Schwartze), Zarah Leander (Magda), Ruth Hellberg (Marie), Lina Carstens (Fränze von Klebs), Paul Hörbiger (Franz Heffterdingk), Georg Alexander, Leo Slezak, Hans Nielsen, Franz Schafheitlin. *P* Froelich-Studio/Ufa (Carl Froelich). 98 Minuten. 1938.
Um die Jahrhundertwende. Maga von Schwartze, unter dem Namen Maddalena dall'orto eine weltberühmte Sängerin, kehrt in ihre Heimat zurück, das kleine Fürstentum Ilmingen. Sie versöhnt sich mit ihrem Vater und gefährdet die Versöhnung wieder, als sie sich weigert, den Bankier von Keller zu heiraten, der sie dereinst mit einem Kind hat sitzenlassen. Der Konflikt löst sich, als Keller, in betrügerische Transaktionen verwickelt, Selbstmord begeht. Magda wirkt beim Musikfest der Residenz in der Aufführung der Matthäus-Passion mit.
Der Film erhielt bei der Biennale Venedig 1938 den Pokal des Italienischen Unterrichtsfilms für die beste Regie, in Deutschland bekam er den »Nationalen Filmpreis 1939« und das Prädikat »Staatspolitisch und künstlerisch wertvoll«. »Nicht nur, daß die Autoren des Films hier den erwünschten ›volkstümlichen Ton‹ gefunden hatten; auch die Moral des Films konnte als exemplarisch angesehen werden: er verdammte die Bourgeoisie der Weimarer Republik und feierte die neue Familie, in der die Jugend alles galt« (Courtade/Cadars: *Geschichte des Films im Dritten Reich*).

**Heimatland.** *R* Franz Antel. *B* Josef Perkonig, Hans Holt und Kurt Nachmann nach der Novelle *Krambambuli* von Maria Ebner-Eschenbach. *K* (Agfacolor) Hans Teyer. *M* Willy Schmidt-Gentner. *L* »Heimatland« von Nico Dostal. *A* Sepp Rothauer. *D* Rudolf Prack (Thomas Heimberg), Adrian Hoven (Hans Bachinger), Marianne Hold (Helga Sonnleitner), Hannelore Bollmann, Oskar Sima, Annie Rosar, Christiane Maybach, Franz Muxeneder, *P* Sascha-Lux-Film/Gloria, Österreich (Dr. H. Gruber). 95 Minuten. 1955.
Der Jäger Thomas Heimberg und der Vagabund Hans Bachinger bemühen sich um die Gunst der Helga Sonnleitner. Hans will mit Helga endlich ein ordentliches Leben beginnen, aber er kann das Wildern nicht lassen und wird des Jägers ärgster Feind. Bei einer Auseinandersetzung gibt es einen Toten und Hans wird wegen Totschlags verurteilt. Thomas heiratet Helga und nimmt den Hund von Hans, Krambambuli zu sich. Als Hans aus dem Zuchthaus flieht, führt Krambambuli die Verfolger auf die richtige Spur. Thomas stellt Hans und bei einem Kampf um Leben und Tod kommt Hans um.

**Heimkehr.** *R* Gustav Ucicky. *B* Gerhard Menzel. *K* Günther Anders. *M* Willy Schmidt-Gentner. *D* Paula Wessely (Maria Thomas, Lehrerin), Peter Petersen (Marias Vater), Carl Raddatz (ihr Verlobter), Attila Hörbiger (Ludwig Launhardt), Berta Drews, Otto Wernicke, Elsa Wagner. *P* Wien-Film, Wien. 2632 Meter 1941.
Polen 1939. Eine Gruppe von Volksdeutschen kämpft um ihre Rechte. Marias Verlobter wird erschlagen, ihr Vater verliert durch einen Schuß das Augenlicht, eine Frau wird auf offener Straße gesteinigt. Als die Volksdeutschen heimlich am 1. September Hitlers Rede hören, werden sie ins Gefängnis gebracht, wo sie erschossen werden sollen. Doch ein Fliegeralarm läßt die Peiniger fluchtartig verschwinden. Die ersten deutschen Panzer rollen in die Stadt und am Schluß ziehen die Volksdeutschen »heim ins Reich«.
Der Film ist eine einzige Hetzkampagne gegen die Polen, die hier als Henker und bestialische Mörder hingestellt sind. Offenbar sollte er den Überfall auf Polen im nachhinein rechtfertigen. Der Film wurde mit dem Ehrentitel »Film der Nation« ausgezeichnet.

**Heiße Ernte.** *R* Hans H. König. *B* Carl Winston, Johannes Kai. *K* (Agfacolor) Henry Rupé. *M* Werner Bochmann. *A* Robert Herlth, Kurt Herlth, Alexandra Indrak. *D* Edith Mill (Auschra), Erik Schumann (Konrad Stammer), Hanna Rucker (Sybille), Maria Sebaldt (Andrea), Helmut Schmid, Hilde Körber, Robert Freytag, Franz Muxeneder. *P* König-Film. 92 Minuten. 1956.
Die Kinder der Hopfenbauern Sybille und Konrad sind miteinander verlobt, aber Konrad löst die Verlobung als er bei der Hopfenernte die schöne Auschra kennenlernt. Stanislaus, der ehemalige Knecht Auschras, der sie auch liebt, läßt sich bestechen dafür, daß er mit ihr aus der Gegend verschwindet. Als sie sich weigert, bringt er sie aus blindem Haß und Verzweiflung um.
Ein Heimatfilm, der wirklich von Heimatlichem handelt, von heimatlichen Besitzverhältnissen und heimatlicher Arbeit.

**Helden.** *R* Franz Peter Wirth. *B* Johanna Sebelius, Eberhard Keindorff nach George Bernhard Shaws *Arms and the Man*. K (Agfacolor) Kalus von Rautenfeld. M Franz Grothe. A Hermann Warm, Bruno Monden. D O. W. Fischer (Bluntschli), Liselotte Pulver (Raina), Ellen Schwiers (Louka), Jan Hendriks (Sergius), Ljuba Welitsch, Kurt Kasznar, Manfred Inger. P Bavaria (Henry Sokal, Peter Goldbaum). 100 Minuten. 1958.

Hauptmann Bluntschli, Schweizer Söldner in serbischen Diensten, sucht, von Leutnant Saranoff in die Flucht geschlagen, bei dessen Verlobter Raina Zuflucht. Als er sich bei einem späteren Besuch bei Raina bedanken will, gerät er mit Saranoff zusammen und wird von ihm zum Duell gefordert. Bluntschli weiß die Auseinandersetzung zu vermeiden und Rainas Herz zu gewinnen.

»Manche lieben Shaw; aber selbst die kommen hier nicht auf ihre Kosten« *(Cahiers du Cinéma).*

**Die Herrin von Atlantis.** R G. W. Pabst. B Ladislaus Vajda, Hermann Oberländer, nach dem Roman *L'Atlantide* von Pierre Benoit. K Eugen Schüfftan, Ernst Koerner. A Ernö Metzner, Pierre Ichac. D Brigitte Helm (Antinea), Gustav Diessl (Morhange), Tela Tschai (Tanit-Zerga), Heinz Klingenberg (de Saint-Avril), Wladimir Sokoloff (Hetman de Jitonir), Mathias Wieman (Der Norweger), Florelle (Clementine). P Nero. 2384 Meter. 1932.

In der Wüste Sahara erzählt Leutnant De Saint-Avril einem Kameraden ein zwei Jahre zurückliegendes Erlebnis: zusammen mit Capitaine Morhange war er in einer unerforschten Wüsten-Region auf das unterirdische Reich der grausamen Herrscherin Antinea gestoßen, die ihre Liebhaber (bislang 52) tötet und einbalsamiert. Beide Offiziere verfallen Antinea. De Saint-Avril tötet Morhange auf ihren Befehl, dann entflieht er mit Hilfe einer Dienerin. Er ist Antinea aber immer noch verfallen und macht sich nun auf den Weg zu ihr.

Die beste und erfolgreichste von mehreren Verfilmungen des Stoffes. Pabst läßt die eigentliche Geschichte als Rückblende erzählen, fast wie einen Traum, so daß ihre mythologische Qualität noch betont wird. Innerhalb der Rückblende entmythologisiert, ja banalisiert er dann sein Sujet; ein sehr raffinierter Kunstkniff, der eine eigentümliche Spannung und ein aufregend ambivalentes Flair schafft. In Antineas Reich begegnen die beiden Franzosen einem alten, nach der Mode von 1900 gekleideten Lebemann, der erzählt, er habe dieses Reich modernisiert; die Negerinnen lauschten jetzt dem Grammophon und statt der scheußlichen Getränke von einst gäbe es jetzt richtige Cocktails. Im übrigen habe er vor 20 Jahren ein europäisches Freudenmädchen geschwängert, Clementine, die Königin des Can-Cans, und diese sei die Mutter Antineas. »Antinea ... Clementinea ... ich bin der Vater.« Indem er auf die europäische Herkunft Antineas hinweist, entfernt der Film von Pabst sich von dem Roman von Pierre Benoit. Statt einer simplen Adaption ist *Die Herrin von Atlantis* das Panik-Bild einer Gesellschaft geworden, deren Verkommenheit Pabst schon in *Die freudlose Gasse* gezeigt hat. Die Idee der Welt als Bordell findet hier ihren intensivsten Ausdruck« (Aubry Petat: *G. W. Pabst*). Der Film wurde mit Außenaufnahmen in der Sahara und Atelieraufnahmen in Berlin gedreht. In der gleichzeitig entstandenen französischen Fassung wurden nur die Darsteller von de Saint-Avril und Morhange durch die Franzosen Pierre Blanchard und Jean Angelo ausgetauscht.

**Der Herr Kanzleirat.** R Hubert Marischka. B Hubert Marischka, nach dem Schwank von J. Horst und W. Pollaczek. K Herbert Thallmayer. M Hans Lang. A Julius von Borsody. D Hans Moser (Leopold Bachmayer), Fred Kraus (Fritz Seewald), Susanne Almassy (Marianne), Egon von Jordan (Waltersheim), Hedy Faßler, Werner Kitzinger, Rudolf Carl, Annie Rosar, Josef Egger. P Donau-Film, Wien (Eduard Hösch). 105 Minuten. 1948.

Der als Weiberfeind geltende Kanzleirat Bachmayer fühlt sich plötzlich zu der vernachlässigten Fabrikanten-Gattin Marianne Seewald hingezogen. In einer heiklen Situation gibt er sich sogar tollkühn als ihr Gatte aus, was ihn in fürchterliche Schwierigkeiten bringt.

**Herrliche Zeiten.** R Günter Neumann, Fritz Aeckerle, Hans Vietzke, Erik Ode. B Günter Neumann, Fritz Aeckerle, Hans Vietzke. K Fritz Arno Wagner und Aufnahmen aus dem Archiv. M Werner Eisbrenner. D Willy Fritsch (August Schulze), Bruno Fritz und bekannte Personen der Zeitgeschichte, die im politischen, wirtschaftlichen und kulturellen Leben des letzten halben Jahrhunderts hervortraten. P Comedia. 95 Minuten. 1950.

August Schulze erlebt herrliche Zeiten. Er ist der Durchschnittsdeutsche, ewig gutgläubig, ewig unbelehrbar, ist der Wähler, der kleine Parteigenosse, da Kanonenfutter, der kleine Mann von der Straße mit seinem engen Horizont, der immer das glaubt, was man ihm sagt und vorsetzt. Aus seiner Perspektive heraus wird diese 50 Jahre Weltgeschichte gesehen und kommentiert.

Der Film ist ein Querschnitt durch die letzten fünfzig Jahre, ein Querschnitt durch das Leben des deutschen Bürgers, ein Spiegelbild oder Entlarvung der »guten alten Zeiten« mit Paraden und Pferderennen, Theateraufführungen, mit berühmten Filmstars. Ein tragikomischer Dokumentarfilm und brillante Zeitsatire.

**Der Herrscher.** R Veit Harlan. B Thea von Harbou, Curt J. Braun nach dem Schauspiel *Vor Sonnenuntergang* von Gerhart Hauptmann. K Werner Brabdes, Günther Anders. M Wolfgang Zeller. A Robert Herlth. D Emil Jannings (Matthias Clausen), Paul Wagner (Wolfgang, sein Sohn), Marianne Hoppe (Inken Peters), Maria Koppenhöfer, Hannes Stelzer, Hilde Körber, Käthe Haack, Herbert Hübner, Helene Fehdmer, Max Gülstorff, Walter Werner, Harald Paulsen. P Tobis-Magna. 2918 Meter. 1937.

Der alternde Fabrikbesitzer und Witwer Matthias Clausen gibt seine Verlobung mit seiner Sekretärin Inken Peters bekannt. Sogleich stellt sich die ganze Familie gegen ihn und macht Inken Petersen das Leben zur Hölle. Seine Kinder drohen ihm, ihn entmündigen zu lassen, woraufhin Clausen zusammenbricht und Inken großmütig auf ihn verzichtet. Clausen richtet sich wieder auf und vermacht seine Stahlwerke dem Staat, der sein Lebenswerk weiterführen soll.

»Der Herrscher«, von Veit Harlan überpathetisch in Szene gesetzt, hieß Emil Jannings alias Matthias Clausen. Es sei vorweggenommen: seine schlechteste und undifferenzierteste Leistung innerhalb der Tonfilmperiode. Selbst der Johannistrieb, den er perfekt zur Schau stellen konnte, wirkte in diesem Film einfach lächerlich. Ganz zu schweigen von der Herrscher-Pose, die nur durch unterstützendes Beiwerk wie Auslotung der Totale, Kontrastierung mit Fabrikrauch und Wolkenballungen zusammengehalten wird. Was Jannings sich bei dieser Literaturschändung gedacht hatte, wurde niemals bekannt. Bekannt wurde nur, daß er sich rechtzeitig die ›künstlerische Oberleitung‹ sicherte und den Erfolg des Streifens niemals anzweifelte« (Herbert Holba: *Emil Jannings*).

**Herr über Leben und Tod.** R Victor Vicas. B Frédéric Grendel, Victor Vicas nach der Novelle von Carl Zuckmayer. K Göran Strindberg. M Hans-Martin Majewski. A Hans Ledersteger. D Maria Schell (Barbara Bertram), Ivan Desny (Dr. Daniel Karentis), Wilhelm Borchert (Georg Bertram), Olga Limburg, Walter Bluhm, Fritz Tillmann. P Interwest. 98 Minuten. 1954.

Der Arzt Georg Bertram rettet Barbara bei einem Unglück das Leben. Sie heiraten, und Barbara bringt ein Kind zur Welt, das unheilbar krank ist. Barbara überrascht ihren Mann, als er mit Hilfe einer Injektion sein Kind von seinen Qualen befreien will. Barbara verläßt ihn mit ihrem Kind und findet Zuflucht bei dem Arzt Karentis, dessen Auffassungen sich von denen ihres Mannes wesentlich unterscheiden. Doch das Kind stirbt. Mutlos verschweigt sie ihrem Mann den Tod des Kindes und geht noch einmal zu Karentis, der bei einem Unglück umkommt. Barbara findet zu ihrem Mann zurück.

»Melodram, in dem, wie sich das gehört, die eheliche Liebe der mütterlichen Liebe und die Gesetze des Herzens denen der Medizin in die Quere kommen« *(Cahiers du Cinéma).*

**Das Herz der Königin.** R Carl Froelich. B Harald Braun, Jacob Geis, Rolf Reissmann. K Franz Weihmayr. M Theo Mackeben. L »Ein schwarzer Stein, ein weißer Stein«, »Wo ist dein Herz?«, »Schlummerlied« von Theo Mackeben (M) und Harald Braun (T). A Walter Haag, Herbert Ploberger. D Zarah Leander (Maria, Königin von Schottland), Willy Birgel (Lord Bothwell), Maria Koppenhöfer (Elisabeth, Königin von England), Lotte Koch (Johanna Gordon), Axel von Ambesser (Henry Darnley), Friedrich Benfer (Davis Riccio), Will Quadflieg (Oliver), Margot Hielscher, Herbert Hübner, Hubert von Meyerinck, Erich Ponto, Ursula Herking, Rudolf Klein-Rogge. P Tonfilmstudio Carl Froelich/Ufa. 103 Minuten. 1940.

Königin Elisabeth wiegelt durch Bestechung und Intrige den schottischen Adel gegen seine Königin Maria auf. Maria heiratet den Prinzen Henry Darnely. Ihr gefährlichster Gegenspieler Lord Bothwell läßt den König aufgestiegenen Darnley umbringen und wird dann Marias zweiter Gemahl. Die Schotten erheben sich gegen ihr Herrscherpaar und geben so Elisabeth den Vorwand zum Eingreifen. Bothwell wird sofort getötet, Maria nach 19 Jahren Gefangenschaft hingerichtet.

Anti-englische Historienschnulze. Die Königin Elisabeth formuliert aparterweise selbst die Moral, nach der jeder, der England zur Hilfe kommt, daran zugrunde gehen wird. Als Regie-Assistenten waren Harald Braun und Rolf Hansen tätig, deren späteres eigenes Schaffen deutliche Spuren dieser Schule verrät.

**Herz der Welt.** R Harald Braun. B Herbert Witt und Braun. K Richard Angst. M Werner Eisbrenner. A Robert Herlth, Hermann Warm, Bruno Monden. D Hilde Krahl (Bertha von Suttner), Dieter Borsche (Arthur von Suttner), Werner Hinz (Basil Zaharoff), Mathias Wieman (Dr. Alfred Nobel), Heinrich Gretler, Michael Lenz, Dorothea Wieck, Therese Giehse, Wolfgang Liebeneiner. P NDF (Georg Richter). 110 Minuten. 1951.

Der Film schildert das Leben der Romanschriftstellerin Bertha von Suttner, die mit ihrem Roman *Die Waffen nieder* (1889) weltweites Aufsehen erregte.

Der einzelnen Stationen ihres Lebens erinnert sie sich während einer Eisenbahnfahrt von Berlin nach Wien 1914. Diese Bahnreise bildet den Rahmen, der die Rückblenden umschließt. Am Ende der Reise ist sie lächelnd entschlafen. Der Zuschauer ebenso.

**Ein Herz schlägt für dich.** R Joe Stökel. B Alois Johannes Lippl, nach der Erzählung *s' Reis am Weg* von Wilhelmine von Hillern. K Heinz Schnakertz. M Oskar Wagner. A Max Seefelder, Kurt Dürnhöfer. D Rudolf Prack (Martin Hallwanger), Annelies Reinhold (Regina), Franz Loskarn,

Curt Baumann, Klaramaria Skala. P Bavaria. 79 Minuten. 1945–49.
Bauer Hallwanger ist unglücklich, weil seine Frau Regina keine Kinder kriegt. Regina nimmt sich eines kleinen elternlosen Jungen an, nichtahnend, daß es Hallwangers unehelicher Sohn ist. Mißverständnisse, Katastrophen, die Wahrheit kommt an den Tag, Versöhnung und neue Harmonie auf dem Hallwanger-Hof, der endlich einen Erben hat.
Der Film wurde 1944/45 gedreht, nach Kriegsende fertiggestellt und 1949 uraufgeführt.

**Heute heiratet mein Mann.** R Kurt Hoffmann. B Johanna Sibelius, Eberhard Keindorff nach dem Roman von Annemarie Selinko. K Günther Anders. M Hans-Martin Majewski. A Robert und Kurt Herlth. D Liselotte Pulver (Thesi Petersen), Johannes Heesters (Robert Petersen), Paul Hubschmid (Georg Lindberg), Gustav Knuth (Karl Nielsen), Charles Regnier (Niki Springer), Werner Fink (Dr. Agartz), Ernst Waldow (Wilhelm Anders), Ingrid van Bergen (Ulla Radtke), Eva Maria Meinecke (Betsy), Lina Carstens (Tante Erna). P Constantin (Georg Witt). 95 Minuten. 1956.
Thesi und Robert sind geschiedene Eheleute. Als Thesi erfährt, daß Robert heiraten will, gerät sie ins Schleudern. Sie leiht sich Niki und Georg, zwei attraktive Männer und ein atemberaubendes Kleid von ihren Freundinnen aus, bringt die Verlobungsfeier ihres Geschiedenen durcheinander, gewinnt seine Liebe wieder und kommt schließlich zu der Erkenntnis: »Jede Frau sollte zweimal heiraten – am besten zweimal den gleichen Mann!« So geschieht es dann auch.

**Himmel auf Erden.** R E. W. Emo. B Georg Zoch nach dem Theaterstück von Julius Horst. K Bruno Tim. M Robert Stolz. A Julius von Borsody. D Heinz Rühmann (Peter Hilpert), Hans Moser (Adlgasser) Theo Lingen (Theaterdirektor), Adele Sandrock (Hilperts Tante), Rudolf Carl, Hermann Thimig, Ilona von Hajmassy. P Projektograph-Film, Wien. 2482 Meter. 1935.
Der Komponist verschweigt seinem Schwiegervater seinen Beruf, weil er in dessen Augen unanständig ist. Das Geld, das Schwiegervater Adlgasser für den Ankauf eines Gutshofs gedacht hat, verwendet Peter Hilpert zum Verlegen einer großen Operette. Als die Lebensmittelsendungen immer mieser werden, sieht der Schwiegervater nach dem Rechten und der Schwindel fliegt auf. Aber der Wiener Walzer, den der Komponist geschrieben hat, versöhnt alle miteinander, selbst die grantige Tante Adele.

**Der Himmel ist nie ausverkauft.** R Alfred Weidenmann. B Herbert Reinecker. K Friedl Behn-Grund. M Heinrich Riethmüller, Heino Gaze. A Emil Hasler, Walter Kutz, Trude Ulrich. D Hardy Krüger (Michael), Irene Galter (Angelina Borelli), Claus Biederstaedt (Franz), Fita Benkhoff, Peer Schmidt, Charles Regnier, Käthe Haack, Ernst Waldow, Margarethe Haagen, Viktor de Kowa, Ernst Legal, Maria Litto, Friedel Hensch und die Cypris. P Capitol. 104 Minuten. 1955.
Vier Berliner Werkstudenten bemühen sich um die Gunst einer jungen Italienerin.
Tralala von Herbert Reinecker, wie es ihm heute nur noch das Fernsehen abkauft.

**Himmel ohne Sterne.** R Helmut Käutner. B Helmut Käutner. K Kurt Hasse. M Bernhard Eichhorn. A Hans Barthel, Robert Stratil, Erica Balqué. D Erik Schuman (Carl Altmann), Eva Kotthaus (Anna Kaminski), Georg Thomalla (Willi Becker), Horst Buchholz (Mischa Bjelkin), Gustav Knuth, Camilla Spira, Erich Ponto, Lucie Höflich, Siegfried Lowitz, Paul Bildt, Lina Carstens. P Neue Deutsche Filmgesellschaft. 109 Minuten. 1955.
Die Versuche einer DDR-Bürgerin, ihren bei den Großeltern im Westen lebenden Sohn über die Grenze zu holen, und eines BRD-Grenzschutzmannes, ihr dabei zu helfen, enden damit, daß beide im Niemandsland zwischen Ost und West zusammengeschossen werden.
»Ähnlich wie Nicholas Ray keinen überzeugt, wenn er sich auf soziologische Analysen einläßt, so geht es auch mit Käutner, wenn er sich, wie hier, mit einem der heißesten Stoffe der Nachkriegszeit beschäftigt, der deutschen Spaltung; das nimmt ihn auch ab, weder diesseits noch jenseits des Rheins, weder in Ost noch in West. Doch darf man auch, wiederum ähnlich wie bei Ray, nicht den Wert des Protestes gegen eine Welt unterschätzen, die die Liebe und die Jugend gesellschaftlichen Abstraktionen opfert« (Louis Marcorelles, Cahiers du Cinéma).

**Hochzeit auf Immenhof.** R Volker von Collande. B Per Schwenzen, Ursula Bruns. K (Farbe) Fritz Arno Wagner. M Hans-Martin Majewski. A E. H. Albrecht. D Angelika Meissner (Dick), Heidi Brühl (Dalli), Paul Klinger, Margarete Haagen, Hans Nielsen, Paul Henckels, Matthias Fuchs, Raidar Müller, Josef Sieber. P Arca. 94 Minuten. 1956.
Der völlig verarmte Immenhof in der Holsteinischen Schweiz wird durch die Umwandlung in ein Pony-Hotel saniert. Jochen von Roth, der das zuwege bringt, heiratet anläßlich des vollbrachten Werkes die Tochter eines reichen Weingutsbesitzers.
Nach Die Mädels vom Immenhof der zweite Immenhof-Film. Die Erfolgsserie wird fortgesetzt und abgeschlossen mit Ferien auf Immenhof.

**Hochzeitsnacht im Paradies.** R Geza von Bolvary. B Ernst Marischka nach der Operette von Heinz Hentschke. K Herbert Koerner. M Friedrich Schröder. L »So stell' ich mir die Liebe vor ...«, »Ein Glück, daß man sich so verlieben kann!«, »Es kommt auf die Sekunde an!«, »Alle Wege führen mich zu dir!«, »Zum wahren Glücklichsein gehört viel Liebe!«, »Ich spiel' mit dir!« und »Ich glaube an dich!« von Günther Schwenn (T) und Friedrich Schröder (M). A Fritz Mauritschat, Paul Markwitz. D Johannes Heesters (Pieter van Goos), Fritz Rémond (Felix Bökelmann), Gretl Schörg (Rosita), Fritz Odemar (Otto Roeders), Claude Farell (Clarisse), Oskar Sima (Bonobom). P Meteor/Herzog. (Dr. Heinrich Jonen). 95 Minuten. 1950.
Der Revuestar Pieter van Goos will endlich mit seiner bewegten Vergangenheit Schluß machen und die hübsche Clarisse heiraten, was aber die Ex-Geliebte und Partnerin auf der Bühne Rosita versucht zu vermasseln. Einige Treuebeweise seinerseits sind notwendig um Clarisse von seiner Liebe zu überzeugen.

**Das Hofkonzert.** R Detlef Sierck. B Franz Wallner-Basté, Detlef Sierck, nach dem Bühnenstück Das kleine Hofkonzert von Paul Verhoeven und Toni Impekoven. K Franz Weihmayr. M Edmund Nick, Ferenc Vecsey, Robert Schumann. Liedertexte Hans Bussmann, Kurt Heynicke, Eduard Möricke, Aldo von Pinelli. A Fritz Mauritschat. D Martha Eggerth (Christine), Johannes Heesters (Walter), Otto Tressler (Serenissimus), Herbert Hübner (Staatsminister), Rudolf Klein-Rogge (Oberst Flumms), Ernst Waldow, Hans Richter, Ingeborg von Kusserow, Kurt Meisel, Alfred Abel, Hans Hermann Schaufuss, Rudolf Platte, Ruth von Zerboni. P Ufa (Bruno Duday). 85 Minuten. 1936.
Die Sängerin Christine Holm wandert in die Biedermeier Zwergstaat Immendingen, dessen Fürst sich als ihr langgesuchter Vater erweist.
»Ein Stück Zuckerbäckerei ... Ich drehte den Film im Sommer 1936 in Würzburg; aus den Standfotos kann man sehen, daß es ein Big Bugdet-Film war ... Ich konnte auch ein bißchen mit der Kamera und dem Licht experimentieren« (Halliday: Sirk on Sirk).
Eine französische Fassung drehte Sierck unter dem Titel Le Chanson du Souvenir. 1944 inszenierte Paul Verhoeven, einer der Autoren des Originalstoffes, ein Farbfilm-Remake unter dem Titel Das kleine Hofkonzert, mit Elfie Mayerhofer, Hans Nielsen und Erich Ponto.

**Der Hofrat Geiger.** R Hans Wolff. B Hans Wolff, Martin Costa, nach dem musikalischen Lustspiel von Martin Costa und Hans Lang. K Rudolf Icsey, Ladislaus Szente. M Hans Lang. L »Mariandl« von Hans Lang (M) und Kurt Nachmann (T). A Fritz Jüptner-Jonsdorff. D Paul Hörbiger (Hofrat Franz Geiger), Hans Moser (Ferdinand Lechner), Maria Andergast (Marianne Mühlhuber), Waltraut Haas (Mariandl), Louis Soldan, Hermann Erharth, Josef Egger. P Willi Forst Filmproduktion, Wien. 95 Minuten. 1948.
Der pensionierte Hofrat Geiger bemüht sich um seine Jugendliebe Marianne Mühlhuber und kümmert sich um ihre Tochter Mariandl, deren Vater er vermutlich ist.

**Hohe Schule.** R Erich Engel. B Heinrich Oberländer. K Bruno Mondi. M Willy Schmidt-Gentner. A Julius von Borsody. D Rudolf Forster (Graf Werffen alias Carlo Cavelli), Angela Salloker (Irene von Ketterer), Hans Homma (General von Ketterer), Camilla Gerzhofer, Paul von Hernried, später Paul Henreid (Franz von Ketterer), Dinah Grace, Herbert Hübner, Franz Schafheitlin. P ABC-Film-Tobis-Sascha, Berlin–Wien. 2468 Meter. 1934.
Irene von Ketterer erfährt kurz vor ihrer Hochzeit mit dem geheimnisumwobenen Kunstreiter Carlo Cavelli, daß dieser vor Jahren im Duell ihren Bruder, Franz von Ketterer, getötet hat. Cavelli sieht sich zu der Aufklärung gezwungen, daß er in Wirklichkeit Graf Werffen heißt und damals den des Landesverrates überführten Franz von Ketterer zum Duell gefordert hat, um ihm und der Familie Ketterer ein schimpflicheres Ende zu ersparen.

**Hokuspokus.** R Gustav Ucicky. B Karl Hartl, Walter Reisch, nach dem Bühnenstück von Curt Goetz. K Carl Hoffmann. M Robert Stolz, Willy Schmidt-Gentner. L von Robert Stolz (M) und Walter Reisch (T). A Robert Herlth, Walter Röhrig. D Lilian Harvey (Kitty Kellermann), Willy Fritsch (Peter Bille), Gustaf Gründgens (Staatsanwalt Dr. Wilke), Oskar Homolka (Gerichtspräsident Grandt), Otto Wallburg, Fritz Schmuck. P Ufa (Günther Stapenhorst). 2276 Meter. 1930.

Kitty Kellermann ist des Gattenmordes angeklagt. Alle Indizien sprechen gegen sie. Ein junger Mann taucht zuerst beim Staatsanwalt auf und versucht ihn von der Haltlosigkeit aller Indizien zu überzeugen; dann tritt er vor Gericht auf und behauptet, selbst sei er der Täter. Schließlich weiß er nach, daß es gar keinen Täter geben kann, weil es auch kein Opfer gibt.
Weitere Verfilmungen: 1953, Regie Kurt Hoffmann, mit Curt Goetz und Valerie von Martens; 1965, Regie Kurt Hoffmann, mit Heinz Rühmann und Liselotte Pulver.

**Hotel Adlon.** R Josef von Baky. B Emil Burri, Johannes Mario Simmel nach den Lebenserinnerungen von Hedda Adlon. K Fritz Arno Wagner, Walter Hrich. M Georg Haentzschel. A Rolf Zehetbauer, Albrecht Hennings. D Sebastian Fischer (Paul Rippert), Nelly Borgeaud (Ninette), René Deltgen (Gravic), Werner Hinz (Lorenz Adlon), Nadja Tiller (Mabel). P CCC-Film. 100 Minuten. 1955. Episoden aus der Chronik des Berliner Hotels, mit 40 Jahren Zeitgeschichte verbunden von 1905–1945.

**Hotel Sacher.** *R* Erich Engel. *B* Stefan von Kamare, Friedrich Forster Burggraf, nach einem Entwurf von Emil Seeliger und Marieluise Füringk. *K* Werner Bohne. *M* Willy Schmidt-Gentner. *A* Hans Ledersteger. *D* Sybille Schmitz (Nadja Woroneff), Willy Birgel (Stefan Schefczuk), Wolf Albach-Retty (Leutnant Herrengruber), Elfie Mayerhofer (Siddy Erlauer), Hedwig Bleibtreu (Anna Sacher), Herbert Hübner, Leo Paukert, Olly Holzmann, Elfriede Datzig, Rosa Albach-Retty. *P* Mondial-Internationale Filmindustrie/Ufa (Walter Tjaden). 2415 Meter. 1939.
Silvester 1913 im Hotel Sacher in Wien. Stefan Schefczuk, österreichischer Beamter russischer Herkunft und selbst als Spion verdächtigt, hat seine einstige Geliebte Nadja Woroneff als russische Spionin erkannt. Zuerst will er sie verhaften lassen, um seinem Staat die Treue zu halten und die eigene Haut zu retten. Dann kommen ihm Skrupel. Er erschießt sich. Nadja wird auch ohne sein Zutun verhaftet.
»Erich Engel hat es verstanden, zwischen all den drängenden und dräuenden Geschehnissen, Beziehungen und Ahnungen noch genug Raum zu lassen für die Phantasie des Zuschauers und für die Atmosphäre. Die Wiener Atmosphäre, der Atem der Kaiserstadt, Genießertum und Kleinheitswahn, Pessimismus und Taumel ist Engel sogar besonders gut gelungen« (Hans Spielhofer, *Der deutsche Film*, 1939).

**Hundert Tage.** *R* Franz Wenzler. *B* Franz Wenzler, Karl Vollmöller, nach dem Bühnenstück von Giovacchino Forzano, Benito Mussolini. *K* Alexander von Lagoria. *M* Giuseppe Becce. *L* Giuseppe Becce *(M)*, Hedy Knorr *(T)*. *D* Gustaf Gründgens (Fouché), Werner Krauss (Napoleon), Kurt Junker (Metternich), Eduard von Winterstein (Blücher), Alfred Gerasch (Talleyrand), Peter Voss (Wellington), Fritz Genschow, Elsa Wagner, Rose Stradner, Ernst Legal, Friedrich Gnass. *P* Vis, Rom. 2437 Meter. 1935.
Napoleon kehrt von St. Helena nach Frankreich zurück, wird in Waterloo von den Preußen und Engländern geschlagen und in Paris von Fouché verraten und schifft sich nach St. Helena ein.
Deutsche Fassung des italienischen Film *Campo di Maggio*.

**Hunde, wollt ihr ewig leben.** *R* Frank Wisbar. *B* Frank Wisbar, Frank Dimen, Heinz Schröter, nach dem Roman von Fritz Wöss und den Büchern *Stalingrad – bis zur letzten Patrone* und *Letzte Briefe aus Stalingrad* von Heinz Schröter. *K* Helmut Ashley. *M* Herbert Windt. *A* Walter Haag. *D* Joachim Hansen (Oberleutnant Wisse), Wilhelm Borchert (General Paulus), Peter Carsten (Gefreiter Krämer), Armin Dahlen (Major Stanescu), Horst Frank (Feldwebel Böse), Paul Hoffmann, Karl John, Alexander Kerst, Carl Lange, Gunnar Möller, Wolfgang Preiss, Sonja Ziemann. *P* Deutsche Film Hansa. 97 Minuten. 1958.

Die Schlacht um Stalingrad, endend mit dem Zug der deutschen Überlebenden in die sowjetische Gefangenschaft, wobei ein Militärpfarrer sagt: »Vielleicht werden wir lernen aus all diesem«, und ein Gefreiter antwortet »Oder auch nicht«.
»Ein heikles Thema verlangt den großen Künstler; hier sind routinierte Stümperei und unterentwickeltes politisches Bewußtsein am Werk gewesen« (Theodor Kotulla, *Filmkritik*, 1959).

**Ich bin Sebastian Ott.** *R* Willi Forst, Viktor Becker. *B* Eberhard Keindorff, Axel Eggebrecht. *K* Carl Hoffmann, Karl Löb. *M* Theo Mackeben. *D* Willi Forst, Trude Marlen, Otto Tressler, Paul Hörbiger, Gustav Diessl. *P* Deutsche Forst-Filmproduktion. 97 Minuten. 1939.
»Ein Film, der völlig aus dem Rahmen von Forsts Schaffen fällt: ein komplexer, aber sauber konstruierter Thriller über eine Bilderfälscher-Affäre, mit Forst in einer Doppelrolle als guter und als böser Bruder. Von einer schwachen romantischen Idylle auf dem Land abgesehen hat die Geschichte dynamischen Drive und eine Vielfalt von überraschenden Wendungen; beides erinnert gelegentlich an Fritz Lang« (John Gillet, *NFT*).

**Ich denke oft an Piroschka.** *R* Kurt Hoffmann. *B* Per Schwenzen, Joachim Wedekind, Hugo Hartung, nach dem Roman von Hugo Hartung. *K* (Eastmancolor) Richard Angst. *M* Franz Grothe. *A* Ludwig Reiber, Ilse Dubois. *D* Liselotte Pulver (Piroschka), Gunnar Möller (Andreas), Vera Frydtberg (Greta), Gustav Knuth, Margit Symo, Rudolf Vogel, Adrienne Gessner. *P* Georg Witt. 96 Minuten. 1955.

Deutscher Austauschstudent verliebt sich in Ungarn in die Tochter eines Bahnstations-Vorstehers, die dann alle Signale so stellt, daß er ihr nicht mehr entkommt.
Kitschfreie Zärtlichkeit und operettenferne Exotik von Kurt Hoffmann at his best.

**Ich glaub' nie mehr an eine Frau.** *R* Max Reichmann. *B* Curt J. Braun, Walter Reisch, Anton Kuh, Werner Scheff. *K* Reimar Kuntze, Charles Métain. *M* Paul Dessau. *A* Erich Czerwonski. *D* Richard Tauber (Stefan), Maria Solveg (Katja), Werner Fuetterer (Pieter), Paul Hörbiger (Joachim), Gustaf Gründgens (Jean), Agnes Schulz-Lichterfeld, Edith Karin. *P* Emelka. 2758 Meter. 1930.

Der Seemann Stefan hilft seinem Freund Pieter, das schwere Los zu ertragen, daß er sich in ein Mädchen verliebt, das nicht nur eine Hure ist, sondern dazu noch, wie sich herausstellt, seine arme Schwester.
Der Film, mit dem Richard Tauber zum Tonfilm-Star wurde. »Ein bis dahin unbekanntes Genre war geboren: der Sängerfilm« (Herbert Holba: *Die Geschichte des deutschen Tonfilms*). Statt des nach Ironie duftenden *Ich glaub' nie mehr an eine Frau* hatte der Film ursprünglich den Arbeitstitel *Das Dirnenlied*.

**Ich klage an.** *R* Wolfgang Liebeneiner. *B* Eberhard Frowein, Harald Bratt, nach dem Roman *Sendung und Gewissen* von Hellmuth Unger. *K* Friedl Behn-Grund, Franz von Klepacki. *M* Norbert Schultze. *D* Heidemarie Hatheyer (Hanna), Paul Hartmann (Prof. Thomas Heyt), Mathias Wieman (Dr. Bernhard Lang), Harald Paulsen, Charlotte Thiele, Christian Kayssler, Bernhard Goetzke. *P* Tobias. 3407 Meter. 1941.
Hanna, die Frau des Universitätsprofessors Thomas Heyt, ist unheilbar an multipler Sklerose erkrankt. In ihren Schmerzen bittet sie ihren Arzt, den mit dem Ehepaar Heyt befreundeten Dr. Lang, sie zu töten. Lang lehnt das ab. Heyt gibt seiner Frau den Tod. Lang ist entsetzt. Ein Dienstmädchen zeigt Heyt an. Er kommt vor Gericht. In seinem Schlußwort sagt er: »Hier stehe ich, der Angeklagte, und ich klage an. Ich klage die Vollstrecker überwundener Anschauungen und überholter Gesetze an.«
Liebeneiner Propagandafilm für die Euthanasie, wie sie 1941, als *Ich klage an* herauskam, von den Nationalsozialisten bereits seit Jahren praktiziert wurde, entsprechend dem Satz, den ein Geschworener im Film sagt: »Ja, wenn einer verrückt ist oder schwermütig oder sonst keinen freien Willen mehr hat, da muß eben der Staat die Verantwortung übernehmen.« »Neben *Jud Süss* dürfte *Ich klage an* eines der gefährlichsten Produkte des Regimes gewesen sein« (Courtade/Cadars: *Geschichte des Films im Dritten Reich*).

**Ich mach' Dich glücklich.** *R* Alexander von Szlatinay. *B* Tibor Yost nach dem Lustspiel von Gabor Vaszary. *K* Erich Claunigk. *M* Werner Bochmann. *A* Ernst Albrecht, Rolf Zehetbauer. *D* Heinz Rühmann (Peter), Hertha Feiler (Barbara), Hans Leibelt (Krügers Chef), Karl Schönböck, Dorit Kreyssler. *P* Comedia (Erwin Gutt). 2351 Meter. 1949.
Die Geschichte eines Zeitungsreporters, der aufgrund eines sensationellen Interviews zum Chefreporter seiner Zeitung aufrücken soll. Doch die Tochter seines Chefs kommt dazwischen und bringt alles durcheinander. Schließlich muß er sie zum Schein auch noch heiraten, aber aus der Scheinehe wird dann doch eine Liebesheirat.
Ein typischer Rühmann-Film, in dem er abwechselnd die Rolle des Volltrottels und die des findigen Schlaumeiers spielt.

**Ich tanze mit dir in den Himmel hinein.** *R* und *B* Ernst Marischka. *K* Sepp Ketterer. *M* J. Beyer, Franz Grothe. *L* »Ich tanze mit dir in den Himmel hinein« von Friedrich Schröder *(M)* und Hans Fritz Beckmann. *D* Hannerl Matz (Hannerl Möller), Adrian Hoven (Peter Bergmeister), Paul Hörbiger, Richard Romanowsky, Adrienne Gessner, Rudolf Platte. *P* Wien-Film. 90 Minuten. 1952.
Ballettmädchen macht Karriere und angelt sich ihren Regisseur.

**Ich vertraue dir meine Frau an.** *R* Kurt Hoffmann. *B* Bobby E. Lüthge, Helmut Weiss, nach dem Bühnenstück von I. v. Vaczary. *K* Willy Winterstein. *M* Franz Grothe. *L* »Allerschönste der Frauen« von Franz Grothe *(M)* und Willy Dehmel *(T)*. *A* Willi A. Herrmann. *D* Heinz Rühmann (Peter Trost), Lil Adina (Ellinor Deinhardt), Werner Fuetterer (Robert Deinhardt), Else von Möllendorf, Arthur Schröder, Paul Dahlke. *P* Terra. 88 Minuten. 1943.
Robert Deinhardt verreist und bittet Peter Trost, auf seine Frau Ellinor aufzupassen, die sich aber bald entschlossen zeigt, Peter zu verführen.

**Ich war ein häßliches Mädchen.** *R* Wolfgang Liebeneiner. *B* Johanna Sibelius, Eberhard Keindorff, nach dem Roman von Annemarie Selinko. *K* Johannes Nowak. *A* Mathias Matthies, Ellen Schmidt. *D* Sonja Ziemann (Anneliese), Dieter Borsche (Claudio Pauls), Karlheinz Böhm (Thomas von Bley), Marianne Wischmann, Alexa von Porembsky, Bruno Fritz, Erika Remberg. *P* Cine-Allianz/Meteor-Film. 96 Minuten. 1956.
Aus dem häßlichen Mauerblümchen Anneliese wird mit der Unterstützung des Frauenidols Claudio Pauls unversehens ein hübsches Mädchen. Schon ist sie die Vielbeachtete. Thomas von Bley ist sehr verliebt in sie, aber Anneliese liebt nur ihren Claudio. In der Narkose nach einer Blinddarmoperation verlangt sie immer wieder nach ihm. Nun entdeckt auch Claudio seine Liebe zu ihr und hält um ihre Hand an.

**Ein idealer Gatte.** *R* Herbert Selpin. *B* Thea von Harbou, nach dem Bühnenstück von Oscar Wilde. *K* Emil Schünemann. *M* Werner Bochmann. *A* Benno von Arent, Arthur Günther. *D* Karl Ludwig Diehl (Lord Chiltern), Brigitte Helm (Lady Gertrud Chiltern), Annie Markart (Mabel Chiltern), Georg Alexander (Lord Goring), Paul Henckels (Lord Caversham), Sybille Schmitz (Gloria Cheveley), Werner Scharf, Karl Dannemann. *P* Terra. 2330 Meter. 1935.
Gloria Cheveley ist im Besitz eines Briefes, der Lord Chilterns Ruf als idealer Gatte und geschäftlicher Ehrenmann zerstören könnte. Lady Cheveley stellt sich in dieser Situation geschickter an als ihr Mann und seine Freunde.
Sehr stilsichere Oscar Wilde-Verfilmung. Die Außenaufnahmen wurden in London gedreht.

**Ihre Durchlaucht, die Verkäuferin.** *R* Karl Hartl. *B* Karl Hartl, nach der Operette *Meine Schwester und ich* von Henri Verneuil und Georges Berr (Libretto) und Ralph Benatzky (Musik). *K* Franz Planer. *M* Ralph Benatzky, Willy Schmidt-Gentner. *A* Werner Schlichting. *D* Willi Forst (Dr. André Lenz), Liane Heid (Gräfin Irene), Paul Kemp (Peter Knoll), Hubert von Meyerinck (Otto), Max Gülstorff, Theo Lingen, Jakob Tiedtke. *P* Cine-Allianz. 82 Minuten. 1933.
Gräfin Irene gibt sich als Schuhverkäuferin aus, weil der Mann, den sie liebt, André Lenz, keine Damen vom Adel mag.
Eine französische Fassung drehte Hartl unter der Assistenz von Henri-Georges Clouzot (der auch an den französischen Liedtexten mitwirkte) als *Caprice de Princesse,* mit Albert Préjean und Marie Bell in den Hauptrollen.

**Illusion in Moll.** *R* Rudolf Jugert. *B* Fritz Rotter. *K* Vaclav Vich. *M* Friedrich Meyer. *L* »Du bist wunderbar« *T* und *M* von Fritz Rotter, »Illusionen« *T* und *M* von Fritz Rotter und Friedrich Meyer. *A* Ludwig Reiber. *D* Hildegard Knef (Lydia), Herbert Hübner (Dr. Braun), Sybille Schmitz (Maria Alsbacher), Albrecht Schoenhals (Werner Alsbacher), Hardy Krüger (Paul Alsbacher), Maurice Teynac (Gidou), Nadja Tiller, Anneliese Born, Gaby Fehling, Lina Carstens. *P* Intercontinental (Eric Pommer). 90 Minuten. 1952.
Werner Alsbacher hat nur noch kurze Zeit zu leben. Als Paul nach dem Tode seines geliebten Vaters entsetzt erlebt, daß die Hinterlassenschaft in den Händen seiner Mutter Maria, die auch noch den bekannten Weiberhelden Gidou liebt und heiraten will, zerrinnt, flüchtet er sich in die Arme seiner Jugendfreundin Lydia. Sie greift nun tatkräftig ein, bringt Gidou am Abend seiner Hochzeit mit Maria, in eine eindeutige Situation und öffnet so Maria die Augen. Mutter und Sohn versöhnen sich und Gidou zieht die Konsequenzen.
»Solche Filme gab's immer und wird's immer geben: konstruierte Seelenreißer, die es erstaunlicherweise fertigbringen, ganz ohne einen natürlichen Ton auszukommen – und dies auf eine Weise, als sei das Leben eben so, das bittersüße. Ihr Milieu ist immer sehr fein, ihre Musik man so en einschmeichelnd nennt, und ihr Geschmack nicht gut genug, um offenen Kitsch zu produzieren. Sie geben sich dezent und halten sich dann gern für Kunst ... ›Illusion‹ hingegen paßt ausgezeichnet, und im Titelschlager von den Illusionen heißt es treffend: ›Nur nicht denken!‹ (Das würde diesem Film auch schlecht bekommen.) Der Text fährt fort mit der kategorischen Forderung: ›Sich verschenken!‹ Und das tun sie dann auch « (Gunter Groll: *Magie des Films*).

**Immensee.** *R* Veit Harlan. *B* Harlan und Alfred Braun nach der Novelle von Theodor Storm. *K* (Agfacolor) Bruno Mondi. *M* Wolfgang Zeller. *A* Erich Zander, Karl Machus. *D* Kristina Söderbaum (Elisabeth), Carl Raddatz (Reinhart), Paul Klinger (Erich), Carola Toelle (Elisabeths Mutter), Max Gülstorff, Otto Gebühr, Malte Jaeger. *P* Ufa (Veit Harlan). 2592 Meter. 1943.
Reinhart und Elisabeth, die gemeinsam eine glückliche Kindheit und Jugend verbrachten und sich sozusagen versprochen haben, nehmen Abschied voneinander. Reinhart wird in Hamburg Musik studieren, und Elisabeth wird in der Heimat auf ihn warten. Elisabeth wartet, aber Reinhart kommt nicht zu ihr zurück. So gibt sie auf Anraten ihrer Mutter den Werbungen Erichs nach und wird seine Frau. Als Reinhart zu Besuch kommt – nun ein berühmter Musiker, der von Konzert zu Konzert hetzt –, spürt er, wie sehr sie ihn doch noch liebt. Erich will großmütig auf Elisabeth verzichten, aber Elisabeth erkennt, daß ihr Platz an der Seite ihres Mannes ist. Als die inzwischen verwitwete Elisabeth Reinhart auf einem seiner Konzerte begegnet und er versucht, sie mit seinem wechselvollen Leben zu locken, lehnt sie ab. Der Traum vom Glück am Immensee ist für immer ausgeträumt.
*Immensee* ist eine Vulgär-Verfilmung der Stormschen Novelle und hat außer des Titels mit der literarischen Vorlage nichts gemein. Die Sensibilität, die Zartheit, die dem Stoff die Spannung verleiht, wird im Film von platter Sentimentalität erstickt. Da wird von Anfang an geküßt und geknutscht, daß sich die Balken der romantischen Birkenbank biegen. Kristina Söderbaum ist ein Trauerkloß verdammt und, man weiß schon nach den ersten Minuten, wie's ausgehen wird, daß sie auf ihre große Liebe verzichten muß, weil sie zu der »schmerzlichen, aber zugleich schönsten, starken und tröstlichen Gewißheit kommt, daß sie an die Seite ihres Mannes gehört« – und sogar über den Tod hinaus. Zu dieser Zeit – wir schreiben das Jahr 1943 – wartet die deutsche Frau, bleibt ihrem Manne treu und verzichtet. So ist es nicht verwunderlich, daß Veit Harlan berichtet: »Als ich den Film *Immensee* abgeliefert hatte, wurde er von Goebbels als ›deutsches Volkslied‹ mit superlativistischen Worten gelobt. Es wurde kein einziger Schnitt und keine einzige Veränderung befohlen. Er war unter sämtlichen Filmen, die ich im Kriege zu drehen hatte, der einzige, der sowohl in Besetzung als auch im Drehbuch genau so blieb, wie ich ihn geplant und durchgeführt hatte« (Veit Harlan, *Im Schatten meiner Filme*).

**Immer nur Du.** *R* Karl Anton. *B* Felix von Eckardt. *K* Herbert Körner, Klaus von Rautenfeld. *M* Friedrich Schröder. *L* »Die ganze Welt dreht sich nur um dich!«, »Nun weiß ich endlich, was Liebe ist«, »Liebling, was wird nun aus uns beiden?«, »Hochzeitslied«, »Man müßte Klavier spielen können« von Hans Fritz Beckmann (*T*) und Friedrich Schröder (*M*). *A* Otto Erdmann und Willy Depenau. *D* Johannes Heesters (Will Hollers), Dora Komar (Loni Carell), Fita Benkhoff (Isolde Brummel), Paul Kemp (Seppl Zeisig), Paul Henckels (Schellhase), Rudolf Schündler (Komponist), Georges Boulanger (Geiger). *P* Tobis. 2707 Meter. 1941.

Die berühmten Gesangstars Loni und Will haben die Hauptrollen in einer Operette übernommen, aber durch Zank und Streit kommt es zu keiner Premiere. Die Agenten verkuppeln sie miteinander und schließlich kommt es zur Premiere und einem großen Duett.

**Immer wenn der Tag beginnt.** *R* Wolfgang Liebeneiner. *B* Liebeneiner, Utz Uterman nach einer Novelle von Georg Hurdalek. *K* (Eastmancolor) Werner Krien. *M* Franz Grothe. *A* Rolf Zehetbauer, Gottfried Will. *D* Ruth Leuwerik (Hanna Burkhardt), Hans Söhnker (Wolfgang Cornelius, Direktor), Christian Wolff (Martin), Christl Mardayn, Hans Reiser, Agnes Windeck. *P* Utz-Utermann-Film. 102 Minuten. 1957.
Die Geschichte einer Lehrerin, die sich den konventionellen Lehrmethoden nicht zu beugen vermag. Sie will nicht nur Wissensvermittlerin sein, was dazu führt, daß sich der Schüler Martin unsterblich in sie verliebt. Doch schließlich muß sie einsehen, daß es sich um eine jugendliche Schwärmerei handelt.
Die Opferhaltung einer Lehrerin kitschig und klischeehaft dargestellt. Sie erweckt nicht nur Liebe bei ihren erwachsenen Schülern, sondern durch ihre kecke Haltung bringt sie auch das Herz des einsichtigen Herrn Direktors zum Schwingen.

**Im Weißen Rößl.** *R* Willi Forst. *B* Horst Budjuhn, Eric Charell, Harry Halm, nach dem Singspiel von Hans Müller und Eric Charell (Libretto) und Ralph Benatzky (Musik). *LT* Robert Gilbert. *ML* Werner Eisbrenner. *K* (Farbe) Günther Anders. *A* Robert Herlth, Kurt Herlth, Willi Schatz, Charlotte Flemming, Trude Ulrich, Elisabeth Urbancic. *D* Johanna Matz (Rößlwirtin Josepha), Johannes Heesters (Dr. Siedler), Walter Müller (Leopold), Paul Westermeier (Giesecke), Rudolf Forster (Kaiser Franz Joseph), Marianne Wischmann, Sepp Nigg, Ingrid Pan, Ulrich Beiger, Klaus Pohl, Walter Koch, Alfred Pongraz. *P* Carlton-Styria (Eric Charell). 97 Minuten. 1952.
Zahlkellner Leopold erobert seine Chefin, die Rößlwirtin Josepha gegen harte Konkurrenz.
Nur wenig besser als die anderen langweiligen Verfilmungen des klassischen Stoffes: 1935 Regie Carl Lamac, Hauptrollen Christl Mardayn und Hermann Thimig; 1960 Regie Werner Jacobs, mit Peter Alexander und Waltraut Haas.

**In jenen Tagen.** *R* Helmut Käutner. *B* Helmut Käutner, Ernst Schnabel. *K* Igor Oberberg. *M* Bernhard Eichhorn. *A* Herbert Kirchhoff, Irmgard Bibernell. *D* Erich Schellow (Karl), Gert Schäfer (Willi), Helmut Käutner (Stimme des Autos), Winnie Markus (Sybille), Werner Hinz (Steffen), Franz Schafheitlin (Dr. Buschenhagen), Alice Treff (Elisabeth), Gisela Tantau (Angela), Hans Nielsen (Wolfgang Grunelius), Willy Maertens (Wilhelm Bienert), Ida Ehre (Frau Bienert), Hermann Speelmanns (August Hintze), Fritz Wagner (Leutnant), Isa Vermehren (Erna), Margarete Haagen (Baronin von Thron), Erwin Geschonnek (Schmitt), Carl Raddatz (Josef), Bettina Moissi (Marie). *P* Camera. 111 Minuten. 1947.
Der erste Nachkriegsfilm von Helmut Käutner, Ausweis seines Talentes wie seiner verhängnisvollen Neigungen. »Ein ambitionierter, prätentiöser, auf Aussagen bedachter Film. Die Figuren gehen mit sich ins Gericht, diskutieren das Leben, den Krieg, den Tod. Der Fluß des Philosophischen tritt über alle Ufer, trotzdem präsentiert uns der Film lebendige Menschen ... Ein Auto erzählt seine Geschichte. Indem Käutner die Geschichte des Autos mit der Geschichte Deutschlands zusammenfallen läßt, begibt Käutner sich in die Arena akrobatischer Spielereien, die er mit großem Geschick bewältigt; unter anderem stellt er uns die Deutschen als die Opfer des Nazi-Regimes vor. Das Auto verbindet eine Serie von Sketchen, von denen jede eine bedeutsame Episode der letzten zehn Jahre illustriert: die Machtübernahme Hitlers, die Juden-Verfolgung, der Krieg gegen Rußland, die Verschwörung der Generale, die Flüchtlinge, die Niederlage Deutschlands. Die Geschichte läuft auf zwei Ebenen ab, mal objektiv, mal subjektiv: das Auto selbst kommentiert die Ereignisse mit der Stimme des Regisseurs« (Liliane Delysan, *La Revue du Cinéma*).

**Irgendwo in Berlin.** *R* und *B* Gerhard Lamprecht. *K* Werner Krien. *M* Erich Einegg. *A* Otto Erdmann, Wilhelm Vorwerg. *D* Harry Hindemith (Kriegsheimkehrer Iller), Hedda Sarow (Frau Iller), Charles Kentschke (Gustav Iller), Hans Trinkaus, Siegfried Utrecht, Hans Leibelt, Paul Bildt, Fritz Rasp, Walter Bluhm, Lotte Loebinger, Gerhard Haselbach. *P* Defa. 2350 Meter. 1946.
Die ersten Nachkriegsjahre in Berlin. Der zwölfjährige Gustav spielt mit seinen Freunden auf dem zerstörten Garagenhof seines Vaters Krieg. Sie klauen Lebensmittel und tauschen sie gegen Feuerwerkskörper, damit sie was zum Knallen haben. Gustavs Vater kommt aus der Gefangenschaft zurück, ohne Energie, ein neues Leben anzufangen und voller Hoffnungslosigkeit. Willi, der beste Freund Gustavs, wird von seinen Freunden beschuldigt, feige zu sein. Um seinen Mut

zu beweisen, klettert er auf eine Mauer, rutscht ab, stürzt und stirbt. Die Jungen sehen die Sinnlosigkeit ihrer gefährlichen Spiele ein, langweilen sich, aber dann beginnen sie, den Garagenhof zu entrümpeln. Dieses Unternehmen regt Gustavs Vater an, mitanzupacken und sich mit Hilfe der Jungen eine neue Existenz aufzubauen.

Der Film will die Zuschauer dazu anregen, mit mehr Optimismus in die Zukunft zu sehen, ohne daß ihm der Optimismus hier vor Augen geführt werden kann. Vor allem hat aber der Film das Anliegen, mit den falschen Heldenvorstellungen, die der Jugend im Dritten Reich eingebleut worden sind, aufzuräumen.

**Jenny und der Herr im Frack.** *R* Paul Martin. *B* Georg Zoch, Jacob Geis, Peter Groll, Paul Martin nach der Kriminalkomödie von Georg Zoch. *K* Josef Strecha. *M* Lothar Brühne. *L* »Armer Musikant singt ein Lied von Liebe«, »So war die Frau von Eschebach« von Bruno Balz *(T)* und Lothar Brühne *(M)*. *A* Herbert Hochreiter, Walter Schlick. *D* Gusti Huber (Jenny), Johannes Heesters (Peter Holm), Hilde Hildebrand (Lilly Hegedüsch), Paul Kemp (Willy Krag). *P* Bavaria (Ernst Rechenmacher). 2412 Meter. 1941.
Der Versicherungsangestellte Peter Holm jagt als der Herr im Frack halb beruflich halb privat Jenny, der Tochter seines Chefs, hinterher. Er will ihre Liebe erringen und einen Juwelendiebstahl aufklären. Jenny ist dem Missetäter, dem berüchtigten Perlendieb Makaroff dicht auf den Fersen. Es kommt zum Happy-End. Sie kriegen sich und entlarven gemeinsam den Juwelendieb.

**Jetzt schlägt's 13!** *R* E.W. Emo. *B* Fritz Koselka nach einer Idee von E.W. Emo. *K* Helmut Ashley. *M* Bruno Uher. *A* Fritz Jüppner-Jonstorff. *D* Theo Lingen (Max), Hans Moser (Ferdinand), Josef Meinrad (Dr. Mario Jaconis), Susi Nicoletti (Hedy), Walter Müller (Verlagsdirektor), Eva Leiter, Lotte Lang, Gusti Wolf. *P* Helios-Film, Österreich. 91 Minuten. 1950.
Auf Anraten von Marios Frau Hedy wird das Musterexemplar an Diener, Max, entlassen, weil Hedy dahinter gekommen ist, daß Max ihrem Mann hilft, seine Liebesabenteuer, die vor der Ehe stattfanden, zu vertuschen. Max trifft im Gasthaus auf Ferdinand, den er steckbrieflich gesucht glaubt. Ferdinand soll der neue Diener werden und Max kommt sofort, um seinen Herrn zu warnen, doch zu nächtlicher Stunde wird Ferdinand entdeckt, wird nun Max für den Verbrecher gehalten. Freundin Lilli wird von Hedy für eine Rivalin gehalten und der Verleger Marios für einen Komplizen von Max. Erst als sich herausstellt, daß der Steckbrief überholt ist und der Verleger in Lilli die Frau seines Lebens gefunden hat, lösen sich alle Mißverständnisse auf.
Der Film war urkomisch, weil Moser, langsam denkend und vertrottelt dem hellen und schnellen Köpfchen von Lingen gegenübergestellt worden war. Von dieser Kontrastwirkung lebten die Filme, in denen Hans Moser und Theo Lingen ihre Diener- und Spießertypen gemeinsam darstellten.

**Johann.** *R* Robert A. Stemmle. *B* Stemmle, Ernst von Salomon und Franz Gribnitz nach dem Lustspiel von Theo Lingen. *K* Heinz Schnackertz, Erich Claunigk. *M* Werner Bochmann. *D* Theo Lingen (Johann), Fita Benkhoff (Marie), Irene von Meyendorff (Uschi), Hermann Thimig (Graf Zirndorf), Hilde Seipp, Arthur Schröder, Herbert Hübner, Jakob Tiedtke. *P* Bavaria. 2056 Meter. 1943.
Kammerdiener Johann, formvollendet vom Scheitel bis zur Sohle wird von seiner Auserwählten, der Kammerzofe Marie schnöde verlassen, nachdem Johann ihr gutes Benehmen beibrachte. Nach allerlei Schicksalsschlägen, deren Auslöser meist seine Gutmütigkeit ist, trifft er auf seinen ehemaligen Herrn, Graf Zirndorf, und wird sein ergebener Diener. Obwohl die Frauen dem Grafen übel mitgespielt haben, läßt er sich von der Baronin Rödern becircen. Johann erkennt in ihr seine Kammerzofe Marie, aber seine Diskretion verbietet ihm eine Enthüllung. Nach dem Tod des Grafen macht die Gräfin aus dem Schloß ein Hotel und erfüllt Johann seinen sehnlichsten Wunsch. Am Ende finden sich nicht nur Johann und Marie für immer, sondern auch die verschollene Grafen-Tochter Uschi und der Sohn von Johann und Marie, von dem Johann bislang nichts wußte.
Der Film wurde 1942 in den Hostiwar-Ateliers in Prag hergestellt. Viele Teile des Films wurden stumm gedreht und dann von Theo Lingen satirisch kommentiert; da sie oftmals contraire zum Bild standen, kamen typische Lingen-Kalauer dabei heraus.

**Jonas.** *R* und *B* Ottomar Domnick. *K* Andor von Barsy. *M* Duke Ellington, Winfried Zillig. *D* Robert Graf (Jonas), Elisabeth Bohaty (Nanni), Heinz-Dieter Eppler (M.S.), Willy Reichmann (Der fremde Herr). *P* Dr. Otto Domnick. 82 Minuten. 1957.
Der Druckereiarbeiter Jonas lernt eine Hutverkäuferin kennen, und eigentlich könnte alles sehr schön sein, aber das Monogramm M.S. in einem alten Hut weckt sein Gewissen, daß er einen Freund bei der Flucht aus einem Lager schnöde im Stich gelassen hat. Jonas sucht M.S. auf, aber er weicht ihm aus. Die Hutverkäuferin Nanni will Jonas helfen und trifft sich mit M.S., aber er bleibt ihr fremd. Der Film endet in der totalen Hoffnungslosigkeit: jeder muß für sich mit sich fertig werden.

**Jonny rettet Nebrador.** *R* Rudolf Jugert. *B* Werner Jörg Lüddecke, Hans Tannert, nach dem Roman *Manuel erkennt seine Macht* von Karl Lerbs. *K* Hans Schneeberger. *M* Werner Eisbrenner. *L* »Ihr kennt doch Ramona«, »Ich bin die schwarze Lou«, »So wieder Wind durch die Prärie« von Werner Eisbrenner *(M)* und Willy Dehmel *(T)*. *A* Fritz Maurischat, Paul Markwitz, Ernst Böhm. *D* Hans Albers (Jonny/General Orontal), Margot Hielscher (Marina), Peter Pasetti (Oberleutnant Dacano), Ferdinand Anton, Trude Hesterberg, Franz Muxeneder. *P* Mctcor (Hcinrich Jonen). 95 Minuten. 1953.
Weltenbummler Jonny hat große Ähnlichkeit mit einem putschlüsternen südamerikanischen Gouverneur und wird deshalb als dessen Doppelgänger (zum Einsatz in allen lebensgefährlichen Situationen) engagiert. Er nutzt die Situation, um den Putsch zu verhindern und den Gouverneur an den Strick zu bringen.
»Wie ungenießbar, selbst bei bester Zubereitung, wären solche reinen Starfilme, wäre Albers, auf seine Weise, nicht ein reiner Genuß. Aber er ist's und bleibt's« (Gunter Groll, *Süddeutsche Zeitung*).

**Jugend.** *R* Veit Harlan. *B* Thea von Harbou nach dem Stück von Max Halbe. *K* Bruno Mondi. *M* Hans-Otto Borgmann. *A* Hermann Warm und Haaker. *D* Eugen Klöpfer (Pfarrer Hoppe), Hermann Braun (Hans), Kristina Söderbaum (Annchen), Werner Hinz (Kaplan Schigorski), Elisabeth Flickenschildt, Ernst Bremer. *P* Tobis. 2552 Meter. 1938.
1890, Rosenau in Westpreußen. Annchen wohnt im Hause ihres Onkels Pfarrer Hoppe. Sie ist Halbwaise. In den Augen des puritanischen Kaplans Schigorski ist Annchen das Abbild der Sünde, da sie ihren Vater nicht kennt. Sie verliebt sich in ihren Cousin Hans, der zu Besuch kommt. Schigorski spioniert ihnen nach, droht mit Todsünde und Kloster, und zwischen die Fronten aufgerieben und von Gewissensbissen geplagt, geht Annchen ins Wasser. Der Pfarrer beschuldigt den Kaplan: »... wir sind hier um der Menschen und nicht um der Dogmen willen!« Eine Zusammenarbeit zwischen dem Pfarrer und dem Kaplan ist nicht mehr möglich.
*Jugend* war der erste Film, den Harlan und Kristina Söderbaum miteinander drehten. Sie wurde mit diesem Film schlagartig bekannt. Harlan schrieb in seinen Memoiren, daß *Jugend* bei Goebbels auf wenig Sympathie stieß. Hitler und Heß hatten den Film vorgeführt bekommen, woraufhin Goebbels die Anweisung erhielt, den Filmschluß ändern zu lassen. »Der jetzige Schluß habe eine ›empörende katholische Werbewirkung‹. Sie sei nicht im Sinne des Nationalsozialismus... Der neue Vorschlag, den Goebbels mir in einer fertig geschriebenen Szene übergab, die ich in je zwei Großaufnahmen von Eugen Klöpfer und Werner Hinz nachaufzunehmen hatte, war folgender: In einer Szene an der Leiche Annchens mußten sich die zwei Geistlichen über die ›Unfehlbarkeit des Papstes‹ streiten. Es ging um die Auslegung, ob Annchen überhaupt in dem Bewußtsein gehandelt habe, durch den Selbstmord eine Todsünde zu begehen, oder ob es nicht eine Kurzschlußhandlung gewesen sei, für die man sie nicht verdammen dürfe...« (Veit Harlan, *Im Schatten meiner Filme*). Harlan fand diesen Schluß zwar idiotisch, wie er schreibt, aber er schnitt die Szene ein, um ein Verbot des ganzen Films zu verhindern.

**Die Julika.** *R* Geza von Bolvary. *B* Philipp Lothar Mayring, Geza von Bolvary. *K* Franz Planer. *M* Heinz Sandauer. *A* Julius von Borsody. *D* Paula Wessely (Julika), Attila Hörbiger (Rittmeister Karl von Tamassy), Gina Falckenberg (Grit von Hellmers), Arthur Somlay, Gabor Rajnai, Hermann Gruber. *P* Vienna-Film, Wien. 84 Minuten. 1936. Alternativer Titel *Ernte*.
Ungarn 1910. Kutscherstochter Julika hilft verarmten Landbaron, sein Gut wieder hochzubringen. Nachdem seine adelige Verlobte ihn sitzenläßt, darf sie auch ihrer lange unterdrückten Liebe freien Lauf lassen und ihn heiraten.
»Mein Geschmack mag gewöhnlich und lüstern sein, aber ich genieße es nun einmal, Myrna Loy und Ginger Rogers über die Leinwand schweben zu sehen; und im Unterschied zu anspruchsvolleren Kritikern treibt mich kein unsägliches Verlangen hin zu einer Wiener Schauspielerin mit einer Ammen-Taille und zusammengewachsenen Augenbrauen. Wenn man so grobsinnlich ist wie ich, kann man Paula Wessely unmöglich gerecht werden. Natürlich ist sie eine gute Schauspielerin und sehr redlich, und sie setzt ihre Naivität sehr klugkalkuliert ein, und ist ganz irdisch und niedlich mit ihren Bauernmädchen-Tränen. Sie ist völlig in Ordnung, auf dem Papier. Aber sie spielt nicht auf dem Papier. Sie spielt in einem dunklen Raum in einer dunklen Nacht, viele Leute haben einen Schnupfen und wenigstens *ein* Kritiker läuft Gefahr, sich wegen ihr die Grippe zu holen. Und Redlichkeit ist nicht genug. Ebensowenig wie klugkalkulierte Schauspielerei, und feudale Anbetung eines Rittmeisters, und tapfere Tränen« (Alistair Cooke, *Manchester Guardian*).

**Junges Gemüse.** *R* Günter Reisch. *B* Günther Rücker, Kurt Bortfeldt. *K* Horst Brandt. *M* Peter Fischer. *A* Alfred Hirschmeier. *D* Herbert Richter (Amann, Leiter eines VEAB, Volkseigener Erfassungs- und Aufkaufbetrieb), Angela Brunner (Grit, Buchhalterin), Christoph Engel, Paul Heidemann. *P* Defa, DDR. 79 Minuten. 1956.
Der selbstherrliche Leiter eines VEB hält einen auf Stoffsuche befindlichen jungen Dramatiker für einen Instrukteur des Ministeriums und

fühlt sich dadurch zur Selbstkritik veranlaßt. Nebenher wird die Liebesgeschichte des Dramatikers zu der Buchhalterin Grit erzählt.

**Kadetten.** R Karl Ritter. B Felix Lützkendorf, Karl Ritter nach der Idee von Alfons Menne. K Günther Anders. M Herbert Windt. L »Ich habe Lust im weiten Feld, zu stehen mit dem Feind, wohl als ein tapfrer Kriegsheld« von Felix Lützkendorf *(T)* und Herbert Windt *(M)*. D Mathias Wieman (Hauptmann Friedrich von Tzülow), Andrews Engelman (Kosake), Carsta Löck, Theo Shall, Klaus Detlef Sierck, Josef Keim. Erich Walter, Willi Kaiser-Heyl, Wilhelm. P Krüger. P Ufa. 2561 Meter. 1941.

Berlin 1760. Friedrich II. kämpft bei Torgau gegen die Österreicher, während die Russen gegen Berlin vorrücken. Sie nehmen das Kadettenkorps der Lichterfelder Kadettenanstalt als Geiseln. Der ehemals preußische Hauptmann Tzülow, der bei der Niederlage bei Kunersdorf desertierte, weil er sich vom König ungerecht behandelt fühlte, nimmt die preußischen Kadetten unter seine Fittiche. Er bewundert den Mut und die Haltung dieser neun- bis zwölfjährigen Jungen. Er flieht mit ihnen. Obwohl die Jungen protestieren, geht er den Kosaken entgegen, tötet den Anführer und fällt selbst im feindlichen Kugelhagel. Die preußischen Husaren hatten einen Vorsprung und die Gelegenheit, die Kadetten zu befreien.
*Kadetten* hatte nichts mit dem Romanstoff von Ernst von Salomon zu tun. Der Film wurde bereits 1939 gedreht, kam aber erst 1941 an die Öffentlichkeit, um die Sowjets nicht zu provozieren, denn der Film hatte eine eindeutig anti-russische Tendenz. Das Ziel, bei den jugendlichen Zuschauern, den Wunsch wachzurufen, für das Vaterland zu kämpfen und nötigenfalls auch zu sterben, hat Karl Ritter mit diesem Film ganz sicher erreicht.

**Käpt'n Bay-Bay.** R Helmut Käutner. B Heinz Pauck, Per Schwenzen, nach dem Bühnenstück von Iwa Wanja, Fritz Grasshoff, Norbert Schultze. K Friedl Behn-Grund. M Norbert Schultze. L »Nimm uns mit, Kapitän, auf die Reise«, »Kleine weiße Möwe«, »Käpt'n Bay-Bay aus Schanghai«, »Blacky Blue«, »Madame Goulou« von Norbert Schultze *(M)* und Fritz Grasshoff *(T)*. A Fritz Maurischat, Paul Markwitz, Alfred Bücken. D Hans Albers (Käpt'n Bay-Bay), Bum Krüger (Smutje), Lotte Koch (Hanna), Renate Mannhardt, Angèle Durand, Anneliese Kaplan, Rudolf Fernau, E.F. Fürbringer, Fritz Remond, Robert Meyn. P Meteor (Heinrich Jonen). 102 Minuten. 1952.
Ehe der als »Käpt'n Bay-Bay« bekannte Kapitän Christian Droste seine ewige Braut Hanna endlich vor den Traualtar führt, erzählt er in der Kneipe den Hochzeitsgästen von den wilden Abenteuern auf allen Meeren und in vielen Häfen, die diese Eheschließung bislang verhindert haben.

**Kampfgeschwader Lützow.** R Hans Bertram. B Hans Bertram, Wolf Neumeister, Heinz Orlovius. K Georg Krause, Luftaufnahmen Heinz Jarworsky, Walter Rosskopf. A Otto Moldenhauer, Franz Bi. D Christian Kayssler (Oberst Mithoff), Hermann Braun (Unteroffizier Eckhard), Heinz Welzel (Unteroffizier Paulsen), Hannes Keppler, Marietheres Angerpointner, Carsta Löck. P Tobis. 2794 Meter. 1941.
1939. Das Kampfgeschwader, das in Krieg (1. Weltkrieg, Spanischer Bürgerkrieg) und Frieden schon viel mitgemacht hat (der Film ist eine Art Fortsetzung von *D III 88),* wird gegen Polen eingesetzt, wo es sich nicht nur durch Bombardierungen von Festungen und Stellungen bewährt. »Auf dem Rückflug entdecken deutsche Maschinen die Leidenszüge der ausgetriebenen und verschleppten Volksdeutschen. Die eben noch so prahlerischen polnischen Begleitmannschaften suchen Deckung und zwingen die Deutschen, die Zielscheibe zu spielen. Ein Meisterwerk der deutschen Borschützen ist es, als sie der Polen verjagen und empfindlich treffen, ohne daß einer der Volksdeutschen in Gefahr gerät« *(Illustrierter Film Kurier* Nr. 3181). Anschließend wird das Geschwader gegen England eingesetzt. Einer der Filme, die mit »polnischen Greueltaten« die Notwendigkeit des Krieges zu erklären suchen.

**Kanonen-Serenade.** R Wolfgang Staudte. B Ennio de Concini, Duccio Tessari, Wolfgang Staudte. K (Ferraniacolor) Gabor Pogany. M Angelo Francesco Lavagnino. A Franco Lolli, Marilù Carteny. D Vittorio de Sica (Kapitän Ernesto de Rossi), Folco Lulli (Steuermann Sciaccabratta), Heinz Reincke (Hans), Hélène Remy (Irma), Ingmar Zeisberg (Anna), Lianella Carell, Piero Lulli. P Peter Bamberger/Ufa.
Bei Kriegsausbruch wird ein italienischer Tomatenfrachter mit einer Kanone bestückt; der Kapitän fühlt sich nun als Kriegsschiffkommandant und geht auf U-Boot-Jagd.
»Eigentlich ist alles sehr lustig, wenn Krieg und Tod nicht so traurig wären . . . Außerdem ist der Spießer de Sica, den Staudte treffen will, viel zu sympathisch« (Heiko R. Blum: *30 Jahre danach).*

**Karneval der Liebe.** R Paul Martin. B Walter Forster, Peter Groll, Paul Martin. K Stefan Eiben, H. O. Schulze. M Michael Jary. L »Das Karussell« von H.F. Beckmann *(T)* und Michael Jary *(M),* »Durch dich wird diese Welt erst schön« von v. Pinelli *(T),* Michael Jary. D Dora Komar (Marina), Dorit Kreysler (Kitty), Johannes Heesters (Peter), Axel von Ambesser (Frank), Richard Romanowsky (Direktor Oberländer), Hans Moser (Meierhofer), Gustav Waldau (Graf). P Berlin-Film (Franz Vogel). 2638 Meter. 1943.
Marina, Partnerin und Geliebte des gefeierten Tenors Peter möchten heiraten. Doch die Tänzerin Kitty funkt dazwischen und stiftet Unfrieden. Hindernisse und Mißverständnisse müssen ausgeräumt werden, damit es zum Happyend kommen kann.

**Der Katzensteg.** R Fritz Peter Buch. B Hans H. Zerlett, nach dem Roman von Hermann Sudermann. K Georg Krause. M Walter Gronostay. A Karl Machus, Bruno Monden. D Brigitte Horney (Regine), Hannes Stelzer (Werner), Fritz Reiff (Graf Schranden), Willy Schur (Tischler Hackelberg), Eduard von Winterstein (Pfarrer Götz), Otto Wernicke (Gastwirt Merckel), Else Elster (Helene), Karl Dannemann, Paul Westermeier, Rudolf Klein-Rogge. P Euphono/Tobis (Herbert Engelsing). 2381 Meter. 1937.
In den preußischen Befreiungskriegen zwingt den ostpreußische Graf Schranden die Dienstmagd Regine, die Franzosen über eine nur wenig bekannte Brücke, den Katzensteg, in den Rücken des preußischen Freikorps zu führen. Nicht nur der Graf und die Dienstmagd werden wegen dieses Verrates verfemt, sondern auch der Sohn des Grafen, Werner – obwohl er sich in den Freiheitskämpfen ausgezeichnet hat.

**Kautschuk.** R Eduard von Borsody. B Ernst von Salomon, Dr. Franz Eichhorn, Eduard von Borsody. K Willy Winterstein, Edgar Eichhorn. M Werner Bochmann. D René Deltgen (Henry Wickham), Gustav Diessl, Vera von Langen, Roma Bahn, Herbert Hübner, Walter Franck, Hans Nielsen. P Ufa. 98 Minuten. 1938.
1876. Um das Kautschuk-Monopol Brasiliens zu brechen, bringt der Engländer Wickham auf illegalen Wegen Kautschuk-Samen aus dem Land und läßt die Pflanzen in englischen Kolonien kultivieren.
Aufregender Abenteuerfilm, großenteils in Außenaufnahmen am Amazonas entstanden. Daß der Nazi-Film ausgerechnet einem *englischen* Patrioten ein Denkmal setzte, hat schon damals manche irritiert. »Sollte es nicht auch in der *deutschen* Geschichte im Kampf um die Rohstoffe oder bei der Erfindung von Ersatzstoffen Schicksale geben, die ebenso einer filmischen Behandlung wert wären?« *(Der deutsche Film,* Dezember 1938).

**Kinder, Mütter und ein General.** R Laslo Benedek. B Herbert Reinecker, nach seinem Roman. K Günther Rittau. M Werner Eisbrenner. A Erich Kettelhut, Johannes Ott. D Hilde Krahl (Frau Asmussen), Therese Giehse (Mutter Bergmann), Bernhard Wicki (Hauptmann Dornberg), Ewald Balser (General), Maximilian Schell, Klaus Kinski, Claus Biederstaedt, Rudolf Fernau, Hans Christian Blech. P Intercontinental (Erich Pommer). 105 Minuten. 1954.
März 1945, bei Stettin. Mütter gehen an die Front, um ihre in die letzten Kämpfe geworfenen 14- bis 15jährigen Söhne zu retten.
»Sieht man sich den Film heute an, so kann man nicht nur eine erschreckende filmische Infantilität feststellen, sondern man fragt sich auch, was an der konstruierten, mit allen gängigen Klischees vollgepackten Handlung mutig oder ›antikriegerisch‹ sein soll« (Eckhardt Schmidt, *Film,* 1964).

**Kinder vor Gericht.** R Georg C. Klaren. B Georg C. Klaren. K A. O. Weitzenberg. D Ellen Schwanneke, Hermann Speelmans, Carl Balhaus, Aribert Moog. P Excelsior-Film. 2111 Meter. 1931.
Jugendliche werden durch schlechte Wohnverhältnisse moralisch gefährdet und in Rechtsverfahren verwickelt, in denen sich die Fragwürdigkeit der Aussagen von Minderjährigen vor Gericht erweist.

**Kirmes.** R Wolfgang Staudte. B Wolfgang Staudte, Claus Hubalek. K Georg Krause. A Ellen Schmidt, Olaf Ivens. D Götz George (Robert Mertens), Juliette Mayniel (Annette), Hans Mahnke (Paul Mertens), Wolfgang Reichmann (Georg Hölchert), Manja Behrens, Fritz Schmiedel, Benno Hoffmann. P Freie Film Produktion (Harald Braun, Helmut Käutner, Wolfgang Staudte). 104 Minuten. 1960.
1944. Desertierter Soldat geht in sein Heimatdorf in die Eifel, wo keiner den Mut aufbringt, ihm zu helfen. Er erschießt sich.
»Das ist seit Wickis *Brücke* immerhin der wichtigste, anständigste deutsche Zeitfilm, der sich offen der Vergangenheit stellt. Vielleicht hat er mich deshalb noch stärker beeindruckt, weil er nicht mit dem Zusammenbruch endet. Das Jahr 1945 war ja gottlob nur eine Zäsur, kein Schlußstrich; wie die Überlebenden nach all jener Brutalität und Schrecknis wieder ins normale Leben fanden – das ist eine Frage, die noch immer bewegt. Staudtes Antwort ist genau, aber bitter« (Hans-Dieter Roos, *Süddeutsche Zeitung,* 1960).

**Kitty und die Weltkonferenz.** R Helmut Käutner. B Helmut Käutner, nach dem Bühnenstück *Weltkonferenz* von Stefan Donat. K Willy Winterstein. M Michael Jary. L »Jedes kleine Fräulein braucht im Frühling einen Freund« von Michael Jary *(M),* Helmut Käutner *(T).* A Max Mellin. D Hannelore Schroth (Kitty), Fritz Odemar (Sir Horace Ashlin), Christian Gollong (Piet Enthousen), Maria Nicklisch (Irene Sorel), Max Gülstorff, Paul Hörbiger, Charlott Daudert, Hubert von Meyerinck. P Terra (Walter Tost). 98 Minuten. 1939.
Weltwirtschaftskonferenz in Lugano. Die Manicure Kitty vom Edenhotel, die in Ausübung ihres Berufes alle wichtigen Leute kennenlernt und von allen geschätzt wird, besorgt ihrem Freund, dem Journalisten Piet Enthousen, ein Interview mit dem englischen Wirtschaftsminister.

Helmut Käutners Debütfilm, am 25. August 1939 uraufgeführt, bald darauf, als friedliche Weltkonferenzen und freundliche englische Minister nicht mehr gefragt waren, verboten. Remake: *Kitty und die große Welt* 1956, in Farbe, Regie Alfred Weidemann, mit Romy Schneider und O. E. Hasse.

**Kleider machen Leute.** *R* Helmut Käutner. *B* Helmut Käutner, nach der Novelle von Gottfried Keller. *K* Ewald Daub. *M* Bernhard Eichhorn. *A* Robert Herlth, Heinrich Weidemann. *D* Heinz Rühmann (Wenzel), Hertha Feiler (Nettchen), Fritz Odemar (Stroganoff), Hans Sternberg, Hilde Sessak, Rudolf Schündler, Aribert Wäscher, Erich Ponto. *P* Heinz Rühmann/Terra. 107 Minuten. 1940.
Der Schneidergeselle Wenzel kommt in den Ruf, etwas Besseres zu sein.
»Der Film bezeugt Käutners Spaß an der Farce und der Mystifikation ... Seine Schauspieler führt er virtuos, zeigt viel Raffinement im Umgang mit den Dekors und den Kostümen und genießt das Spiel um die Verdoppelung von Figuren ... Ein leichtgewichtiger, wie eine Skizze hingeworfener Film, der aber immerhin ein ebenso sicheres Gefühl für die Atmosphäre einer Zeit verrät wie die besten Filme von Minelli« (Louis Marcorelles, *Cahiers du Cinéma*).

**Der kleine Grenzverkehr.** *R* Hans Deppe. *B* Berthold Bürger (Erich Kästner) nach dem Roman *Georg und die Zwischenfälle* von Erich Kästner. *K* Kurt Schulz. *M* Ludwig Schmidseder. *D* Willy Fritsch (Georg Rentmeister), Hertha Feiler (Konstanze), Heinz Salfner, Charlotte Daudert, Hilde Sessak, Hans Leibelt, Hans Richter. *P* Ufa. 2263 Meter. 1943.
Der deutsche Gelehrte Georg Rentmeister verliebt sich in Salzburg in das Stubenmädel Konstanze, das in Wirklichkeit eine Komtesse ist.
Ein Farbfilm-Remake dreht Kurt Hoffmann 1956 unter dem Titel *Salzburger Geschichten*, mit Marianne Koch und Paul Hubschmid.

**Kleine Residenz.** *R* und *B* Hans H. Zerlett. *K* Bruno Stephan, Erich Rossel. *M* Leo Leux. *A* Hans Sohnle, Max Seefelder. *D* Johannes Riemann (Emerich von Luck), Winnie Markus (Marianne Hartung), Fritz Odemar (Herzog von Lauffenburg), Lil Dagover (Herzogin von Lauffenburg), Gustav Waldau, Eric Ode, Rudolf Vogel, Carl Wery. *P* Bavaria. 85 Minuten. 1942.
1910. Herzogtum Lauffenburg. Emerich von Luck, Intendant des Hoftheaters, muß ein Stück aufführen, das der Herzog anonym zum Ruhm eines seiner Vorfahren geschrieben hat.
Der Gipfelpunkt der Frechheit, die man dem Nazi-Film und der nationalsozialistischen Kulturpolitik antun konnte. Die erste Einstellung ist eine Parodie der ersten Einstellung von Harlans *Der große König*: Napoleon (bei Harlan der Alte Fritz) hält eine Ansprache an seine Generale; vor lauter Ehrfurcht sieht man ihn von hinten. Dann sieht man, daß es sich um eine Probe beim Hoftheater handelt: Schmiere, was das Entsprechende bei Harlan tatsächlich ist. Der Herzog sitzt im Parkett und redet die Regie hinein, der Intendant bekräftigt: »Wie hier gespielt wird, bestimmt Seine Hoheit!« Der Intendant selbst ist ein ehemaliger Kavallerie-Offizier und als alter Regiments-Kamerad des Herzogs zu seinem neuen Amt gelangt. Als eine mutige Schauspielerin ihn fragt, warum er nicht die zeitgenössischen Autoren spiele, »Hauptmann ... Wedekind ...«, glaubt er, es sei von einem »Hauptmann Wedekind« die Rede; Wedekind war natürlich 1942 ein unerwünschter Autor, was den Witz dieser Szene noch gefährlicher macht. Bei anderer Gelegenheit wird diese Schauspielerin wegen eines Witzes über die Obrigkeit von einem Kollegen denunziert. Vollends subversiv ist die Behandlung des von dem Herzog von Lauffenburg zum Ruhm seines Urahns »Otto der Eiserne« geschriebenen Stückes selbst. Auf seinem Höhepunkt muß sich der Held entscheiden, ob er mit seinen Truppen in die Schlacht oder mit der geliebten Frau ins Bett geht. Nach dem Manuskript entscheidet er sich natürlich für die Schlacht; während der Proben und in Abwesenheit des Herzogs wird das gemäß der neuen historischen Erkenntnis geändert; er erliegt der Verführung des Bettes – wie von seinem Kanzler geplant, der genau wußte, daß man den völlig kriegsuntüchtigen Herrscher vom Schlachtfeld fernhalten muß, wollte man das Treffen gewinnen: eine abenteuerliche Persiflage des im Nazi-Film beliebten Liebe-Pflicht-Konfliktes mitsamt hehrer Verzicht-Ideologie. Um das Maß voll zu machen, sagt der Bühnen-Herzog in einer flammenden Ansprache an sein Volk: »Dunkle Wolken hängen über uns! Ich frage Euch: Wollt Ihr alles oder nichts?«, eine prophetische Paraphrase des berühmten »Wollt Ihr den totalen Krieg?«

**Der Kleinstadtpoet.** *R* Josef von Baky. *B* H. W. Becker, Wilhelm (Utz) Utermann, nach dem Roman *Verkannte Bekannte* von Wilhelm Utermann. *K* Franz Weihmayr. *M* Georg Haentzschel, Friedrich Schröder, *L* »In der Nacht kommt das Glück zu dir« von Werner Kleine *(T)* und Georg Haentzschel *(M)*. *D* Paul Kemp (Paul Schleemüller), Wilfried Seyferth (Emil), Hilde Hildebrandt (Lona), Georg Alexander (Von Bornefeld), Hans Brausewetter (Lerche), Georg Thomalla (Siegfried). *P* Ufa (Eberhard Schmidt). 2627 Meter. 1940.
Stadtsekretär Schleemüller wird wider seinen Willen mit den Gedichten, die er heimlich in seiner Freizeit schreibt, ein anerkannter Dichter.

**Klettermaxe.** *R* Kurt Hoffmann. *B* Johanna Sibelius, Eberhard Keindorff nach dem Roman von Hans Possendorf. *K* Albert Benitz. *M* Hans-Martin Majewski. *A* W.A. Herrmann Weidemann, Heinrich Weidemann. *D* Albert Lieven (Max Malien, Kriminalschriftsteller), Liselotte Pulver (Corry), Charlotte Bufford, Paul Henckels, Hubert von Meyerinck, Charlott Daudert. *P* Standard-Porta-Film. 87 Minuten. 1952.
Bei dem Besuch ihres Cousins, dem Kriminalschriftsteller Max Malien, dessen Leben sie sehr langweilig findet, verliebt sich Corry in den sagenhaften ‚Einbrecher Klettermaxe, der auf der Flucht Zuflucht bei ihr sucht, ohne seine Maske zu lüften. Klettermaxe greift überall dort ein, wo der Arm des Gesetzes die Arbeit der Polizei behindert. Corry heftet sich an seine Fersen, stellt ihn bei der Flucht auf einem Dach und als er seine Maske lüftet, erkennt sie ihren Vetter Max.

**Königliche Hoheit.** *R* Harald Braun. *B* Georg Hurdalek, Hans Hömberg, Erika Mann, nach dem Roman von Thomas Mann. *K* (Gevacolor) Werner Krien. *M* Mark Lothar. *A* Walter Haag, Alfred Bücken. *D* Dieter Borsche (Prinz Klaus Heinrich), Ruth Leuwerik (Imma Spoelman), Lil Dagover (Gräfin Löwenjaul), Mathias Wieman (Dr. Raoul Überbein), Rudolf Fernau, Paul Henckels, Günther Lüders, Paul Bildt, Heinz Hilpert, Herbert Hübner. *P* Filmaufbau (Hans Abich). 90 Minuten. 1953.

Die amerikanische Millionärstochter Imma Spoelman kommt in das Großherzogtum Grimmburg, wo in Vertretung des kränkelnden Großherzogs dessen Bruder Klaus Heinrich die Regierungsgeschäfte führt. Klaus Heinrich lernt Imma kennen und lernt von ihr, daß Hoheit und Würde nicht alles sind und ein Landesvater sich auch auf die Nöte seiner Untertanen verstehen muß. Und anderes mehr lernt er von ihr, und sie erfährt dann aber auch von ihm, daß Herkunft und Tradition nicht bedeutungslos sind. Als der kränkelnde Großherzog die Amerikanerin in die Ebenbürtigkeit erhebt, steht einer Hochzeit nichts mehr im Wege.
Der gelungenste Annäherungsversuch beim Dauerflirt des deutschen Films mit Thomas Mann. Der Autor lobte die beträchtliche Ansehnlichkeit von Film und Hauptdarstellerin.

**Königskinder.** *R* Helmut Käutner. *B* Emil Burri, Herbert Witt, Helmut Käutner. *K* Reimar Kuntze. *M* Bernhard Eichhorn. *A* Hermann Warm, Bruno Monden. *D* Jenny Jugo (Ulrike, Prinzessin von Brandenburg), Peter van Eyck (Paul), Friedrich Schönfelder (Alexander, Prinz von Thessalien), Hedwig Wangel, Erika von Thellmann. *P* Klagemann-Film (Eberhard Klagemann). 95 Minuten. 1949.
Die einst vermögenden Prinzessin Ulrike von Brandenburg ist nach Kriegsende nur noch eine Burgruine in Süddeutschland geblieben. Dazugewonnen hat sie die Liebe des gutbürgerlichen Paul. Gegen Geld und Naturalien machen sie für Amerikaner und andere Neugierige Führungen durch die Gemäuer. Ein Prinz Alexander von Thessalien, mit dem sie aus Vorkriegszeit verlobt ist und der sie in Unkenntnis ihrer Vermögenslage immer noch haben will, wird zugunsten Pauls verschmäht.

**Die Königsloge.** *R* Bryan Foy. *B* Murray Roth, Edmund Joseph, Arthur Hurley, Arthur Rundt, nach dem Bühnenstück *The Royal Box* von Charles Coghlan. *K* E.B. Du Par, Ray Foster. *M* Harold Levy. *A* Frank Namczy, Tom Darby. *D* Alexander Moissi (Edmund Kean), Camilla Horn (Alice Doren), Lew Heran (Salomon), Elsa Ersi (Gräfin Toeroek), William F. Schoeller (Prinz von Wales), Egon Brecher, Leni Stengel, Sig Ruman. *P* Warner Brothers. 2318 Meter. 1929.
Der große Schauspieler Edmund Kean und der Prinz von Wales lieben dieselbe, noch dazu verheiratete Frau, die Gräfin Toeroek. Nach einem Zusammenstoß mit dem Prinzen wird Kean aus London verbannt und von seinen Freunden verlassen.
*Die Königsloge,* der erste mit deutschen Darstellern gedrehte 100prozentige Tonfilm, war ironischerweise eine amerikanische Produktion und wurde in New York gedreht; die Warner Brothers, die schon mit *The Jazz Singer* die wesentliche Tonfilm-Pionier-Tat geleistet hatten, wollten nun die ausländischen Märkte nicht nur mit amerikanischen Filmen, sondern Filmen der jeweiligen nationalen Eigenart und Sprache erobern. Das Konzept ging nicht auf, weil schon dieser erste Versuch ziemlich mißlang. Eine amerikanische Fassung, *The Royal Box,* entstand durch englische Synchronisation des deutschen Originals.

**Die Koffer des Herrn O.F.** *R* Alexis Granowsky. *B* Hans Hömberg, Leo Lania, Alexis Granowsky. *K* Reimar Kuntze, Heinrich Balasch. *M* Karol Rathaus, Kurt Schröder. *LT* Erich Kästner. *D* Alfred Abel, Peter Lorre, Harald Paulsen, Ernst Busch, Hedy Kiesler, Margo Lion, Hertha von Walther. *P* Tonbild Syndikat. 2187 Meter. 1931.
Im Grand Hotel von Ostende treffen 13 Koffer eines Herrn O.F. ein, der sechs Zimmer für sich reservieren läßt. Das Hotel hat nur fünf Zimmer, ein sechstes wird schleunigst gebaut. Die bevorstehende Ankunft läßt in Ostende eine Tourismus-Hochkonjunktur ausbrechen. Eine Straße wird in »Straße der 13 Koffer« umgetauft. Herr O.F. trifft nie ein, aber das Geschäft blüht in Ostende.
Eine wundervoll witzige, in sich erfüllte Vorahnung des Wartens auf Godot.

**Kohlhiesels Töchter.** *R* Hans Behrendt. *B* Friedrich Raff, Julius Urgiss, nach dem Schwank von Hans Kräly. *K* Otto Kanturek. *M* Robert Gilbert, Felix Günther. *D* Henny Porten (Veronika), Fritz Kampers (Kohlhiesel),

Leo Peukert, Heinz Leo Fischer, Gustl Stark-Gstettenbaur. P Nero-Film-Henny Porten-Filmproduktion. 2486 Meter. 1930.

**Kohlhiesels Töchter.** R Kurt Hoffmann. B Georg Zoch, nach dem Schwank von Hans Kräly. K Robert Baberske. M Harald Böhmelt. A Willy Schiller, Franz Koehn, Isolde Willkomm. D Heli Finkenzeller (Veronika), Eduard Köck (Kohlhiesel), Oskar Sima, Erika von Thellmann, Leo Peukert, Fritz Kampers, Paul Richter, Beppo Brem. P Tobis. 2466 Meter. 1943.

Um der Vermählung mit dem raffgierigen und auch sonst unangenehmen Jodok-Simerl zu entgehen, tarnt Veronika, genannt Vroni, die schöne Tochter von Mathias Kohlhöfer, genannt Kohlhiesel, sich als ihre gar nicht existente, abschreckend häßliche Halbschwester, die der Kohlhiesel angeblich als Alleinerbin eingesetzt hat.

Weitere Verfilmungen des Stoffes: 1920 *Kohlhiesels Töchter*, Regie Ernst Lubitsch, mit Henny Porten; 1955 *Ja, ja, die Liebe in Tirol*, Regie Geza von Bolvary, mit Doris Kirchner; 1962 *Kohlhiesels Töchter*, Regie Axel von Ambesser, mit Liselotte Pulver.

**Kolberg.** R Veit Harlan. B Veit Harlan, Alfred Braun. K (Agfacolor) Bruno Mondi. M Norbert Schultze. D Heinrich George (Nettelbeck), Kristina Söderbaum (Maria), Paul Wegener (Loucadou), Horst Caspar (Gneisenau), Gustav Diessl (Schill), Irene von Meyendorff (Königin Luise), Otto Wernicke, Kurt Meisel, Jakob Tiedtke. P Ufa. 3026 Meter. 1945.

Verteidigung der Festung Kolberg im preußisch-französischen Krieg von 1806/07.

Veit Harlans letzte Schlacht für das Dritte Reich, 1943/44 mit einem Riesenaufwand hergestellt, mit dem insgesamt nur fünfmal verliehenen höchsten Nazi-Prädikat »Film der Nation« ausgezeichnet, am 30. Januar 1945 gleichzeitig in dem noch von deutschen Truppen gehaltenen La Rochelle und in Berlin uraufgeführt. »In den vergangenen Jahren ist gelegentlich an einer *Kolberg*-Legende gewoben worden, so, als habe hier noch ein filmisches Wunderwerk im Arsenal gelegen. Diese Legende löst sich in Nichts auf, wenn man den Film heute sieht. Trotz der neun Millionen Produktionskosten, trotz der Riesenheere von Komparsen und der berühmten Schauspieler, die Harlan hier versammelte, ist der Film doch nur eine große Durchhalte-Schnulze, bei deren Betrachtung sich dem Zuschauer teilweise die Haare sträuben. Wenn sich die Königin Luise und das Bauernmädchen Maria umarmen (›So drücke ich Preußen und Kolberg ans Herz!‹) ist der Kitsch perfekt« (Walther Schmieding, *Filmstudio 48*, 1966).

**Kommen Sie am Ersten.** R Erich Engel. B Just Scheu, Ernst Nebhut. K Albert Benitz. M Michael Jary. L »Ausgerechnet Du«, »Das Schicksal hat Ja gesagt« von Michael Jary *(M)* und Just Scheu, Ernst Nebhut *(T)*. A Herbert Kirchhoff, Erna Sander. D Hannelore Schroth (Inge Imhof), Günther Lüders (Gustav Schäfer), Käte Pontow (Gitta Schäfer), Ernst Lothar, Inge Meysel, Joachim Teege. P Real-Film (Gyula Trebitsch). 81 Minuten. 1951.

Da Inge Imhof, Verkäuferin in einem Geschäft für Herren-Ausstattung, in Gefahr schwebt, wegen großer Außenstände ihrer Firma ihre Stellung zu verlieren, entwickelt sie sich zu einer raffinierten Inkasso-Expertin.

Über Erich Engel hatte Siegfried Kracauer einst geschrieben, in seinen »witzigen Lustspielen« hätten die Filme über »kleine Angestellte und kleinere Leute« einen »künstlerischen Höhepunkt« erreicht. Dies ist der letzte Film, mit dem Engel diesem Ruf gerecht wird.

**Komödianten.** R G. W. Pabst. B Axel Eggebrecht, Walter von Hollander, G. W. Pabst, nach dem Roman *Philine* von Olly Boeheim. K Bruno Stephan. M Lothar Brühne. A Julius von Borsody, Hans Hochreiter. D Käthe Dorsch (Karoline Neuber), Hilde Krahl (Philine Schröder), Henny Porten (Amalia, Herzogin von Weissenfels), Gustav Diessl (Ernst Biron, Herzog von Kurland), Richard Häussler, Friedrich Domin, Ludwig Schmitz, Sonja Gerda Scholz, Lucie Millowitsch, Walter Janssen. P Bavaria. 112 Minuten. 1941.

Um 1750. Karoline Neuber, Prinzipalin einer fahrenden Bühnentruppe, kämpft um Qualität und Ansehen eines spezifisch deutschen Theaters, gereinigt von den Possen der zotentreibenden »Hanswurst« und bereichert durch die Werke einer neuen deutschen Dramaturgie, deren Pionier Gotthold Ephraim Lessing ist. Die Neuberin wie das attraktivste und treuste Mitglied ihres Ensembles, Philine Schröder haben die Chance, das entbehrungsreiche Komödiantenleben gegen das Dasein an der Seite eines reichen und mächtigen Mannes zu vertauschen; beide entscheiden sich für das Theater.

G. W. Pabst emigrierte 1933 nach Frankreich und Amerika. Als einziger der prominenten Emigranten kehrte er ins Dritte Reich zurück, 1939. Der erste Film nach der Remigration, *Komödianten*, schwimmt wie der spätere *Paracelsus* mit im Strom der herrschenden Ideologien: die Aufopferung des persönlichen Glücks mit einer nationalen Sache willen war eines der typischsten Motive der Genie-Biographien und anderer deutscher Filme der Zeit.

**Das kunstseidene Mädchen.** R Julien Duvivier. B Duvivier, René Barjavel, Robert A. Stemmle nach dem Roman von Irmgard Keun. K Göran Strindberg. M Heino Gaze. A Rolf Zehetbauer, Gabriel Pellon, Peter Röhrig. D Giulietta Masina (Doris Putzke), Agnes Fink, Ingrid van Bergen, Wilhelm Borchert, Gert Fröbe, Joachim Hansen, Gustav Knuth, Hannes Messemer, Inge Egger, Rudolf Platte, Ernst Schröder. P Kurt Ulrich-Film. 105 Minuten. 1959.

Doris Putzke, Stenotypistin, hat sich vorgenommen, nicht ihr ganzes Leben lang Kunstseide zu tragen. Doch ihr scharfer Blick bringt die Männer alle immer nur auf ein und denselben Gedanken, aber sie darauf, Doris ein ganzes Leben lang in Samt und Seide zu kleiden. Aber sie gibt nicht auf, sondern wirft ihren Blick und sagt sich: »Vielleicht ist der der Richtige?«

**Der Kurier des Zaren.** R Richard Eichberg. B Hans Kyer, nach dem Roman von Jules Verne. K Ewald Daub, A.O. Weitzenberg. M Hans Sommer. A Willi A. Herrmann, A.G.E. Bütow, Verch. D Adolf Wohlbrück (Michael Strogoff), Maria Andergast (Nadja), Lucie Höflich (Marfa Strogoff), Alexander Golling (Ivan Ogareff), Hilde Hildebrand (Zangara), Kurt Vespermann (Jolivet), Theo Lingen (Blount), Herbert Hübner, Bernhard Goetzke, Else Reval. P Richard Eichberg-Film-Les Production J. N. Ermolieff, Berlin–Paris. 2540 Meter. 1936.

Michael Strogoff bringt eine Geheimbotschaft des Zaren in das von aufständischen Tartaren bedrohte sibirische Irkutsk.

Deutsche Fassung einer in Paris hergestellten deutsch-französischen Coproduktion. Weitere *Kurier des Zaren*-Verfilmungen mit deutscher Beteiligung: *Der Kurier des Zaren* 1956 (Regie Carmine Gallone, Titelrolle Curd Jürgens), *Der Kurier des Zaren* 1970 (Regie Eriprando Visconti, Titelrolle John Philip Law).

**Lachende Erben.** R Max Ophüls. B Trude Herka. K Eduard Hoesch. D Lien Deyers, Lizzi Waldmüller, Heinz Rühmann, Max Adalbert, Julius Falkenstein, Ida Wüst, Walter Janssen. P Ufa. 2082 Meter. 1933.

Romeo und Julia als rheinische Posse mit Gesang.

»Mit Akzenten zu jonglieren, Sprachnuancen zu verflechten, das war für Ophüls, der vom Theater kam, das Plus, das Mehr des Tonfilms den Sprechkünsten gegenüber. Heinz Rühmann in den *Lachenden Erben* als rheinischer Weinvertreter führt eine Sprache, die später in Peter Ustinovs Publicity-Slogans für *Lola Montez* zur Perfektion gebracht wurde« (Frieda Grafe, *Süddeutsche Zeitung*).

**La Habanera.** R Detlef Sierck. B Gerhard Menzel. K Franz Weihmayr. M Lothar Brühne. L »Der Wind hat mir ein Lied erzählt«, »Kinderlied« von Lothar Brühne *(M)* und Bruno Balz, Detlef Sierck *(T)*. A Anton Weber, Ernst Albrecht, Annemarie Heise. D Zarah Leander (Astrée Sternhjelm), Ferdinand Marian (Don Pedro de Avila), Karl Martell (Dr. Sven Nagel), Julia Serda, Boris Alekin, Paul Bildt, Edwin Jürgensen, Karl Kuhlmann, Michael Schulz-Dornburg, Roma Bahn, Werner Finck, Harry Hardt. P Ufa (Bruno Duday). 100 Minuten. 1937.

Auf einer Kreuzfahrt kommt die Schwedin Astrée Sternhjelm nach Puerto Rico. Sie lernt den Großgrundbesitzer Don Pedro de Avila kennen, heiratet ihn und bleibt auf der Insel. Zehn Jahre später wackelt die Ehe. Ein junger schwedischer Arzt, Dr. Sven Nagel, kommt auf die Insel, um eine hier wütende Epidemie zu erforschen, die Don Pedro geheimhalten will, um den Obst-Export nicht zu gefährden. Don Pedro erliegt der Seuche. Dr. Nagel entwickelt ein Serum gegen sie. Astrée und das Kind, das sie von Don Pedro hat, kehren mit Dr. Nagel nach Schweden zurück.

Detlef Sierck, dessen letzter deutscher Film dies war, bevor er seine Karriere in Hollywood als Douglas Sirk fortsetzte: »Pedro wie Bernick (der Held des Sierck-Films *Stützen der Gesellschaft*, A. d. A.) gehen an ihren kapitalistischen Manipulationen zugrunde, an ihrem Betrug, ihrer Unwahrhaftigkeit, ihrem Versuch, Dinge zu verbergen... Zarah Leanders Gefühle bei ihrer Abreise sind nicht gerade linear. Sie hat zehn Jahre dort gelebt, die zehn besten Jahre ihres Lebens. Sie sieht noch einmal zurück und ist sich klar, daß sie einer verkorksten – aber absolut interessanten – Umständen entflieht. Ihre Gefühle sind sehr zweideutig« (Halliday: *Sirk on Sirk*).

**Lauter Lügen.** R Heinz Rühmann. B Bernd Hoffmann nach dem Bühnenstück von Hans Schweikart. K Carl Drews. M Michael Jary. A W.A. Herrmann. D Albert Matterstock (Andreas), Hertha Feiler (Garda, seine Frau), Fita Benkhoff (Elisabeth), Hilde Weissner, Johannes Riemann, Paul Bildt, Wolfgang Staudte. P Terra. 2386 Meter. 1938.

Andreas, der Rennfahrer verliebt sich während eines Sanatoriumsaufenthaltes in die Joan. Seine Frau Garda kuriert ihn mit Hilfe ihrer besten Freundin Elisabeth, und alles geht gut aus.

Rühmann führte hier zum ersten Mal Regie.

**Ein Leben für Do.** R Gustav Ucicky. B Kurt Heuser, nach dem Roman von Robert Pilchowski. K Ekkehard Kyrath. M Norbert Schultze. A Emil Hasler, Walter Kutz. D Hans Söhnker (Thomas), Paola Loew (Do), Heidi Becker, Charles Regnier, Renate Schacht, Paul Esser. P Capitol. 90 Minuten. 1953.

Do liebt ihren Vater, Pflanzer in Südafrika, und ist sehr glücklich, als sie endlich erfährt, daß er nur ihr Pflegevater ist.

**Leichte Kavallerie.** R Werner Hochbaum. B Franz Rauch, nach dem Roman *Umwege zur Heimat* von Heinz Lorenz-Lambrecht. K Bruno Timm. M Hans-Otto Borgmann. A Erich Czerwonski, Carl Böhm. D Marika Rökk (Rosika), Fritz Kampers (Cherubini), Carl Hellmer (Rux), Heinz

von Cleve (Rakos), Hans Adalbert Schlettow, Lotte Lorring, Cilly Feindt, Oskar Sima, Hilde Sessak. P F.D.F./Ufa. 92 Minuten. 1935.
Rosika ist der Star des Wanderzirkus Cherubini. Der Clown Rux ist ihr väterlicher Freund, der Direktor Cherubini und der Stallbursche Ernö sind ihre eifersüchtigen Verehrer. Die Wirren der Eifersucht bringen es mit sich, daß Ernö den Zirkus verlassen muß, bald gefolgt von Rux und Rosika. In Budapest erlebt die Revue »Leichte Kavallerie« ihre Premiere, die Rux eigentlich für den Zirkus geschrieben hatte: Rosika spielt die Hauptrolle und wird über Nacht ein Star. Sie findet auch für immer mit Ernö heraus, der in Wirklichkeit gar kein Stallknecht ist, sondern ein Aristokrat namens Géza von Rakos.
*Leichte Kavallerie,* der erste deutsche Marika-Rökk-Film, wurde unter Mitwirkung des Zirkus Busch in Berlin und Budapest gedreht. Eine französische Fassung inszenierte Hochbaum (mit Roger Vitrac als Dialogregisseur) unter dem Titel *Cavalerie Légère,* mit Mona Goya in der Rökk-Rolle.
»Größtenteils on location gedreht, schwelgt *Leichte Kavallerie* in Details der Zirkusarbeit, wie zum Beispiel im Aufstellen eines Zeltes und der Geburt des Löwenjungen. Die ausgedehnte Revueaufführung des Filmfinales ist ein bemerkenswerter Tribut an Busby Berkeley, der alles enthält: Unterwasser-Chorgirls, die geometrische Choreographie, Kranschüsse; des Amerikaners Verve wird nur gelegentlich durch einen Touch von Hochbaumscher Ironie verbrämt« (David Robinson: *Werner Hochbaum).*

**Lemkes sel. Witwe.** R Helmut Weiss. B Heinz Pauck, Heinz Oskar Wuttig. K Erich Claunigk. M Martin Böttcher. A Erich Kettelhut. D Grethe Weiser (Else Lemke), Brigitte Grothum (Lore), Michael Heltau (Prinz Eduard), Maria Sebaldt, Carla Hagen, Paul Hörbiger. P Standard-Film. 92 Minuten. 1957.
Gemüsehändlerin Else Lemke macht aus ihrer Tochter Lore und dem Prinzen Eduard von Krötenstein, der sich als ihr Filialleiter bewährt, ein glückliches Paar.

**Der letzte Akt.** R G. W. Pabst. B Fritz Habeck, nach einem Manuskript von Erich Maria Remarque und dem Buch *Ten Days to Die* von Michael A. Musmano. K Günther Anders, Hannes Staudinger. M Erwin Halletz. A Werner Schlichting, Otto Pischinger, Wolf Witzemann. D Albin Skoda (Hitler), Lotte Tobisch (Eva Braun), Billy Krauss (Goebbels), Elga Dohrn (Magda Goebbels), Hermann Erhardt (Göring), Eric Suckmann (Himmler), Kurt Eilers (Martin Bormann), Oskar Werner, Julius Jonak, Walter Regelsberger. P Cosmopol, Wien. 109 Minuten. 1955.
Die letzten Tage von Hitlers Führerbunker.
»Der Film verfolgt minutiös die letzten Tage Hitlers in seinem Bunker. Das Bemühen um Authentizität ist beachtlich... Der Film sagt auch ziemlich deutlich, daß für das Hitler-Regime und seine Verbrechen jeder einzelne Deutsche verantwortlich war. Vielleicht erklärt das seinen Mißerfolg in der Bundesrepublik« (Yves Aubry/Jacques Petat: *G. W. Pabst).*

**Die letzte Kompanie.** R Kurt Bernhardt. B Ludwig von Wohl, Heinz Goldberg, Hans J. Rehfisch, nach einer Idee von Hans Wilhelm, Hermann Kosterlitz. K Günther Krampf. M Ralph Benatzky. A Andrej Andrejew. D Conrad Veidt (Hauptmann Burk), Karin Evans (Dore), Erwin Kalser, Else Heller, Heinrich Gretler, Paul Henckels, Werner Schott. P Ufa. 2167 Meter. 1930.
1806, in den napoleonischen Kriegen. Um den Rückzug preußischer Truppen über eine Saalebrücke, die dann gesprengt werden soll, zu decken, verteidigen die zwölf letzten Überlebenden der Kompanie des Hauptmann Bruck eine Mühle bis zum letzten Mann.

»Dazwischen, tontechnisch hervorragend ins Publikum geschrieen, reißerische Sätze. Ausharren bis zum letzten Mann; Befehl ist Befehl; das Vaterland willst – und last but not least: der Heldentod ist die einzige Möglichkeit des Mannes, dem Vaterland seine Liebe zu beweisen. Der Tenor des... Durchhaltedramas war ganz im Sinne Dr. Alfred Hugenbergs, der als Aufsichtsratsvorsitzender der Ufa politischer Drahtzieher sich um die Wiederaufrüstung Deutschlands bemühte und der keine Gelegenheit ungenutzt ließ, dem Volk das ›Schanddiktat von Versailles‹ in Erinnerung zu rufen. ›Wo wir stehen, da ist Preußen‹ brüllt Conrad Veidt, der Star der *Kompanie* und kassierte dafür den Sonderapplaus rechtsradikaler Premierengäste und Lobeshymnen aus den Kritikerreihen der Scherl-Meinungsmonopole« (Herbert Holba: *Die Geschichte des deutschen Tonfilms).* Ironischerweise ist der Film wesentlich das Werk von Männern, die wenig später das Vaterland freiwillig oder gezwungenermaßen verließen: Kurt Bernhardt (später Curtis Bernhardt), Hans Wilhelm, Hermann Kosterlitz (später Henry Koster), Günther Krampf, Conrad Veidt. Fast noch komischer ist es, daß Fritz Umgelter 1967, als es überhaupt kein Motiv für Durchhaltefilme gab, ein Remake der *Letzten Kompanie* drehte, unter dem Titel *Eine Handvoll Helden,* mit Horst Frank in der Veidt-Rolle.

**Der letzte Mann.** R Harald Braun. B Georg Hurdalek, Herbert Witt, nach dem Film von Carl Mayer und F. W. Murnau (1924). K Richard Angst. M Werner Eisbrenner. A Robert Herlth, Kurt Herlth, Gudrun Rabente. D Hans Albers (Oberkellner Karl Knesebeck), Romy Schneider (Niddy Hövelmann), Rudolf Forster, Joachim Fuchsberger, Michael Heltau. P Neue Deutsche Filmgesellschaft (Georg Richter). 105 Minuten. 1955.
Oberkellner wird zum Toilettenwärter degradiert und steigt dann zum Hoteldirektor auf.
»Harald Braun, der dieses verheerende Remake des deutschen Stummfilmklassikers *Der letzte Mann* verschuldet hat, war eine typische Figur unter den als anspruchsvoll geltenden deutschen Regisseuren der fünfziger Jahre: ein reaktionärer Langweiler mit verlogenen Anliegen ›reiner Menschlichkeit‹« (Frauke Hanck: *Romy Schneider und ihre Filme).*

**Das letzte Rezept.** R Rolf Hansen. B Hans-Joachim Beyer, Juliane Key. K Franz Weihmayr. A Franz Maurischat, Paul Markwitz. D O. W. Fischer (Apotheker Hanns Falkner), Heidemarie Matheyer (Anna Falkner), Sybil Werden (Bozena Boroszi), Carl Wery, Hilde Körber, René Deltgen, Harald Paulsen. P Fama-Meteor. 95 Minuten. 1951.
Eine morphiumsüchtige Tänzerin bringt einen Salzburger Apotheker in Schwierigkeiten, aus denen ihn seine verständnisvolle Gattin errettet.
Melodram voll scheußlichster Abgründe und nobelster Gesinnungen, kulturell verziert durch *Jedermann-*Gewissensappelle.

**Der letzte Sommer.** R Harald Braun. B Braun, Emil Burri, Georg Hurdalek nach der Novelle von Ricarda Huch. K Werner Krien. M Werner Eisbrenner. A Robert und Kurt Herlth. D Hardy Krüger (Ricola), Mathias Wieman (Staatspräsident), René Deltgen (Gawan), Liselotte Pulver (Jessika), Brigitte Horney, Nadja Tiller, Ute Hallant, Rolf Henninger, Leonard Stekkel. P NDF (Georg Richter). 110 Minuten. 1954.
Der junge Student Ricola und der Erzgrubenarbeiter Gawan bereiten ein Attentat auf den Staatspräsidenten vor ohne Wissen der Partei. Ricola vereitelt das Attentat, weil er ein Mädchen retten will, das zur gleichen Zeit wie der Präsident die präparierte Brücke passieren will. Gawan flüchtet, die Brücke bricht zusammen und der Präsident und sein Gefolge feierten Ricola als Retter. In das junge Mädchen Jessika, die Tochter des Präsidenten, verliebt sich Ricola, der einige Zeit auf dem Landsitz des Präsidenten verbringen darf. In der Zwischenzeit wird Gawan erschossen und Ricola verläßt das gastliche Haus als geläuterter Mann, der durch Weisheit und menschliche Freundlichkeit des Präsidenten zu neuen Einsichten gelangt ist.

**Die Leuchter des Kaisers.** R Karl Hartl. B Karl Hartl, Friedrich Schreyvogel, nach dem gleichnamigen Roman der Baronesse von Orczy. K Werner Brandes, Karl Droemmer, Anton Pucher. M Willy Schmidt-Gentner. A Kurt Herlth, Werner Schlichting. D Sybille Schmitz (Anna Demidow), Karl Ludwig Diehl (Georg Wolenski), Friedl Czepa (Maria), Inge List (Kammerzofe), Anton Edthofer (Erzherzog Ludwig), Max Gülstorff (Graf Surowkin), Johannes Heesters (Großherzog Peter Alexandrowitsch), Fritz Rasp, Heinrich Schroth. P Gloria, Wien. 92 Minuten. 1936.
Während der Freiheitskämpfe der Polen gegen die russische Zarenherrschaft verliebt sich ein polnischer Patriot in eine Spionin der Gegenseite, die Abenteurerin Anna Demidow.

**Leute mit Flügeln.** R Konrad Wolf. B Karl Georg Egel, Paul Wiens. K Werner Bergmann. M Hans-Dieter Hosalla. A Gerhard Helwig. D Erwin (Geschonneck (Bartuschek), Wilhelm Koch-Hooge (Dr. Lampert), Hilmar Thate (Henne), Franz Kutschera, Rosita Fernandez, Norbert Christian, Sabine Thalbach, Manfred Krug. P Defa, DDR. 100 Minuten. 1960.
Der Film erzählt die Geschichte zweier Flugzeugbauer von 1933 bis zur Gegenwart. Während sich der Kommunist Bartuschek von seiner Familie trennt, jeden Pakt mit den Nazis ausschlägt und sich dem Widerstand anschließt, macht Dr. Lamprecht Kompromisse. Bartuschek kämpft im Ruhrgebiet, in Spanien, emigriert in die Sowjetunion, kehrt nach Deutschland zurück und wird von den Nazis ins KZ gesteckt. Nach der Befreiung trifft Bartuschek seinen Sohn, der noch in den letzten Tagen das Mitglied der HJ wurde. Aber nun beginnen sie ein gemeinsames Leben. Bartuschek hilft als Parteisekretär beim Aufbau der Flugzeugindustrie und der Sohn, seinen Vater als Vorbild vor Augen, wird ein nützliches Mitglied der Gesellschaft.
»Die ideologische Verklammerung des Gestern und Heute bringt Wolf durch filmtechnische Kunstgriffe zustande (die Szene von der Befreiung des KZ Buchenwald ist in der gleichen Bildkomposition gefilmt wie eine spätere Szene auf dem DDR-Rollfeld), wodurch sie allerdings noch keine Überzeugungskraft erlangt. Die Handlungsführung ist streckenweise stark schematisch; die Arbeit im Flugzeugwerk (reich an strahlenden, optischen Aspekten) soll vertretend für den sozialistischen Aufbau in der DDR überhaupt stehen. *Leute mit Flügeln* gehört insgesamt zu den schwächsten Filmen von Konrad Wolf.« (Ulrich Gregor u. a., *Film in der DDR)*

**Liebe 47.** R Wolfgang Liebeneiner. B Wolfgang Liebeneiner, Kurt Joachim Fischer, nach dem Hörspiel und Bühnenstück *Draußen vor der Tür* von Wolfgang Borchert (1947). K Franz Weihmayr. M Hans-Martin Majewski. A Walter Haag. D Dieter Horn, Hilde Krahl, Sylvia Schwarz, Karl John, Erika Müller, Grethe Weiser, Albert Lorath, Erich Ponto, Hubert von Meyerinck. P Filmaufbau. 118 Minuten. 1949.
Die Erlebnisse und Erinnerungen des Rußlandheimkehrers Beckmann, der nach drei Jahren sibirischer Gefangenschaft seine Frau in den Armen eines anderen findet und der nicht Selbst-

mord machen kann, weil die Elbe ihn nicht nimmt.
Der Selbstentnazifizierungs-Film des ewigen Opportunisten Liebeneiner, eine Verschnulzung des bedeutendsten Stückes der deutschen Kahlschlagliteratur nach 1945. Der Film wurde noch einige Jahre vor allem in Filmclubs heiß diskutiert; aus diesen Auseinandersetzungen ist ein Beitrag eines 17jährigen Schülers, Michael Schwarz, dokumentiert: »Dieser Film gefällt mir nicht. Ich habe diesen Film dreimal gesehen, ich habe das Theaterstück, das den Namen *Draußen vor der Tür* trägt, gesehen, und ich habe das Buch Wolfgang Borcherts mehrere Male gelesen. Es war also keinesfalls der erste Eindruck, der mich dazu verleitete, den Film abzulehnen ... Die Rückblenden dieses Films stammen nicht aus *Draußen vor der Tür*. Dort finden wir nirgends die Geschehnisse der Vergangenheit, wie etwa: Kennenlernen und Hochzeit von Anna und Jürgen, ihre Ferienzeit in der Bergwelt, Tod ihrer Tochter Monika, diverse Geschichten mit diversen Männern. Bei Borchert gibt es kein Wohnungsamt und keine Fischfabrik, dort steht auch nichts von einer mitleidigen Wirtin.« (Zitiert nach Ulrich Kurowski: *Von Hitler bis Adenauer – Trümmerfilme und andere von 1946 bis 1951*).

**Eine Liebesgeschichte.** *R* Rudolf Jugert. *B* Axel Eggebrecht, Carl Zuckmayer, nach der Erzählung von Carl Zuckmayer. *K* Hans Schneeberger. *M* Werner Eisbrenner. *D* Hildegard Knef (Lilli Schallweiss), O. W. Fischer (Jost von Fredersdorff), Viktor de Kowa (Manfred von Prittwitz), Karl Ludwig Diehl, Mathias Wieman, Claus Biederstaedt, Reinhold Schünzel. *P* Intercontinental (Eric Pommer). 97 Minuten. 1953.
1764. Die Schauspielerin Lilli Schallweiss gibt ihren Geliebten, Rittmeister von Fredersdorff, frei, nachdem er ihr klargemacht hat, daß sie seinem Ansehen und seiner Pflichterfüllung im Wege steht.
Aus Amerika heimgekehrt produzierte Eric Pommer diese Verherrlichung schlimmster Preußen-Tugenden im schlimmsten Ufa-Stil.

**Liebesbriefe aus dem Engadin.** *R* Luis Trenker. *Co-Regie* Werner Klingler. *B* Luis Trenker, Hanns Sassmann. *K* Hans Ertl, Karl Puth, Walter Riml, Klaus von Rautenfeld. *M* Giuseppe Becce. *L* »Schiheil« von Giuseppe Becce (*M*) und Hans Sassmann (*T*), »Holla Lady« von Giuseppe Becce, Sepp Waldacher (*M*) und Hans-Georg Cremer, Sepp Waldacher (*T*). *A* Fritz Maurischat, Arthur Schwarz, Herbert Ploberger. *D* Luis Trenker (Toni Anewanter), Carla Rust (Dorothy Baxter), Erika von Thellmann (Anni Anewanter), Charlott Daudert (Constance Farrington), Paul Heidemann, Robert Dorsay, Otto Wernicke. *P* Luis Trenker-Film / Terra. 95 Minuten. 1938.
Der Besitzer des Hotels Viertinger im Engadin schickt an zahlreiche begüterte, junge, hübsche Ausländerinnen einen Brief folgenden Inhalts: »Geliebter Schatz! Ich habe dich im vorigen Winter in Sankt Mauritius gesehen und hab mich verliebt in dich ganz und gar. Komm doch, lieber Schatz, in diesem Jahr nach Sankt Christoph, denn ich hab dich so gern wie der Himmel seine Stern, und ich lieb dich so fest, wie der Baum seine Äst. Ich lieb dich wie mein Lichtbild und bin in Ewigkeit Amen dein Toni Anewanter, Europameister im Sprung- und Langlauf. Bringe 5000 Dollar für unsere neue Bobbahn mit.« Toni Anewanter ahnt von alldem nichts und muß alles ausbaden.
Eine temperamentvolle, in ihrer Selbstironie sehr erquickliche Ausbeutung des Skilehrer-Eros-Mythos. Carla Rust, hier anzusehen als die junge Claudette Colbert, war damals die einzige deutsche Darstellerin, der man eine Amerikanerin von Sex und Sophistikation abnahm.

**Liebeswalzer.** *R* Wilhelm Thiele. *B* Hans Müller, Robert Liebmann. *K* Werner Brandes, Konstantin Irmen-Tschet. *M* Werner Richard Heymann. *L* »Du bist das süßeste Mädel der Welt«, »Seliges Schweigen, es klingen die Geigen«. *A* Erich Kettelhut, Renée Hubert. *D* Lilian Harvey (Prinzessin Eva), Willy Fritsch (Bobby Fould), Julia Serda (Die regierende Fürstin von Lauenburg), Karl Ludwig Diehl (Der Hofmarschall), Lotte Spira (Erzherzogin Melanie), Georg Alexander (Erzherzog Peter Ferdinand), Hans Junkermann, Viktor Schwanecke, Kart Etlinger, Marianne Winkelstern. *P* Ufa (Erich Pommer). 2469 Meter. 1930.

Prinzessin Eva soll den Erzherzog Peter Ferdinand heiraten, verliebt sich aber in dessen Sekretär Bobby Fould, der in Wirklichkeit der Sohn eines amerikanischen Auto-Fabrikanten ist und mithin nicht nur in der Lage, Eva glücklich zu machen, sondern auch ihr verarmtes Fürstentum zu sanieren.
*Liebeswalzer*, der erste Musikfilm der Ufa und der Beginn der Partnerschaft von Lilian Harvey und Willy Fritsch, liegt auf dem halben Weg zwischen der traditionellen, aber durch die Einflüsse der Berliner Show- und Kabarettbühne der zwanziger Jahre mit einem neuen Drive versehenen Operette, und dem modernen Tonfilm-Musical, das die *Liebeswalzer*-Mannschaft anschließend mit *Die Drei von der Tankstelle* (Uraufführung vor sieben Monate nach der *Liebeswalzer*-Premiere) kreiert. Der Geschäftserfolg des Films wird in der Saison 1929/30 nur noch von den *Atlantic*-Kasseneinnahmen übertroffen. Eine englischsprachige Version drehte Thiele mit der Harvey, aber ohne Fritsch unter dem Titel *The Love Waltz*.

**Liebe, Tod und Teufel.** *R* Reinhart Steinbicker, Heinz Hilpert. *B* Kurt Heuser, Pelz von Felinau, Liselotte Gravenstein, Reinhart Steinbicker, nach der Erzählung *The Bottle Imp* von Robert Louis Stevenson. *K* Fritz Arno Wagner. *M* Theo Mackeben. *L* »So oder so ist das Leben« von Theo Mackeben (*M*), Hans Fritz Beckmann (*T*). *A* Otto Hunte, Willy Schiller. *D* Käthe von Nagy (Kokua), Albin Skoda (Kiwe), Brigitte Horney (Rubby), Karl Hellmer, Aribert Wäscher, Erich Ponto, Paul Dahlke, Rudolf Platte. *P* Ufa (Karl Ritter). 2854 Meter. 1934.
In einem Südseehafen kauft der Matrose Kiwe eine Flasche, die alle Wünsche erfüllt; er muß sie aber vor seinem Tod weiterverkaufen, und zwar billiger, als er sie erstanden hat, weil er sonst zur Hölle fährt. Nach vielen Erfüllungen und vielen Schmerzen wird er die Flasche schließlich nur deshalb los, weil er einen betrunkenen Matrosen als Käufer findet, der unbedingt zur Hölle fahren will.
»Brigitte Horney singt mit herb aufgerauhter Stimme und Aufsässigkeit im Blick ›So oder so ist das Leben‹ zu Anfang des Films, und für die Unzügler, gegen Ende nochmal« (Kraft Wetzel, Peter Hagemann: *Liebe, Tod und Technik*).

**Liebling der Götter.** *R* Hanns Schwarz. *B* Hans Müller, Robert Liebmann nach dem Theaterstück »Der Tokaier« von Hans Müller. *K* Günther Rittau, Konstantin Tschet. *M* Willy Schmidt-Gentner. *Lieder* »Ich sing' dir im Liebeslied«, »Ich bin ja so vergnügt« von Richard Rillo (*T*), Willy Schmidt-Gentner (*M*). *A* Erich Kettelhut. *D* Emil Jannings (Albert Winkelmann), Renate Müller (Agathe), Olga Tschechowa (Olga von Dagomirska), Hans Moser (Kratochvil), Max Gülstorff, Eduard von Winterstein, Willy Prager, Siegfried Berisch. *P* Ufa (Erich Pommer). 2996 Meter. 1930.
Der Sänger Albert Winkelmann ist keiner Eskapade abgeneigt, doch lieben tut er nur seine Frau. Bei einem Engagement in Südamerika verliert er seine Stimme. Niemand erfährt von diesem Unglück. Dem Drängen seiner Umgebung, doch wieder zu singen, kann er immer wieder ausweichen. Eines Tages entdeckt er, daß er wieder singen und sein Publikum begeistern kann.
»Nach dem *Blauen Engel* trat eine gewisse Stagnation in der Karriere von Jannings ein. Wahrscheinlich durch den Erfolg dieses Films angeregt, drehte Hanns Schwarz nach einem Drehbuch von Hans Müller und Robert Liebmann *Liebling der Götter*, eine musikalische Komödie im Künstlermilieu, in der Jannings zwei der damals beliebtesten Komödiantinnen zu Partnerinnen hatte, Renate Müller und Olga Tschechowa. Ohne Marlene wurde indessen kein großer Erfolg daraus« (Charles Ford: *Emil Jannings*). 1960 drehte Gottfried Reinhardt unter dem Titel *Liebling der Götter* einen Film über die letzten Lebensjahre von Renate Müller und ihren frühen Tod 1937.

**Das Lied der Matrosen.** *R* Kurt Maetzig, Günter Reisch. *B* Karl Georg Egel, Paul Wiens. *K* Joachim Hasler, Otto Merz. *M* Wilhelm Neef, *Lied* »Das Lied der Matrosen« von Karl-Georg Egel, Paul Wiens (*T*), Wilhelm Neef (*M*, Klaviersatz). *A* Gerhard Helwig. *D* Günther Simon (Erich Steigert), Raimund Schelcher (August Lenz), Ulrich Thein (Henne Lobke), Horst Kube (Jens Kasten), Hilmar Thate (Ludwig Bartuschek), Wolfgang Lanhoff, Ekkehard Schall, Jochen Thomas, Fred Düren, Eduard von Winterstein. *P* Defa. 125 Minuten. 1958.
Der Film erzählt die Geschichte der Novemberrevolution von 1918 anhand der Erlebnisse von sieben Matrosen, deren Schicksale zu einer Ballade verdichten. Die einzelnen Teile werden durch das interpretierende Lied der Matrosen verbunden.
»Den Filmschöpfern gelingt es weitgehend, Sieg und Niederlage, Größe und Schwäche der Novemberrevolution in den einzelnen Episoden widerzuspiegeln. Der Film setzt seine Akzente dort, wo das politische Bewußtsein der Matrosen wächst, wo sie sich auf ihre eigene Kraft besinnen. Der Höhepunkt des Films ist ihre bewußteste Aktion: Sie reißen das ›Feuer aus den Kesseln‹.« (20 Jahre DEFA-Spielfilm).

**Liselotte von der Pfalz.** *R* Carl Froelich. *B* Carl Froelich, Peter Gillmann, Hofmann-Harnisch. *K* Reimar Kuntze. *M* Alois Melichar. *A* Franz Schroedter. *D* Renate Müller (Liselotte), Eugen Klöpfer (Kurfürst Karl Ludwig), Michael Bohnen (Ludwig XIV.), Ida Wüst (Sophie), Hilde Hildebrand (Duchesse de Montespan), Hans Stüwe (Philipp von Orleans), Alexander Golling (General Mélac), Dorothea Wieck (Madame de Maintenon). *P* Carl Froelich / Europa. 2558 Meter. 1935.
Die Kurpfälzische Prinzessin Liselotte heiratet den Bruder Ludwigs XIV. und behauptet sich dank ihres urigen Wesens und ihrer Seelengröße am französischen Hof.

**Der Lotterieschwede.** *R* Joachim Kunert. *B* Joachim Kunert, Jens Gerlach nach der Novelle von Martin Andersen Nexö. *K* Otto Merz. *M* André Asriel. *A* Gerhar Helwig. *D* Erwin Geschonneck (Johan Jönsson, der Lotterieschwede), Sonja Sutter (Frau Jönsson), Harry Hindemith (Bergendahl), Jochen Thomas, Hans Emons, Gerhard Lau, Gustav Püttjer, Albert Garbe, Günther Simon. *P* Defa. 71 Minuten. 1958.
Der Film erzählt die Geschichte eines Mannes, der mit seinem Lohn seine Familie nicht ernähren kann und seine ganze Hoffnung auf ein Lotterielos setzt. Er vergißt Frau und Kinder, verfällt dem Alkohol und verspielt schließlich das Los, als er tatsächlich gewinnt. Aus Verzweiflung begeht er Selbstmord.

**Ludwig II. – Glanz und Ende eines Königs.** *R* Helmut Käutner. *B* Georg Hurdalek, Peter Berneis, nach einer Erzählung von Kadidja Wedekind. *K* (Technicolor) Douglas Slocombe. *M* Richard Wagner, bearbeitet von Heinrich Sudermeister. *ML* Kurt Graunke. *A* Hein Heckroth, Fritz Lück. *D* O. W. Fischer (Ludwig II., König von Bayern), Ruth Leuwerik (Elisabeth, Kaiserin von Österreich), Marianne Koch (Prinzessin Sophie), Paul Bildt (Richard Wagner), Friedrich Domin (Bismarck), Rolf Kutschera (Graf Holnstein), Herbert Hübner (Kabinettchef Pfistermeister), Rudolf Fernau (Prinz Luitpold), Klaus Kinski (Prinz Otto), Robert Meyn (Dr. Gudden), Willy Rösner, Fritz Odemar, Albert Johannes, Hans Quest. *P* Aura (Conrad von Molo, Wolfgang Reinhardt). 115 Minuten. 1955.

Ludwig II. besteigt den bayerischen Thron. Als er gewahr wird, daß der eigentliche Herrscher Bismarck ist, überläßt er gekränkt die politischen Geschäfte seinen Ministern und widmet sich seinem Wunschtraum, ein Königreich der Musen zu errichten. Er holt Wagner nach München, fördert ihn großzügig, muß ihn aber bald wieder wegen seines Lebenswandels entlassen. Kaiserin Elisabeth ist für ihn unerreichbar, und Prinzessin Sophie versteht ihn nicht. So zieht er sich zurück. Sein aufwendiges Leben, der Bau der Schlösser Linderhof, Herrenchiemsee und Neuschwanstein bewirken, daß der König in Verwahrung genommen wird und entmündigt werden soll. Unter der Aufsicht des Psychiaters Dr. Gudden lebt er auf Schloß Berg am Starnberger See. Während eines Spazierganges mit Gudden endet sein Leben im Starnberger See.

»Noch nie auf der Leinwand strahlte Bayerns Himmel so weiß und blau wie in diesem Film der Zugereisten über den Mann, der ja immer die Künstler aller Stämme nach Bayern holen wollte – zwar gab es damals noch keinen Film, doch hätte es ihn gegeben: wer weiß, ob nicht Richard Wagner das größte Farbfilmmusikdrama der Welt daraus gemacht und ob ihm nicht der König eine Filmhalle hingebaut hätte, gegen die Geiselgasteig rein gar nix wäre« (Gunter Groll, *Lichter und Schatten*).

**Luise, Königin von Preußen.** *R* Carl Froelich. *B* Fred Hildenbrandt, Friedrich Raff, Julius Urgiss, nach dem Roman *Luise* von Walter von Molo. *K* Friedl Behn-Grund. *M* Hansom Milde-Meissner. *D* Gustaf Gründgens (König Friedrich Wilhelm III.), Henny Porten (Königin Luise), Ekkehardt Arendt (Prinz Louis Ferdinand), Wladimir Gaidarow (Zar Alexander), Paul Günther (Napoleon), Friedrich Kayssler (Freiherr von Stein). *P* Henny Porten-Film. 3168 Meter. 1931.

1806. Preußen wird das Opfer der Auseinandersetzungen zwischen Frankreich und Rußland, sein König versagt, die Königin tut ihr Äußerstes und demütigt sich vor Napoleon für ihr Land. Es bleibt alles vergebens. Luise kehrt heim und stirbt.

Ein deutsches Frauen-Schicksal, schon im Stummfilm strapaziert, 1956 von Wolfgang Liebeneiner im gleichen Geist mit Ruth Leuwerik und Dieter Borsche als Farbfilm gestaltet.

**Madame wünscht keine Kinder.** *R* Hans Steinhoff. *B* Billie Wilder, Max Kolpe, nach dem Roman *Madame ne veut pas d'enfants* von Clément Vautel. *K* Willy Goldberger, Hans Androschin. *M* Bronislaw Kaper, Walter Jurmann. *ML* Hans J. Salter. *L* »Nur Sport!«, »Ich geh' nie von dir fort« von Bronislaw Kaper, Walter Jurmann (*M*), Fritz Rotter, Max Kolpe (*T*). *A* Hans Sohnle, Otto Erdmann, Emil Stepanek. *D* Georg Alexander (Dr. Felix Rainer), Liane Heid (Madelaine), Erika Glässner (Frau Wengert), Lucie Mannheim, Otto Wallburg, Hans Moser. *P* Lothar Stark (Berlin-Wien). 86 Minuten. 1933.

Der Kinderarzt Dr. Rainer hat sich gedacht, in seiner Frischvermählten eine brave Hausfrau und vor allem Mutter zu bekommen, aber Madame hat nichts als Tennisspielen im Kopf; sie ist ein totaler Sport-Freak.

Ausgerechnet Hans Steinhoff drehte in dem Jahr, das auch ihm zum großen Heil wurde, diese von jüdischem Witz erfüllte Satire auf die Körperertüchtigungs-Ideologie. Billy Wilder 1979: »Der Steinhoff, an den erinnere ich mich allerdings. Das ist doch der Mann, der später *Hitlerjunge Quex* gemacht hat. Das war ein Scheißer, der Steinhoff, ein Mann ohne jedes Talent. Er war ein Nazi, ein hundertprozentiger sogar. Aber es gab auch viele Nazis, die Talent hatten. Ich würde nie sagen, daß die Leni Riefenstahl kein Talent hatte ... Aber ich sage über den Steinhoff, daß er ein Idiot war, nicht weil er Nazi war, er war auch ein sehr schlechter Regisseur« (Heinz-Gerd Rasner / Reinhard Wulf, *Ich nehm' das alles nicht so ernst*, in *Billy Wilders Filme*). Gleichzeitig mit der deutschen Version drehte Steinhoff eine französische, *Madame ne veut pas d'enfants*, mit Marie Glory und Robert Arnoux. Frühere deutsche Verfilmung: 1926, Regie Alexander Korda.

**Made in Germany.** *R* Wolfgang Schleif. *B* Felix Lützkendorf, Richard Riedel. *K* Igor Oberberg. *M* Mark Lothar. *A* Erich Kettelhut, Johannes Ott. *D* Carl Raddatz (Ernst Abbe), Winnie Markus (Elise Abbe), Margit Saad (Adelheid von Eichel), Dietmar Schönherr (Dr. Roderich Zeiss), Camilla Spira, Harry Hardt, Heinz Engelmann, Paul Dahlke, Herbert Hübner, Erich Ponto. *P* Corona (Alexander Grüter). 101 Minuten. 1956.

Die Geschichte des Hauses Zeiss, in der Manier der Genie-Biographen des Nazi-Films verfaßt von Felix Lützkendorf (*Über alles in der Welt*).

**Madeleine und der Legionär.** *R* Wolfgang Staudte. *B* Emil Burri, Johannes Mario Simmel, Werner Lüddecke. *K* Vaclav Vich. *M* Siegfried Franz. *L* »Legionär« *T* und *M* von Staudte. *A* Andrei Andrejew, Herman Nentwig. *D* Hildegard Knef (Madeleine Durand), Bernhard Wicki (Luigi Locatelli), Hannes Messemer (Robert Altmann), Helmut Schmid (Pat Kilby), Joachim Hansen (Kurt Gerber), Harry Meyen, Leonard Steckel, Werner Peters. *P* Melodie-Film / Ufa. 101 Minuten. 1957.

Die französische Lehrerin Madeleine Durand trifft auf die vier Legionäre Locatelli, Altmann, Kilby und Gerber, die ursprünglich gegen die aufständischen Legionäre eingesetzt, jetzt desertiert und nun auf der Flucht nach Algier zu den Aufständischen sind. Sie verrät sie und Locatelli, Altmann und Kilby können gerade noch entkommen, während Gerber stirbt. Madeleine gerät in einen starken Gewissenskonflikt, denn einerseits ist sie Patriotin, andererseits ist sie von den Grausamkeiten des Krieges entsetzt. Außer Luigi Locatelli finden alle Deserteure den Tod. Er gelangt in seine Heimat und er, der einst in die Fremdenlegion ging, um Geld für den Kauf eines Weinberges zu sparen, hat gerade noch so viel, daß er sich eine einzige Traube kaufen kann.

**Ein Mädchen aus Flandern.** *R* Helmut Käutner. *B* Heinz Pauck, Helmut Käutner, nach der Novelle *Das Engele von Loewen* von Carl Zuckmayer. *K* Friedl Behn-Grund. *M* Bernhard Eichhorn. *A* Emil Hasler, Walter Kurz, Manon Hahn. *D* Nicole Berger (Angeline Meunier), Maximilian Schell (Alexander Haller), Viktor de Kowa, Friedrich Domin, Anneliese Römer, Fritz Tillmann, Gert Fröbe. *P* Capitol-Film (Herbert Uhlich). 108 Minuten. 1956.

Flandern 1914. Der deutsche Offizier Alexander Haller verliebt sich in die schüchterne Angeline Meunier. Er wird verwundet. Nach drei Jahren kehrt er zurück und gesteht Angeline seine Liebe, aber sie werden getrennt. Angeline, der Sabotage verdächtigt, kommt in ein Straflager und landet schließlich in einem Brüsseler Offiziersbordell. Dort trifft Alexander sie wieder. Angeline wird verhaftet. Alexander soll vor ein Kriegsgericht, weil er einen verwundeten Feind geholfen hat. Die deutschen Linien brechen zusammen. Bevor Alexander in Gefangenschaft geht, sieht er Angeline noch einmal. Sie hoffen auf bessere Zeiten.

»In *Auf Wiedersehen, Franziska!*, *Große Freiheit Nr. 7* und *Ein Mädchen aus Flandern* zeigt uns Käutner die schönsten Szenen der Liebe und der Intimität zwischen zwei Menschen, die wir je auf der Leinwand gesehen haben, von den Filmen von Borzage und Ray einmal abgesehen. Immer wieder entdeckt man hier die für diesen Regisseur typischen Züge: eine extreme Zurückhaltung, Zärtlichkeit, Ängstlichkeit, aber auch Schwäche« (Louis Marcorelles, *Cahiers du Cinéma*).

**Ein Mädchen geht an Land.** *R* Werner Hochbaum. *B* Werner Hochbaum, Eva Leidmann, nach dem gleichnamigen Roman von Eva Leidmann. *K* Werner Krien. *M* Theo Mackeben. *A* Willy Schiller, Carl Haacker. *D* Elisabeth Flickenschildt (Erna Quandt), Alfred Maack (Schiffer Quandt), Günther Lüders (Krischan), Walter Petersen, Hans Mahler, Heidi Kabel, Friedrich Schmidt, Maria Paudler, Roma Bahn, Carl Kuhlmann. *P* Ufa (Erich Neusser). 94 Minuten. 1938.

Erna Quandt lebt mit ihrem Vater, ihren Brüdern und ihrem Verlobten auf einem Lastkahn. Der Verlobte kommt auf See um. Erna nimmt eine Stellung bei einem Reeder in Blankenese. Sie möchte gerne einen Seemann heiraten, aber nach einem bitteren Erlebnis mit einem Heiratsschwindler nimmt sie den Zimmermann Friedrich Semmler, einen Witwer mit Kindern, der sie schon länger liebt.

»Obwohl er in Atelier-Dekorationen drehen mußte statt an den Originalschauplätzen, die er auf charakteristische Weise so brillant zu mobilisieren wußte, konnte Hochbaum bei dieser Adaption des Eva-Leidmann-Romans doch wenigstens zu seinen geliebten Themen der Hamburger Hafenlandschaft und ihrer Menschen zurückkehren« (David Robinson, *NFT*).

**Das Mädchen Irene.** *R* Reinhold Schünzel. *B* Eva Leidmann und Reinhold Schünzel nach dem gleichnamigen Theaterstück. *K* Robert Baberske. *M* Alois Melichar. *L* »Liebe, nach Dir verlangt mein ganzes Herz« von Franz Baumann (*T*) und Alois Melichar (*M*). *A* Ludwig Reiber und Walter Reimann. *D* Lil Dagover (Jennifer), Sabine Peters (Irene), Geraldine Katt (Baba), Hedwig Bleibtreu (Großmutter), Karl Schönböck (Sir John), Hans Richter (Philip), Elsa Wagner (Frau König), Roma Bahn (Baronin), Alice Treff (Lady), Georges Boulanger (Geiger). *P* Ufa (Erich von Neusser). 2732 Meter. 1936.

Das Mädchen Irene versucht mit allen Mitteln die Heirat ihrer Mutter Jennifer mit Sir John zu verhindern. Ihrer Tochter zuliebe will Jennifer verzichten, als sie sich im letzten Moment doch eines besseren besinnt. Irene sieht schließlich ein, wie unrecht sie ihrer Mutter und Sir John getan hat und nimmt an dem Glück ihrer Mutter teil.

**Mädchenjahre einer Königin.** *R* Erich Engel. *B* Ernst Marischka. *K* Bruno Mondi, Otto Baecker. *M* Hans-Otto Borgmann. *A* Hermann Warm, Carl Haacker, Bruno Lutz. *D* Jenny Jugo (Victoria), Otto Tressler (Lord Melbourne), Renée Stobrawa (Baronin Lehzen), Friedrich Benfer (Prinz Albert von Sachsen-Coburg-Gotha), Olga Limburg, Gustav Waldau, Paul Henckels, Erik Ode, Herbert Hübner, Heinz Salfner, Werner Pledath. *P* Klagemann-Film/Tobis (Eberhard Klagemann). 2814 Meter. 1936.

Prinzessin Victoria von Kent wird mit 18 Jahren Königin von England. Durch ihre Selbständigkeit und ihre fortschrittlichen Ideen erschreckt sie ihre Mutter und andere Ratgeber. Den raffinierten Heiratsplänen, die für sie gesponnen werden, entflieht sie in eine Inkognito-Reise nach Frankreich, auf der sie den richtigen Partner fürs Leben und zum Regieren findet, den deutschen Prinzen Albert.
Farbfilm-Remake mit dem Drehbuchautor der ersten Fassung, Ernst Marischka, als Regisseur, und wieder mit Bruno Mondi als Kameramann: 1954, mit Romy Schneider (Victoria) und Adrian Hoven (Prinz Albert). Das Original ist in seinen historisch-politischen Ideen (Victoria erzwingt angesichts des Elends, das die einsetzende Industrialisierung in den Städten schafft, Gesetze für die Armen) und in seinem inszenatorischen und ausstatterischen Konzept ungleich moderner als das Remake, das indessen durch seine hemmungslosere Gefühligkeit den größeren Erfolg hatte.

**Das Mädchen Johanna.** *R* Gustav Ucicky. *B* Gerhard Menzel. *K* Günther Krampf. *M* Peter Kreuder. *A* Robert Herlth, Walter Röhrig. *D* Gustaf Gründgens (König Karl von Frankreich), Angela Salloker (Johanna), Heinrich George (Herzog von Burgund), René Deltgen (Maillezais), Erich Ponto (Lord Talbot), Willy Birgel (La Trémouille), Theodor Loos, Aribert Wäscher, Veit Harlan, Bernhard Minetti, Paul Bildt, Albert Florath, Alexander Golling, Maria Koppenhöfer, Rudolf Schündler. *P* Ufa (Bruno Duday). 2377 Meter. 1935.

»Um diesen deutschen Film weht ein anderer Geist. Die Antwort oder vielmehr die Frage lautet: wieviele Seiten kann ein Quadrat haben, ohne zum Pentagon zu werden? Die Johanna, die in diesem Film vorgeführt wird, ist möglicherweise eine Heilige, vielleicht hört sie Stimmen. Der Film schließt diese Möglichkeiten nicht ausdrücklich aus. Der Dauphin jedenfalls läßt sich auf kein Risiko ein und benutzt sie einfach als eine politische Puppe. Dieser deutsch-französische Dauphin ist seiner Zeit weit voraus. Seine Berater sind selbstsüchtige Intriganten, was natürlich viel über deutsche Introspektive aussagt und obendrein aus Johanna einen Prince Charming macht. So weit, um so viel besser. Weder der Adel noch das Volk will auf Charles hören, der in Pelz gekleidet nur das Beste für sein Land will. Beide aber hören auf Johanna, eine großäugige Post-Bergner, die kommt, ihren irdischen Fürsten zu verehren. Charles versteht sofort, daß er sie als Werkzeug benutzen kann, indem er die abergläubischen Neigungen seiner Untertanen ausbeutet. Durch Johanna besiegt er die Engländer. Durch Johanna wird er in Reims gekrönt. Und durch ihren Tod, zu dessen Verhinderung er nichts unternimmt, ist er in der Lage, sie in der Vorstellung der Leute, die sie als Lebende zur Hexe werden ließen, als Heilige zu etablieren. Wie wenig man auch mit dieser materialistischen Interpretation übereinstimmen mag: es ist durchaus nicht unangenehm, wenn man seine Vorstellungen von dem, was die wahre Johanna gewesen sein mag, einmal vom Romantizismus, der Pseudo-Simplizität und den an der Loire wehenden poetisierenden Brisen gereinigt sieht« *(Robert Herring, The Manchester Guardian).*

**Mädchenpensionat.** *R* Geza von Bolvary. *B* Ralph Benatzky nach dem Bühnenstück *Prinzessin Dagmar* von Rudolf Brettschneider. *K* Stephan Eiben. *M* Ralph Benatzky. *A* Vince. *D* Angela Salloker (Prinzessin Dagmar), Attila Hörbiger (Dr. Rupli), Leopoldine Konstantin (Fräulein Leers), Erika von Thellmann (Prinzessin Alexa), Raoul Aslan, Hilde Krahl, Ferdinand Maierhofer, Olga Limburg, Liesl Karlstadt, Josef Egger. *P* Styria-Film, Wien. 93 Minuten. 1936.
Prinzessin Dagmar, Sproß eines europäischen Königshauses, verliebt sich als Schülerin eines Internats in Arosa in ihren Lehrer Dr. Rupli. Er liebt sie ebenfalls, aber beide verzichten, »um der Pflichten ihres hohen Standes willen«.
Notabene kein Kostümfilm, sondern ein zeitgenössisches Melodram, entstanden im Jahre 1936, als König Edward aus Liebe zu einer Bürgerlichen auf die britische Krone verzichtete.
»Wie ein linder, zarter Frühlingswind weht es durch die Bilder dieses Films, die gleichsam erfüllt sind von dem herben, keuschen Duft frisch erblühter Blumen« *(Illustrierter Film-Kurier).*

**Das Mädchen vom Moorhof.** *R* Detlef Sierck. *B* Lothar M. Mayring, nach dem gleichnamigen Roman von Selma Lagerlöf. *K* Willy Winterstein. *M* Hans-Otto Borgmann. *A* C.L. Kirmse. *D* Hansi Knoteck (Helga Christmann), Ellen Frank (Gertrud Gerhart), Kurt Fischer-Fehling (Karsten Dittmar), Friedrich Kayssler (Herr Dittmar), Eduard von Winterstein, Lina Carstens, Theodor Loos. *P* Ufa (Peter Paul Brauer). 82 Minuten. 1935.
Der junge Bauer Karsten Dittmar ist mit Gertrud, der Tochter des wohlhabenden Gerhard, verlobt, liebt aber Helga, das arme Mädchen vom Moorhof. Als nach einer Kneipen-Prügelei, in die Karsten verwickelt wird, ein Mann zu Tode kommt, lösen die Gerhards die Verlobung: Karsten ist frei für Helga.
»Das Drehbuch wich ziemlich von der Vorlage ab, und ich glaube, es war ein Fehler, die Lagerlöf-Geschichte in die norddeutsche Heidelandschaft zu verpflanzen. Die skandinavischen Bauern sind von den deutschen sehr verschieden; sie sind gebildeter als die Landbevölkerung im ganzen übrigen Europa« (Halliday: *Sirk on Sirk*). 1958 inszenierte Gustav Ucicky ein Farbfilm-Remake mit Maria Emo, Claus Holm und Horst Frank.

**Das Mädchen von Fanö.** *R* Hans Schweikart. *B* Kurt Heuser, nach dem Roman von Günther Weisenborn. *K* Carl Hoffmann, Heinz Schnackertz. *M* Alois Melichar. *D* Brigitte Horney (Patricia), Joachim Gottschalk (Ipke), Gustav Knuth (Frerk), Viktoria von Ballasko (Angens), Paul Wegener (Ulerk Ohm), Gerhard Bienert, Charlotte Schultz, Paul Bildt. *P* Bavaria. 95 Minuten. 1940.
Patricia heiratet den Fischer Frerk, nachdem sie von dessen Freund Ipke enttäuscht worden ist. Da sie aber weiterhin Ipke liebt, kommt es schließlich zu einem Zweikampf zwischen den beiden Fischern auf hoher See, der nicht zu Ende geführt werden kann, weil sie die Besatzung eines untergehenden Schiffes retten müssen, was sie natürlich miteinander versöhnt.

**Majestät auf Abwegen.** *R* R.A. Stemmle. *B* R.A. Stemmle, nach dem Roman *Let's Play King* von Sinclair Lewis. *K* (Agfacolor) Göran Strindberg. *M* Peter Igelhoff, Herbert Trantow. *A* Gabriel Pellon, Peter Röhrig, Eva Maria Schröder. *D* Fita Benkhoff (Berta Linke), Charikila Baxevanos (Ulla), Oliver Grimm (Fritz), Claus Biederstaedt, Agnes Fink, Boy Gobert. *P* Melodie-Waynberg. 92 Minuten. 1958.
Kinder-Filmstar und 12jähriger König brechen aus ihrem Milieu aus und spielen Seeräuber.

**Ein Mann auf Abwegen.** *R* Herbert Selpin. *B* H.G. Petersson, Walter Zerlett-Olfenius, nach dem Roman von Hans Thomas. *K* Franz Koch. *M* Franz Doelle. *L* »Mach dir keine Sorgen« von Franz Doelle *(M)* und Charlie Amberg *(T)*. *A* Fritz Maurischat, Paul Markwitz. *D* Hans Albers (Percival Patterson), Charlotte Thiele (Ingrid), Hilde Weissner (Lisaweta Iwanowa), Hilde Sessak (Marcella Duvallo), Werner Fuetterer, Gustav Waldau, Herbert Hübner. *P* Euphono. 85 Minuten. 1940.
Konzernherr flippt aus und macht inkognito als Kellner, Chauffeur und dergleichen Ferien vom Ich, macht aber nebenbei Profite für sein Unternehmen.
»Der Draufgänger aus tausend und einem Abenteuer ist — fast möchte man sagen — philosophisch geworden. Eine versonnene Heiterkeit liegt über dem kühnen Gesicht ... Der nackte Albers schlüpft in eine Regentonne und stolziert einher — kein lächerliches, sondern ein großartig komisches Bild, weil auch hier noch die überlegene Natürlichkeit des Künstlers zu spüren ist« *(Berliner Morgenpost,* 1940).

**Der Mann, der seinen Mörder sucht.** *R* Robert Siodmak. *B* Ludwig Hirschfeld, Kurt Siodmak, Billie Wilder, nach dem Bühnenstück *Jim, der Mann mit der Narbe* von Ernst Neubach. *K* Konstantin Irmen-Tschet, Otto Baeker. *M* Friedrich Holländer. *L* »Sonntags hab ich keine Zeit«, »Die Herren von der weißen Weste« von Friedrich Holländer *(M* und *T)*. *A* Robert Herlth, Walter Röhrig. *D* Heinz Rühmann (Hans Herfurt), Lien Deyers (Kitty), Raimund Janitschek (Otto Kuttlapp), Hans Leibelt, Hermann Speelmans, Friedrich Holländer, Gerhard Bienert, Fritz Odemar. *P* Ufa (Eberhard Klagemann). 98 Minuten. 1931.
Der lebensmüde, aber für einen Selbstmord zu feige Hans Herfurt schließt mit dem Einbrecher Kuttlapp einen Vertrag, nach dem Kuttlapp die Tat übernehmen muß und dafür Herforts Lebensversicherung ausgezahlt bekommt. Nach einigen mißlungenen Versuchen verkauft Kuttlapp den Vertrag an einen Kollegen weiter. Herfort hat sich aber inzwischen verliebt und will deshalb weiterleben. Verzweifelt sucht er den ihm unbekannten Mord-Beauftragten. Schließlich kann der Vertrag storniert werden. Eine bei Herforts Hochzeit doch noch hochgehende Bombe richtet weiter keinen Schaden an.
»Ernst Neubach, der sich die Idee aus einem Roman von Jules Verne, *Abenteuer eines Chinesen in China,* ›geborgt‹ hatte, Friedrich Hollaender, der außerordentlich witzig ist und auch die Musik schrieb, Billy Wilder und meine Kleinigkeit arbeiteten am Drehbuch. Wir fanden es ungeheuer komisch und bogen uns beim Schreiben vor Lachen. Auch Erich Pommer gefiel es, nur dem Publikum nicht. Es war seiner Zeit weit voraus. Louis Malle (richtig: Philippe de Broca, A.d.A.) hat die gleiche Idee vor einigen Jahren noch einmal übernommen und einen großen Erfolg damit gehabt« (Robert Siodmak, *Ich war dabei).*

**Der Mann, der sich verkaufte.** *R* Josef von Baky. *B* Erich Kuby, nach einem Entwurf von Curt J. Braun. *K* Friedl Behn-Grund. *M* Georg Haentzschel. *A* Erich Kettelhut, Hildegard Bürger, Vera Otto. *D* Hansjörg Felmy (Niko Jost), Hildegard Knef (Martina Schilling), Kurt Ehrhardt (Carl Sending), Antje Weisgerber, Katharina Matz, Ernst Schröder, Fritz Schmiedel, Fritz Tillmann. *P* Filmaufbau. 98 Minuten. 1959.
Reporter Niko Jost recherchiert die Schwarzmarkt-Vergangenheit eines prominenten Hotelbesitzers und kommt dabei einem Mordfall auf die Spur.
»Hier geht es nicht nur um das Privatleben deutscher Wirtschaftsbosse, sondern auch um die problematische Rolle der Massenpresse, um den diskreten Druck, den Wirtschaftler auf Journalisten ausüben, um Kommunistenverdacht, Bürgergesinnung, Ratenkäufe und manches andere. Diese aktuellen Themen verarbeiteten Kuby und sein Regisseur von Baky zu einem spannenden Kriminalreißer, der mit sozialen ›Typen‹ operiert, um ›nebenbei‹ einen politischen Standpunkt zu vertreten. In seinen treffendsten Pas-

sagen ist *Der Mann, der sich verkaufte* eine Art filmisch-soziologischen Essais« (Ulrich Gregor, Filmkritik, 1959).

**Ein Mann geht durch die Wand.** *R* Ladislao Vajda. *B* Istvan Bekeffi, Hans Jacoby, nach einer Erzählung von Marcel Aymé. *K* Bruno Mondi. *M* Franz Grothe. *A* Rolf Zehetbauer, Gottfried Will. *D* Heinz Rühmann (Buchsbaum), Nicole Courcel (Yvonne Steiner), Peter Rhomberg, Rudolf Vogel, Hans Leibelt, Hubert von Meyerinck, Lina Carstens, Karl Michael Vogler, E.F. Fürbringer, Friedrich Domin. *P* Kurt Ulrich. 99 Minuten. 1959.

Dem Finanzbeamten Buchsbaum, der mit seinem Schicksal unzufrieden ist, wird von einer höheren Macht die Gabe verliehen, durch alle Wände gehen zu können. Eine Zeitlang stellt er dank dieses Talents tolle Kapriolen an, dann kommt er zu der Erkenntnis, daß es keine Wand gibt, durch die zu gehen sich lohnt, und daß man nicht durch Wände gehen muß, um glücklich zu werden.

Das Lob der Selbstbescheidung, die alte Spießer-Melodie des deutschen Films.

**Der Mann im Strom.** *R* Eugen York. *B* Jochen Huth nach dem Roman von Siegfried Lenz. *K* Ekkehard Kyrath. *M* Hans-Martin Majewski. *A* Herbert Kirchhoff, Albert Hennings. *D* Hans Albers (Paul Hinrichs), Gina Albert (Lena, seine Tochter), Helmut Schmid (Manfred Thelen), Jochen Brockmann, Hans Nielsen, Roland Kaiser, Carsta Löck. *P* CCC-Film (Helmut Ungerland). 95 Minuten. 1958.

Paul Hinrichs, ehemaliger Taucher und Bergungsingenieur macht sich in seinem Paß um zehn Jahre jünger und bekommt nun endlich als 51jähriger einen Job als Taucher. Sein Schwiegersohn in spe und ehemaliger Schüler muß ihn bei einer Aktion retten. Sein Chef, der Hinrichs längst durchschaut hat, überträgt ihm die Leitung beim Heben eines auf Grund liegenden Schiffes. Hinrichs ist eben mit 61 noch ein Mordskerl.

Der Mann im Strom, eine Hommage an den alternden Otto-Otto.

**Der Mann meines Lebens.** *R* Erich Engel. *B* Otto Heinz Jahn. *K* Kurt Hasse. *M* Werner Bochmann. *A* Fritz Maurischat. *D* Marianne Hoppe (Helga Dargatter), René Deltgen (Nils Ascan), Ina Halley, Karl Ludwig Diehl, Malte Jaeger, Otto Gebühr. *P* Viktor von Struve. 104 Minuten. 1954.

Krankenschwester erlebt ein kurzes Glück mit ihrer Jugendliebe, einem inzwischen berühmten Violinisten, und kehrt dann in ihre kleine Welt zurück.

**Ein Mann mit Grundsätzen?** *R* Geza von Bolvary. *B* Maria von der Osten-Sacken. *K* Reimar Kuntze. *M* Michael Jary. *D* Hans Söhnker (Dr. Hans Winhold), Elfie Mayerhofer (Christl Weiden), Maria Koppenhöfer (Frau Petersen), Lola Müthel, Ursula Herking, Ernst Waldow, Fritz Odemar, Rudolf Schündler. *P* Terra. 93 Minuten. 1943.

Um den Wissenschaftler Winhold zu gewinnen, der grundsätzlich mit studierten Frauen nichts zu tun haben will, spielt die Wissenschaftlerin Christl Weiden ihm nacheinander eine Tänzerin, eine Sekretärin, die Reisebegleiterin einer betagten Dame und eine Amüsiernudel vor. Schließlich akzeptiert er sie auch als Frau, obwohl sie eine Kollegin ist.

**Man spricht über Jacqueline.** *R* Werner Hochbaum. *B* Werner Hochbaum, F.D. Andam, Katrin Holland, nach dem gleichnamigen Roman von Holland. *K* Georg Bruckbauer. *M* Anton Profes. *A* Willi A. Hermann, Alfred G.E. Bütow. *D* Wera Engels (Jacqueline Topelius), Albrecht Schoenhals (Michael Thomas), Sabine Peters (June Topelius), Hans Zesch-Ballot (Leslie Paddington), Edith Meinhardt, Fritz Genschow, Hermann Pfeiffer. *P* Deka. 83 Minuten. 1937.

Jacqueline Topelius lernt in England den französischen Ministerialbeamten Michael Thomas kennen, folgt ihm nach Paris und heiratet ihn. Als es ihr trotz aller Bemühungen nicht gelingt, ihm ihr nicht ganz zweifelsfreies Vorleben zu verbergen, begeht sie einen Selbstmordversuch, den ihr Mann verhindern kann.

»Katherine Hollands Roman, der dem Film zugrunde liegt, wurde fünf Jahre später in England nicht einmal verfilmt. Ein Vergleich zwischen den beiden Adaptionen erweist Hochbaums Talent, aus einer ziemlich einfältigen Geschichte ein ganz persönliches Werk zu machen: er macht aus dem Stoff nicht nur eine leichte, elegante Komödie, sondern läßt in diese auch noch die Themen einfließen, die ihn stets beschäftigten – Persönlichkeitsspaltung, morbide Eifersucht, Misogynie und eine Sicht der Frau als eines raubtierhaften Wesens« (David Robinson, *NFT*).

**Maske in Blau.** *R* Paul Martin. *B* Hans Hentschke, Rolf E. Valoo, Walter Forster, nach der Operette von Heinz Hentschke *(Libretto)* und Fred Raymond *(Musik)*. *K* Stefan Eiben. *M* Fred Raymond, Michael Jary. *D* Clara Tabody (Gitta), Wolf Albach-Retty (Harding), Hans Moser, Richard Romanowsky, Ernst Waldow. *P* N.F.K. 2579 Meter. 1942.

Doppelleben eines Revue-Stars. Diese erste Verfilmung der Geschichte von der »Juliska aus Buda-, Budapest« wurde als deutsche Produktion in den Hunnia-Ateliers in Budapest gedreht. Eine Neuverfilmung in Farbe drehte Georg Jacoby 1952 mit Marika Rökk.

**Der Maulkorb.** *R* Erich Engel. *B* Heinrich Spoerl, nach seinem Roman. *K* Reimar Kuntze. *M* Peter Kreuder. *A* Robert Herlth. *D* Ralph Arthur Roberts (Staatsanwalt von Treskow), Hilde Weissner (Elisabeth), Charlotte Schellhorn (Trude), Will Quadflieg (Rabanus), Renée Stobrawa (Billa), Theodor Loos (Oberstaatsanwalt), Paul Henckels, Ludwig Schmitz, Elisabeth Flickenschildt. *P* Tobis (Fritz Klotzsch). 80 Minuten. 1938.

Staatsanwalt von Treskow ermittelt gegen den unbekannten Täter, der das Denkmal des Landesherrn wegen dessen Gesetz gegen die Redefreiheit mit einem Maulkorb geschmückt hat – nichtahnend, daß er die Tat volltrunken selbst begangen hat.

Das Rezept des *Zerbrochenen Krug* zu einer Satire auf den Obrigkeitsstaat weiterentwickelt, 1938 ein ausgesprochen subversiver Film. (1958, als Wolfgang Staudte mit O.E. Hasse und Hansjörg Felmy ein Farb-Remake drehte, nur noch ein wohlfeiles Kabarett-Programm.)

**Mazurka.** *R* Willi Forst. *B* Hans Rameau. Der Stoff des Films beruht auf den Akten eines Prozesses, der 1930 Aufsehen erregte. *K* Konstantin Irmen-Tschet. *M* Peter Kreuder. *A* Hermann Warm, Karl Haaker. *D* Pola Negri (Vera), Albrecht Schoenhals (Grigori), Ingeborg Theek (Lisa), Franziska Kinz (die Mutter), Paul Hartmann (Boris), Friedrich Kayssler (Vorsitzender), Hans Hermann Schaufuss (Verteidiger), Edwin Jürgensen (Staatsanwalt). *P* Cine-Allianz/Rota-Tobis (Fritz Klotzsch). 2602 Meter. 1935.

Die alternde Kabarett-Künstlerin Vera erkennt in Grigori, der ihre Tochter verführen will, den Mann wieder, der einst ihre eigene Ehe mit Boris zum Scheitern brachte. Vera schießt Grigori nieder.

»Der Film ist ein unglaubliches Melodram. Nichts wurde ausgelassen, der gewissenlose Verführer (Pianist, versteht sich), die treue Braut, die betrunken gemacht und vergewaltigt wird, verschmähte Liebe, die Sängerin, die zum Schmierenstar absinkt, usw. Die Übertreibungen des Drehbuchs werden um so deutlicher, als die Darsteller wie Stummfilm-Schauspieler agieren. *Mazurka* fällt durch zwei oder drei spektakuläre Kamerafahrten, einige gewagte filmische Konstruktionen (eine Rückblende im zweiten Teil, die das Rätselhafte des ersten Filmteils aufhebt) und in einigen Einstellungen durch eine versuchsweise subjektive Kamera auf.« (Francis Courtade/Pierre Cadars, *Geschichte des deutschen Films im Dritten Reich*). Pola Negri feierte mit *Mazurka* ihr Come-back im deutschen Film. Die Rolle der Vera war ihre erste deutsche Tonfilmrolle.

**Meine Freundin Josefine.** *R* Hans H. Zerlett. *B* Curt J. Braun, Johanna Sibelius. *K* Bruno Stephan, Erich Nitzschmann. *M* Leo Leux, Friedrich Schröder, Paul Hühn. *D* Hilde Krahl (Josefine), Paul Hubschmid (Milander), Fita Benkhoff (Bianka Terry), Hans Leibelt, Olga Limburg, Gunnar Möller. *P* Tobis. 73 Minuten. 1942.

Kleine Modistin erzieht oberflächlichen Lebemann zu einem treuen Geliebten.

**Der Meineidbauer.** *R* Leopold Hainisch. *B* Jacob Geis, nach dem Bühnenstück von Ludwig Anzengruber. *K* Georg Bruckbauer, Igor Oberberg. *M* Rudolf Kattnig. *A* Hans Ledersteger, Ernst Richter. *D* Eduard Köck (Matthias Ferner), O.W. Fischer (Franz), Hertha Agostini (Creszenz), Anna Exl, Ilse Exl. *P* Euphono/Tobis. 94 Minuten. 1941.

Um seinen Kindern den Hof zu erhalten, schwört Bauer Matthias Ferner in einer Erbschaftssache einen Meineid. Um dieser Sünde wegen muß er viele Heimsuchungen erdulden und schließlich bezahlt er die Schuld mit seinem Leben.

Farbige Neuverfilmung 1956 durch Rudolf Jugert, mit Carl Wery und Heidemarie Hatheyer.

**Meines Vaters Pferde.** 1. Teil *Lena und Nicoline*. 2. Teil *Seine dritte Frau*. *R* Gerhard Lamprecht. *B* Horst Budjuhn nach dem Roman von Clemens Laar. *K* Friedl Behn-Grund, Günther Anders. *M* Lothar Brühne. *A* Max Mellin. *D* Curd Jürgens (Pat), Eva Bartok (Nicoline), Martin Benrath (Godeysen), Ernst Stankowski (Jürgen Godeysen), Reinhold Schünzel (Konsul Rittinghaus), Anneliese Kaplan (Bim), Dagmar Altrichter, Sonja Sutter, Leonard Steckel, Otto Gebühr, Paul Bildt, Friedrich Domin. *P* Carlton (Klaus Stapenhorst). 110 Minuten. 1953.

Die Liebe des preußischen Ulanenoffiziers gehört den Pferden. Seine Stute Lena verhilft ihm Jahr für Jahr zum Sieg. Er geht nach Irland, wo er sich in die Frau seines Freundes Sir John Fitzpatrick, Nicoline, verliebt. Als sein Freund beim irischen Freiheitskampf verunglückt, verläßt er Irland. (Ende des 1. Teils.) Er heiratet die millionenschwere Bim und führt einige Jahre ein glückliches Leben bis der Krieg kommt. Seine Frau stirbt bei der Geburt des Sohnes. Er ist völlig gebrochen. Als man auch noch seine Zuchtpferde beschlagnahmen will, wird er beinahe zum Mörder. Um seines Sohnes willen wird er weiterleben und den Lebenskampf wieder aufnehmen.

**Meine Tochter tut das nicht.** *R* und *B* Hans H. Zerlett, nach dem Bühnenstück von Calmar von Csatho. *K* Georg Bruckbauer. *M* Leo Leux. *A* Erich Czerwonski, Karl Böhm. *D* Ralph Arthur Roberts (Dr. Kugler), Erika von Thellmann (Elli), Geraldine Katt (Lisa), Lina Carstens (Baronin Liebrenz), Rudolf Platte (Paul), Hilde Hildebrand (Sängerin), Rudolf Schündler. *P* Euphono. 2588 Meter. 1940.

Rechtsanwalt Kugler hält seine 16jährige Tochter Lisa für ein Unschuldslamm; als das Gegenteil herausstellt, läßt er sich von seiner Schwester, Baronin Liebrenz, davon überzeugen, daß der Sinn der Erziehung nicht in der Hervorbringung von Unschuldslämmern liegen kann.

**Mein Schulfreund.** *R* Robert Siodmak. *B* Johannes Mario Simmel, R.A. Stemmle, nach dem Bühnenstück *Der Schulfreund* von Johannes Mario Simmel. *K* Helmuth Ashley. *M* Raimund Rosenberger. *A* Rolf Zehetbauer, Gottfried Will. *D* Heinz Rühmann (Ludwig Fuchs), Loni von Friedl (Rosi), Ernst Schröder (Hauptmann Kühn), Hertha Feiler, Alexander Kerst, Robert Graf, Mario Adorf, Hans Leibelt, Alexander Golling, Wolfgang Reichmann. *P* Divina (Claus Hardt). 94 Minuten. 1960.

Mitten im Krieg schreibt der Briefträger Ludwig Fuchs an seinen ehemaligen Klassenkameraden Hermann Göring, er möge dafür sorgen, daß es wieder Frieden wird. Auf hohe Weisung hin wird er für verrückt und damit straffrei erklärt. Nach dem Krieg kann er nur unter Aufwendung großer Mühen und Verrücktheiten den Jagdschein wieder loswerden.

»Das Gemisch aus Realismus und Groteske hält Siodmak mit sicherem Griff im Lot. Heinz Rühmann übertrifft als unter Paragraphen 51 verfolgter Geldbriefträger seine Leistung als Hauptmann von Köpenick« (Karl Schumann, *Süddeutsche Zeitung*). Siodmak und Rühmann hatten zuletzt 1931 bei *Der Mann, der seinen Mörder sucht* zusammengearbeitet. Siodmak: »Es wurde immer behauptet, daß mit Heinz Rühmann schwer auszukommen sei. Da wir vor dem Krieg bereits einen Film zusammen gemacht hatten, war es sehr leicht, mit ihm *Mein Schulfreund* zu drehen. Heinz und ich stehen schon lange Zeit auf Du und Du, obwohl es mir bekannt ist, daß er sich mit niemanden auf die gleiche Stufe stellt.« Einen Jux leistete sich Siodmak mit der Besetzung des Ortsgruppenleiters von bombastischer Lächerlichkeit durch Alexander Golling, der selbst ein sehr engagierter Nazi gewesen war. »Alle fürchteten seinen Einfluß bei den Spitzen des Dritten Reiches. Da mir seine frühere Einstellung bekannt war, glaubte ich nicht, daß er diese Rolle annehmen würde. Zu meinem großen Erstaunen akzeptierte er sie. Er war der perfekte Typ dafür, und ich kann mir bis heute nicht vorstellen, warum er die Rolle spielte« *(Ich war dabei)*.

**Mein Vater, der Schauspieler.** *R* Robert Siodmak. *B* Gina Falkenberg, Maria Matray, Klaus Hardt, Hans Grimm. *K* Kurt Hasse. *M* Werner Eisbrenner. *A* Otto Erdmann, Willi Vorweg. *D* O. W. Fischer (Wolfgang Ohlsen), Hilde Krahl (Christine Behrendt), Oliver Grimm (Michael), Peter Capell, Susanne von Almassy, Erica Beer, Hilde Körber, Siegfried Lowitz, Siegfried Schürenberg, Arno Paulsen. *P* CCC (Artur Brauner). 107 Minuten. 1956.

Die Ehe des Schauspieler-Paares Christine Behrendt und Wolfgang Ohlsen endet in katastrophalen Krisen und mit dem Tod der Frau durch einen Autounfall. Ohlsen bleibt mit dem gemeinsamen Sohn Michael und bohrenden Fragen allein zurück: er gibt sich die Schuld an Christines Tod, die zudem, um ihn zu kränken, kurz vor ihrem Tod in Zweifel gezogen hat, daß er überhaupt Michaels Vater sei. Er ergibt sich dem Alkohol und macht schließlich einen Selbstmordversuch. Michael rettet ihn.

Robert Siodmak: »O. W. Fischer spielte einen Vater, der Witwer war. Sein Partner war der damals kleine Oliver Grimm. O. W. gab sich die größte Mühe, ihn als Freund zu gewinnen, und er war auch in den Mustern sehr überzeugend. Als die Premiere kam, fühlte man die eisige Kälte, die von der Leinwand kam. Man glaubte ihm die Liebe zu seinem Sohn nicht. Die Kamera ist unbestechlich. Sie registriert alle Emotionen und Energien« *(Ich war dabei)*.

**Melodie des Herzens.** *R* Hanns Schwarz. *B* Hans Szekely. *K* Günther Rittau, Hans Schneeberger. *M* Werner Richard Heymann, Paul Abraham, Viktor Gertler, unter Verwendung ungarischer Volkslieder. *A* Erich Kettelhut. *D* Dita Parlo (Julia Balog), Willy Fritsch (János Garas), Gerö Maly (Vater Garas), Marosa Simon (Mutter Garas), Janos Körmendy (Vater Kovács), Juliska D. Ligeti (Mutter Kovács), Anni Mewes (Anna Kovács), Tomy Endrey, Ilka Grüning, László Dezsöffy. *P* Ufa (Erich Pommer). 2555 Meter. 1929.

Julia Balog, ein Mädchen vom Land, kommt nach Budapest und verliebt sich dort in János Garas, einen Honved-Husaren. Für Janos ist es der Traum seines Lebens und auch eine Existenzfrage, ein eigenes Pferd zu haben. Um die Mittel dafür zu beschaffen, wird Julia zur Prostituierten. János entdeckt das und verläßt das Mädchen. Julia bringt sich um.

*Melodie des Herzens* bildet mit dem verunglückten *Dich hab' ich geliebt* und dem gelungenen *Die Nacht gehört uns* das Trio der ersten hundertprozentigen Tonfilme deutscher Produktion, die Ende 1929 binnen eines Monates ihre Premiere erlebten. An *Melodie des Herzens* knüpften sich besonders hohe Erwartungen, da es die erste Ufa-Tonfilmproduktion war. »Die Rechnung ging auf. Der Film flimmerte um die ganze Welt. Als Regisseur zeichnete Hanns Schwarz, der bereits mit *Ungarische Rhapsodie* auf sein Cineasten-Talent aufmerksam gemacht hatte. Er gestaltete aus der dürftigen Vorlage, die über Freuden und Leiden einer ungarischen Dienstmagd berichtete, eine sensible Filmballade, die zwischen Volks- und Küchenlieder-Melos angesiedelt war. Ungarische Landschafts- und Genresszenen sorgten für Exotik, das Liebespaar Dita Parlo und Willy Fritsch für Romantik und die Musik für Stimmung. Eine beiläufig wirkende Geräuschwelt und alltägliche Dialoge, prächtig serviert, lieferten den Rest« (Herbert Holba, *Die Geschichte des deutschen Tonfilms*). Ähnlich wie Hans Albers mit *Die Nacht gehört uns* wurde Willy Fritsch mit *Melodie des Herzens* zu einem Superstar des deutschen Tonfilms. Er sang auch zwei Lieder, darunter »Bin kein Hauptmann, bin kein großes Tier«, und qualifizierte sich damit zum Musical-Star, der er dann durch »Die Drei von der Tankstelle« und »Ein blonder Traum« wurde.

Mit *Melodie des Herzens* realisierte die Ufa auch gleich erfolgreich das Konzept des Versionen-Films, mit dem man die durch den Ton bedingte Einbuße der internationalen Auswertbarkeit eines Films zu überwinden hoffte: zugleich mit der deutschen Fassung drehte Hanns Schwarz eine englische *(Melody of the Heart)*, eine französische *(Melodie du Coeur)* und eine ungarische *(Vasarnap Delutan)*.

**Melodie der Welt.** *R* Walter Ruttmann. *B* Walter Ruttmann. *K* Reimar Kuntze, Wilhelm Lehne, Rudolph Rathmann, Paul Holzki. *M* Wolfgang Zeller. *D* (Rahmenhandlung) Iwan Kowal-Samborski, Renée Stobrawa. *P* Tobis, in Gemeinschaft mit der Hamburg-Amerika-Linie. 1115 Meter. 1929.

»Das Drama, das sich aus der gleichzeitigen Ähnlichkeit und Verschiedenheit menschlicher Lebensäußerungen ergibt, ist Vorwurf und Form dieses Films. Aus den alltäglichen Beziehungen zweier Menschen zueinander entwickeln sich die Beziehungen aller Menschen der Welt. Ein Mann und eine Frau: Der Matrose und sein Mädel. Die Abfahrt seines Schiffes steht bevor. Man packt, man genießt zum letztenmal die Sicherheit der Festlandsgeborgenheit: In das Idyll schrillt der Ruf der Brandung, der Ruf der Schiffssirene. Es geht hinunter zum Hafen, zum Abschied. Unerbittlich führt der Rhythmus der Schiffsmaschine aus vertrautem Alltag weit hinaus in fremde Fernen. Nun steigt aus dieser nebelhaften Fremdheit ein dramatisches Bild der Welt. Bunt und verschiedenartig in seinen Erscheinungsformen, einheitlich und gradlinig trotzdem in seiner Gebundenheit an das Thema Mensch. Aus der Innigkeit stillen Gebetes wächst gewaltig die Wucht religiöser Massengebräuche, weltlicher Schutz des Heiligen führt zu einem Aufmarsch des Militärs der ganzen Erde, zu Kriegsbegeisterung und Krieg, mit Tod und Vernichtung. Das Kind führt die zerrissene Melodie weiter. Über Liebe, Sport, Tanz und rauschende Feste steigert sich die Linie bis in zu einem grandiosen Rummel des Lebens, der automatisch in das hohe Lied der Arbeit mündet. Sirenenrufe künden den Feierabend, öffnen die Türen und entlassen die Menschheit der Welt zur Menschlichkeit. All dies Weltgeschehen ist gebunden an das Sehen des Matrosen, dem die Melodie unserer Welt Erlebnis wird« (Original-Programmheft). Die Inhaltsangabe des Programmheftes von 1929 läßt schon ahnen, daß es Walter Ruttmann, dem Schöpfer des berühmten Montagefilms *Berlin – Sinfonie einer Großstadt* mit seinem ersten Tonfilm nicht nur um einen Reisefilm mit dem *Seid umschlungen Millionen*-Tenor ging, sondern um die exemplarische Demonstration seiner Vorstellung von einer Ästhetik des Tonfilms. In einem ebenfalls im Programmheft abgedruckten Aufsatz sagt er dazu noch: »Man versuche sich klar zu machen, daß Tonfilm seiner Gestaltungsmethode nach nichts anderes sein kann als Kontrapunkt. Das heißt: Bild kann nicht verstärkt werden durch parallel laufenden Ton. Das wäre unbedingt Abschwächung... Tonfilm gestalteter Kontrapunkt aber wäre ein bewußtes Gegeneinanderspielen der beiden Ausdrucksmittel – Bild und Ton in gedanklicher Bindung. Nur so können sich diese beiden ihrem Material nach grundverschiedene Dinge: Ton und Bild sich gegenseitig steigern. Laufen sie parallel, dann ist das Ergebnis: Panoptikum.« Dieses Konzept hat sich schnell durchgesetzt und wird heute noch praktiziert. *Melodie der Welt* lief im März 1929 als erster abendfüllender deutscher Tonfilm an.

**Menschen im Hotel.** *R* Gottfried Reinhardt. *B* Hans Jacoby, Ladislaus Fodor, nach dem Roman von Vicki Baum. *K* Göran Strindberg. *M* Hans-Martin Majewski. *A* Rolf Zehetbauer, Gottfried Will. *D* O. W. Fischer (Baron von Gaigern), Michèle Morgan (Grusinskaja), Heinz Rühmann (Kringelein), Sonja Ziemann (Flämmchen), Gert Fröbe (Preysing), Dorothea Wieck. *P* CCC-Modernes, Berlin-Paris. 107 Minuten. 1959.

Schicksale im Grand-Hotel. Die Tänzerin Grusinskaja hat ihre Midlife-Crisis. Der mittellose Baron von Gaigern, der sie eigentlich bestehlen will, rettet sie vor dem Selbstmord. Die Sekretärin Flämmchens und der Buchhalter Kringelein finden zusammen.

»Unglaublich mittelmäßig. Das Remake ist noch altmodischer als der erste *Menschen-im-Hotel*-Film, und die Morgan ist noch amorpher als die Garbo« (*Cahiers du Cinéma*).

**Menschen vom Varieté.** *R* Josef von Baky. *B* Erich Willke. *K* Stefan Eiben. *M* Georg Haentzschel. *A* R. Dietrich, A. Günther. *D* La Jana (Silvia Castellani), Attila Hörbiger (Jack Carey), Christl Mardayn (Alice McLean), Karin Hardt (Gloria McLean), Edith Oss (Ruby McLean), Hans Moser (Inspizient Miller), Hans Holt (Freddy Sanz), Jack Trevor, Viktor Janson, Hans Adalbert Schlettow, Eduard von Winterstein, Rudolf Klein-Rogge. *P* Hunnia Pictura, Budapest–Berlin. 2524 Meter. 1939.

Eine in Budapest gedrehte deutsch-ungarische Co-Produktion. »In *Menschen vom Varieté* ist das Liebesthema gewichtiger als das artistische, das auch mengenmäßig seinen Schwerpunkt mehr in Ballettrevue als im eigentlichen Varieté hat. Die kluge Regie Josef von Bakys, Christl Mardayns Aufgeschlossenheit, Karin Hardts herrlicher Mutwille und Mosers Inspizientenkomik erklären den Erfolg« *(Der deutsche Film, 1939).*

**Mensch ohne Namen.** *R* Gustav Ucikky. *B* Robert Liebmann, nach der Novelle *Oberst Chabert* von Honoré de Balzac. *K* Carl Hoffmann. *M* Allan Gray, Hans-Otto Borgmann. *D* Werner Krauss (Paul Martin), Mathias Wieman, Helene Thimig, Hertha Thiele, Julius Falkenstein, Fritz Grünbaum, Hans Brausewetter. *P* Ufa. 2521 Meter. 1932.
1932 bekommt ein Mechaniker in einer sowjetischen Fabrik eine deutsche Illustrierte in die Hand. Ein Foto aus Berlin gibt ihm den Aufschluß, daß er der Autokonstrukteur Paul Martin ist. Als Leutnant war er 1916 verwundet worden. Dabei hatte er sein Gedächtnis verloren. Die Verletzungen haben ihn so verändert, daß nicht einmal seine Frau ihn wiedererkennt. Für sie ist Paul Martin gefallen. Trotz vieler Indizien weigert sich das Gericht, ihn als Paul Martin anzuerkennen. Neue Freunde helfen ihm, ein neues Leben zu beginnen.
»Die Szene, in der ein Beamter zwischen zwei Reihen hoher Aktenschränke auf einer riesigen Leiter emporkletterte und dem Antragsteller von der obersten Sprosse aus zurief, daß er nicht mehr am Leben sei, veranschaulichte sehr eindrucksvoll das angsttraumhafte Wesen und Wirken der Bürokratie« (Siegfried Kracauer, *Von Caligari bis Hitler*).

**Mich dürstet.** *R* Karl Paryla. *B* Walter Gorrish, Karl Paryla nach dem Roman »Um Spaniens Freiheit« von Gorrish. *K* Otto Meyer. *M* Eberhard Schmidt. *A* Gerhard Helwig, Hermann Asmus. *D* Edwin Marian (Pablo), Isabé Caregnato (Magdalena, Medizinstudentin), Harry Hindemith, Harald Jopt, Charles Hans Vogt, Karl Block, Fritz Wolff. *P* Defa, DDR. 1956.
Spanischer Bürgerkrieg 1936 bis 1938. Der arme Bergbauernsohn Pablo reift während des Krieges zu einem mutigen Patrioten.
»Aus dem Film spricht die Gewißheit, daß Frieden und Freiheit nur durch den gemeinsamen Kampf der internationalen Arbeiterklasse für immer gesichert werden kann.« *(Lebendige Leinwand – 60 Jahre Film).* Eine der wenigen Film-Inszenierungen des Schauspielers Karl Paryla.

**Der Mörder Dimitri Karamasoff.** *R* Fedor Ozep. *B* Leonhard Frank, Fedor Ozep, Victor Trivas, nach dem Roman *Die Brüder Karamasoff* von Dostojewski. *K* Friedl Behn-Grund. *M* Karol Rathaus, Kurt Schröder. *D* Fritz Kortner (Dimitri Karamasoff), Anna Sten (Gruschenka), Fritz Rasp (Smerdjakow), Bernhard Minetti (Iwan Karamasoff), Max Pohl, Hanna Waag, Liese Neumann. *P* Terra. 2555 Meter. 1931.
Dimitri Karamasoff und sein Vater lieben dieselbe Frau, Gruschenka. Dimitri spielt mit dem Gedanken, seinen Vater umzubringen. Tatsächlich begangen wird die Tat von Smerdjakow, dem Diener des alten Karamasoff. Smerdjakow erhängt sich. Das Gericht hält Dimitri für den Täter und schickt ihn nach Sibirien. Gruschenka folgt ihm dorthin.
»Die Leistungen der beiden Drehbuchautoren Leonhard Frank und Victor Trivas sind beachtlich. Für den künstlerischen Eigenwert des Films jedoch noch wichtiger erscheinen heute die Leistungen von Regisseur und Kameramann, denen es als einen der ersten gelingt, die Schwierigkeiten des Tons als einer neuen Dimension der Filmkunst zu bewältigen. Es gibt kein schlechtes Theaterspiel auf einer durch die starre Kamera begrenzten imaginären Bühne, keine Auftritte und Abgänge und ähnliches mehr. Der Film nutzt vielmehr sehr produktiv die Errungenschaften des entwickelten Stummfilms aus und bewegt sich im variablen Rhythmus einer gekonnten Montage. Dabei ist filmhistorisch interessant, daß sich hier Traditionen des deutschen Films, insbesondere des sogenannten Kammerspielfilms eines Carl Mayer, mit denen des sowjetischen Stummfilms eines Pudowkin oder Eisenstein treffen« *(Filmblätter).*

**Monpti.** *R* Helmut Käutner. *B* Helmut Käutner, Willibald Eser, nach dem Roman von Gabor von Vaszary. *K* (Agfacolor) Heinz Pehlke. *M* Bernhard Eichhorn. *A* Herbert Kirchhoff, Albrecht Becker, Margot Schönberger. *D* Romy Schneider (Anne-Claire), Horst Buchholz (Monpti), Boy Gobert, Mara Lane, Olive Moorefield. *P* Neue Deutsche Filmgesellschaft. 101 Minuten. 1957.

Bittersüße Pariser Liebesgeschichte endet durch eine Eskalation des Mißverstehens tragisch.
Die Kraft einer einfachen Liebesgeschichte wird durch ein Übermaß an eitler Sophistikation (zu dieser Zeit ein Markenzeichen Käutners) gebrochen.

**Morgen beginnt das Leben.** *R* Werner Hochbaum. *B* Carl Behr. *M* Herbert Körner. *M* Hansom Milde-Meißner. *A* Gustav A. Knauer, Alexander Mügge. *D* Erich Haußmann (Robert), Hilde von Stolz (Marie), Harry Frank, Walter von Lennep, Etta Klingenberg, Edith Schollwer. *P* Ethos. 80 Minuten. 1933. Alternative Titel *Mord im Cafe Central* und *Morgen kommt das Glück.*
Robert hat wegen Totschlags an einem Mann, der seine Frau, Marie, belästigt hat, fünf Jahre im Gefängnis gesessen. Er hofft, daß der erste Tag der Freiheit der Anfang eines neuen glücklichen Lebens mit Marie sein wird. Aber durch eine Reihe unglücklicher Umstände bedingt verfehlen die beiden sich den ganzen Tag lang und glauben sich schließlich voneinander verlassen. Am Abend finden sie sich endlich und wissen nun, daß morgen das Leben wirklich beginnen wird.
Kein anderer deutscher Film von 1933 hat den Anbruch einer neuen Zeit, den Aufbruch eines neuen Deutschland so kühl, klar und stoisch ignoriert (und damit dementiert) wie dieser Film von der Angst, der Verwirrung, der Unbehaustheit und Unsicherheit. Das Happy-End ist wie in den meisten Hochbaum-Filmen die reine Farce. Die Handlung ist ausdrücklich auf 1933 datiert, die Rückblende mit der Schilderung der fatalen Tat führt ins Jahr 1928. *Morgen beginnt das Leben* ist auch der letzte Film in der Tradition der Straßen-Filme. »*Morgen beginnt das Leben* ist vor allem ein optischer Film: kaum mehr als einige Dutzend Dialoge, teils weil die Hauptpersonen fast immer allein sind, teils weil der gesprochene Dialog karg und ebenso schwer faßbar ist wie die Bilder. Maries tiefe Furcht vor der Zukunft mit ihrem Mann wird durch die großartige Hilde von Stolz in einem einzigen Wort zusammengefaßt, als sie auf die mitfühlende Frage des Kaffeeorchesterleiters antwortet: »Schwierig...« (David Robinson: *Werner Hochbaum*).

**Morgen ist alles besser.** *R* Arthur Maria Rabenalt. *B* Werner P. Zibaso, F.D. Andam, nach dem Roman von Annemarie Selinko. *K* Kurt Schulz. *M* Werner Bochmann. *L* »Morgen wird es wieder besser sein« von Hans Fritz Beckmann *(T)*, Werner Bochmann *(M)*. *A* Ernst Albrecht. *D* Ellen Schwanneke (Christiane Borck), Jakob Tiedtke (ihr Vater), Rudolf Prack (Thomas Schott), Paul Klinger (Dr. Axel Robert), Grethe Weiser, Fiat Benkhoff, Gert Frickhöfer. *P* Berolina (Kurt Ulrich). 2676 Meter. 1948.
Die Geschichte eines Mädchens, dem das Glück immer zur Seite steht. Sie benötigt Geld, um ihrem Vater eine Kur ermöglichen zu können. Durch die Protektion von Thomas Schott und Axel Robert wird sie Rundfunksprecherin und verdient nun Geld. Sie bekommt aber Ärger in der Schule, denn sie steht kurz vor dem Abitur. Durch die freundliche Hilfe des Schulrats schafft sie ihre Prüfungen und gesteht Thomas, den sie schon verloren glaubte, ihre Liebe. Ende gut, alles gut, und ihr Vater wird Kapitän auf einem Ausflugsdampfer.
Schon der Titel verkündet Optimismus, der zwar jeder realen Grundlage entbehrte, damals aber wohl notwendig war, um die Leute nach dem Krieg bei der Stange zu halten. So ist dann auch der ganze Film. Der glückliche Zufall hilft Christiane sanft über alle Hürden: Der Rundfunk verschafft ihr das nötige Geld, der freundliche Schulrat verhilft ihr zum Abitur, der Vater erhält eine befriedigende Beschäftigung, und Thomas, »es ist ja alles gar nicht so schlimm wie es aussieht!«

**Morituri.** *R* Eugen York. *B* Gustav Kampendonk nach einer Idee von Artur Brauner. *K* Werner Krien. *M* Wolfgang Zeller. *A* Hermann Warm, Bruno Monden. *D* Lotte Koch, Winnie Markus, Hilde Körber, Catja Görna, Josef Sieber, Walter Richter, Karl-Heinz Schroth, Siegmar Schneider, Peter Marx, Alfred Cogho. *P* CCC-Film. 80 Minuten. 1948.
Ein polnischer Arzt untersucht in einem KZ die auf dem Lagerhof angetretenen Häftlinge und erklärt sie für arbeitsunfähig. Er verhilft ihnen zur Flucht in ein Waldversteck, wo sich schon Verfolgte unterschiedlicher Nationalität aufhalten. Die Front rückt immer näher und die Lebensmittel werden knapp, als polnische Flüchtlinge erscheinen und neue Vorräte mitbringen. Der polnische Arzt, dessen Frau von der SS umgebracht worden war, sprengt eine Brücke in die Luft, woraufhin die SS den Wald durchkämmt. Auf der Suche nach einem Fluchtweg wird der Arzt erschossen. Doch unmittelbar vor der Entdeckung durch die SS kommt die Nachricht, daß sich die Deutschen zurückziehen müssen. Die Menschen sind endlich frei.
Der Beginn der Produzenten-Karriere von Artur Brauner. »Die Hersteller des Films machen sich nicht die Mühe, die Verbrüderungsbereitschaft der hier gezeigten Menschen als Ergebnis von Einsichten und Erkenntnissen erscheinen zu lassen. Die praktizierte Verbrüderung wird lediglich durch die Tatsache motiviert, daß sich die Menschen in einer Ausnahmesituation befinden: Sie werden gemeinsam von einer sie bedrohenden Macht verfolgt. Für den Filmbetrachter des Jahres 1948 besteht eine solche Ausnahmesituation nicht. Damit verliert die im Film dargestellte Argumentation ihre Überzeugungskraft. Das Motiv für die Verbrüderung ist auf die Nachkriegszeit nicht mehr übertragbar« (Peter Pleyer, *Deutscher Nachkriegsfilm 1946–1948*).

**Moselfahrt aus Liebeskummer.** *R* Kurt Hoffmann. *B* Ilse Lotz-Dupont nach der Novelle von Rudolf G. Binding. *K* Heinz Schnackertz. *M* Johannes Weissenbach. *A* Arne Fleckstad. *D* Elisabeth Müller (Angela Schäfer), Will Quadflieg (Dr. Peter Arend), Oliver Grimm (Kaspar), Renate Mannhardt, John van Dreelen, Franziska Kinz, Albert Florath. *P* Aristan-Film. 90 Minuten. 1953.
Angela Schäfer fährt mit Sohn Kaspar an die Mosel, um alte Erinnerungsstätten aufzusuchen, wie sie es einst mit ihrem verstorbenen Mann getan hat. Peter Arend fährt die Mosel entlang, um seinen Liebeskummer mit Dorette zu vergessen. Angela Schäfer und Peter Arend begegnen sich und mit der ausdauernden Hilfe von Kaspar treffen sie sich immer wieder, um dann für immer zusammenzubleiben.
Ein sentimentaler Film, der sich aber durch seine sensible Kameraführung auszeichnet.

**Moskau–Shanghai.** *R* Paul Wegener. *B* Kurt Heynicke, M. W. Kimmich. *K* Franz Weihmayr. *M* Hans-Otto

Borgmann. L »Mein Herz hat Heimweh nach deiner Liebe« von Hans-Otto Borgmann (M) und Hans Fritz Beckmann (T). A Willi A. Hermann, A. Bütow. D Pola Negri (Olga Petrowna), Wolfgang Keppler (Alexander Repin), Gustav Diessl (Sergej Smirnow), Susi Lanner, Rudolf Schündler. P Badal-Film. 85 Minuten. 1936.
Odessa 1917. Der Rittmeister Repin und die Witwe Olga Petrowna lernen sich kennen und lieben und wollen heiraten, aber in den Wirren des zusammenbrechenden Zarenreiches werden sie auseinandergerissen. Shanghai 1930. Olga sieht den Rittmeister wieder, aber er ist verlobt – mit Olgas Tochter, die auf der Flucht aus Rußland damals von der Mutter getrennt wurde. Olga verzichtet.

**Die Mücke.** R und B Walter Reisch. K Kurt E. Hasse. M Peter Kreuder. A Rolf Zehetbauer. D Hilde Krahl (Vilma), Margot Hielscher (Jeanette), Gustav Knuth (Karrari), Bernhard Wicki (Hugo), Walter Janssen, Herbert Wilk, Blandine Ebinger. P Fama. 110 Minuten. 1954.
Die deutsche Spionin Vilma, in Agentenkreisen als »Mücke« bekannt, trifft ihren Lebensretter Karrari als verbrecherischen Waffenhändler wieder. Sie läßt sich als Gesellschafterin engagieren und freundet sich mit seiner Frau Jeanette an. Im Konflikt zwischen Dankbarkeit und Pflicht weiß sie beides miteinander zu vereinen. Als Vilma ihn vor seinen Verfolgern warnt, will er sie nachträglich töten, aber Vilma wird gerettet und Karrari verhaftet. Vilma erhält ein neues Angebot eines angesehenen Diplomaten.

**Der Mustergatte.** R Wolfgang Liebeneiner. B Jacob Geis, Hans Albin. K Werner Bohne. M Hans Sommer. D Heinz Rühmann (William Bartlett), Leni Marenbach (Margret Bartlett), Hans Söhnker (Jack Wheeler), Heli Finkenzeller (Doddy Wheeler), Werner Fuetterer (Evans). P Imagoton. 95 Minuten. 1937.
William ist ein idealer Ehemann, trinkt nur Milch, geht gegen neun Uhr ins Bett und ist stinklangweilig. Seine Frau Margret will ihm ein bißchen einheizen und täuscht ein Techtelmechtel mit Hausfreund Jack vor, der mit Frauen umzugehen weiß. Als nun beide Ehen aus den Fugen zu geraten scheinen, kehrt jeder an seinen eigenen häuslichen Herd zurück und sieht sein Zuhause nun mit ganz anderen Augen. Wolfgang Liebeneiners Filmregie-Debüt. Rühmann als milchtrinkender Volltrottel ist tatsächlich ein großer Spaß. Weitere Verfilmungen, 1956, Regie Eric Ode mit Harald Juhnke, Inge Egger, Theo Lingen.

**Mutter Courage und ihre Kinder.** R Peter Palitzsch, Manfred Wekwerth, nach der Inszenierung des »Berliner Ensemble« von Bertolt Brecht und Erich Engel. B Peter Palitzsch, Manfred Wekwerth. K (Totalscope) Harry Bremer. A Heinrich Kilger, Erich Kulicke, nach Teo Otto. ML Hans-Dieter Hosalla. D Helene Weigel (Mutter Courage), Angelika Hurwitz (Katrin), Ekkehard Schall (Eilif), Heinz Schubert (Schweizerkas), Willi Schwabe (Werber), Gerhard Bienert (Feldwebel), Ernst Busch (Koch), Norbert Christian, Wolf Kaiser, Regine Lutz, Harry Gillmann, Peter Kalisch. P Defa, Berlin-Ost. 149 Minuten. 1960.
Film-Adaption der klassischen Bühnen-Inszenierung des Stückes von der Marketenderin, die den Frieden fürchtet, weil er ihr das Geschäft ruinieren könnte, und durch den Krieg, an dem sie zu profitieren sucht, ihre Kinder verliert. »Der Film hat die ganze Poesie, den ganzen Biß, die ganze Kraft des Brechtschen Originals« (Gene Moskowitz, NFT).

**Nacht fiel über Gotenhafen.** R Frank Wisbar. B Victur Schuller, Frank Wisbar, nach einem Illustrierten-Bericht. K Willy Winterstein, Elio Carniel. M Hans-Martin Majewski. A Walter Haag, Irms Pauli. D Sonja Ziemann (Maria Reiser), Gunnar Möller (Kurt Reiser), Erik Schuman (Hans Schott), Brigitte Horney (Generalin von Reuss), Mady Rahl, Wolfgang Preiss, Dietmar Schönherr, Erich Dunskus. P Deutsche Film Hansa. 99 Minuten. 1959.
»Die Frank Wisbar-Filme *Haie und kleine Fische, Hunde, wollt ihr ewig leben* und *Nacht fiel über Gotenhafen* sind Mahnmale des Zweiten Weltkriegs. Spielhandlung, Dokumentation und eindeutiger Sinn sind zu einheitlicher Wirkung verflochten. So war es schon beim Stalingrad-Film *Hunde, wollt ihr ewig leben,* der den Protest gegen das Verbrechen des befohlenen Massensterbens der Männer gestaltete. So ist es auch bei *Nacht fiel über Gotenhafen,* der deutlich machen will, daß jeder Krieg auch auf dem Rücken der Frauen ausgetragen wird. Doch nicht allein darum geht es bei der Tragödie des KDF-Schiffes »Wilhelm Gustloff«, das am 30. Januar 1945 mit rund 6000 Menschen an Bord torpediert wurde, vielmehr steht dieser Schiffsuntergang symbolisch für den Untergang Deutschlands, und wenn am Ende drei halberfrorene Überlebende sich am öden Strand aufraffen, um Menschen zu suchen, so sind dies die Überlebenden schlechthin, die am Wiederbeginn des Lebens suchen, dessen wir uns längst wieder erfreuen« (Illustrierte Film-Bühne Nr. 5185).
»Die Spielhandlung erhebt sich, unterm Aspekt erzählerischer sowohl wie politischer Bewältigung des Themas, kaum an einer Stelle über das klägliche Niveau von larmoyanten Kaffeeklatsch-Geschichten; mit dem Unterschied freilich, daß diese meist weniger langweilig ausfallen als der Film... Auch daß Wisbar die Schilderung des Untergangs gestalterisch gemeistert hätte, ist eine Mär« (Theodor Kotulla, Filmkritik).

**Die Nacht gehört uns.** R Carl Froelich. B Walter Reisch, Walter Supper, nach dem Bühnenstück von Henry Kistemaeckers. B Reimar Kuntze, Charles Métain. B Hanson Milde-Meissner. A Franz Schroedter. D Hans Albers (Harry Bredow), Charlotte Ander (Bettina Bang), Otto Wallburg (Bettinas Vater), Walter Janssen (Marten), Ida Wüst, Lucie Englisch, Berthe Ostyn, Julius Falkenstein. P Froelich-Film. 2993 Meter. 1929.
Die Autorennfahrerin Bettina Bang verunglückt bei einer Trainingsfahrt in einer abgelegenen Gegend. Als sie wieder zu sich kommt, ist sie in einer Jagdhütte und wird von einem ihr unbekannten Mann umsorgt. Es ist Harry Bredow, der hier völlig zurückgezogen lebt; er hat die verunglückte Frau gefunden. Er pflegt sie gesund. Die beiden verlieben sich. Dann nimmt sie ihn mit in die große Welt. Harry macht als Rennfahrer, Bankier und Salonlöwe Karriere. Dann wird er wieder zivilisationsmüde und kehrt in seine Hütte zurück. Bettina folgt ihm.

Der Film gehört mit *Dich hab' ich geliebt* und *Melodie des Herzens* zu den drei ersten hundertprozentigen Tonfilmen der deutschen Produktion und löste mit einer Leichtigkeit, die man bei einer derart melodramatischen Story kaum erwartet hätte, fast alle Probleme des neuen Mediums, vor allem dank der zwanglosen Alltäglichkeit in der Behandlung von Dialog und Geräuschen: die Dialoge wirkten nicht wie gesprochene Zwischentitel und die Geräusche nicht wie orchestrierte Effekte. Bei einer schlichteren Geschichte wäre es ein noch größerer Film geworden. In Hans Albers fand der deutsche Tonfilm seinen ersten männlichen Superstar. Für die weibliche Hauptrolle hatte Froelich eigentlich Marlene Dietrich haben wollen; sie wurde ihm als »zu ordinär« ausgeredet.

**Nachts auf den Straßen.** R Rudolf Jugert. B Fritz Rotter, Helmut Käutner. K Vaclav Vich. M Werner Eisbrenner. L »Schwarzer Kaffee« von Werner Eisbrenner (M), Fritz Rotter (T). A Ludwig Reiber. D Hans Albers (Heinrich Schlüter), Lucie Mannheim (Anna, seine Frau), Hildegard Knef (Inge Hoffmann), Marius Goring (Kurt Willbrand), Karin Andersen, Martin Urtel, Hans Reiser, Gertrud Wolle. P NDF/Intercontinental Film (Eric Pommer). 108 Minuten. 1951.
Der Fernfahrer Heinrich Schlüter findet bei einer nächtlichen Fahrt eine größere Summe Geld. Er kann nicht widerstehen und anfangs willig das Geld bei der Polizei abgeben will, kauft er dann seiner Frau doch den ersehnten Pelzmantel. Er begegnet dem Mädchen Inge, das ihn zu einem großen Coup mißbrauchen will. Beinahe wäre er gestrauchelt. Er fängt sich und findet zu seiner Frau Anna zurück.

»Die Lederjoppe des Fernlastfahrers – das ist das Habit, das Erich Pommer, mit dessen Namen eine ruhmvolle Epoche des deutschen Films verbunden ist, für Hans Albers hier ausgesucht hat – und nicht wie in Joppe und Schirmmütze das ›Ritters der Landstraße‹ sind für ihn gemacht, auch das rauhe, abenteuernde, vom Weg abirrende, aber doch noch heil über die Schicksalskurve kommende Herz des Fernlastfahrers Heinrich Schlüter ist diesem so besonderen, liebenswert rauhen schauspielerischen Temperament angemessen wie noch selten eine Rolle in seiner an Erfolgen reichen Laufbahn« (Felix Henseleit, zitiert nach Joachim Cadenbach, Hans Albers).

**Nasser Asphalt.** R Frank Wisbar. B Will Tremper. K Helmuth Ashley. M Hans-Martin Majewski. A Herbert Kirchhoff, Albrecht Becker. D Horst Buchholz (Greg Bachmann), Martin Held (Cesar Boyd), Maria Perschy (Bettina), Gert Fröbe (Jupp), Heinz Reincke, Inge Meysel. Peter Capell, Richard Münch. P Wenzel Lüdecke. 90 Minuten. 1958.
Die Geschichte des begabten Reporters Greg Bachmann, der eifrig für den internationalen Nachrichtenkönig Cesar Boyd arbeitet, bis er dahinterkommt, daß Boyd ein gewissenloser Lügner ist. Auch Boyds Rechtfertigung, »daß man die Lüge nicht einfach verdammen könne, da sie in unserer Zeit zu einem Bestandteil der Wahrheit geworden sei«, kann Bachmann nicht mehr überzeugen. Als moralischer Sieger über den großen Boyd, verläßt er dessen Haus.

**Neigungsehe.** R Carl Froelich. B Jochen Kuhlmey, nach seinem Bühnenstück und dem Roman *Familie Buchholz* von Julius Stinde. K Robert Babaerske. M Hans-Otto Borgmann. A Walter Haag. D Henny Porten (Wilhelmine Buchholz), Paul Westermeier (Karl Buchholz), Käthe Dyckhoff (Betti), Marianne Simson (Emmi), Gustav Fröhlich (Dr. Wrenzchen), Albert Hehn (Friedrich Wilhelm Holle), Grethe Weiser, Elisabeth Flickenschildt, Fritz Kampers, Günther Lüders. P Ufa (Friedrich Pflughaupt). 94 Minuten. 1944.
Fortsetzung von *Familie Buchholz:* Nachdem es Wilhelmine Buchholz gelungen ist, ihre Tochter Emmi mit einem anständigen Mann zu verheiraten, versucht sie ein gleiches mit ihrer Ältesten, Betti, die aber die mit Zeitungsinseraten arbeitenden Strategien der Mutter unterläuft und hinter ihrem Rücken einfach den Maler Holle ehelicht.

**Nichts als Zufälle.** R E. W. Emo. B Karl Farkas, E.W. Emo. K Kurt Schulz. M Franz Grothe. L »Warum fuhr Kolumbus nach Amerika?« von Franz Grothe (M) und Ralph Maria Siegel (T). A Hans Lederalze, Ernst Richter. D Theo Lingen (Dr. Renatus Elmhorst), Sonja Ziemann (Gerti Danzer), Josef Meinrad, Susi Nicoletti, Grethe Weiser, Fritz Kampers, Margarete Haagen, Hans Richter, Rudolf Schündler, Hubert von Maye-

rinck, Jacob Tiedtke, Albert Forath. *P* Berolina (Kurt Ulrich). 86 Minuten. 1949.
Während der 24 Stunden vor seiner Hochzeit mit Liane Reitmayer stürzt der Privatgelehrte Dr. Renatus Elmhorst durch lauter Zufälle von einer Katastrophe in die nächste.
Die katholische Filmkommission reklamierte die fragwürdige Moral des Films, wie sie sich etwa in der Schlagerzeile ausdrückt: »Warum geht der Ehemann zum Kegeln aus? Warum läßt Herr Meyer seinen Ring zuhaus? Weil jeder Mann, Sie wissen schon, so macht's der Vater und der Sohn.«

**Niemandsland.** *R* Victor Trivas. *B* Victor Trivas, nach einem Entwurf von Leonhard Frank. *K* Alexander Lagorio, Georg Stilianudis. *M* Hanns Eisler, Kurt Schröder. *D* Ernst Busch (Der Deutsche), Renée Stibrawa (Seine Frau), Wladimir Sokoloff (Der jüdische Schneider), Elisabeth Lennartz (Seine Frau), Hugh Stephens Douglas (Der Engländer), Georges Péclet (Der Franzose), Rose Mai (Die Französin), Louis Douglas (Der Neger). *P* Resco-Film. 2556 Meter. 1931.
Juli 1914. Europa genießt den Frieden, und keiner mag an einen Krieg denken: weder der Berliner Tischler, der in seiner Wochenendlaube mit seinen Freunden frohe Lieder singt; noch der Pariser Monteur, der auf den Boulevards den Midinetten nachsteigt; noch der englische Arbeiter, der nur seine Festung kennt, sein Heim, und auch nicht der kleine jüdische Schneider in seinem armseligen Appartement. Aber dann kommt die Mobilmachung. Über den Waffenlärm und die laute Kriegsbegeisterung erhebt sich eine einsame Stimme: »Millionen von Menschen werden sterben!« Die vier Menschen verschiedener Rassen und Nationalitäten finden sich mit einem fünften, der als einziger die Sprachen aller versteht – einem Neger, der als Tänzer in den Music Halls von ganz Europa zuhause war – in einem verschütteten Unterstand im Niemandsland wieder. Es gelingt ihnen, sich über die Absurdität des Krieges zu einigen. Sie organisieren sich ein friedlich-fröhliches Leben, so gut es die Umstände erlauben. Als Beobachtungsposten beider Seiten aus dem Unterstand Rauch aufsteigen sehen, schießen sich die gegnerischen Artillerien auf dieses Ziel im Niemandsland ein. Die Fünf verstärken die Befestigungen ihres Unterstandes und riegeln sich so weit wie möglich vom Krieg ab. Sie verlassen die Stätte des Friedens im Niemandsland erst bei der Nachricht vom Waffenstillstand.
Das einzige nicht-realistische, quasi-allegorische Werk unter den vielen Kriegs- und Antikriegs-Filmen der Zeit. »In *Niemandsland* wollte ich nicht die Schrecken des Krieges zeigen, sondern seine grausame Absurdität« (Victor Trivas in der Presseheft des Films). In dem besonderen stilistischen Rahmen des Films ist seine Symbolik nicht so störend, wie sie es in einem realistischen Film zweifellos wäre und in ähnlich gestimmten Käutner-Filmen immer ist. Victor Trivas war ein früherer Assistent von G. W. Pabst, dessen *Westfront 1918* ein Jahr vor *Niemandsland* entstand; seine einzige weitere bekannte Regie-Arbeit ist der Horror-Sexfilm *Die Nackte und der Satan* (1958).

**08/15. 08/15 – Zweiter Teil. 08/15 in der Heimat.** *R* Paul May. *B* Ernst von Salomon, nach den Romanen von Hans Helmut Kirst. *K* Kurt Hasse. *M* Rolf Wilhelm. *D* Joachim Fuchsberger (Asch), Hans-Christian Blech, Paul Bösinger, Peter Carsten, O. E. Hasse, Eva Ingeborg Scholz. *P* Divina. 1. Teil 95 Minuten; 2. Teil 110 Minuten; 3. Teil 96 Minuten.
Die Abenteuer des Soldaten Asch auf dem Kasernenhof, an der Ostfront und an der Front in der Heimat.
»Durfte man hinter dem ersten Teil noch eine Reihe unabsichtlicher Fehlleistungen vermuten, so gibt sich der zweite unverhüllt als Appell an die niedersten Instinkte zum Besten des Kassengeschäfts. Von verklemmter Strumpfband-Erotik bis zum Lied von den Guten Kameraden werden alle Register der Kino-Orgel gezogen« (Enno Patalas, *Film 56*).

**Ohm Krüger.** *R* Hans Steinhoff; Herbert Maisch, Karl Anton (2. Stab). *B* Harlad Bratt, Kurt Heuser nach dem Roman »Mann ohne Volk« von Arnold Krieger. *K* Fritz Arno Wagner, Friedl Behn-Grund, Karl Puth. *M* Theo Mackeben. *L*, *M* von Theo Makkeben, *T* von Hans Fritz Beckmann. *A* Franz Schroedter. *D* Emil Jannings (Paul Krüger/Ohm Krüger), Lucie Höflich (Sanna, seine Frau), Werner Hinz (Jan), Ernst Schröder (Adrian), Gisela Uhlen (Jans Frau), Eduard von Winterstein (Cronje, Kommandant), Hans Adalbert von Schlettow (de Wett, Kommandant), Ferdinand Marian (Cecil Rhodes), Gustaf Gründgens (Chamberlain), Fritz Hoopts, Max Gülstorff, Walter Werner, Elisabeth Flickenschildt, Hedwig Wangel, Alfred Bernau, Franz Schafheitlin. *P* Tobis (Emil Jannings). 3620 Meter. 1941.

Der südafrikanische Politiker Ohm Krüger wehrt sich gegen die Engländer Cecil Rhodes und den Kolonialminister Joe Chamberlain, die die Buren zu einem Krieg provozieren wollen. Er erreicht den Abschluß eines Vertrages, der die Autonomie der Kapkolonie von den Engländern sichert, doch einen Krieg kann er nicht vermeiden. Nach anfänglichen Siegen der Buren, werden sie schließlich durch die Übermacht der Engländer aufgerieben. Krüger findet in der Schweiz Asyl, aber die Buren werden durch einen Friedensvertrag wieder abhängig von den Engländern.
Während Gustaf Gründgens die Mitarbeit an diesem Film als einen »Staatsauftrag« ansah, gegen den er nichts unternehmen konnte, identifizierte sich Jannings durch diese Aufgabe mit der Idee des NS-Regimes: – »Ich verfilmte *Ohm Krüger*, den legendären Führer der Buren, . . . weil er dazu ausersehen war, einen Kampf zu beginnen, der in unseren Tagen vollendet wird« (nach Herbert Holba, Emil Jannings). – Ewald von Demandowsky, der Chef der Tobis, äußerte sich damals ungefähr in dem Sinne, daß das Schicksal der Deutschen das gleiche gewesen wäre wie das der Buren, wenn wir nicht den Führer gehabt hätten.

**Nie wieder Liebe.** *R* Anatol Litvak. Max Ophüls (Dialogregie). *B* Irma von Cube, Anatol Litvak nach dem Bühnenstück *Dover-Calais* von Julius Berstel. *K* Franz Planer, Robert Baberske. *M* Mischa Spoliansky, Hans-Otto Borgmann. *L* »Nie wieder Liebe«, »Lang, lang ist's her« und »Leben ohne Liebe kannst du nicht« von Robert Gilbert (*T*) und Mischa Spoliansky (*M*). *A* Werner Schlichting, Robert Herlth, Walter Röhrig. *D* Lilian Harvey (Gladys), Harry Liedtke (Sandercroft), Felix Bressart (Jean), Margo Lion (Sängerin), Hermann Speelmanns (Tom), Theo Lingen (Rhinelander). *P* Ufa. 2406 Meter. 1931.
»Nie wieder Liebe« heißt das Motto des enttäuschten Frauenhelden Sandercroft, der sich eine Mannschaft anheuerte, um fünf Jahre auf See zu verbringen und keinen Hafen anzulaufen, um keiner Frau begegnen zu müssen. Die englische und amerikanische Presse platzt fast vor Neugier. Mitten auf See wird eine schiffsbrüchige Frau aufgefischt und unerbittlich wieder von Bord gewiesen. Als sich aber ihre Identität als Reporterin herausstellt, wird sie wieder zurück geholt, damit sie nicht plaudern kann. Die Vorsätze des Kapitäns und seiner Mannschaft geraten ins Wanken und eine 500 000 Dollarwette droht zu platzen. Doch am Schluß gewinnt Sandercroft die Wette und Gladys Liebe dazu.

**Noch minderjährig.** *R* Georg Tressler. *B* Emil Burri, Johannes Mario Simmel, Georg Tressler. *K* Sepp Riff. *M* Carl de Groof. *A* Fritz Mögle, Heinz Ockermüller. *D* Paula Wessely (Luise Gottschalk), Vera Tschechowa (Elfie Breitner), Paul Löwinger (Herr Kutzmeier), Peter Parak (Stefan Maurer), Edith Elmay, Erik Frey. *P* Paula Wessely, Wien. 95 Minuten. 1957. Alternativer Titel *Unter achtzehn*.
Elfie hilft ihrem Freund bei einem Ratenschwindel. Sie kommt ins Fürsorgeheim, danach stellt die Wäscherei, wo sie gearbeitet hat, sie nicht mehr ein. Ihre Fürsorgerin Luise Gottschalk verzweifelt. Elfie wird die Geliebte eines Unternehmers, der aber sein Eheversprechen nicht hält. Aus Sorge um ihren im Gefängnis sitzenden Freund wird sie dann doch noch ein guter Mensch.
Etwa in der Mitte zwischen Tresslers *Halbstarken* und einer alten Wessely-Schnulze angesiedelt.

**Onkel Bräsig.** *R* Erich Waschneck. *B* Neander, Rolf Meyer, nach *Ut mine Stromtid* von Fritz Reuter. *K* Georg Bruckbauer. *M* Kurt Schröder. *A* R.A. Dietrich. *D* Otto Wernicke (Onkel Bräsig), Harry Hardt (Axel von Rambow), Elga Brink (Frieda), Kurt Fischer-Fehling, Heinrich Schroth, Suse Graf, Hans Richter, Carsta Löck, Kristina Söderbaum, Jakob Tiedtke, Fritz Rasp, Hans Brausewetter, Ursula Herking. *P* Fanal-Film/Tobis. 2419 Meter. 1936.
Zacharias Bräsig, ein knurriges Original, dessen Rat und Hilfe weithin geschätzt werden, schreitet tatkräftig ein, als auf den alten Kammerrat von Rambow dessen schlimmer Sohn Axel folgt und Gut Rambow völlig zu ruinieren droht.
Eines der wenigen gelungenen Volksstücke des deutschen Films, mit einer Paraderolle für Otto Wernicke und einer sympathischen Debütrolle für Kristina Söderbaum.

**Operette.** *R* Willi Forst. *B* Willi Forst, Axel Eggebrecht. *K* Hans Schneeberger. *M* und *ML* Willy Schmidt-Gentner, mit Melodien von Johann Strauß, Franz von Suppé und Carl Millöcker. *A* Werner Schlichting, Kurt Herlth. *D* Willi Forst (Franz Jauner), Maria Holst (Marie Geistinger), Dora Komar (Emmi Krall), Paul Hörbiger (Alexander Gorardi), Leo Slezak (Franz von Suppé), Edmund Schellhammer (Johann Strauß), Curd Jürgens (Carl Millöcker), Trude Marlen, Siegfried Breuer, Gustav Waldau, Alfred Neugebauer, Theodor Danegger. *P* Deutsche Forst Filmproduktion/Wien-Film/Tobis (Willi Forst). 110 Minuten. 1940.
Marie Geistinger, Sängerin und Direktorin des »Theater an der Wien«, holt den begabten Provinzschauspieler Franz Jauner als Regisseur an ihr Theater. Bald darauf entläßt sie ihn wieder, wegen seiner Eigensinnigkeit. Jauner geht zum Carltheater und wird in ständigem Konkurrenzkampf mit der Geistinger der führende Wiener Theatermann, der mit den Uraufführungen der Operetten von Strauß, Millöcker und Suppé die klassische Wiener Operette durchsetzt. Er versöhnt sich mit der Geistinger und kauft für sie das Ringtheater. Als die Geistinger nach Amerika geht, resigniert er. Er wird für eine Brandkatastrophe im Ringtheater verantwortlich gemacht und ist in Wien verfemt, bis die Geistinger heimkehrt und alles zum Besten wendet.
»Das typische Forst-Musical: eine liebenswerte Mischung aus Melodien von Strauß, Suppé und Millöcker, ein reich und liebevoll ausgestattetes Bühnenmilieu, die Rivalität zweier starker Persönlichkeiten. Die Wiener Atmosphäre wird mit viel angenehmem Humor vermittelt. Forsts Kamera folgt einem walzertanzenden Paar durch ein Restaurant und immer weiter, und der Operettenhimmel tut sich auf und überschüttet alles mit Seligkeit« (John Gillett, NFT).

**Operettenklänge.** *R* Theo Lingen. *B* Theo Lingen, Friedrich Schreyvogl. *K* Eugen Klagemann. *M* Alois Melichar, Werner Schmidt-Boelcke, unter Verwendung von Werken von Carl Millöcker. *A* Otto Erdmann, Gustav A. Knauer, Franz F. Fürst. *D* Paul Hörbiger (Carl Millöcker), Hans Holt (Ferdinand), Margot Jahnen (Henriette), Theo Lingen (Wimmerl), Hilde Hildebrand (Yvonne). *P* Tobis. 78 Minuten. 1945. Alternative Titel *Glück muß man haben* und *Der arme Jonathan*.

Carl Millöcker verschönt mit einer neuen Komposition das 25jährige Geschäftsjubiläum des Bonbonfabrikanten Leopold König und stiftet das Glück von dessen Tochter Henriette (die er eigentlich gerne für sich selbst hätte) und dem kleinen Bonbon-Angestellten Ferdinand.

**Opernball.** *R* Geza von Bolvary. *B* Ernst Marischka, nach der Operette von Richard Heuberger. *K* Willy Winterstein. *M* Richard Heuberger, Peter Kreuder. *ML* Peter Kreuder. *A* Robert Herlth, Heinrich Weidemann, Herbert Ploberger. *D* Paul Hörbiger (Georg Dannhauser), Marte Harell (Elisabeth), Will Dohm (Paul Hollinger), Hans Moser (Anton Hatschek), Theo Lingen (Philipp), Heli Finkenzeller, Theodor Danegger, Erika von Thellmann, Fita Benkhoff. *P* Terra (Viktor von Struve). 110 Minuten. 1939.

Auf dem Opernball (wie bei jeder anderen Gelegenheit) verliert der Brauerei- und Rennstallbesitzer Georg Dannhauser sein Herz, und seine Frau Elisabeth, die auch weiß, wie schön das Leben sein kann, bringt seine Gefühle wieder in Ordnung.

Solche Filme inszenierte niemand besser als Geza von Bolvary – außer Willi Forst, der aber auch viel mehr Ambitionen und Prätentionen hatte, weshalb sich die Bolvary-Filme viel angenehmer genießen lassen.

**Opfergang.** *R* Veit Harlan. *B* Veit Harlan, Alfred Braun nach der Novelle von Rudolf G. Binding. *K* (Farbe) Bruno Mondi. *M* Hans-Otto Borgmann. *D* Kristina Söderbaum (Äls Flodéen), Irene von Meyendorff (Oktavia), Carl Raddatz (Albrecht Froben), Franz Schafheitlin, Otto Tressler. *P* Titanus/Labor. 89 Minuten. 1944.

Ein Mann liebt zwei Frauen, seine frischgebackene Ehefrau und die schöne, geheimnisvolle Nachbarin Äls, deren Kind er vor dem ausbrechenden Typhus rettet und sich selbst dabei ansteckt. Oktavia ist verzweifelt, aber sie kümmert sich nicht nur um ihren kranken Mann, sondern gibt auch seiner Geliebten Halt und Kraft. Doch Äls stirbt. Als er hört, was seine Frau alles für ihn und Äls getan hat, erkennt er die Größe ihrer Liebe und findet zu ihr zurück.

Eine Gefühlsschnulze von Rang.

**Panik.** *R* Harry Piel. *B* Alexander Lix, Erwin Biswanger, Erwin Kreker, Harry Piel. *K* Karl Puth, Klaus von Rautenfeld, E. W. Fiedler. *M* Werner Bochmann. *D* Harry Piel (Peter Volker), Herbert A. E. Böhme, Hans Zesch-Ballot, Dorothea Wieck, Ruth Eweler. *P* F. D. F. 100 Minuten. 1943. Alternative Titel *Gesprengte Gitter* und *Die Elefanten sind los*.

Kurz vor Kriegsausbruch bringt der Großtierfänger Peter Volker einen Tiertransport aus Afrika nach Deutschland. Die Tiere kommen in den Tierpark Ulmenau. Bei einem Luftangriff werden das Elefantenhaus getroffen und die Eisentore des Parks aus den Angeln gehoben: der Weg in die Stadt ist frei, die Elefanten laufen Amok. Mit großer Mühe kann Volker sie wieder einfangen.

Daß ihm mit diesem Film ein peinlich-komischer Faux Pas unterlaufen war, merkte Harry Piel spätestens, als in Berlin tatsächlich die durch einen Luftangriff befreiten Raubtiere in die Stadt liefen und die Zensur daraufhin den Film schleunigst verbat, noch vor der Uraufführung. Der Titel *Panik* machte natürlich alles noch viel schlimmer. Nach 1945 wurde der Film dann unter den Titeln *Gesprengte Gitter* und *Die Elefanten sind los* gezeigt.

**Paracelsus.** *R* G. W. Pabst. *B* Kurt Heuser, G. W. Pabst. *K* Bruno Stephan. *M* Herbert Windt. *A* Herbert Hochreiter, Walter Schilck, Herbert Ploberger. *D* Werner Krauss (Paracelsus), Mathias Wieman (Ulrich von Hutten), Harald Kreutzberg (Fliegenbein), Martin Urtel (Johannes), Harry Langewisch (Hans Pfefferkorn), Annelies Reinhold (Renata Pfefferkorn), Fritz Rasp, Josef Sieber, Herbert Hübner, Rudolf Plümmer, Karl Skraup, Franz Schafheitlin, Erich Dunskus, Victor Janson, Hilde Sessak. *P* Bavaria (Fred Lyssa). 104 Minuten. 1943.

Paracelsus wird zum Stadtarzt von Basel ernannt und läßt die Stadt-Tore schließen, zum Schutz gegen die Pest. Der Wagenzug des Kaufmanns Pfefferkorn gelangt trotzdem in die Stadt, mit ihm der Tänzer Fliegenbein, den Paracelsus von der Pest heilt. Pfefferkorn glaubt, seine Tochter Renata habe die Pest, aber Paracelsus erkennt auf eine emotionale Verwirrung und vertraut das Mädchen seinem Schüler Johannes an. Die revolutionären Heilmethoden Paracelsus werden von den Autoritäten von Basel verdammt. Als der Arzt verhaftet werden soll, fliehen er, Johannes und Renata, mit der listigen Hilfe Fliegenbeins aus Basel.

Der Film bringt das Kunststück zustande, den neuen Ideologien wie den alten Traditionen zu huldigen. Als Nazi-Film aus der Schule der Genie-Biographien präsentiert er Paracelsus als Heilsbringer und Propheten einer neuen Ordnung und als eine Führergestalt, der man vor allem in finsteren Zeiten blind vertrauen darf. Da der Held hier zur Abwechslung ein Genie des Mystischen ist, dessen Feinde einen obskuren Rationalismus vertreten, bietet sich reichlich Gelegenheit, das Gotische und das Dämonische durch den Film geistern zu lassen und so die Tradition des deutschen Stummfilms, der Pabst selbst entstammt, eine Reverenz zu erweisen. Der Regisseur hat sich später dezent von dem Werk distanziert. Die alte Meisterschaft des Regisseurs ist nur noch stellenweise spürbar, so in der Sequenz, in der Fliegenbein über die Dächer tanzt und Münzen unter die Menge wirft, um die Verwirrung zu schaffen, die Paracelsus das Entkommen ermöglicht.

**Paradies der Junggesellen.** *R* Kurt Hoffmann. *B* Karl Peter Gillmann, Günther Neumann nach dem Roman von Johannes Boldt. *K* Carl Drews. *M* Michael Jary. *L* »Das kann doch einen Seemann nicht erschüttern!« *A* W. A. Herrmann. *D* Heinz Rühmann (Hugo), Josef Sieber (Spreckelsen), Hans Brausewetter (Hannemann), Albert Florath (Landgerichtsdirektor), Rudolf Schündler (Rechtsanwalt). *P* Terra. 2562 Meter. 1939.

Mit seiner zweiten Scheidung gerät das Ansehen des Beamten Hugo in Verruf. Um ihn vor einer weiteren Heirat respektive dritten Scheidung zu bewahren, nehmen sich zwei Freunde seiner an, worauf alle drei schließlich im Hafen der Ehe landen.

**Patrioten.** *R* Karl Ritter. *B* Philipp Lothar Mayring, Felix Lützkendorf, Karl Ritter nach einer Idee von Ritter. *K* Günther Anders. *M* Theo Mackeben. *D* Lida Baarova, Mathias Wieman, Bruno Hübner, Hilde Körber, Paul Dahlke, Nikolai Kolin, Kurt Seifert. *P* Ufa. 2634 Meter. 1937.

Frankreich 1918. Ein deutscher Flieger stürzt mit seiner Maschine über einem französischen Dorf ab. Er leidet unter dem Heimweh nach Deutschland und unter der feindlichen Umgebung. Das einzige, was ihn am Leben hält, ihm Hoffnung und Zuversicht gibt, ist die Liebe eines jungen Mädchens.

**Der Pauker.** *R* Axel von Ambesser. *B* Curth Flatow, Eckart Hachfeld. *K* Erich Claunigk. *M* Karl von Feilitzsch. *A* Hans Berthel, Robert Stratil. *D* Heinz Rühmann (Dr. Seidel, Studienrat), Wera Frydtberg (Vera Bork), Gert Fröbe (Freddy Blei), Peter Kraus, Ernst Reinhold, Michael Verhoeven, Peter Vogel, Klaus Löwitsch, Bruni Löbel, E. F. Fürbringer, Hans Leibelt. *P* Kurt-Ulrich-Film. 93 Minuten. 1958.

Dr. Seidel, der Studienrat eines kleinen Städtchens, ein Pauker vom Scheitel bis zur Sohle, muß in einer Großstadt aushelfen und eine berühmt-berüchtigte Rowdyklasse übernehmen, die ihm zunächst das Leben äußerst schwer macht. Selbstgefällig und durch frühere Erfolge verwöhnt, steht er plötzlich Schwierigkeiten gegenüber, von denen er nicht zu träumen wagte. Aber ganz allmählich lernt er um und bekommt die Bengels in den Griff. Aus dem Pauker wird ein Lehrer und aus dem Lehrer schließlich ein Mensch.

Eine Paraderolle für Heinz Rühmann, der sich im Schulmief wieder einmal so richtig austoben konnte.

**Peer Gynt.** *R* Fritz Wendhausen. *B* Josef Stolzing-Czerny, Richard Billinger, Fritz Reck-Mallecewen, nach dem Bühnenstück von Henrik Ibsen. *K* Carl Hoffmann. *M* Giuseppe Becce, unter Verwendung der *Peer-Gynt*-Musik von Edward Grieg. *L* »Nun muß ich fort, ade, mein Kind« von Giuseppe Becce (*M*) und Hedy Knorr (*T*). *A* Hermann Warm, Carl Vollbrecht. *D* Hans Albers (Peer Gynt), Lucie Höflich (Mutter Aase), Marieluise Claudius (Solveig), Ellen Frank (Ingrid), Olga Tschechowa (Baronin), Lizzi Waldmüller (Tatjana), Zehra Achmed (Anitra), Friedrich Kayssler, Otto Wernicke, Fritz Odemar, O. E. Hasse. *P* Bavaria. 113 Minuten.

Ibsen als Abenteuerfilm. »Daß oft ein Wenig an Handlung mehr ist als ein ganzer Kosmos, den man nicht auszuschöpfen vermag, bewies die Verfilmung von Ibsens *Peer Gynt*, obwohl Albers einen prachtvollen Titelhelden bot« (Rudolf Oertel: Macht und Magie des Films).

**Polonia-Express.** *R* Kurt Jung-Alsen. *B* Gerhard Neumann. *K* Walter Fehdmer. *M* Joachim Werzlau. *A* Willi Schiller. *D* Horst Schön, Alice Graf, Gerhard Bienert, Martin Flörchinger, Hans Klering. *P* Defa, DDR. 1957.

1920. Unter kommunistischer Führung verhindern thüringische Bahnarbeiter den Transport französischer Waffen für die Interventionstruppen in der Sowjetunion.

**Postlagernd Turteltaube.** *R* und *B* Gerhard T. Buchholz. *K* Peter Zeller. *M* Hans-Martin Majewski. *A* Max Bienek. *D* Barbara Rütting (Ilse Krüger), Horst Niendorf (Max Beutner), Heinz Schacht (Fürchtegott Plischke), Ilse Parther, Wolfgang Jansen, Wolfgang Condrus, Hermann Schomberg, Olga Limburg. *P* Occident-Film. 80 Minuten. 1952.

Verschiedene Bewohner eines Hauses irgendwo in der DDR erhalten unabhängig voneinander gleichlautende anonyme Briefe: »Es ist alles herausgekommen. Flüchten Sie, solange noch Zeit ist. Näheres und mögliche Hilfe unter TURTELTAUBE postlagernd Stahlfurt.« Sämtliche Adressaten flüchten daraufhin blindlings in den Westen. Wie sich herausstellt, wollte eine westdeutsche Journalistin ihrem in der DDR lebenden Bruder, einem überzeugten Kommunisten, mit dieser Aktion beweisen, daß die DDR-Bürger in ihrer permanenten Angst zu allem fähig sind. Das Experiment scheint gerechtfertigt, weil die Flüchtlinge im Westen zu freien Menschen ohne Angst werden.

Den Herstellern dieser »Komödie gegen die Angst« scheint bei ihrem fatalen Unternehmen selbst nicht ganz wohl gewesen zu sein; obwohl sie ihre Geschichte eindeutig in Ost- und Westdeutschland spielen lassen, schikken sie ihr ein alles neutralisierendes Motto voraus: »Dieser filmische Erlebnisbericht« wurde in keinem bestimmten Land angesiedelt, weil sie die Ereignisse, die ihm zugrunde liegen, an vielen Stellen unserer guten alten Erde abspielen.«

**Premiere.** *R* Geza von Bolvary. *B* Dr. Max Wallner, F. W. Andam. *K* Franz Planer. *M* Dénes von Buday, Fenyes Szabolcs, Willy Schmidt-Gentner. *L* »Ich hab' vielleicht noch nie geliebt«, »Das Buch der Liebe« von Hanns Schachner *(T)* und Dénes von Buday *(M)*. »Merci, mon ami, es war wunderschön«, »Eine Braut in Shanghai« von Hanns Schachner *(T)* und Peter von Fényes *(M)*. *A* Emil Hasler *D* Zarah Leander (Carmen Daviot), Karl Martell (Fred Nissen), Attila Hörbiger (Polizeikommissar), Theo Lingen (Dornbusch), Maria Bard (Lydia Loo), Karl Günther (Rainold), Ferdinand Meierhofer (Theaterarzt). *P* Gloria-Film/Tobis. 2102 Meter. 1937.
Premierenatmosphäre in den Kulissen eines Revuetheaters. Produzent und Hauptdarsteller kämpfen erbittert um die Gunst der Diva Carmen. Während einer Revolverkanonade auf der Bühne wird der Produzent Rainold in seiner Loge unbemerkt erschossen. Kommissar Helder findet schließlich den Schuldigen und Carmen in ihrem Partner Fred einen wahren Geliebten.

**Der Priester und das Mädchen.** *R* Gustav Ucicky. *B* Werner P. Zibaso, Helmut Andics. *K* (Farbe) Günther Anders, Hannes Staudinger. *M* Franz Grothe. *A* Werner Schlichting, Isabella Schlichting, Charlotte Felmming. *D* Rudolf Prack (Pfarrer Hartwig), Willy Birgel (Von Gronau), Marianne Hold (Eva von Gronau), Rudolf Lenz, Winnie Markus, Hans Thimig, Ewald Balser. *P* Sascha (Herbert Gruber). 88 Minuten. 1958.
Gutsherren-Tochter verliebt sich in Pfarrer, der das nicht leicht nehmen darf, weil das Mädchen schon einmal aufgrund einer unerwarteten Liebe eine psychisch-physische Lähmung davongetragen hat.

**Primanerinnen.** *R* Rolf Thiele. *B* Rolf Thiele, nach der Erzählung *Ursula* von Klaus E. Boerner. *K* Georg Krause. *M* Hans-Martin Majewski. *A* Walter Haag. *D* Ingrid Andree (Ursula), Walter Giller (Thomas), Christiane Jansen, Erich Ponto, Harald Paulsen, Ernst Waldow. *P* Filmaufbau (Hans Abich). 95 Minuten. 1951.
Thomas und Ursula erleben unter fürchterlichen Schmerzen ihre erste Liebe.
Das Regiedebüt von Rolf Thiele, weltfremd und altmodisch und ungeheuer harmlos.

**Der Prinz von Arkadien.** *R* Karl Hartl. *B* Walter Reisch. *K* Franz Planer. *M* Robert Stolz, Rudolf Perak. *A* Hans Ledersteger. *D* Willi Forst (Der Prinz von Arkadien), Liane Heid (Mary Mirana), Hedwig Bleibtreu (Tante), Ingeborg Grahn (Nichte), Albert Paulig, Herbert Hübner. *P* Projectograph (Oskar Glück), Wien. 89 Minuten. 1932.
Ein junger Prinz kann sich nach seiner Abdankung endlich seinen privaten Neigungen hingeben und vor allem eine berühmte Schauspielerin heiraten.

**Die Privatsekretärin.** *R* Wilhelm Thiele. *B* Franz Schulz nach dem Roman von Szomahazy. *K* Otto Heller, Reimar Kuntze. *M* Paul Abraham. *D* Renate Müller (Gerda Weber), Hermann Thimig (Bankdirektor Delbrück), Felix Bressart, Ludwig Stoessel, Gertrud Wolle. *P* Greenbaum-Film. 2316 Meter. 1931.
Das junge Mädchen Gerda sucht eine Anstellung bei der Bank. Der Portier verschafft ihr die Möglichkeit, beim Personalchef vorzusprechen. Der Personalchef, ein Lüstling, macht ihr zweideutige Angebote, denen sich Gerda angewidert entzieht. Sie findet Zuspruch bei einem jungen Mann und verliebt sich in ihn. Das Glück ist ihr hold, denn es stellt sich heraus, daß es sich bei dem jungen Mann um den Generaldirektor der Bank handelt. Remake: 1953, Regie Paul Martin mit Sonja Ziemann, Rudolf Prack, Paul Hörbiger.

**Der Prozeß.** *R* G. W. Pabst. *B* Rudolf Brunngraber, Kurt Heuser, Emeric Roboz, nach dem Roman *Prozeß auf Leben und Tod* von Brunngraber. *K* Oskar Schnirch, Helmut Ashley. *M* Alois Melichar. *A* Werner Schlichting. *D* Ernst Deutsch (Scharf), Ewald Balser (Dr. Hoetvoes), Aglaja Schmid (Esther Sloymosi), Maria Eis, Gustav Diessl, Marianne Schönauer, Josef Meinrad. *P* Hübler-Kahla, Wien. 108 Minuten. 1948.
Ungarn 1882. Eine Bauernmagd bringt sich um. Die jüdische Gemeinde wird beschuldigt, an ihr einen Ritualmord begangen zu haben. Ein Budapester Anwalt und Parlamentsabgeordneter übernimmt der Verteidigung der Juden, weist ihre Unschuld nach und entlarvt die Umtriebe der nationalistisch-antisemitischen Kreise, die die Juden wissentlich in falschen Verdacht gebracht hatten.
»Mit einem Eifer, der bis zur Emphase geht, häuft der Cineast auf die sehr schönen Bilder auch noch pathetische Musik; sein Werk provoziert die Emotionen der sensiblen Seelen und nicht die Reflexion über den Rassismus und den Anti-Rassismus« (Freddy Buache: *G. W. Pabst*).

**Pygmalion.** *R* Erich Engel. *B* Heinrich Oberländer, Walter Wassermann, nach dem Bühnenstück von Bernard Shaw. *K* Bruno Mondi. *M* Theo Makkeben. *A* Emil Hasler, Arthur Schwarz. *D* Jenny Jugo (Eliza Doolittle), Gustaf Gründgens (Professor Higgins), Anton Edthofer (Oberst Pickering), Eugen Klöpfer (Alfred Doolittle), Hedwig Bleibtreu, Käthe Haack, Olga Limburg, Karin Evans, Hans Richter. *P* Klagemann-Film/Tobis (Eberhard Klagemann). 2561 Meter. 1935.
Professor Higgins erzieht das Blumenmädchen Eliza Doolittle zu einer Dame der Gesellschaft; als Eliza sich dann in Higgins verliebt und er dieser Zuneigung zu entgehen sucht, unterzieht sie ihn ihrerseits einer experimentellen Behandlung.
»Shaw hatte nach der Besichtigung des deutschen Films konstatiert, man habe weder Geld, noch Zeit, noch Mühe gespart, um alles so verkehrt wie möglich zu machen« (Ludwig Berger, *Wir sind vom gleichen Stoff, aus dem die Träume sind*). Das ist ein bißchen zu streng geurteilt; man muß auch wissen, daß hier eine zweifache Befangenheit im Spiel ist, denn Berger – der aber ein sehr redlicher und eher bescheidener Memoiren-Autor ist – hat 1937 in Holland eine eigene *Pygmalion*-Verfilmung gedreht.

**Quax, der Bruchpilot.** *R* Kurt Hoffmann. *B* R. A. Stemmle, nach der Erzählung von Hermann Grote. *K* Heinz Jaworsky. *M* Werner Bochmann. *L* »Heimat, deine Sterne« von Werner Bochmann *(M)* und Erich Knauf *(T)*. *A* Otto Moxldenhauer, Rudolf Linnekogel. *D* Heinz Rühmann (Otto Groschenbügel, genannt Quax), Lothar Firmans (Fluglehrer Hansen), Karin Himbold (Marianne Bredow), Hilde Sessak (Adelheid), Harry Liedtke (Gutsbesitzer Bredow), Leo Peukert, Beppo Brem, Wilhelm Bendow. *P* Terra. 91 Minuten. 1941.

Otto Groschenbügel, genannt Quax, gewinnt bei einem Preisausschreiben die kostenlose Ausbildung zum Sportflieger. Wegen seiner Angeberei und Disziplinlosigkeit wird er von Fluglehrer Hansen von der Schule gewiesen. Nichts ahnend von dem schmählichen Ende der Pilotenausbildung feiert ihn sein Heimatstädtchen als Helden, so daß er zwangsläufig in die Fliegerschule zurückkehren muß. Quax wandelt sich und beeindruckt seinen Lehrer mit seinen tollkühnen Leistungen als Flieger, so daß er den Hinauswurf zurücknimmt. Quax gewinnt die Liebe des Mädchens Marianne, die Freundschaft seiner Mitschüler und wird Fluglehrer, wobei er wieder das große Wort führen kann.
Der Film wurde auf einem kleinen Flughafen bei Prien am Chiemsee gedreht. Rühmann, selbst leidenschaftlicher Flieger, flog ein zweisitziges Sportflugzeug. Zwei Kameras waren auf den Tragflächen montiert. So arbeitete er gleichzeitig als Schauspieler, Regisseur und Kameramann und war in seinem Element. Nach dem Krieg wurde er wegen dieser Rolle häufig angegriffen, aber er versicherte immer wieder, daß er niemals das Gefühl gehabt habe, daß dieser Film ein raffiniert ausgeklügeltes »Machwerk der Wehrertüchtigungspropaganda« gewesen war.

**Quax in Afrika.** *R* Helmut Weiss. *B* Wolf Neumeister nach der Erzählung *Quax auf Abwegen* von Hermann Grote. *K* Ewald Daub. *M* Werner Bochmann. *A* W. A. Hermann. *D* Heinz Rühmann (Quax), Hertha Feiler (Renate), Karin Himboldt (Marianne), Bruni Löbel (Julchen), Lothar Firmans (Hansen), Beppo Brem (Alois). *P* Terra. 92 Minuten. 1945. Arbeitstitel *Quax in Fahrt*.
Quax, der ehemalige Bruchpilot, ist als Fluglehrer streng und pedantisch. Er ist strikt gegen Frauen am Steuerknüppel, bekommt aber ausgerechnet seine eigene Verlobte, Marianne, als Flugschülerin zugeteilt, nebst zwei anderen Damen, Renate und Julchen. Marianne kann er den Spaß am Fliegen schnell austreiben. Den beiden anderen will er gelegentlich eines Wettflugs nach Afrika die Angst vorm Fliegen beibringen. Statt dessen machen sie zu dritt eine Bruchlandung. Das führt zu Umständen, unter denen eine Annäherung von Quax und Renate unvermeidlich wird.
Die weniger witzige Fortsetzung des ersten Quax-Films, kurz vor der Bruchlandung des Dritten Reiches beendet, dann von den Alliierten verboten und erst unter Adenauer uraufgeführt.

**Quick.** *R* Robert Siodmak. *B* Hans Müller, nach dem Bühnenstück von Felix Gandéra. *K* Günther Rittau, Otto Baecker. *M* Hans-Otto Borgmann, Werner Richard Heymann, Gérard Jacobson. *L* »Gnädige Frau, komm und spiel mit mir«. *D* Lilian Harvey, Hans Albers, Willi Stettner, Albert Kersten, Paul Hörbiger. *P* Ufa. 2664 Meter. 1932.
Eine überspannte Frau liebt einen Clown, und zwar nur als Clown – wenn er ohne Kostüm und Maske ist, erkennt sie ihn nicht einmal mehr.
Regisseur und Hauptdarsteller mit dem falschen Stoff geschlagen: die larmoyante Komödie paßt weder zu Siodmak noch zu Albers und Harvey, die auch tatsächlich nur eine Ersatzbesetzung waren: als ursprüngliche Besetzung waren Werner Krauss und Maria Bard vorgesehen. Siodmak: »Harvey und Albers hatten noch nie zusammen gespielt. Während Lilian jeden Morgen pünktlich kurz vor neun fertig war, kam Albers erst in seinem Mercedes tatü-ta-ta und brauchte eineinhalb Stunden, um sich als Clown zu schminken. Beide waren wie Hund und Katz zueinander« *(Ich war dabei)*.

**Die Ratten.** *R* Robert Siodmak. *B* Jochen Huth nach dem Bühnenstück von Gerhart Hauptmann. *K* Göran Strindberg. *M* Werner Eisbrenner. *A* Rolf Zehetbauer. *D* Maria Schell (Pauline Karka), Curd Jürgens (Bruno), Heidemarie Hatheyer (Anna John), Gustav Knuth (Karl John), Ilse Steppat (Frau Knobbe), Fritz Rémond, Lou Seitz, Barbara Rost, Hans Stiebner. *P* CCC-Film. 95 Minuten. 1955.

Auf der Suche nach ihrem durchgebrannten Geliebten geht die 20jährige Pauline Karka durch Berlin. Sie besitzt weder einen Flüchtlingsausweis, noch ein Dach über dem Kopf, noch Geld oder eine Aufenthaltsgenehmigung. Da begegnet ihr die Wäschereibesitzerin Frau John. Sie nimmt sich der schwangeren Pauline an. Frau und Herr John haben sich schon immer ein Kind gewünscht, aber keines bekommen. Pauline kommt mit einem Jungen nieder, und Frau John gibt das Kind verabredungsgemäß als ihr eigenes aus. Herr John, der sieben Monate weg war, ist überglücklich. Als Frau John Pauline verweigert das Kind zu sehen, bevor Pauline in den Westen geht, dreht Pauline durch und stiehlt versehentlich das kranke Kind der Nachbarin. Frau John bekommt Angst und beauftragt ihren zwielichtigen Bruder Bruno, Pauline zu töten, aber er fällt in sein eigenes Messer. Als es auf dem Polizeipräsidium zum Geständnis kommt, bekennt sich Frau John allein an allem Unglück schuldig.

Robert Siodmak: »Ich bin auf alle meine Filme, die ich nach dem Kriege, nach meiner Rückkehr aus Amerika gemacht habe, nicht stolz. Bis auf zwei: *Die Ratten* und *Nachts, wenn der Teufel kam*... Maria Schell ist eine Vollblutschauspielerin. Um ihre Rolle richtig zu spielen, ging sie in ein Lager in den Osten. Die Mauer bestand damals noch nicht. Sie kaufte sich dort ein schreckliches Kleid, einschließlich Büstenhalter, Unterwäsche, Strümpfe und Schuhe, die sie natürlich erst reinigen ließ. Außerdem hatte sie sich eine Dauerwelle in der DDR machen lassen. Sie ließ sich ihre Ohrläppchen durchstechen und trug zwei kleine falsche Perlen darin. Da sie ein Mädchen zu spielen hatte, das in anderen Umständen war, trug sie dieses einzige Kleid während der ganzen Films. Sie sah absolut echt aus. Außerdem kopierte sie die ganze Rolle mit der Hand in ein Buch. Ihre Handschrift hatte sich völlig verändert, als ob sie von einem ungebildeten Dienstmädchen geschrieben wäre. Sie lebte sich völlig in ihre Rolle ein. Ein Schauspieler *muß* neurotisch sein. Der Regisseur auch ein bißchen, sonst schafft man es nicht« (*Ich war dabei*).

**Der Raub der Mona Lisa.** R Geza von Bolvary. B Walter Reisch. K Willy Goldberger. M Robert Stolz. A Andrej Andrejew, Robert Dietrich. D Willi Forst (Vicenzo Peruggia), Gustaf Gründgens (Der Unbekannte), Trude von Molo (Mathilde), Fritz Odemar, Max Gülstorff, Roda-Roda, Paul Kemp. P Super-Film. 2443 Meter. 1931.
Um der schönen Mathilde zu imponieren, stiehlt Vicenzo Peruggia die Mona Lisa aus dem Louvre. Zwei Jahre später wird er gefaßt und erklärt vor Gericht, er habe das Bild aus Patriotismus gestohlen: daraufhin feiern ihn die Italiener als Nationalhelden.

**Der Raub der Sabinerinnen.** R Kurt Hoffmann. B Emil Burri, Johannes Mario Simmel, nach dem Bühnenstück von Franz und Paul von Schönthan. K Albert Benitz. M Ernst Steffan. A Hermann Warm, Paul Markwitz. D Paul Hörbiger (Professor Gollwitz), Fita Benkhoff (Frau Striese), Gustav Knuth (Emanuel Striese), Loni Heuser, Bully Buhlan, Anneliese Kaplan, Ernst Waldow, Willi Rose. P CCC (Artur Brauner). 90 Minuten. 1953.
Uraufführung des Dramas *Der Raub der Sabinerinnen* von Gymnasialprofessor Gollwitz durch die Schauspieltruppe des Emanuel Striese mit dem Ziel, den Ort des Geschehens, Gundelbach, zum weltbedeutenden Festspielort zu machen.
Weitere Verfilmung: 1936, Regie R. A. Stemmle, mit Bernhard Wildenhain, Max Gülstorff, Maria Koppenhöfer.

**Der Rebell.** R Luis Trenker, Kurt Bernhardt. B Luis Trenker, R.A. Stemmle, Walter Schmidtkunz. K Sepp Allgeier, Albert Benitz, Willy Goldberger, Reimar Kuntze. M Giuseppe Becce. D Luis Trenker (Severin Anderlan), Luise Ullrich (Erika Riederer), Viktor Varconi (Hauptmann Leroy), Ludwig Stössel (Riederer), Fritz Kampers, Erika Dannhoff. P Deutsche Universal-Film. 2542 Meter. 1932.

1809. Severin Anderlan kehrt vom Studium in die von den napoleonischen Truppen besetzte Tiroler Heimat zurück und wird der Anführer seiner Landsleute in ihrem Befreiungskampf. Er erliegt der Übermacht, wird gefangengenommen und hingerichtet.
Trenker in seinen 1965 erschienenen Memoiren *Alles gut gegangen*: »Für mich galt es, unter dem Aspekt von 1809 einen Film zu gestalten, der weit über Tirol hinaus an das Schicksal Deutschlands nach dem Versailler Diktat von 1919 erinnern sollte.« Es gehört der echte Gipfelstürmer-Mut dazu, solche Sätze in den sechziger Jahren zu sagen und damit allen Kritikern recht zu geben, die in dem *Rebell* den Prototyp der vielen im Dritten Reich folgenden nationalen Erhebungsfilme sehen. Formal zeichnen sich in *Rebell* das Gefälle zwischen ausgezeichneten Action-Sequenzen und oft unbeholfenen Intim-Szenen ab, die man in den Trenker-Filmen immer wieder findet. »Die Handlung zwischen Severin und Erika, der Tochter des Amtmannes Riederer, will einem weniger romantisch als konventionell erscheinen, daran sind sowohl die albernen Dialoge als auch das Spiel von Luis Trenker und Luise Ullrich schuld. Dennoch hat *Der Rebell* einige bravouröse Szenen, die an Abel Gance und den epischen Western erinnern. Da gibt es eine Verfolgungsjagd im Hochgebirge, wobei Schüsse dem dumpfen Rhythmus der Marseillaise respondieren. Bemerkenswert ist auch die Sequenz, in der sich die Aufständischen gegen die zweite französische Armee zur Wehr setzen, wobei sie Felsbrocken und Baumstämme schleudern und sie mit Sperrfeuer empfangen« (Courtade/Cadars: *Geschichte des Films im Dritten Reich*).

**Regine.** R Erich Waschneck. B Erich Waschneck nach dem Roman von Gottfried Keller. K Werner Brandes. M Clemens Schmalstich. D Luise Ullrich (Regine), Adolf Wohlbrück (Martin Lundt), Olga Tschechowa, Eduard von Winterstein, Ekkehardt Arendt. P Fanal-Film. 90 Minuten. 1934.
Wohlhabender Ingenieur heiratet armes Dienstmädchen und steht trotz Anfechtungen und Mißverständnissen zu ihr.
Weitere Verfilmung: 1955, Regie Harald Braun, mit Johanna Matz, Erik Schuman, Horst Buchholz.

**Reich mir die Hand, mein Leben.** R Karl Hartl. B Karl Hartl. K (Farbe) Oskar Schnirch. M Wolfgang Amadeus Mozart. A Werner Schlichting, Wolfgang Witzemann. D Oskar Werner (Wolfgang Amadeus Mozart), Johanna Matz (Anni Gottlieb), Gertrud Kückelmann (Constanze), Nadja Tiller (Aloysia Weber), Chariklia Baxevanos (Sophie Weber), Annie Rosar (Mutter Weber), Erich Kunz (Emanuel Schikaneder), Angelika Hauff (Susi Gerl), Hugo Gottschlich (Diener), Albin Skoda (Salieri), Raoul Aslan, Walter Regelsberger, Elfriede Wiessenböck, Ulrich Bettac, Alma Seidler, Leopold Rudolf, Egon von Jordan, Franz Böheim, Karl Skraup. P Cosmopol, Wien. 103 Minuten. 1955.
Mozart-Biographie.

**Die Reise nach Marrakesch.** R Richard Eichberg. B Benno Vigny. K Franz Koch. M Theo Mackeben. A Willi A. Hermann, Heinrich Weidemann. D Luise Ullrich (Liliane), Maria Holst (Armande), Karl Ludwig Diehl (Prof. Colbert), Paul Dahlke, Grethe Weiser. P Merkur-Film. 94 Minuten. 1949.
Zwei Damen der Pariser Gesellschaft schaffen es nicht, einen Liebhaber auseinanderzuhalten; aus ihrer Freundschaft wird tödliche Feindschaft, die einer von beiden das Leben kostet. Appetitlicher Schund.

**Die Reise nach Tilsit.** R Veit Harlan. B Veit Harlan nach der Novelle von Hermann Sudermann. K Bruno Mondi. M Hans-Otto Borgmann. A Fritz Maurischat. P. Markwitz. D Frits van Dongen (Endrik), Kristina Söderbaum (Elske), Anna Dammann (Madlyn), Wolfgang Kieling, Joachim Pfaff, Manny Ziener, Ernst Legal, Eduard von Winterstein, Albert Florath. P Majestic-Film. 2540 Meter. 1939.
Endrik Settegast, der eine junge Frau und ein vierjähriges Kind hat, verliebt sich in die schöne Polin, den Sommergast Madlyn. Elske kämpft um ihren Mann und den Fortbestand ihrer Ehe, aber Madlyn und Endrik können nicht voneinander lassen. Elskes Vater, der Madlyn mit Gewalt dazu bewegen will, Endrik zu verlassen, schlägt sie mit der Reitpeitsche ins Gesicht, und der Haß Endriks gegen seine Frau wird so groß, daß er sich ihrer auf einer Bootsfahrt auf dem Meer entledigen will. Elske ahnt die Gedanken ihres Mannes und zwingt ihn durch ihre Charakterstärke von seinem Vorhaben abzulassen. Schließlich versöhnen sie sich am Bett ihres Kindes, und Madlyn verläßt den Ort.

**... reitet für Deutschland.** R Arthur Maria Rabenalt. B Fritz Reck-Malleczewen, Richard Riedel, Josef Maria Frank nach der von Clemens Laar bearbeiteten Biographie des Freiherrn von Langen. K Werner Krien. M Alois Melichar. A Otto Hunte, Karl Vollbrecht, Herbert Nitzschke. D Willy Birgel (von Brenken), Gerhild Weber (Toms), Herbert A.E. Böhme (Olav Kolrep), Gertrud Eysold, Willi Rose, Hans Zesch-Ballot, Paul Dahlke. P Ufa. 2513 Meter. 1941.
Der Rittmeister Brenken wird an der Ostfront 1918 bei einer militärischen Operation durch einen Sturz vom Pferd verwundet, was eine Lähmung zur Folge hat. Er beginnt seinen Kampf gegen den schleichenden Tod, unterstützt von seinen Freunden Toms und Olav. Sein sehnlichster Wunsch, wieder reiten zu können, und beim Großen Preis von Europa in Genf zu starten, geht in Erfüllung. Er reitet für Deutschland und als Sieger vor die Tribüne, während die ersten Takte des Deutschlandliedes erklingen.
Die schon sprichwörtliche Chauvinisten-Attitüde mit der Gentleman-Allüre.

**Rembrandt.** R Hans Steinhoff. B Kurt Heuser, Hans Steinhoff. K Richard Angst. M Alois Melichar. A Walter Röhrig, German Herbricht. D Ewald Balser (Rembrandt), Hertha Feiler (Saskia, seine Frau), Gisela Uhlen (Hendrickje Stoffels), Elisabeth Flickenschildt (Geertje Dierks), Paul Henckels (Seeghers, Radierer), Theodor Loos (Jan Six), Aribert Wäscher, Wilfried Seyferth, Hans Hermann Schaufuss, Eduard von Winterstein. P Terra. 107 Minuten. 1942.
Die Biographie des niederländischen Malers Rembrandt, der nach dem Tode seiner Frau Saskia und dem seines Sohnes Titus nicht mehr so recht glücklich wurde. Seine Haushälterin Geertje macht ihm das Leben zur Hölle, als sie bemerkt, daß er sich der Magd Hendrickje hingezogen fühlt, die ihm auch ein Kind gebiert, aber in der Stunde der Geburt stirbt. Er vergräbt sich in seine Arbeit, leidet und ist einsam bis zu seinem Tod.
»Obwohl der ›kämpfende Künstler‹ wie üblich in etwas tendenziöser Manier dargestellt wird und antisemitische Töne nicht fehlen, kann der Film sich neben der von Alexander Korda 1936 gedrehten Version des Stoffes sehr wohl sehen lassen. Die Bauten von Walter Röhrig und die Kameraarbeit von Richard Angst sind ganz hervorragend« (Julian Petley, *NFT*).

**Der Rest ist Schweigen.** R Helmut Käutner. B Helmut Käutner, nach dem Bühnenstück *Hamlet* von William Shakespeare. K Igor Oberberg. M Bernhard Eichhorn, Albrecht Becker, Erna Sander. D Hardy Krüger (John H. Claudius), Peter van Eyck (Paul Claudius), Ingrid Andree (Fee von Pohl), Adelheid Seeck (Gertrud Claudius), Rudolf Forster, Boy Gobert, Rainer Penkert, Heinz Drache, Charles Regnier. P Freie Film Produktion (Harald Braun, Helmut Käutner, Wolfgang Staudte). 104 Minuten. 1959.

John H. Claudius kehrt aus Amerika in das Ruhrgebiet der fünfziger Jahre heim. Seine Mutter hat den Bruder seines verstorbenen Vaters geheiratet. Dieser Onkel hat, wie John herausfindet, den Vater umgebracht.

Helmut Käutner: »Wir versuchen die ewige Geschichte einer Familie zu erzählen, die unter merkwürdigen politischen und menschlichen Umständen in eine Krise kommt... Eine Gefahr ist die, daß die Geschichte, an sich das beste Kriminalstück der Welt darstellt, zu einem flachen Reißer wird, wenn man sie auf die reine Spannung hin erzählt, daß man also aus Shakespeare einen sorgar gehaltvollen Hitchcock macht... Wir wollen nicht eine Wirklichkeit des ewigen Redens und Denkens, des Sichtbarmachens dieser Dinge mit Gewalt anstreben« (aus dem Protokoll einer Pressekonferenz zu Drehbeginn des Films). Tatsächlich ist *Der Rest ist Schweigen* ein Film des ewigen Denkens und Redens und des gewaltsamen Sichtbarmachens geworden. Mehr Hitchcock, selbst weniger gehaltvoll, wäre mehr gewesen.

**Ritt in die Freiheit.** R Karl Hartl. B Edmund Strzygowsky, Walter Supper, nach einer Story von Karl Hartl. K Günther Rittau, Otto Baecker. M Wolfgang Zeller. A Werner Schlichting, Kurt Herlth. D Willy Birgel (Rittmeister Graf Staniewski), Hansi Knoteck (Janka Koslowska), Viktor Staal (Rittmeister Wolski), Ursula Grabley (Prinzessin Katerina Tschernikoff), Werner Schott, Edwin Jürgensen, Heinz von Clewe, Rudolf Schündler. P Ufa. 92 Minuten. 1937.

1831. Graf Staniewski, Rittmeister in einem in Grodno stationierten, russischem Kommando unterstellten polnischen Ulanen-Regiment, verliebt sich in Katerina Tschernikoff, Schwester des russischen Gouverneurs, opfert dann aber seine Liebe und sein Leben, um seinen Kameraden den Ritt zurück nach Polen und in die Freiheit zu ermöglichen.

**Robert Koch, der Bekämpfer des Todes.** R Hans Steinhoff. B Walter Wassermann, C.H. Diller nach einer Idee von Paul Josef Cremers und Gerhard Menzel. K Fritz Arno Wagner. M Wolfgang Zeller. A Fritz Lück, Heinrich Weidemann, Emil Hasler. D Emil Jannings (Dr. Robert Koch), Werner Krauss (Rudolf Virchow), Viktoria von Ballasko, Raimund Schelcher, Hildegard Grethe, Theodor Loos, Otto Graf, Peter Elzholtz, Hilde Körber, Josef Sieber, Bernhard Minetti, Dr. Prasch, Paul Bildt, Elisabeth Flickenschildt, Paul Dahlke, Rudolf Klein-Rogge. P Tobis (Emil Jannings). 3169 Meter. 1939.

Nach jahrelanger Forschungsarbeit entdeckt der Landarzt Dr. Koch die Erreger der Tuberkulose. Die Widerstände sind zahlreich und die Skepsis seiner Kollegen groß. Koch erhält einen Ruf nach Berlin und muß sich vor allem dort gegen seinen Hauptgegner Rudolf Virchow behaupten. Doch schließlich findet Koch mit den Ergebnissen seiner Forschungsarbeit weltweite Anerkennung.

»Die Tobis wollte ein Werk vorstellen, das, adäquat zum Höhenflug und Machtrausch der Nationalsozialisten, den deutschen Kinogeher in einen Besinnungstaumel versetzen sollte« (Herbert Holba, Emil Jannings).

**Rosen für Bettina.** R G. W. Pabst. B Werner P. Zibaso. K Franz Koch. M Herbert Windt. A Otto Pischinger, Hertha Hareiter. D Willy Birgel (Dr. Forster), Elisabeth Müller (Bettina Sanden), Ivan Desny (Kostja Tomkoff), Eva Kerbler, Carl Wery, Hermann Speelmans, Erich Ponto, Leonard Steckel. P Carlton (Klaus Stapenhorst). 94 Minuten. 1956.

Tänzerin Bettina muß infolge Kinderlähmung ihren Beruf aufgeben. Ihr Freund, der Choreograph, wendet sich einer anderen zu. Bettina findet neue Liebe bei Dr. Forster, durch den sie wieder gehen lernt.

Eines der letzten, schwachen Werke von G. W. Pabst.

**Rosen für den Staatsanwalt.** R Wolfgang Staudte. B Georg Hurdalek. K Erich Claunigk. A Walter Haag. D Martin Held (Dr. Wilhelm Schramm), Walter Giller (Rudi Kleinschmidt), Ingrid van Bergen (Lissy), Camilla Spira (Hildegard), Roland Kaiser, Werner Finck, Ralf Wolter, Werner Peters. P Kurt Ulrich. 97 Minuten. 1959.

Ein liebenswerter Straßenhändler, dem jedes politische Bewußtsein abgeht, entlarvt fast unfreiwillig einen opportunistischen Staatsanwalt als den Mann, der ihn in den letzten Kriegstagen wegen einer Bagatelle zum Tode verurteilt hat.

»Wie redlich oder wie wirksam die Filme von Staudte als Propaganda auch sein mögen – als Kunst (das heißt als Beschreibung, was Menschen fühlen) sind sie zu simpel, schwerfällig und konstruiert. Im vorliegenden Fall können die kunstvolle Ausleuchtung und die wuchtige Regie die Schwächen der billigen Karrikatur und der verkrampften Launigkeit nicht verdecken; was einen wieder einmal daran erinnert, daß es der deutsche Film immer noch nicht geschafft hat, sich mit dem Thema der Schuld zu beschäftigen, ohne sich in groteske Über-Simplifizierungen zu verlieren« (Raymond Durgnat, *Films and Filming*).

**Rot ist die Liebe.** R Karl Hartl. B Karl Hartl. K (Farbe) Oskar Schnirch. M Ulrich Sommerlatte. A Wilhelm Schatz, Gottfried Will. D Dieter Borsche (Hermann Löns), Barbara Rütting (Lisa), Cornell Borchers (Rosemarie), Günther Lüders (Heidekarl), Susanne Cramer (Annemieken), Renate Mannhardt, Thomas Reiner, Wolfgang Forester, Anton Reimer. P Bavaria (Toni Schelkopf). 89 Minuten. 1957.

Hermann-Löns-Biographie.

Karl Hartls letzter Film als Regisseur, der halbherzige Versuch, einen Heimatfilm zu machen, der kein Genrefilm ist.

**Der Ruf.** R Josef von Baky. B Fritz Kortner. K Werner Krien. M Georg Haentzschel. A Fritz Maurischat. D Fritz Kortner (Professor Mauthner), Rosemary Murphy (Mary), Johanna Hofer (Lina), Lina Carstens (Emma), Ernst Schröder, Paul Hoffmann, Arno Assmann, Charles Regnier. P Objectiv-Film. 106 Minuten. 1949.

Professor Mauthner kehrt nach fünfzehnjährigem amerikanischen Exil in das Deutschland von 1948 zurück und nimmt seine Lehrtätigkeit wieder auf, zerbricht aber an der Ablehnung und den Intrigen reaktionärer Kollegen und Studenten.

Autobiographischer Autorenfilm des Remigranten Kortner, der die biographische Erfahrung Kortners in einem wesentlichen Punkt verändert: statt dem bitter-bösen, aggressiven Witz, mit dem der echte Kortner sich gegen Neo-Nazismus und Antisemitismus gewehrt hat und der diesem Film sehr zugute gekommen wäre, kultiviert *Der Ruf* eine larmoyante Märtyrer-Allüre.

**SA-Mann Brand.** R Franz Seitz (senior). B Joseph Dalman, Joe Stöckel. K Franz Koch. M Toni Thomas. D Heinz Klingenberg (SA-Mann Fritz Brand), Rolf Wenkhaus (Hitlerjunge Erich Lohner), Otto Wernicke (Vater Brand), Elise Aulinger, Hedda Lembach, Joe Stöckel. P Bavaria. 2581 Meter. 1933.

Die letzten Monate der Weimarer Republik. Vater Brand ist Sozialdemokrat, Mutter Brand ist Nazi, Sohn Fritz geht zur SA. Er wird seiner Überzeugung wegen von den Kommunisten tätlich angegriffen und verliert seine Arbeit. Sein junger Freund, der Hitlerjunge Erich Lohner, kommt bei den Auseinandersetzungen zwischen Rechts und Links um. Die Bewegung siegt, und nun bekehrt sich selbst Vater Brand zum Nationalsozialismus.

Eine hurtig gefertigte Ergebenheitsadresse an die neuen Machthaber, bereits im Juni 1933 uraufgeführt. Der flinke und windige Opportunismus von Franz Seitz (Vater von Franz »Buba« Seitz, seit den fünfziger Jahren einer der fleißigsten deutschen Produzenten) und Joe Stöckel (der sich nach diesem politischen Ausflug wieder auf sein angestammtes Gebiet der Komik zurückzog) wurde von den Nazis nicht honoriert. »Wir stehen hier unmittelbar an der Grenze des Konjunkturkitsches... Der Angriff hat daher einen Tag vor der Uraufführung dieses Films hundert Vorbehalte gegen ihn gehabt« (Oskar Kalbus: *Vom Werden deutscher Filmkunst*). Leichtsinnigerweise ließ man aber den Export des Films zu. Im Juni 1934 schrieb Otis Fergusen im New Yorker *The New Republic*: »Der Nazi-Film *SA-Mann Brand* qualifiziert sich leicht für den letzten Platz auf einer jeden Rangliste, und zwar nicht so sehr, weil er üble Propaganda für eine üble Sache macht, sondern weil er so schäbig zusammengestoppelt ist, eine billige Stiefel-Leckerei. Der Film erzählt, wie die Hakenkreuz-Knaben (deren Intelligenzquotient offensichtlich einen Minus-Wert aufzuweisen hat) an die Macht kamen; er ist antisemitisch und antiproletarisch und wenn er nicht so lächerlich wäre, wäre er gefährlich.«

**Saison in Salzburg.** R Ernst Marischka. B Ernst Marischka, nach der Operette von Max Wallner und Kurt Feltz *(Libretto)* und Fred Raymond *(Musik)*. K Sepp Ketterer. ML Willy Schmidt-Gentner. A Fritz Jüptner-Jonstorff, Gerdago. D Adrian Hoven (Heinz Doll), Gretl Schörg (Therese Stolzinger), Hannerl Matz (Annemarie), Walter Müller, Hans Richter, Richard Romanowsky. P Wien-Film. 105 Minuten. 1952.

Drei arbeitslose Schauspieler werden Kellner in einem Salzburger Berghotel und engagieren sich dabei auch innerlich.

Frühere Verfilmung der Operette: 1943 unter dem Titel... *und die Musik spielt dazu,* Regie Carl Boese, mit Maria Andergast und Georg Alexander.

**Sauerbruch – Das war mein Leben.** R Rolf Hansen. B Fritz Lützkendorf. K Helmut Ashley. M Mark Lothar. A Robert Herlth. D Ewald Balser (Dr. Sauerbruch), Maria Wimmer (seine Frau), Heidemarie Hatheyer (Olga Ahrends), Lina Carstens (Oberschwester), Hilde Körber (Schwester der Psychiatrischen Abteilung), Paul Bildt (Briefträger), Friedrich Domin (Hindenburg), Otto Gebühr, Wilhelm Borchert, Ernst Waldow, Hans Christian Blech, Charles Regnier. P Corona (Dr. Alexander Grüter). 106 Minuten. 1954.

Der Film schildert die wichtigsten Episoden aus dem Leben des Chirurgen Sauerbruch und seine Zweifel an seiner Kunst und dem Sinn seiner Wissenschaft. Als ihm die Heilung einer Patientin gelingt, entgegen aller Vorhersagungen seiner Kollegen, hat er den Glauben an seine Arbeit wiedergewonnen.

Ursprünglich sollte Josef von Baky den Film inszenieren, aber er schied aus, und Rolf Hansen übernahm die Regie. Er besetzte O. E. Hasse, der unter Baky die Hauptrolle spielen sollte um und entschied sich für Ewald Balser, der durch diese Rolle zum

Topstar wurde. O. E. Hasse glaubte, eine Chance verpaßt zu haben, aber da kommt Alfred Weidenmann und bietet ihm den *Canaris* an, der den Erfolg des Sauerbruch-Films bei weitem übertraf.

**Scampolo – ein Kind der Straße.** *R* Hans Steinhoff. *B* Billie Wilder, Max Kople, nach dem Bühnenstück *Scampolo* von Dario Niccodemi. *K* Curt Courant, Hans Androschin. *M* Franz Wachsmann. *L* »Für'n Groschen Liebe«, »Ach, wie ist das Leben schön!« von Franz Wachsmann *(M)*, Max Kolpe *(T)*. *A* Hans Sohnle, Otto Erdmann, Emil Stepanek. *D* Dolly Haas (Scampolo), Karl Ludwig Diehl (Maximilian), Oskar Sima, Paul Hörbiger, Hedwig Bleibtreu. *P* Lothar Stark, Berlin-Wien. 87 Minuten. 1932.

Kind der Straße verhilft verarmten Gentleman zu seinem Glück und gewinnt dafür sein Herz.
Billy Wilder 1979: »Ein Scheißregisseur, der Steinhoff…! Unsinn, alles ist Unsinn, was man da gemacht hat« (Heinz-Gerd Rasner/Reinhard Wulf, »Ich nehm' das alles nicht so ernst« in *Billy Wilders Filme*). Steinhoff wurde dann mit *Hitlerjunge Quex* (auch ein Kind der Straße) der große Naziregisseur. Witzigerweise war es der ehemalige Nazi-Regisseur Alfred Weidenmann, der 1958 ein *Scampolo*-Remake drehte, mit Romy Schneider. Eine Stummfilm-Version drehte 1928 der Italiener Augusto Genina als deutsche Produktion. Steinhoff drehte gleichzeitig mit seiner deutschen Version eine französische, *Un Peu d'Amour*.

**Schatten der Vergangenheit.** *R* Werner Hochbaum. *B* Georg C. Klaren, Karl Buda, Walter von Hollander. *K* Georg Bruckbauer (nach einigen Quellen Oskar Schnirch). *M* Anton Profes. *A* Hans Ledersteger. *D* Luise Ullrich (Helene Gall/Betty Gall), Gustav Dießl (Dr. Hellwig), Lucie Höflich (Anna), Gretl Berndt (Anita Roller), Oskar Sima (Semmelwich), Anton Pointner (Brillanten-Emil), Tibor von Halmay, Rudolf Carl, Albert Heine, Richard Waldemar, Mihail Xantho und das Wiener Bohème-Quartett. *P* Donau-Film, Wien. 87 Minuten. 1936.

Helene Gall hat wegen einer Tat, die sie nicht begangen hat, vier Jahre im Gefängnis gesessen. Nach ihrer Entlassung fährt sie mit ihrer Zwillingsschwester Betty, die ein bekannter Revue-Star ist und mit dem Staatsanwalt Hellwig verlobt ist, an den Plattensee. Bei einer Segelpartie ertrinkt Betty. Helene, deren Existenz von ihrer Schwester verschwiegen wurde, wird nun trotz ihrer gegenteiligen Beteuerungen für Betty gehalten, auch von Hellwig. Ein Erpressungsversuch führt dazu, daß der wahre Schuldige an der Tat, für die Helene gebüßt hat, identifiziert wird. Hellwig akzeptiert sie endlich als Helene.
Einer der wenigen Hochbaum-Filme, die (durch das Fernsehen) einem breiteren heutigen Publikum bekannt geworden sind. Diese Geschichte einer extremen Irritation, der Besitznahme einer Figur durch eine völlig andere und zugleich identische Figur, ist selbst auf die positivste Weise irritierend, stilistisch stark von Hochbaums Vorbild Sternberg beeinflußt, in wahren Bravourstücken der Regie immer neue Schübe der Aufregung schaffend. Revuestar Betty ergeht sich so anhaltend und auffällig in englischen Redewendungen, daß schließlich eine Erklärung fällig wird, die Hochbaum dann auch liefert: Betty erklärt, sie übe sich auf Englisch ein, da sie nach Hollywood wolle, nur dort könne sie heutzutage noch etwas werden: für einen zwar in Österreich gedrehten, aber auch in Deutschland gezeigten Film ein sehr kühner und witziger Kommentar zur Massenemigration deutscher Filmemacher, die 1936 noch nicht abgeschlossen war.

**Schicksal aus zweiter Hand.** *R* Wolfgang Staudte. *B* Wolfgang Staudte. *K* Willy Winterstein. *M* Wolfgang Zeller. *A* Herbert Kirchhoff, Albrecht Bekker, Erna Sander. *D* Marianne Hoppe (Irene Scholz), Wilhelm Borchert (Michael Scholz/Sylvio Sylvestro), Erich Ponto (Professor Sapis), Heinz Klevenow, Ernst Waldow, Albert Florath. *P* Real-Film (Gyula Trebitsch). 110 Minuten. 1949. Alternativer Titel *Zukunft aus zweiter Hand*.

Ein Wahrsager, Professor Sapis, prophezeit dem Buchhalter Scholz den baldigen Tod seiner Frau Irene. Aus Sorge um seine Frau läßt Scholz sie überwachen. Das Resultat der Überwachung erweckt in ihm eine unbegründete, aber derart maßlose Eifersucht, daß er sie eines Tages erwürgt. Nach Verbüßung einer Strafe zieht Scholz als Hellseher Sylvio Sylvestro über die Rummelplätze.
*Schicksal aus zweiter Hand,* in der Zeit zwischen *Rotation* und *Untertan* entstanden, ist Staudtes erste westdeutsche Produktion. »Der Film spielt um die Jahrhundertwende, im Gründerzeitpomp und Jugendstil. Aber seine Gesellschaftskritik bleibt vage und läuft auf die Aussage hinaus: Kleinbürger sollten keine Frauen aus der besseren Gesellschaft heiraten, wenn sie gegen Wahrsager nicht gefeit sind« (Katrin Seybold, *Die Welt verbessern,* in *Wolfgang Staudte*).

**Der Schimmelreiter.** *R* Curt Oertel, Hans Deppe. *B* Curt Oertel, Hans Deppe, nach der Novelle von Theodor Storm. *K* Alexander von Lagorio. *M* Wilfried Zillig. *D* Mathias Wieman (Hauke Haien), Marianne Hoppe (Elke), Hans Deppe, Walter Süssenguth, Wilhelm Diegelmann, Ali Chito. *P* Fritsch-Tonfilmproduktion. 86 Minuten. 1934.

Deichgraf Hauke Haien setzt gegen die Trägheit der Dorfbewohner den Bau eines mächtigen Deiches durch, um dem Meer Neuland abzugewinnen. Eine Sturmflut zerstört den Damm. Haien stürzt sich mit seinem Schimmel in die Fluten. Im Aberglauben des Volkes lebt er als gespenstischer Schimmelreiter weiter.
Berühmt wegen seiner formalen Meriten, drängt der Film die phantastischen Aspekte des Stoffes zugunsten der zeitgemäßen »Volk ohne Raum«- und Führer-Ideologien zurück. Weitere Verfilmung: 1978, Regie Alfred Weidenmann, mit John Philip Law.

**Der Schinderhannes.** *R* Helmut Käutner. *B* Georg Hurdalek, Carl Zuckmayer, nach dem Bühnenstück von Zuckmayer. *K* (Eastmancolor) Heinz Pehlke. *M* Bernhard Eichorn. *LT* Carl Zuckmayer. *A* Herbert Kirchhoff, Albrecht Becker. *D* Curd Jürgens (Hans Bückler, genannt Schinderhannes), Maria Schell (Julchen), Christian Wolff, Fritz Tillmann, Joseph Offenbach, Siegfried Lowitz, Paul Esser. *P* Real-Film (Gyula Trebitsch). 115 Minuten. 1958.

Hans Bückler, genannt Schinderhannes, kämpft zur Zeit Napoleons gegen Bauern-Ausbeuter und Franzosen-Freunde im Hunsrück und wird dafür samt seinen Freunden hingerichtet.
»An zeitgenössische Stiche erinnern die adretten Kompositionen mit ihren malerischen Tiefendurchblicken, so das liebliche Arrangement des Gemetzels, welches die edlen Räuber den anstürmenden Franzosen bereiten, ehe ihnen die Rheinarmee tückisch in den Rücken fällt. Und welch ein Augenschmaus ist doch die Hinrichtung! Ironie kommt symbolisch ins Bild, wenn die Szene in den Farben der Trikolore sich darbietet (wie der *Hauptmann von Köpenick* in preußischblau), blau das Beil der Guillotine, weiß der milchige Himmel, rot die Kittel der Todgeweihten« (Enno Patalas, *Filmkritik,* 1959). Frühere Verfilmung: Stummfilm *Schinderhannes* 1929, Regie Kurt Bernhardt, Drehbuch Zuckmayer, mit Hans Stüwe.

**Schleppzug M 17.** *R* Heinrich George, Werner Hochbaum. *B* Willy Döll. *K* Adolf Otto Weitzenberg, *M* Alex Stone, Will Meisel. *D* Heinrich George (Henner), Bertha Drews (Maria), Joachim Streubel (Franz), Betty Amann (Gescha), Wilfried Seyferth (Jakob), Maria Schanda, Robert Müller. *P* P. M.-Film. 75 Minuten. 1933.

Ein Berliner Schleppkahn-Schiffer gerät vorübergehend unter den Einfluß eines Mädchens, das ihn seiner Frau und seinem Ziehsohn entfremdet.
Das Milieu von Käutners *Unter den Brücken*, von den Dämonen des Sexus heimgesucht – eine beachtliche Regie-Tat von Heinrich George, mit irritierenden Glanzlichtern versehen von Werner Hochbaum.

**Schlösser und Katen.** 1. Teil: Der krumme Anton. 2. Teil: Annegrets Heimkehr. *R* Kurtz Maetzig. *B* Kurt Barthel (Kuba), Kurt Maetzig. *K* Otto Merz. *M* Wilhelm Neef. *A* Alfred Hirschmeier. *D* Raimund Schelcher (Der krumme Anton), Erika Dunkelmann (Marthe), Karla Runkehl (Annegret), Erwin Geschonnek (Inspektor Bröker), Harry Hindemith (Kalle Buddenbohm), Dieter Perlwitz, Angelika Hurwicz, Ulrich Thein. *P* Defa. 203 Minuten. 1957.

Annegret, die uneheliche Tochter eines 1945 geflüchteten Rittergutsbesitzers, geht als Arbeiter- und Bauernstudentin in die Stadt. Später kehrt sie als Zoo-Technikerin in ihr Heimatdorf zurück. Dort muß sie sich gegen die Intrigen des ehemaligen Gutsinspektors behaupten. Ihr Stiefvater, der ehemalige Knecht des Rittergutsbesitzers, löst sich erst unter dem Eindruck des 17. Juni 1953 an einer LPG-Vorsitzenden begangenen Mordes von seinen konservativen Überzeugungen.
»1956 dreht Kurt Maetzig mit *Schlösser und Katen* seinen wohl besten Film, zugleich einen der besten in der Geschichte der Defa… Bestimmt ist die Qualität des Films zweifellos von dem ausgezeichneten Drehbuch des DDR-Dichters Kuba (Kurt Barthel), von der treffend ausgesuchten Rollenbesetzung und einer umsichtigen Regie, der es gelingt, *Schlösser und Katen* zu einem überzeugenden Spektrum der laufenden Ereignisse der ersten Nachkriegszeit zu machen…. Maetzig – und das ist das Überzeugende an diesem Film – vermeidet einen übertriebenen heroischen Positivismus, sondern zeigt, wie schwer es den Neubauern fällt, ihr geringes Besitztum, das sie kaum erlangt haben, mit ungewisser Aussicht in ein Kollektiv einzubringen.« (Heiko R. Blum u. a., *Film in der DDR*).

**Schloß Hubertus.** *R* Hans Deppe. *B* Willy Rath, Philip Lothar Mayring, Peter Ostermayr, nach dem Roman von Ludwig Ganghofer. *K* Karl Attenberger, Peter Haller. *M* Franz R. Friedl. *D* Hansi Knoteck, Paul Richter, Friedrich Ulmer. *P* Dialog-Film (Peter Ostermayr). 85 Minuten. 1934.

Graf Egge schikaniert seinen Sohn und seine Tochter, weil diese sich mit bürgerlichen Partnern abgeben. Als er bei einer wahnwitzigen Jagdpartie auf ein Adlernest das Augenlicht einbüßt, wird er menschlicher.
Farbige Neuverfilmung 1954, Regie Helmut Weiss, mit Friedrich Domin, Marianne Koch.

**Das Schloß in Flandern.** *R* Geza von Bolvary. *B* Carl J. Braun. *K* Werner Brandes. *M* Franz Grothe. *Lieder* »Herz, Du kennst meine Sehnsucht«, »Ein neues Leben fängt an« von Willy Dehmel *(T)*, Franz Grothe *(M)*. *A* Emil Hasler, Arthur Schwarz. *D* Marta Eggerth (Gloria Delamare), Paul Hartmann (Fred Winsbury), Sabine Peters (Anne, Zofe Glorias), Georg Alexander (Bob Haarogate), Valy Arnheim, Paul Otto, Otto Wernicke, Kurt Seifert, Hilde Weißner. *P* Tobis/Rota (Helmut Schreiber). 2544 Meter. 1936.

Die Liebesgeschichte einer Sängerin und eines englischen Offiziers. Während der Kampf um das nahe Ypern tobt, verbringen sechs Offiziere ihre Zeit in einem Schloß und hören immer wieder die gleiche Platte mit dem Gesang von Gloria Delamare. Einer der Offiziere trifft die Sängerin nach dem Kriege tatsächlich und verliebt sich in sie. Sie weist ihn zunächst schroff zurück, doch als sie die näheren Umstände seines Erscheinens erfährt, sucht und findet sie ihn, um für immer mit ihm zusammen zu bleiben.

**Schlußakkord.** *R* Detlef Sierck. *B* Kurt Heuser, Detlef Sierck. *K* Robert Baberske. *M* Kurt Schröder unter Verwendung der 9. Symphonie von Beethoven, der *Nußknacker-Suite* von Tschaikowsky und Händels *Judas*. *A* Erich Kettelhut. *D* Willy Birgel (Garvenberg), Lil Dagover (Charlotte), Maria von Tasnady (Hanna), Theodor Loos, Maria Köppenhöfer, Albert Lippert, Erich Ponto. *P* Ufo (Bruno Duday). 101 Minuten. 1936.
Der Dirigent Garvenberg und seine treulose Frau Charlotte adoptieren ein Kind, dessen Mutter, Hanna, mit ihrem kriminellen Mann nach Amerika geflüchtet ist. Hanna kehrt zurück und wird Kindermädchen bei den Garvenbergs, um in der Nähe ihres Kindes sein zu können. Charlotte bringt sich auf eine Weise um, die ihren Mann und Hanna als mordverdächtig erscheinen läßt. Bei der Gerichtsverhandlung kommt die Wahrheit ans Licht, und aus Garvenberg und Hanna wird ein Paar.
Ein Melodram, das die Grenzen zur Lächerlichkeit wiederholt mit großer Kühnheit überschreitet. Sierck selbst sieht die Bedeutung des Films für seine Karriere darin, daß er sich hier von dem Literarischen, das bis dahin seine Bühnen- und Filmlaufbahn bestimmt hatte, radikal entfernte, einen großen kommerziellen Erfolg erntete und von nun an nicht mehr als Intellektueller galt.

**Schrammeln.** *R* Geza von Bolvary. *B* Ernst Marischka. *K* Günther Anders. *ML* Willy Schmidt-Gentner. *Lieder* »Wenn ich nur wüßt'!« von Ernst Marischka *(T)*, Willy Schmidt-Gentner *(M)*. *D* Paul Hörbiger (Hans Schrammel), Hans Holt (Josef Schrammel), Marte Harell (Fiakermilli), Hans Moser (Strohmayer), Fritz Imhoff (Georg Dänzer), Paula Pfluger, Ingeborg Egger. *P* Wien-Film. 100 Minuten. 1944.
Der Film erzählt die berühmte Geschichte des Wiener Schrammel-Quartetts. Ohne das Wissen seines Bruders macht Josef dessen Lieder in Wien populär, indem er als Straßenmusikant von Hof zu Hof zieht. Als Hans diese Eigenmächtigkeit entdeckt, gibt es Krach zwischen den Brüdern. Fiakermilli, der die Musik über alles geht, versöhnt sie wieder und veranlaßt sie, zusammen mit Strohmayer und Dänzer, ein Heurigen-Quartett zu gründen. Dann spaltet sich das Quartett in zwei Lager, weil beide Brüder in Fiakermilli verliebt sind. Wieder greift Fiakermilli ein, versöhnt die Verzankten und verzichtet auf ihre Liebe zu Josef, um das Quartett zu retten.

**Der Schrecken der Garnison.** *R* Carl Boese. *B* Bobby E. Lüthge, Karl Noti. *K* Willi Hameister, Hans Gottschalk. *M* Artur Guttmann. *A* Willi A. Hermann, W. Günther. *D* Felix Bressart (Kuhlicke), Lucie Englisch (Antonie), Adele Sandrock (Erbprinzessin), Tamara Desni, Olga Limburg. *P* Aco-Film. 82 Minuten. 1931.
In einer kleinen Residenz rivalisieren Infanterie und Kavallerie um die Gunst der alten Erbprinzessin. Den Ausschlag gibt Musketier Kuhlicke, der überall, wo er auftaucht, die schlimmsten Katastrophen anrichtet und deshalb ständig zwischen Infanterie und Kavallerie hin- und hergezerrt wird.

**Schwarzer Jäger Johanna.** *R* Johannes Meyer. *B* Heinrich Oberländer, Heinz Umbehr, nach dem Roman von Georg von der Fring. *K* Alexander von Lagorio. *M* Winfried Zillig. *A* Gabriel Pellon, Karl Böhm. *D* Marianne Hoppe (Johanna Luerssen), Paul Hartmann (Major Korfes), Gustaf Gründgens (Dr. Frost), Fita Benkhoff, Margarethe Albrecht, Paul Bildt, Harry Hardt. *P* Terra. 2735 Meter. 1934.
1809. Bei einer Postkutschenreise lernt Johanna Luerssen den Major Korfes kennen, der den Widerstand gegen Napoleon organisiert. In Männerkleidern tritt sie in sein Schwarzes Korps ein und kämpft mit ihm für die patriotische Sache.

**Schwarze Rosen.** *R* Paul Martin. *B* Curt J. Braun, Walter Supper und Paul Martin. *K* Fritz Arno Wagner. *M* Kurt Schröder. *Lied* »Heut' bin ich fröhlich« von Heinrich Anacker und Keller *(T)* und Kurt Schröder *(M)*. *A* Erich Kettelhut und Max Mellin. *D* Lilian Harvey (Marina Feodorowna), Willy Fritsch (Erkki Collin), Willy Birgel (Gouverneur), Gerhard Bienert (Niklander). *P* Ufa (Max Pfeiffer). 2576 Meter. 1935.
Finnland kämpft gegen das zaristische Rußland, das die Finnen unterjocht. Marina Feodorowna, die berühmte Tänzerin lebt in der Gunst des Fürsten Abarow, des russischen Gouverneurs, und verliebt sich in den Rebellen Collin, der bei ihr unterschlüpft. Als der Gouverneur dahinterkommt, flieht Collin und nimmt Marina mit. Als ein revolutionärer Plan scheitert und Collin gefaßt wird, gibt sie dem Gouverneur ihr Ja-Wort, um ihren Geliebten zu retten und begeht danach Selbstmord.
*Schwarze Rosen* ist der erste Film, den die Harvey nach ihrer Rückkehr aus Hollywood in Deutschland drehte und der einzige, in dem sie am Schluß sterben muß. Der große in- und ausländische Erfolg beruhte nicht zuletzt auf der außerordentlichen tänzerischen Leistung der Harvey. In Polen, wo der Film besonders begeistert aufgenommen wurde, erhielt dieser Film aus Hitler-Deutschland das Prädikat »künstlerisch wertvoll«.

**Der schwarze Walfisch.** *R* Fritz Wendhausen. *B* Fritz Wendhausen nach dem Bühnenstück *Fanny* von Marcel Pagnol. *K* Emil Schünemann. *M* Walter Kollo. *A* Hans Sohnle, Otto Erdmann. *D* Emil Jannings (Peter Petersen), Angela Sallocker (Fanny), Max Gülstorff (Pannies), Franz Nicklisch (Martin Petersen), Margarete Kupfer, Käthe Haack, Albert Florath, Hans Richter, Willi Schaeffers, Karl Platen. *P* Riton. 2728 Meter. 1934.
Fanny, die Tochter der Fischhändlerin heiratet Pannies, obwohl sie von Martin Petersen, dem Sohn des Walfischwirtes ein Kind erwartet. Das Kind wird geboren, und Pannies ist ein zärtlicher Vater. Martin Petersen, den die See und die Ferne lockte, kehrt zurück und beansprucht Fanny und das Kind. Doch Peter Petersen zwingt seinen Sohn zum Verzicht, denn »der Vater ist der, der liebt«.

**Schwarzwaldmädel.** *R* Georg Zoch. *B* Franz Rauch, nach der Operette von August Neidhart. *K* Ewald Daub, Georg Bruckbauer. *M* Leon Jessel. *A* W. A. Hermann. *D* Walter Janssen (Domkapellmeister Römer), Maria Berling (Bärbele), Hans Söhnker (Hans Fichtner), Kurt von Ruffin, Lotte Lorring, Olga Limburg, Eugen Rex, Hans Sternberg. *P* Ariel-Film. 2596 Meter. 1933.

Der Student Hans Fichtner kommt mit seinen Freunden nach St. Christoph im Schwarzwald, wo er sich in Bärbele, des Domkapellmeisters Pflegetochter verliebt. Der Domkapellmeister, der sich selbst Hoffnungen auf Bärbele gemacht hat, verzichtet, als er sieht, daß Bärbele nur mehr Augen für den Hans aus der großen, weiten Welt hat. Remake: 1950, Regie Hans Deppe mit Sonja Ziemann, Rudolf Prack, Fritz Kampers.

**Der schweigende Stern.** *R* Kurt Maetzig. *B* Jan Fethke, Wolfgang Kohlhaase, Günter Reisch, Günter Rücker. Alexander Graf Stenbock-Fermor, Kurtz Maetzig nach dem Roman *Die Astronauten* von Stanislaw Lem. *K* (Farbe) Joachim Hasler. *M* Andrzej Markowski. *A* Anatol Radzinowicz. *D* Yoko Tani (Ärztin, Japanerin), Oldřich Lukes (amerikanischer Atomphysiker), Ignacy Machowski (polnischer Chefingenieur), Julius Ongewe (afrikanischer Fernsehtechniker), Michail N. Postnikow (sowjetischer Astronaut), Kurt Rackelmann (indischer Mathematiker), Günther Simon (deutscher Pilot), Tan Hua-ta (chinesischer Linguist), Lucinna Winnicka, Ruth-Maria Kubitschek, Eduard von Winterstein. *P* Defa/Polski-Film, Gruppe Illuzjon. 94 Minuten. 1960.

1970. Alle Völker der Erde leben harmonisch miteinander und gehen friedlich ihrer Arbeit nach. Da erhalten zwei Wissenschafter eine Nachricht von der Venus, die sie vor einem drohenden Angriff warnt. Eine internationale Kommission wird zusammengestellt, die zur Venus startet und dort eine hochentwickelte Zivilisation vorfindet, die aber völlig zertrümmert ist. Die Wissenschafter kommen zu der Erkenntnis, daß die Venusbewohner offenbar ihrem eigenen Vernichtungsdrang zum Opfer gefallen sind. Bemerkenswert ist das internationale Schauspielerensemble und kurios, daß der Film im Jahre 1970 angesiedelt ist, jedenfalls aus heutiger Sicht.

**Das Schweigen im Walde.** *R* Hans Deppe. *B* Joseph Dalman, Charlie Amberg, nach dem Roman von Ludwig Ganghofer. *K* Karl Attenberger. *M* Hans Ebert. *D* Paul Richter (Fürst Heinz von Ettingen), Hansi Knoteck (Lo Petri), Friedrich Ulmer (Onkel Kersten), Rudolf Schündler. *P* Tonlicht-Film (Peter Ostermayr). 78 Minuten. 1937.
Rivalität eines fürstlichen Jagdherrn und eines Jagdgehilfen um eine Malerstochter.
Weitere Verfilmungen, beide in Farbe: 1955, Regie Helmut Weiss, mit Rudolf Lenz, Sonja Sutter; 1976, Regie Alfred Vohrer, mit Alexander Stephan, Evelyn Opela.

**Serenade.** *R* Willi Forst. *B* Curt Braun und Willi Forst nach der Novelle *Viola tricolor* von Theodor Storm. *K* Werner Bohne. *M* Peter Kreuder. »Schön war die Zeit« von H. F. Beckmann *(T)*, Peter Kreuder *(M)*. *A* Werner Schlichting und Kurt Herlth. *D* Igo Sym (Ferdinand, 1. Violine), Walter Janssen (Alfred, 2. Violine), Fritz Odemar (Dörffler, Bratsche), Hilde Krahl (Irene), Albert Matterstock (Gustl), Eduard von Winterstein (Dorfarzt). *P* Deutsche Forst-Film-Produktion/Tobis (Dr. Herbert Engelsing). 2997 Meter. 1937.
Das junge Mädchen Irene lebt der Kunst – der Malerei bis sie dem genialen Musiker Ferdinand begegnet. Er und seine Kunst ziehen sie in seinen Bann. Er lebt nur in der Erinnerung an seine verstorbene Frau. Als Ferdinands Frau übernimmt nun Irene den Kampf gegen diese unantastbare Vergangenheit.

**Sergeant Berry.** *R* Herbert Selpin. *B* Walter Wassermann, C. H. Diller, nach dem Roman von Robert Arden. *K* Franz Koch. *M* Hans Sommer. *A* Fritz Maurischat. *D* Hans Albers (Sergeant Berry), Toni von Bukovics (Mutter Berry), Peter Voss (Oberst Turner), Herma Relin (Ramona), Gerd Höst (Amely Madison), Alexander Golling, Alexander Engel, Werner Scharf, Erich Ziegel, Hanni Weisse. *P* Euphono/Tobis. 113 Minuten. 1938.
Der erfolgreiche Sergeant Berry vom 5. Polizeirevier von Chicago erhält den Auftrag, als »Ingenieur Brown« an der mexikanischen Grenze eine Rauschgift-Schmugglerbande dingfest zu machen. Die Banditen entdecken

seine Identität und trachten ihm nach dem Leben. Von den mexikanischen Behörden verhaftet und dem amerikanischen Konsul wieder befreit, verhindert er eine Hochzeit, um die schöne Dame dann selbst heimzuführen. Er kehrt mit ihr in die Staaten zurück und macht die Schmugglerbande endgültig unschädlich. Zum Leutnant befördert, nimmt er die Gückwünsche der Polizeidivision entgegen.

**Sheriff Teddy.** *R* Heiner Carow. *B* Benno Pludra, Heiner Carow nach dem Kinderbuch von Pludra. *K* Götz Neumann. *M* Günter Klück. *A* Alfred Tolle. *D* Günther Simon (Freitag, der Lehrer), Erich Franz, Else Wolz, Helga Göring, Hartmut Reck, Fred Düren. *P* Defa. 68 Minuten. 1957.
Ein Westberliner Junge, eifriger Leser von Western-Groschenheften, kommt durch den Umzug seiner Eltern nach Ostberlin und kann sich nur schwer an die anderen Schulverhältnisse gewöhnen. Junge Pioniere bewahren ihn davor, zum Helfershelfer seines in Westberlin gebliebenen großen Bruders bei einem schließlich von der Volkspolizei vereitelten Einbruch in Ostberlin zu werden.
Das Lesen von Groschenheften, sogenannte Schund- und Schmutzliteratur, war damals ein brandaktuelles Thema in den Ostberliner Schulen. Das Lesen dieser Hefte war verboten und die Schüler wurden dazu aufgefordert, wo immer sie auf diese Literatur stießen, sie einzusammeln und in der Schule abzuliefern.

**Sieben Ohrfeigen.** *R* Paul Martin. *B* B. E. Lüthge, Paul Martin und Curt Goetz. *K* Konstantin Irmen-Tschet. *M* Friedrich Schröder. *L* »Liebst du mich?« von Ernst Hübner *(T)* und Friedrich Schröder *(M)*, »Ich tanze mit dir in den Himmel hinein« von H. F. Beckmann *(T)* und Friedrich Schröder *(M)*. *A* Erich Kettelhut. *D* Lilian Harvey (Daisy), Willy Fritsch (William), Alfred Abel (Vater Daisys), Oskar Sima (Reporter), Erich Fiedler (Wigglebottom). *P* Ufa (Max Pfeiffer). 2679 Meter. 1937.
Börsenkrach in London. Der junge William verliert bei einem Börsenkrach sein ganzes Vermögen – sieben englische Pfund. Als er den verantwortlichen Banker Terbanks zur Rede stellt, wird er sehr unsanft hinausgeworfen. Er schwört Rache und kündigt durch die Zeitungen an, daß er dem Finanzmann für jedes verlorene Pfund täglich eine Ohrfeige versetzen will. Er macht seine Drohung tatsächlich wahr und gewinnt auch noch die Tochter des Geschlagenen.
Der Film erinnert an die großen Fritsch-Harvey-Erfolge Anfang der dreißiger Jahre. Mit *Sieben Ohrfeigen* war ihr gemeinsamer Triumphzug zu Ende.

**Sie nannten ihn Amigo.** *R* Heiner Carow. *B* Heiner Carow, Wera und Klaus Küchenmeister. *K* Helmut Bergmann. *M* Kurt Schwaen. *A* Willy Schiller. *D* Ernst-Georg Schwill (Amigo), Erich Franz (Sinewski, der Vater), Angelika Hurwicz, Fred Düren, Wilhelm Koch-Hooge, Peter Kalisch, Heinz Schubert. *P* Defa. 63 Minuten. 1959.
Ein halbwüchsiger Junge, von seinem Vater im Sinne des Kommunismus erzogen, ist einem KZ-Häftling auf der Flucht behilflich, indem er ihn in einem Hinterhof-Schuppen versteckt, damit dieser seine Flucht fortsetzen kann. Der Vater eines Freundes gibt der Gestapo das Geheimnis preis. Um die Verfolger abzulenken, stellt sich Amigo selbst der Gestapo und wird dafür ins KZ gebracht.

»Bestimmend für den Film ist sein Optimismus, und nur der Schluß, der Amigo als Panzeroffizier der Nationalen Volksarmee zeigt, wirkt aufgesetzt. Künstlerische Einfachheit, Mut zur dramatischen Auseinandersetzung und eine ausgezeichnete Menschendarstellung heben den Film hervor.« *(20 Jahre DEFA-Spielfilm)*.

**Skandal um Eva.** *R* G. W. Pabst. *B* Friedrich Raff, Julius Urgiss, nach dem Bühnenstück *Skandal um Olly* von Heinrich Ilgenstein. *K* Fritz Arno Wagner. *A* Franz Schroedter. *D* Henny Porten (Dr. Eva Rutgers), Oskar Sima (Minister Dr. Kurt Hiller), Ludwig Stoessel, Adele Sandrock, Paul Henckels, Fritz Odemar, Claus Clausen. *P* Nero. 2625 Meter. 1930.
Die mit dem Minister Hiller verlobte Lehrerin Dr. Eva Rutgers gerät durch Umstände, die durch ihre eigene Herzensgüte bedingt sind, in den Verdacht, Mutter eines unehelichen Kindes zu sein. Der Fall klärt sich auf, und dem jungen Glück steht nichts mehr im Wege.
Zwischen seinen Klassikern *Westfront 1918* und *Dreigroschenoper* drehte G. W. Pabst dieses erstaunlich banale Lustspiel, eine ungewöhnlich gutbürgerliche Stoffwahl für den Regisseur, der in seinen vorangegangenen Filmen wie *Das Tagebuch einer Verlorenen* und *Die Büchse der Pandora* das Thema der Mann-Frau-Beziehung ohne jede Verbindlichkeit angegangen war. »Von *Skandal um Eva* an erscheinen der Mann und die Frau bei Pabst nicht länger als Parias und Outlaws: eheliche Bande verbinden sie und integrieren sie in die Sozialstruktur« (Aubry/Petat: *G. W. Pabst*).

**So endete eine Liebe.** *R* Karl Hartl. *B* Walter Reisch, Karl Hartl. *K* Franz Planer. *M* Franz Grothe. *A* Werner Schlichting. *D* Paula Wessely (Erzherzogin Marie-Luise), Gustaf Gründgens (Metternich), Willi Forst (Herzog Franz von Modena), Franz Herterich, Rose Stradner, Erna Morena, Maria Köppenhöfer, Gustav Waldau. *P* Cine-Allianz (Fritz Klotzsch). 94 Minuten. 1934.
Auf Veranlassung Metternichs und aus Gründen der Staatsraison erklärt sich die österreichische Erzherzogin Marie-Luise bereit, Napoleon zu heiraten. Der Mann, den sie wirklich liebt, ist tragischerweise der von Metternich mit dem Arrangement dieser Verbindung beauftragte Schwager Napoleons, Franz von Modena.

**Der Sohn der weißen Berge.** *R* Mario Bonnard. *B* Luis Trenker, Walter Schmidkunz, Mario Bonnard, Nunzio Malasomma. *K* Franz Planer, Kurt Neubert, Albert Benitz. *M* Giuseppe Becce. *D* Luis Trenker, Renate Müller, Maria Solveg, Berthe Ostyn, Leo Peukert, Felix Bressart. *P* Itala-Film. 2409 Meter. 1930.
In einem Wintersportort bricht ein Urlauber zu einer Gletschertour auf und kehrt nicht mehr zurück. Suchmannschaften finden nach Tagen seinen Rucksack und Hut in einer Gletscherspalte. Die Witwe kassiert 150 000 Lebensversicherung, und wird verhaftet; man hat die Briefe, die der »Verunglückte« aus Paris geschrieben hat, abgefangen und ihn so als Versicherungsbetrüger entlarvt. (Der Titelheld des Films hat dies am Anfang an geahnt und sich deshalb an den Rettungsaktionen nicht beteiligt, was man ihm natürlich übel auslegte.)
Der erste Tonfilm Luis Trenkers und das Filmdebüt von Renate Müller. Trenker: »Die Innenaufnahmen drehte der ehrgeizige Sudetendeutsche Franz Planer. Planer sagte einmal, er wolle der erste Kameramann Hollywoods werden, vorher sei er nicht zufrieden. Da konnte nur lächeln. Hollywood! Wo war Hollywood, und wo waren wir! Aber wieder einmal habe ich mit Genugtuung erlebt, was man mit Talent, Ehrgeiz, Fleiß und zähem Optimismus erreichen kann. Planer zählte zehn Jahre später nicht nur zu den besten Kameraleuten Hollywoods, sondern der ganzen Welt« *(Alles gut gegangen)*. Da man Trenker vorher wiederholt gesagt hatte, mit seinem Tiroler Dialekt könne er beim Tonfilm nichts werden, fand er eine Premierenkritik der *Münchner Post* besonders erheiternd: »Der Film ist, alles in allem genommen, ein Erlebnis. Die Art, wie Trenker die Landschaft sieht, wie er sie uns darbietet, ist einmalig und zeigt, welch tiefe Verbundenheit mit der Natur den Künstler beseelt. Aber eines sollte er vermeiden: Das Sprechen im Tiroler Dialekt. So etwas kann man nicht lernen, die dialektische Färbung muß einem Menschen angeboren sein, nachahmen kann man so etwas nicht, aber das nur nebenbei.«

**Solange das Herz schlägt.** *R* Alfred Weidenmann. *B* Herbert Reinecker. *K* Igor Oberberg. *M* Hans-Martin Majewski. *D* O. E. Hasse (Dr. Römer), Heidemarie Hatheyer (Frau Römer), Hans-Christian Blech (Chefarzt Dr. Laue), Götz George, Grit Böttcher, Charles Regnier. *P* Ufa. 105 Minuten. 1958.
Oberstudienrat Dr. Römer erfährt, daß er nur noch kurz zu leben hat, sieht nun das Leben mit anderen Augen an und kann seine neuen Erkenntnisse auch nutzen, weil er doch noch zurechtoperiert wird.

**Solange du da bist.** *R* Harald Braun. *B* Jochen Huth. *K* Helmut Ashley. *M* Werner Eisbrenner. *A* Walter Haag, Charlotte Flemming. *D* Maria Schell (Eva Berger), O. W. Fischer (Frank Tornau), Hardy Krüger (Stefan Berger), Brigitte Horney, Mathias Wieman, Paul Bildt. *P* Neue Deutsche Filmgesellschaft. 103 Minuten. 1953.
Filmregisseur Frank Tornau kauft der Komparsin Eva Berger ihre Lebensgeschichte zur Verfilmung ab und läßt sie dann auch in dem Film sich selbst spielen. Dadurch gerät Eva in schreckliche Krisen.
»Der Film *Solange du da bist*, den der Regisseur Harald Braun zu verantworten hat, gibt vor, Leben gegen die Illusion, gegen die phantastische Entartung des Lebens auszuspielen, aber diese Quasimenschen, die da handeln und reden, entziehen sich jeder vernünftigen psychologischen Charakteristik« (Theo Fürstenau, *Der Film in Europa*).

**Solang' noch unter'n Linden.** *R* und *B* Willi Kollo. *K* Wolf Göthe. *M* Walter Kollo, Paul Lincke, Willi Kollo. *ML* Horst Kudritzki. *A* Peter Röhrig, Harry Rausch, Heinz Matzeit. *D* Rene Kollo (Walter Kollo), Marguerite Kollo (seine Frau), Wolfgang Gruner (Hermann Frey), Inge Wolfberg (seine Frau), Joachim Röcker, Bruno Fritz, Edith Schollwer, Karin Hübner, Thierry. *P* Willi Kollo. 97 Minuten. 1958.
Der Film erzählt die Lebensgeschichte des bekannten Operettenkomponisten Walter Kollo, der von 1883 bis 1940 lebte.

**Sophienlund.** *R* Heinz Rühmann. *B* Fritz Peter Buch, Helmut Weiss nach der Komödie von Weiss und Fritz Woedtke. *K* Willi Winterstein. *M* Werner Bochmann. *A* W. A. Hermann. *D* Harry Liedtke (Erich Eckberg), Käthe Haack (Sigrid Eckberg), Hannelore Schroth (Gaby), Robert Tessen (Michael), Fritz Wagner (Knud), Christina Sorbon (Birgit Lundquist), Hans Quest, Jeanette Bethge. *P* Terra. 92 Minuten. 1943.
Die Familie Eckberg lebt auf ihrem Landsitz in vollkommener Harmonie. Am Tage ihres einundzwanzigsten Geburtstages erfahren die Zwillinge Knud und Michael, daß ihre Mutter gar nicht ihre Mutter ist, sondern nur die leibliche Mutter ihrer Schwester Gaby und sie selbst aus der ersten Ehe ihres Vaters stammen. Diese Eröffnung bringt das Weltbild der Kinder völlig durcheinander. – Unter dem Einfluß des Alkohols bittet Michael seinen Vater um die Hand seiner Stiefmutter, Knud verläßt das Haus und Gaby, die nun nicht mehr schwesterliche Liebe für Knud empfindet, sucht ihn in der Stadt und verlobt sich mit ihm. Michael, inzwischen wieder nüchtern, vergißt die Schwärmerei für seine Mutter und sieht seine Mitstudentin Birgit Lundquist mit

237

ganz anderen Augen. Somit ist die Harmonie in Sophienlund wieder eingekehrt.
Weitere Verfilmung: *Verlobung am Wolfgangsee,* 1956, Regie Helmut Weiss mit Wolf Albach-Retty, Maria Andergast, Michael Cramer, Ingrid Andree, Michael Heltau.

**Spur in die Nacht.** *R* Günter Reisch. *B* Gerhard Neumann, Günter Reisch. *K* Walter Fehdmer. *M* Helmut Nier. *L* »Fuchsbau-Boogie« von Ulrich Thein. *A* Hans Poppe. *D* Ulrich Thein (Ulli, Arbeiter), Raimund Schelcher, Eva-Maria Hagen, Annekathrin Bürger, Uwe-Jens Pape, Hans-Peter Minetti. *P* Defa, DDR. 90 Minuten. 1957.
Ein Berliner Arbeiter gerät bei der Suche nach seiner im Grenzgebiet zwischen der DDR und der CSSR verschwundenen Braut auf die Spur einer westdeutschen Agentengruppe, die daraufhin vom SSD (Staatssicherheitsdienst der DDR) unschädlich gemacht werden kann.

**Staatsanwältin Corda.** *R* Karl Ritter. *B* Christan Berthier. *K* Willy Winterstein. *M* Fred Reymond. *A* Alfred Bütow. *D* Ingeborg Egholm (Staatsanwältin Corda Frobenius), Paul Klinger (Hans Neidhard), Erika von Thellmann, Gisela von Collande, Christine Kaufmann, Eva Probst, Paul Henckels, Herbert Hübner, Alexander Golling. *P* Bühne und Film. 100 Minuten. 1953.
Der Zufall will es, daß die Staatsanwältin Corda Frobenius bei ihrem ersten wichtigen Fall Mordanklage gegen einen Mann erheben muß, dem sie spontan zugetan ist, weil er sie an ihre Jugendliebe erinnert.
Das Dreigroschen-Comeback des einstmals heroischen Karl Ritter *(Stukas).*

**Stadt Anatol.** *R* Viktor Tourjansky. *B* Peter Francke, Walter Supper. *K* Karl Puth. *M* Walter Gronostay. *D* Brigitte Horney (Franziska), Gustav Fröhlich (Jaques), Fritz Kampers (Jaskulski), Aribert Wäscher, Rose Stradner, Karl Hellmer. *P* Ufa. 2559 Meter. 1936.
Jaques Gregor landet in dem baltischen Städtchen Anatol, um dort das große Geld zu machen, denn unter der Erdoberfläche vermutet er Öl, viel Öl. Von Franziska kauft er das verlassene Salzbergwerk, von Jaskulski die Bärensenke und den Steinbruch. Das kostbare Naß kommt tatsächlich zum Vorschein. Doch Neid, grenzenlose Geldgier und Eifersucht zerstören die Menschen. Anatol geht schließlich in Flammen unter. Aber Jaques und Franziska finden zusammen und werden Anatol wieder aufbauen.

**Die Stadt ist voller Geheimnisse.** *R* Fritz Kortner. *B* Fritz Kortner, Curt J. Braun, nach dem Bühnenstück von Curt J. Braun. *K* Albert Benitz. *A* Herbert Kirchhoff, Friedrich-Dieter Bartels, Erna Sander. *D* Carl Ludwig Diehl (Professor Siebrecht), Annemarie Düringer (Ernie Lauer), Werner Fuetterer, Angelika Hauff, Paul Hörbiger, Adrian Hoven, Bruni Löbel, Lucie Mannheim, Susi Nicoletti, Karl Schönböck, Georg Thomalla, Grethe Weiser, Erich Schellow. *P* Real-Film (Gyula Trebitsch). 105 Minuten. 1954.
Die Bönke-Werke sind in Schwierigkeiten. Sämtlichen Mitarbeitern wird gekündigt. Manche nehmen es leicht. Manche nehmen es tragisch. Alle erleben ein Wochenende, das sie über ihre Position und ihr Leben nachdenken läßt. Außerdem bekommt die Firma übers Wochenende eine neue Führung, die es noch einmal versuchen will. Die Kündigungen werden zurückgenommen.
Die erste Nachkriegs-Filmregie von Fritz Kortner: eine wichtigerische, aber völlig unengagierte Sozial-Recherche, die sich durch ihr schier frivoles Happy-End vollends als Lustspiel entlarvt.

**Stadt ohne Mitleid.** *R* Gottfried Reinhardt. *B* Georg Hurdalek, nach dem Roman von Manfred Gregor. *L* Kurt Hasse. *M* Dimitri Tiomkin. *A* Rolf Zehetbauer. *D* Kirk Douglas (Steve Garrett), Christine Kaufmann (Karin Steinhof), Gerhard Lippert, E.G. Marshall, Robert Blake, Richard Jaeckel, Hans Nielsen, Barbara Rütting. *P* Mirisch-Osweg, Los Angeles-Vaduz. 103 Minuten. 1960.
Vier amerikanische Soldaten vergewaltigen ein deutsches Mädchen. Um ihre Köpfe zu retten, muß ihr Verteidiger vor Gericht das Opfer zum seelischen Zusammenbruch treiben.
»Eine interessante soziologische Studie, kompetent inszeniert von Gottfried Reinhardt« (Robin Bean, *Films and Filming*).

**Eine Stadt steht Kopf.** *R* Gustaf Gründgens. *B* Curt Alexander, nach dem Roman *Der Revisor* von Nikolai W. Gogol. *K* Franz Planer. *M* Willy Schmidt-Gentner. *L* von Mischa Spoliansky *(M)* und Atilla *(T)*. *A* Rochus Gliese, Gabriel Pellon. *D* Gustaf Gründgens (Ein Gast), Szöke Szakall (Bürgermeister), Jenny Jugo (Trude), Herman Thimig, Heinrich Schroth, Berthe Ostyn, Aribert Wäscher, Fritz Kampers, Paul Henckels, Theo Lingen, Hans Deppe. *P* Elite Tonfilm. 2196 Meter. 1932.
Ein Papierservietten-Vertreter kommt in eine Stadt, wo er irrtümlich für einen Revisor gehalten wird. Er macht das Spiel mit und ordnet die korrupten Verhältnisse so gründlich, daß der Bürgermeister dem Besuch des echten Revisors unbesorgt entgegensehen kann.
Das Filmregie-Debüt von Gustaf Gründgens, der hier schon keinen Zweifel darüber läßt, daß Kleinbürgerlichkeit denunziert, nicht verklärt werden muß; in den kommenden großen Zeiten bleibt er einer der wenigen Regisseure, auf den man sich in dieser Hinsicht verlassen kann. »Der Habgierige, der Dumme, der Eitle, das ganze Sensorium spießiger Fehlhaltungen, sie präsentieren das kollektive schlechte Gewissen. Gründgens' Freaks reagieren anders als die Kleinbürger, Murnaus, Grunes und Lenis, die im Halbdunkel agieren und sich bemitleiden. In der Maske treuherziger Biedermänner wirken die Aktionen aggressiver und wirklichkeitsnäher« (Herbert Holba: *Gustaf Gründgens Filme*). Gründgens bringt auch gleich ein Konzept mit, wie ein Film mit Musical-Charakter auszusehen hat: er treibt seine Figuren in verwirrend konfuse Konstellationen und serviert auf dem Höhepunkt des Durcheinanders eine Gesangsnummer als moralisch-dramaturgischen Ordnungsfaktor.

**Stärker als die Nacht.** *R* Slatan Dudow. *B* Jeanne und Kurt Stern. *K* Karl Plintzner, Horst Brandt. *M* Ernst Roters. *Lied* »Die Moorsoldaten« von Johann Esser *(T)*, Rudi Goguel nach Hanns Eisler *(M)*. *A* Oskar Pietsch, Gerhard Helwig. *D* Wilhelm Koch-Hooge (Hans Löning), Helga Göring (Gerda Löning), Kurt Oligmüller (Erich Bachmann), Rita Gödikmeier (Lotte Bachmann), Harald Halgardt (Eddi Nohl), Manfred Borges, Hans-Joachim Büttner, Hans Wehrl, Helmut Schreiber. *P* Defa, DDR. 117 Minuten. 1954.

Der Film schildert die Geschichte des deutschen Antifaschisten und Funktionärs der Seite an Seite mit seiner Frau und den Hamburger Genossen den Kampf gegen Hitler und das faschistische Regime in Deutschland aufnimmt. 1933 werden Löning und sein Genosse Bachmann von der Gestapo verhaftet und ins KZ gesteckt. Aber sie halten den unmenschlichen Foltermethoden der Nazis stand. – Während Lönings Frau ihrem Mann in treuer Liebe verbunden bleibt, lebt Lotte, die Frau des Genossen Bachmann, mit einem ehemaligen Kommunisten zusammen, der den Glauben verloren hat und später sogar zum Verräter an der Sache wird. – Nach dem Überfall auf die Sowjetunion wird Löning aus dem KZ entlassen. Die Gestapo spekuliert, daß sich um ihn eine neue Widerstandsgruppe bilden wird, die dann geschlossen unschädlich gemacht werden kann. Bald spüren die Nazis den passiven Widerstand der Hamburger Arbeiter. Löning weiß, was ihm bevorsteht, aber er geht seinen Weg konsequent zu Ende. Er fällt der Gestapo ein zweites Mal in die Hände und stirbt.
»Es gab Tausende wie ihn. Sie hießen Anton Saefkow, Bernhard Bästlein, Walter Husemann oder Werner Seelenbinder, Lilo Hermann oder Käthe Niederkirchner, Menschen, in denen die Sorge um Deutschland brannte. Der Film will kein umfassendes Bild antifaschistischen deutschen Widerstandskampfes sein, er will am Schicksal einer Gruppe mutiger Menschen zeigen, wie sie aussahen, wie sie lebten und was sie stärker werden ließ als die faschistische Nacht. – Das Filmwerk ist eine Tragödie, aber eine optimistische Tragödie, weil es den Glauben an die Kraft der einfachen deutschen Menschen ausstrahlt. Und brauchen wir ihn nicht, diesen Glauben, heute, wo im Westen die Hackelbuschs schon wieder in Amt und Würden sitzen und Tausende die bange Sorge um Deutschland erfüllt?« (*Progress Film-illustrierte* Nr. 64/54).

**Stefanie.** *R* Josef von Baky. *B* Emil Burri, Johannes Mario Simmel nach dem Roman *Stefanie – oder die liebenswerten Dummheiten*. *K* Günther Anders. *M* Georg Haentzschel. *Lied* »Si Senor!« von Hans Fritz Beckmann *(T)*, Georg Haentzschel *(M)*. *A* Fritz Maurischat. *D* Carlos Thompson (Pablo), Sabine Sinjen (Stefanie), Rainer Penkert (Hannes), Peter Vogel (Andreas), Mady Rahl, Elisabeth Flickenschildt, Lore Hartling, Christiane Maybach. *P* Ufa. 101 Minuten. 1958.
Stefanie verläßt nach einer Auseinandersetzung mit ihren Brüdern, mit denen sie zusammen wohnt, das Haus und flüchtet zu dem blendend aussehenden Pablo. Aber das ist Pablo zuviel, denn Stefanie ist erst 16 und er schickt sie zwar charmant aber bestimmt zu ihren Brüdern zurück. Stefanie aber hat sich unsterblich in ihn verliebt. Was die Brüder auch dagegen unternehmen, geht schief. Pablo hat aber inzwischen auch Feuer gefangen, und so einigt man sich, daß wenn die Liebe die nächsten zwei Jahre immer noch so innig ist, einer Hochzeit nichts mehr im Wege steht.

**Der Stern von Afrika.** *R* Alfred Weidenmann. *B* Herbert Reinecker nach einem Stoff von Udo Wolter. *K* Helmut Ashley. *M* Hans-Martin Majewski. *A* Max Mellin, Wolf Englert. *D* Joachim Hansen (Marseille), Marianne Koch (Brigitte), Hansjörg Felmy (Robert), Horst Frank (Albin), Peer Schmidt, Karl Lange, Werner Bruhns, Arno Paulsen, Erich Ponto. *P* Neue Emelka/Ariel. 107 Minuten. 1956.
Berlin 1939. Jeden Tag kann Krieg ausbrechen, aber die Flieger der Luftwaffenschule leben unbekümmert dahin. Hans-Joachim Marseille, ein hervorragender und waghalsiger Flieger, hat immer wieder Ärger wegen seiner Disziplinlosigkeit. Dann bricht tatsächlich der Krieg aus, und Marseille wird in Afrika eingesetzt. Marseille bewährt sich, aber seine Angriffstaktik spricht allen Vorschriften Hohn. Bei einem Heimaturlaub lernt er das Mädchen Brigitte kennen. Nun will auch er überlegen und zügelt seinen Leichtsinn, aber zu spät. Bei einem Einsatz über den feindlichen Linien bekommt seine Maschine einen Motorschaden. Um nicht in Gefangenschaft zu geraten, springt er ab, aber sein Fallschirm versagt.
Dieser Film gehört zu den Heldenepen, die vor allem von der Faszination des Kampfes profitieren. Die wenigen Sequenzen, in denen der militärische Karrierist nachdenklich das Haupt senkt und über die Sinnlosigkeit des Krieges nachdenkt, haben lediglich

Alibi-Funktion und können nicht etwa als kritisch bezeichnet werden. Zweifel an der Richtigkeit ihres Handeln entspringen immer nur ganz persönlichen Erlebnissen und sind nie die Folge einer tatsächlichen Auseinandersetzung.

**Stern von Rio.** *R* Karl Anton. *B* H. F. Köllner, Felix von Eckardt. *K* Bruno Mondi, Erich Grohmann. *M* Willy Engel-Berger. *L* »Stern von Rio«, »Du bist so wunderbar« von Willy Engel-Berger *(M),* Kurt Feltz, Charlie Amberg *(T). A* Erich Zander, Karl Machus, Ilse Fehling. *D* La Jana (Concha), Gustav Diessl (Señor Felipe Escobar), Werner Scharf (Vincente), Paul Otto, Fritz Kampers, Hubert von Meyerinck, Max Gülstorff, Harald Paulsen. *P* Tobis (Heinrich Jonen). 95 Minuten. 1940.

Vincente findet einen Riesendiamanten. Er will ihn der Tänzerin Concha schenken, aber wie sich herausstellt, ist der rechtmäßige Besitzer Don Felipe Escobar, auf dessen Grund Vincente ohne Konzession geschürft hat. Wem wird der Stein gehören und wem Concha?

»Die Uraufführung von *Stern von Rio* kurz nach La Janas Tod trug wohl wesentlich zu ihrem verklärenden Kinoruhm bei. Das Temperament, das ihrer Darstellung der Tänzerin Concha vollkommen fehlt, versucht die Inszenierung durch eine furiose Schnittfolge, besonders in der ersten Szene, auszugleichen und durch eine rasante Kameraführung zu suggerieren, die bei ihrem südamerikanischen Tanz sogar einen top shot riskiert. Doch die tanzkünstlerischen Entsprechungen sind leider dürftig: heftig rudernde Armbewegungen und das schlangenhafte Nachhintenbiegen. Raffiniert sind auch in diesem Film die Kostüme: ein schwarzes Netzkleid, unter dem sie nun wirklich nackend ist, trägt sie in einer Verführungsszene, die mit dem Satz endet: »Könntest du nicht alles für mich tun?« wobei sie sich weit nach hinten beugt und den Mann, der ihr Komplize werden soll, von unten herauf anfunkelt« (Carla Rhode u. a.: *Wir tanzen um die Welt*). Remake: 1955, Regie Kurt Neumann, mit Maria Frau.

**Stips.** *R* Carl Froelich. *B* Hanns H. Fischer, nach einer Idee von Carl Froelich. *K* Bruno Stephan. *M* Herbert Windt. *A* Hans Luigi. *D* Gustav Fröhlich (Dr. Klaus Michael Dirkhoff, genannt Stips), Heli Finkenzeller (Katja Romberg), Hans Richter (Albert Pollmann), Ruth Nimbach (Elli), Eva-Ingeborg Scholz, Bruno Fritz, Aribert Wäscher, Otto Gebühr. *P* Cinephon-Froelich. 99 Minuten. 1951.

Anlässlich einer Klassenfeier versuchen sieben junge, zum Teil inzwischen verheiratete Damen endlich den Studienrat Dirkhoff genannt Stips zu verführen, für den sie schon auf der Schulbank geschwärmt haben.

**Strafbataillon 999.** *R* Harald Philipp. *B* Wolfgang Menge, Harald Philipp, Heinz G. Konsalik, nach dem Roman von Konsalik. *K* Heinz Hölscher. *A* Otto Erdmann, H. J. Kiebach. *D* Werner Peters (Hauptfeldwebel Krüll), Ernst Schröder (Dr. Kukill), Hans Ernst Jäger (Schwanecke), Werner Hessenland (Von Bartlitz), Georg Lehn, Georg Thomas, Sonja Ziemann. *P* Willy Zeyn. 109 Minuten. 1959.

Nach dem bürgerlichen oder dem Kriegs-Recht straffällig gewordenen Soldaten werden in dem Strafbataillon 999 zusammengefaßt und an der Ostfront zu Todeskommandos eingesetzt.

Inszenatorischer Brutal-Realismus im Clinch mit dem Schnulzen-Gemüt des Ostfront-Epikers Konsalik.

**Stresemann.** *R* Alfred Braun. *B* Axel Eggebrecht, Ludwig Berger, Curt J. Braun. *K* Friedl Behn-Grund. *M* Boris Blacher. *D* Ernst Schröder (Stresemann), Anouk Aimée (Annette Stein), Wolfgang Preiss (Heinz Becker), Leonard Steckel, Susanne von Almassy, Paul Dahlke, Siegmar Schneider. *P* Berliner Meteor. 105 Minuten. 1956.

Der Film schildert die letzten sechs Jahre des Außenministers Dr. Gustav Stresemann 1923 bis 1929. Der Journalist und Kommentator Becker ist von seiner Zeitung beauftragt, die Tätigkeit Stresemanns in jener Zeit genau zu verfolgen. Mit der Sekretärin Annette Stein, zu der er sich zwar hingezogen fühlt, aber die politischen Ansichten mit ihr nicht teilt, gerät er in einen argen Konflikt, denn er hält den »Versöhnungspolitiker« Stresemann für einen Verräter. Erst als er die Unterzeichnung des Paktes in Locarno erlebt, ändert er seine starre Haltung und findet zu Annette zurück.

**Der Student von Prag.** *R* Robison. *B* Artur Robison, Hans Kyser, nach dem Roman von Hanns Heinz Ewers. *K* Bruno Mondi. *M* Theo Makkeben. *A* Hermann Warm, Carl Haakker. *D* Adolf Wohlbrück (Balduin), Dorothea Wieck (Julia), Theodor Loos (Dr. Carpis), Erich Fiedler (Baron Waldis), Edna Greyff, Fritz Genschow, Volker von Collande. *P* Cine-Allianz (Fritz Klotzsch). 2328 Meter. 1935.

Der Student Balduin verkauft sein Spiegelbild, um als reicher Mann um die Sängerin Julia werben zu können. Damit hat er zugleich sein besseres Ich verkauft, den »sentimentalen Träumer«. Er wird zum Mörder, verfällt dem Wahnsinn und findet im Selbstmord zu sich selbst zurück.

Die schwächste Version eines Stoffes, der zuvor 1913 von Stellan Rye mit Paul Wegener und 1926 von Henrik Galeen mit Conrad Veidt verfilmt worden ist. Alle drei Fassungen werden ausführlich dargestellt im Band *Klassiker des deutschen Stummfilms.*

**Stürme der Leidenschaft.** *R* Robert Siodmak. *B* Robert Liebmann, Hans Müller. *K* Günther Rittau. *M* Friedrich Hollaender, Gérard Jacobson. *D* Emil Jannings (Ralph), Anna Sten (Anja), Trude Hesterberg, Franz Nicklisch, Otto Wernicke, Hans Deppe. *P* Ufa (Erich Pommer). 2834 Meter. 1932.

Ralph Schwarz, ein kleiner Krimineller, wird wegen guter Führung aus dem Gefängnis entlassen und kehrt zu seiner Freundin Anja zurück. Weil Anja unbedingt einen Pelzmantel haben will, bricht Ralph in ein Pelzhaus ein und klaut ihr einen. Er erfährt, daß Anja ihn während seiner Haft mit dem Fotografen Gustav betrogen hat. Er prügelt sich mit Gustav, der dabei ins Wasser fällt und ertrinkt. Ralph versteckt sich vor der Polizei in einer Baracke außerhalb der Stadt. Sein Freund, Willi, versorgt ihn mit Lebensmitteln. Er nimmt auch Ralphs Stelle bei Anja ein. Ralph überrascht ihn dabei. Es kommt zur Schlägerei. Die Polizei erscheint und nimmt Ralph mit.

»Stürme der Leidenschaft hat das Niveau der großen amerikanischen Gangsterfilme. Natürlich hat er nicht die Atmosphäre, die Technik und die Mechanik dieser Filme; aber gerade darin liegt seine Kraft und sein Verdienst« (*Pour Vous,* 1932). Nach *Menschen am Sonntag* und *Der Mann, der seinen Mörder sucht* war es Siodmaks dritte Filmregie und sein erster Film mit einem Superstar wie Jannings. Jannings ließ ihn auch gleich seine Größe spüren. Als Siodmak sich bei der ersten Drehbuchbesprechung etwas zu sagen traute, warf der Star dem Regisseur einen vernichtenden Blick zu und sagte: »Sie . . . Sie . . . Wer sind Sie denn eigentlich? Ich habe Sie ja noch nie gesehen. Sie müssen sich immer im Hintern von Pommer versteckt haben!« In seinen Memoiren *Ich war dabei,* in dem Siodmak diese Episode mitteilt, erzählt er auch, wie dann Jannings Respekt beibrachte. Zu der ersten Aufnahme des ersten Drehtages kam die ganze Ufa-Direktion und sah zu. Siodmak ließ die Klappe schlagen. »Ich sagte ›Bitte‹. Alle standen muckmäuschenstill. Jannings fing an. In der zweiten Zeile seines Textes extemporierte er. In einem Tausendstel einer Sekunde sprang ich von meinem Stuhl auf. Ich schrie: ›Halt!!!‹ Es war reiner Instinkt. Und zu Jannings rief ich: ›Herr Jannings – Sie werden kein Wort weglassen oder zusetzen – Sie werden genau das sagen, was wir probiert haben. Verstanden!?‹ Jannings sah mich völlig entgeistert an. So etwas war ihm noch nie passiert. Sein Mund stand offen. Er war sprachlos. Ich rief ›Abläuten!‹ Er drehte die Szene wieder, noch immer nicht begreifend, was eigentlich geschehen war. Die ganze Direktion hinter mir war verschwunden. Ich hatte gewonnen und war der Chef. Drei Tage später bot er mir das Du an.«

Eine französische Version drehte Siodmak gleichzeitig unter dem Titel *Tumultes,* mit Charles Boyer und Florelle.

**Stürme über dem Montblanc.** *R* Arnold Fanck. *B* Arnold Fanck. *K* Hans Schneeberger, Richard Angst, Sepp Allgeier. *M* Paul Dessau. *D* Leni Riefenstahl, Sepp Rist, Ernst Udet, Mathias Wieman, Friedrich Kayssler, Harald Reinl. *P* Aafa-Film. 2964 Meter. 1930.

Ein Mädchen wird von zwei Männern geliebt, einem Berliner Musiker und einem Meteorologen, dessen Arbeitsplatz eine Wetterwarte auf dem Montblanc ist. Der Meteorologe verzichtet, da der Musiker sein bester Freund ist. Er steigt über Ostern zu seiner Wetterwarte auf. Heftige Stürme toben. Die Warte ist bald halbzerstört, der Meteorologe dem sicheren Tode ausgesetzt. Aber das Mädchen mobilisiert alle Mittel und Männer zu seiner Rettung.

Der erste Tonfilm von Dr. Arnold Fanck. »Dieser Film ließ wiederum die Schrecken und Schönheiten des Hochgebirges erschauen, diesmal unter besonderer Akzentuierung erhabener Wolkengebilde. (Ähnliche Wolkenmassen hüllen auch Hitlers Flugzeug auf der Fahrt nach Nürnberg in den ersten Bildfolgen des nationalsozialistischen Dokumentarfilms *Triumph des Willens* ein, woraus man die endgültige Verschmelzung zweier Kulte, des Hochgebirgs- und des Führerkults, ersehen mag.) Eindrucksvolle Toneffekte ergänzten die großartige Photographie des *Montblanc*-Films: Bruchstücke Bachscher und Beethovenscher Musik erklangen aus einem am Berghang zurückgelassenen Radioapparat, mischten ihre Töne zuweilen mit denen des heulenden Sturms und ließen die dunklen Höhen noch unzugänglicher und unmenschlicher erscheinen« (Siegfried Kracauer, *Von Caligari bis Hitler*). Noch 1980 hat Leni Riefenstahl versucht, sich über die Gleichung Bergsteiger-Faschist lustig zu machen. Der irrationale Heroismus der Bergler spricht indessen für sich.

**Stützen der Gesellschaft.** *R* Detlef Sierck. *B* Georg C. Klaren, Peter Gillman, nach dem gleichnamigen Bühnenstück von Henrik Ibsen. *K* Carl Drews. *M* Franz R. Friedl. *A* O. Gülstorff, H. Minzloff. *D* Heinrich

George (Konsul Bernick), Maria Krahn (Betty Bernick), Horst Teetzmann (Olaf), Albrecht Schoenhals (Johann Tönnessen), Suse Graf, Oskar Sima. *P* Robert Neppach-Filmproduktion/Ufa. 84 Minuten. 1935.
Der reiche norwegische Reeder Bernick verdankt sein Ansehen unter anderem der Tatsache, daß er einige dunkle Punkte seiner Vergangenheit verschweigt, so die Vaterschaft der Dinah Dorf. Aus Amerika kehrt Johann Tönnessen zurück, der Bernicks Geheimnisse kennt. Bernicks Sohn Olaf geht zur See, mit einem Schiff seines Vaters, das seeuntüchtig ist. Bernick stirbt nach einem Sturm am Strand, nachdem er Dinah als seine Tochter anerkannt hat.
»Bei *Stützen der Gesellschaft* entdeckte ich zum erstenmal, wie furchtbar wichtig Kamera-Winkel sind. Die Kamera-Winkel sind die Gedanken des Regisseurs. Das Licht ist seine Philosophie. Schon lange vor Wittgenstein haben ich und einige meiner Zeitgenossen gelernt, der Sprache als einem wahren Medium und einem Dolmetscher der Realität zu mißtrauen. So lernte ich, meinen Augen mehr zu vertrauen als den windigen Worten« (Halliday: *Sirk on Sirk*).

**Stukas.** *R* Karl Ritter. *B* Karl Ritter, Felix Lützkendorf. *K* Heinz Ritter, Walter Meyer, Walter Rosskopf, Hugo von Kaweszinski. *M* Herbert Windt. *L* »Wir sind die schwarzen Husaren der Luft« von Herbert Windt *(M)*, Geno Ohlischläger *(T)*. *A* Anton Weber, Karl H. Grohnwald. *D* Carl Raddatz (Hauptmann Heinz Bork), Albert Hehn (Oberleutnant Hesse), Egon Müller-Franken (Oberleutnant Jordan), Hannes Stelzer (Oberleutnant Wilde), O. E. Hasse (Gruppenarzt Dr. Gregorius), Günther Markert, Josef Dahmen, Georg Thomalla, Else Knott, Marina von Dittmar, Ursula Deinert, Karl John, Beppo Brem. *P* Ufa (Karl Ritter). 2761 Meter. 1941.
2.Weltkrieg, Frankreich. Deutsche Stukas im Einsatz. Ein notgelandeter Offizier macht einem französischen Offizier die Sinnlosigkeit weiteren Widerstandes derart eindringlich klar, daß dieser seine ganze Einheit kampflos übergibt. Ein verwundeter und unter Depressionen leidender Offizier wird zur seelischen Genesung zu den Bayreuther Festspielen geschickt. Nach dem Waffenstillstand mit Frankreich freut sich die Stuka-Einheit auf den Einsatz gegen England.

**Sündige Grenze.** *R* R. A. Stemmle. *B* R. A. Stemmle, nach einer Story von Gerda Corbett und Marta Moyland und einer Idee von Artur Brauner. *K* Igor Oberberg. *M* Herbert Trantow. *A* Mathias Matthies, Ellen Schmidt. *D* Dieter Borsche (Hans Fischer), Inge Egger (Marianne Mertens), Peter Mosbacher (Zollkommissar Dietrich), Jan Hendriks (Jan Krapp), Julia Fjorsen, Gisela von Collande, Alice Treff, Ernst Schröder, Hans-Dieter Zeidler. *P* CCC (Artur Brauner). 87 Minuten. 1951.
Unter der Führung des Kriminellen Jan Krapp und mit Billigung ihrer Eltern betreiben Kinder gefährliche Schmuggelgeschäfte im Dreiländer-Eck an der deutsch-belgisch-holländischen Grenze.
Die Regie ist an besten neoveristischen Vorbildern orientiert, das Drehbuch an den schlimmsten Traditionen des Melodrams.

**Taiga.** *R* Wolfgang Liebeneiner. *B* Herbert Reinecker. *K* Georg Krause. *A* Robert Herlth, Gottfried Will. *D* Ruth Leuwerik (Hanna Dietrich), Hannes Messemer (Roeder), Günter Pfitzmann (Dickmann), Viktor Staal, Hans Quest, Paul Bösinger, Charles Regnier, Peter Lühr, Walter Ladengast. *P* Bavaria. 100 Minuten. 1958.
Die Ärztin Hanna Dietrich wird in ein sibirisches Lager eingewiesen, wo etwa 300 Männer im eisigen Winter einen Urwald roden müssen. Weniger durch Medikamente als durch Zuspruch und mütterliche Wärme kann sie eine nachhaltige Änderung im Verhalten der abgestumpften und hoffnungslosen Gestalten bewirken. Eine enge Bindung entsteht zu Roeder, der als Hanna entlassen wird, weiß, daß er seine Geliebte wiedersehen wird.

**Das Tal der Liebe.** *R* Hans Steinhoff. *B* Axel Eggebrecht, Ernst Hasselbach, Erich Kröhnke, nach der Komödie von Max Dreyer. *K* Karl Puth, Rudolf Bretschneider, H.W. Gerlach. *M* Franz Grothe. *D* Käthe Gold (Die Markgräfin), Richard Romanovsky (Der Markgraf), Gustav Knuth (Hans Stork), Marieluise Claudius (Lisbeth), Theo Lingen (Keuschheitskommissar), Erika von Thellmann, Fita Benkhoff, Rudolf Klein-Rogge. *P* Centropa. 94 Minuten. 1935. Alternativer Titel *Der Ammenkönig*.
18. Jahrhundert, in einer süddeutschen Kleinstadt. Am markgräflichen Hof geht es überaus puritanisch zu, es gibt sogar einen Keuschheitskommissar. Im Dorf Neubrunn dagegen gibt es lauter liebestolle Leute und eine Quelle, die Fruchtbarkeit verleiht, was sich alles auf die Geburtenrate der auch als »Ammendorf« bekannten Gemeinde günstig auswirkt. Der unfruchtbare Markgraf macht der Quelle einen Besuch, während der vitale Dorfschmied Hans Stork, der sich des Titels »Ammenkönig« erfreuen darf, der Markgräfin ein Kind macht.
Der sehr seltsame, unangenehm klebrige Versuch des Nazi-Spitzenregisseurs Hans Steinhoff, die bevölkerungspolitischen Konzeptionen des Regimes schwankhaft in den Griff zu bekommen.

**Tango Notturno.** *R* Fritz Kirchoff. *B* Rolf E. Vanloo, Philipp Lothar Mayring. *K* Fritz Arno Wagner. *M* Hans-Otto Borgmann. *Lieder* »Tango Notturno« und »Kommt das Glück nicht heut', dann kommt es morgen!« von Hans-Fritz Beckmann *(T)* und Hans-Otto Borgmann *(M)*. *A* Erich Czerwonski, Karl Böhm. *D* Pola Negri (Mado Doucet), Albrecht Schoenhals (Jac Gerard), Victor Schamoni (Charlie). Elisabeth Flickenschildt (Bessie Godfrey), Lina Carstens (Frau Watson), Erich Ponto (der arme Teufel). *P* Fabrikation deutscher Film GmbH./Terra (Otto Lehmann). 2401 Meter. 1937.
Der berühmte Komponist Jac Gerard kann seine geliebte Frau nicht vergessen, die eines Tages spurlos verschwand. Nachts auf der Straße trifft er sie unversehens wieder. Ein Schuß fällt, und nun muß Jac vor dem Untersuchungsrichter seine Unschuld beweisen. Schließlich geht doch noch alles gut aus.

**Das tanzende Herz.** *R* Wolfgang Liebeneiner. *B* Wolfgang Liebeneiner, nach einer Idee von Walter Fichelscher. *K* (Farbe) Igor Oberberg. *M* Norbert Schulze. *A* Emil Hasler, Walter Kutz, Ursula Stutz. *CH* Heinz Rosen. *D* Gertrud Kückelmann (Susanne), Gunnar Möller (Viktor), Paul Hörbiger (Der Fürst), Paul Henckels (Haberling), Maria Fris (Die Puppe), Hertha Staal, Wilfried Seyferth. *P* Capitol. 90 Minuten. 1953.
Biedermeier-Residenz. Professor Haberling hat eine Puppe konstruiert, die tanzen und singen kann und außerdem das getreue Abbild seiner Tochter Susanne ist. Infolge der kostspieligen Experimente ist er bei dem Bankier Leopold verschuldet, der nun versucht, Susanne und die Puppe in seinen Besitz zu bringen.
Die späte Realisierung des Projektes *Die Puppe,* das 1944/45 bei der Ufa als Marika Rökk-Film unter der Regie von Georg Jacoby entwickelt worden war.

**Die tausend Augen des Dr. Mabuse.** *R* Fritz Lang. *B* Fritz Lang, Heinz Oskar Wuttig, Jan Fethke. *K* Karl Loeb. *M* Bert Grund. *B* Erich Kettelhut, Johannes Ott. *D* Dawn Addams (Marion Menil), Wolfgang Preiss (Jordan), Peter van Eyck (Henri B. Travers), Gert Fröbe (Kommissar Krass), Werner Peters, Howard Vernon. *P* CCC. 1960.
Über ein Monitor-System kontrolliert Mabuse ein Hotel mit wichtigen Gästen.
Fritz Langs letzter Film; wird zusammen mit den anderen Mabuse-Filmen im Band *Klassiker des Stummfilms* behandelt.

**Das Testament des Dr. Mabuse.** *R* Fritz Lang. *B* Thea von Harbou. *K* Fritz Arno Wagner, Karl Vash. *M* Hans Erdmann. *A* Karl Vollbrecht, Emil Hasler. *D* Rudolf Klein-Rogge (Dr. Mabuse), Otto Wernicke (Kriminalkommissar Lohmann), Oskar Beregi (Prof. Dr. Baum), Karl Meixner (Hofmeister), Theodor Loos, Klaus Pohl, Wera Liessem, Gustav Diessl, Camilla Spira, Rudolf Schündler, Theo Lingen, Paul Henckels. *P* Nero-Film. 122 Minuten. 1933.
Kriminalkommissar Lohmann verhindert die Realisation von Dr. Marbuses Konzept: Die Menschheit muß in einen Abgrund von Terror gestürzt werden.«
Der Film wird mit den anderen Mabuse-Versionen im Band *Klassiker des deutschen Stummfilms* behandelt.

**Ernst Thälmann – Sohn seiner Klasse.** *R* Kurt Maetzig. *B* Willi Bredel, Michael Tschesno-Hell, Kurt Maetzig. *K* (Farbe) Karl Plintzner. *M* Wilhelm Neef. *A* Willy Schiller, Otto Erdmann. *D* Günther Simon (Ernst Thälmann), Hans-Peter Minetti (Fiete Jansen), Erich Franz (Arthur Vierbreiter), Erika Dunkelmann, Raimund Schelcher, Gerhard Bienert, Karla Runkehl, Walter E. Fuß, Rudolf Klix, Hans Klering, Wolf Kaiser, Werner Peters, Johannes Arpe, Martin Flörchinger. *P* Defa. 126 Minuten. 1954.

Westfront 1918. In einem Unterstand entwirft Ernst Thälmann den Text eines Flugblattes, das die Novemberrevolution einleitet: »Dreht um die Gewehre, Kameraden.« Ernst Thälmann macht Geschichte. Er führt die KPD und USPD gegen die Freikorps; er bringt den Kapp-Putsch zum Scheitern; er ist der Motor des Aufstandes der Hamburger Kommune im Oktober 1923.
Die politischen Ereignisse der Jahre 1918 bis 1923 werden hier getreu dem leninistischen Grundsatz interpretiert, die Wahrheit solle »parteiisch« sein. Es handelt sich hier um eine Art Lehrfilm. Der Zuschauer soll erkennen, daß schon damals der Verrat der »rechten SPD-Führer« die »Aktionseinheit der Arbeiterklasse« verhindert hat. – Zeit und Geld haben bei der Herstellung dieses Heldenepos keine Rolle gespielt. Zwei Jahre war der Film im Atelier. Für die farbliche Komposition gab es Richtlinien: Grüne Farben sollten nicht für positive Gestalten und Dekorationen verwendet werden und für negative Szenen keine roten Farben. Ebenso wurde die Kamera ganz bewußt dem Inhalt und der Absicht des Fims geführt. Karl Plintzner versuchte, »den Standpunkt der Kamera bei den negativen Figuren immer etwas höher als Augenhöhe zu suchen«. Dagegen habe er in allen Thälmann-Bildern durch den tieferen Kamerastandpunkt das gesprochene Wort unterstützt »und so der Gestalt Thälmanns die Kraft gegeben, die uns auf so vielen Bildern fesselt« *(Defa-Pressedienst).*

**Ernst Thälmann – Führer seiner Klasse.** *R* Kurt Maetzig. *B* Willi Bredel, Michael Tschesno-Hell, Kurt Maetzig. *K* (Farbe) Karl Plintzner, Horst Brandt. *M* Wilhelm Neef. *A* Otto Erdmann, Willy Schiller. *D* Günther Simon (Ernst Thälmann), Hans-Peter Minetti (Fiete Jansen), Karla Runkehl (Änne Jansen), Paul R. Henker (Robert Dirhagen), Hans Wehrl (Wilhelm Pieck), Karl Brenk (Walter Ulbricht), Gerd Wehr (Wilhelm Florin), Walter Martin (Hermann Matern), Theo Shall, Georges Stanescu, Carla Hoff-

mann, Erich Franz, Erika Dunkelmann, Michel Piccoli, Wilhelm Koch-Hooge. P Defa (Adolf Fischer). 140 Minuten. 1955.
Hamburg 1931. Lohnkürzungen und Aussperrungen sind an der Tagesordnung. Der Widerstand der organisierten Arbeiterschaft wächst; die Wirtschaftskrise wächst. Im Ruhrgebiet sollen die Löhne um 12 Prozent gekürzt werden. Thälmann ruft zum Streik auf: »Einen Finger kann man brechen, aber fünf Finger sind eine Faust!« Hindenburg wird wieder zum Reichspräsidenten gewählt. Kandidat Ernst Thälmann erhielt zehn Prozent der Stimmen. Hitler wird Reichskanzler und Thälmann wird verhaftet von der Gestapo. Ein Befreiungsversuch schlägt fehl. Göring macht Thälmann ein Freiheitsangebot, aber Thälmann weist es stolz und empört zurück. Am 28. 8. 1944 wird Ernst Thälmann von den Faschisten in Buchenwald erschossen.
»Im epischen Stil eines historischen Bilderbogens, durchwirkt von manchem entbehrlichen Beiwerk, entwikkelt sich Geschichte aus der Sicht der Arbeiter. Bei aller Parteilichkeit ist das ein eindringliches Spektrum jener Zeitläufte an der Schwelle zum Nazi-Faschismus. Allerdings fällt auf, daß dieser Thälmann wie ein Phönix aus der Asche steigt, daß nicht interessiert, woher er kommt, wer er eigentlich ist. Der Schauspieler Günther Simon stellt ihn einfach dar in den charakteristischen Posen, mit der typischen Proletariermütze und dem stets offenen, in die Zukunft gerichteten Blick« (Heiko R. Blum u. a., *Film in der DDR*).

**Der Theodor im Fußballtor.** *R* E. W. Emo. *B* E. W. Emo, Karl Farkas nach einer Idee von Günter Schwarz. *K* Erich Claunigk C.D.K. *M* Werner Bochmann. *Lied* »Der Theodor im Fußballtor« von Kurt Feltz (*T*), Werner Bochmann (*M*). *A* Fritz Jüptner-Jonstorff. *D* Theo Lingen (Theo Lubitz), Hans Moser (Theo Haslinger sen.), Josef Meinrad (Theo Haslinger jun.), Lucie Englisch (Frau Haslinger), Gustav Knuth, Charlott Daudert, Katja Mayberg, Rudolf Schündler, Sammy Drechsel. *P* Zeyn-Styria-Film. 99 Minuten. 1956.
Theo Lubitz, Mittelstürmer im Fußball-Club BAC verliebt sich in seine Sekretärin Carola, aber da steht schon der Torwart Theo Haslinger jun. auf der Matte. Doch durch ein harmloses Zwischenspiel mit der reizenden Charlotte verscherzt sich Theo Haslinger Carolas Sympathien und auch die seines gestrengen Vaters, der seinen Sohn kurzerhand aus dem Club rauswirft und Theo Lubitz zum Torwart macht. Haslinger, todunglücklich bittet Theo Lubitz um menschliches Verständnis, was Lubitz auch beweist und so führen sie, Theo Haslinger als Torwart und Theo Lubitz mittelstürmend, ihren Club zum Sieg, wodurch nun alle wieder miteinander versöhnt sind.

**Thomas Müntzer.** *R* Martin Hellberg. *B* Martin Hellberg, Friedrich Wolf. *K* (Farbe) Götz Neumann. *M* Ernst Roters. *A* Otto Erdmann, Franz F. Fürst. *D* Wolfgang Stumpf (Müntzer), Margarete Taudt (Ottilie), Wolf Kaiser (Schwabenhannes), Martin Flörchinger, Wolfgang A. Kaehler, Hansjoachim Büttner. *P* Defa, DDR. 134 Minuten. 1956.
Biographie des Geistlichen und Bauernkriegführers Thomas Müntzer bis zu seiner Enthauptung nach der Niederlage seiner Bauern.

**Tiefland.** *R* Leni Riefenstahl. *B* Leni Riefenstahl, nach der Oper von Eugen d'Albert. *K* Albert Benitz. *M* Giuseppe Becce, Herbert Windt, unter Verwendung der Oper von d'Albert. *D* Leni Riefenstahl (Marta), Franz Eichberger (Pedro), Bernhard Minetti (Don Sebastian), Aribert Wäscher, Maria Koppenhöfer, Luis Rainer, Frieda Richard, Karl Skraup. *P* Leni Riefenstahl/Tobis. 92 Minuten. 1945/53.
Mit dem Fell eines Wolfs, den er mit bloßer Hand getötet hat, kommt der Hirt Pedro aus den Bergen ins Tiefland. Im Wirtshaus von Roccabruna sieht er die Bettelzänzerin Marta und verliebt sich in sie. Auch Marques Don Sebastian sieht Marta; er nimmt sie als seine Geliebte. Don Sebastian ist in der ganzen Gegend als Ausbeuter verhaßt. Gleichzeitig aber ist er bei dem Bürgermeister verschuldet und muß sich deshalb erpressen lassen, dessen Tochter Amelia zu heiraten. Um trotzdem Marta als Geliebte zur Hand zu haben, verheiratet er sie mit Pedro. Als Don Sebastian in der Nacht seiner Verlobung zu Marta kommt, wird er von Pedro getötet, auf genau die gleiche Weise, wie der Hirt den Wolf erlegt hat. Petro und Marta gehen zusammen in die Berge.

Das Projekt war schon in den frühen dreißiger Jahren drehreif. Kurz vor Beginn der Dreharbeiten in Spanien erkrankte die Riefenstahl. Dann mußte sie sich vaterländischen Pflichten widmen. 1940 nahm sie die Dreharbeiten in Spanien wieder auf, mußte aber bald kriegsbedingt nach Bayern und schließlich nach Prag überwechseln. Der Film wurde gegen Ende 1944 abgedreht, aber erst in den Nachkriegsjahren, nach langjährigem Kampf um das Negativ, fertiggestellt. Für die Hauptrolle bemühte Leni Riefenstahl sich nach eigener Aussage um Hilde Krahl und Brigitte Horney. Daß sie sich nach deren Absagen entschloß, die Rolle selbst zu spielen, gereicht dem Film nicht zum Vorteil: sie war inzwischen für die Rolle zu alt (40) und die kalte Bösartigkeit, die ihr physiognomisches Markenzeichen geworden war, paßt auch nicht zu der Partie.
»Der Film ist mediokrer, sadistisch, bombastisch und bewegt sich hart an den Grenzen des Lächerlichen« (Georges Sadoul: *Le Cinema pendant la guerre*).

**Titanic.** *R* Herbert Selpin. *B* Walter Zerlett-Olfenius, Harald Bratt. *K* Friedl Behn-Grund. *M* Werner Eisbrenner. *A* Fritz Maurischat, R. A. Dietrich, Fritz Lück. *D* Sybille Schmitz (Sigrid), Hans Nielsen (1. Offizier Petersen), E. F. Fürbringer (Sir Bruce Ismay), Kirsten Heiberg (Gloria), Monika Burg (Hedi), Karl Schönböck, Charlotte Thiele, Otto Wernicke, Franz Schafheitlin, Sepp Rist, Theodor Loos, Hans Leibelt. *P* Tobis. 85 Minuten. 1943.
Der Untergang der Titanic (1912) macht ein melodramatisches Problemen ihrer Passagiere ein Ende.
»*Titanic* ist wahrhaftig alles andere als eine Art von Widerstandsfilm, der ›den tragischen Untergang des Schiffes mit dem unausweichlichen Schicksal seines Landes unter der Naziherrschaft identifiziert‹. *Titanic* ist ganz einfach ein Anti-Englandfilm wie desselben Regisseurs *Carl Peters* und *Geheimakte WB 1* ... Die Art, wie *Titanic* die Oberen Zehntausend und die ›perfiden Albion‹ vorgeführt werden, ist von Anfang an die der verleumderisch primitivierten Karikatur ... *Titanic* gehört zu jener großen Zahl drittklassiger Filme, die zweitklassige Regisseure im dritten Reich zustande gebracht haben« (Reimar Hollmann, *Film*, 1965).

**Der tolle Bomberg.** *R* Georg Asagaroff. *B* Curt J. Braun, nach dem Roman von Josef Winckler. *K* Carl Drews. *M* P.J. Haslinde, Hans Erdmann. *D* Hans Adalbert Schlettow (Baron Giesbert von Bomberg), Liselott Schaak, Paul Heidemann, Adele Sandrock, Paul Henckels. *P* Deuton. 2533 Meter. 1932.
Die wilden Streiche des pensionierten westfälischen Ulanen-Rittmeisters Bomberg.
Remake: 1957, Regie Rolf Thiele, mit Hans Albers.

**Toxi.** *R* R.A. Stemmle. *B* Maria Osten-Sacken, R. A. Stemmle. *K* Igor Oberberg. *M* Michael Jary. *L* »Ich möcht so gern nach Hause gehn« von Michael Jary *(M)* und Bruno Balz *(T)*. *A* Herbert Kirchhoff, Albrecht Bekker, Erna Sander. *D* Toxi (Toxi), Paul Bildt (Großvater Rose), Johanna Hofer (Großmutter Hofer), Ingeborg Körner, Carola Höhn, Wilfried Seyferth, Elisabeth Flickenschildt, Ernst Waldow, Albert Florath, Al Hoosman. *P* Fono-Film. 88 Minuten. 1952.
Ein altes Ehepaar, Großvater und Großmutter Rose, nimmt sich eines fünfjährigen, farbigen Besatzungskindes an, und mit ihrem Charme besiegt Toxi allmählich auch die rassistisch-völkisch voreingenommenen Verwandten und Bekannten. Am Schluß »kommt Toxis richtiger Vater, ein großer brauner Tankstellenbesitzer, über den großen Teich, um sein Kind in die Arme zu nehmen« *(Illustrierte Film-Bühne* Nr. 1598, in dem die Titelheldin auch als »kleines Mulattenkind« bezeichnet wird).

**Der träumende Mund.** *R* Paul Czinner. *B* Paul Czinner, Carl Mayer, nach dem Bühnenstück *Melo* von Henri Bernstein. *K* Jules Krueger. *M* Ludwig van Beethoven, Richard Wagner. *D* Elisabeth Bergner (Elisabeth), Rudolf Forster (Peter), Anton Edthofer (Michael), Margarete Hruby, Jaro Fürth. *P* Pathé-Matador, Paris-Berlin. 2541 Meter. 1932.
Sensible junge Frau liebt ihren Mann und dessen besten Freund.
Remake: 1952, Regie Josef von Baky, mit Maria Schell, O. W. Fischer und Fritz van Dongen.

**Der Transport.** *R* Jürgen Roland. *B* Heinz O. Wuttig, Michael Mansfeld, Paul H. Rameau, nach dem Roman von Wolfgang Altendorf. *K* Ted Kornowicz. *A* Robert Stratil. *D* Hannes Messemer (Leutnant Bleck), Armin Dahlen (Feldwebel Steinlein), Peter Herzog (Unteroffizier Brix), Inge Langen, Eva Katharina Schultz, Helmo Kindermann. *P* Fono (Hermann Schwerin). 92 Minuten, 1961.
Der extrem unsoldatische Leutnant Bleck soll 40 Häftlinge einer Wehrmachtsstrafanstalt zum Fronteinsatz transportieren und bringt die Männer stattdessen in amerikanische Gefangenschaft.
»Die deutschen Soldaten waren manchmal auch menschlich. Das möchten wir gar nicht anzweifeln, aber es ist doch eigentümlich zu sehen, mit welcher Regelmäßigkeit diese ›Menschlichkeit‹ als Vorwand zu schlechten Filmen dient« *(Cahiers du Cinéma)*.

**Die Trapp-Familie.** *R* Wolfgang Liebeneiner. *B* Georg Hurdalek, nach den Lebenserinnerungen der Baronin Maria Trapp. *K* (Farbe) Werner Krien. *M* Franz Grothe. *A* Robert Herlth, Gottfried Will. *D* Ruth Leuwerik (Baronin Maria Trapp), Hans Holt (Baron Trapp), Maria Holst (Gräfin), Josef Meinrad (Dr. Wasner), Friedrich Domin, Hilde von Stolz, Michael Ande, Knut Mahlke, Ursula Wolff, Liesl Karlstadt. *P* Divina (Wolfgang Reinhardt). 105 Minuten. 1956.
Novizin Maria wird von ihrem Kloster auf Schloß Trapp geschickt, um dem verwitweten Baron Trapp zu helfen, mit seinen sieben Kindern fertig zu werden. Erst verlieben sich die Kinder in sie, dann der Baron: mit dem Segen ihrer Äbtissin wird sie Baronin Trapp. Sie singt mit den Kindern während der Salzburger Festspiele in einem Sängerwettstreit; die Trapp-Familie gewinnt den ersten Preis und macht nun als Gesangstruppe Karriere. Nach der deutschen Annektion Österreichs geht Baron Trapp, der die Nazis nicht mag, mit seiner Erfolgs-Familie nach Amerika.
Fortsetzung: *Die Trapp-Familie in Amerika*, 1958, gleiche Regie und Besetzung.

**Traumulus.** *R* Carl Froelich. *B* R.A. Stemmle und Erich Ebermayer nach dem Theaterstück von Arno Holz und Oskar Jerschke. *K* Reimar Kuntze. *M* Hansom Milde-Meißner. *A* Franz Schroedter. *D* Emil Jannings (Professor Niemeyer), Hilde Weißner (Jadwi-

241

ga), Harald Paulsen (Fritz), Paul W. Krüger (Pedell Schimke), Hannes Stelzer (von Zedlitz), Hans Richter (von Mettke), Hilde von Stolz (Lydia Link). P Carl Froelich-Film/Tobis. 2286 Meter. 1936.
Der idealistische und weltfremde Direktor des Gymnasiums einer Kleinstadt Professor Niemeyer, ohnehin geschlagen mit einer koketten, vergnügungssüchtigen Frau und seinem leichtsinnigen Sohn, muß sich vorwerfen lassen, seine Schüler mit allzu großer Nachsicht zu behandeln. Seine Schüler nennen ihn »Traumulus«, denn Niemeyer lebt in einer Welt des Humanismus und Heldentums und hat den Bezug zur Wirklichkeit verloren. Als er eines Tages von den nächtlichen Eskapaden seines Lieblingsschülers Zedtlitz mit einer Schauspielerin erfährt, stößt er ihn enttäuscht von sich. Erst an der Bahre des Schülers, der Selbstmord begangen hat, kommt Niemeyer zu der Erkenntnis: »Mir ist recht geschehen. Warum war ich so blind!«
Der Film endet mit dem Ausblick auf eine ideale neue Jugend mit anderen moralischen Begriffen. Der Film erhielt das Prädikat »staatspolitisch und künstlerisch besonders wertvoll«. Emil Jannings bekam für seine Rolle 1936 den Nationalpreis.

**Trenck, der Pandur.** R Herbert Selpin. B Wolfgang Zerlett-Olfenius. K Franz Koch. M Franz Doelle. A Fritz Maurischat, Fritz Lück. D Hans Albers (Der junge Trenk / Der alte Trenck / Der preußische Trenck), Käthe Dorsch (Maria Theresia), Sybille Schmitz (Prinzessin Deinartstein), Hilde Weissner, Elisabeth Flickenschildt, Hans Nielsen, Oskar Sima, Herbert Hübner, Hubert von Meyerinck. P Tobis. 2637 Meter. 1940.
Im österreichisch-französischen Krieg von 1748 kämpft Baron von der Trenck mit einem von ihm selbst aufgestellten Panduren-Regiment für Maria Theresia. Er verscherzt sich die Gunst der Kaiserin, als er die Prinzessin Deinartstein, die aus Gründen der Staatsraison den russischen Fürsten Solojew heiraten soll, als Kornett getarnt in seiner Einheit verschwinden läßt. Da er Solojew als Spion entlarven kann und den Franzosen einen tollen Streich spielt, verzeiht Maria Theresia ihm alles. Trenck heiratet die Prinzessin.
Albers zum erstenmal in einer Kostümrolle.

**Truxa.** R Hans H. Zerlett. B Hans H. Zerlett, nach dem Roman *Programm mit Truxa* von Heinrich Seiler. K Friedl Behn-Grund. M Leo Leux. L »Unter den Pinien von Argentinien« von Leo Leux (M) und Hans H. Zerlett (T); »Dummes kleines Ding«, von Matthias Perl (M) und Hans H. Zerlett (T). A Franz Schroedter. CH Sabine Ress. D La Jana (Yester), Hannes Stelzer (Husen), E.F. Fürbringer (Garvin), Mady Rahl, Rudi Godden, Peter Elsholtz, Hans Söhnker, Rudolf Klein-Rogge. P Tobis-Magna (Helmut Schreiber). 97 Minuten. 1937.
Der Illusionist Garvin und der Hochseilartist Husen lieben die Tänzerin Yester. Da Yester sich für Husen entscheidet, versucht Garvin, den Rivalen tödlich verunglücken zu lassen. Durch das Eingreifen eines anderen Artisten findet er selbst den Tod.
»Die Tänze der La Jana, vorzugsweise auf Trommeln – da bleibt nicht viel Platz für komplizierte Schritte –, sind insofern gewagt, als sie nie eindeutig sich für Isidora Duncan oder Eurythmie entscheiden« (Karsten Witte u. a.: *Wir tanzen um die Welt*).

**Der Tunnel.** R Kurt Bernhardt. B Kurt Bernhardt, Reinhart Steinbicker, nach dem Roman von Bernhard Kellermann. K Carl Hoffmann, Karl Attenberger. M Walter Gronostay. A Karl Vollbrecht, Max Seefelder. D Paul Hartmann (Mac Allan), Gustaf Gründgens (Woolf), Olly von Flint (Mary Allan), Attila Hörbiger (Hobby), Otto Wernicke, Max Schreck, Ferdinand Marian, Will Dohm, Beppo Brem. P Vandor-Film/Bavaria (Ernst Garden). 2228 Meter. 1933.
Mit Hilfe eines amerikanischen Finanzkonsortiums und eines ganzen Heeres von Arbeitern realisiert der Ingenieur Mac Allan sein Projekt eines submarinen Tunnels, der Europa und Amerika verbindet. Der Finanzmann Woolf versucht wiederholt, den Fortgang der Arbeit aus Spekulationsgründen zu sabotieren. Eine von ihm arrangierte Minen-Explosion führt zu einer Katastrophe, die 200 Arbeitern das Leben kostet. Woolf erschießt sich, um der Verhaftung zu entgehen. Mac Allan führt sein Werk zu Ende.

Der 1913 erschienene Roman von Bernhard Kellermann ist ein Klassiker der deutschen Science-Fiction-Literatur. Das Vergnügen, das der Film dank seiner ausstatterischen, inszenatorischen und darstellerischen Leistungen bereiten könnte, wird erheblich geschmälert durch die brutale Großmäuligkeit, mit der dem Zuschauer das Prinzip eingehämmert wird, das große Anliegen sei alles, der Mensch nichts. »Solch rigoros inhumane Werkethik, die alles aufs Produkt und nichts auf Produzenten und Prozeß gibt, hat für Hunderte von toten Arbeitern und die dauernd ignorierten Glücksansprüche von Allans Frau für Krokodilstränen übrig, hat sie als tragische Unausweichlichkeit immer schon sanktioniert: ›Jede Arbeit ist ein Kampf, und in jedem Kampf gibt es Tote, in den Bergwerken, auf dem Meer, in den Maschinenhallen der Städte!‹« (Kraft Wetzel, Peter A. Hagemann: *Liebe, Tod und Technik*). Eine französische Fassung, *Le Tunnel*, drehte Bernhardt mit Jean Gabin und Madeleine Renaud als Ehepaar Mac Allan; Gründgens spielt auch in dieser Fassung den Spekulanten Woolf. Englisches Remake: 1935 *The Tunnel*, Regie Maurice Elvey, mit Richard Dix, Leslie Banks.

**U-Boote westwärts!** R Günther Rittau. B Georg Zoch. K Igor Oberberg. M Harald Böhmelt. L »Irgendwo in weiter Ferne« und »Warte, mein Mädel, dort in der Heimat« von Harald Böhmelt (M), Bruno Balz (T). A Hans Sohnle, Wilhelm Vorweg, Gertrude Steckler. D Ilse Werner (Irene Winterfeld), Herbert Wilk (Kapitänleutnant Hoffmeister), Heinz Engelmann (Oberleutnant zur See Wiegandt), Joachim Brennecke (Leutnant zur See von Benedekt), E. W. Borchert, Josef Sieber, Carsta Löck, Karl John, Clemens Hasse, Willi Rose, Hans Hessling. P Ufa (Ulrich Mohrbutter) »mit Unterstützung des Oberkommandos der Kriegsmarine und unter Mitwirkung des Befehlshabers der Unterseeboote, von Offizieren, Unteroffizieren und Mannschaften der U-Bootwaffe«. 2748 Meter. 1941.
Feindfahrt eines U-Boots im 2. Weltkrieg.
Mit dem von Hitler so geschätzten *Morgenrot* (1933) war bereits ein so perfekt gearbeiteter Prototyp des propagandistischen U-Boot-Films gelungen, daß sich die späteren Werke des Genres mit Modernisierungen und Variationen begnügen konnten. Die Verbundenheit zwischen Heimatfront und U-Boot-Front, die schon in *Morgenrot* eine wichtige Rolle spielt, wird durch die modernen Kommunikationsmittel erleichtert. So kann der Kommandant auf hoher See die Ferntrauung eines Obergefreiten vornehmen, dessen Braut zur gleichen Zeit in der Heimat vor den Standesbeamten tritt; im Wunschkonzert des Großdeutschen Rundfunks erfährt er dann bald darauf, daß er Vater von Zwillingen geworden ist. Ebenfalls im Wunschkonzert singt Irene Winterfeld »Irgendwo in weiter Ferne fährt mein Liebster übers Meer« und Oberleutnant Wiegandt weiß, daß *er* gemeint ist. Aus *Morgenrot* stammt auch die Idee, daß ein scheinbar harmloser, neutraler Frachter (hier angeblich mit Nähmaschinen beladen) sich als ein mit Kriegsmaterial beladenes Feindschiff herausstellt und ein plötzlich auftauchendes englisches Kriegsschiff das U-Boot zu einem gefährlichen schnellen Tauchmanöver zwingt. In *U-Boote westwärts!* ist diese Idee wirkungsvoll weiterentwickelt: an Bord des Frachters befindet sich ein Prisenkommando des U-Bootes; es kann nicht mehr zurück und wird von dem Kriegsschiff gefangengenommen – das sich der U-Boot-Kommandant zu torpedieren genötigt sieht. Das einzige mit *Morgenrot* kreierte und dann in vielen U-Boot-Filmen bewährte Klischee, das in *U-Boote westwärts!* ausgelassen wird, ist die nach Opfertod schreiende Situation des auf Grund gesunkenen U-Bootes, das weniger Tauchretter als Besatzung an Bord hat. Vielleicht kommt es in diesem Film nicht vor, weil es der Hauptinhalt eines italienischen U-Boot-Filmes war, der damals auch in deutschen Kinos lief. Der Regisseur von *U-Boote westwärts!*, Günther Rittau, war als Kameramann an einigen der berühmtesten deutschen Filmen der zwanziger und dreißiger Jahre beteiligt (*Nibelungen*, *Metropolis*, *Blauer Engel*, viele andere); für den Marinestoff hatte er sich mit seinem Regiedebüt *Brand im Ozean* qualifiziert.

**Über alles in der Welt.** R Karl Ritter. B Felix Lützkendorf, Karl Ritter. K Werner Krien. M Herbert Windt. D Carl Raddatz, Hannes Stelzer, Berta Drews, Marina von Ditmar, Fritz Kampers, Oskar Sima, Carsta Löck, Georg Thomalla, Paul Hartmann. P Ufa. 2327 Meter. 1941.
September 1941. Der Film zeigt die militärische Übermacht der Deutschen und die unbändige Freude, mit der die Soldaten in den Krieg ziehen. Der Schluß des Films dokumentiert den unaufhaltsamen Nazi-Vormarsch in Europa.
Karl Ritter ist neben Hans Steinhoff und Veit Harlan der dritte im Bunde der großen Regisseure des Nazifilms. Er war ehemaliger Offizier und später Maler. 1925 kam er über den Vertrieb und die Produktion ins Film. 1933 produzierte er Steinhoffs *Hitlerjunge Quex*. Er war ein überzeugter Nazi und drehte die perfidesten Propaganda- und Hetzfilme im Dritten Reich, die besonders gut gemacht und deshalb so gefährlich waren. Abgesehen davon, daß ihm immer alle erdenklichen materiellen Mittel zur Verfügung standen, hatte er auch ein besonderes Feeling für realistische Detail, womit er es verstand, Atmosphäre zu schaffen. Seine Filme waren bekannt für die Schwarz-Weiß-Malerei des jungen strahlenden deutschen Menschen und der Bestie Ausländer. – In *Über alles in der Welt* ziehen die deutschen Soldaten singend und festen Trittes in den Krieg, lachend starten die Piloten ihre Stukas und Bombengeschwader, während auf der Feindseite schlimme Sachen passieren, wie daß ein englischer Flieger ein deutsches Rettungsboot beschießt. Ritter hatte hier eine Gelegenheit, mehr seiner Vorliebe für die Luftwaffe zu frönen. *Über alles in der Welt* ist ein einziges brutales und wildes Siegesgeheul.

**Und du, mein Schatz fährst mit.** R Georg Jacoby. B B.E. Lüthge, Philip Lothar Mayring. K Herbert Körner. M Franz Doelle. A Hermann Asmus, Franz Koehn. D Marika Rökk (Maria), Hans Söhnker (Heinz Fritsch), Alfred Abel (William Liners), Paul Hoffmann (Fred Liners), Leopoldine Konstantin (Donna Juana), Oskar Sima (Regisseur), Genia Nikolajea (Revuestar), Ernst Waldow (Erwin Rückel). P Ufa. 2644 Meter. 1936.
Auf der Überfahrt nach Amerika, wo die Tänzerin Maria an einem Broadway-Theater engagiert ist, lernt sie Heinz Fritsch kennen, der sie auch in New York nicht aus den Augen läßt. Trotz mancherlei Intrigen kommt es zur ersten erfolgreichen Premiere Marias. Doch ihre Liebe zu Fritsch ist stärker als die zum Beruf und so folgt sie ihm zurück nach Deutschland.

»Das ist nicht die herkömmliche Geschichte einer Karriere, sondern die Geschichte einer Familie, einer aufregenden Erbschaftsangelegenheit und der Triumph einer Liebe« (UFA-KATALOG 1936/37).

**Und finden dereinst wir uns wieder.** *R* Hans Müller. *B* Ernst Hesselbach nach der Novelle von Hertha von Gebhardt. *K* Klaus von Rautenfeld. *M* Michael Jary. *A* Gerhard Ladner. *D* Lutz Moik (Wolfgang), Hans Neie (Manfred), Paul Dahlke (Bockeldahl), Helmut Heyne (Hoefert), Kurt Langanke (Paulke), Käthe Haack, Willi Rose, Kaspar Brüninghaus. *P* Studio 45 – Film, Berlin. 2491 Meter. 1947.

Gegen Kriegsende versuchen fünf Berliner Jungen, seit drei Jahren mit ihrer Klasse in der Eifel evakuiert, auf eigene Faust in die Heimat zu gelangen, um mit dem Volkssturm Berlin gegen die Russen zu verteidigen.

»Du bewahrst mir dein Herz, und finden dereinst wir uns wieder / über den Trümmern der Welt, so sind wir erneuerte Geschöpfe / Umgebildet und frei und unabhängig vom Schicksal« (Goethe: *Hermann und Dorothea*).

»Der Regisseur hat eine erstaunliche Sensibilität im Umgang mit den jungen Darstellern, ist Müllers Film mit seinen sich natürlich gebenden Darstellern schon bemerkenswert... Klaus von Rautenfelds Kamera hat alle Qualitäten der Fotografie in deutschen Filmen aus den dreißiger und vierziger Jahren: Sinn für Lichtgebung und Lichteinfall, Sinn für das Vorstellen von Gebäuden« (Ulrich Kurowski, *Kirche und Film*, 1973).

**... und führe uns nicht in Versuchung.** *R* Rolf Hansen. *B* Franz Höllering, nach dem Bühnenstück *Der jüngste Tag* von Ödön von Horvath. *K* Franz Weihmayr. *A* Robert Herlth, Kurt Herlth, Manon Hahn. *D* Hans Albers (Anna), Heidemarie Hatheyer (Frau Hudetz), Gerhard Riedmann (Hudetz), Rudolf Forster, Annie Rosar, Willy Rösner, Hugo Gottschlich. *P* CCC (Artur Brauner). 1957.

Bahnhofsvorstand Hudetz hat eine schwerkranke und krankhaft eifersüchtige Frau. Durch eine Fahrlässigkeit, bedingt durch sein Verhältnis mit dem Mädchen Anna, verschuldet er ein Zugunglück mit vielen Toten. Vor Gericht kommt er durch einen Meineid Annas frei. Aber nach dem Tod der Frau stellt er sich der Justiz, obwohl diese in einem hinterlassenen Schreiben ihre ursprüngliche, ihn belastende Aussage zurückgenommen hat.

Das Verdienst Hansens, Horvath schon vor der Konjunktur dieses Autors für den Film entdeckt zu haben, wird erheblich geschmälert durch die glatte Melodram-Manier, in der er ihn ausbeutet.

**Und über uns der Himmel.** *R* Josef von Baky. *B* Gerhard Grindel. *K* Werner Krien. *M* Theo Mackeben. *A* Erich Hasler, Werner Kutz. *D* Hans Albers (Hans Richter), Edith (Lotte Koch), Paul Edwin Roth, Annemarie Haase, Heidi Scharf, Ralph Lothar, Otto Gebühr, Elsa Wagner, Erich Dunskus. *P* Objektiv-Film. 104 Minuten. 1947.

Der Kriegsheimkehrer Hans Richter findet nur noch Trümmerreste seiner Wohnung vor und Edith, die Witwe eines Studienrates mit ihrem Kind. Durch seinen Freund Fritz gerät er schnell in die Schieberkreise. Als Sohn, durch eine Kriegsverletzung blind geworden, die Schiebergeschäfte seines Vaters ablehnt, wird Hans das erste Mal nachdenklich, denn auch Edith wendet ihm den Rücken. Als wieder einmal ein großes Schiebergeschäft in Aussicht steht, lehnt Hans ab, denn es hat sich endgültig eine Wandlung in ihm vollzogen. Das Beispiel seines Sohnes, der als Kranführer arbeitet, hat ihn geläutert.

»Das gestalterische Prinzip heißt nicht Dokumentation, sondern tendenziöse Konstruktion von Geschehen, in das dokumentarische Einzelheiten einmontiert werden, um Aktualität und Wahrhaftigkeit vorzuspiegeln. Das primäre Ziel, im Zuschauer Lebensmut und Wiederaufbauwillen hervorzurufen, zeigt sich in zahlreichen Details des Geschehens, in den Dialogen und besonders in der Zeichnung der Hauptfigur« (Peter Pleyer, *Deutscher Nachkriegsfilm 1946–1948*).

**Der unendliche Weg.** *R* Hans Schweikart. *B* Walter von Molo, Ernst von Salomon, nach dem Roman *Ein Deutscher ohne Deutschland* von Walter von Molo. *K* Franz Koch. *M* Oskar Wagner. *D* Eugen Klöpfer (Friedrich List), Eva Immermann, Hedwig Wangel, Alice Treff, Friedrich Domin, E.F. Fürbringer, Gustav Waldau. *P* Bavaria. 2715 Meter. 1943.

Erste Hälfte des 19. Jahrhunderts. Biographie des deutschen Nationalökonomen Friedrich List, Pionier der wirtschaftlichen und politischen Einheit Deutschlands.

»Dieser zu Unrecht fast vergessene Film, einer der ideologisch signifikantesten des Nazi-Films, feiert Friedrich List, der im 19. Jahrhundert ein Pionier des deutschen Freihandels war. So wie er hier dargestellt wird, ist er sich der politischen Bedeutung des Zollvereins durchaus bewußt, weshalb sich dann auch die Gegner des deutschen Nationalismus gegen ihn verbünden – an ihrer Spitze Metternich, der in den Filmen des Dritten Reichs stets in einem negativen Licht erscheint. In einem Filmschaffen, in dem die paranoiden Darstellungen der Heimsuchungen von verfolgten nationalen ›Radikalen‹ eine so große Rolle spielt, ist List eine Klasse für sich« (Julian Petley, NFT). Der Film erfreute sich des Prädikats »Staatspolitisch und künstlerisch besonders wertvoll«.

**Unheimliche Geschichten.** *R* Richard Oswald. *B* Heinz Goldberg, Eugen Szatmari, nach den Erzählungen *The Black Cat* und *The System of Doctor Tarr and Professor Feather* von Edgar Allan Poe und *The Suicide Club* von Robert Louis Stevenson. *K* Heinrich Gärtner. *M* Rolf Marbot, Bert Reisfeld. *D* Paul Wegener (Der Mörder), Harald Paulsen (Frank Briggs), Roma Bahn, Mary Parker, Paul Henckels, Eugen Klöpfer, John Gottowt, Maria Koppenhöfer, Blandine Ebinger, Gerhard Bienert, Viktor de Kowa, Erwin Kalser, Ilse Fürstenberg. *P* Roto (Gabriel Pascal). 89 Minuten. 1932.

In seinem Heim in entlegener englischer Landschaft geht ein verrückter Erfinder seinen Experimenten nach. Dabei kommt ihm seine schwarze Hauskatze in die Quere; als seine Frau das Tier vor seiner Wut retten will, erschlägt er sie. Der Reporter Frank Briggs, der sich in der Gegend herumtreibt, hört die Todesschreie und alarmiert die Polizei. Die Polizisten finden die tote Frau und die verrückt gewordene Katze. Der Mörder kann entfliehen und findet Zuflucht in einem Wachsfigurenkabinett. Der Reporter spürt ihn dort auf und wird von dem Mörder um ein Haar guillotiniert. Der Mörder fingiert Wahnsinn und läßt sich in die Irrenanstalt einliefern. Frank Briggs folgt ihm auch dorthin; er muß bald feststellen, daß die Verrückten die Herrschaft über die Anstalt an sich gerissen haben. Wieder kommt Briggs nur mühsam mit dem Leben davon. Einige Zeit später bekommt er eine Einladung in den neugegründeten Selbstmörder-Klub; er folgt der Einladung und sieht sich wieder in den Händen des Mörders, der ihn als »freiwilligen« Selbstmord-Kandidaten begrüßt. Briggs kann entkommen und holt die Polizei herbei. Das Ebenbild des Mörders ist bald darauf im Wachsfigurenkabinett zu besichtigen.

Markiert Fritz Langs *Testament des Dr. Mabuse* von 1933 auf seriöse Manier das Ende der »dämonischen Leinwand«, des phantastischen deutschen Films der zehner und zwanziger Jahre, so beschließt *Unheimliche Geschichten*, eine Horror-Komödie, die sich witzig und virtuos und völlig hemmungslos in ihren Verrücktheiten badet, diese glorreiche Epoche als Satyrspiel. »Zweifellos ein Klassiker seines Genres; die unterhaltsamste und subversivste deutsche Horror-Komödie seit Paul Lenis Wachsfigurenkabinett« (Tony Rayns, *MFB*). *Unheimliche Geschichten* ist das Remake eines gleichnamigen Films, den Richard Oswald 1919 gedreht hat, und nebenbei auch das Tonfilmdebüt von Paul Wegener.

**Unruhige Nacht.** *R* Falk Harnack. *B* Horst Budjuhn, Albrecht Goes nach der Novelle von Goes. *K* Friedl Behn-Grund. *M* Hans-Martin Majewski. *A* Franz Bi, Bruno Monden. *D* Bernhard Wicki (Kriegspfarrer), Ulla Jacobsson (Melanie), Hansjörg Felmy (Baranowski), Ann Savo, Werner Hinz, Eric Schumann, Werner Peters. *P* Carlton-Film, München (Günther Stapenhorst), Filmaufbau, Göttingen (Hans Abich), Realfilm, Hamburg (Walter Koppel, Gyula Trebitsch). 101 Minuten. 1958.

Der Kriegspfarrer, der angefordert wurde, um dem Obergefreiten Baranowski, der wegen Fahnenflucht zum Tode verurteilt ist, letzten Beistand zu leisten, nimmt Quartier im Wehrmachtsheim. Hier lernt er den Oberleutnant Ernst kennen, der im Zivilberuf Pfarrer, nun aber als Führer des Erschießungskommandos abkommandiert ist. Er vermag nicht, ihm ein gutes Gewissen zu geben. Es wird eine unruhige Nacht für den Kriegspfarrer, denn sein Zimmer überläßt er Hauptmann von Arnim, der einen Marschbefehl nach Stalingrad erhalten hat und die letzten Stunden, die ihm noch bleiben, mit seiner Freundin Melanie verbringen möchte, denn Stalingrad bedeutet den sicheren Tod. Der Kriegspfarrer liest Baranowskis Geschichte, der aus Liebe zu seinem Mädchen fahnenflüchtig wurde. Er verbringt die letzten Stunden mit dem Delinquenten. Nachdem die Schüsse gefallen sind, sagt der Kriegsgerichtsrat zum Pfarrer: »Tadellos hingekriegt haben Sie das. Meine Hochachtung.«

»Der Prolog des Films greift tendenziös in die Diskussion über die evangelische Bundeswehr-Seelsorge ein; seine Stellungnahme ist negativ« (6000 Filme).

**Unser täglich Brot.** *R* Slatan Dudow. *B* Hans Joachim Beyer, Ludwig Turek. *K* Robert Baberske. *M* Hanns Eisler. *A* Wilhelm Vorwerg, Alfred Schulz. *D* Paul Bildt (Karl Webers), Viktoria von Ballasko (Martha, Webers zweite Frau), Inge Landgut (Inge), Harry Hindemith (Ernst), Paul Edwin Roth (Harry), Siegmar Schneider, Ina Halley, Alfred Balthoff, Irene Korb, Angelika Hurwicz, Walter Gross. *P* Defa/DDR. 104 Minuten. 1949.

In der Behausung des ehemaligen Buchhalters Karl Webers und seiner zweiten Frau Martha sind nach dem Krieg verschiedene Familienmitglieder untergeschlüpft. Jeder kämpft auf seine Weise um das tägliche Brot: Tochter Inge findet Arbeit in der Fabrik, die Nichte, einst Ami-Liebchen, wird Prostituierte, Sohn Harry verdingt sich als Schieber auf dem Schwarzmarkt und der älteste Sohn Ernst, der die enteignete Fabrik, in der Webers einst arbeitete, auf genossenschaftlicher Basis wieder auf die Beine zu bringen versucht und sich deshalb mit Vater Webers überwirft, weil der von Sozialismus und diesem neumodischen Kram nun mal nichts hält, obwohl im Ernst in einer Auseinandersetzung klar zu machen versucht, daß es noch gar nicht um den Sozialismus geht, sondern um eine gesunde Wirtschaft, deren Führung die Arbeiterklasse übernehmen sollte. Erst als Webers von einem Ingenieur »aus seinen Kreisen« erfährt, daß der auch in der Fabrik unter den neuen Umständen

243

arbeitet, beginnt Webers nachzudenken. Als es der unglückliche Zufall auch noch will, daß ihn sein inzwischen völlig heruntergekommener Sohn Harry bei Nacht und Nebel überfällt, bricht er mit seinen alten Vorstellungen, sucht sich eine Stelle in jener Fabrik und entscheidet sich für die neue Zeit.
Die bunt zusammengewürfelte Familie, die unter einem Dach bei Webers Unterschlupf gefunden haben, ist das Spiegelbild der deutschen Nachkriegsgesellschaft, in der die ältere Generation der Entwicklung einer sozialistischen Gesellschaftsordnung meist ablehnend oder zumindest sehr skeptisch gegenüberstand, während die Jüngeren sich entweder aufs reine Geldverdienen verlegten oder tatsächlich am Aufbau des Sozialismus aktiv mitmachten. Die Wandlung des Helden war dazu angetan, auch die Angehörigen des Bürgertums für den Aufbau des Sozialismus zu erwärmen. – »In der Schlußsequenz verlassen, von der Belegschaft beklatscht, die ersten selbstgebauten Traktoren die Fabrik; auf einem Transparent steht ›Mehr Traktoren – mehr Brot‹. Man erinnert sich dabei des Schlusses von Eisensteins ›Generallinie‹, in manchen, vor allem den dokumentarischen Sequenzen aus Berlin wird die alte Handschrift des Regisseurs von *Kuhle Wampe* wieder deutlich, unterstützt durch die charakteristische Musik von Hanns Eisler« (Heinz Kersten, u. a., *Film in der DDR*).

**Ein Unsichtbarer geht durch die Stadt.** *R* Harry Piel. *B* Hans Rameau. *K* Ewald Daub. *A* Willi A. Hermann. *M* Fritz Wenneis. *D* Harry Piel (Harry), Fritz Odemar (Fritz), Lissy Arna (Lissy), Annemarie Sörensen, Olga Limburg. *P* Ariel-Film. 2850 Meter. 1933. Alternativer Titel *Mein ist die Welt*.
Der Taxifahrer Harry findet in seinem Wagen ein von einem Fahrgast zurückgelassenes Gerät, mit dem man sich, wie Harry herausbekommt, unsichtbar machen kann. Mit Hilfe des Gerätes steigt Harry in die große Welt auf und erlebt die tollsten Geschichten. Dann wacht er auf und merkt, daß alles nur geträumt war.
»Harry und seine Geschichten sind zu flach, um tief zu schürfen. Um überhaupt Dimension zu gewinnen, brauchen sie Tempo, Action – und in die stürzt sich Harry im letzten Filmteil mit spürbarer Erleichterung« (Kraft Wetzel/Peter A. Hagemann: *Liebe, Tod und Technik*).

**Unsterbliche Geliebte.** *R* Veit Harlan. *B* Harlan nach der Novelle *Aquis submersus* von Theodor Storm. *K* Werner Krien. *M* Wolfgang Zeller. *A* Walter Haag. *D* Kristina Söderbaum (Katharina von Hollstein), Hans Holt (Johannes S.), Hermann Schomberg (Pfarrer Georg Bonnix), Alexander Golling (Wulf von Hollstein), Franz Schafheitlin, Otto Gebühr, Hedwig Wangel, Jakob Tiedtke. *P* Hans Domnick. 108 Minuten. 1950.
Der Film erzählt die Geschichte der Liebe zwischen Katharina von Hollstein und dem Maler Johannes. Zunächst trennt sie der brutale und besitzgierige Bruder Katharinas und schießt Johannes nieder. Katharina glaubt ihren Geliebten tot und als sie ein Kind von ihm zur Welt bringt, heiratet sie einen Pfarrer. Ihrer beider Sohn ertrinkt, als sie sich nach langen Jahren wiedersehen und das Kind unbeaufsichtigt ist. Johannes geht, aber nach langen Jahren harter Prüfung finden sie doch noch zusammen.
Ein schwermütiger und schwülstiger Film, Harlans erste Regiearbeit nach dem Krieg. Er sollte recht behalten, als er vor dem Hamburger Schwurgericht 1949 sagte: »Die Welt ist rund. Eines Tages wird meine Frau wieder auf der Leinwand zu sehen sein und ich neben der Kamera!« –

**Das unsterbliche Herz.** *R* Veit Harlan. *B* Werner Eplinius, Veit Harlan nach dem Bühnenstück *Das Nürnbergisch Ei* von Walter Harlan. *K* Bruno Mondi. *ML* Alois Melichar. *A* Hermann Warm, Johannes Massias. *D* Heinrich George (Peter Henlein), Kristina Söderbaum (Ev), Auguste Prasch-Grevenberg (Barbara Henlein), Paul Henckels (Güldenbeck), Paul Wegener (Dr. Schedel), Michael Bohnen (Martin Behaim), Raimund Schelcher, Franz Schafheitlin, Eduard von Winterstein. *P* Tobis. 107 Minuten. 1939.
Die Schilderung des aufopferungsvollen Lebens des Peter Henlein zu Nürnberg, der im 16. Jahrhundert die Taschenuhr erfindet und sein Lebenswerk mit dem Tode bezahlt.

**Der unsterbliche Lump.** *R* Gustav Ucicky. *B* Robert Liebmann, Karl Hartl, nach der Operette von Felix Doermann (Libretto) und Edmund Eysler (*M*). *K* Carl Hoffmann. *M* Edmund Eysler. *ML* Ralph Benatzky. *A* Robert Herlth, Walter Röhrig, Alexander Arnstam. *D* Gustav Fröhlich (Hans Ritter), Liane Haid (Annerl Reisleitner), Attila Hörbiger, Paul Hörbiger, Carl Gerhardt, Hans Adalbert von Schlettow, Paul Henckels, Oskar Sima, Weiss Ferdl. *P* Ufa (Joe May, Günther Stapenhorst). 2644 Meter. 1930.
Der Dorfschullehrer und Komponist Hans Ritter verliert seine Geliebte, Annerl, an einen reichen Bauern und wird aus Kummer zum Vagabunden. Nach Jahren kehrt der Totgeglaubte, dessen Opern inzwischen zu Ruhm gelangt sind, in die Heimat zurück. Dort wird gerade ein Denkmal zu seinen Ehren eingeweiht. Annerl ist bereits verwitwet; Glück und Wohlstand steht nichts mehr im Wege.
Ein Remake drehte Arthur Maria Rabenalt 1953 mit Karlheinz Böhm in der Titelrolle.

**Unter den tausend Laternen.** *R* Erich Engel. *B* R.A. Stemmle, Erich Engel. *K* Ekkehard Kyrath. *M* Michael Jary. *A* Herbert Kirchhoff, Albrecht Becker, Erna Sander. *D* Michel Auclair (Michel Dumas), Hanna Rucker (Elisa), Gisela Trowe (Betty), Inge Meysel, René Deltgen, Ernst Schröder, Carl-Heinz Schroth, Joseph Offenbach. *P* Real-Film (Walter Koppel). 94 Minuten. 1952. Alternativer Titel *Die Stimme des anderen*.
Ein Komponist stirbt unter rätselhaften Umständen. Ein Mädchen, das ihn widerstrebend liebte, und ein Arrangeur, der der wahre Autor der Kompositionen des Toten ist, geraten unter Mordverdacht. Die Kriminalpolizei klärt den Fall.

**Urlaub auf Ehrenwort.** *R* Karl Ritter. *B* Felix Lützkendorf, Kilian Koll, Walter Bloem, Charles Klein. *K* Günther Anders. *M* Ernst Erich Buder. *L* »Die Liebe ist das Element des Lebens« von Franz Baumann (*T*), Ernst Erich Buder (*M*). *A* Walter Röhrig. *D* Rolf Moebius (Leutnant Prätorius), Inge (Ingeborg Theek), Fritz Kampers (Gefreiter Hartmann), Carl Raddatz (Dr. Jens Kirchhoff), Berta Drews, René Deltgen, Jakob Sinn, Käthe Haack, Evi Eva, Elisabeth Wendt. *P* Ufa (Karl Ritter). 2402 Meter. 1937.
Herbst 1918. Eine 70 Mann starke Ersatzmannschaft hat sechs Stunden Aufenthalt in Berlin. Auf Drängen der Soldaten gibt der führende Leutnant gegen den Befehl seines Vorgesetzten seinen Männern sechs Stunden Urlaub auf Ehrenwort. Die Gefahr der Desertation ist groß. Doch jeder Mann kommt zurück.

Der Film ist eine einzige Hommage an die ausgezeichnete Kampfmoral und unerschütterliche Pflichterfüllung des deutschen Soldaten. Ob sie was aus Ritters Film gelernt hatten, konnten die betreffenden Jahrgänge ein Jahr später beweisen. Durch die differenzierte Darstellung der Charaktere kann jeder Zuschauer sich mit irgendeiner Person im Film identifizieren. »Der Jüngste der Urlauber lernt inzwischen das ›Ariston Hotel Aurora‹ sprich dessen freundliches Personal kennen. Ein Mädchen beklagt sich: ›Ich fühle mich so einsam! Männer sind rar! Nichts als Frauen!‹ Eine attraktive Brünette nimmt nach der Vorführung eines spanischen Tanzes die unschuldigen Jungen mit auf ihr Zimmer. In diesen Momentaufnahmen ist Ritter dem großen Pabst der Stummfilme *Die freudlose Gasse* und *Lulu* mit ihrem brutalen Realismus ebenbürtig« (Francis Courtade/Pierre Cadars, *Geschichte des Films im Dritten Reich*).
Remake: 1955, Regie Wolfgang Liebeneiner, mit Claus Biederstaedt, Eva-Ingeborg Scholz, Paul Esser. Dieses Remake, entstanden in der Zeit der bundesrepublikanischen Wiederaufrüstung, ist eine Glanzleistung des allzeit gefälligen Liebeneiner, der nur drei Jahre zuvor Borcherts *Draußen vor der Tür* verfilmt hatte. »O wie einer nur lächeln kann, und immer nur lächeln, und trotzdem ein ausgemachter Schurke sein« (Shakespeare: *Hamlet*).

**Vater unser bestes Stück.** *R* Günther Lüders. *B* Eberhard Keindorff, Johanna Sibelius, nach dem Roman von Hans Nicklisch. *K* Bruno Stephan. *M* Ulrich Sommerlatte. *A* Franz Bi, Bruno Monden. *D* Ewald Balser (Wilhelm Keller), Adelheid Seeck (Friedel), Piet Clausen (Andreas), Christian Doermer (Friedrich), Heidi Brühl (Bixi), Roland Kaiser (Thomas). *P* Bavaria (Toni Schelkopf). 93 Minuten.
Pädagogik-Professor Wilhelm Keller wird mit allen Problemen seiner vier Kinder und deren Mutter fertig.

**Das Veilchen vom Potsdamer Platz.** *R* J.A. Hübler-Kahla. *B* B.E. Lüthge, Helene von Fortenbach, Otto Ernst Hesse. *K* Georg Muschner, Paul Rischke. *M* Jim Cowler. *L* *Heut' hab' ich Geld* von Wolfgang Böttcher (*T*), *Veilchen, kleine blaue Veilchen* von Werner Brink (*T*). *A* Gustav Knauer, Alex Mügge. *D* P.W. Krüger (Vater Pietsch), Else Elster (Rosa), Rotraut Richter (Mariechen), Hans Richter (Fritz), Margarethe Kupfer, Fritz Kampers, Anton Pointner, Hermann Schomberg, Paul Westermeier. *P* Lothar Stark-Film, Berlin. 90 Minuten. 1936.
Das arme Blumenmädchen Mariechen liebt den Gaul von Vater Pietsch. Als sie hört, daß das Pferd zu Wurst verarbeitet werden soll, weil Pietsch verschuldet ist, setzt sie Himmel und Hölle in Bewegung, um das Tier zu retten. Weder Freund noch sie können das Geld auftreiben, als ihnen der Zufall ein paar Betrüger in die Hände spielt. Sie kommen hinter deren dunkle Machenschaften und helfen mit, daß deren zu unrecht erworbenes Geld wieder in die richtigen Hände gelangt. Zur Belohnung werden die Schulden gelöscht und das Pferd gerettet.
Eine rührende Geschichte, angesiedelt in der Berliner Hinterhofidylle, die aber nie Gefahr läuft, in die Schnulze abzurutschen.

**Vergeßt mir meine Traudel nicht.** *R* Kurt Maetzig. *B* Kurt Barthel (Kuba), Kurt Maetzig. *K* Erwin Anders. *M* Hans Hendrik Wehding. *A* Alfred Hirschmeier. *D* Eva-Maria Hagen (Traudel), Horst Kube (Johannes Wunderlich, Volkspolizist), Günther Haak (Auer, Lehrer), Günther Simon (Kommissar), Erna Sellmer, Maria Besendahl, Sabine Thalbach. *P* Defa. 85 Minuten. 1957.
Traudel, ein junges Mädchen, dessen Eltern im KZ umgekommen sind, entläuft aus einem Erziehungsheim, taucht in Ostberlin unter und verliebt sich in einen Volkspolizisten.
»Daß ausgerechnet dieser Regisseur sich im Komödienfach versuchen würde, mußte 1957 überraschen, als *Vergeßt mir meine Traudel nicht* entstand. . . . Doch es ist eine Komödie mit ernstem Hintergrund. Traudels Mutter hatte einen tschechischen Arbeiter geliebt und war deshalb verhaftet worden. Das einzige, was von ihr blieb, war ein Zettel mit der Aufschrift, die

dem Film den Titel gab. ›Das war eine Aufforderung an die Gesellschaft, in diesem Treibgut des Krieges auch die Opfer des Faschismus zu sehen‹ (Maetzig).« (Heiko R. Blum u. a.: *Film in der DDR*).

**Die verliebte Firma.** *R* Max Ophüls. *B* Fritz Zeckendorf, nach einer Idee von Ernst Marischka und Bruno Granichstaedten. *K* Karl Puth. *M* Bruno Granichstaedten, Grete Walter, Ernst Hauke. *D* Anny Ahlers, Gustav Fröhlich, Lieb Deyers, Ernst Verebes, Hubert von Meyerinck, Leonard Steckel, Werner Finck. *P* D. L. S. 2007 Meter. 1932.

Sämtliche männlichen Mitglieder eines Filmteams verlieben sich in ein Fräulein vom Amt. Da die Hauptdarstellerin des Films, der gerade gedreht wird, überhaupt kein Talent hat, versuchen die Filmleute aus der angebeteten Telefonistin, die der Rolle genau entspricht, einen Filmstar zu machen. Es stellt sich aber heraus, daß sie ebenfalls kein Talent hat, jedenfalls nicht zur Schauspielerei, zur Ehe schon.

Der erste Langfilm von Max Ophüls. Die Aufgabe wurde ihm unter der Bedingung übertragen, es müsse ein ganz billiger Film werden. »Ich meinte, am besten wäre es dann wohl, man würde eine Geschichte finden, die in einem leeren Studio spielt, ganz ohne Dekorationen. Und so entstand meine erste abendfüllende Arbeit, eine Filmoperette: Die verliebte Firma. Sie spielte mit Gesang und Tanz hinter den Kulissen in den Büros und Laboratorien eines Studios, und ich wurde darin alle meine neuen Eindrücke über meinen neuen Beruf los. Es war der billigste Film, den ich in meinem Leben zustande gebracht habe, und er hat nach mathematischem Kausalgesetz sehr viel Geld eingebracht« (Max Ophüls: *Spiel im Dasein*). Die ironische Pointe der Geschichte – daß ein Mensch nicht der ideale Darsteller seiner selbst ist – sagt auch etwas aus über ein wesentliches Prinzip von Ophüls »neuem Beruf«: die Fiktion muß als Fiktion hergestellt werden, und das Authentische ist bei diesem Prozeß ohne Belang, wenn nicht gar störend. Wahrscheinlich hat Ophüls selbst diese Idee in den Film eingebaut. In seinen Memoiren erzählt er eine Anekdote aus seiner Frankfurter Theaterzeit: in einer Vorstellung eines Stückes, in der ein Komparse als Gepäckträger über die Bühne geht, war dieser Komparse nicht einsatzbereit; Ophüls holte sich von einem nahegelegenen Bahnhof einen echten Gepäckträger, der sich dann aber außerstande erklärte, die einfache Aufgabe zu absolvieren, mit der Bemerkung, es sei »kein richtiges Gepäck«. Ophüls: »Noch heute muß ich oft an den Dienstmann denken, wenn ich Dokumentarfilme sehe. Die Leute, die sie herstellen, stelle ich mir vor, können nur richtiges Gepäck tragen.«

**Der Verlorene.** *R* Peter Lorre. *B* Peter Lorre, Benno Vigny, Axel Eggebrecht. *K* Vaclav Vich. *M* Willy Schmidt-Gentner. *A* Franz Schroedter, K. Weber. *D* Peter Lorre (Dr. Karl Rothe), Karl John (Novak/Hösch), Helmut Rudolf (Winkler), Renate Mannhardt (Inge Hermann), Johanna Hofer (Frau Hermann), Lotte Rausch (Helene), Gisela Trowe (Prostituierte), Eva-Ingeborg Scholz, Kurt Meister, Alexander Hunzinger, Josef Dahmen, Richard Münch. *P* Arnold Pressburger. 98 Minuten. 1951.

Der Wissenschaftler Dr. Karl Rothe trifft nach dem 2. Weltkrieg in einem Flüchtlingslager seinen Kollegen Hösch wieder, der ihn in der Nazi-Zeit dazu gebracht hat, seine spionageverdächtige Verlobte Inge Hermann umzubringen; diese Tat hat Rothe damals so verstört, daß er noch mehrere Verbrechen begangen hat. Nach einer Aussprache erschießt Rothe seinen alten Widersacher; dann begeht er Selbstmord.

17 Jahre nach seiner Emigration kehrte Peter Lorre nach Deutschland zurück und drehte seinen einzigen Film als Regisseur und Autor, die Trauerarbeit *Der Verlorene*. »Der Film ist eindeutig Lorres Reflektion seiner persönlichen Motive dafür, Deutschland zu verlassen und nicht für immer zurückzukehren. Ebenso klar ist, daß er mit seiner hervorragenden Gestaltung der Hauptrolle seine Mörder-Rollen in so vielen anderen Filmen in eine sehr persönliche Perspektive rückt« (Tony Rayns, *MFB*).

**Verrat an Deutschland.** *R* Veit Harlan. *B* Veit und Thomas Harlan nach dem Drehbuch. *Tokio 7. November.* *K* Georg Bruckbauer, Shizu Fujii. *M* Franz Grothe. *A* Hermann Warm, Alfons Windau. *D* Kristina Söderbaum (Katharina von Weber), Paul Müller (Dr. Richard Sorge), Inkijinoff (Osaki), Herbert Hübner (Der Botschafter), Hermann Spelmans (Max Klausen), Blandine Ebinger, Wolfgang Wahl, Peter Arens, Albert Hehn, Yoko Tanji. *P* Divina. 107 Minuten. 1954.

Japan 1941. Dr. Richard Sorge hat in Japan die Spionageorganisation »Grille« aufgebaut. Er und seine Sekretärin Katharina von Weber, mit der ihn ein Liebesverhältnis verbindet, genießen das Vertrauen des deutschen Militärattachés und späteren Botschafters in Japan. Tatsächlich arbeitet Sorge aber mit den Sowjets und den Alliierten zusammen. Er unterrichtet Moskau über den Zeitpunkt des deutschen Einfalls. Als Katharina von der wahren Tätigkeit Sorges durch Geheimpapiere erfährt, bekommt ihre Liebe einen Riß. Als Sorge verhaftet wird, spielt sie ihm eine Giftampulle zu, um ihn vor dem Tod durch Erhängen zu bewahren. *Verrat an Deutschland* endete in München mit einem Verbot und konnte erst verändert die FSK passieren.

**Das verurteilte Dorf.** *R* Martin Hellberg. *B* Jeanne und Kurt Stern. *K* Karl Plintzner, Joachim Hasler. *M* Ernst Roters. *A* Wilhelm Vorwerg, Alfred Schulz. *D* Helga Göring (Käthe Vollmer), Günther Simon (Heinz Weimann, Bauer), Eduard von Winterstein (Pfarrer), Albert Garbe, Marga Legal, Albert Doerner. *P* Defa, DDR. 107 Minuten. 1952.

Der Film erzählt die Geschichte vom siegreichen Kampf westdeutscher Dorfbewohner gegen die Besatzungsmacht der Amerikaner. Die amerikanischen Besatzer planen den Bau eines Militärflughafens und verlangen von den Bewohnern die Räumung von Haus und Hof. Seite an Seite stehen Dorfpfarrer und Kriegsheimkehrer, Arbeiter und Bauern zusammen und leisten erfolgreich gemeinsam Widerstand.

Diese Art von Solidarität hat es wohl kaum in einem westdeutschen Ort gegeben. Hier war der Wunsch der Vater des Gedankens.

**Verwirrung der Liebe.** *R* Slatan Dudow. *B* Slatan Dudow. *K* Helmut Bergmann. *M* Wolfgang Hohensee. *A* Oskar Pietsch. *D* Annekathrin Bürger (Sonja), Angelica Domröse (Siegi), Willi Schrade (Dieter), Stefan Lisewski (Edy), Hannes Fischer, Martin Flörchinger, Ulrich Folkmar, Gerhard Bienert. *P* Defa, DDR. 107 Minuten. 1959.

Es ist die Geschichte zweier Liebespaare, die ihre Partner mutwillig, fast trotzig wechseln, dann aber ihren Irrtum einsehen, wieder wechseln und schließlich zusammenfinden.

Der Film soll zeigen wie weit sich die Emanzipation der Frau bei der Jugend schon niedergeschlagen hat, und wie die Jugendlichen ihre Liebesbeziehungen in der sozialistischen Gesellschaft gestalten. »Dudow vermeidet es, eine das Problem vereinfachende Lösung zu zeigen, er weist vielmehr nur die Richtung zu einem verantwortungsbewußten Weg. Die moralische Bedeutung dieses Films liegt vor allem darin, daß er den Zuschauer zur Auseinandersetzung mit den Helden und ihren Problemen drängt« (*20 Jahre DEFA-Spielfilm*).

**Via mala.** *R* Josef von Baky. *B* Thea von Harbou nach dem Roman von John Knittel. *K* (Farbe) Carl Hoffmann. *M* Georg Haentzschel. *D* Carl Wery (Jonas Lauretz), Karin Hardt (Sylvia Lauretz), Viktor Staal (Andreas von Richenau), Hildegard Grethe, Hilde Körber, Renate Mannhardt, Malte Jäger, Karl Hellmer, Carl Kuhlmann. *P* Ufa. 2900 Meter. 1945.

Familie Lauretz lebt an der zerklüfteten Gebirgsschlucht unter der Knute ihres Familienoberhauptes Jonas, dem saufenden, brutalen Sägewerkbesitzer. Frieden herrscht nur in der Familie, wenn der Wüstling wegen seiner Delikte im Gefängnis sitzt. Der Gedanke an Mord taucht auf, als er seiner Tochter Hanna Gewalt antut und seiner jüngsten Tochter Sylvia Geld raubt. Einer der Familienmitglieder vergiftet ihn. Der Leichnam verschwindet in der Via mala. Der Mann von Sylvia, Rechtsanwalt von Richenau muß den Fall klären. Auf dem Sterbebett bekennt sich Mutter Lauretz zu dem Mord an ihrem Mann, um die Kinder von dem lastenden Verdacht zu befreien.

Ein Film, der vor allem wegen seiner Rechtsauffassung von der Kirche angegriffen wurde. Weitere Verfilmung: 1961, Regie Paul May mit Gert Fröbe, Joachim Hansen, Christine Kaufmann.

**Viktor und Viktoria.** *R* und *B* Reinhold Schünzel. *K* Konstantin Irmen-Tschet. *M* Franz Doelle. *L* »An einem Tag im Frühling«, »Komm doch ein bißchen mit nach Madrid«, »Man sagt zu einer Dame nicht beim erstenmal ›komm mit‹«, »Rosen und Liebe« von Franz Doelle *(M)* und Bruno Balz *(T)*. *A* Benno von Arent, Artur Günther. *CH* Sabine Ress. *D* Renate Müller (Susanne Lohr), Hermann Thimig (Viktor Hempel), Adolf Wohlbrück (Robert), Hilde Hildebrand (Ellinor), Fritz Odemar, Friedel Pisetta, Aribert Wäscher. *P* Ufa (Alfred Zeisler). 2772 Meter. 1933.

Der Schauspieler Viktor Hempel möchte als Tragöde angesehen werden, wirkt auf die Agenten aber nur komisch. Auch die Sängerin Susanne Lohr hat beruflich kein Glück. Viktor tritt in einem Vorstadt-Theater als Damen-Imitator »Monsieur Viktoria« auf. Als er einmal krank ist, vertritt Susanne ihn. Viktor und Viktoria haben Erfolg, gehen auf Tournee, stellen wilde Verwechslungen an. Susanne angelt sich einen Londoner Gentleman, der sich ihr in einem Herren vorspielen läßt; Viktor findet bei einem Nummerngirl das Glück.

»Die recht gekonnten Anfangsszenen in Schauspielerbörse und Winkeltheater lösen sich dann später in einer der üblichen Verwechslungsgeschichten und Erfolgsstories auf« (*Film-Blätter*, 1974). Ein Farbfilm-Remake drehte Karl Anton 1957 mit Johanna von Koczian, Georg Thomalla und Johannes Heesters.

**Viktoria.** *R* Carl Hoffmann. *B* Robert A. Stemmle, nach der Novelle von Knut Hamsun. *K* Günther Anders. *D* Luise Ullrich (Viktoria), Mathias Wieman (Johannes), Alfred Abel, Erna Morena, Theodor Loos, Maria Seidler, Heinz von Cleve, Bernhard Goetzke, Margarete Schön. *P* Minerva. 2485 Meter. 1935.

Die unerfüllte, tragisch endende Liebe des Müllersohns Johannes zu dem Schloßfräulein Viktoria, das seine Liebe nicht zeigen kann.

Luise Ullrich bekam während der Dreharbeiten Zweifel daran, ob sie, die sich für die Rolle selbst ausgesucht hatte, die richtige Besetzung dafür war: »Ich weiß heute noch keine ideale Besetzung für dieses merkwürdige Mädchen. Vielleicht Hamsuns Tochter selbst, die in Deutschland lebte und erzählte, wie feige ihr Vater war, was für ein schlechter ›Schreiberling‹ er sei, und wie sehr sie ihn hasse. In Wirklichkeit aber liebte sie ihn vielleicht. Diese Selbstquälerei, dieser Masochismus, diese Haßliebe waren das Thema der Novelle. Die Besetzung des Johannes mit Mathias Wieman geschah in einer Sternstunde der Filmgeschichte. Er war der einzige, der genau so war, wie Hamsun ihn beschrieben hatte« *(Komm auf die Schaukel, Luise).*

**Vor Sonnenuntergang.** *R* Gottfried Reinhardt. *B* Jochen Huth, nach dem Bühnenstück von Gerhart Hauptmann. *K* Kurt Hasse. *M* Werner Eisbrenner. *A* Rolf Zehetbauer, Peter Röhrig, Maria Brauner. *D* Hans Albers (Mathias Clausen), Annemarie Düringer (Inken Peters), Martin Held (Erich Klamroth), Hannelore Schroth, Claus Biederstaedt, Maria Becker, Erich Schellow, Inge Langen, Wolfgang Preiss. *P* CCC (Artur Brauner). 104 Minuten. 1956.

Der alternde, mit seiner Familie zerfallene Industrielle Clausen lernt ein junges Mädchen, Inken Peters kennen, das ihn von seinen Selbstmordgedanken abbringt. Er behält sie bei sich. Die Familie bekämpft die vermeintliche Erbschleicherin und versucht, Clausen zu entmündigen. Er bekommt einen Herzanfall, diktiert Inken sein Vermächtnis und stirbt.

»Albers war nie so gründlich entfernt von seiner blauäugig-blitzenden Sieghaftigkeit, wenn ihm auch die gepreßte Sinnlichkeit seiner Stimme bei dem großen Ausbruch einige Schwierigkeiten macht. Er ist ein nobler Herr, weise, müde und traurig, und zwischendurch tupft er fast schüchtern die kleinen Oasen eines kaum geglaubten Liebesglückes. Man kann ihm nicht ausweichen, er überrundet die Regie ohne jede Aufdringlichkeit« (Karena Niehoff, *Der Tagesspiegel*).

**Vorstadtvarieté.** *R* Werner Hochbaum. *B* Werner Hochbaum, Ernst Neubach, nach dem Bühnenstück *Der Gemeine* von Felix Salten. *K* Eduard Hösch. *M* Anton Profes. *A* Alfred Kunz. *D* Luise Ullrich (Mizzi Ebeseder), Mathias Wieman (Josef Kernthaler), Oskar Sima, Lina Woiwode, Olly Gebauer, Hans Moser, Frieda Richard, Rudolf Carl. *P* Styria-Film, Wien (Ernst Neubach). 94 Minuten. 1934.

Wien 1913. Mizzi Ebeseder, deren Familie das Vorstadtvarieté »Die Praterspatzen« betreibt, und der Bauzeichner Josef Kernthaler lieben sich und wollen heiraten. Gegen den Willen Josefs tritt Mizzi, während Josef seinen Militärdienst absolviert, im Varieté auf. Josef muß annehmen, daß sie ihn mit einem Verehrer, Leutnant von Daffinger, betrügt. Da sie das Mißverständnis, das zu diesem Schluß geführt hat, nicht aufklären kann, bringt Mizzi sich um.

Ein Jahr zuvor hatte Luise Ullrich eine Wiener Mizzi in Ophüls *Liebelei* gespielt. Hochbaums *Vorstadtvarieté* wirkt wie *Liebelei*, von Horvath umgeschrieben.

**Voruntersuchung.** *R* Robert Siodmak. *B* Robert Liebmann, nach dem Bühnenstück von Max Alsberg, Ernst Hesse. *K* Konstantin Irmen-Tschet, Otto Baecker. *D* Albert Bassermann (Der Richter), Gustav Fröhlich (Paul Bernt), Hans Brausewetter (Walter), Charlotte Ander (Greta), Annie Markart (Erna), Oskar Sima, Heinrich Gretler, Hermann Speelmans, Jakob Tiedtke. *P* Ufa (Erich Pommer). 2613 Meter. 1931.

Ein junger Mann aus guter Familie, Paul Bernt, wird verdächtigt, eine Prostituierte ermordet zu haben. Paul glaubt, den Beweis dafür in der Hand zu haben, daß der wahre Täter sein Freund Walter, Sohn des mit dem Fall betrauten Untersuchungsrichters ist. Obwohl selbst gefährdet, behält er aus Freundschaft sein Wissen für sich. Durch Zufall stellt sich heraus, daß ein Straßenhändler der wahre Täter ist.

*Voruntersuchung* war schon von der Vorlage her ein Meisterstück akribischer Beobachtung; Max Alsfeld, der Autor des dem Film zugrunde liegenden Bühnenstücks, war seinerzeit ein berühmter Strafverteidiger (während der Nazi-Zeit hat er sich umgebracht). Die gleiche Qualität findet sich in Siodmaks Inszenierung wieder. »*Voruntersuchung* besteht als Film fast nur aus Atmosphäre; die realistischen Details machen seine Qualität aus, die sprechenden Gesichter, die berühmte germanische ›Schwere‹« (Raymond Borde u. a.: *Le Cinéma Realiste Allemand*). Als ganz besonders genaues Bild seiner Zeit wurde der Film 1935 von den Nazis verboten. Eine französische Fassung drehte Henri Chomette (Bruder von René Clair, von Siodmak »Clair-Obscure« genannt) unter Siodmaks Oberleitung, mit Jean Perier und Pierre-Richard Willm.

**Walzerkrieg.** *R* Ludwig Berger. *B* Hans Müller, Robert Liebmann. *K* Carl Hoffmann. *M* Johann Strauß, Joseph Lanner. *ML* Alois Melichar. *L* »An der Donau, wenn der Wein blüht« von Franz Grothe und Alois Melichar *(M)* und Hanns Dekner *(T)*. *A* Robert Herlth, Walter Röhrig. *D* Renate Müller (Kati), Willy Fritsch (Gustl), Paul Hörbiger (Joseph Lanner), Adolf Wohlbrück (Johann Strauß), Hanna Waag (Königin Viktoria), Heinz von Cleve (Albert von Coburg), Rose Barsony, Theo Lingen, Karl Stepanek. *P* Ufa (Günther Stapenhorst). 2555 Meter. Uraufführung 4. 10. 1933.

Die Rivalität der beiden Komponisten und Kapellmeister Joseph Lanner und Johann Strauß wird zuerst im heimischen Wien ausgetragen, setzt sich in London fort, wo die Walzerklänge die Verbindung zwischen der jungen Königin Viktoria und dem Prinzen Albert beflügeln und endet in Wien mit einem Plagiats-Prozeß, der unerwarteterweise zur Zusammenarbeit von Lanner und Strauß führt.

»Und endlich schrieb Hans Müller ein hübsches Buch und rettete die Situation, indem er klug zwischen der Ufa und mir die Mitte fand. Keine Operette, te, ein Singspiel, eine kleine Spieloper, und so kam es in letzter Stunde zum Walzerkrieg. Um den Walzerkrieg kam ich nicht mehr herum. *Walzerkrieg* war ein so guter Titel, meinte die Verleihabteilung der Ufa, daß selbst dann das Geschäft nicht verdorben werden könne; wenn der Film zum Unglück künstlerisch werden sollte. Zwei Biedermeier-Tanzorchester spielten in zwei Wiener Nachbargärten, der alte Lanner und der junge Strauß; die alte und die neue Zeit klangen lustig gegeneinander, wie unsere Herzen, die auch zweigeteilt waren« (Ludwig Berger: *Wir sind vom gleichen Stoff aus dem die Träume sind*).

**Was Frauen träumen.** *R* Geza von Bolvary. *B* Franz Schulz, Billie Wilder. *K* Willy Goldberger. *M* Robert Stolz. *L* »Ja, die Polizei, die hat die schönsten Männer«, »Der Weg zu dir ist nie zu weit« von Robert Stolz *(M)*, Robert Gilbert *(T)*. *A* Emil Hasler. *D* Nora Gregor (Rina Korff), Gustav Fröhlich (Walter König), Kurt Horwitz, Otto Wallburg, Peter Lorre, Erik Ode. *P* Super-Film. 81 Minuten. 1933.

Walter König liebt eine Kleptomanin, Rina Korff, die außerdem von einem sehr reichen Mann verehrt wird, der sogar bereit ist, für jeden von ihr angerichteten Schaden aufzukommen. Der reiche Mann kapiert aber nie richtig, daß Rina nicht aus Raffgier klaut, sondern weil ihr das einen Thrill verschafft.

Billy Wilders letzter Film als einer der fruchtbarsten Autoren des frühen deutschen Tonfilms. Als der (sehr witzige und spannende) Film am 20. April 1933 (Führers Geburtstag!) Premiere hatte, war Wilder bereits nach Frankreich emigriert; sein Name wurde im Vorspann und in den Programmheften nicht genannt.

**Weg in die Vergangenheit.** *R* Karl Hartl. *B* Emil Burri, Johannes Mario Simmel, nach dem Bühnenstück *Die Forelle* von Wilfried Christensen. *K* Konstantin Irmen-Tschet. *M* Willy Schmidt-Gentner. *A* Werner Schlichting. *D* Paul Wessely (Gabriele), Attila Hörbiger (Berthold), Willi Forst (Clemens), Willy Fritsch (Werner), Rudolf Fernau (Stefan), Josef Meinrad (Franz), Maria Holst, Nina Sandt. *P* Paula Wessely, Wien. 94 Minuten. 1954.

Um ihren verschuldeten Mann zu retten, bittet Gabriele, eine Frau in reiferen Jahren, ihre vier alten Freunde Clemens, Werner, Stefan und Franz um Rat und materielle Hilfe. Franz erweist sich als der einzig wahre Freund.

»Der Film ist hervorragend inszeniert und bietet vor allem hervorragende schauspielerische Leistungen. Alle Kritiker waren voll des Lobes, der Film wurde als einer der besten Nachkriegsfilme der Wessely gepriesen, und überall hieß es: ›Endlich wieder ein guter Wiener Film!‹« (Goswin Doerfler, *Focus on Film*).

**Weg ohne Umkehr.** *R* Victor Vicas. *B* Gerhard T. Buchholz und Vicas. *K* Klaus von Rautenfeld. *M* Hans-Martin Majewski. *D* Ivan Desny (Michael), Ruth Niehaus (Anna), René Deltgen (Kaznazow), Karl John, Lila Kendrowa, Sergej Belousow. *P* Occident Trans-Rhein Film. 90 Minuten. 1952.

Durch eine Gefälligkeit, die den Russen Michael mit der Berlinerin Anna verbindet, gerät er in die Fänge des Ostberliner Staatssicherheitsdienstes, als er sechs Jahre nach Kriegsende als Zivilist nach Ost-Berlin zurückkehrt. Er findet Anna wieder als Sekretärin und Vertraute eines politisch sehr einflußreichen Mannes, der Belastungsmaterial gegen ihn gesammelt hat. Ein Anschlag wird auf ihn verübt. Aber Michael erholt sich von seinen Verletzungen. Heimlich trifft er sich mit Anna. Michael leidet unter dem Verhältnis Annas zu dem Mann, dem er ausgeliefert ist. Ein Freund von Michael wird ermordet. Er kennt den Täter, kann aber nichts gegen ihn tun. Er wird immer mehr zum Feind des Regimes. Anna warnt ihn. Der Boden wird ihm zu heiß unter den Füßen und er flüchtet mit Anna bei Nacht und Nebel und unter den Schüssen der Verfolger in den Westen Berlins. Von dort wird Anna eines Tages wieder in den Osten verschleppt.

»Er hat nicht nur Tugenden, dieser Film, er hat auch Schwächen. Da sind diese unnötigen Konstruktions-Tricks ... Und manchmal bleibt er, ..., im Reißerischen stecken. Auch wird das letzte Wort, auf das man wartet, nicht gesprochen; ein Wort, das höher oder tiefer zielt als nur ins aktuell Politische. Aber der Tugenden sind viele – und es sind eben jene, die im deutschen Film besonders selten sind. Zum Beispiel: Phrasenlosigkeit. Ein politischer Film, der ohne ideologisches Eifern auskommt, ganz ohne jeden Propagandaschwall, ist selten. Oder: politische Fairneß. Das ist noch seltener: ein westlicher Film, in dem die Russen keine Bösewichter sind. Auch keine sturen oder wodkaseligen Popanze. Sie sind Menschen – wenn auch, natürlich andere.« (Gunter Groll: *Lichter und Schatten*).

**Der weiße Rausch.** *R* Arnold Fanck. *B* Arnold Fanck. *K* Richard Angst, Kurt Neubert, Hans Gottschalk. *M* Paul Dessau. *A* Leopold Blonder. *D* Leni Riefenstahl (Ski-Anfängerin), Hannes Schneider (Ski-Lehrer), Guzzi Lantschner und Walter Riml (Hamburger Zimmerleute auf Skiern), Rudi Matt, Lothar Ebersberg und 50 der besten internationalen Skiläufer. *P* H. R. Sokal-Film. 2565 Meter. 1931.

Ein fast handlungsloser Berg- und Ski-Film, in Anlehnung an einen früheren Arnold Fanck-Film, *Das Wunder des Schneeschuhs* (1919), und aus einer Verlegenheit entstanden, in die den Produzenten Sokal ein verlorengegangener Plagiatsprozeß um den Luis Trenker-Stoff *Berge in Flammen* gebracht hatte. Sokal wollte diesen Film unter dem Titel *Die schwarze Katze* drehen, Trenker behauptete, der Stoff gehöre ihm, und bekam damit vor Gericht Recht. Sokal war aber mit seinen Produktionsvorbereitungen so weit gediehen, daß er nicht mehr zurück konnte. Sokal: »Nun stand ich da mit einer komplett engagierten Filmequipe, die nur auf den Ausgang des Prozesses gewartet hatte, um zu den Außenaufnahmen in die Dolomiten aufzubrechen. In die Berufung ans Reichskammergericht konnte ich nicht gehen, das hätte zuviel Zeit und Geld gekostet. Wir mußten uns etwas anderes einfallen lassen. Fanck hatte die rettende Idee: einen großen Skifilm, ohne viel Story, aber mit fünfzig der besten Skiläufer der Welt. Einen weißen Rausch. Und so entstand, als Ausweg aus dem Debakel mit der schwarzen Katze, *Der weiße Rausch*. Vielleicht der schönste Skifilm, der je gedreht wurde. Der heute noch, nach fast vierzig Jahren, in Sondervorstellungen und Matineen regelmäßig jubelnden Szenenapplaus auslöst und einen nicht zu unterschätzenden Einfluß auf die Entwicklung des Skisports in der ganzen Welt ausgelöst hat« *(Lebt wohl Leidenschaften).*

**Der weiße Traum.** *R* Géza von Cziffra. *B* Géza von Cziffra. *K* Hans Schneeberger, Sepp Ketterer. *M* Anton Profes. *L* »Kauf dir einen bunten Luftballon«, »Wie schön wär' heut die Welt für mich«, »O komm in das Land meiner Sehnsucht« von Anton Profes *(M)* und Aldo Pinelli, Josef Petrak *(T)*. *A* Eduard Stolba. *D* Olly Holzmann (Liesl Strolz), Wolf Albach-Retty (Ernst Eder), Lotte Lang (Lu), Hans Olden (Dr. Schmoller), Oskar Sima (Josef Wildner), Hans Schott-Schöbinger, Georg Lenz, Rudolf Carl, Petra Trautmann, Hans Kern und Karl Schäfer mit seinem Eisballett. *P* Wien-Film, Wien (Erich von Neusser). 93 Minuten. 1943.
Der Eishockeyspieler Ernst Eder, hauptberuflich Ausstattungschef eines Revuetheaters, will seiner geliebten Liesl, die Gesang studiert und nebenbei Eiskunstläuferin ist, ein Engagement am Revuetheater besorgen. Dabei kollidiert er mit dem Theaterbesitzer Wildner, der seine unbegabte Freundin Lu groß rausbringen will. Liesl düpiert und blamiert Lu, was den Wildner so ärgert, daß er sein Theater schließt. Der einfallsreiche Eder verlegt die Revue kurzerhand auf den Eislaufplatz von Liesls Onkel. Die Revue mit Liesl als Star wird ein großer Erfolg, und die Liebe von Eder und Liesl auch. Remake *Kauf dir einen bunten Luftballon*, 1960 in Scope und Farbe. Regie Géza von Cziffra mit Toni Sailer und Ina Bauer.
Dieser Eisrevue-Film sollte eigentlich von Géza von Bolváry inszeniert werden, und Cziffra sollte nur das Drehbuch schreiben. »Aber mein Freund Géza war ein ziemlich bequemer Mensch. Als er nach der Lektüre des Drehbuchs feststellte, daß er während der Dreharbeiten für die Eisrevue einige Wochen auf der offenen Eisfläche der Engelmann-Arena stehen müßte, erklärte er plötzlich, auf seinem Gut in Ungarn gäbe es Melonenernte, die er unbedingt selber beaufsichtigen müsse. Géza reiste ab . . . *Der weiße Traum* wurde zum größten Publikums- und finanziellen Erfolg in der Geschichte des Schwarz-Weiß-Films. Er hat 35 Millionen Mark eingespielt. Die Russen erbeuteten mehrere Kopien des Films, und so lief er nach dem Krieg lange Zeit hindurch auch in Rußland, ohne daß dabei irgend jemand auch nur einen Rubel verdient hätte« (Géza von Cziffra, *Kauf dir einen bunten Luftballon*).

**Die Welt ohne Maske – Ein Film vom Fernsehen.** *R* Harry Piel. *B* Hans Rameau. *K* Ewald Daub. *M* Fritz Wenneis. *A* Willi A. Hermann. *D* Harry Piel (Harry Palmer), Kurt Vespermann (Dr. Tobias Bern), Annie Markart (Erika Hansen), Olga Tschechowa (Betty Bandelow), Hubert von Meyerinck, Rudolf Klein-Rogge. *P* Ariel-Film. 3038 Meter. 193 .
Der arbeitslose Harry Palmer hilft seinem Nachbarn, dem Amateur-Bastler Dr. Bern, das Fernsehen zu erfinden, mit dem man nicht nur fern sieht, sondern auch durch alle Wände. Mächtige Konzerne und andere Kriminelle versuchen, den beiden die Erfindung abzujagen. Aber Harry und Bern werden nicht nur mit allen Widersachern spielend fertig, sondern entwickeln auch noch nebenbei den »idealen Volksradiofernsehempfänger«.
Das Fernsehen und seine Möglichkeiten waren schon in den zwanziger Jahren beliebte Filmmotive, vor allem in amerikanischen Serials; nie aber wurde das Thema so köstlich abgehandelt wie in diesem Harry Piel-Film.

**Wen die Götter lieben.** *R* Karl Hartl. *B* Eduard von Borsody. *K* Günther Anders, Hannes Staudinger. *M* Wolfgang Amadeus Mozart, Ludwig van Beethoven. *ML* Alois Melichar. *A* Julius von Borsody, Walter Schmiedl. *D* Hans Holt (Wolfgang Amadeus Mozart), René Deltgen (Ludwig van Beethoven), Curd Jürgens (Kaiser Joseph II.), Winnie Markus (Constanze Mozart), Irene von Meyendorff (Aloysia Weber), Thea Weiss (Sophie Weber), Annie Rosar (Mutter Weber), Walter Janssen (Mozarts Vater), Rosa Albach-Retty (Mozarts Mutter), Doris Hild, Oskar Wegrostek, Erich Nikowitz, Ferdinand Mayerhofer, Paul Hörbiger, Otto Schmöle. *P* Wien-Film. 120 Minuten. 1942.
Mozart-Biographie.
Von 1938 bis 1945 war Karl Hartl Produktionschef der Wien-Film; in dieser Zeit produzierte er 49 Filme und inszenierte nur einen einzigen, diesen Mozart-Film, und das auch nur, um die Produktion zu retten. Hartl: »Der vorgesehene Regisseur, Eduard von Borsody, wurde einige Tage vor Drehbeginn ernsthaft krank. Und da ich sehr vertraut mit dem Stoff war und als Produktionschef auch mit dem Projekt, habe ich den Film selbst gemacht. Mozart hat mich immer sehr beschäftigt; nach dem Krieg habe ich einen ganz anderen Mozart-Film nach meinen eigenen Vorstellungen gemacht« *(Focus on Film).* Siehe *Reich mir die Hand, mein Leben*.

**Wenn wir alle Engel wären.** *R* Carl Froelich. *B* Heinrich Spoerl nach seinem Roman. *K* Reimar Kuntze. *M* Hansom Milde-Meißner. *A* Franz Schroedter. *D* Heinz Rühmann (Christian Kempenich), Leni Marenbach (Hedwig, seine Frau), Lotte Rausch (Marie, Dienstmagd), Harald Paulsen (Falotti, Gesangslehrer), Elsa Dalands, Hans Herten, Will Dohm, Ernst Waldow. *P* Carl Froelich-Film. 105 Minuten. 1936.
Nach einem harmlosen Seitensprung verfolgt den jung-verheirateten Kempenich ein Aktenstück bis in sein idyllisches Moselstädtchen. Er ist den Anwürfen seiner Frau und Bekannten nicht mehr gewachsen und sucht Rat bei dem Gesangslehrer seiner Frau, aber er hat auch Dreck am Stecken, denn während Kempenichs Abwesenheit, hatte er dessen Frau nachgestellt. Das Ehepaar ist indessen tief verstritten und nur der Überlegenheit eines gewitzten Amtsrichters ist es zu verdanken, daß in das heillose Durcheinander wieder Ordnung kommt und die Eheleute wieder zueinander.
Der Film gehört zu den gelungensten deutschen Vorkriegslustspielen. Rühmann spielt nicht immer Rühmann. Es sind aber immer Situationen, in die Rühmann einmal geraten könnte und in denen er sich so verhält, wie Rühmann sich verhielte, wenn er in sie geraten würde. – Weitere Verfilmungen: 1956, Regie Günther Lüders mit Dieter Borsche, Marianne Koch, Hans Söhnker.

**Wer nimmt die Liebe ernst?** *R* Erich Engel. *B* Hermann Kosterlitz, Curt Alexander. *K* Curt Courant. *M* Wilhelm Gross. *ML* Kurt Schröder. *LT* Fritz Rotter. *A* Heinrich Richter. *D* Max Hansen (Max), Jenny Jugo (Ilse), Otto Wallburg (Bruno), Willi Schur, Hedwig Wangel. *P* Terra (Viktor Skutetzky). 2499 Meter. 1931.

Auf der Flucht vor der Polizei findet der Hundedieb Max bei dem Mädchen Ilse Unterschlupf; sie verliert durch diesen Vorfall ihr Zimmer. Sie helfen sich gegenseitig weiter. Ilse gewinnt eine Schönheitsköniginnen-Wahl. Max glaubt schon, sie wäre nun für ihn verloren. Aber Ilse bleibt bei ihm.

**Wien, du Stadt der Lieder.** *R* Richard Oswald. *B* Ernst Neubach, Paul Morgan, Max Ehrlich. *K* Friedl Behn-Grund, Paul Holzki. *M* Hans May. *LT* Ernst Neubach. *A* Franz Schrödter. *D* Sigi Hofer (Ignaz Korn), Dora Hrach (Emilie), Charlotte Ander (Steffi), Paul Morgan, Igo Sym, Max Hansen, Sigfried Arno, Gustl Stark-Gstettenbauer, Paul Graetz. *P* Richard Oswald. 2752 Meter. 1930.
Die Instrumentenmachers-Tochter und der Schneidermeister-Sohn lieben sich, obwohl sich ihre Eltern hassen, und ein Losgewinn kompliziert die Verhältnisse noch, aber die Liebe und der Zufall bügeln alles glatt.
Der erste Tonfilm von Richard Oswald. »Er zeichnet seine Charaktere mit der Feder eines boshaften Karikaturisten und entlarvt im Milieu als Brutstätte kleinbürgerlicher Gesinnung, ihre Aktionen als Folgeerscheinung perfiden Besitzdenkens« (Herbert Holba: *Die Geschichte des deutschen Tonfilms*).

**Wien, du Stadt meiner Träume.** *R* Willi Forst. *B* Kurt Nachmann, Willi Forst, Paul H. Rameau. *K* (Agfacolor) Günther Anders. *ML* Norbert Pawliki. *A* Werner Schlichting, Isabella Schlichting, Charlotte Felmming. *D* Hans Holt (Alexander I.), Erika Remberg (Sandra), Paul Hörbiger (Franz Lehnert), Adrian Hoven (Peter Lehnert), Alma Seidler, Hertha Feiler, Richard Romanowsky, Oskar Sima, Jane Tilden, Otto Tressler, Fritz Muliar. *P* Sascha-Lux, Wien (Herbert Gruber). 100 Minuten. 1957.
Ein König Alexander von Alanien kommt mit seiner Tochter Sandra zu Besuch nach Wien. Da zu Hause eine Revolution ausbricht, müssen beide in Wien bleiben. Der Exkönig wird als Taxifahrer so populär, daß sein Volk ihn als Staatspräsidenten zurückruft. Sandra wird mit einem jungen Komponisten glücklich.
Der letzte Film von Willi Forst; der alte Schwung ist leider völlig hin.

**Wiener Mädeln.** *R* Willi Forst. *B* Willi Forst. *K* (Agfacolor). *M* Carl Michael Ziehrer, Johann Strauß, John Philip Sousa. *ML* Willy Schmidt-Gentner, Karl Pauspertl. *Liedertexte* Erich Meder. *A* Werner Schlichting, Alfred Kunz, W. Adlmüller. *D* Willi Forst (Carl Michael Ziehrer), Dora Komar (Mitzi), Hans Moser (Engelbrecht), Judith Holzmeister (Klara), Vera Schmid, Hilde Föda, Anton Edthofer, Friedl Haerlin, Lizzi Holzschuh, Edmund Schellhammer, Fred Liewehr, Max Gülstorff, Hedwig Bleibtreu, Curd Jürgens. *P* Willi Forst-Filmproduktion. 113 Minuten. 1945/49.
Drei Wienerinnen verhelfen Carl Michael Ziehrer zu seinem ersten Erfolg als Dirigent, und er schreibt ihnen zum Dank den Walzer »Wiener Mädeln«. Er muß sich gegen die Konkurrenz des großen Johann Strauß behaupten und erlebt seinen großen Durchbruch bei der Weltausstellung von Christiana, wo die amerikanische Kapelle Browns mit Sousa-Märschen gegen ihn antritt, aber schließlich von den Ziehrer-Melodien so hingerissen ist, daß sie sich dem Wiener Rhythmus anschließt.
Wiener Mädeln wurde 1944/45 in Wien und Prag gedreht und war bei Kriegsende im Schnitt. Nach dem Krieg ließ die Sowexport-Film in Ost-Berlin ohne Mitwirkung von Forst

eine eigene Fassung herstellen, die 1949 eine Zeitlang in der sowjetisch besetzten Zone gezeigt, dann aber aufgrund einer Vereinbarung mit Willi Forst zurückgezogen wurde. Willi Forst stellte in Wien und in der Schweiz seine eigene Fassung her, die 1950 in der Bundesrepublik uraufgeführt wurde. »Wiener Mädeln« ist praktisch der Schwanengesang der Forstschen Operetten-Zyklus; 1945 muß der Film als reiner Anachronismus erschienen sein. Die temperamentvolle Geschichte über einen weniger bekannten Walzerkomponisten, Carl Ziehrer, hat den Charme der frühen Agfacolor mit seinen Pastell-Tönen, eine einprägsame Partitur und ein typisch Forstsches Bravour-Finale: eine musikalische Schlacht zwischen den Kapellen von Ziehrer und (ausgerechnet) John Philip Sousa, zwischen denen sich Dutzende von Paaren bewegen, die in einer Sequenz stets wachsender Konfusion zwischen Walzer- und Marsch-Takt wechseln« (John Gillett, *NFT*).

**Ein Windstoß.** *R* Walter Felsenstein. *B* Roland Schacht, Walter Felsenstein, nach dem Bühnenstück *Un colpo di vento* von Giovacchino Forzano. *K* E. W. Fiedler. *M* Friedrich Schröder. *A* Otto Erdmann, Franz W. Fürst. *D* Paul Kemp (Emuanuele Rigattieri), Margrit Debar (Angelina Seri), Paul Bildt (Richter Campini), Lina Carstens, Ursula Herking. *P* Tobis. 2080 Meter. 1942.
Unfreundlicher Pedant gerät durch widrige Umstände in einen existenzbedrohenden Verdacht. Als sich alle Nachbarn gegen ihn wenden – weil man einem bösen Nachbarn alles zutraut – und er sogar vor Gericht kommt, geht er in sich und wird ein besserer Mensch.
Die einzige Spielfilmregie von Walter Felsenstein (abgesehen von Produktionen, die mit seinem Opern-Metier zu tun haben).

**Wir machen Musik.** *R* Helmut Käutner. *B* Helmut Käutner, nach dem Bühnenstück *Karl III. und Anna von Österreich* von Manfred Rössner und Motiven von Erich Ebermayer. *K* Jan Roth. *M* Peter Igelhoff, Adolf Steimel. *L* »Wir machen Musik«, »Ich hab' dich und du hast mich«, »Wann wirst du wieder bei mir sein?«, »Mein Herz hat heut Premiere« von Peter Igelhoff *(M),* Helmut Käutner, Aldo von Pinelli *(T).* *A* Max Mellin, Gerhard Ladner, Gertrud Steckler, Elfriede Czerny. *CH* Theodor Lengersdorf. *D* Ilse Werner (Anni Pichler), Viktor de Kowa (Karl Zimmermann), Edith Oss (Trude), Georg Thomalla (Franz), Grethe Weiser, Kurt Feifert, Rolf Weih, Viktor Janson. *P* Terra (Hans Tost). 2592 Meter. 1942.
Karl Zimmermann, erfolgloser Opernkomponist, und Anni Pichler, pfeifendes Mitglied der Damenkapelle »Die Spatzen«, erarbeiten in teilweise unbewußter Zusammenarbeit eine Erfolgs-Revue.
»Dieser Film verfügt über ein undeutsches Maß an Malice und Schnoddrigkeit im Dialog, bis sich herausstellt, daß sie nur Sympathie für den eindeutig unbegabten Mann lenken, der seiner Frau die Früchte ihrer Arbeit: Inspiration und Witz wegnehmen will. Selbst die Kamera bewegt sich in lockerem Plauderton, klettert mühelos Fassaden hoch und läßt sich von de Kowa direkt ansprechen« (Karsten Witte u. a.: *Wir tanzen um die Welt*).

**Wir werden das Kind schon schaukeln.** *R* E. W. Emo. *B* Karl Farkas, Hugo Maria Kritz, E. W. Emo. *K* Oskar Schnirch. *M* Heinz Sandauer. *A* Professor Gustav Abel. *D* Heinz Rühmann (Felix Schneider), Hans Moser (Stieglitz), Theo Lingen (Paul Fellmeier), Nadja Tiller (Olga, Fellmeiers Frau), Annie Rosar (die Schwiegermutter), Margarete Slezak (Rosa, Stieglitz' Frau), Hilde Berndt (Lilli Schneider), Brigitte Ratz, Lotte Lang, Fritz Heller. *P* Styria, Wien. 87 Minuten. 1952.
Die Geschichte dreier Ehepaare, die immer irgendwie miteinander in Verbindung stehen und wenn nicht, dann sorgt die Schwiegermutter dafür. Ein frivoler Brief in der falschen Manteltasche bringt das häusliche Glück schließlich so durcheinander, daß die Scheidungsanwälte drohen, auf der Bildfläche zu erscheinen, aber dann geht doch noch alles gut aus.
Ein unglaublicher Ulk, bei dem Rühmann, Lingen und Moser dem Affen wieder einmal ordentlich Zucker geben können.

**Wochenend im Paradies.** *R* Kurt Hoffmann. *B* Reinhold Schünzel, nach dem Bühnenstück *Weekend im Paradies* von Arnold und Bach. *K* Albert Benitz. *M* Hans Martin Majewski. *A* Willi A. Hermann, Heinrich Weidemann. *D* Paul Dahlke (Regierungsrat Dittchen), Carola Höhn (Dr. Wilma Linde), Christine Jansen (Olivia), Margit Cargill, Walter Giller, Erich Ponto, Hubert von Meyerinck, Harald Paulsen. *P* Standard-Film. 85 Minuten. 1952. Alternativer Titel *Liebe im Finanzamt.*
Verwitweter Finanzbeamter erlebt allerlei Abenteuer mit seinen zwei Töchtern und findet in einer Zahnärztin eine neue Frau.
Eine erste, ganz auf Klamauk ausgerichtete Verfilmung von *Weekend in Paradies* drehte Robert Land 1931 unter dem Originaltitel, mit Trude Berliner.

**Wo du hingehst.** *R* Martin Hellberg. *B* Martin Hellberg und Eduard Claudius nach dem Roman *Grüne Oliven und nackte Berge* von Eduard Claudius. *K* Günter Eisinger. *M* Ernst Hermann Meyer. *A* Willy Schiller. *D* Wolfgang Stumpf (Jakob Rhode), Gisela Trowe (Thea Ricci), Raimund Schelcher, Gerry Wolff, Alexander Papendiek, Josef Kamper. *P* Defa, DDR. 97 Minuten. 1957.
Die Geschichte spielt in den Jahren 1936 bis 1938 während des spanischen Bürgerkrieges. Es geht um die Liebe des deutschen Kommunisten Jakob Rhode zu der Schweizer Ärztin Thea Ricci.

**Wozzeck.** *R* Georg C. Klaren. *B* Georg C. Klaren, nach dem Bühnenstück von Georg Büchner. *K* Bruno Mondi. *M* Herbert Trantow. *A* Hermann Warm, Bruno Monden. *D* Max Eckardt (Büchner), Kurt Meisel (Wozzeck), Helga Zülch (Marie), Paul Henckels (Doktor), Arno Paulsen (Hauptmann), Richard Häusler (Tambourmajor), Willi Rose (Andres), Claire Reigbert, Valy Arnheim, Karl Hellmer, Elsa Wagner, Rotraut Richter, Gunnar Möller. *P* Defa, Berlin-Ost. 2745 Meter. 1947. Alternativer Titel *Der Fall Wozzeck.*
Im Anatomiesaal einer deutschen Kleinstadt-Universität liegt der Körper des Füsiliers Wozzeck, den man geköpft hat. »Ein Mörder«, sagt der Doktor, der ihn seziert. »Ein Mensch, den wir gemordet haben«, sagt der Student Büchner. Um seine Behauptung zu erhärten, erzählt er den Fall Wozzeck, wie er ihn selbst erlebt hat.

»In Büchner findet der Film eine kräftige Stimulanz. Hier haben wir es zu tun mit Filmemachen mit dem alten deutschen Geschmack für das Makabre und das alte Rationalisieren, heute überlagert von Nüchternheit und Larmoyanz. Wozzeck selbst, gespielt von Kurt Meisel, hinterläßt einen bleibenden Eindruck. Er leidet schrecklich und stoisch, strebt nach Erleuchtung, und das seltene Aufflackern von Glück läßt uns einen potentiell guten und freien Menschen ahnen, der in den Tod getrieben wird, nur weil er leidensfähig ist« (William Whitebait, *NFT*). Eine Neuverfilmung des Stoffes drehte Werner Herzog 1978.

**York.** *R* Gustav Ucicky. *B* Hans Müller, Robert Liebmann. *K* Carl Hoffmann, Günther Anders. *A* Robert Herlth, Walter Röhrig. *M* Werner Schmidt-Boelcke. *D* Werner Krauss (York), Gustaf Gründgens (Staatskanzler Graf von Hardenberg), Rudolf Forster (Friedrich Wilhelm III.), Grete Mosheim, Hans Rehmann, Lothar Müthel, Friedrich Kayssler, Raoul Aslan. *P* Ufa (Ernst Hugo Corell). 2793 Meter. 1931.
1812, nach dem Frieden von Tilsit. Friedrich Wilhelm III. ernennt den alten General von York zum Führer des Hilfskorps, das mit den Franzosen gegen Rußland zieht. Durch eine abgefangene Geheimdepesche erfährt York von Napoleons Niederlage. Er versucht, den König zum Kampf gegen die Franzosen zu bewegen. Der König zögert. York widersetzt sich dem Befehl, die Russen anzugreifen, und schließt stattdessen in Tauroggen eine Konvention mit ihnen: Preussen hat den Rücken frei zum Kampf gegen Frankreich.

»... für eine neue deutsche Menschheit... ein echter Gesinnungsfilm... Die Gesinnung, die daraus spricht, lautet: über alles das Vaterland!« (Oskar Kalbus: *Vom Werden deutscher Filmkunst*, 1935).

**Der zerbrochene Krug.** *R* Gustav Ucicky. *B* Thea von Harbou nach dem Lustspiel von Heinrich von Kleist. *K* Fritz Arno Wagner. *M* Wolfgang Zeller. *A* Robert Herlth. *D* Friedrich Kayssler (Walter, Gerichtsrat), Emil Jannings (Adam, Dorfrichter), Lina Carstens (Marthe Rull), Angela Salloker (Eve, ihre Tochter), Bruno Hübner (Veit Tümpel, ein Bauer), Paul Dahlke (Ruprecht, sein Sohn), Max Gülstorff, Elisabeth Flickenschildt, Walter Werner, Erich Dunskus. *P* Tobis-Magna. 2348 Meter. 1937.
Dorfrichter Adam, arg angeschlagen und am Kopf verletzt, muß so derangiert am Morgen sein Amt übernehmen. Marthe Rull beklagt einen zerbrochenen Krug und beschuldigt Ruprecht Tümpel, den Verlobten ihrer Tochter Eve, aber Ruprecht leugnet, denn er hat den Dorfrichter des Nachts bei Eve erwischt und ihn mit dem Krug geschlagen. Dorfrichter Adam findet immer neue Ausflüchte, aber schließlich siegt doch die Gerechtigkeit, und Eve und Ruprecht werden ein Paar.
»... Die Rolle des Dorfrichters Adam bot Jannings einige Möglichkeiten Lüsternheit, Verschlagenheit und Unverschämtheit in einer der NS-Moral adäquaten Form straflos vor- und auszuspielen.« (Herbert Holba, *Emil Jannings*). – Goebbels fühlte sich vom Janningschen Klumpfuß persönlich auf den Schlips getreten und wäre ihn am liebsten losgeworden; aber das gelang nicht, denn Jannings gehörte längst zu den populärsten und beliebtesten Schauspielern.

**Der Zigeunerbaron.** *R* Karl Hartl. *B* Vineta Klinger, Walter Supper, Tibor Yost, nach der Operette von Johann Strauß und einer Story von Maurus Jokai. *K* Günther Rittau, Otto Baeker. *M* Johann Strauß, in der Bearbeitung von Alois Melichar. *A* Werner Schlichting. *D* Adolf Wohlbrück (Sandor Barinkay), Hansi Knoteck (Saffi), Fritz Kampers (Zsupan), Gina Falckenberg (Arsena), Edwin Jürgensen, Rudolf Platte, Josef Sieber, Margarethe Kupfer. *P* Ufa. 113 Minuten. 1935.
Eine französische Version drehte Hartl (Co-Regie Henri Chomette) unter dem Titel *Le Baron Tzigane,* mit Adolf Wohlbrück und Jacqueline Francell. Weitere Verfilmungen; beide in Farbe: 1954, Regie Arthur Maria Rabenalt, mit Margit Saad, Gerhard Riedmann; 1962, Regie Kurt Wilhelm, mit Heidi Brühl, Carlos Thompson.

**Die Zürcher Verlobung.** *R* Helmut Käutner. *B* Heinz Pauck, Helmut Käutner, nach dem Roman von Barbara Noack. *K* (Eastmancolor) Heinz Pehlke. *M* Michael Jary. *L* »Du hast mir nie gesagt: Es gibt nur dich«, »Ja, ja, die Liebe in der Schweiz« von Michael Jary *(M)* und Helmut Käutner *(T).* *A* Herbert Kirchhoff. Albrecht

Becker, Erna Sander. D Liselotte Pulver (Juliane Thomas), Paul Hubschmid (Dr. Jean Berner), Bernhard Wicki (Paul Frank, genannt Büffel), Wolfgang Lukschy (Jürgen Kolbe), Rudolf Platte, Werner Finck, Roland Kaiser. P Real-Film (Gyula Trebitsch). 107 Minuten. 1957.
Juliane Thomas verliebt sich in den Schweizer Jean Berner und verarbeitet diese Passion in eine Geschichte, die ein Filmregisseur verfilmen will, der ein Freund von Jean Berner ist und so tut, als wolle er die beiden verkuppeln, was aber mit der Verlobung der Autorin und des Regisseurs endet.
»Das Lustspiel *Die Zürcher Verlobung* zeigte wieder Käutners Vorliebe für kabarettistische Effekte« (Walther Schmieding: *Kunst oder Kasse*).

**Zugvögel.** R und B Rolf Meyer. K Albert Benitz, Klaus von Rautenfeld. M Werner Eisbrenner. A K. H. Albrecht. D Carl Raddatz (Georg), Lotte Koch (Renée), Fritz Wagner (Wolfgang), Gerta Böttcher, Gert Schäfer. P Studio 45. 2191 Meter. 1947.
Ein Jahr nach Kriegsende unternimmt eine Gruppe junger Leute eine Paddel- und Zeltfahrt weserabwärts. »Auf dieser Fahrt wird offenbart sich durch die Verschiedenheit der Charaktere ein Bild unserer heutigen Jugend, die nur dem Heute lebt« (*Film-Bühne* N. 199).

**Zwei Herzen im Dreivierteltakt.** R Geza von Bolvary. B Franz Schulz, Walter Reisch. K Max Brinck, Wilhelm Goldberger. M Robert Stolz. LT Alfred Grünwald, Armin Robinson, Fritz Rotter, Walter Reisch. A Robert Neppach. D Walter Janssen (Toni Hofer), Oskar Karlweis (Nicky Mahler), Willi Forst (Vicky Mahler), Gretl Theimer (Hedi), Irene Eisinger, Szöke Szakall, Paul Hörbiger. P Superfilm. 2646 Meter. 1930.
Komponist Hofer wird von dem Mädchen Hedi zu einem Walzer inspiriert; weil ihm die Melodie wieder entfällt, setzt eine verzweifelte Suche nach dem inzwischen verschwundenen Mädchen ein.
Der erste Tonfilm von Geza von Bolvary, sehr witzig und unterhaltsam wie die meisten seiner folgenden Filme in diesem Genre. Auf den Erfolg des Filmes hin wurde der Stoff 1933 zu der Bühnenoperette gleichen Titels umgearbeitet.

**Zwei Mütter.** R Frank Beyer. B Jo Tiedemann, Frank Beyer. K Otto Merz. M Joachim Werzlau. A Alfred Hirschmeier. D Françoise Spira (Madeleine Broquard), Helga Göring (Hedwig), Ruth Wacker (Jutta), Wilhelm Koch-Hooge, Kurt Oligmüller, Heinz Gies. P Defa, DDR. 88 Minuten. 1958.
Der Film erzählt die Geschichte des Kampfes zweier Mütter um ihr Kind. Die Französin brachte während des Krieges ein Kind zur Welt und wurde danach als Fremdarbeiter zwangsverpflichtet. Zwei Jahre nach Kriegsende kommt sie nach Berlin und findet ihren Sohn bei der deutschen Frau Hedwig, die unwissend, daß der Junge nicht ihr leibliches Kind ist, die Rechte der Französin an dem Kind bestreitet.
»Der Film drückt sich um eine klare Lösung. ›Einmal werde ich ihn mitnehmen. Jetzt ist es ihr Kind, dann wird es mein Kind sein‹, sagt die französische zu der deutschen Mutter in der letzten Sequenz. Eine Verständigung scheint möglich, wie sie konkret aussehen könnte, bleibt offen.
. . . Beyer . . . beließ die in Frankreich spielenden Szenen in der Originalsprache mit deutschen Untertiteln und erreichte so eine gewisse Authentizität jenseits der komischen Effekte des üblichen deutschen Kino-Französisch, wenngleich andererseits die ›typisch französische‹ Filmmusik mit Musette-Klängen diese Qualität in Frage stellt.« (Hans C. Blumenberg u. a., *Film in der DDR*).

**Das zweite Leben.** R Victor Vicas. B Dieter Werner, Frédérik Grendel, Victor Vicas. K André Bac. M Hans-Martin Majewski. A Alfred Bütow. D Michel Auclair (Siegfried), Barbara Rütting (Sybille), Simone Simon (Francoise), Bernhard Wicki (Reinhard), Rolf von Nauckhoff, Gert Fröbe. P Trans-Rhein / Madeleine. 90 Minuten. 1954.
Paris im Frühjahr 1945. Der französische Maler, der sich noch kurz bevor er an die Front fährt, verlobt, wird schwer verwundet und fällt den Deutschen in die Hände. Er besitzt keine Identitätsausweise. Durch seine Verwundung hat er sein Gedächtnis und seine Sprache verloren, und die Deutschen nehmen an, er sei einer von den ihren. Er verliebt sich in die Krankenschwester Sybille, die ihm hilft, ein neues Leben aufzubauen. Aus Schloß Hohenberg, dem einstigen Hilfslazarett, macht er ein nationalistisches Kunstinstitut und sperrt sich gegen ausländische Kultureinflüsse. Seine einstige Braut entdeckt ihn, sucht ihn auf, aber er erkennt sie nicht. Sie klärt seine Identität auf und findet zu ihm zurück.

**Zwei Welten.** R Gustaf Gründgens. B Felix Lützkendorf. K Walter Pindter. M Michael Jary. L Michel Jary (M), Bruno Balz (T). A Traugott Müller, Herta Böhm. D Max Eckard (Werner von Rednitz), Joachim Brennecke (Hans Schulz), Paul Bildt (Werkmeister Schulz), Berta Monnard, Hansi Wendler, Friedl Hanses, Ida Wüst, Marianne Simson, Antje Weisgerber, Edda Seipel. P Terra (Gustaf Gründgens). 2494 Meter. 1940.
Der Arbeiterjunge Hans Schulz und der Adelssproß Werner von Rednitz tauschen auf der Fahrt zum Ernteeinsatz auf Rittergut Altenstrahlow ihre Identität, um den ultrakonservativen Verwandten Werners, denen das Rittergut gehört, einen Streich zu spielen. Auch der Vater von Hans, der Berliner Werkmeister Schulz, entpuppt sich bei einem Besuch der beiden als rückständiger Charakter. Die Kameraden wissen aber die Prinzipien einer neuen Zeit wirkungsvoll zu vertreten.
Die Geschichte einer Jungenfreundschaft liegt Gründgens, die darin enthaltene Nazi-Propaganda versucht er durch Ironie zu unterlaufen.

**Zwischenfall in Benderath.** R János Veiczi. B Curt Corrinth, nach seinem Bühnenstück *Trojaner*. K Hans Hauptmann. D Uwe-Jens Pape, Barbara Rost, Peter A. Stiege. Renate Küster. P Defa, DDR. 1956.
Mit Billigung ihrer Eltern revoltieren sieben Schüler eines Gymnasiums in der Bundesrepublik gegen einen antisemitischen Lehrer, der einen jüdischen Mitschüler beleidigt hat. Die Schulbehörde versetzt den Lehrer, aber nicht, ohne ihm eine Beförderung in Aussicht zu stellen. Der Vater des jüdischen Gymnasiasten wird verhaftet, weil er in Zeitungsartikeln Kritik an westdeutschen Verhältnissen geübt hat.

**Zwischen Gestern und Morgen.** R Harald Braun. B Harald Braun, Herbert Witt. K Günther Anders. M Werner Eisbrenner. A Robert Herlth. D Viktor de Kowa (Michael Rott), Winnie Markus (Annette Rodenwald), Viktor Staal (Rolf Ebeling), Willy Birgel (Alexander Corty), Sybille Schmitz (Nelly Dreifuß), Hildegard Knef (Kat), Carsta Löck, Erich Ponto, Otto Wernicke, Adolf Gondrell, Walter Kiaulehn, Erhard Siedel. P Neue deutsche Filmgesellschaft. 107 Minuten. 1947
März 1947. Der Zeichner Michael Rott, vor zehn Jahren aus politischen Gründen in die Schweiz geflüchtet, kehrt nach München zurück. Die alten Bekannten begegnen ihm mißtrauisch; sie halten es für erwiesen, daß er damals den wertvollen Schmuck der Jüdin Nelly Dreifuß, die sich der Verhaftung durch Selbstmord entzog, mitgenommen hatte. Rott kann sich rehabilitieren.
Die Helden des Nazi-Films präsentieren sich in ihren neuen Rollen als Verfolgte des Nazi-Regimes; ein peinlicher Fall von Selbst-Entnazifizierung und ein erschreckendes Beispiel für die durch Opportunismus bewirkte Kontinuität deutschen Filmschaffens.

# Chronik 1930–1960

| **Filme des Jahres** | **Film-Politik** | **Vermischtes** |

### 1930
Abschied
Alraune
Cyankali
Das Flötenkonzert
von Sanssouci
Der blaue Engel
Der Greifer
Die Drei von der Tankstelle
Die letzte Kompanie
Drei Tage Mittelarrest
Dreyfuss
Hokuspokus
Ich glaube nie mehr an eine Frau
Kohlhiesels Töchter
Liebeswalzer
Stürme über dem Montblanc
Westfront 1918

Jahresproduktion: 127 Filme. – NSDAP gründet die Reichsfilmstelle. »Die Filmszene der Jahre 1928–1932 wurde ökonomisch und kulturpolitisch von der Bourgeoisie dominiert und stand im Schlepptau faschistischer Schrittmacher. Das ins Kino getragene Weltbild predigte Chauvinismus, Klassenversöhnung, Antisemitismus, Bejahung des Untertanengeistes und Revanchistentum... Neben sozialkritischen Streifen (von Martin Berger, Gerhard Lamprecht, G.W. Pabst, Richard Oswald und Alexis Granowsky) stemmten sie revolutionär-proletarische Streifen (von Phil Jutzi, Carl Junghans und Slatan Dudow), Dokumentar- und Agitprop-Shorts dem Ufa-Geist entgegen... Diese Filmszene glich einer Arena.« (Herbert Holba, *Werner Hochbaum*).

Teilton-Filme (Stummfilme, angereichert mit Tonteilen und Liedeinlagen), kommen in die Kinos. Max Schmeling besingt mit rührendem Stimmchen sein empfindsames Boxerherz in *Liebe im Ring*. Tenöre wie Richard Tauber, Jan Kiepura werden vor die Kameras geholt oder verleihen ihre schöne Stimme an die Protagonisten, die keine solche schöne haben, sondern nur so aussehen. Die Emelka hat Pech mit der Nachsynchronisation von *In einer kleinen Konditorei*, denn stumm mit 30 Bildern pro Sekunde aufgenommen, aber mit 24 Bildern nur synchronisiert, ergab das eine grotesk asynchrone und arhythmische Fassung. Zarah Leander über ihr Filmdebut in Schweden: »Ich stellte eine Hexe dar, die auf einem Besenstiel saß und ein Couplet sang. Mehr ist dazu nicht zu sagen!« – Geboren: Maximilian Schell, Schauspieler, Regisseur, kommt übers Theater durch Laszlo Benedek 1955 für *Kinder, Mütter und ein General* zum Film.

### 1931
Ariane
Berge in Flammen
Berlin – Alexanderplatz
Bomben auf Monte Carlo
Danton
Der brave Sünder
Der Hauptmann von Köpenick
Der Kongreß tanzt
Der Mörder des
Dimitri Karamasoff
Der weiße Rausch
Die Dreigroschenoper
Die Fledermaus
Die Försterchristl
Die Privatsekretärin
Emil und die Detektive
Gassenhauer
Kameradschaft
Luise, Königin von Preußen
M
Mädchen in Uniform
Nie wieder Liebe
Stürme der Leidenschaft
Wer nimmt die Liebe ernst?

Jahresproduktion: 200 Filme. – Die Regierung Brüning verschärft Zensurmaßnahmen. »Zwar suchte die Regierung Brüning den Anschein strikter Neutralität zu wahren, gab aber dabei mehr und mehr den Forderungen der Nationalsozialisten und dem Druck reaktionärer Gruppen nach. So wurde ein für den Wahlkampf im Auftrag linker Kreise hergestellter Film *Ins Dritte Reich* (1931) mit der Begründung verboten, daß er deutschen Geschäftsinteressen abträglich sei, den deutschen Richterstand und die nationalsozialistische Partei ungebührlich herabsetzte. Der Remarque-Film *Im Westen nichts Neues* wurde anfänglich von der Zensur freigegeben; als aber die Nationalsozialisten ihre berüchtigten Demonstrationen gegen ihn veranstalteten, untersagte die Zensur weitere Vorführungen unter dem Vorwand, daß sie das deutsche Ansehen im Ausland gefährden würden« (Siegfried Kracauer). Während der Premiere von *Im Westen nichts Neues* laufen weiße Mäuse durchs Publikum und Tränengasbomben explodieren. Die Regierung unternimmt nichts dagegen.

Erfolgreichster Film der Saison 30/31 ist *Die Drei von der Tankstelle* von Wilhelm Thiele, zweiter wird *Drei Tage Mittelarrest* von Carl Boese, der Tophit unter den Militärschwänken der Zeit, die die Schwankseite der völkisch-militaristischen Filme darstellen. Erich Engel dreht mit Jenny Jugo seinen ersten Top-Erfolg *Wer nimmt die Liebe ernst?* Gerhard Lamprecht, 34, Regisseur, Filmhistoriker, macht seinen berühmtesten Film *Emil und die Detektive*. Sein Nachkriegsfilm *Irgendwo in Berlin* (1946) lehnt sich eng an die Thematik seiner frühen Zillefilme. Fritz Kortner gibt sein Regiedebut mit der Komödie *Der brave Sünder*. Gustav von Wangenheim gründet revolutionäres Schauspielerkollektiv »Truppe 31«. Slatan Dudow dreht seinen ersten Spielfilm *Kuhle Wampe*. Herta Thiele debütiert in *Mädchen in Uniform* und spielt die beste Rolle ihrer ganzen Laufbahn. Ludwig Berger kehrt aus Hollywood zurück, wo er einige Filme gedreht hat. – Gestorben: Lupu Pick, 45, Schauspieler, Regisseur, nach Vollendung seines ersten Tonfilms *Gassenhauer* (1931). F.W. Murnau, eigentlich Plumpe, 43, Schauspieler, Regisseur, bei einem Verkehrsunfall in Kalifornien. Filme *Nosferatu* (1921), *Der letzte Mann* (1924),

| Filme des Jahres | Film-Politik | Vermischtes |

**1932** Das blaue Licht
Der Rebell
Der Sieger
Der träumende Mund
Die Gräfin von Monte Christo
Die Herrin von Atlantis
Die verkaufte Braut
Ein blonder Traum
F.P.1 antwortet nicht
Fünf von einer Jazzband
Grün ist die Heide
Kuhle Wampe
Mensch ohne Namen
Peter Voss, der Millionendieb
Razzia in St. Pauli
Unheimliche Geschichten
Vampyr

Jahresproduktion: 156 Filme. – Die Reichsfilmstelle gibt das NS-Blatt *Der deutsche Film* heraus. Die politischen Parteien beteiligen sich ab und zu an verschiedenen Filmproduktionen. Die SPD finanziert den larmoyanten *Lohnbuchhalter Krempe*. Der einzige kommunistische Film der Weimarer Republik *Kuhle Wampe* wird nach endlosen Kämpfen mit der Zensur endlich freigegeben. Dagegen steht der dem Nationalismus huldigende reaktionäre Film *Das Flötenkonzert von Sanssouci* (1930), für den kräftig die Werbetrommel gerührt wird. Je mieser die wirtschaftliche Situation wird, desto optimistischer wurden die Filme, wie *Die Drei von der Stempelstelle* (Plagiat von Thieles *Die Drei von der Tankstelle* (1930), *Ein blonder Traum*. Der Film-Schlager »Wir zahlen keine Miete mehr« muß den Arbeitslosen wie Hohn geklungen haben.

Max Ophüls verschafft Karl Valentin in *Die verkaufte Braut* einen seiner wirkungsvollsten Filmauftritte. Unter der Regie von Louis Ralph gibt Helmut Käutner sein Debut als Schauspieler in *Kreuzer Emden*. Luise Ullrich debütiert in Luis Trenkers *Der Rebell*. Frank Wisbar gibt sein Regiedebut mit *Im Banne des Eulenspiegels*. Gustaf Gründgens wird Schauspieler am Staatstheater. Paul Czinner, Schauspieler, Regisseur, emigriert mit seiner Frau, der Schauspielerin Elisabeth Bergner, nach England. Eugen Schüfftan, Kameramann, emigriert nach Frankreich. Als Trickspezialist bekannt. Erste Experimente in *Die Nibelungen* (1927). Nach ihm ist das »Schüfftan-Verfahren« benannt, ein Trick, womit Modelle von Häusern oder andere Objekte riesengroß erscheinen. – Geboren: Edgar Reitz, Regisseur des Jungen Deutschen Films. Drehte 1966 seinen ersten Spielfilm *Mahlzeiten*. Alexander Kluge, Regisseur und Wegbereiter des Jungen Deutschen Films dreht nach Volontariat bei Fritz Lang mit Peter Schamoni 1966 den Markstein des Jungen Deutschen Films *Abschied von Gestern*.

Ufa-Tonfilmatelier Neubabelsberg bei Berlin.

**1933** Anna und Elisabeth
Choral von Leuthen
Das Testament des Dr. Mabuse
Ein Lied geht um die Welt
Flüchtlinge
Hans Westmar
Hitlerjunge Quex
Ihre Durchlaucht, die Verkäuferin
Lachende Erben
Leise flehen meine Lieder
Liebelei
Morgen beginnt das Leben
Morgenrot
Schleppzug M 17
Schwarzwaldmädel
S.O.S. Eisberg
Viktor und Viktoria
Walzerkrieg

Jahresproduktion: 135 Filme. – Durch Propagandaministerium Gleichschaltung des deutschen Films. »Unsere Gleichschaltung bedeutet, daß die neue deutsche Weltanschauung als schlechthin gültig die beherrschende Stellung über allen anderen einnehmen soll« (Rust, Kultusminister). »Bei den gefährlichen Auswirkungen des Films hat der Staat die Pflicht, regulierend einzugreifen« (Goebbels). Gründungen: Filmkreditbank, Vorläufige Filmkammer, Reichskulturkammer mit Reichsfilmkammer. Jeder Filmschaffende mußte Mitglied sein. Ausländern und Juden Beschäftigung beim Film untersagt. Filmverbote: *Die Dreigroschenoper* von G.W. Pabst, 1931; *Voruntersuchung* von Robert Siodmak, 1931; *Kuhle Wampe* von Slatan Dudow, 1932; Spielfilme über die NSDAP und andere Nazi-Organisationen dürfen nicht mehr gedreht werden.

Deutsches Reich kauft für 3,2 Millionen Gulden die Tobis. Leni Riefenstahl dreht Kurzfilm *Sieg des Glaubens* über NSDAP-Parteitag, Hans Steinhoff wird nach *Hitlerjunge Quex* eifrigster Propagandafilm-Hersteller. Lilian Harvey mit Hollywood-Vertrag verläßt Deutschland und ihre unerfüllte Liebe Willy Fritsch. Goebbels bietet Fritz Lang die Intendanz der »Abteilung Film« an, worauf Lang sofort den nächsten Zug nach Paris nimmt. Am Tag darauf (29.3.) Verbot seines Films *Das Testament des Dr. Mabuse*. Mit der Machtergreifung der Nationalsozialisten verlassen die größten Könner des deutschen Films, Regisseure, Komponisten, Schauspieler, Kameraleute und Produzenten Deutschland. – Geboren: Jean Marie Straub, Regisseur. Filme *Machorka-Muff* (1963), *Nicht versöhnt* (1965). Johannes Schaaf, Regisseur; gehört auch zu den Wegbereitern des Jungen Deutschen Films; debütiert 1967 mit *Tätowierung*. Josef Subméh, Kameramann, Filmhistoriker, fotografierte 1974 seinen ersten Dokumentar-Spielfilm *Heinrich IV.* in der Art der Direct Cinema.

| Filme des Jahres | Film-Politik | Vermischtes |

**1934** Der ewige Traum
Der Firmling
Der Schimmelreiter
Der verlorene Sohn
Die Finanzen des Großherzogs
Gold
Hohe Schule
Liebe, Tod und Teufel
Maskerade
Regine
So ein Flegel
So endete eine Liebe
Vorstadtvarieté

Jahresproduktion: 147 Filme. – Jugendfilmstunden werden von der HJ und Reichsjugendleitung veranstaltet. HJ stellt eigene Filme und Wochenschauen *Junges Europa* her. 16.2. Reichslichtspielgesetz. Prädikate werden eingeführt: 1. Film der Nation, staatspolitisch, künstlerisch besonders wertvoll. 2. Staatspolitisch wertvoll, künstlerisch wertvoll, kulturell wertvoll, volkstümlich wertvoll, anerkennenswert. 3. Jugendwert, Lehrfilm. Verboten sind: Filme von Emigranten und Juden oder mit Juden; Verfilmung von Stoffen »von Schriftstellern, die auf der Schwarzen Liste« stehen.

Regisseur Joe May geht nach Hollywood. Erwin Piscator dreht in der Sowjetunion seinen ersten und einzigen Film *Der Aufstand der Fischer*. Detlef Sierck bekommt ein Angebot von der Ufa und beginnt mit drei Kurzfilmen, darunter *Der eingebildete Kranke* und *Dreimal Liebe*. Paula Wessely gibt ihr Filmdebut in Willi Forsts *Maskerade*. Gustaf Gründgens wird Intendant des Berliner Staatstheaters. Harlan löst seinen Staatstheatervertrag als Schauspieler, um Regisseur zu werden. Dazu Gründgens: »Du machst einen großen Fehler, Veit. In deiner Knabenhaftigkeit und deinem Wesen kann ich nichts entdecken, was dich für den Beruf eines Regisseurs geeignet erscheinen läßt.« Veit hört nicht auf Gustaf.

**1935** Amphitryon
April, April
Artisten
Das Mädchen Johanna
Das Mädchen vom Moorhof
Der alte und der junge König
Der höhere Befehl
Der Student von Prag
Die ewige Maske
Leichte Kavallerie
Mazurka
Pygmalion
Stützen der Gesellschaft
Triumph des Willens
Viktoria

Jahresproduktion: 123 Filme. – Jüdischen Künstlern und nichtarischen Personen wird das Tragen von Künstlernamen untersagt. Kieler Kinos beschließen, Juden den Theaterbesuch nicht zu gestatten. Goebbels weiht unter Anwesenheit von Hitler und Künstlern das Reichsfilmarchiv im Berliner Harnack-Haus in Dahlem ein. Auslandsverkäufe gehen zurück. In Polen und Tschechoslowakei Boykott deutscher Filme. Ufa schließt Büros in Budapest und Stockholm, verkauft ihre Kinos in der Schweiz. Gründung der Deutschen Export GmbH, um Auslandsverkäufe anzukurbeln. Hugenberg verläßt die Ufa, um Komitee Platz zu machen, das von Goebbels berufen wird. Ufa-Verwaltungsrat: Karl Ritter, Paul Hartmann, Eugen Klöpfer, Mathias Wieman.

Detlef Sierck dreht seinen ersten langen Spielfilm *April, April*, Leni Riefenstahl den Kurzfilm *Tag der Freiheit*, der auf Beschwerde der Wehrmacht entsteht, weil sie nicht im Reichsparteitags-Film vertreten war. Lilian Harvey kommt aus Hollywood zurück. Die Agfa beginnt mit gezielter Entwicklung ihres Farbverfahrens Agfacolor. Werner Hinz debütiert in *Der alte und der junge König*. Pola Negri dreht nach Aufenthalt in Hollywood, England und Frankreich unter Willi Forst *Mazurka*. »Aber auch dieser Film verblich schnell, und zuletzt blieb nichts mehr als ein böser Witz. Pola war in den Zeitungen abgebildet, im Ballgespräch mit Göring, das Sektglas in der Hand. Plötzlich tauchten allerhand Andeutungen auf. Das letzte, was man von Pola hört, war eine kurze Zeitungsnotiz, über die ganz Berlin lachte: Entgegen allen böswilligen Behauptungen werde hiermit endgültig festgestellt, daß Pola Negri ›Polin und also Arierin‹ sei« (Ludwig Berger).

Leni Riefenstahl bei den Dreharbeiten zu *Triumph des Willens*.

| Filme des Jahres | Film-Politik | Vermischtes |

**1936** Burgtheater
Das Hofkonzert
Das Veilchen vom Potsdamer Platz
Der Favorit der Kaiserin
Der Kaiser von Kalifornien
Der Kurier des Zaren
Die Nacht mit dem Kaiser
Eine Frau ohne Bedeutung
Fährmann Maria
Fridericus
Glückskinder
Hallodria
Mädchenjahre einer Königin
Schatten der Vergangenheit
Schlußakkord
Traumulus
Truxa
Verräter
Wenn wir alle Engel wären

Jahresproduktion: 143 Filme. – Goebbels ersetzt Kunstkritiken durch Kunstbetrachtungen. »Kunstbetrachter« W. Fiedler, C. Linfert, E. Pfeiffer würzen ihre »Betrachtungen« mit Ironie, damit die Sache nicht allzu langweilig wird. Gründung der Ufi (Ufa-Film GmbH). Stammkapital 65 Millionen. Ufi schluckt 138 Einzelfirmen der Filmindustrie. Ufi hatte die gesamte Filmproduktion in der Hand. Filmkreditbank schoß 75% der Herstellungskosten vor, den Rest übernahm der Produzent. Präsident der Reichsfilmkammer, Dr. Lehnich, schlägt die Bildung einer »Sonderkommission für Fragen der Weltanschauung« vor, weil »der Film ständig neue und schwerwiegende weltanschauliche Probleme« aufwirft. Der Reichsfilmdramaturg Willi Krause bittet Goebbels, ihn zu entlassen. Sein Nachfolger wird Hans Jürgen Nierentz, der das Lied »Flieg, deutsche Fahne, flieg« textete.

Mit *Schlußakkord* begründet Detlef Sierck seinen Ruf als Erfolgsregisseur und Meister des Melodrams. »Der Film hat mehr Geld eingespielt als jede andere Ufa-Produktion seit Jahren« (Jon Halliday, *Sirk on Sirk*). Veit Harlan inszeniert mit Henny Porten seinen ersten Film *Krach im Hinterhaus* in elf Tagen. »Einen Film machte ich in Wien, einen anderen in Budapest. Ich war ja ›Schnellregisseur‹ und als solcher sehr beliebt...« (Veit Harlan, *Im Schatten meiner Filme*). Rolf Hansen dreht einen Kurzspielfilm in Farbe, *Das Schönheitsfleckchen,* nach dem Siemens-Berthon-Linsenrasterverfahren. Das Agfacolor-Neu-System kommt als Umkehrmaterial 1936 auf den Markt, das auf dem Prinzip der chromogenen Entwicklung beruht. – Zarah Leander erhält von der Ufa einen Vertrag für drei Filme innerhalb von zwei Jahren, mit Vetorecht gegen die Drehbücher und eine Gage von 200 000 Mark. Kristina Söderbaum debütiert unter Regie von Erich Waschnek in *Onkel Bräsig.* – Geboren: Hans Jürgen Syberberg, Regisseur. Beginnt mit Dokumentarfilmen, 1969 erster Spielfilm *Wieviel Erde braucht der Mensch?*

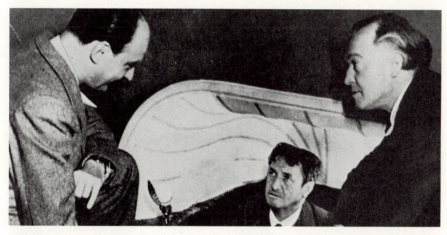

Willi Forst dreht *Burgtheater* mit Hans Moser und Werner Krauss.

**1937** Capriolen
Der Berg ruft
Der Herrscher
Der Mann, der Sherlock Holmes war
Der Mustergatte
Der zerbrochene Krug
Die ganz großen Torheiten
Die göttliche Jette
La Habanera
Patrioten
Unternehmen Michael
Urlaub auf Ehrenwort
Zu neuen Ufern

Jahresproduktion: 122 Filme. – Zwischen 1937 und 1941 bemächtigt sich die NS-Regierung der gesamten Filmindustrie. Hugenberg verkauft seine Ufa-Aktien an Treuhandgesellschaft Cautio, die die Produktionsstätten nach und nach der Reichsregierung zuschachert. 1. »Reichsfilmtage der HJ« in Hamburg; 1. Kongreß der Reichsfilmkammer, auf dem Mathias Wieman sagt, daß wir den Wunsch fühlen, »jenen soldatischen Vorbildern unserer frühen Jahre nachzufolgen und etwas zu werden, wie die Soldaten der Kunst, dienend der höchsten Idee, auf die uns ... der Führer vereidigt hat«.

Heinrich George erhält von der Schwiegertochter Henrik Ibsens Besuch, die begeistert von seinem Spiel im *Volksfeind* ist. Vor allem spricht sie im Namen von Ibsen selbst, der geradezu hingerissen sei von ihm. George ist starr vor Staunen, denn Ibsen ist seit 1906 tot. »Ja, ich bin Spiritistin und spreche sehr oft mit Henrik.« Darauf George: »Ach, dann grüßen Sie ihn doch sehr von mir.« »Werde ich tun«, sagte sie freundlich. – Detlef Sierck setzt sich über Rom, Zürich, Frankreich und Holland nach USA ab. Luis Trenker darf sich die Prädikate für *Condotieri* selbst aussuchen. Heinrich George bricht mit einer Magenblutung zusammen. Carl Raddatz spielt seine erste Filmrolle in *Urlaub auf Ehrenwort. Der Kongreß tanzt* wird verboten. Goebbels untersagt Veit Harlan die Gründung einer eigenen Produktions-Firma.

## Filme des Jahres

**1938**
Capriccio
Das indische Grabmal
Der Maulkorb
Der Tiger von Eschnapur
13 Stühle
Eine Nacht im Mai
Es leuchten die Sterne
Fahrendes Volk
Fünf Millionen suchen einen Erben
Heimat
Jugend
Kautschuk
Menschen, Tiere, Sensationen
Napoleon ist an allem schuld
Olympia-Filme
Sergeant Berry
Tanz auf dem Vulkan
Yvette

**1939**
Bel ami
D III 88
Das unsterbliche Herz
Der Schritt vom Wege
Die Reise nach Tilsit
Drei Unteroffiziere
Es war eine rauschende Ballnacht
Hotel Sacher
Kitty und die Weltkonferenz
Menschen vom Varieté
Paradies der Junggesellen
Prinzessin Sissy
Robert Koch, der Bekämpfer des Todes
Wasser für Canitoga

## Film-Politik

Jahresproduktion: 114 Filme. – Goebbels betont, daß er Filmmotive vorziehe, die aus dem Leben gegriffen sind. Auf der Biennale in Venedig beteiligt sich Deutschland mit den *Olympia-Filmen, Heimat, Der Mustergatte, Urlaub auf Ehrenwort, Fahrendes Volk* und *Jugend*. Eröffnung der Deutschen Filmakademie durch Goebbels: »Als Idealziel möchte ich angeben, Auslese von 35–40 aus 1000 ernsthaften Bewerbungen je Semester. Jeder, der in Zukunft in der Deutschen Filmakademie aufgenommen werden will, muß – ganz gleich, als was er im Filmschaffen einmal tätig sein will – die Spuren eines Genies zeigen« *(Der deutsche Film)*. Liebeneiner wird Leiter der filmkünstlerischen Fakultät (daneben gibt es eine filmtechnische und filmwirtschaftlichrechtliche). Emil Jannings wird Verwaltungsratsvorsitzender der Tobis.

Jahresproduktion: 118 Filme. – Deutsche Filme auf der Biennale in Venedig: *Pour le Mérite, Es war eine rauschende Ballnacht, Der Gouverneur, Lauter Lügen, Robert Koch, der Bekämpfer des Todes, Fasching*. Dr. Fritz Hipplers Dokumentarfilm *Der Westwall* wird statt Wochenschau und Kulturfilm in 850 Kopien eingesetzt. »Gleichzeitig wurde er in großem Maße im Ausland verbreitet, zum erstenmal wohl in der Weltgeschichte gibt hier ein mächtiges Volk der Welt Einblick in seine Hauptbefestigung« *(Der deutsche Film)*. Anläßlich Hitlers 50. Geburtstages wird Karl Ritter zum Professor und zahlreiche Darsteller zu Staatsschauspielern ernannt. Carl Froelich wird Präsident der Reichsfilmkammer.

## Vermischtes

Anschluß Österreichs. Der bereits emigrierte Ludwig Berger dreht in Paris *Trois Valses* nach Oskar Strauss. »Wien war gefallen. Über Nacht waren die Deutschen eingerückt. ›Wien, das seid Ihr!‹ sagte ich morgens zu den Arbeitern von Billancourt, die mich böse ansahen« (Ludwig Berger). Zarah Leander hat eine Audienz bei Goebbels. Er mokiert sich über ihren Vornamen, der ihm jüdisch vorkommt. Darauf die Leander: »Und Ihr Name, Herr Minister: Joseph?« Ingrid Bergman hat ihr deutsches Debüt in *Die vier Gesellen*. Heinrich George übernimmt die Intendanz des Schillertheaters, Berlin. Regisseur Reinhold Schünzel, Schauspieler und Regisseur Curt Goetz und dessen Frau Valerie von Martens emigrieren nach Hollywood. Olga Tschechowa wird »Staatsschauspielerin«, und da nun alles an ihr deutsch sein muß, bekommt sie Ärger, weil sie einen gebrauchten Packard fährt. – Gestorben: Robert Wiene, 57, Regisseur. *Das Kabinett des Dr. Caligari* (1919) brachte ihm internationalen Ruhm. Der Versuch, mit Jean Cocteau ein Remake von *Caligari* zu machen, scheiterte.

Zarah Leander erhält von Goebbels eine »private Einladung familiären Charakters«. Die geplante Verführung vermasselt sie ihm, indem sie ihn hungrig um ein belegtes Brot bittet. Magda Goebbels erfährt von dem Verhältnis ihres Mannes zu der Schauspielerin Lida Baarova und verlangt die Scheidung. Hitler befiehlt Goebbels, das Verhältnis zur Baarova zu beenden und droht mit der Entlassung. O. E. Hasse erläßt ein Edikt, nur noch als O. E. gedruckt werden zu wollen, denn er heiße weder Otto Ernst noch Osmin Esmeranduel, denn seine Mutter kam nicht im Harem nieder, sondern Otto Eduard, deshalb O. E. Horst Wendlandt steigt ins Filmgeschäft ein, indem er bei der Tobis zu arbeiten beginnt. – Geboren: Volker Schlöndorff, Regisseur. Regieassistent bei Alain Resnais, Louis Malle. 1966 Regiedebüt mit *Der junge Törless*, der zu den wichtigsten Filmen des Jungen Deutschen Films gehört.

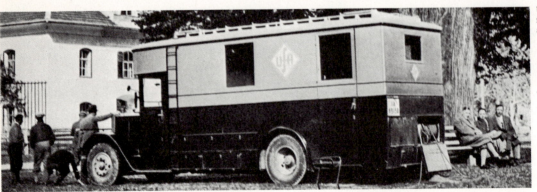

Ufa-Tonwagen für Außenaufnahmen.

| Filme des Jahres | Film-Politik | Vermischtes |

**1940**
Bal paré
Bismarck
Das Herz der Königin
Der Feuerteufel
Der Postmeister
Die 3 Codonas
Die Geierwally
Feinde
Friedrich Schiller
Jud Süss
Kleider machen Leute
Kora Terry
Operette
Stern von Rio
Trenck, der Pandur
Wunschkonzert

Jahresproduktion: 89 Filme. – Die Wochenschauen Ufa, Fox, Tobis, Deulig zur Deutschen Wochenschau zusammengefaßt und unter Aufsicht von Goebbels gestellt. Mitunter persönliche Freigabe durch Hitler notwendig. Goebbels macht mit der Forderung den »Film als Waffe« zu benutzen ernst, was mit folgendem komischen Mißverständnis beginnt. Goebbels wies Reichsfilmintendanten Demandowski an, daß er künftig keine »Ärztefilme« mehr haben wolle. Demandowski gab an Mitarbeiter die Weisung weiter, keine »ernsten« Filme mehr vorzuschlagen. Ulk- und Klamaukfilm-Drehbücher häuften sich auf Goebbels Schreibtisch. Nach einem Wutanfall Goebbels klärte sich das akustische Mißverständnis auf.

Der erste Farb-Spielfilm wird gedreht: *Frauen sind doch bessere Diplomaten* mit Marika Rökk von Georg Jacoby. Kamera Konstantin Irmen-Tschet. (Marika Rökk: »Schminke wurde an mir ausprobiert. Es gehörte schon viel Selbstvertrauen dazu, flüchtige Blicke in den Spiegel zu überstehen.«) Schwächen in Aufnahme (10 Din), Kopieren (Farbatmen, Schwankungen in der Beschichtung des Films) und unausgereifte Schminktechnik (besonders bei Großaufnahmen). Beim geringsten Belichtungsfehler Farbstiche. Durch zu geringe Sättigung in den Farbschichten flache und kraftlose Bilder. Uraufführung des Films 1941. Bis zum Kriegsende werden dann 13 Farbfilme gedreht. – Geboren: Helma Sanders, Regisseurin. Beginnt als Fernsehansagerin, dreht 1969 ihren ersten Dokumentarfilm *Angelika Urban, Verkäuferin, verlobt* und erhielt 1977 für den Kleist-Film *Heinrich* den Bundesfilmpreis.

Heinrich George und Veit Harlan drehen *Jud Süss*.

**1941**
Annelie
Carl Peters
Auf Wiedersehen, Franziska
Friedemann Bach
Frauen sind doch bessere Diplomaten
Hauptsache glücklich
Heimkehr
Ich klage an
Kadetten
Kampfgeschwader Lützow
Komödianten
Ohm Krüger
Quax, der Bruchpilot
... reitet für Deutschland
Stukas
Tanz mit dem Kaiser
U-Boote westwärts

Jahresproduktion: 71 Filme. – Goebbels bedauert in einer Rede vor Künstlern und Wissenschaftlern, daß Wissenschaftler schlecht behandelt und schlecht bezahlt werden. »Welch' Jammer! Diese Geistesheroen verdienten zumindest die gleiche Betreuung zu erfahren, wie ich sie *dem Kroppzeug von Filmleuten* angedeihen lasse, ... die mit Auszeichnungen und Ehren und allen nur möglichen Erleichterungen bedacht werden ... und sie mit Charakterlosigkeit, Undank und versteckter Obstruktion beantworten. Sie sollten diese Damen und Herren einmal erleben, wenn wir eines Tages nicht mehr sein sollten ... sie würden die ersten sein, die sich wieder an die neuen Herren herandrängen und behaupten, sie wären schon immer gut antifaschistisch gewesen und zur Annahme der Gelder und Ehrungen ›gezwungen‹ worden. *Ich kenne dieses Pack.*« (Zitiert nach Veit Harlan).

Goebbels verbietet 1. deutschen Farbfilm, *Frauen sind doch bessere Diplomaten,* denn die Farben seien »abscheulich, unnatürlich und eine Schande«. Läßt als Vorbild für gute Farbqualität den Verantwortlichen den amerikanischen Film *Vom Winde verweht* (1938) vorführen. Generalbeauftragter für Filmtechnik wird berufen. – Geboren: Angelica Domröse, Schauspielerin. 1958 Filmdebüt bei der Defa in Slatan Dudows *Verwirrung der Liebe,* dann Besuch der Schauspielschule in Babelsberg. Seit Heiner Carows *Die Legende von Paul und Paula* (1973) eine der populärsten Schauspielerinnen der DDR. Bruno Ganz, Schauspieler, vornehmlich am Theater unter Peter Stein und Peter Zadek. Filmdebüt 1966 in Haro Senfts *Der sanfte Lauf.* Hans W. Geissendörfer, Regisseur. Germanistikstudium, Regiedebüt mit *Lena Christ* (1968). 1970 erhält er für *Jonathan* (1969) den Bundesfilmpreis. – Gestorben: Joachim Gottschalk, 37, Schauspieler. Begeht Selbstmord. Wurde von Goebbels mit Berufsverbot belegt, wegen der Ehe mit einer jüdischen Frau. Goebbels gibt die Anweisung, bei der Beerdigung Anwesende zu fotografieren.

| Filme des Jahres | Film-Politik | Vermischtes |
|---|---|---|
| **1942** Andreas Schlüter<br>Dr. Crippen an Bord<br>Der große König<br>Der große Schatten<br>Die goldene Stadt<br>Die große Liebe<br>Diesel<br>Ein Windstoß<br>Fronttheater<br>G.P.U.<br>Kleine Residenz<br>Rembrandt<br>Wir machen Musik | Jahresproduktion: 64 Filme. – Der Kriegsverlauf wird allmählich immer lausiger, notwendiger denn je Filme herzustellen, die die Leute zerstreuen oder ablenken. Goebbels spricht das ganz offen aus: »In einer Zeit, in der der gesamten Nation so schwere Lasten und Sorgen aufgebürdet werden, ist auch die Unterhaltung staatspolitisch von besonderem Wert. Sie steht deshalb auch nicht am Rande des öffentlichen Geschehens und kann sich nicht den Aufgabenstellungen der politischen Führung entziehen« (Ende 1941). Es entsteht eine Anzahl von sogenannten Durchhaltefilmen. | Kritik an Helmut Käutners Filmen, weil sie nicht auf der Linie des Regimes liegen, denn »sie verherrlichten ein Privatleben, das außerhalb der Volksgemeinschaft liegt«. Inzwischen wird Lilian Harvey, die Deutschland 1939 verließ, ausgebürgert und »die Presse wird gebeten, von der Ausbürgerung der Filmschauspielerin Lilian Harvey keine Notiz zu nehmen« (Oktober 1942). *Die Entlassung* wird zum »Film der Nation« ernannt. Das Winterhilfswerk läuft auf vollen Touren. Man erinnert sich an »Dicke Rollkragenpullover der Fischer, wie sie unter anderem auch Gustav Knuth im *Mädchen von Fanö* (1940) trug oder Bergsteigerausrüstungen in Riefenstahl- und Trenker-Filmen« *(Filmwelt,* 1942). Der Kostümfundus der Ufa muß die Tore öffnen. |
| **1943** Akrobat schö-ö-ön<br>Damals<br>Altes Herz wird wieder jung<br>Der kleine Grenzverkehr<br>Der unendliche Weg<br>Der weiße Traum<br>Ich vertraue dir meine Frau an<br>Immensee<br>Johann<br>Kohlhiesels Töchter<br>Münchhausen<br>Romanze in Moll<br>Sophienlund<br>Titanic | Jahresproduktion: 83 Filme. – Berlin. Anläßlich des 25jährigen Bestehens der Ufa macht Goebbels Ausführungen über den deutschen Film als »geistige Macht«. Wolfgang Liebeneiner und Veit Harlan werden bei diesem Anlaß zu Professoren ernannt. Der Film *Besatzung Dora* von Karl Ritter wird wegen besonderer Kriegsentwicklung von der Zensur verboten. Die Aufnahmen zu *Symphonie einer Großstadt* von Leo de Laforgue, die 1938/39 gemacht wurden, können nicht mehr gezeigt werden, Uraufführung erst im März 1950. *Titanic* von Herbert Selpin wird nur für Deutschland verboten. Uraufführung 1943 in Paris. | Harlan erhält Auftrag, Durchhaltefilm *Kolberg* zu drehen. Er kostet das achtfache eines anderen guten Films. 187000 Soldaten dienen als Statisten, 10000 Uniformen werden angefertigt. Ufa-Chef Ludwig Klietzsch ernennt Harlan zum Produktionschef der Ufa, Goebbels nimmt ihm den Posten wieder ab, um Liebeneiner damit zu beglücken. G.W. Pabst dreht in Prag *Paracelsus,* den zweiten seiner drei im Krieg entstandenen Filme. Harlan schlägt Goebbels Parallel-Produktionen, oder wie wir in Hollywood sagen »back-to-back-production« dreier Filme vor, mit den gleichen Schauspielern, in geringfügig veränderten Dekorationen, um Geld und Zeit zu sparen. – Gestorben: Herbert Selpin, Regisseur, wegen staatsfeindlicher Äußerungen verhaftet, wird in seiner Zelle erhängt aufgefunden. |
| **1944** Familie Buchholz<br>Große Freiheit Nr. 7<br>Die Feuerzangenbowle<br>Die Frau meiner Träume<br>Neigungsehe<br>Nora<br>Opfergang<br>Schrammeln | Jahresproduktion: 75 Filme. – Gruppenführer Hinkel weist Abteilungsleiter der Reichsfilmkammer Dr. Müller-Goerne an, u.a. folgendes bekanntzugeben, »daß Krankheitsfälle nur in dringenden Fällen und aufgrund amtsärztlicher Untersuchung entschuldigt werden können, ... und daß bei Fällen langandauernder Krankheit eine Streichung von der Filmliste vorgenommen wird.« | Hinkel erklärt Harlan, daß Hitler die Anordnung gegeben habe, »die Helden des deutschen Films sollten nicht nur dauernd für hohe Gagen im Film sterben, sondern endlich auch einmal richtig an die Front.« *Kolberg* wird am 31.1. in der Atlantik-Festung La Rochelle uraufgeführt. – Gestorben: Carl Mayer, 52, Drehbuchautor unter anderem *Das Kabinett der Dr. Caligari.* »Carl Mayer war der einzige hundertprozentige Drehbuchautor, ... ein Drehbuch von Mayer war bereits ein Film« (Karl Freund, Kameramann). |

| Filme des Jahres | Film-Politik | Vermischtes |
|---|---|---|

**1945** Kolberg
Unter den Brücken

Der Fall von *Kolberg*.

Jahresproduktion: 72 Filme, 27 unvollendet, 35 Überläufer (Filme, die vor dem 8. 5. fertiggestellt, aber nicht aufgeführt und später von Alliierten freigegeben wurden). 80% der Kopierwerke, Ateliers und einige Rohfilmfabrik verbleiben in Ost-Deutschland. Westalliierte vergeben Lizenzen an Personen und Gemeinschaften. Dadurch Zersplitterung in Kleinstfirmen. 17.11. Bildung des ostzonalen »Filmaktivs«. – 17.4. Konferenz im Reichspropagandaministerium. Goebbels: »Meine Herren, in hundert Jahren wird man einen schönen Farbfilm über die schrecklichen Tage zeigen ... Möchten Sie nicht in diesem Film eine Rolle spielen? ... Halten Sie jetzt durch, damit die Zuschauer in hundert Jahren nicht johlen und pfeifen, wenn Sie auf der Leinwand erscheinen.«

23.6. Verhaftung Heinrich Georges durch die Sowjets wegen NSDAP-Zugehörigkeit, Theaterintendanz und Propagandafilmen. – Geboren: Werner Schroeter, Regisseur, beginnt Karriere mit 8- und 16-mm-Filmen. Erster Erfolg mit *Eika Katappa* (1969). – Wim Wenders, Studium an der Hochschule für Film und Fernsehen, München. Nach Kurzfilmen erster Spielfilm *Summer in the City* (1970). – Gestorben: Phil Jutzi, 51, Regisseur, Kameramann; wurde mit *Mutter Krausens Fahrt ins Glück* (1929), *Berlin – Alexanderplatz* (1931) zum Wegbereiter des proletarischen Films. – Hans Steinhoff, 63, Regisseur, als überzeugter Nationalsozialist drehte er die infamsten Propagandafilme, »er ist das größt Arschloch des Jahrhunderts. Außerdem ein Schwein. Eines Tages werde ich ihn erschlagen – so wahr ich der liebe Gott bin« (Hans Albers). Aus Angst vor den Russen versuchte Steinhoff, in letzter Sekunde mit dem Flugzeug nach Spanien zu flüchten. Er soll von russischen Jagdbombern abgeschossen worden sein.

**1946** Irgendwo in Berlin
Sag' die Wahrheit
Die Mörder sind unter uns

Jahresproduktion: 4 Filme. – 17.5. Gründung der Defa; bleibt einzige Filmgesellschaft der DDR. 1. Nachkriegsfilm *Die Mörder sind unter uns*.

Geboren: Rainer Werner Fassbinder, Schauspieler, Regisseur. Regiedebut *Liebe ist kälter als der Tod* (1969). Gestorben: Heinrich George, 53, Schauspieler. Wichtige Rollen in progressiven Filmen, dann in anderen.

**1947** Ehe im Schatten
In jenen Tagen
Razzia
Und finden dereinst
wir uns wieder
Und über uns der Himmel
Zugvögel
Zwischen gestern und morgen

Jahresproduktion: 11 Filme. – Das Ufa-Vermögen wird keineswegs liquidiert, vielmehr nahm es ständig an Wert zu durch die Verpachtung technischer Anlagen und Apparaturen an Filmproduzenten und durch die Einkünfte der alten Ufa-Filme. Der Direktor der Deutschen Bank, von Ostman, beschäftigt sich intensiv mit der Wiedererrichtung der Ufa.

Der ehemalige Ufa-Chef Erich Pommer kommt nach Deutschland zurück, sieht Hildegard Knef in *Die Mörder sind unter uns* (1946) und ist davon überzeugt, daß sie der große Star von morgen werden wird. Er holt sie nach München für seinen Film *Zwischen Gestern und Morgen*, den Harald Braun inszenieren wird. Hans Albers dreht seinen ersten Nachkriegsfilm unter der Regie von Josef von Baky *Und über uns der Himmel*.

**1948** Affäre Blum
Berliner Ballade
Das verlorene Gesicht
Der Apfel ist ab
Der Prozeß
Die seltsamen Abenteuer des
Herrn Fridolin B.
Film ohne Titel
Grube Morgenrot
Morgen ist alles besser
Morituri

Jahresproduktion: 37 Filme. – Im März erläßt amerikanische Militärregierung die Anordnung Nr. 1 zum Gesetz Nr. 56 betreffs »Verbot monopolartiger Verhältnisse in der deutschen Filmwirtschaft«, was jeden Zusammenschluß innerhalb der Filmwirtschaft in den amerikanischen Besatzungszonen verhindert. Behinderung leistungsstarker Filmunternehmen. Gestattet ist die Betätigung nur in *einer* Sparte der Filmwirtschaft. Eine Person darf höchstens 10 Filmtheater besitzen.

Die Mitglieder des Fachausschusses Kultur stellen ihr Amt zur Verfügung, weil Veit Harlan von der Sonderentnazifizierungs-Kommission in die Gruppe 5 der Entlasteten eingestuft wird. Als Zeugen waren seine Frau Kristina Söderbaum und Busenfreund Wolfgang Liebeneiner gehört worden. Im Juli wird er wegen »Verbrechens gegen die Menschlichkeit« angeklagt und 1950 freigesprochen. Nach mehrmaliger Aufforderung muß er die Premiere *Ehe im Schatten* verlassen. Oskar Werner debütiert unter der Regie von Karl Hartl in *Der Engel mit der Posaune*. – Gestorben: Karl Valentin, 66, Komiker, begann 1907 als Volkssänger.

| Filme des Jahres | Film-Politik | Vermischtes |
|---|---|---|
| **1949** Die Buntkarierten<br>Der Ruf<br>Der Engel mit der Posaune<br>Die Nachtwache<br>Hafenmelodie<br>Hallo Fräulein<br>Liebe 47<br>Rotation<br>Schicksal aus zweiter Hand<br>Unser täglich Brot | Jahresproduktion: 93 Filme. – Dem Entwurf des Ufi-Entflechtungsgesetzes wird zugestimmt. Das beschlagnahmte Ufi-Vermögen soll von den westdeutschen Ländern verkauft werden. Verwaltungsrat Dr. Pünder erhebt Einspruch, weil dieses Vorhaben einer Demontage der westdeutschen Filmwirtschaft gleichkäme. Der Beirat der Ufa-Film GmbH unter der Mitgliedschaft des Direktors der Deutschen Bank, von Ostman, wird von den Besatzungsmächten gebildet. | Die Ära der Nachkriegsfilme mit den »Trümmerfilmen« und ihren bescheidenen Ansätzen, die Vergangenheit zu bewältigen geht zu Ende. Am 7.10. Gründung der DDR. Konrad Wolf erhält als erster DDR-Filmer einen Studienplatz an der sowjetischen Hochschule VGIK, wo er bei Grigorij Alexandrow und Sergej Gerasimow studiert. Paula Wessely gründet eine eigene Produktionsfirma, mit der sie unter anderem die Filme *Cordula* (1950), *Das Licht der Liebe* (auch *Wenn du noch eine Mutter hast*, 1954), den Episodenfilm *Der Weg in die Vergangenheit* (1954), in denen sie die Hauptrollen spielte, herstellt. |
| **1950** Das doppelte Lottchen<br>Duell mit dem Tod<br>Epilog – Das Geheimnis der Orplid<br>Es kommt ein Tag<br>Frauenarzt Dr. Prätorius<br>Gabriela<br>Herrliche Zeiten<br>Königskinder<br>Schwarzwaldmädel | Jahresproduktion: 87 Filme. – Die Bundesregierung hilft dem deutschen Film auf die Beine und übernimmt Ausfallbürgschaften für Filmkredite. Aktion erweist sich als Fehlschlag: 9 Millionen von 20 gehen verloren. Subventionspolitik hat Serie von Heimatfilmen zur Folge wie *Schwarzwaldmädel*. »Er war apolitisch, bewahrte Sitte und Brauchtum und bot für den reduzierten Binnenmarkt beste Geschäftschancen.« | Die Anzahl der Kinos steigt von 4000 (1950) bis Ende der fünfziger Jahre auf 7000 an. *Schwarzwaldmädel* schlägt alle Rekorde und wird der größte Geschäftserfolg der Nachkriegszeit. 16 Millionen Zuschauer verzeichnet »der Produzent mit der goldenen Nase«, Kurt Ulrich. Sonja Ziemann hatte sich mit ihrem 20. Film in die Herzen der deutschen Zuschauer gespielt. Bernhard Wicki debütiert als Schauspieler in *Der fallende Stern* unter der Regie von Harald Braun. Liselotte Pulver gibt ihr deutsches Filmdebut an der Seite von Hans Albers in *Föhn*. |
| **1951** Blaubart<br>Der Untertan<br>Das Haus in Montevideo<br>Der Verlorene<br>Die Schuld des Dr. Homma<br>Die Sünderin<br>Dr. Holl<br>Grün ist die Heide<br>Heidelberger Romanze<br>Herz der Welt<br>Nachts auf den Straßen | Jahresproduktion: 76 Filme. – Das Bestreben der westdeutschen Filmpolitik war es, sich von den ausländischen Importen soweit wie möglich unabhängig zu machen, um den Inlandsmarkt tatsächlich zurückzugewinnen durch Errichtung stabiler Vertikalkonzerne. Die Bundesregierung tritt dem Gatt-Abkommen bei, wodurch die Filmwirtschaft durch das Quota-System gegen ausländische Importe geschützt ist, muß aber Zugeständnisse an die USA machen, wie der Verzicht auf eine Spielzeitquote. | 174 alte Ufa-Filme überschwemmen den Markt, dadurch Einschränkung der neuen Produktionen. – Die Voraussage Carroll Righters, Astrologe von Hilde Knef, bewahrheitet sich: Mit der *Sünderin* wird die Knef zur Skandalnudel. Rückkehr Peter Lorres nach Deutschland; dreht seinen ersten und einzigen Film als Regisseur: *Der Verlorene*. Hans Albers' erster Nachkriegserfolg: *Nachts auf den Straßen* von Rudolf Jugert. 15.6.: Unter der Leitung von Dr. Bauer finden in Berlin die ersten Internationalen Filmfestspiele statt. Rolf Hansens *Dr. Holl* erhält Ehrenurkunde. |
| **1952** Alraune<br>Bis wir uns wiedersehen<br>Das verurteilte Dorf<br>Der träumende Mund<br>Die große Versuchung<br>Illusion in Moll<br>Im Weißen Rössl<br>Käpt'n Bay Bay<br>Postlagernd Turteltaube<br>Toxi | Jahresproduktion: 82 Filme. – Während der Bundesbürgschafts-Aktion, die nun auslief, hatten 82 Spielfilme Bundesbürgschaften erhalten. Der Verlust von 9 Millionen war nicht dazu angetan, die Produktionsverhältnisse zu verbessern. Der Alt-Filmproduzent Alexander Grüter, bis 1939 Syndikus in der schlesischen Betonindustrie, der nach dem Krieg ins Filmgeschäft überwechselte, führt die Firmen National-Filmverleih und Filmfinanzierungsverleih in Konkurs. | Die Defa geht rechtlich in Volkseigentum über, untersteht mit sämtlichen Institutionen der Hauptverwaltung Film des Ministeriums für Kultur. Gestorben: Richard Eichberg, 64, Regisseur, Produzent bei über 100 Stummfilmen. Entdecker von Lilian Harvey, Anna May-Wong, Hans Albers. Erfolgreiche Filme *Der Tiger von Eschnapur* (1938), *Das indische Grabmal* (1938). Einziger deutscher Film nach der Emigration in die USA *Reise nach Marrakesch* (1949). – Gestorben: Albert Bassermann, 85, Schauspieler, Filmdebüt mit Richard Oswalds *Alraune* (1930). |

| Filme des Jahres | Film-Politik | Vermischtes |

**1953** Die letzte Brücke
Ein Herz spielt falsch
Königliche Hoheit
Meines Vaters Pferde
Moselfahrt aus Liebeskummer
Pünktchen und Anton
Vergiß die Liebe nicht
Weg ohne Umkehr
Wenn der weiße Flieder wieder blüht

Jahresproduktion: 96 Filme. – Zweite Bürgschaftsaktion, 50 Millionen Mark; Richtlinien für kleine Firmen ungünstig, da Bedingung Herstellung von mindestens 8 Filmen. Ufi-Gesetz wird verabschiedet, Capitol-Film gegründet; endet mit Mißerfolg; 10 Filme bringen 5 Millionen Verlust. Capitol-Film schließt, Prisma-Verleih wird verkauft. »Die Bürgschaften legten den Grundstein für den schwersten strukturellen Fehler.«

Romy Schneider debütiert neben Mutter Magda mit *Wenn der weiße Flieder wieder blüht* unter der Regie von Hans Deppe. »Ob Romy Albach-Schneider eine Schauspielerin ist, läßt sich noch nicht übersehen. Hier ist sie eben reizend, ganz besonders reizend« *(Filmforum).* – Gestorben: Carl Froelich, 78, Regisseur, Kameramann. Bis 1940 innerhalb der Ufa Produzent, nicht nur eigener, sondern auch Filme anderer Regisseure. Entdecker von Zarah Leander. *Heimat* (1938), *Es war eine rauschende Ballnacht* (1939). 1939 Präsident der Reichsfilmkammer. 1951 letzter Film *Strips.*

**1954** Auf der Reeperbahn nachts um halb eins
Bildnis einer Unbekannten
Canaris
Das Bekenntnis der Ina Kahr
Der Förster vom Silberwald
Der letzte Sommer
Des Teufels General
Die Mücke
Emil und die Detektive
Ernst Thälmann – Sohn seiner Klasse
Ludwig II.
Null-acht-fuffzehn
Stärker als die Nacht

Jahresproduktion: 142 Filme. – Richtlinien sahen vor, daß Produktion und Verleih feste Prozentsätze von den Produktionskosten als Gewinn oder Generalkosten einbehalten durften. »Je teurer ein Film, desto höher der Gewinn!« Der Verlust wird vom Staat getragen werden. Die Produktion steigert sich infolgedessen. Der Markt wird überschwemmt, die Filme können sich nicht amortisieren. Für den Export sind sie auch nicht geeignet. Der Entflechtungsplan der Ufi wird bekanntgegeben; Auflösung der Konzernspitze der Ufi; Ufa-Berlin, Ufa-Theater GmbH, Bavaria-Filmkunst bleiben bestehen, werden aus dem Ufi-Vermögen ausgegliedert.

Auf einer Vortragsreise trägt die Roman- und Filmautorin Thea von Harbou ein Gewand mit dem Berliner Wappen auf dem Herz und den ehemaligen Ostprovinzen am Rocksaum gestickt. Zur Eröffnung der Berliner Filmfestspiele wird in der Waldbühne der Jürgens-Bartok-Film *Rummelplatz der Liebe* (umgetauft in »Fummelplatz«) uraufgeführt. Als es zu der berüchtigten Ohrfeige kommt und der Rummel losgeht, verläßt Jürgens fluchtartig den Schauplatz. *Weg ohne Umkehr* von Victor Vicas erhält Bundesfilmpreis. »Der Film war eine bittere Anklage gegen die Unmenschlichkeit des kommunistischen Systems und gegen die Praktik des Menschenraubs, für die es gerade zu dieser Zeit in Berlin besonders krasse Beispiele gab... *Weg ohne Umkehr* war deutlich von den politischen Vorstellungen des ›kalten Krieges‹ geprägt« (Walther Schmieding).

**1955** Alibi
Bel ami
Der letzte Mann
Die Barrings
Die Ratten
Ernst Thälmann – Führer seiner Klasse
Es geschah am 20. Juli
Hanussen
Herr Puntila und sein Knecht Matti
Himmel ohne Sterne
Ich denke oft an Piroschka
Mutter Courage und ihre Kinder
08/15 in der Heimat
08/15 zweiter Teil
Sissi
Teufel in Seide

Jahresproduktion: 120 Filme. – Die 1953 beschlossene Bürgschaftsaktion wird jetzt vom Bund wieder eingestellt. Die drei aus der Ufi ausgegliederten Unternehmen werden nun als Aktiengesellschaften juristisch gegründet. Die Bavaria-Filmkunst AG wird für 6,8 Millionen Mark am 10.2. verkauft. Mit 60% des Aktienkapitals wird die Deutsche Bank Hauptaktionär. Dazu kam die NDF und der Schorcht-Filmverleih. »Die vier Firmen, die Bürgschaftsgelder genommen hatten, Allianz, NF, Schorcht und Schneider/Panorama, existieren nicht mehr. Übrig bleiben die, die sparsam gewirtschaftet und keine Bürgschaften entgegengenommen hatten und dadurch in ihrer Entscheidungsfreiheit nicht eingeengt waren: Constantin und Gloria« (Michael Dost, Florian Hopf, Alexander Kluge).

Kompilationsfilmer Annelie und Andrews Thorndike werden international bekannt mit der Serie *Archive sagen aus,* eine Sammlung von Dossiers über noch lebende Nazis. Herstellung im Auftrag der Defa. Andrews Thorndike seit 1949 Dokumentarist der Defa. Heiratet 1953 Annelie Kunigk und arbeitet mit ihr zusammen. Beide sind inzwischen Träger hoher Verdienstorden und mehrerer Nationalpreise. Robert Siodmak kehrt nach 22jähriger Emigration nach Deutschland zurück. Lebte 15 Jahre in den USA, wo er vor allem durch die »schwarzen«, psychologisch akzentuierten Kriminalfilme bekannt wurde. – Gestorben: Sybille Schmitz, 46, Schauspielerin; nach Theaterausbildung 1927 Filmdebut mit *Überfall* und erster großer Erfolg als Léone in *Vampyr* von Christian Theodor Dreyer, 1932. Außer in *Tanz auf dem Vulkan* (1938) erhielt sie während des Krieges und danach wenig befriedigende Aufgaben. Beruflich enttäuscht, beging sie Selbstmord.

| Filme des Jahres | Film-Politik | Vermischtes |

## 1956
Die Halbstarken
Die Trapp-Familie
Der Stern von Afrika
Der Hauptmann von Köln
Der Hauptmann von Köpenick
Ein Mädchen aus Flandern
Herrscher ohne Krone
Heute heiratet mein Mann
Kitty und die große Welt
Liane, das Mädchen aus dem Urwald
Rose Bernd
Sissi, die junge Kaiserin
Stresemann

Jahresproduktion: 123 Filme. — 21.4. Universum-Film AG, Ufa-Theater AG werden von deutscher Bank für 12,5 Millionen Mark verkauft. Höheres Angebot von 14 Millionen Mark durch Gruppe von Filmwirtschaftlern wird abgelehnt, weil amerikanische Hintermänner vermutet werden und weil die Gruppe »keine konkreten Vorschläge für die Weiterführung der Anlagen« hätte unterbreiten können. Die Konzerne Ufa und Bavaria verfügen über 60% der gesamten Ateliers, aber trotzdem sind die Betriebe nicht stabil. Für die Auslandsgeschäfte wird die Ufa International gegründet.

Mit dem Auslaufen der Ausfallbürgschafts-Aktion bewilligt der Bundestag noch einen Sonderkredit von 1,6 Millionen Mark für das Staatsmann-Epos *Stresemann*, das im Branchenjargon »Stresenauer« genannt wurde, weil auf diese Weise Adenauer noch verherrlicht werden konnte. G.W. Pabst dreht seinen letzten Film *Durch die Wälder, durch die Auen*. Günter Reisch, ehemaliger Regieassistent von Kurt Meatzig gibt mit *Junges Gemüse* sein Regiedebut. Horst Wendlandt wird Produzent bei Arthur Brauners Berliner CCC-Film. — Gestorben: Alexander Korda, 63, Regisseur. Bekannte sich 1919 zur Räterepublik, was ihn zwang, sein Land zu verlassen. Drehte *Die Männer um Lucie* (1931), *Zum goldenen Anker* (1931), bevor er nach Hollywood emigrierte.

## 1957
Lissy
Monpti
Die Bekenntnisse des Hochstaplers Felix Krull
Die Frühreifen
Die Zürcher Verlobung
El Hakim
Endstation Liebe
Haie und kleine Fische
Berlin Ecke Schönhauser ...
Das Wirtshaus im Spessart
Nachts, wenn der Teufel kam
Scampolo
Sheriff Teddy
Sissi, die Schicksalsjahre einer Kaiserin
Vergeßt mir meine Traudel nicht

Jahresproduktion: 111 Filme. — Abgesehen davon, daß die beiden Produktionsbetriebe Ufa und Bavaria nicht gefestigt sind, gibt es noch andere Ursachen für die Misere. »Neben verfehlter Produktionsplanung (fast alle Filme brachten Verluste), ist die Hauptursache für den Mißerfolg des Giganten, daß er zu spät gegründet wurde. Bis 1956 waren die Kinobesucherzahlen gestiegen; angesichts der immer mächtiger werdenden Fernsehkonkurrenz sanken sie nach 1956. Im Jahre 1962 brach das Filmimperium fast völlig zusammen; nur wenige Jahre nach ihrer Gründung waren auch Ufa und Bavaria pleite. Nach den mißlungenen Bürgerschaftsaktionen hatte auch das zweite Konzept der Bundesregierung versagt.« (Michael Dost, Florian Hopf, Alexander Kluge)

Zwischen seinen beiden Filmen, *Monpti* (1956) und *Der Schinderhannes* (1958) versucht Helmut Käutner erfolglos eine Karriere in Hollywood, wo er drei Filme, darunter *Stranger in My Arms* (1957) dreht. Nach 1964 kehrt er wieder ans Theater zurück. — Gestorben: Max Ophüls, eigentlich Maximilian Oppenheimer, 55, Regisseur. Einer seiner berühmtesten Filme ist *Liebelei* (1933). Einen Tag, bevor er stirbt, schreibt er an seinen Freund, den Regisseur Robert Siodmak. »Robert, ich trage Deinen lieben Brief immer auf meinem Herzen unter der Bettdecke. Meine Frau Hilde hat mir gesagt, als ich einmal aufwachte, ich hätte Dir bereits geantwortet. Aber ich weiß, daß ich Dir noch nicht geschrieben habe. Laß mich Dir einen guten Rat geben: Mache Dich wegen der Arschlöcher, den Produzenten, nicht verrückt. Das Leben ist zu kurz ... Wenn ich eines Tages wieder gesund werden sollte, werde ich Dir ein besserer Freund sein, als je zuvor. Dein Max.«

Liselotte Pulver, Kurt Hoffmann, Willy Dehmel, Franz Grothe bei den Musikaufnahmen zu *Das Wirtshaus im Spessart*.

| Filme des Jahres | Film-Politik | Vermischtes |
|---|---|---|

**1958**
Unruhige Nacht
Wir Wunderkinder
Der Arzt von Stalingrad
Der Maulkorb
Dorothea Angermann
Helden
Hunde, wollt ihr ewig leben
Mädchen in Uniform
Schinderhannes
Solange das Herz schlägt
Sterne
Und nichts als die Wahrheit
Das Lied der Matrosen
Das Mädchen Rosemarie

Jahresproduktion: 109 Filme. – »In München haben sich die Möglichkeiten, Kredite zu erhalten, rapid verschlechtert; Dadurch wird der Weiterbestand der Bavaria gefährdet. Um die Entwicklung aufzufangen, wird in München ein Finanzierungs-Konsortium gebildet. Ihm gehören neben der Deutschen Bank und der Commerzbank auch die Bayerische Staatsbank und die Bayerische Staatsregierung an. Das Konsortium gewährt ... Kredite bis zu 60% der Herstellungskosten. Weiterhin war ein fertiges Drehbuch in endgültiger Fassung und eine entsprechende Bescheinigung der FSK vorzulegen.« (Michael Dost, Florian Hopf, Alexander Kluge)

Berhard Wicki hat sein Regiedebut mit dem dokumentarischen Spielfilm *Warum sind sie gegen uns?* Liselotte Pulver dreht zum erstenmal in USA in dem Remarque-Film *Zeit zu leben – Zeit zu sterben* unter der Regie von Douglas Sick. Fritz Lang kehrt nach Deutschland zurück und dreht seine letzten deutschen Filme: *Der Tiger von Eschnapur* (1959), *Das indische Grabmal* (1959) und *Die tausend Augen des Dr. Mabuse* (1960). – Gestorben: Robert Baberske, 58, Kameramann; begann als Assistent bei Karl Freund für *Der letzte Mann* (1924). Seine besten Arbeiten entstanden nach dem Krieg bei der Defa. Fritz Arno Wagner, 67, Kameramann; begann als Wochenschaureporter 1914 bei Pathé in Paris. 1922 fotografierte er Murnaus *Nosferatu* und 1930 G. W. Pabsts Tonfilm *Westfront*. Sein letzter Film war *Ohne Mutter geht es nicht* (1958).

**1959**
Die Brücke
Buddenbrooks
Das indische Grabmal
Der Rest ist Schweigen
Jons und Erdme
Nacht fiel über Gotenhafen
Rosen für den Staatsanwalt
Sie nannten ihn Amigo

Jahresproduktion: 106 Filme. – Ebenso wie ihre Vorgängerin kommt die Bavaria aus ihren Geldsorgen nicht heraus. Sie erleidet Riesenverluste und rettet sich in die Arme des Fernsehens. Sie bringt ihre Anteile in eine neue Atelier GmbH ein, in der die Sender WDR und SDR die Mehrheit besitzen. Ihre Produktion kam fast völlig zum Erliegen. Im Gegensatz zum Vorjahr allen die Kinobesucher-Zahlen um fast 100 Millionen.

Horst Wendlandt beginnt mit der Edgar Wallace-Serie mit *Der Frosch mit der Maske* und gründet kurz darauf mit Preben Philipsen die Rialto-Film. Romy Schneider wird bei der Düsseldorfer Premiere anläßlich des Films *Ein Engel auf Erden* ausgepfiffen. Während die Erfolge ihrer Sissi-Filme immer noch im In- und Ausland beispiellos sind, findet ihr nächster Film mit Curd Jürgens *Katia, die ungekrönte Kaiserin* nicht ihr Publikum. Romy wendet dem deutschen Publikum den Rücken und wird ihren nächsten großen Film 1961 mit Luchino Visconti drehen.

**1960**
Fabrik der Offiziere
Flucht nach Berlin
Der letzte Zeuge
Der schweigende Stern
Die tausend Augen des Dr. Mabuse
Das Glas Wasser
Das Spukschloß im Spessart
Fünf Patronenhülsen
Gustav Adolfs Page
Kirmes
Schachnovelle

Jahresproduktion: 95 Filme. – Sonder- und Vergnügungssteuer erschweren die Rentabilität der Filmproduktion. 30 Produzenten und 9 Großverleiher sehen auch eine Gefährdung in den überhöhten Gagen der Stars. Der Gagenstop wird verhängt. Die Höchstgrenze soll bei 100000 liegen. Das schaffte die Misere nicht vom Tisch. Hansjörg Felmy weigert sich, dafür zu spielen und erhält Zusatzhonorar. Die 100000 Mark werden immer häufiger überschritten, indem die Stars an den Filmen finanziell beteiligt werden.

Frank Wisbar beendet Filmserie (*Haie und kleine Fische*, 1957; *Hunde, wollt ihr ewig leben?* 1959) mit *Nacht fällt über Gotenhafen* und *Fabrik der Offiziere*. Wilhelm Thiele kommt aus USA zurück. Will Tremper gibt Regiedebut mit *Flucht nach Berlin*. Hans Albers dreht letzten Film *Kein Engel ist so rein*. G. W. Pabsts letzte Regie *Durch die Wälder, durch die Auen*. – Gestorben: Hans Albers, 69, kam als Schauspieler vom Theater 1918 zum Film. Er spielte in über hundert Stummfilmen und die großen Hauptrollen in fünfzig Tonfilmen. Curt Goetz, 72, Autor, Regisseur, Schauspieler u. a. von *Dr. med. Hiob Prätorius*. Harald Braun, 69, Regisseur; Debut 1941 mit *Zwischen Himmel und Erde*.

# Bibliographie

Albrecht, Gerd: *Nationalsozialistische Filmpolitik.* Stuttgart 1969.

Bandmann, Christa: *Es leuchten die Sterne. Aus der Glanzzeit des deutschen Films.* Wilhelm Heyne Verlag. München 1979.

Bauer, Dr. Alfred: *Deutscher Spielfilm Almanach 1929–1950.* Filmladen Christoph Winterberg (Herausgeber). München 1976.

Baumert, Heinz und Herlinghaus, Hermann (Herausgeber): *20 Jahre Defa-Spielfilm.* Henschelverlag. Berlin 1968.

Bawden, Liz-Anne (Herausgeber) mit Beiträgen von Herbert Birett, Heiko R. Blum, Christine Brinkmann, Felix Bucher, Dr. Rolf-Jürgen Freyberg, Karola Grammann, Winfried Günther, Walter Schobert, Wolfram Tichy: *rororo Film Lexikon Band 1–6.* Rowohlt Verlag, Reinbeck bei Hamburg 1978.

Belach, Helga, mit Beiträgen von Karsten Witte, Dietrich Steinbeck, Lothar Prox, Walter Kaul, Ula Stöckl, Carla Rhode, Eberhardt von Berswordt: *Wir tanzen um die Welt. Deutsche Revuefilme 1933–1945.* Carl Hanser Verlag. München 1979.

Berger, Ludwig: *Wir sind vom gleichen Stoff, aus dem die Träume sind. Summe eines Lebens.* Rainer Wunderlich Verlag. Tübingen 1953.

Blum, Heiko R.: *30 Jahre danach. Dokumentation zur Auseinandersetzung mit dem Nationalsozialismus im Film 1945–1975.* Horst May Schnelldruck & Verlag. Köln 1975.

Borde, Raymond und Buache, Freddy und Courtade, Francis: *La Cinéma Realiste Allemand.* Societé D'Edition, de Recherches et de Documentation Cinématographiques. Lyon 1965.

Borgelt, Hans: *Das süßeste Mädel der Welt.* Wilhelm Heyne Verlag. München 1976.

Brecht, Bertolt: *Schriften zur Literatur und Kunst I.* Ediert von Werner Hecht. Werkausgabe Edition Suhrkamp. Suhrkamp Verlag. Frankfurt am Main 1967.

Brecht, Bertolt: *Texte für Filme I. Drehbücher und Protokolle.* Ediert von Wolfgang Gersch und Werner Hecht. Edition Suhrkamp. Suhrkamp Verlag. Frankfurt am Main 1969.

Brecht, Bertolt: *Texte für Filme II. Exposés, Szenarien.* Ediert von Wolfgang Gersch und Werner Hecht. Edition Suhrkamp. Suhrkamp Verlag. Frankfurt am Main 1969.

Brecht Bertolt: *Kuhle Wampe. Protokoll des Films und Materialien.* Ediert von Wolfgang Gersch und Werner Hecht. Edition Suhrkamp. Suhrkamp Verlag. Frankfurt am Main 1969.

Buache, Freddy: *G. W. Pabst.* Reihe Premier Plan. Societé d'Etudes, Recherches et Documentation Cinématographiques. Lyon 1965.

Cadenbach, Joachim: *Hans Albers.* Rowohlt Taschenbuch Verlag. Reinbeck bei Hamburg 1977.

Courtade, Francis und Cadars, Pierre: *Geschichte des Films im Dritten Reich.* Wilhelm Heyne Verlag. München 1975.

von Cziffra, Géza: *Kauf dir einen bunten Luftballon.* Herbig Verlag. München und Berlin 1975.

Dokumentationszentrum-Action (Herausgeber), mit Beiträgen von Helmut Dan, Professor Dr. Ludwig Gesek, Herbert Holba, Martin Radinger, David Robinson: *Werner Hochbaum. Filme 1929–1939.* Viennale Retrospektive 1976. Action. Wien 1976.

Dost, Michael und Hopf, Florian und Kluge, Alexander: *Filmwirtschaft in der BRD und in Europa. Götterdämmerung in Raten.* Carl Hanser Verlag. München 1973.

Eisner, Lotte H.: Dämonische Leinwand. Die Blütezeit des deutschen Films. Verlagsgesellschaft Feldt & Co. Wiesbaden 1955.

Eisner, Lotte H.: *Murnau – Der Klassiker des deutschen Films.* Friedrich Verlag. Velber 1967.

Ford, Charles: *Emil Jannings.* Reihe Avant-Scène du Cinéma. Paris 1969.

Funke, Christoph: *Hans Albers.* Henschelverlag Kunst und Gesellschaft. Berlin 1972.

Groll, Gunter: *Magie des Films. 77 Filmkritiken.* Süddeutscher Verlag. München 1953.

Groll, Gunter: *Lichter und Schatten. Filme dieser Zeit. 100 Kritiken.* Süddeutscher Verlag. München 1956.

Harlan, Veit: *Im Schatten meiner Filme. Selbstbiographie.* Ediert von H.C. Opfermann. Sigbert Mohn Verlag. Gütersloh 1966.

Hembus, Joe: *Der deutsche Film kann gar nicht besser sein.* Carl Schünemann Verlag. Bremen 1961.

Henke, Rolf und Weber, Richard (Herausgeber): *Arbeiterbühne und Film.* Zentralorgan des Arbeiter-Theater-Bundes Deutschlands e. V. Juni 1930–Juni 1931. Verlag Gaehme Henke. Reprint. Köln 1974.

Hinton, David B.: *The Films of Leni Riefenstahl.* The Scarecrow Press. Metuchen. N.J. & London 1978.

Höfig, Willi: *Der deutsche Heimatfilm 1947–1960.* Ferdinand Enke Verlag. Stuttgart 1973.

Holba, Herbert mit Beiträgen von Günter Knorr, Dr. Walter Fritz, Helmut Dan: *Erich Engel. Filme 1923–1940.* Verlag des Dokumentationszentrums Action. Wien 1977.

Holba, Herbert, mit Beiträgen von Günter Knorr, Peter Siegel: *Gustaf Gründgens Filme.* Verlag des Dokumentationszentrums Action. Wien 1978.

Holba, Herbert: *Emil Jannings.* Verlegt von Günter Knorr. Ulm 1979.

Holba, Herbert: *Die Geschichte des deutschen Tonfilms.* In Fortsetzungen veröffentlicht in der Zeitschrift Filmjournal. Verlag Günter Knorr. Ulm 1980.

Holliday, Jon: *Sirk on Sirk.* Secker & Warburg in association with the British Film Institute. London 1971.

Jansen, Peter W. und Schütte, Wolfram, mit Beiträgen von Frieda Grafe, Enno Patalas, Hans Helmut Prinzler, Peter Syr: *Fritz Lang.* Reihe Film. Herausgegeben in Zusammenarbeit mit der Stiftung Deutsche Kinemathek. Carl Hanser Verlag. München 1976.

Jansen, Peter W. und Schütte, Wolfram, mit Beiträgen von Heinz Kersten, Heiko R. Blum, Ulrich Gregor, Hans C. Blumenberg, Hans Günther Pflaum, Heinz Klunker, Wilhelm Roth, Helmut Prinzler: *Film in der DDR.* Reihe Film. Herausgegeben in Zusammenarbeit mit der Stiftung Deutsche Kinemathek. Carl Hanser Verlag. München 1977.

Kalbus, Dr. Oskar: *Vom Werden deutscher Filmkunst. Der stumme Film.* Cigaretten-Bilderdienst Altona-Bahrenfeld. Berlin 1935.

Kalbus, Dr. Oskar: *Vom Werden deutscher Filmkunst. Der Tonfilm.* Cigaretten-Bilderdienst Altona-Bahrenfeld. Berlin 1935.

Koschnitzki, Rüdiger: *Helmut Käutner.* Filmographie. Deutsches Institut für Filmkunde (Herausgeber). Wiesbaden 1978.

Kracauer, Siegfried: *Von Caligari zu Hitler.* Eine psychologische Geschichte des deutschen Films. Herausgegeben von Karsten Witte. Suhrkamp Verlag. Frankfurt am Main 1979. Originalausgabe *From Caligari to the German Film.* Princeton University Press. Princeton 1947.

Kranz, Erhard: *Filmkunst in der Agonie. Eine Untersuchung zu den staatsmonopolistischen Machtverhältnissen in der westdeutschen Filmwirtschaft.* Henschelverlag. Berlin 1964.

Kurowski, Ulrich mit Jürgen Röhmhild (Herausgeber): *Lexikon des internationalen Films.* Band 1. Carl Hanser Verlag 1975.

Leander, Zarah: *Es war so wunderbar. Mein Leben.* Hoffmann und Campe. Hamburg 1973.

Ophüls, Max: *Spiel im Dasein. Eine Rückblende.* Henry Goverts Verlag. Stuttgart 1959.

Orbanz, Eva (Redaktion), mit Beiträgen von Heinz Kersten, Katrin Seybold, Egon Netenjakob: *Wolfgang Staudte.* Herausgegeben von der Stiftung Deutsche Kinemathek. Verlag Volker Spiess. Berlin 1977.

Pleyer, Peter: *Deutscher Nachkriegsfilm 1946–1948.* Studien zur Publizistik. C.J. Fahle Verlag. München 1965.

Riess, Curt: *Das gab's nur einmal.* Verlag der Sternbücher. Hamburg 1956.

Riess, Curt: *Das gibt's nur einmal.* Nannen Verlag. Hamburg 1958.

Schmieding, Walther: *Kunst oder Kasse. Der Ärger mit dem deutschen Film.* Rütten & Loening Verlag. Hamburg 1961.

Sémoulué, Jean: *Dreyer.* Reihe Classiques du Cinéma. Editions Universitaires. Paris 1962.

Sinyard, Neil und Turner, Adrian, mit Beiträgen von Heinz-Gerd Rasner, Reinhard Wulf, Frank Arnold: *Billy Wilders Filme.* Verlag Volker Spiess. Berlin 1980. Herausgegeben von der Stiftung Deutsche Kinemathek.

H.K. Sokal: *Memoiren* (unveröffentlichtes Manuskript).

Sperr, Monika (Herausgeber): *Schlager. Das Große Schlagerbuch, Deutsche Schlager 1800–Heute.* Rogner & Berhard. München 1978.

Staatliches Filmarchiv der DDR (Herausgeber): *Film-Blätter. Kurzmonographien zu klassischen Filmen.* Berlin 1974.

von Sternberg, Josef: *Ich Josef von Sternberg. Erinnerungen.* Friedrich Verlag. Velber 1967.

Trenker, Luis: *Alles gut gegangen. Geschichten aus meinem Leben.* Wilhelm Heyne Verlag. München 1972.

Ullrich, Luise: *Komm auf die Schaukel Luise. Balance eines Lebens.* R.S. Schulz Verlag. Percha am Starnberger See 1973.

Wetzel, Kraft und Hagemann, Walter H.: *Liebe, Tod und Technik.* Herausgegeben von der Stiftung Deutsche Kinemathek. Verlag Volker Spiess. Berlin 1978.

Wulf, Joseph: *Theater und Film im Dritten Reich.* Sigbert Mohn Verlag. Gütersloh 1964.

## Zeitschriften

*Cahiers du Cinema.* Les Editions de l'Etoile. Paris. Der deutsche Film. Zeitschrift für Filmkunst und Filmwirtschaft. Max Hesses Verlag. Berlin. Jahrgänge 1937–1945.

*F-Filmjournal.* Verlag Günter Knorr. Ulm

*Film.* Eine deutsche Filmzeitschrift. Eberhard Friedrich Verlag. Velber.

*Film.* Zeitschrift für Film und Fernsehen. Verlag Filmkunst. München.

*Filmkritik.* Verlag Filmkritik. Frankfurt am Main.

*Filmkritik.* Verlag Filmkritik-Kooperative. München.

*Films and Filming.* Hansom Books. London.

*Filmstudio.* Zeitschrift für Film. Herausgegeben im Auftrage des Filmstudios an der Johann-Wolfgang-Goethe-Universität Frankfurt am Main und des Filmstudios an der Technischen Hochschule Aachen von Robert Bernauer.

*Filmwelt.* Das Film- und Fotomagazin. Berlin. Jahrgänge 1934–1943.

*Focus on Film.* The Tantivy Press. London.

*La Revue du Cinema.* Paris.

*Midi-Minuit Fantastique.* Editions La Terrain Vague. Paris.

*Monthly Film Bulletin.* The British Film Institute. London.

# filmland presse

FILMLAND PRESSE, Inh. H.K. Denicke, Görresstraße 13, D-8000 München 40, Tel. 089/52 47 55.
PS-Konto Mchn 122 88-809 FILMLAND PRESSE

Wenn Sie sich wirklich für Film interessieren, Sie auch dann und wann ein Buch zum Thema wollen, gerne ein Plakat Ihres Lieblingsfilms hätten, Programme oder Filmpostkarten sammeln, Fachzeitschriften abonnieren wollen, wenn Sie sich selbst oder Bekannten ein schönes Geschenk machen wollen, dann werden Sie uns sicher bald in München besuchen kommen. Die Buchhandlung FILMLAND PRESSE ist unbestritten die größte und bestsortierte Filmfachbuchhandlung in Europa, ein Mekka für alle Filmfreunde.
Und wenn Sie nicht zu uns kommen können?
Unsere zuverlässige Versandabteilung verschickt nach Amerika oder Japan, warum also nicht auch nach Hamburg oder ins Ruhrgebiet.
Sie können jedes Buch bestellen, von dessen Existenz Sie wissen. Oder geben Sie Ihr Interessengebiet an. Gegen Zusendung eines frankierten Rückumschlages (bitte C5 oder A4, bitte mit DM 1,00 freimachen) erhalten Sie einige Listen und Verlagsinformationen. Bitte schreiben Sie an:

**FILMLAND-PRESSE, Inhaber H. K. Denicke, Görresstraße 13, D-8000 München 40**

**Nachfolgend einige Titel aus unserem Angebot**
(leider nur einige von über 9000 )

**Toeplitz: Geschichte des Films.**
Band 3: 1934-1939. 464S., DM 89,00
Hervorragendes und ausführliches Grundlagenwerk zur Geschichte des Films. Die Bände 1 (1895-1928) und 2 (1928-1933) sind zum gleichen Preis lieferbar, Band 4 (1939-1945) erscheint in Kürze.

**Zglinicki: Der Weg des Films.**
Textband 677S., Bildband mit 890 Abb. DM 93,00
Reprint des Standardwerkes über die Entwicklung der Kinematographie bis zu den Anfängen des Tonfilms, unter besonderer Berücksichtigung deutscher Filmgeschichte. Seltene und erstklassige Abbildungen.

**Filmjournal F.** Seit Dezember 1979 monatlich mit der Geschichte des deutschen Tonfilms von H. Holba. Weiterhin Werkstattgespräche mit Filmemachern, Rezensionen und Dokumentation.
Pro Heft nur DM 5,00, alle alten Nummern noch über uns erhältlich.

**Greta Garbo/Marlene Dietrich.** 240S., fast nur Photos. Bei Vorausz.: DM 50,00
Hervorragend illustrierter Bildband aus Japan in Tiefdruckqualität. Die Filmtitel sind im Original in lat. Schrift. Viele Portaits!
Weitere **japanische Bildbände** wie der oben beschriebene können von uns bestellt werden. Die bestens illustrierte Reihe wurde inzwischen zu einem großen Erfolg. Jetzt über 80 verschiedene Titel lieferbar (u. a.: Monroe, Bogart, Deneuve, Heston, A. Hepburn, J. Fonda, Bardot, Delon, Connery, V. Leigh). Vollständige Liste gegen frankierten Umschlag.

**Große Darsteller des deutschen Tonfilms.**
10 echte Photos (WPK) DM 35,00
Monatlich erscheinen jetzt Serien von 10 echten Photos, Sie können diese im Abonnement direkt von uns beziehen. Obige Serie enthält u. a. Aufnahmen von Albers, Dietrich, Harvey, Fritsch und Leander.

**Just: Filmjahr '79.** 288S., 160 Photos. DM 36,00
Das künftig jährlich erscheinende Jahrbuch hat sich bei Kritik und Publikum binnen kürzester Zeit als wesentlichstes Handbuch des neuen Films durchgesetzt. Lückenlose Dokumentation mit vielen Registern. Bei Vorauszahlung auf obiges PS-Konto portofreie Zusendung.
Der Band FILMJAHR '80 erscheint etwa Mitte Februar 1981.

**Das Archiv FILMLAND kauft an:** Filmbücher in allen Sprachen und aus allen Epochen, Filmzeitschriften in Einzelheften und kompletten Folgen, Programme, Plakate, Photos, Postkarten, Kataloge und Werbematerialien. Was im Archiv nicht benötigt wird, bringt unsere Buchhandlung an den richtigen Interessenten. Das Archiv FILMLAND gehört zu den größten aktiven Filmarchiven der Welt, auch die Autoren dieses Buches fanden bei uns Unterstützung.